3 Markt und Marketing

4 Ausbildung und nachhaltige Existenzsicherung

5 Arbeitsrecht und Interessen im Betrieb

6 Investition und Finanzierung

7 Deutschland in Europa und der Welt

8 Personalwirtschaft

1 Aufbau und Gründung von Unternehmen

Von der guten Idee zum eigenen Unternehmen

Auf einem Klassentreffen …

Nora: Hallo Tim, was ist aus dir seit unserer Schulentlassung geworden?
Tim: Ich bin Unternehmer in Sachen Turntable-Design.
Nora: Was machst du? Wie kommt man denn auf so etwas?
Tim: Du weißt doch, ich war damals mit Marie zusammen. Zu ihrem Geburtstag wollte ich ihr einen Turntable schenken. Und damit es noch mehr von Herzen kommt, habe ich das Gerät mit LED-Lampen verziert. Am Abend der Geschenkübergabe hat sie Schluss gemacht und ich stand da mit meinem aufgepeppten Turntable. Ich habe dann das Gerät bei eBay reingestellt, und mich doch sehr über die Resonanz gewundert. Da habe ich gemerkt, dass es eine gewisse Nachfrage in Sachen Turntable-Design gibt und niemand sie bedient. So habe ich neben der Arbeit Turntables veredelt und repariert. Als immer mehr ausgefallene Aufträge hereinkamen, habe ich ein Unternehmen gegründet. Bis allerdings die gesetzlichen Voraussetzungen erfüllt waren und die Finanzierung stand, gab es viele Gespräche mit der Bank, meinem Steuerberater und der IHK. Zum Glück hilft der Staat nicht nur mit finanzieller Unterstützung. Trotz der vielen Arbeit hat es sich gelohnt. Immer mehr Kunden kommen aus dem Ausland dazu. Das hilft uns, unsere Stellung auf dem Markt zu festigen.
Nora: Ich weiß nicht, ob der Schritt in die Selbstständigkeit für mich das Richtige ist. Schon das finanzielle Risiko, als Versager dastehen, wenn es nicht so läuft! Und dann muss man auch erst einmal auf eine gute Geschäftsidee kommen …
Tim: … oder eine Freundin haben, die einen verlässt …

Hätten Sie's gewusst?

1. Wie viele Unternehmen werden jährlich gegründet und bereits nach einem Jahr wieder aufgegeben?
2. Welches ist die häufigste Rechtsform bei Unternehmen in Deutschland?
3. Wie viele Deutsche besitzen Anteile an einer Genossenschaft oder an einer AG?

1: über 300 000
2: ca. 70 % Einzelunternehmen
3: ca. 9 Mio. Menschen (= 14 % Anteil an der Bevölkerung)

Info
6e8i8s
Unternehmensgründungen

Worum geht es?

Unternehmensgründungen eröffnen selbstständigen und ideenreichen Menschen die Möglichkeit, sich ihren eigenen Arbeitsplatz zu schaffen, keinem Vorgesetzten Rechenschaft ablegen zu müssen und die Früchte des Erfolges ganz allein zu ernten. Aber welche Möglichkeiten gibt es, sich beruflich selbstständig zu machen? Welche Planungen sind notwendig? Wer hilft bei der Unternehmensgründung? Welche Unternehmensform ist die richtige?
Unternehmen bieten Güter und Dienstleistungen an und beschäftigen Arbeitnehmer. Welche Ziele verfolgen Unternehmen? Treiben sie die wirtschaftliche Entwicklung im Land voran? Wer ist sonst noch am Wirtschaftsgeschehen beteiligt?

Informieren Sie sich!

Verschaffen Sie sich mithilfe des Buchs einen Überblick.
Sie finden in diesem Kapitel Lernsituationen zu folgenden Themen:

- Unternehmen im Wirtschaftskreislauf
- Unternehmensziele und Nachhaltigkeit
- Aufbau von Unternehmen
- Rechtsform – Personen- oder Kapitalgesellschaft?
- Von der Geschäftsidee zur Unternehmensgründung
- Businessplan und Kapitalbedarfsrechnung

So geht's!
Projekt umsetzen

Was hat das mit mir zu tun?

- Jeder Mensch nimmt täglich aktiv am Wirtschaftsgeschehen teil, sei es als Käufer oder Arbeitnehmer. Daher sollte man verstehen, wie „Wirtschaft“ funktioniert.
- Vielleicht ergibt sich im Laufe Ihrer beruflichen Tätigkeit die Möglichkeit, ein Unternehmen zu gründen. Neben den sachlichen Voraussetzungen stellt sich die Frage: Kommt für mich eine Unternehmensgründung in Betracht?

Unternehmen im Wirtschaftskreislauf

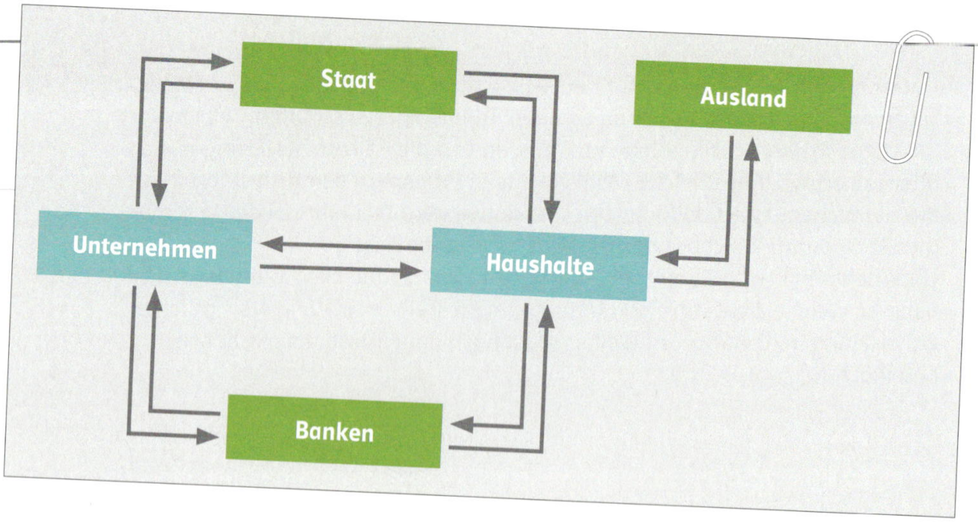

Lernsituation

Wer eine gewerblich-technische Ausbildung macht, hat Erfahrung mit Modellen. Modelle werden gefertigt, um nicht nur ein Abbild der Wirklichkeit zu schaffen, sondern auch um durch Veränderung einzelner Teile damit zu experimentieren. An dieser Stelle sollen volkswirtschaftliche Beziehungen anhand eines Modells verdeutlicht werden. Das Modell Volkswirtschaft soll so einfach wie möglich aussehen. Aus diesem Grund sind auch nur fünf volkswirtschaftliche Akteure abgebildet: Haushalte, Unternehmen, Banken, Staat und Ausland.

Arbeitsauftrag

- Entwickeln Sie ein volkswirtschaftliches Modell und experimentieren Sie damit. (🌐 **Material** br3vr9 Modell Wirtschaftskreislauf)

1. Ermitteln Sie die Geldströme zwischen den Wirtschaftssubjekten, indem Sie die unten angegebenen Begriffe den einzelnen Pfeilen in der Abbildung zuordnen: Subventionen, Einkommen, Zinsen + Tilgung, Transferleistungen (z. B. Kindergeld, Hartz IV), Exporterlöse, Spareinlagen (von Privatpersonen), Steuern (z. B. Einkommensteuer), Importausgaben, Kredite für Investitionen, Steuern (z. B. Gewerbesteuer), Konsumausgaben, Zinsen für Spareinlagen
2. Diskutieren Sie mithilfe Ihres Modells eine Kette von Auswirkungen, die eintreten, wenn der Staat die Mehrwertsteuer erhöht.

Recherche
n8u7hf
Wirtschaftssektoren, Staatshaushalt, Steuern

Wirtschaftskreislauf

Jeder Einzelne nimmt am Wirtschaftsleben teil. Konsumenten erwerben Güter und Dienstleistungen, Arbeitnehmer erhalten Lohn für geleistete Arbeit, Bauherren nehmen zur Finanzierung des Hauses einen Kredit auf oder Unternehmer verkaufen Güter ins Ausland. All diesen wirtschaftlichen Vorgängen liegt ein Tauschgeschäft zugrunde. Personen, die etwas anbieten, treffen auf Personen, die etwas nachfragen. In den letzten Jahren hat die Arbeitsteilung in unserer Wirtschaft immer mehr zugenommen. Dies führt zu unzähligen Transaktionen (Tauschgeschäften) in Form von Güter- und Geldströmen. Das Modell auf S. 10 hilft, die Vorgänge zwischen den einzelnen Akteuren in Beziehung zu setzen. Die Akteure in unserer Volkswirtschaft nennt man Wirtschaftssubjekte.

Wirtschaftssubjekt Haushalt

Dazu zählen alle privaten Haushalte der Bundesrepublik Deutschland. Sie entscheiden darüber, was, wie viel und wann sie konsumieren. Von ihnen geht der **Konsum** aus. Sie sind außerdem Eigentümer der Produktionsfaktoren Arbeit, Boden und Kapital. Es liegt in ihrer Hand, wie, wo und wann sie diese Faktoren gegen Bezahlung einsetzen.
Geleistete Arbeit wird mit Lohn vergütet, für den zur Verfügung gestellten Boden erhält man eine Pacht und für das bereitgestellte Kapital Zinsen oder Gewinne. Die Gesamtheit der Einkommen bezeichnet man als Volkseinkommen (→ Kapitel 7).
Der Teil des Einkommens, der nicht für Konsum ausgegeben wird, kann bei Banken gespart oder Unternehmen wieder zur Verfügung gestellt werden (z. B. durch Kauf von Aktien).

Wirtschaftssubjekt Unternehmen

Alle Betriebe, die darüber entscheiden, was, wie, wie viel und für wen sie produzieren, bezeichnet man als Unternehmen. Von ihnen geht die Produktion aus. Die Unternehmen benötigen für die **Produktion** von Gütern und Leistungen die

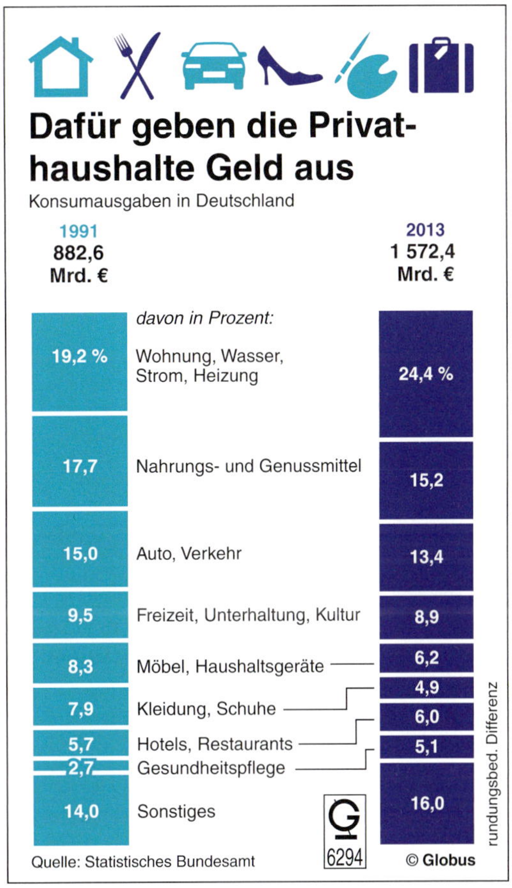

Produktionsfaktoren Arbeit, Boden und Kapital, die sie kostengünstig miteinander kombinieren. Sie zahlen den Haushalten für den Gebrauch der Produktionsfaktoren ein Entgelt.

Unternehmen sind in den folgenden Sektoren/Wirtschaftsbereichen tätig:
- Der **primäre** Sektor umfasst alle landwirtschaftlichen und forstwirtschaftlichen Unternehmen (Urproduktion).
- Zum **sekundären** Sektor gehören Unternehmen, die etwas produzieren. Hierzu zählen die Industrie, das Handwerk und die Energiewirtschaft (produzierende Unternehmen).
- Dem **tertiären** Sektor werden alle Dienstleistungsunternehmen zugeordnet, z. B. Handelsunternehmen, Kreditinstitute, Versicherungen, Reiseunternehmen.

Outsourcing
→ S. 64

Verteilung der Haushaltsgrößen in Deutschland:

40,5 % Einpersonenhaushalte
34,4 % Zweipersonenhaushalte
12,4 % Dreipersonenhaushalte
9,3 % Vierpersonenhaushalte
3,3 % Haushalte mit 5 und mehr Personen

Insgesamt gibt es in Deutschland ca. 40 Millionen Haushalte.

Statistisches Bundesamt (Stand 2013)

1

1.1 Die Rolle von Unternehmen im gesamtwirtschaftlichen Zusammenhang kennenlernen

Zahl der Beschäftigten in den einzelnen Wirtschaftsbereichen (1963–2013)

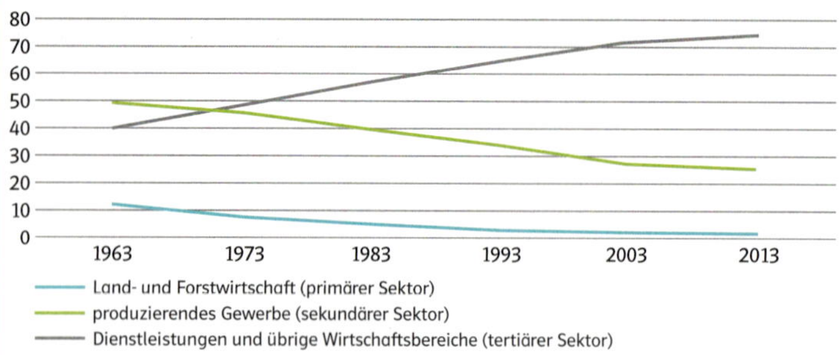

Statistisches Bundesamt

Globalisierung → S. 308

Wirtschaftssubjekt Banken

Wie würde eine Wirtschaft ohne Banken aussehen? Unternehmen benötigen zur Finanzierung von Investitionen in den meisten Fällen einen Kredit. Gäbe es keine Banken, müssten sie sich das Geld direkt bei den Haushalten besorgen. Das wäre mit Schwierigkeiten verbunden. Deshalb treten Banken als **Vermittler zwischen Kreditnehmer und Kreditgeber** auf. Sie sammeln Spargelder bei den Haushalten und stellen diese den Unternehmen und privaten Haushalten für Investitionsprojekte zur Verfügung.

Wirtschaftssubjekt Staat

Er wird repräsentiert durch Organe (u. a. Regierungen, Parlamente, Stadträte) von Bund, Ländern und Gemeinden, die darüber entscheiden, welche Einnahmen sie erheben (z. B. Steuern und Abgaben von Haushalten und Unternehmen) und wofür sie diese Einnahmen verwenden. Ausgaben werden u. a. getätigt für:

- Transferleistungen an private Haushalte (z. B. Kindergeld);
- Entlohnung für Arbeitnehmer im Staatsdienst;
- Subventionen an Unternehmen (Förderung von Unternehmensgründungen);
- Aufträge an Unternehmen (Bau von Straßen).

Die Ein- und Ausgaben des Bundes, der Länder und Gemeinden werden in den jeweiligen Haushalten aufgeführt (→ S. 296 Grafik *Der Bundeshaushalt*).

Wirtschaftssubjekt Ausland

Viele Produkte, die wir heute nutzen, werden im Ausland hergestellt (**Import**). Umgekehrt verkaufen deutsche Firmen viele Waren ins Ausland (**Export**). Vor allem Autos, Maschinen, chemische Erzeugnisse und Metallerzeugnisse werden exportiert. Bei den Importen werden nach EDV-Geräten und Elektronik vor allem Rohstoffe (z. B. Erdöl, Erdgas) nach Deutschland eingeführt.

Modellvariationen

Kommt es zu einer Veränderung im Wirtschaftskreislauf (z. B. Steuererhöhung, Lohnerhöhung) lassen sich mögliche Auswirkungen auf einzelne Wirtschaftssubjekte darstellen. Die Folgen einer Lohnerhöhung sehen Sie an folgender Argumentationskette:
Arbeitnehmer erhalten höhere Löhne → Lohnkosten der Arbeitgeber steigen → Preiserhöhung für Güter/höhere Steuereinnahmen → Rückgang der Nachfrage aus dem Ausland → Abbau von Arbeitsplätzen → usw.

Produktionsfaktoren

Um Güter produzieren zu können, benötigt man sogenannte Produktionsfaktoren.
Boden/Natur können genutzt werden als Anbaufläche für die Landwirtschaft, als Abbaufläche für Rohstoffe (z. B. Kohle, Salz) oder als Standort für Industrieansiedlungen. Darüber hinaus ist das Klima wichtig für die Landwirtschaft. Außerdem dienen Sonne, Wind und Wasser der Energiegewinnung.
Unter dem Produktionsfaktor **Arbeit** versteht man jede geistige und körperliche Arbeit (= Humankapital). Die Qualität des Faktors Arbeit wird von den Faktoren Wissen und Bildung bestimmt. Sie sind Voraussetzung für den technischen Fortschritt.
Kapital unterscheidet man in Sach- oder Realkapital (Maschinen, Betriebseinrichtungen) und Geldkapital. Sachkapital dient der Herstellung von Gütern oder der Bereitstellung von Dienstleistungen, mit dem Geldkapital wird Sachkapital finanziert.

Zusammenfassung: Unternehmen im Wirtschaftskreislauf

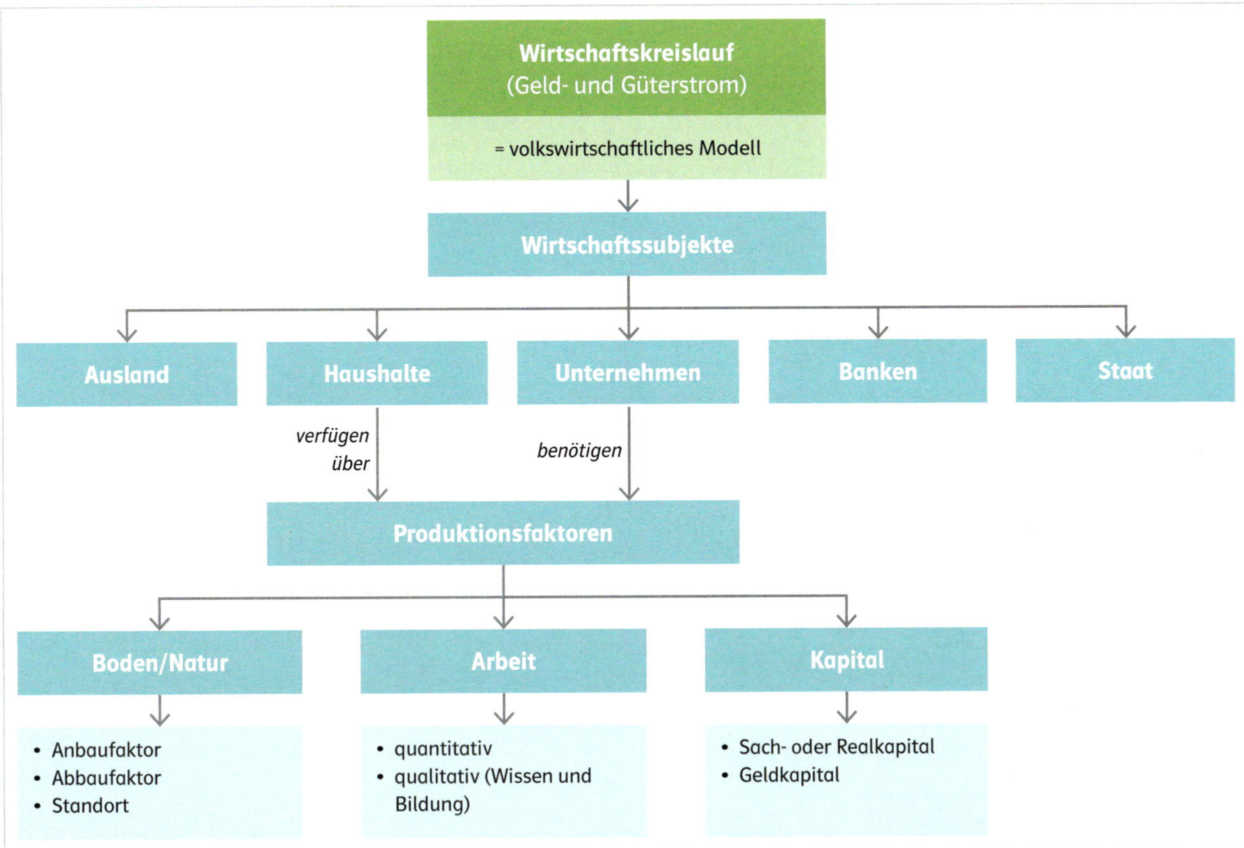

Übungsaufgaben

1. Beschreiben Sie die folgenden Begriffe:
   - Konsum
   - Export und Import
   - Produktionsfaktoren
   - Subventionen

2. Erklären Sie, wann und warum der Einsatz von ökonomischen Modellen sinnvoll ist.

3. Der Faktor Wissen und Bildung hat für ein Land wie Deutschland einen hohen Stellenwert. Erläutern Sie, warum das so ist.

4. Nehmen wir einmal an, Sie würden wie Robinson Crusoe auf einer einsamen Insel landen. Das Sammeln von Beeren und Pflanzen sowie das Fischen ermöglichen es Ihnen, dass Sie nach Ihrer Landung gerade genug zum Überleben haben.
   a) Überlegen Sie, wie Sie Sachkapital bilden können.
   b) Erläutern Sie die Vorteile, die mit der Bildung von Kapital verbunden sind.

5. Der Anteil der Beschäftigten in den Sektoren Landwirtschaft, Produktion und Dienstleistungen hat sich in den letzten Jahren verändert (→ S. 12 Grafik).
   a) Beschreiben Sie die Veränderungen.
   b) Diskutieren Sie die Gründe dafür.
   c) Beurteilen Sie die Entwicklung in Ihrer Region oder Stadt.

Unternehmensziele und Nachhaltigkeit

Arbeitsauftrag

- Immer mehr Unternehmen wirtschaften nachhaltig. Bestimmen Sie die Auswirkungen dieses Strategiewechsels. Bearbeiten Sie folgende Teilaspekte:

  1. Finden Sie eine Definition für den Begriff Nachhaltigkeit.
  2. Beurteilen Sie die Einflussmöglichkeiten des Verbrauchers auf nachhaltiges Wirtschaften in Unternehmen.
  3. Prüfen Sie, inwieweit nachhaltiges Wirtschaften mit anderen Unternehmenszielen vereinbar ist.

Recherche
6id6q8
Genossenschaften, Umweltpolitik,
gesetzliche Regelungen zur Nachhaltigkeit

Unternehmensziele definieren

Die Unternehmen in Deutschland lassen sich in verschiedene Bereiche mit unterschiedlichen Zielen einordnen.
Privatunternehmen arbeiten nach dem erwerbswirtschaftlichen Prinzip, d.h., sie produzieren Güter oder bieten Dienstleistungen an, um einen möglichst hohen Gewinn zu erzielen. In Deutschland gibt es mehr als 3,5 Millionen solcher Unternehmen. Der Gewinn fließt den Eigentümern zu. Neben dem Ziel der Gewinnmaximierung können Unternehmen auch folgende Ziele haben: Marktmacht ausbauen, Arbeitsplätze sichern, angenehmes Betriebsklima schaffen, gutes Image aufbauen usw.
Öffentliche Unternehmen gehören dem Bund, dem Land oder den Gemeinden und arbeiten nach dem Bedarfsdeckungsprinzip. Vorrangiges Ziel ist es, die Versorgung der Bevölkerung in den Bereichen sicherzustellen, an denen private Anbieter kein Interesse haben, oder man will diese Aufgaben dem privaten Gewinnstreben nicht überlassen (z.B. Müllabfuhr, Sparkassen). Die Leistungen sollen kostendeckend (z.B. Müllabfuhr) angeboten werden oder es soll ein angemessener Gewinn erwirtschaftet werden (z.B. Sparkassen, öffentliche Energieversorgungsunternehmen). Verkehrsbetriebe im öffentlichen Nahverkehr oder Museen und Theater können ihre Leistungen nicht zu einem kostendeckenden Preis anbieten. Sie versuchen, die Verluste so gering wie möglich zu halten.
Genossenschaften verfolgen das Ziel, durch ein gemeinsames Unternehmen für ihre Mitglieder wirtschaftliche Vorteile zu erzielen. Es gibt verschiedene Arten von Genossenschaften mit unterschiedlichen Zielen:

Arten der Genossenschaften	Ziele
im Bankenwesen (Volksbanken)	die Gewährung günstiger Kredite
im Bauwesen (örtliche Wohnungsbaugesellschaften)	der Bau und die Vermietung günstigen Wohnraums
in der Versicherungswirtschaft	kostengünstige Versicherungen
in der Vermarktung landwirtschaftlicher Produkte (Winzergenossenschaften)	Unabhängigkeit, mehr Freiraum bei Preisgestaltung
in Handel und Handwerk durch gemeinsamen Einkauf (Edeka, Bäcker)	Preisvorteile bei Herstellern

Nachhaltigkeit als Unternehmensziel

Seit einigen Jahren bestimmen nicht mehr allein wirtschaftliche Ziele die Strategie von Unternehmen. Zunehmend Einfluss gewinnen:
- die Kosten von Umweltbelastungen,
- das veränderte Verbraucherverhalten.

Die Ausrichtung des Sortiments auf nachhaltige, ökologische Produkte, faire Arbeitsbedingungen – all das interessiert Verbraucher von heute. Sie wollen mit gutem Gewissen einkaufen, und der Handel will mit gutem Gewissen gute Umsätze und mehr Marktanteile erzielen. Das muss kein Widerspruch sein. Verschiedene Studien zeigen, dass die Umsätze der Konsumgüterindustrie und des Handels bei einem schlechten Image deutlich sinken können: Jeder zweite Verbraucher hat schon einmal Produkte von Firmen boykottiert, die nachweislich die Umwelt schädigen oder sozial bedenklich sind.

Umweltpolitik beeinflusst Unternehmenspolitik

Unternehmen müssen **umweltpolitische Gesetze** und Verordnungen beachten. Zusätzlich soll mithilfe von Fördermaßnahmen nachhaltiges Wirtschaften durchgesetzt werden (z.B. Subventionen für Investitionen in Windkraft- und Solartechnologie). Die wichtigsten Ziele der staatlichen Maßnahmen sind:
- Umweltfreundliche Produkte (z.B. Hybrid- Autos) sollen die Umweltbelastung so weit wie möglich reduzieren.

Die wichtigsten Umweltgesetze:

Bundesimmissionsschutzgesetz (BImSchG)
Kreislaufwirtschafts- und Abfallgesetz *(→ S. 77)*
Wasserhaushaltsgesetz
Energieeinsparungsgesetz
Verpackungsverordnung
Gefahrstoffverordnung

BImSchG
Gesetz zum Schutz vor schädlichen Umwelteinwirkungen durch Luftverunreinigung, Geräusche, Erschütterung und ähnliche Vorfälle

Entsorgungskonzept *→ S. 76*

1.1 Die Rolle von Unternehmen im gesamtwirtschaftlichen Zusammenhang kennenlernen

- Umweltfreundliche Produktionstechniken sollen den Energieverbrauch und den Schadstoffausstoß verringern und weniger Müll verursachen.
- Ein Kreislaufwirtschaftssystem (Recycling) soll die Rohstoffe wieder der Fertigung zuführen (z. B. Papier, Kupfer).

Bei der Umsetzung ökologischer Ziele müssen Unternehmen die Grundsätze der Umweltpolitik beachten. Die wichtigsten sind:

- **Vorsorgeprinzip**: Umweltbelastungen sollen durch vorbeugende Maßnahmen vermieden werden (z. B. Wärmeschutzvorschriften).
- **Verursacherprinzip**: Derjenige, der die Umweltkosten verursacht hat, muss für den entstandenen Schaden aufkommen (z. B. Rücknahme von Altöl).
- **Nachhaltigkeit**: Der Abbau nicht erneuerbarer Rohstoffe erfolgt schonend und erneuerbare Rohstoffe werden in dem Maße genutzt, in dem sie wieder nachwachsen (z. B. Abbau von Holz bei gleichzeitiger Aufforstung).
- **Kooperationsprinzip**: Alle gesellschaftlichen Gruppen werden bei der Durchsetzung der Ziele einbezogen.

Ein Beispiel für umweltfreundliche Produkte und Produktionstechniken auf der Grundlage des Vorsorgeprinzips, des Kooperationsprinzips und der Nachhaltigkeit ist „Cotton made in Africa“.

Cotton made in Africa (CmiA) ist eine Initiative der von Dr. Otto 2005 gegründeten Aid by Trade Foundation. Partner der Initiative kommen aus Wirtschaft, Politik und Nichtregierungsorganisationen. Ziel ist es, einen Beitrag zur Armutsbekämpfung und zum Umweltschutz in Baumwollanbaugebieten in Subsahara Afrika zu leisten und so den Erhalt lebenswichtiger Ressourcen und die Zukunftsfähigkeit folgender Generationen zu sichern.

Die Initiative Cotton made in Africa steht für innovative Entwicklungszusammenarbeit: Sie transferiert nicht einfach Finanzmittel nach Afrika, sondern baut eine Allianz von internationalen Textilunternehmen auf, die die von afrikanischen Kleinbauern nachhaltig erzeugte Baumwolle gezielt für den Weltmarkt einkaufen und weiterverarbeiten. Dazu gehören etwa Puma, die Rewe Group, Tchibo, s.Oliver oder die Otto Group.

Textilien, die mit dem CmiA-Logo ausgezeichnet werden, zeigen dem Käufer, dass die Produktion afrikanischer Baumwolle auf den Grundlagen des nachhaltigen Umgangs mit Mensch und Natur erfolgte. Dies bedeutet u. a. umweltfreundlicher Anbau durch den Verzicht auf künstliche Bewässerung, Ausschluss gefährlicher Pestizide oder genveränderter Baumwolle. Zudem ist Kinderarbeit strengstens verboten. Frauen werden unterstützt, Schulen für Kinder gebaut und Gemeinden mit sauberem Trinkwasser versorgt.

Die Initiative soll eine Entwicklung fördern, die zu einem nachhaltigen Baumwollanbau und besseren Lebensbedingungen für afrikanische Kleinbauern, ihre Frauen und Kinder führt.

Aktuell (Stand 02.2015) nehmen in Sambia, Simbabwe, Côte d'Ivoire, Mosambik, Malawi, Ghana, Kamerun, Tansania, Uganda und Äthiopien rund 655 000 Kleinbauern an dem Programm teil. Inklusive ihrer Familienangehörigen erreicht CmiA so über 5,3 Millionen Menschen in Afrika. Im Jahr 2014 kamen weltweit rund 30 Millionen Cotton made in Africa Textilien in den Handel.

www.cottonmadeinafrica.org

Zielkonflikte durch Nachhaltigkeit?

Die Einhaltung der Umweltschutzbestimmungen ist für Unternehmen mit höheren Kosten verbunden. Der Grund dafür kann sein, dass kostengünstige, aber umweltschädliche Stoffe für die Produktion verboten werden oder bestimmte gesetzliche Auflagen bestehen (z. B. der Einbau von Filteranlagen). Komplizierte Verfahren bei der Genehmigung von Anlagen können den Bau verzögern und verteuern.

Aber führen diese höheren Kosten tatsächlich zu Wettbewerbsnachteilen für deutsche Unternehmen auf dem Weltmarkt? Gefährden sie das wirtschaftliche Wachstum und wandern deutsche Unternehmen deshalb ins Ausland ab? Diese Befürchtungen haben sich bisher nicht bestätigt. Vielmehr zeigt sich heute, dass Ökologie und Ökonomie keine Gegensätze sind, sondern zusammengehören. Unternehmen profitieren davon, wenn der Umweltgedanke in die Unternehmenspolitik einfließt. Dies geschieht durch:

- geringeren Energieverbrauch, weniger Abfälle und umweltschonende Fertigungsverfahren, die Kosten senken (→ S. 77 Entsorgungskonzept);
- Kaufentscheidungen der Verbraucher, die nicht nur den Preis und die Qualität der Produkte berücksichtigen. Immer mehr Menschen legen Wert auf nachhaltig hergestellte Produkte;
- die Schaffung neuer Absatzmärkte. Die Anwendung umweltschonender Technologien führt häufig zu einer technologischen Weiterentwicklung. Dadurch verbessert sich die Wettbewerbssituation auf den „grünen Zukunftsmärkten".

Umweltengagement beweisen

Um sich als umweltfreundliches Unternehmen gegenüber seinen Kunden darzustellen, bieten sich folgende Maßnahmen an:

- Das Unternehmen unterzieht sich einem **Öko-Audit**. Umweltpolitische Ziele und Maßnahmen werden von Gutachtern überprüft. Werden die Anforderungen erfüllt, ist das Unternehmen berechtigt das EMAS-Logo zu führen.
- Produkte, die besonders schadstoffarm oder umweltfreundlich sind oder einen geringen Energieverbrauch aufweisen, werden mit einem **Öko-Siegel** versehen (z. B. schadstoffarme Produkte aus der Textilindustrie, niedrigere Energiestufe bei einem Kühlschrank).
- Das Unternehmen erstellt eine **Ökobilanz**. Sie kann für ein Produkt oder für ein ganzes Unternehmen erstellt werden. In der Ökobilanz werden die aus der Umwelt bezogenen Entnahmen (Input, z. B. Rohstoffe, Betriebsstoffe) den Abgaben an die Umwelt (Output, z. B. die gefertigten Produkte, Abfälle, Abluft, Lärmbelastung) gegenübergestellt. Das Aufzeigen der Energie- und Stoffströme von der Herstellung bis zur Entsorgung ist die Grundlage für Verbesserungen. Diese können in allen Bereichen des betrieblichen Ablaufs (Materialwirtschaft, Fertigung, Transport …) erfolgen. Der verbesserte Umgang mit Materialien und Energie führt in den meisten Fällen auch zu einer Kostensenkung.

Motive für freiwilligen Umweltschutz in Unternehmen: Imagepflege, Verantwortung gegenüber der Umwelt und zukünftigen Generationen, bessere Marktchancen, Motivation der Mitarbeiter, öffentlicher Druck, Aufnahme in Nachhaltigkeitsfonds, Forderung von Kapitaleignern.

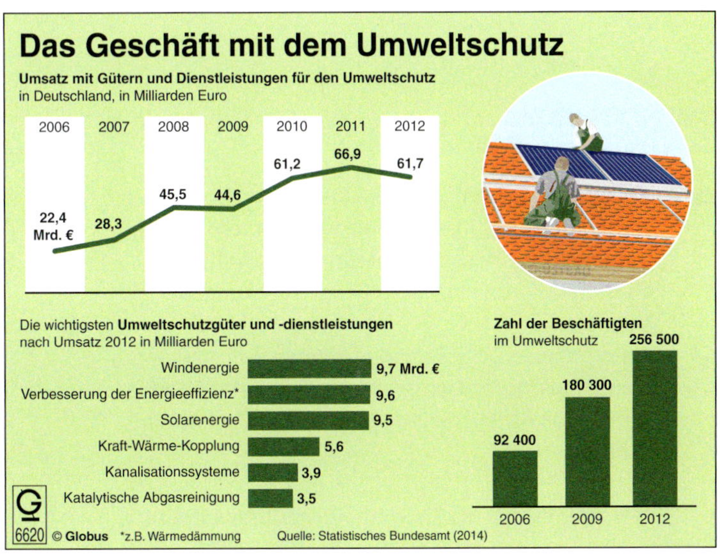

Zusammenfassung: Unternehmensziele und Nachhaltigkeit

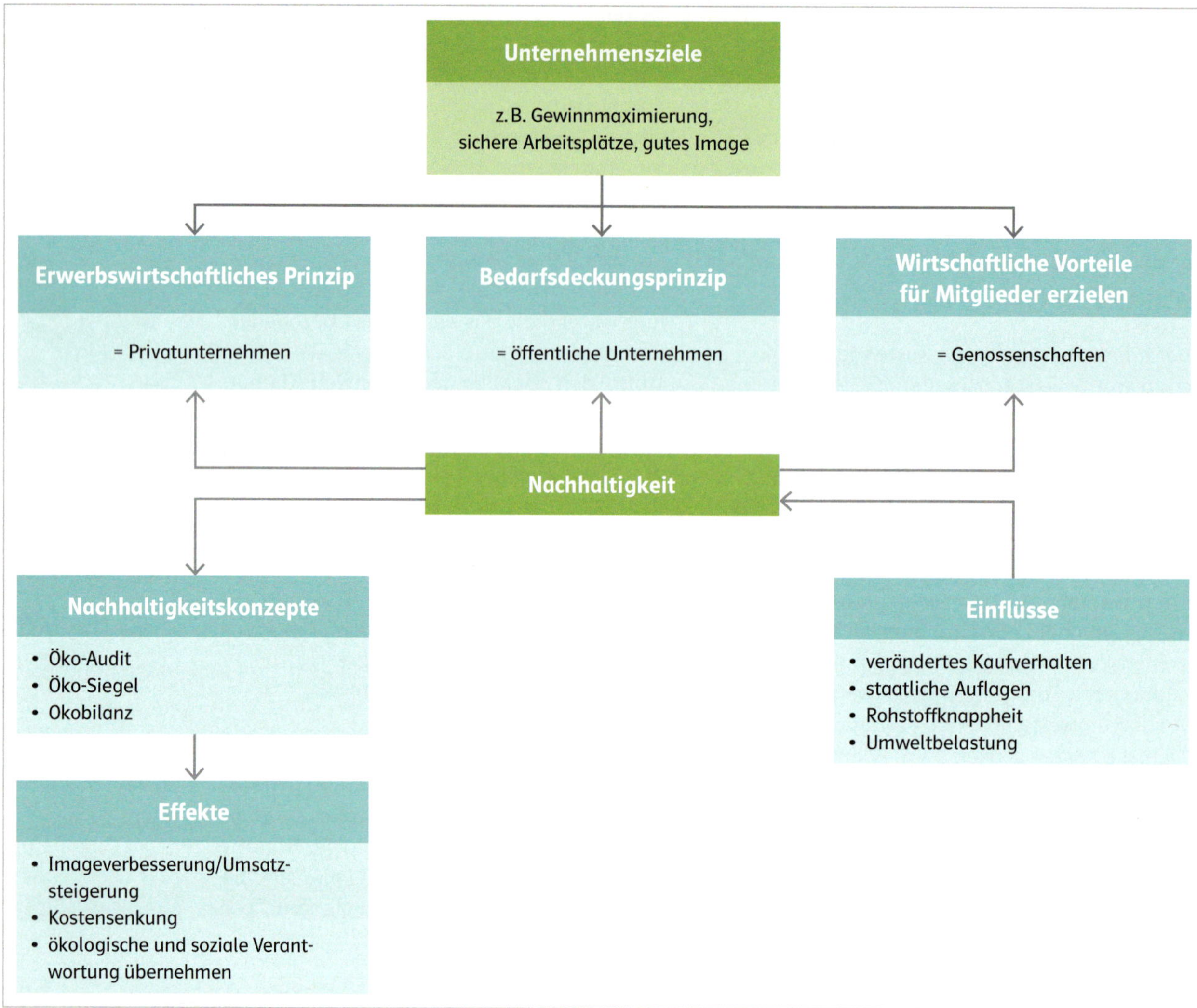

Übungsaufgaben

● 1. Diskutieren Sie am Beispiel eines öffentlichen Unternehmens aus Ihrer Region, warum diese Unternehmen nicht nach dem erwerbswirtschaftlichen Prinzip, sondern nach dem Bedarfsdeckungsprinzip handeln.

◒ 2. Unternehmen oder Personen können sich zu einer Genossenschaft zusammenschließen. Erläutern Sie anhand eines Beispiels den Grund des Zusammenschlusses.

○ 3. Beschreiben Sie die Ziele staatlicher Umweltpolitik.

◒ 4. Zu den Prinzipien staatlicher Umweltpolitik gehören das Vorsorge- und das Verursacherprinzip. Erläutern Sie diese Prinzipien.

● 5. Nachhaltigkeit in der Umweltpolitik bedeutet: „Nimm dir nicht mehr, als nachwächst, wenn du morgen auch noch ernten willst.“
Welchen Beitrag können Sie als Verbraucher dazu leisten, dass das Prinzip Nachhaltigkeit stärker zur Grundlage wirtschaftlichen Handelns wird?

Aufbau von Unternehmen

Lernsituation

Die Heimtextil GmbH ist ein mittelständisches Unternehmen, das Heimtextilien und technische Textilien herstellt. Es hat folgende Organisationsstruktur:

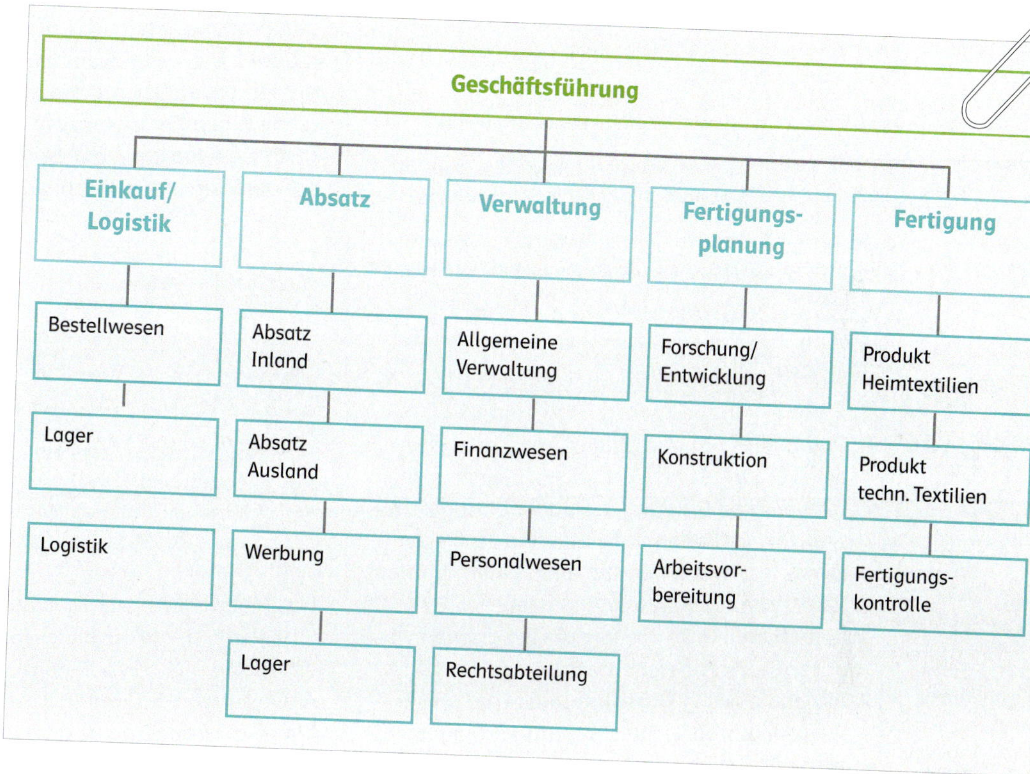

Das Unternehmen ist vor allem durch die Umsatzerhöhung der Heimtextilien stark gewachsen, sodass eine auf die Zukunft ausgerichtete Neuorganisation gefunden werden muss. Deshalb soll die bisherige Organisationsform in eine produktorientierte bzw. Spartenorganisation umgewandelt werden. Die Abteilungen „Recht" und „Forschung und Entwicklung" sollen als Stabsstellen der Geschäftsleitung zugeordnet werden. Außerdem sollen die Geschäftsbereiche „Verwaltung" und „Absatz" einer „Kaufmännischen Leitung" unterstellt werden.

Arbeitsauftrag

- Erarbeiten Sie ein neues Organigramm für die Heimtextil GmbH. Orientieren Sie sich dabei an den im Informationstext dargestellten Organisationsformen.

1.2 Unternehmensstruktur und Rechtsformen bestimmen

Unternehmensstrukturen erkennen

An der Herstellung eines Produktes wirken in größeren Unternehmen unterschiedliche Abteilungen direkt oder unterstützend mit.

Abteilungen	Tätigkeiten
Einkauf	Materialbedarf ermitteln, Bestellungen auslösen, Materialien lagern
Fertigung	Arbeitspläne erstellen, Fertigungsabläufe organisieren, Produktion von Gütern
Absatz	Vertrieb der Waren, Einsatz der Marketinginstrumente
Personal	Personalbedarf feststellen, Bewerber auswählen, Lohn- und Gehaltsabrechnung, Fortbildungsangebote organisieren
Finanzen	Versorgung mit finanziellen Mitteln, Sicherstellung der Zahlungsfähigkeit (Liquidität), Begleichung und Erstellung der Rechnungen
Logistik	Material- und Informationsfluss im Material-, Produktions- und Absatzbereich organisieren

Organigramm

Das Organigramm stellt den Aufbau des Unternehmens dar. Es zeigt, auf welche Stellen und Abteilungen sowie Tochterunternehmen die betrieblichen Aufgaben verteilt sind und wer wem Anweisungen geben darf.

Damit alles optimal abläuft, müssen die Arbeitsvorgänge und Tätigkeiten in einer vorher festgelegten Ordnung aufeinander abgestimmt sein. Die Aufbauorganisation legt zu diesem Zweck fest, wer innerhalb eines Unternehmens für welche Aufgabe zuständig ist (→ S. 333 Stellenbeschreibung) und wie die Zusammenarbeit untereinander geregelt wird.
Anhand eines **Organigramms** wird dieser Aufbau sichtbar gemacht. Darüber hinaus wird erkennbar, wer wem unterstellt ist (Weisungsbefugnis). Die folgenden Organisationsformen geben einen Überblick über den unterschiedlichen Aufbau von Unternehmen:

Einliniensystem

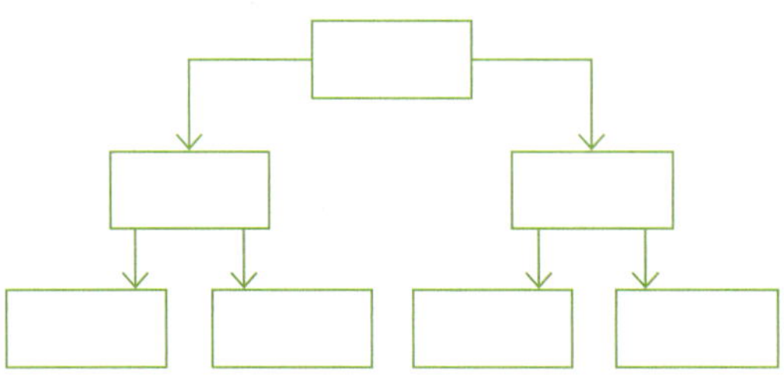

Beim Einliniensystem verläuft eine Weisungslinie von der Führungsspitze über die Abteilungs-, Schicht- und Gruppenleiter bis hin zu den Facharbeitern. Weisungen und Anordnungen erhalten die jeweiligen Mitarbeiter nur von direkten Vorgesetzten. An sie können sich die Stelleninhaber mit Vorschlägen oder Meldungen wenden. Beim Einliniensystem bildet man Abteilungen in erster Linie nach ihrer Hauptaufgabe (oder Funktion). So ist die Abteilung Einkauf für die Beschaffung der Teile bzw. für alle Produkte zuständig, die zugekauft werden müssen. Die Vorteile dieses Aufbaus liegen in der klaren, übersichtlichen Struktur und der eindeutigen Kompetenzverteilung. Der lange Instanzenweg kann auf der anderen Seite schwerfällig und sehr bürokratisch sein.

Mehrliniensystem

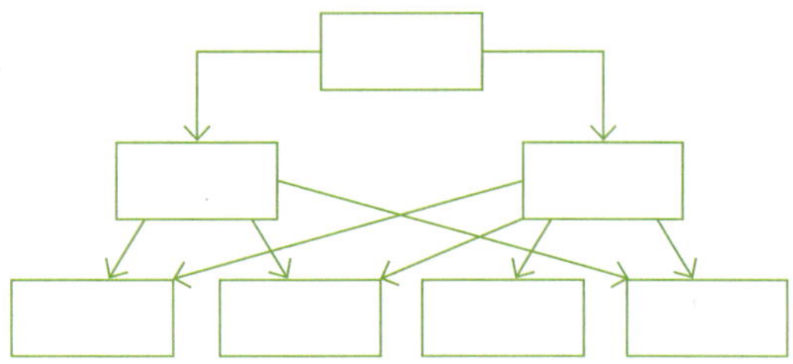

Das Mehrliniensystem soll die Mängel des Einliniensystems ausgleichen. Der Mitarbeiter erhält von mehreren Instanzen (Vorgesetzten) Anweisungen. So kann z. B. der Leiter des Einkaufs Mitarbeitern aus dem Bereich Produktion Weisungen erteilen. Dies kann zu Konflikten führen, wenn keine klare Kompetenzverteilung zwischen den einzelnen Instanzen erfolgt.

Stabliniensystem

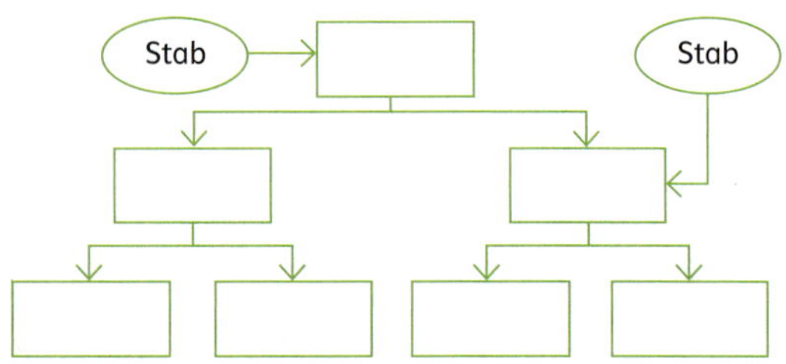

Zu den Liniensystemen gehört auch das Stabliniensystem. Vor allem in großen Unternehmen gibt es Abteilungen, die lediglich eine

Recherche
ch67hh
Organisationsformen

beratende Funktion einnehmen. Dazu gehören u. a. die Rechtsabteilung, Forschungsabteilung, Organisationsabteilung. Diese Abteilungen bereiten Entscheidungen vor und haben daher keine Weisungsbefugnis.

Spartenorganisation/Produktorientierung

Geschäftsleitung	
Produkt A	**Produkt B**
Einkauf	Einkauf
Konstruktion	Konstruktion
Fertigung	Fertigung
Verkauf	Verkauf

Es gibt aber auch die Möglichkeit, Abteilungen nach der Produktorientierung als Spartenorganisation aufzubauen. Vor allem in Großbetrieben lassen sich unterschiedliche Produktionszweige (Sparten) vollkommen unabhängig voneinander (aber unter gemeinsamer Leitung) organisieren. So wird z. B. ein Bereich für Getriebe in Verkehrstechnik und ein Bereich für Getriebe in Windkraftanlagen aufgebaut. Diesen Sparten werden die notwendigen Abteilungen zugeordnet: u. a. Einkauf, Konstruktion, Fertigung, Verkauf. Der Leiter oder die Leiterin des Produktionszweiges untersteht direkt der Geschäftsleitung.
Durch die Dezentralisierung und Spezialisierung verkürzen sich die Informationswege. Den veränderten Kundenwünschen kann man sich schneller anpassen. Aufwendungen und Erträge können den einzelnen Produktbereichen leicht zugeordnet werden. Dadurch lässt sich deren Wirtschaftlichkeit messen. Dies ist die Grundlage für weitere unternehmerische Entscheidungen, z. B. ob es Erweiterungsinvestitionen geben soll oder ob die Produktion eingestellt wird. Dezentralisierung hat auch Nachteile. So können z. B. im Einkauf Mengenrabatte verloren gehen.

Beim Bau einer Brücke sind Spezialisten aus verschiedenen Bereichen gefragt.

Matrixorganisation

	Forschung	Fertigung	Einkauf	Absatz
Projekt A	↓		↓	↓
Projekt B		↓	↓	↓

Dem Projekt A könnten Mitarbeiter aus den Abteilungen Forschung, Einkauf und Absatz zugeordnet werden, dem Projekt B Mitarbeiter aus den Abteilungen Fertigung, Einkauf und Absatz.

Unternehmen, die ihre Kundenaufträge in Form eines Projekts (z. B. den Bau eines Kraftwerks oder Staudamms) durchführen, bedienen sich häufig der Matrixorganisation. Mitarbeiter werden dabei für die Dauer des Projekts aus ihren Abteilungen (Konstruktion, Fertigung usw.) herausgezogen und den jeweiligen Projektleitern unterstellt.
Die Wahl der Organisationsform wird, neben den Kundenanforderungen, auch von der Entwicklung des Unternehmens bestimmt. In der Gründungsphase eines Unternehmens ist das Liniensystem mit wenigen Instanzen sinnvoll. Bei erfolgreicher Unternehmensentwicklung (mehr Mitarbeiter, mehr Produkte, größere Betriebsstätten) kommen mehr Abteilungen und Instanzen hinzu. Dieser Entwicklung muss sich die Organisationsform anpassen.

Zusammenfassung: Aufbau von Unternehmen

Aufbauorganisation

bildet den hierarchischen Aufbau durch Stellenbeschreibung und Weisungsbefugnisse ab

Spartenorganisation/ Produktorientierung

Unterteilung nach Produkten oder Produktionszweigen

Dezentralisierung und Spezialisierung

Liniensystem

Unterteilung nach Hauptaufgaben bzw. Funktionen

Formen:
- Einliniensystem
- Mehrliniensystem
- Stabliniensystem

Matrixorganisation

verknüpft die horizontalen Funktionsstellen mit Projekt- oder Produktmanagern

Übungsaufgaben

1. Erstellen Sie eine Übersicht nach folgendem Muster, das die Vor- und Nachteile der aufgeführten Organisationsformen enthält.

Organisationsformen	Vorteile	Nachteile
Einliniensystem		
Mehrliniensystem		
Spartenorganisation		
Matrixorganisation (projektorientiert)		

2. Nennen Sie die Faktoren, die die Aufbauorganisation eines Unternehmens bestimmen.

3. Zeigen Sie den grundlegenden Unterschied der Aufbauorganisation nach dem Liniensystem und der Spartenorganisation auf.

4. Erstellen Sie das Organigramm zu folgenden Sachverhalten:

a) Der Verkauf der Produkte X, Y und Z wird jeweils von einem Produktmanager betreut. Die Abteilungen Marketing, Logistik und Personal führen einzelne Maßnahmen durch, die mit den jeweiligen Produktmanagern abgestimmt und im Einvernehmen mit ihnen durchgeführt werden.

b) Jeder der acht Facharbeiter einer Abteilung hat mehrere Vorgesetzte. Anweisungen bezüglich der Arbeitszeit und der auszuführenden Aufträge nimmt er vom Vorgesetzten A entgegen. Hat der Facharbeiter ein technisches Problem, muss er sich an Vorgesetzen B wenden. Bei der Fertigungskontrolle ist er dem Kontrollmeister C unterstellt. Die drei Vorgesetzten unterstehen dem Produktionsleiter. Beratend steht ihm ein Ingenieur zur Seite.

5. Skizzieren Sie die Aufbauorganisation Ihres Ausbildungsbetriebes.

Rechtsform – Personen- oder Kapitalgesellschaft?

Lernsituation

Familiensitzung im Hause Lenz. Paul-Max Lenz, Inhaber einer großen Schreinerei, möchte in Zukunft aus Altersgründen nach und nach aus seinem Einzelunternehmen ausscheiden. Darüber spricht er mit seiner Frau und seinen Kindern Petra und Jonas.
Petra, die bereits als Meisterin im elterlichen Betrieb arbeitet, soll nach der Vorstellung des Vaters das Unternehmen übernehmen. Jonas arbeitet als selbstständiger Architekt. Es soll eine Unternehmensform gefunden werden, welche die Interessen aller Beteiligten erfüllt.

Arbeitsauftrag

- Bestimmen Sie die neue Unternehmensform. Begründen Sie Ihre Entscheidung. Zur besseren Entscheidungsfindung fassen Sie zunächst stichpunktartig die im Informationsteil dargestellten Unternehmensformen nach folgendem Schema zusammen (🌐 **Material** v9y2kz Schema Unternehmensformen):

Kriterien / Rechtsformen	Mindestkapital	Haftung	Geschäftsführung	Gewinnverteilung
GbR				
OHG				
KG				
GmbH				
GmbH & Co. KG				

Handelsgesetzbuch (HGB)

§1 Kaufmann im Sinne dieses Gesetzbuchs ist, wer ein Handelsgewerbe betreibt. Handelsgewerbe ist jeder Gewerbebetrieb, es sei denn, dass das Unternehmen nach Art oder Umfang einen in kaufmännischer Weise eingerichteten Geschäftsbetrieb nicht erfordert.

Betrieb, Firma oder Unternehmen?

Die Begriffe „Firma“, „Betrieb“ und „Unternehmen“ werden im allgemeinen Sprachgebrauch häufig gleichgesetzt.
Rechtlich gesehen ist die Firma der Name, unter dem ein Unternehmen im Handelsregister (→ S. 32) eingetragen ist und unter dem Geschäfte geführt werden. Ein Betrieb ist die örtliche Produktionsstätte, in der die Güter hergestellt oder Dienstleistungen erbracht werden. Ein Unternehmen ist die eigenständige, rechtliche und wirtschaftliche Einheit.
Die Entscheidung für eine Unternehmensform (Rechtsform) kann durch die Art der Geschäftsleitung, die Haftung, die Gewinn- und Verlustrechnung oder durch die Art der Kapitalbeschaffung begründet sein. Unternehmen können von einem Einzelunternehmer (Einzelunternehmen) oder von mehreren Personen (Gesellschaftsunternehmen) gegründet und geführt werden. Das sind die wichtigsten Unternehmensformen:

Einzelunternehmen

Das Einzelunternehmen ist die klassische Rechtsform für klein- und mittelständische Unternehmen. Handwerksbetriebe, Einzelhandelsbetriebe und landwirtschaftliche Betriebe werden in erster Linie in dieser Unternehmensform geführt.

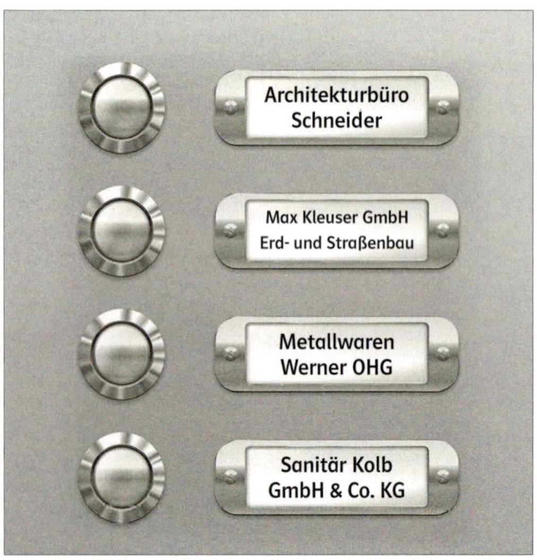

Das Einzelunternehmen wird vom Unternehmer allein geleitet. Der Unternehmer haftet allein für alle Schulden, und zwar unbeschränkt. Das bedeutet, dass er auch im schlimmsten Fall mit dem Verlust seines Privatvermögens rechnen muss. Bei der Finanzierung seines Unternehmens muss das Eigenkapital durch den Einzelunternehmer aufgebracht werden. Die Eigenkapitalbasis ist daher häufig gering, sodass es schwer fällt, ausreichend fremde Mittel (z. B. Bankkredite) zu bekommen. Ein Mindestkapital zur Gründung eines Einzelunternehmens ist nicht erforderlich. Der erwirtschaftete Gewinn steht dem Unternehmer zu.

Gesellschaftsunternehmen

Bei Gesellschaftsunternehmen kann der Zusammenschluss von Gesellschaftern aus unterschiedlichen Gründen erfolgen:

- Erhöhung des Eigenkapitals und dadurch höhere Kreditwürdigkeit bei den Banken;
- Verteilung oder Ausschluss der Haftung;
- Verteilung der Arbeitsbelastung;
- Nachfolgeregelung im Unternehmen (z. B. aus Altersgründen, Erbfolge).

Je nachdem, ob die Person des Gesellschafters oder seine Kapitalbeteiligung im Vordergrund steht, wird zwischen Personen- und Kapitalgesellschaften unterschieden.

Personengesellschaften

Schließen sich zwei oder mehrere Personen zusammen, um gemeinsam ein Unternehmen zu betreiben, so bilden sie eine **Personengesellschaft**, wenn mindestens eine Person mit ihrem Geschäfts- und Privatvermögen (unbeschränkt) haftet.

Recherche
ih4638
Rechtsformen, Aktiengesetz, Börse

Zu den Personengesellschaften zählt die **Gesellschaft bürgerlichen Rechts (GbR)**. Die GbR entsteht durch den Abschluss eines Gesellschaftervertrags (mündlich oder schriftlich) von mindestens zwei Personen. In diesem verpflichten sich die Gesellschafter gegenseitig, die Erreichung eines gemeinsamen Zwecks zu fördern und die vereinbarten Beiträge zu leisten. Die GbR ist eine einfache und unkomplizierte Rechtsform. Sie wird nicht ins Handelsregister eingetragen und betätigt sich nicht im kaufmännischen Bereich. Beispiele sind Arbeitsgemeinschaften im Bau oder Gemeinschaftspraxen.

Gemeinschaftspraxis
Hausärztliche Versorgung
Chirotherapie

Dr. med. Sabine Petry
Dr. med. Richard Seigner
Fabian Korn

Sprechzeiten nach telefonischer Vereinbarung:

Mo., Di., Do. u. Fr.	9:00 – 18:00 Uhr
Mi.	9:00 – 12:30 Uhr

Rechtsgrundlage ist das BGB. Danach müssen alle Gesellschafter den abzuschließenden Geschäften zustimmen und auch gemeinsam festlegen, wer die Gesellschaft nach außen vertritt.
In einem Gesellschaftervertrag können die Geschäftsführung und die Vertretungsbefugnis einer Person übertragen werden. Ist vertraglich nichts anderes festgelegt, so erhält jeder Gesellschafter den gleichen Anteil an Gewinn und Verlust.

Auch die **Offene Handelsgesellschaft (OHG)** ist eine Personengesellschaft. Gegründet wird die OHG von mindestens zwei Gesellschaftern, die gemeinsam das Kapital aufbringen. Für die Kapitaleinlage ist eine Mindesthöhe nicht vorgeschrieben und sie muss nicht zu gleichen Teilen erfolgen. Der Abschluss eines Gesellschaftsvertrags ist üblich und im Gegensatz zur GbR ist die Eintragung in das Handelsregister (wird beim Amtsgericht geführt) zwingend vorgeschrieben. Die Eintragungspflicht gilt auch für die folgenden Unternehmensformen.

Gesellschaftsunternehmen

Personengesellschaften
- GbR
- OHG
- GmbH & Co. KG
- KG

Kapitalgesellschaften
- AG
- GmbH
- UG (haftungsbeschränkt)

Jeder Gesellschafter der OHG ist zur Geschäftsführung und **Vertretung** berechtigt. Die Gewinnverteilung erfolgt zunächst durch eine vierprozentige Verzinsung der Kapitalanteile. Der Restgewinn wird genau wie entstandene Verluste nach Köpfen zu gleichen Teilen verteilt.
Aufgrund der besonderen Haftung der Gesellschafter ist die OHG besonders kreditwürdig. Jeder Gesellschafter haftet unbeschränkt. Darüber hinaus haften die Gesellschafter solidarisch. Jeder muss für die Geschäfte der anderen Gesellschafter einstehen. Da alle Gesellschafter unmittelbar haften, kann ein Gläubiger auswählen, welchen Gesellschafter er zur Haftung heranziehen möchte.

Ebenfalls zu den Personengesellschaften zählt die **Kommanditgesellschaft (KG)**. Kennzeichnend für die KG ist die Unterscheidung der Gesellschafter in Komplementäre (Vollhafter) und Kommanditisten (Teilhafter). Komplementäre haften unbeschränkt (auch mit dem Privatvermögen) und gesamtschuldnerisch für die gesamten Schulden der Kommanditgesellschaft. Kommanditisten dagegen haften nur beschränkt, d.h. nur mit ihrer Kapitaleinlage. Dieser Unterschied spiegelt sich in der Unternehmensleitung wider. Nur die Komplementäre sind zur Geschäftsführung und Vertretung berechtigt. Die Kommanditisten besitzen lediglich ein Kontrollrecht. Sie können Einsicht in die Bücher und in die Jahresbilanz verlangen und diese auf ihre Richtigkeit hin überprüfen. Die Einzelheiten der Zusammenarbeit werden in einem Gesellschaftsvertrag (KG-Vertrag) geregelt. Der Gewinn der KG wird zunächst mit einer vierprozentigen Verzinsung der Kapitaleinlagen auf die Gesellschafter verteilt. Die Aufteilung weiterer Gewinne erfolgt in angemessenem

*Die Rechtsgrundlage für die **Gesellschaft bürgerlichen Rechts** liefert das Bürgerliche Gesetzbuch, BGB §§ 705 ff.*

*Die Rechtsgrundlage für die **Offene Handelsgesellschaft** liefert das Handelsgesetzbuch, HGB §§ 105 ff.*

Vertretung

das Recht, die Firma nach außen zu vertreten und Geschäfte abzuschließen

*Die Rechtsgrundlage für die **Kommanditgesellschaft** liefert das Handelsgesetzbuch, HGB §§ 161 ff.*

Kommanditgesellschaft

Komplementär
- unbeschränkte und gesamtschuldnerische Haftung
- Geschäftsführung

Kommanditist
- beschränkte Haftung
- Kontrollrecht

GmbH-Gesetz (GmbHG)

§1 Gesellschaften mit beschränkter Haftung können nach Maßgabe der Bestimmungen dieses Gesetzes zu jedem gesetzlich zulässigen Zweck durch eine oder mehrere Personen errichtet werden.

Verhältnis und ist z. B. von höheren Haftungsrisiken und der eingebrachten Arbeitsleistung abhängig.

Eine besondere Form der Kommanditgesellschaft ist die **GmbH & Co. KG**. Es handelt sich bei dieser Rechtsform um eine KG, bei der eine bereits bestehende GmbH als Vollhafter eingesetzt wird. Die Geschäfte leitet der Geschäftsführer der eingesetzten GmbH. Die Besonderheit dieser Unternehmensform liegt darin, dass die Gesellschafter nicht mehr mit dem Privatvermögen haften. Daher ist die Kreditwürdigkeit eher als gering einzuschätzen.

GmbH & Co. KG

KG → **Vollhafter** | **Teilhafter**

GmbH → **Vollhafter**

Kapitalgesellschaften

Bei **Kapitalgesellschaften** steht das aufgebrachte Kapital und nicht die gemeinsame Arbeit der Gesellschafter im Vordergrund. Zu den Kapitalgesellschaften zählen AG und GmbH.
Zur Gründung einer klassischen **Gesellschaft mit beschränkter Haftung (GmbH)** muss ein Mindestkapital (**Stammkapital**) von 25 000 € vorliegen. Die GmbH hat einen oder mehrere Geschäftsführer, die das Unternehmen leiten. Die Gesellschafterversammlung bestimmt und kontrolliert die Geschäftsführung und entscheidet u. a. über die Verwendung des Jahresgewinns.
Die Haftung der GmbH ist auf das Gesellschaftsvermögen und damit auf den Geschäftsanteil jedes Gesellschafters beschränkt. Auch die Gewinnverteilung erfolgt im Verhältnis der Geschäftsanteile, wobei der Gesellschaftsvertrag einen anderen Maßstab der Verteilung festlegen kann.
Aufgrund der Haftungsbeschränkung erfreut sich die Rechtsform der GmbH einerseits bei Unternehmensgründungen und Umwandlungen großer Beliebtheit. Andererseits wird dadurch die Beschaffung von Krediten erschwert.
Seit 2008 besteht die Möglichkeit, eine Gesellschaft mit beschränkter Haftung ohne Mindeststammkapital bzw. mit einem Stammkapital ab einem Euro zu gründen. Die Gesellschaft muss mit dem Rechtsformzusatz „**Unternehmergesellschaft (haftungsbeschränkt)**" oder „**UG (haftungsbeschränkt)**" geführt werden.

Aktiengesellschaft

Wenn ein Unternehmen ständig wächst, reicht das Eigenkapital der Gesellschafter für notwendige Investitionen, z. B. Maschinen oder Fertigungsstätten, oft nicht mehr aus. Dann ist zu überlegen, ob das Unternehmen nicht in eine **Aktiengesellschaft** (AG) umgewandelt werden sollte. Das Unternehmen bietet dabei mithilfe von Kreditinstituten den neuen Kapitalgebern die Unternehmensanteile in Form von **Aktien** an. Aktionär kann jeder schon mit kleinen Summen werden. Die Aktien werden dem Käufer allerdings nicht ausgehändigt, sondern im **Depot** (Wertpapierkonto) des Kreditinstituts verwaltet. Die Aktiengesellschaft erhält die gezahlten Beträge und verfügt dadurch über zusätzliche eigene finanzielle Mittel.

Bei der Gründung einer Aktiengesellschaft muss das Eigenkapital (**Grundkapital**) mindestens 50 000 € betragen. Aktionäre haben als Miteigentümer der AG Eigentumsrechte. Sie sind gemäß ihrem Aktienanteil am Jahresgewinn beteiligt (Ausschüttung des Gewinns = **Dividende**). Sie haben auch das Recht, an Abstimmungen der Aktionäre (Hauptversammlung) teilzunehmen. Wird die AG **insolvent**, können die Aktionäre den Kaufpreis für ihre Aktien verlieren. Sie haften nicht mit ihrem Privatvermögen und müssen auch keine nachträglichen Zahlungen leisten. Die Aktionäre können ihre Aktien jederzeit mithilfe von Kreditinstituten an der Wertpapierbörse zum jeweiligen Kurswert verkaufen. Die AG erhält dabei kein zusätzliches Kapital, da nur der Eigentümer wechselt.
Da sich der **Kurswert** ständig verändert, können Aktionäre durch den Kauf oder Verkauf ihrer Anteilsscheine Gewinne, aber auch Verluste erzielen. Die Kursentwicklungen werden täglich in den Medien veröffentlicht. Der **DAX** (Deutscher Aktienindex) gibt die Kursentwicklung der 30 bedeutendsten deutschen Aktiengesellschaften wieder. Er gilt als Anzeiger (Index) für die Entwicklung der Aktienkurse in Deutschland.
Da die Aktien einer AG oft auf Tausende von Aktionären verteilt sind, musste ein Weg gefunden werden, um solche Großunternehmen zu führen. Dazu hat man die AG mit folgenden Organen ausgestattet:
Die **Hauptversammlung**, zu der mindestens einmal im Jahr alle Aktionäre eingeladen werden, ist das Gremium der Aktieninhaber. Dabei werden die Beschlüsse gefasst, die für

Organe der AG

Aktiengesetz (AktG)

§ 1 Die Aktiengesellschaft ist eine Gesellschaft mit eigener Rechtspersönlichkeit. Für die Verbindlichkeiten der Gesellschaft steht nur das Gesellschaftsvermögen zur Verfügung. Die Aktiengesellschaft hat ein in Aktien zerlegtes Grundkapital.

Insolvenz

Zahlungsunfähigkeit/Überschuldung

Kurswert

= Kaufpreis einer Aktie; ergibt sich aus Angebot und Nachfrage an der Börse

Montanindustrie

alle auf den Bergbau aufbauenden Unternehmen aus der Kohlen-, Eisenhütten- und Stahlindustrie

das Unternehmen von grundlegender Bedeutung sind (z.B. Verwendung des Bilanzgewinns, Satzungsänderungen, Wahl des Aufsichtsrats). Jeder Aktionär hat ein Stimmrecht pro Aktie.
Der **Aufsichtsrat** bestellt (wählt), überwacht und berät den Vorstand. Neben Vertretern der Aktionäre (Wahl durch die Hauptversammlung) entsenden auch Arbeitnehmer ihre Interessenvertreter in den Aufsichtsrat. Sie üben damit nicht nur ein Kontrollrecht gegenüber dem Vorstand aus, sondern nehmen Einfluss auf die Geschäftspolitik. Die Anzahl der dort vertretenen Arbeitnehmer wird durch die Mitbestimmungsgesetze geregelt.
Der **Vorstand** leitet die Geschäfte der Aktiengesellschaft.

Die Mitbestimmungsgesetze bei Kapitalgesellschaften

Die Beteiligung der Arbeitnehmer in Aufsichtsräten bezeichnet man als Mitbestimmung. Die Mitbestimmung wird angewandt bei Kapitalgesellschaften (vorwiegend bei AGs und GmbHs) und Genossenschaften. Es gibt drei verschiedene Mitbestimmungsmodelle. Welches Modell für das einzelne Unternehmen gilt, ist abhängig von bestimmten Voraussetzungen.

Das **Mitbestimmungsgesetz von 1976** gilt für alle Kapitalgesellschaften (Ausnahme Montanindustrie) mit über 2000 Arbeitnehmern. Genauso wie bei der Mitbestimmung nach dem **Montanmitbestimmungsgesetz** setzt sich auch hier der Aufsichtsrat zu gleichen Teilen aus Vertretern der Arbeitnehmer und Anteilseigner (paritätische Sitzaufteilung) zusammen. Eine volle Parität, wie in der Montanindustrie, wird jedoch nicht erreicht, da die Vertreter der Anteilseigner den Aufsichtsratsvorsitzenden bestimmen können. Dieser hat bei Abstimmungen mit Stimmengleichheit (Pattsituation) ein doppeltes Stimmrecht. Außerdem befindet sich unter den Arbeitnehmervertretern mindestens ein leitender Angestellter, der häufig die Interessen der Anteilseigner vertritt. In der Montanindustrie vermeidet man eine Pattsituation, indem sich beide Parteien auf ein weiteres, **neutrales Aufsichtsratsmitglied** einigen. Beide Gesetze sehen vor, dass in den Vorständen der Unternehmen ein **Arbeitsdirektor** für die personellen und sozialen Angelegenheiten zuständig ist.
Aufgrund der Sitzverteilung im Aufsichtsrat ist der Einfluss der Arbeitnehmervertreter auf betriebliche Entscheidungen nach dem Drittelbeteiligungsgesetz viel geringer als der der Aktionärsvertreter.

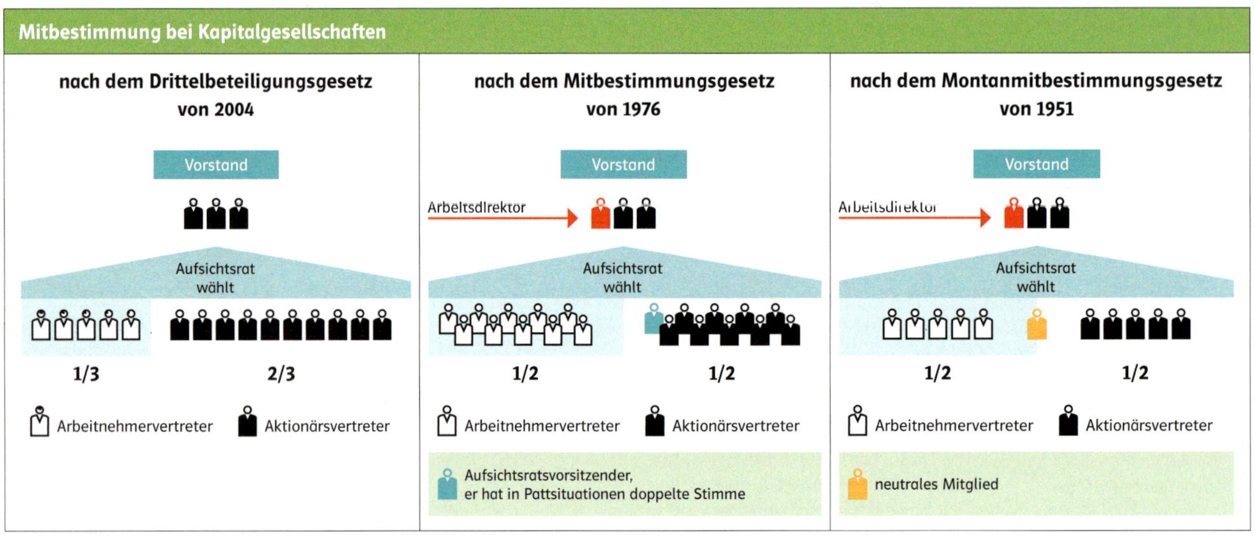

Zusammenfassung: Rechtsform – Personen- oder Kapitalgesellschaft?

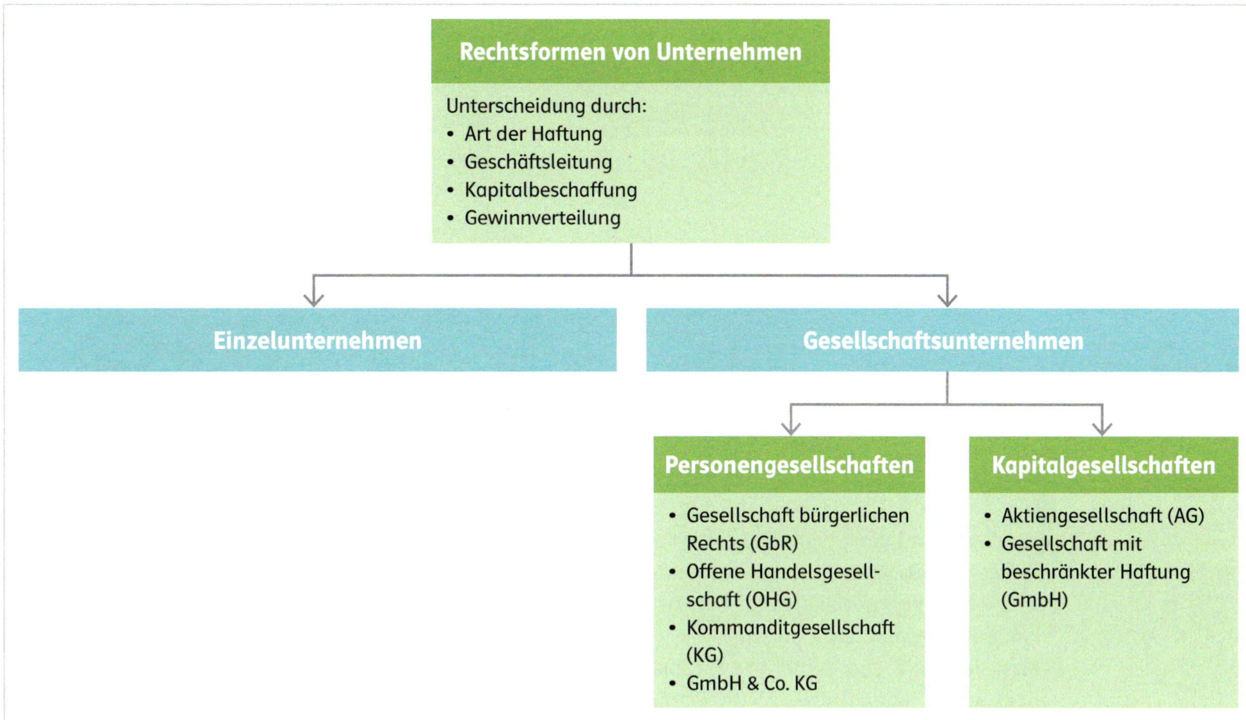

Übungsaufgaben

○ 1. Beschreiben Sie das Einzelunternehmen anhand der Kriterien Mindestkapital, Haftung und Gewinnverteilung.

◒ 2. Erklären Sie die Begriffe:
a) Firma, Betrieb und Unternehmen
b) Personen- und Kapitalgesellschaften
c) GmbH und GmbH & Co. KG

○ 3. Nennen Sie Gründe, warum sich Gesellschafter zu einem Gesellschaftsunternehmen zusammenschließen.

○ 4. Nennen Sie die Faktoren, die den Kurswert einer Aktie bestimmen.

◒ 5. Ermitteln Sie das Organ einer Aktiengesellschaft, das in den folgenden Fällen entscheidet.
a) Gewinnverteilung
b) Wahl des Vorstands
c) Kauf einer neuen Maschine
d) Wahl der Vertreter zum Aufsichtsrat
e) Entlassung des Vorstands
f) Satzungsänderungen

◒ 6. Ermitteln Sie die Branchen, in denen die DAX-Unternehmen tätig sind.

Von der Geschäftsidee zur Unternehmensgründung

Lernsituation

Christian: Neben dem Berufskolleg wird ein Ladenlokal frei. Ich habe es mir bereits angesehen. Es ist ideal, um eine Konditorei mit einem Stehcafé darin einzurichten. Die Miete dürfte am Stadtrand auch nicht allzu hoch sein. Als Schüler fiel mir damals schon auf, dass es dort nichts gibt, wo man sich außerhalb der Schule aufhalten und Verpflegung kaufen kann. Und wenn man bedenkt, dass praktisch den ganzen Tag Unterricht stattfindet, dürfte es keine Absatzprobleme geben.
Lena: Ich weiß, seit deiner bestandenen Meisterprüfung zum Konditor sprichst du davon, dass wir im eigenen Betrieb arbeiten. Muss es jetzt so schnell gehen? Dein jetziger Meister sucht doch in ein paar Jahren einen Nachfolger. Er hat es dir doch schon angeboten und das wäre mit viel weniger Risiko verbunden. Bist du dir eigentlich im Klaren, was auf dich zukommt? Die ganzen Verwaltungsvorschriften, die zu beachten sind, zu Anfang nur Arbeit und keine Freizeit mehr! Und wie willst du das dafür notwendige Kapital besorgen?
Christian: Es hat mich gefreut, dass mein Chef an mich als seinen Nachfolger gedacht hat. Aber erstens will ich nicht so lange warten und zweitens möchte ich was Neues anfangen, so wie ich mir das vorgestellt habe. Bevor wir aber über die Finanzierung nachdenken, sollten wir erst einmal andere Fragen klären.

Arbeitsauftrag

Auf dem Weg von der Geschäftsidee bis zur Selbstständigkeit müssen einige Hürden überwunden werden.

1. Erläutern Sie die persönlichen und rechtlichen Voraussetzungen, die mit einer Unternehmensgründung verbunden sind.
2. Vergleichen Sie die Vor- und Nachteile der Neugründung eines Unternehmens mit der Möglichkeit einer Betriebsübernahme.
3. Bewerten Sie die Wahl des Standortes für das Stehcafé.
4. Erläutern Sie, warum der Staat Jungunternehmer unterstützt.

Recherche
de2u6u
Existenzgründung, Projekt/Wettbewerb, Franchise

Wege in die Selbstständigkeit

Es gibt verschiedene Möglichkeiten, sich beruflich selbstständig zu machen. Einer davon ist die **Neugründung** eines Unternehmens. Dabei fängt der Gründer bei null an. Eine gute Geschäftsidee ist jedoch nur der Anfang. Jedes Start-up muss sich seinen Markt erst erobern und Beziehungen zu Lieferanten und Kunden aufbauen. Neben einer vielleicht schwierigen Anlaufphase birgt die Gründung aber auch die Chance, das Unternehmen nach eigenen Vorstellungen zu gestalten. Eine zweite Möglichkeit ist die **Betriebsübernahme**. Vor allem im Handwerk bietet sich die Chance, ein bereits etabliertes Unternehmen zu übernehmen. Eine Reihe von Unternehmern, die in Ruhestand gehen, sucht einen Nachfolger. Jedes Jahr stehen etwa 71000 Unternehmen (in Industrie und Handwerk) vor einem Generationswechsel.

Eine Gründung „light“ versprechen **Franchise-Systeme**. Dabei kauft sich ein Gründer in ein bereits bewährtes Geschäftsmodell ein. Bekannte Firmen sind die Fast-Food-Kette McDonald's, Blume2000.de oder die RENO Schuh- und Handelsgeschäfte. Dabei liefert der Franchise-Geber (z.B. RENO) Name, Marke und Marketing. Der Franchise-Nehmer (Herr Meier) errichtet mit eigenem Geld anhand vorgegebener Auflagen (z.B. einheitliche Innenausstattung) das Unternehmen. Gegen eine Gebühr (oder Umsatzbeteiligung) darf der Franchise-Nehmer nur die Produkte des Franchise-Gebers verkaufen. Dafür gibt ihm der Franchise-Geber die Garantie, dass im abgesprochenen Gebiet kein anderes Unternehmen dieses Systems eröffnet wird.

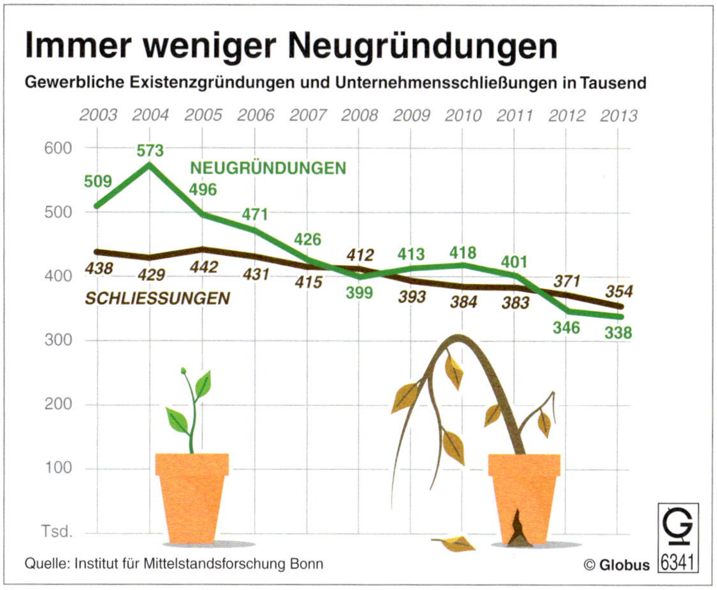

Persönliche und rechtliche Voraussetzungen

Vor dem Schritt in die Selbstständigkeit sollten angehende Unternehmer zunächst ihre persönliche Eignung kritisch überprüfen. Dabei können folgende Fragen hilfreich sein:

- Sind Sie bereit, auf ein erhebliches Maß an Freizeit, Urlaub und Familienleben zu verzichten?
- Können Sie sich selbst Ziele setzen und diese konsequent verfolgen?
- Ertragen Sie Stresssituationen auf Dauer und lösen Sie Probleme direkt?
- Haben Sie neben der technisch-fachlichen Qualifikation auch betriebswirtschaftliche bzw. kaufmännische Grundkenntnisse?
- Können Sie Mitarbeiter führen?
- Sind Sie kontaktfreudig?

Der Betrieb eines Gewerbes ist grundsätzlich jedermann gestattet, der voll geschäftsfähig ist. Ausnahmen von diesem Grundsatz der **Gewerbefreiheit** liegen dann vor, wenn die Art der ausgeübten Tätigkeit mit einer besonderen Verantwortung und fachlichen Eignung verbunden ist (z.B. bei Apotheken, im Kreditwesen, im Gaststättengewerbe oder im Handwerk). In diesen Fällen ist die Erteilung einer Genehmigung (Erlaubnis, Konzession, Meisterprüfung) neben der Gewerbeanzeige eine zusätzliche Voraussetzung für den Beginn des Gewerbes.

In fast der Hälfte der Handwerksberufe ist die Meisterprüfung Voraussetzung für die Gründung eines Unternehmens (z.B. bei Bäckereien). In anderen Handwerken reicht eine sechsjährige Berufspraxis, davon vier Jahre in leitender Funktion.

Das Bundesministerium für Wirtschaft und Technologie hat eine Initiative zur Unternehmensnachfolge mit einer bundesweiten Nachfolgebörse eingerichtet; Infos unter www.next.org

nexxt INITIATIVE UNTERNEHMENSNACHFOLGE

BLUME 2000

RENO

1.3 Ein Unternehmen gründen

e. K./e. Kfm/e. Kfr = eingetragener Kaufmann/eingetragene Kauffrau

Gewerbe anzeigen

Der Beginn der Gewerbeausübung muss bei der zuständigen Stadt- oder Gemeindeverwaltung (Gewerbeamt) angezeigt werden. Über die Zuständigkeit entscheidet der geografische Sitz des Unternehmens. Kopien der Gewerbeanmeldung gehen an verschiedene Stellen, wie z. B. an das Finanzamt, an die zuständige Kammer (IHK oder Handwerkskammer) und an die Träger der Sozialversicherungen (Arbeitsagentur, Krankenkasse, Berufsgenossenschaft).

Eintragung ins Handelsregister

Das Handelsregister hat die Aufgabe, die Öffentlichkeit über die Rechtsverhältnisse in Unternehmen zu informieren, z. B.:
- Wie wird gehaftet?
- Wer führt die Geschäfte?
- Wie hoch ist die Geschäftseinlage?

Das Handelsregister wird beim Amtsgericht geführt. Die Eintragungen werden im Bundesanzeiger und einer im Bezirk des jeweiligen Amtsgerichts ansässigen Zeitung veröffentlicht, z. B. in den Mitteilungsblättern der Industrie- und Handelskammern. Kapitalgesellschaften (AG, GmbH) werden immer in das Handelsregister (Abteilung B) eingetragen. Bei Einzel- und Personengesellschaften (GbR, OHG, KG, GmbH & Co. KG) ist die Eintragung von der Art und dem Umfang des Geschäftsbetriebs abhängig (Eintragung in Abteilung A) (→ S. 23 f. Rechtsformen).

Die Firma eines Unternehmens

Die Firma ist der Name des Unternehmens. Mit der Firma werden beispielsweise Verträge unterschrieben. Die Handelsregistereintragung ist gleichzeitig eine Garantie dafür, dass kein anderes Unternehmen am gleichen Ort diese Firma verwenden darf.
Aus der Firma soll deutlich werden, um welche Art von Geschäften es sich handelt und wer der Geschäftsinhaber ist (Firmenklarheit). Falsche Angaben oder Angaben, die bei einem Dritten falsche Vorstellungen wecken, sind nicht zulässig (Firmenwahrheit). Bei einem Verkauf des Unternehmens oder bei einer Betriebsübernahme kann die alte Firma weitergeführt werden. Somit bleibt für Kunden und Geschäftspartner der bekannte Geschäftsname erhalten.

Der Name des Unternehmens kann auf unterschiedliche Weise gebildet werden. Die Rechtsform des Unternehmens muss aber erkennbar sein.
- Personenfirma: Ein Unternehmer verwendet seinen Namen als Firma. Beispiel: „Heinz Meier **e. K.**“ (diese Regelung gilt für Kaufleute, die im Handelsregister eingetragen sind);
- Sachfirma: Die Tätigkeit des Unternehmens wird deutlich. Beispiel: Backwaren GmbH;
- Mischfirma: Mischung aus Personen- und Sachfirma. Beispiel: Meier Backwaren KG;
- Fantasiefirma: Ein Fantasiename steht im Vordergrund. Beispiel: Bawame GmbH.

Wahl des Standorts

Die Wahl des richtigen Standorts hängt von der Zielsetzung des Unternehmens und der betrieblichen Eigenart ab (→ S. 35 Standort). So wird sich ein Einzelhandels- oder Dienstleistungsunternehmen (z. B. Friseurladen) in der Nähe der Kunden ansiedeln, Supermärkte und Einkaufszentren dagegen eher am Stadtrand, um ausreichend Parkmöglichkeiten anzubieten. Zulieferfirmen siedeln sich in unmittelbarer Nähe ihres Hauptabnehmers an (z. B. Automobilwerk), um eine schnelle und sichere Versorgung zu gewährleisten. Darüber hinaus gibt es noch weitere Faktoren, die über die Wahl des Standorts entscheiden: Infrastruktur, Arbeitskräftepotenzial, Kosten für Mieten und Energie, Lohnkosten behördliche Auflagen, Erweiterungsmöglichkeiten usw.

Zusammenfassung: Von der Geschäftsidee zur Unternehmensgründung

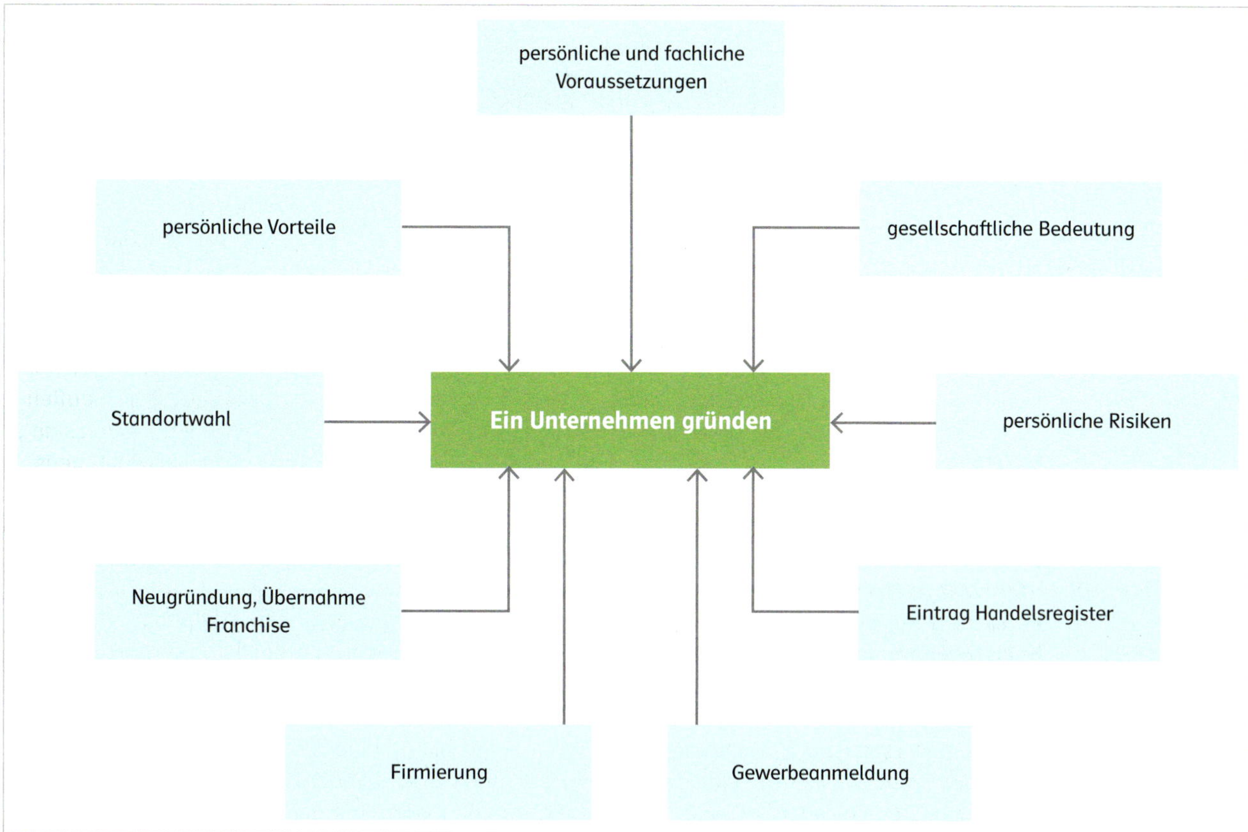

Übungsaufgaben

○ 1. Nennen Sie fünf persönliche Voraussetzungen, die ein Unternehmensgründer mitbringen sollte.

◒ 2. Der Weg in die Selbstständigkeit kann u.a. über eine Neugründung oder über ein Franchise-System erfolgen. Stellen Sie Vor- und Nachteile beider Geschäftsmodelle gegenüber.

◒ 3. Erläutern Sie am Beispiel Ihres Ausbildungsbetriebs/Ihrer Branche die Faktoren, die bei der Wahl des Standortes von Bedeutung sind.

○ 4. Beschreiben Sie, was die Grundsätze Firmenwahrheit und Firmenklarheit bei Wahl der Firma bedeuten.

● 5. Versuchen Sie eine Begründung dafür zu finden, warum im Dienstleistungsbereich die Zahl der Unternehmensneugründungen so hoch ist.

Businessplan und Kapitalbedarfsrechnung

Lernsituation

Kundenberater: Sie wollen also eine Konditorei mit Stehcafé eröffnen.
Christian: Ich habe am Anfang des Jahres meine Meisterprüfung als Konditor abgelegt, um mich selbstständig zu machen. Anhand meiner Unterlagen können Sie sehen, dass fast alle Punkte des Businessplanes bearbeitet sind. Was fehlt, ist das notwendige Startkapital.
Kundenberater: Es sieht alles vielversprechend aus. Reden wir also über die Finanzierung. Sie haben ja bereits eine Aufstellung mitgebracht. Es fehlen aber die Ausgaben, die in der Gründungsphase anfallen. So brauchen wir ein Warenlager von ca. 5000 Euro. Für Gebühren rechnet man 1500 Euro. Hinzu kommt auch noch der Werbeaufwand von etwa 3000 Euro, der in der Gründungsphase besonders wichtig ist. Dann wären da noch die Rechnungen für Telefon, Steuern, Versicherungen und Miete mit Nebenkosten mit monatlich 6000 Euro. Nicht zu vergessen die Lohnkosten.
Christian: Zum Glück übernimmt meine Verlobte den Verkauf im Café. Da haben wir die Personalkosten schon mal gespart.
Kundenberater: Aber Sie und Ihre Verlobte müssen ja auch von etwas leben. Ein eigenes Einkommen muss ebenfalls in die Finanzierung einfließen.
Christian: Oh je, das ergibt ja Unsummen ...
Kundenberater: Bisher liegt alles im normalen Rahmen. Außerdem können Sie mit staatlicher Unterstützung rechnen. Wir benötigen von Ihnen aber zunächst einen Kapitalbedarfsplan, bevor wir über die Finanzierung entscheiden.

Arbeitsauftrag

- Ein wichtiger Meilenstein im Businessplan ist die Aufstellung eines Finanzplans.

1. Erarbeiten Sie für unseren angehenden Jungunternehmer einen Kapitalbedarfsplan. Berücksichtigen Sie dabei auch den Eigenbedarf.
2. Informieren Sie sich über Fördermöglichkeiten für das geplante Unternehmen.
3. Überlegen Sie: Kommt für Sie in Zukunft eine Unternehmensgründung in Betracht? Begründen Sie Ihre Entscheidung.

Recherche
8wq5ic
Businessplan, staatliche Fördermittel

Der Businessplan

Unzureichende Planung ist einer der häufigsten Gründe, warum Jungunternehmen schon nach wenigen Jahren scheitern. Deshalb sollte man sich intensiv auf die Selbstständigkeit vorbereiten und einen detaillierten Businessplan (Geschäftsplan) erarbeiten. Es genügt nicht, ein Konzept im Kopf zu haben. Für die eigene Absicherung ist es wichtig, dass man die Gedanken formuliert und zu Papier bringt. Ein durchdachter Geschäftsplan erleichtert den Start in die Selbstständigkeit, denn er zeigt die Chancen und Risiken des Vorhabens auf und kann Kapitalgeber (z. B. Banken) von der Geschäftsidee überzeugen (→ *Checkliste Businessplan*).

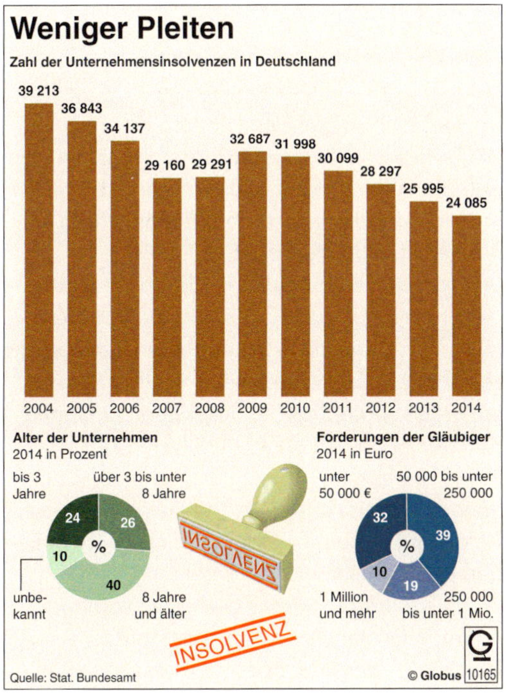

Kapitalbedarfsrechnung

Eine erfolgreiche Unternehmensgründung ist stark vom Kapitalbedarf und der damit verbundenen Kapitalbeschaffung (Finanzierung) abhängig. Die Unterschätzung des Kapitalbedarfs ist eine der Hauptursachen für das Scheitern von Existenzgründern. Unberücksichtigt bleibt häufig, dass ein Jungunternehmen in der Anfangsphase mit Anlaufverlusten, z. B. durch fehlende Bekanntheit, rechnen muss.

Checkliste Businessplan	
Geschäftsidee	Welches Produkt oder welche Dienstleitung will ich anbieten? Was ist das Neue oder das Besondere an der Geschäftsidee? Welchen Bedarf deckt mein Produkt/meine Dienstleistung?
Unternehmensform → S. 24	Will ich die Geschäftsidee allein oder mit Partnern verwirklichen? Wer übernimmt welche Aufgaben und Funktionen? Wie hoch sind die Kapitaleinlage und die Haftung?
Markteinschätzung → S. 132	Welche Kunden kommen in Frage? Wer ist meine Zielgruppe? Wer sind meine Konkurrenten? Wie könnten die Konkurrenten reagieren?
Standort	Wo errichte ich das Geschäft/das Büro? Brauche ich zusätzliche Räume? Gib es Erweiterungsmöglichkeiten? Welche der Standortfaktoren sind für mein Geschäft von Bedeutung: Kundennähe, Verkehrslage, Parkplätze, Fachkräfte, Konkurrenz, Kosten für Miete und Energie, Lohnkosten, behördliche Auflagen etc.?
Marketing → S. 136	Welche Werbemittel sollen eingesetzt werden? Wie will ich mein Produkt/meine Dienstleistung verkaufen? Welchen Preis verlange ich?
Finanzierung → S. 36	Welche Einnahmen und Ausgaben sind zu erwarten? Wie viel Geld benötige ich am Anfang? Woher bekomme ich das Startgeld? Welche Fördermittel stehen mir zu?
Zukunftsaussichten	Wie stelle ich mir meine Firma in zwei oder drei Jahren vor?

Die finanziellen Mittel sind in der Planung so zu kalkulieren, dass der Spielraum zur Überbrückung von wirtschaftlich schlechten Zeiten (z. B. zu geringer Umsatz) groß genug ist. Im Vordergrund der Kapitalbedarfsermittlung stehen die zukünftigen Ausgaben für Investitionen. Investiert wird in Grundstücke, Maschinen, Fahrzeuge usw. Diese Güter bilden die Grundlage für die betriebliche Tätigkeit und werden langfristig genutzt. Daher spricht man von Anlagegütern.

1.3 Ein Unternehmen gründen

Eigenkapitalquote (EK-Quote)

$$= \frac{\text{Eigenkapital} \times 100}{\text{Gesamtkapital}}$$

Gründerland Deutschland
Guten Start

Die Initiative „Gründerland Deutschland“ des Bundesministeriums für Wirtschaft und Technologie (BMWi) zielt auf vier Teilbereiche ab:

- *Gründung als Schritt in die unternehmerische Freiheit,*
- *Gründung als berufliche Option – frühzeitige Vermittlung im Bildungssystem,*
- *Gründung als Motor der strukturellen Erneuerung,*
- *Gründungen als Unternehmensnachfolge im Mittelstand.*

Kapitalbedarfsplan: Konditorei mit Stehcafé	
Investitionen	in Euro
Umbau/Renovierung	....
Maschinen/Geräte	....
Betriebs- u. Geschäftsausstattung	....
Fahrzeuge	....
erstes Material- u. Warenlager	....
Gründungsausgaben	
Gebühren/Anmeldungen	....
Markteinführungskosten (Werbung)	....
Anlaufverluste (monatlich)	
Miete	....
Lohnkosten	....
Gebühren/Steuern/Versicherungen	....
Eigenbedarf des Gründers	....
Gesamt	....

Möglichkeiten der Finanzierung

Nach der Ermittlung des Kapitalbedarfs stellt man die voraussichtlichen Ein- und Ausgaben eines bestimmten Zeitraums (z. B. sechs Monate) gegenüber (→ S. 149 Liquiditätsplan). Liegen die Ausgaben über den Einnahmen (bei einer Unternehmensgründung ist dies immer der Fall), müssen die benötigten finanziellen Mittel beschafft werden, damit das Unternehmen zu jeder Zeit seinen Zahlungsverpflichtungen nachkommen kann (also über ausreichende Liquidität verfügt).
Folgende Finanzierungsarten sind möglich:

- durch Eigenkapital
- durch Kredite (→ S. 265)
- durch Leasing (→ S. 267)
- durch Fördermittel

Finanzierung durch Eigenkapital

Bei der Finanzierung durch Eigenkapital werden die Gelder von Unternehmensgründern und/oder ihren Partnern, abhängig von der jeweiligen Unternehmensform, aufgebracht. Das im Unternehmen investierte Eigenkapital sollte 30 bis 40 Prozent des Gesamtkapitals ausmachen. Eine ausreichende **Eigenkapitalquote** bedeutet für das Unternehmen:

- finanzielle Engpässe und/oder Verluste können ausgeglichen werden;
- eine höhere Kreditwürdigkeit gegenüber Banken und anderen Gläubigern.

Eine besondere Form der Kapitalbeteiligung ist **Venture Capital** (Wagniskapital). Es dient dazu, meist risikoreiche Firmengründungen im Bereich der Hochtechnologie (Internet, Biotechnologie) zu finanzieren. Die Kapitalgeber gehen dabei das Risiko ein, ihr Kapital vollständig zu verlieren, wenn die Unternehmensgründung scheitert. Hat das Unternehmen Erfolg, sind hohe Gewinne möglich. In den USA ist diese Finanzierungsform stärker verbreitet. Dies erklärt auch, warum Firmen wie Google, Facebook und Apple dort gegründet wurden.

Finanzierung durch Fördermittel

Im Vergleich zu anderen Ländern werden in Deutschland viel weniger Unternehmen gegründet. Dem versucht der Staat entgegenzuwirken, indem er Jungunternehmern auf dem Weg in die Selbstständigkeit hilft.
Bei der Finanzierung durch Fördermittel hilft der Staat (EU, Bund, Länder und Gemeinden) mit unterschiedlichen Maßnahmen. Die häufigste Form öffentlicher Förderung ist die Bereitstellung von Krediten zu besonders günstigen Konditionen. Dazu gehören niedrige Zinssätze, lange Laufzeiten, Beginn der Tilgung erst nach einigen Jahren. Somit werden die finanziellen Belastungen der Kreditnehmer in der schwierigen Anlaufphase niedrig gehalten.
Wenn bestimmte Voraussetzungen vorliegen, erhalten Existenzgründer sogar staatliche Zuschüsse, die im Gegensatz zu den Krediten nicht zurückgezahlt werden müssen. So können Arbeitslose, die noch mindestens 150 Tage Anspruch auf Arbeitslosengeld I haben, von der Bundesagentur für Arbeit einen Zuschuss erhalten.
Durch umfassende Beratungsangebote und Gründungsinitiativen soll der Weg in die Selbstständigkeit erleichtert und gefördert werden.
Die Datenbank www.existenzgruender.de enthält rund 25 000 Adressen von öffentlichen Einrichtungen und Institutionen, von denen sich Existenzgründer beraten lassen können.

Zusammenfassung: Businessplan und Kapitalbedarfsrechnung

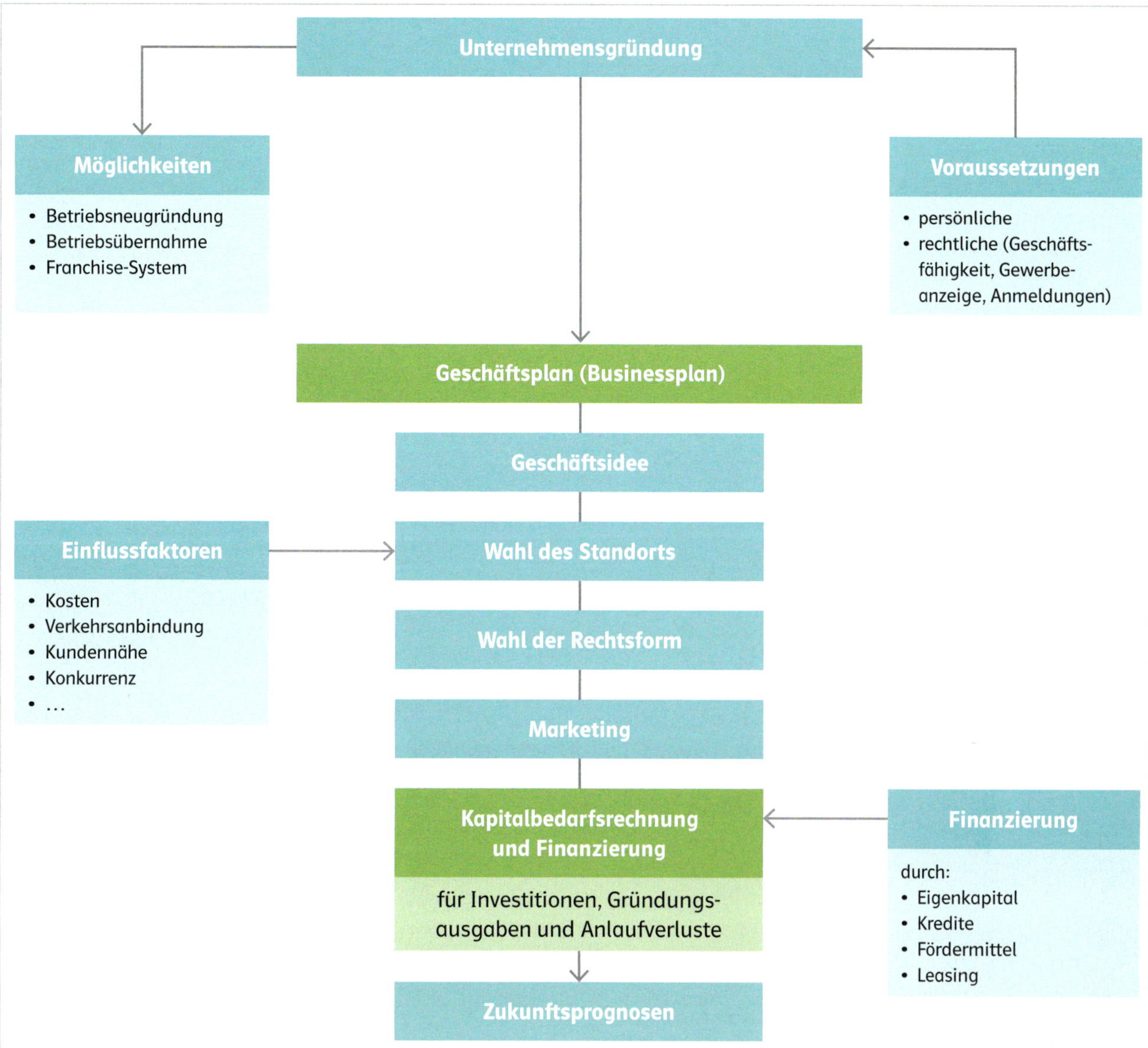

Übungsaufgaben

1. Erläutern Sie drei Gründe, warum bei der Aufstellung eines Geschäftsplans (Businessplan) eine Kapitalbedarfsrechnung sinnvoll ist.

2. Erläutern Sie, warum Unternehmen mit ausreichend Eigenkapital ausgestattet sein sollen.

3. Im Jahr 2014 meldeten über 24 000 Unternehmen Insolvenz an (→ S. 35 Grafik). 24 Prozent der Unternehmen waren nicht älter als drei Jahre. Erörtern Sie diesen Sachverhalt.

Projekt umsetzen

Projekt

In einem Projekt setzt man gemeinsam mit anderen eine komplexe Idee in die Praxis um. Wichtig ist dabei, im Vorfeld alle Ressourcen (Zeit, Finanzen) gut zu planen und die Arbeit gerecht und durchdacht auf die Beteiligten zu verteilen. Alle sollten gemäß ihrer Fähigkeiten und Interessen zum Einsatz kommen.

So geht's!

1. Projektidee formulieren
- Ideensammlung für das Projekt erstellen
- Projektskizze erstellen, aus der die genaue Projektidee und der Zeitrahmen hervorgehen.

2. Projektplan erstellen
- prüfen, inwieweit die Projektskizze durchführbar ist
- Projektplan aufstellen, mit verbindlichen Arbeitsschritten, verbindlichen Zeitvorgaben („Meilensteine") und verbindlicher Aufgabenverteilung

3. Projekt durchführen
- Arbeitszeiten, Arbeitsorte und Organisationsform konkret festlegen
- Arbeitsschritte gemäß Projektplan durchführen
- nötige Änderungen diskutieren und entscheiden

4. Projekt präsentieren
- Präsentation des Projekts vorbereiten und durchführen; allen Beteiligten die Möglichkeit zum Feedback geben.

Info
y7f5ds
Projektarbeit

Projekt „Businessplan“ umsetzen

1. Idee für eine Unternehmensgründung formulieren

Sammeln Sie in einem Brainstorming Ideen. Alle Äußerungen – auch ausgefallene und abwegig erscheinende – sind erlaubt (keine Kritik und Kommentare!). Diskutieren Sie, für welche Idee Sie sich entscheiden wollen. Nehmen Sie diese Idee noch einmal genau unter die Lupe. Dabei helfen Ihnen die folgenden Fragen:

- Wie originell ist die Idee?
- Gibt es vergleichbare Unternehmen bereits?
- Welche wichtigen Fragen müssen geklärt werden?
- Lässt sich das Projekt in der vorgegebenen Zeit durchführen?

Halten Sie die Vereinbarungen und Entscheidungen in einem Ergebnisprotokoll fest. Jeder Teilnehmer der Arbeitsgruppe erhält eine Kopie.

2. Plan für das Projekt „Businessplan“ erstellen

In dieser Phase findet der wichtigste Teil Ihres Projektes statt: Sie planen die konkrete Erstellung Ihres Businessplans. Dabei helfen Ihnen die folgenden Fragen:

- Welche Punkte enthält ein Businessplan (→ S. 35)
- In welcher Reihenfolge sollen die Arbeitsschritte erledigt werden?
- Wer übernimmt welche Teilaufgabe (z. B. Rechtsform, Standort, Marktanalyse, Kapitalbedarf)?

Setzen Sie Meilensteine, indem Sie festlegen, welche Arbeiten zu welchem Zeitpunkt erledigt sein müssen. Ihr Plan könnte folgendermaßen aussehen:

Material
6j32aw
Formular Ergebnisprotokoll

Material
2f2p82
Checkliste Businessplan

Material
hz8rs2
Kapitalbedarfsplan

M1 Projektplan für die Erstellung eines Businessplans

April
1.: Kick-off – Projektidee steht
8.: rechtliche Fragen geklärt
15.: Marktanalyse abgeschlossen
20.: Standortanalyse abgeschlossen
22.: Marketingplanung abgeschlossen
27.: Kapitalbedarf ermittelt
29.: Businessplan erstellt

3. Projekt „Businessplan“ durchführen

Führen Sie die geplanten Arbeitsschritte durch. In Projektsitzungen informieren Sie sich gegenseitig über den Stand. Achten Sie auf die Einhaltung der Meilensteine.

4. Businessplan präsentieren

Versuchen Sie, die Zuhörer für Ihre Ideen zu gewinnen. Denken Sie daran, dass Ihr Publikum in der Praxis Investoren bzw. Kreditgeber wären (→ S. 288 Informationen visualisieren).

Arbeitsauftrag

- Planen Sie als Klasse/Gruppe eine Unternehmensgründung und erstellen Sie dazu einen Businessplan. Es kann sich um ein rein fiktives Unternehmen handeln, um ein Unternehmen Ihrer Branche oder ein Schulunternehmen (z. B. Schulkiosk, Stehcafé).
  Informationen zur Unternehmensgründung finden Sie in den Lernsituationen *Von der Geschäftsidee zur Unternehmensgründung* (→ S. 30), *Businessplan und Kapitalbedarfsplan* (→ S. 34), *Rechtsform: Personen- oder Kapitalgesellschaft?* (→ S. 23).

Üben
ns6hb8
Prüfungsaufgaben

Üben interaktiv
jm3wn5
Prüfungstraining

Berufsschule

1. Umweltfreundliche Unternehmen versehen ihre Produkte z. B. mit dem „Blauen Engel".

a) Was sagt dieses Logo aus?

b) Zählen Sie weitere Möglichkeiten auf, sich den Kunden als umweltfreundliches Unternehmen zu präsentieren.

c) Beschreiben Sie mögliche Ziele, die Unternehmen mit ihrem Umweltengagement verfolgen.

2. Ein Sägewerk benötigt zur Leistungserstellung die folgenden Produktionsfaktoren.

Unterteilen Sie diese in
Arbeit (A),
Boden (B) und
Kapital (K).

Produktionsfaktoren	A/B/K
Hobelmaschine	
Geselle	
Schreinermeister	
Fertigungshalle	
Computer	
Bäume	
Fabrikgelände	
Energie	

3. Tragen Sie folgende Begriffe in die Übersicht der Unternehmensformen in die mit 1, 2, 3 und 4 gekennzeichneten Rechtecke ein.

a) Kapitalgesellschaften
b) KG
c) Großbetriebe
d) Personengesellschaft
e) AG

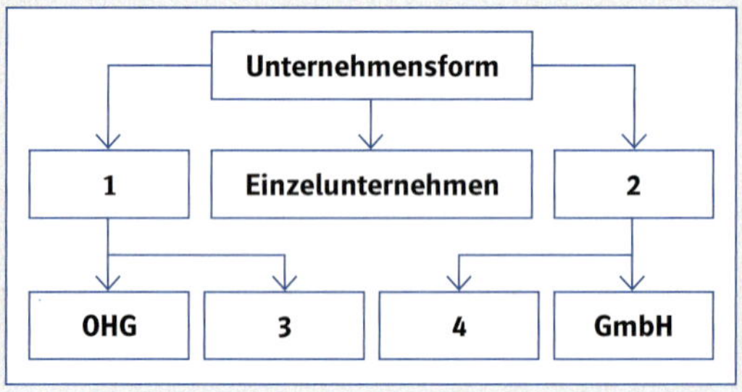

4. Die Geschwister Nele und Julian Giebel planen die Gründung eines Unternehmens. Sitz des Unternehmens, das im Internet eine Plattform für Musikunterricht anbietet, ist Dortmund.

a) Benennen Sie mithilfe des Gesetzestextes aus dem GmbH-Gesetz die Fehler im vorliegenden Vertrag. (→ S. 106 Mit Gesetzestexten arbeiten)

b) Suchen Sie einen Namen für die GmbH.

c) Erarbeiten Sie einen rechtsgültigen Vertrag.

Info
9x2v5a
§§ 1–5
GmbH-Gesetz

Bisher liegt folgender Gesellschaftsvertrag vor:

Vertrag
Wir, Nele und Julian Giebel, gründen eine GmbH im IT-Bereich. Wir sind beide jeweils mit einer Einlage in Höhe von 10 000 Euro am Unternehmen beteiligt. Alles wird gemeinsam besprochen und entschieden. Der Gewinn wird geschwisterlich geteilt.

Nele Giebel *Julian Giebel*

Berufsfachschule zur FHR

1. Lesen Sie die „Story von Smart Hydro Power" Das Start-up-Unternehmen erhält 880 000 € Fördermittel. Schreiben Sie eine ausführliche Begründung für die Vergabe der Mittel aus der Sicht des bayrischen Wirtschaftsministeriums und des High-Tech Gründerfonds.

M1 Fördermittel

Wasser marsch – Die Story von Smart Hydro Power

Viel Wasser, aber keine dezentrale Energieversorgung – für solche Regionen baut Smart Hydro Power Mini-Wasserkraftwerke, die auch Laien bedienen können.

Die Idee zu seinem Start-up hatte Karl Reinhard Kolmsee, als er vor wenigen Jahren in Peru unterwegs war. Denn dort erlebte er, dass die einheimische Bevölkerung enorme Probleme mit der Energieversorgung hatte. Das, während gleichzeitig ein gewaltiges Energiepotenzial direkt vor ihrer Haustür lag: der Amazonas.

Eine typische Situation für Schwellenländer. Oft kann dort das Energiepotenzial von Wasser nicht genutzt werden, weil das Geld fehlt, um das Wasser aufzustauen, oder die technischen Möglichkeiten, die Energie in einer Region zu verteilen. Der Standard, mit dem in solchen Gegenden Strom erzeugt wird, ist ein Gerät, das gleichermaßen ressourcenverschwendend wie teuer ist: der Dieselmotor.

Kolmsees Start-up Smart Hydro Power will dort Abhilfe schaffen. Mit einem Wasserkraftwerk für den Hausgebrauch. Smart Hydro Power ist ein knapp 200 Kilogramm schweres Gerät, das einem Propeller ähnelt und in nahezu jedem Fluss eingesetzt werden kann. Im Frühjahr 2011 soll das erste Gerät in Bayern getestet werden. Im Sommer wird der erste Langzeitbetrieb starten: am Amazonas. […]

Das bayerische Wirtschaftsministerium und der High-Tech Gründerfonds finanzieren das Startup mit insgesamt 880 000 Euro. Kolmsee beschäftigt bereits vier Mitarbeiter.

Claus Hornung, Wasser marsch – Die Story von Smart Hydro Power (18.01.2011). Financial Times Deutschland 01/2011.

2. Die Werbeagentur Schmidt und die Agentur Kramer planen den Zusammenschluss beider Unternehmen. Dabei sollen die beiden Einzelunternehmen in ein Gesellschaftsunternehmen umgewandelt werden und zwar unter folgender Voraussetzung:

M2 Wahl der Rechtsform

Die beiden Eigentümer Frau Schmidt und Herr Kramer beteiligen sich zu gleichen Teilen an dem neu geschaffenen Unternehmen. Mit dem geplanten Zusammenschluss erhofft man sich in Zukunft eine starke Umsatzsteigerung, die dann umfangreiche Investitionen erfordert. Die Finanzierung müsste überwiegend aus Krediten erfolgen. Herr Kramer möchte sich aus Altersgründen nicht mehr an der Geschäftsführung beteiligen, im Falle einer Insolvenz des Unternehmens aber auch nicht mit seinem Privatvermögen haften. Geleitet wird das Unternehmen von Frau Schmidt.

Treffen Sie für das neue Unternehmen eine begründete Entscheidung bei der Wahl der Rechtsform.

2 Beschaffung und Leistungserstellung

Gute Planung sichert Aufträge

Der Auszubildende Yannik nimmt mit seinem Großvater an der Betriebsbesichtigung einer Werft teil.

Sprecher der Werft: … für den Umbau des Kreuzfahrtschiffes benötigen wir 6 Monate. Unsere Konkurrenten in Fernost sind zwar etwas preisgünstiger, dafür sind wir schneller. Das war denn auch einer der Gründe, warum wir den Auftrag erhalten haben. Der Auftraggeber kann sein Schiff wieder früher für Fahrten einsetzen und somit auch Einnahmen erzielen. Schaffen wir es allerdings nicht, die vereinbarte Zeit einzuhalten, ist eine saftige Konventionalstrafe fällig. Damit alles wie geplant abläuft, müssen sich alle an die Vorgaben der Arbeitsplanung halten. Immerhin arbeiten hier fast 10 000 Mitarbeiter. Es muss alles auf das Genaueste aufeinander abgestimmt sein. Das gilt für sämtliche Bereiche unserer Werft, angefangen vom Einkauf über die Baugruppenfertigung bis hin zum Zusammenbau. Unsere Logistikabteilung übernimmt dabei eine wichtige Rolle. Zum Beispiel die Arbeitsgruppe, die sie da vorne sehen, verteilt die anfallenden Arbeiten …
Großvater: Wenn man das so sieht, hat sich in den Arbeitsläufen der Industrie eine Menge getan. Wir mussten früher bestimmt nicht weniger arbeiten, aber es war längst nicht alles so durchorganisiert wie heute.
Yannik: … das ist bei uns im Betrieb nicht viel anders, auch wenn alles in viel kleinerem Rahmen abläuft. Unsere Auftraggeber sind Privatkunden. Vertragliche Vereinbarungen müssen bei uns genauestens eingehalten werden. Nicht nur, dass wir die Kunden sonst verlieren, sie kennen ihre Rechte als Verbraucher ganz genau. Und weil die Kundenwünsche immer anspruchsvoller werden, müssen wir uns ständig verbessern. Wie sagt mein Ausbilder: „Die Konkurrenz schläft nicht".

Hätten Sie's gewusst?

1. Wie viele Lkws sind täglich auf den rund 12 800 Kilometern deutscher Fernstraßen unterwegs?
2. Wie hoch war die Zahl der vom Kraftfahrt-Bundesamt in den letzten Jahren gemeldeten Rückrufaktionen bei Pkws?
3. Die gesetzliche Grundlage des Vertragsrechts für Privatpersonen ist das BGB. In welchem Jahr trat das Gesetz in Kraft?

1: 650 000 (nach Schätzungen des Bundesverbands Güterkraftverkehr)
2: 160–180
3: 1900

Einen Einblick gewinnen

Worum geht es?

Yannik und sein Opa lernen den Produktionsablauf einer Werft kennen, die sich einen lukrativen Auftrag sichern konnte. Was macht Unternehmen wie diese Werft erfolgreich? Wie gehen sie bei der Lagerhaltung vor und wie organisieren sie ihren Einkauf? Mit welchen Maßnahmen optimieren sie ihre Prozesse im Bereich der Leistungserstellung?
Ganz klar: Die betrieblichen Abläufe müssen gut organisiert und laufend überprüft werden, damit ein Unternehmen am Markt erfolgreich ist. Erfolg stellt sich aber nur ein, wenn ein Unternehmen Käufer für seine Waren oder Dienstleistungen findet. Was sind die Faktoren, die eine Kaufentscheidung bestimmen? Welche Rechte und Pflichten haben Käufer und Verkäufer, wenn sie einen Kaufvertrag abschließen? Und was passiert, wenn ein Kunde nicht zufrieden ist?

Informieren Sie sich!

Verschaffen Sie sich mithilfe des Buchs einen Überblick.
Sie finden in diesem Kapitel Lernsituationen zu folgenden Themen:

So geht's!
Mit Gesetzestexten arbeiten

- Fertigungsplanung und Gestaltung von Arbeitsabläufen
- Leistungskontrolle und Qualitätsmanagement
- Entsorgungskonzept für betriebliche Abfälle
- Materialwirtschaft, Bedarfsplanung und Angebotsvergleich
- Aufgaben auslagern oder selbst machen?
- Gültige und ungültige Rechtsgeschäfte
- Lagerhaltung und Lagerkennziffern
- Liefer- und Annahmeverzug
- Kennzahlen für die Rationalisierung
- Logistiksysteme
- Zustandekommen von Rechtsgeschäften
- Mängelreklamation

Was hat das mit mir zu tun?

- Sie sollten über alle betrieblichen Abläufe Bescheid wissen. Nur so sind Sie in Ihrem Beruf handlungsfähig.
- Bedenken Sie, dass Sie sich den immer schneller werdenden Veränderungen der Geschäftsprozesse anpassen müssen. Bleiben Sie am Ball!
- Informieren Sie sich über Ihre Rechte als Konsument und die gesetzliche Grundlage dieser Rechte.

Fertigungsplanung

Lernsituation

Die Möbelschreinerei Gehling erstellt Einbauküchen in solider Handwerksarbeit. Geleitet wird das Unternehmen von den Brüdern René und Gregor. René Gehling führt die Kundengespräche, erstellt die Zeichnungen und ist für den Einbau der Küchen beim Kunden zuständig. Gregor Gehling leitet die Planung und Steuerung der Fertigung. Anhand der Zeichnungen erstellt er die Stücklisten und den Arbeitsplan. So soll es auch bei der Küche für die Familie Lechner sein.

Arbeitsauftrag

- Entwickeln Sie für den Fertigungsablauf der Lechner-Küche einen Fristenplan als Balkendiagramm, aus dem der späteste Beginn der Fertigung ersichtlich ist. Die Küche soll am 23.12. beim Kunden aufgestellt werden. Beachten Sie folgende Hinweise:
  - Die innerbetriebliche Montage muss am 22.12. (Donnerstag) abgeschlossen sein.
  - Die tägliche Arbeitszeit beträgt acht Stunden.
  - Samstags und sonntags wird nicht gearbeitet.
  - Einige Tätigkeiten können zeitgleich (parallel) durchgeführt werden: das Zuschneiden der Innen- und Außenteile, das Nuten der Rückwände mit dem Schleifen der Außenfront und das Lackieren der Außenteile mit Zusammensetzung der Innenteile.

Recherche
px6g92
Fertigungsablauf

Die Fertigung planen

Die Fertigungsplanung legt alle planerischen Maßnahmen zur Erstellung eines Produktes fest. Dabei wird in Bedarfsplanung und Ablaufplanung unterschieden.
Die **Bedarfsplanung** umfasst die
- Materialplanung: Ermittlung des Bedarfs an Rohstoffen und Hilfsmitteln (z. B. Schrauben), Betriebsstoffen sowie an fremdbezogenen und selbst erstellten Teilen;
- Personalplanung: Art und Anzahl der Arbeitskräfte, die zur Fertigungsdurchführung benötigt werden;
- Betriebsmittelplanung: Art und Menge der Betriebsmittel (Maschinen, Fahrzeuge, Vorrichtungen, Werkzeuge), die für die Fertigung der geplanten Produktion erforderlich sind.

Zur **Ablaufplanung** gehören der Arbeitsplan und der Zeitplan (Fristenplan).
Der **Arbeitsplan** ist eine tabellarische Beschreibung aller Arbeitsvorgänge und enthält die erforderlichen Angaben zur Fertigung der Teile. Im Arbeitsplan wird im Einzelnen Folgendes festgelegt:
- die notwendigen Arbeitsgänge (z. B. Gehäuse für Getriebe erstellen usw.);
- die Reihenfolge der Arbeitsgänge;
- die durchlaufenden Abteilungen, in denen das Werkstück bearbeitet wird (Modellschreinerei usw.);
- die eingesetzten Betriebsmittel (Werkzeuge, Maschinen);
- die Zeitangaben für die Durchführung der Arbeiten (Rüst- und Ausführungszeiten);
- die Lohngruppen für die auszuführenden Arbeiten.

Grundlagen für die Erstellung des Arbeitsplans sind Daten aus
- Konstruktionszeichnungen: Form der Werkstücke;
- Stücklisten: Mengenangaben, Benennungen, Abmessungen;
- der Maschinenkartei: vorhandene Maschinen und deren Belegung;
- der Werkzeug- und Vorrichtungskartei: einsetzbare Werkzeuge.

Fristenpläne (Zeitpläne) sollen den Zeitbedarf für die Arbeitsgänge ermitteln, die vom Entwurf bis zur Montage auszuführen sind.

2.1 Arbeitsprozesse planen und steuern

Der Zeitbedarf, den ein Erzeugnis benötigt, um den eigentlichen Fertigungsprozess vom Anfang bis zum Ende zu durchlaufen, wird als Durchlaufzeit bezeichnet. Bei der Ermittlung werden die Bearbeitungs-, Transport-, Lager- und Wartezeiten einbezogen. Ziel ist es, gleichzeitig verschiedene Arbeitsgänge durchzuführen, um somit die Durchlaufzeit zu verringern. Weitere Vorteile einer kurzen Durchlaufzeit sind kleinere Zwischenlager, kürzere Lieferzeiten und eine übersichtlichere Fertigung, da sich weniger Aufträge (z. B. Küchen) gleichzeitig in der Fertigung befinden.
Fristenpläne lassen sich grafisch durch Balkendiagramme oder durch **Netzpläne** (→ S. 47) darstellen.
Der **Fristenplan als Balkendiagramm** zeigt die Dauer eines Arbeitsgangs durch einen Balken auf einer Zeitskala an.

Die Fertigungssteuerung

Nach Abschluss der Fertigungsplanung folgt die Fertigungssteuerung. Dazu gehören:

- Bereitstellen von Material: Das Material muss termingerecht in der richtigen Art und Menge am richtigen Ort bereitgestellt werden (→ S. 81ff.).
- Bestimmung der **Losgröße**: Die pro Fertigungsgang erstellte Menge eines Produktes bezeichnet man als Losgröße. Wird in kleinen Losgrößen gefertigt, entstehen hohe Rüstkosten, weil die Maschine für jeden neuen Fertigungsgang neu eingerichtet werden muss. Produziert man ohne Umrüstung in großen Losen, verursacht man hohe Lagerkosten. Damit ergibt sich als optimale Losgröße die Fertigungsmenge, bei der die Summe der Lager- und Rüstkosten am niedrigsten ist.
- Vorbereitung der Fertigungsstellen: Die Fertigungsstellen müssen auf die auszuführenden Arbeiten vorbereitet sein.
- Festlegen der Maschinenbelegung: Die benötigten Maschinen müssen zum richtigen Zeitpunkt verfügbar sein.
- Terminüberwachung: Damit der vereinbarte Liefertermin eingehalten werden kann, muss neben der Terminplanung eine Terminüberwachung des Arbeitsfortschritts erfolgen. Dies kann u. a. mithilfe von Netzplänen, Termin- und Laufkarten erfolgen.

Losgröße in Stück	Häufigkeit des Rüstens	Rüstkosten in €	Lagerkosten in €	Summe (Rüst- + Lagerkosten)
100	300	15000	2000	17000
200	150	7500	4000	11500
300	**100**	**5000**	**6000**	**11000**
400	75	3750	8000	11700
500	60	3000	10000	13000

Die optimale Losgröße liegt bei 300 Stück.

Die Netzplantechnik

Die Netzplantechnik wird vorwiegend in der industriellen Einzelfertigung angewandt, und zwar bei Projekten, die in viele Arbeitsaufträge zergliedert sind (Bau eines Passagierschiffs, Großbaustelle). Die Netzplantechnik dient der Zeitplanung (die zeitlichen Abhängigkeiten einzelner Arbeitsgänge werden aufgezeigt) und der Terminüberwachung. Dies gilt besonders für den kritischen Weg. Verzögert sich ein Arbeitsschritt, verschiebt sich entsprechend der Endtermin des Projektes.

Vorgehensweise

Ein Netzplan besteht aus den sogenannten **Vorgangsknoten**, die miteinander verbunden sind.

1. Festlegung der **Reihenfolge der Arbeitsschritte** (Vorgänge) und der **Fertigungsdauer** (hier: erst Arbeitsschritt A, dann B, anschließend gleichzeitig C, D, E, F, dann G und zum Schluss H).

Vorgangsknoten	
Frühester Anfangszeitpunkt (**FAZ**)	Frühester Endzeitpunkt (**FEZ**)
Vorgang	Dauer
Spätester Anfangszeitpunkt (**SAZ**)	Spätester Endzeitpunkt (**SEZ**)

2. **Vorwärtsrechnung**: Im ersten Vorgangsknoten (Vorgang A) wird im linken oberen Feld der früheste Anfangszeitpunkt (**FAZ**) und im rechten oberen Feld der früheste Endzeitpunkt (FEZ) eingetragen (FEZ = FAZ + Dauer des Vorgangs). In der Reihenfolge der Arbeitsschritte werden die jeweiligen Vorgangsknoten entsprechend ausgefüllt.

3. **Den kritischen Weg bestimmen**: Die Reihenfolge der Arbeitsschritte (hier: A, B, E, G und H), die die insgesamt längste Fertigungszeit beansprucht (hier: 17 Fertigungstage), bezeichnet man als den „kritischen Weg"; sie wird gesondert markiert. (Die Arbeitsschritte A, B, C, G und H benötigen 13 Fertigungstage.) Der kritische Weg gibt zugleich die schnellstmögliche Fertigungszeit an. Die Verzögerung eines Vorgangs bedeutet automatisch eine Verschiebung des Endtermins. Soll der kritische Weg eingehalten werden, muss demnach der früheste Fertigungsendzeitpunkt jedes Vorgangs mit dem spätesten Fertigungsendzeitpunkt (SEZ) übereinstimmen: FEZ = SEZ. Dies gilt auch für den frühesten und spätesten Anfangszeitpunkt (SAZ): FAZ = SAZ.

4. **Rückwärtsrechnung**: Alle anderen Arbeitsschritte müssen nicht zum frühesten Zeitpunkt fertig sein. Sie haben einen sogenannten Puffer. Er ergibt sich aus der Differenz zwischen FAZ und SAZ oder FEZ und FAZ (hier C = 4; D = 2, F = 3).

Beispiel eines Netzplans

Netzplan: Fertigung eines Getriebes (Arbeitsschritte → S. 45 Balkendiagramm)

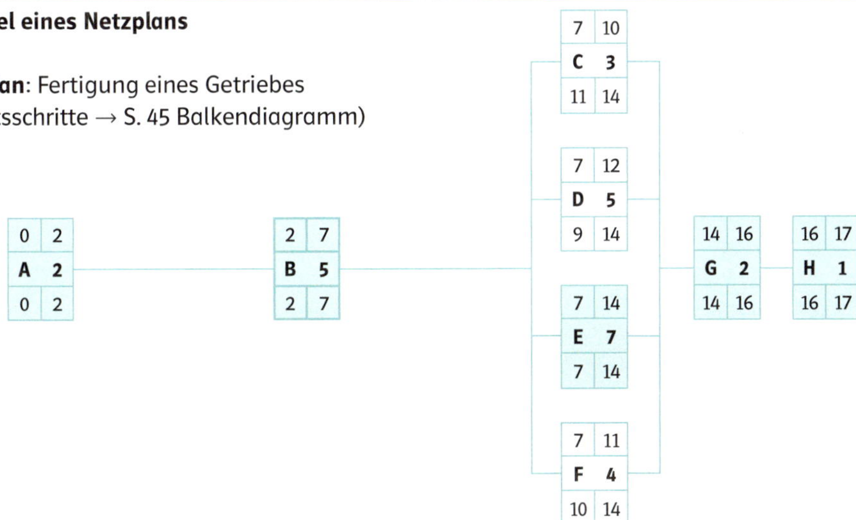

Zusammenfassung: Fertigungsplanung

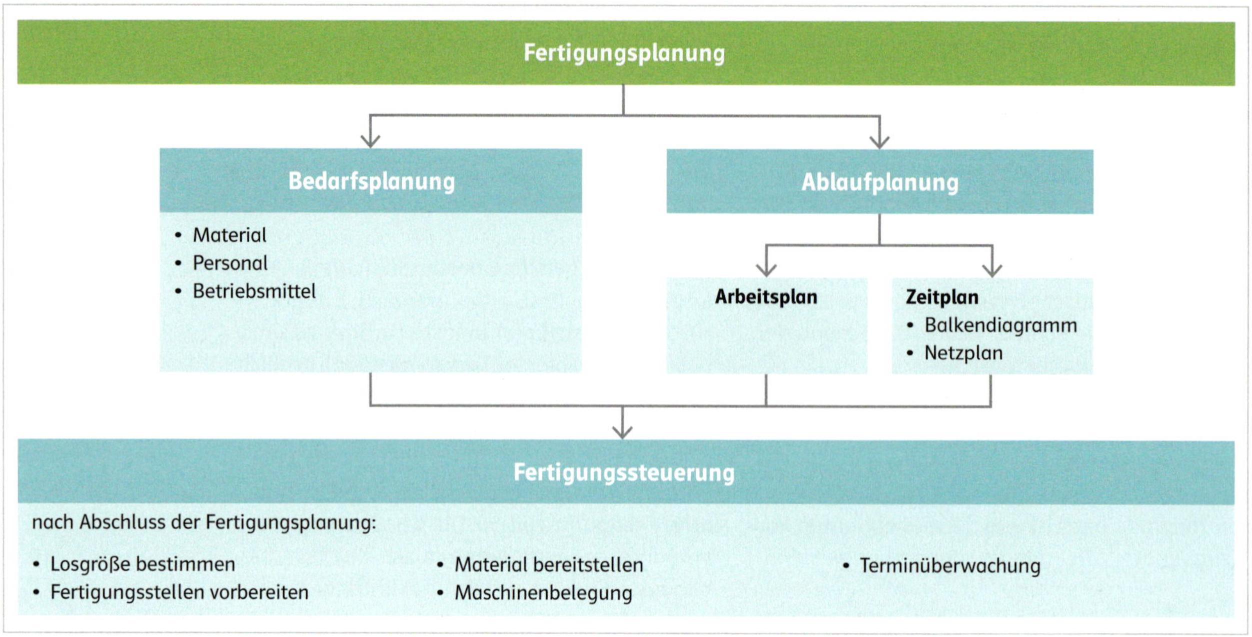

Übungsaufgaben

1. Beschreiben Sie die Aufgaben der Fertigungsplanung im Rahmen des Fertigungsprozesses.

2. Nennen Sie die Teile, aus denen sich ein Arbeitsplan zusammensetzt.

3. Beschreiben Sie die Vorteile, die sich aus einem schnellen Durchlauf der Erzeugnisse ergeben.

4. Erläutern Sie, ob die folgenden Tätigkeiten der Bedarfsplanung, der Ablaufplanung oder der Fertigungssteuerung zuzuordnen sind.
   a) Ermittlung der Bestellmenge
   b) Festlegung des Produktionsbeginns
   c) Überprüfung des Arbeitsfortschritts
   d) Festlegung der Produktionsmenge
   e) Maschinenbelegung
   f) Erstellung des Arbeitsplans
   g) Bereitstellen von Material
   h) Einkauf von Spezialwerkzeugen

5. Für den Bau eines Hauses sind folgende Arbeitsgänge in der angegebenen Reihenfolge geplant:

Fertigungsschritt		Dauer	vorausgehender Vorgang
A	Einrichten der Baustelle	1 Woche	–
B	Erdarbeiten	2 Wochen	A
C	Rohbau	8 Wochen	B
D	Dachstuhl	1 Woche	C
E	Fenster	1 Woche	D
F	Heizung/Sanitär/Elektro	4 Wochen	D
G	Estrich/Putz	3 Wochen	F
H	Boden/Malerarbeiten	2 Wochen	G

   a) Erstellen Sie einen Durchlaufplan in Form eines Balkendiagramms.
   b) Zeichnen Sie einen Netzplan.

6. Zur Fertigungssteuerung gehört die Festlegung der Losgröße.
   a) Erläutern Sie den Begriff „Los“.
   b) Erklären Sie, was unter einer „optimalen Losgröße“ zu verstehen ist.
   c) Stellen Sie Vermutungen an, warum in der betrieblichen Praxis die „optimale Losgröße“ nicht immer eingehalten werden kann.

Gestaltung von Arbeitsabläufen

Lernsituation

Ein Blick in die Werkstatt der Möbelschreinerei Gehling macht optisch die handwerkliche Fertigung der Produkte deutlich: In der Mitte der Werkstatt entsteht nach und nach jeweils eine Küche gemäß den Wünschen des Kunden. Um diese Mitte herum sind die verschiedenen Maschinen angeordnet, die für die einzelnen Arbeitsschritte notwendig sind.
Zunächst werden die Teile zugeschnitten und die Kanten bearbeitet. Anschließend werden die Bohrungen angebracht und Aussparungen z. B. für die Beschläge gefräst. Daraufhin können die Teile geschliffen und zum Schluss – aus Gründen des Gesundheitsschutzes in einem separaten Raum – lackiert werden.
Wenn alle Einzelteile erstellt sind, wird die Küche probeweise in der Mitte des Raumes zusammengebaut. Entspricht das fertige Produkt den Plänen, wird es im Fertigteilelager so lange zwischengelagert, bis der Termin für die Montage beim Kunden erreicht ist.
Materialien wie z. B. Spanplatten, Furniere, Beschläge, Schrauben usw. kann jeder – so wie sie benötigt werden – dem Materiallager entnehmen.
Die Aufträge werden vom Meister auf die Mitarbeiter verteilt. Da es sich um ausgebildete Schreiner handelt, verrichtet jeder die Arbeiten, die gerade notwendig sind.
In jüngster Zeit hat die Zahl der Aufträge stark zugenommen, manchmal müssen aus Termingründen zwei Küchen gleichzeitig produziert werden. Dadurch entsteht ein großes Durcheinander. Es gibt daher Überlegungen, die Arbeitsabläufe zu verbessern.

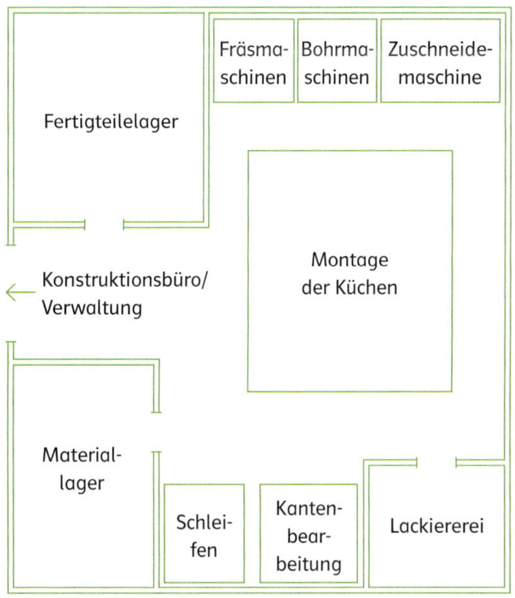

Arbeitsauftrag

- Entwerfen Sie einen Plan, der den Fertigungsablauf bei der Herstellung der Küchen in dem Unternehmen verbessert. Verwenden Sie die folgenden Informationen zu den Fertigungsverfahren und berücksichtigen Sie folgende Hinweise:

  1. Die Fertigungshalle kann beliebig aufgeteilt werden.

  2. Die vorhandenen Wände (Doppelstrich) zu den Lagern und zur Lackiererei können durch Umbaumaßnahmen verschoben oder beseitigt werden.

2.1 Arbeitsprozesse planen und steuern

Unterschiedliche Fertigungsarten

Betrachtet man das Produktionsziel eines Betriebes nach der Menge der Erzeugnisse, unterscheidet man in Einzel- und Mehrfachfertigung.

- **Einzelfertigung**:
  Wird mit der Produktionsanlage eines Betriebes jeweils nur ein einzelnes Produkt erstellt, spricht man von Einzelfertigung. Grundlage ist gewöhnlich ein spezieller Kundenauftrag, der detaillierte Wünsche enthält.
  Beispiele: Bau von Gebäuden, Fertigung von Spezialmaschinen oder Küchen.
  Mit einer Einzelfertigung kann sich ein Unternehmen veränderten Kundenansprüchen sehr schnell anpassen. Andererseits ist die individuell ausgerichtete Produktion aufwendig.

- **Mehrfachfertigung**:
  Bei der Mehrfachfertigung werden mit der Produktionsanlage gleichartige Produkte zur selben Zeit oder unmittelbar hintereinander erstellt. Dabei gibt es drei Varianten:
  Serienfertigung liegt vor, wenn die gleichartigen Produkte in begrenzter Stückzahl erzeugt werden. Für eine neue Serie wird die Anlage umgerüstet (hohe Kosten, zeitaufwendig).
  Beispiele: Herstellung von Tiefkühlfertiggerichten, Elektrokleingeräten, Medikamenten, CDs.
  Sortenfertigung liegt vor, wenn Produkte hergestellt werden, die sich aufgrund des verwendeten Materials und ihrer Herstellung nur unwesentlich unterscheiden.
  Beispiele: Stoffqualität oder Schnittmuster bei Anzügen, unterschiedliche Biersorten bei Brauereien, Schrauben mit unterschiedlichen Abmessungen.
  Massenfertigung ist durch eine unbegrenzte Anzahl eines Produktes gekennzeichnet, das über lange Zeiträume erstellt wird.
  Beispiele: Herstellung von Bier, von Schrauben.

Wiederholungen in der Arbeitsabfolge und die Möglichkeit, Spezialmaschinen einzusetzen, führen zu einer Rationalisierung des Produktionsablaufs und damit zu einer Senkung der Stückkosten. Ein Nachteil der Massenfertigung ist, dass die aufwendige Fertigungsorganisation nur schwer auf Marktveränderungen umgestellt werden kann.

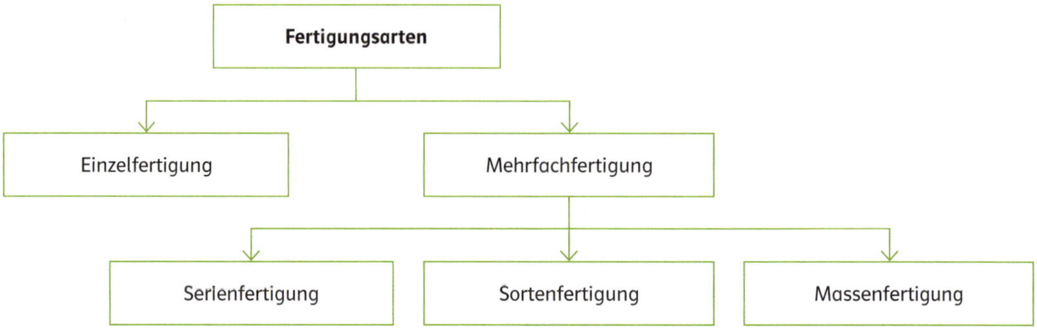

Recherche
vb56vg
Fertigungsorganisation

Fertigung nach Ablaufprinzipien

Verrichtungsprinzip
Gleichartige Verrichtungen (z. B. Fräsen, Lackieren) werden räumlich zusammengefasst, und die Werkstücke müssen an diesen Ort gebracht werden. Die räumliche Anordnung der Arbeitsplätze und Betriebsmittel ist unabhängig von der Reihenfolge, in der die Arbeiten durchzuführen sind: **verrichtungsorientierte Herstellung**.

Flussprinzip
Hier bestimmt der Ablauf, in dem ein Produkt erstellt wird (z. B. zuerst zuschneiden, dann Kanten bearbeiten usw.), die Anordnung der Tätigkeiten und die Nutzung der erforderlichen Betriebsmittel. Die Werkstoffe bewegen sich entlang dieser Produktionsfolge: **objektorientierte Herstellung**.

Werkstattfertigung
eine Variante der verrichtungsorientierten Herstellung

Fertigung nach Ablaufprinzipien

Im Fertigungsprozess werden bestimmte Tätigkeiten (Verrichtungen) in sachlich und zeitlich geordneter Abfolge angeordnet. Grundsätzlich bestehen zwei Möglichkeiten, diesen Fertigungsprozess zu organisieren.

Werkstattfertigung

Dieser Organisationstyp ist vor allem für die Einzelfertigung oder die Produktion kleiner Serien geeignet. Hier sind Arbeitsplätze und Maschinen, mit denen ähnliche Arbeitsaufgaben erledigt werden, räumlich zusammengefasst. In der Industrie bezeichnet man jeden dieser Orte als Werkstatt, während man im Handwerk von einem Ort als Werkstatt spricht, an dem verschiedene Maschinen angeordnet sind, mit denen spezielle Verrichtungen durchgeführt werden.

Vorteile:
- Das Unternehmen kann sich flexibel auf neue Produkte umstellen und damit auf Marktveränderungen reagieren.
- Da die Maschinen universell einsetzbar sind und gewöhnlich mehrere Exemplare zur Verfügung stehen, sind technische Störungen leicht zu beheben.
- Die Mitarbeiter erwerben durch breit gestreuten Arbeitseinsatz große Fachkenntnisse.

Nachteile:
- Der Transport der Werkstücke zu den verschiedenen Werkstätten ist zeitaufwendig.
- Die Maschinen müssen häufig für unterschiedliche Arbeitsschritte umgerüstet und neu eingestellt werden.
- Der Produktionsablauf ist unübersichtlich.

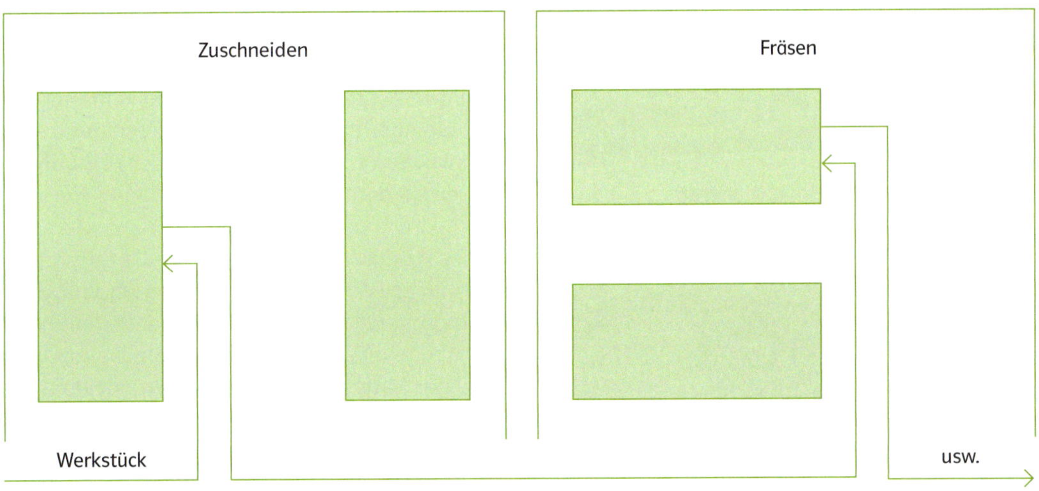

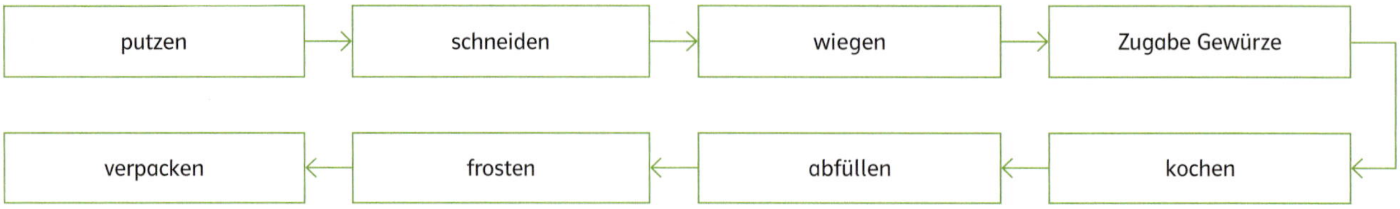

Ein Beispiel für die Fließfertigung ist die Herstellung von Tiefkühlgemüse nach der Ernte (Spinat).

Fließfertigung

eine Variante der objektorientierten Herstellung

Fließfertigung

Die Betriebsmittel und Arbeitsplätze sind so angeordnet, dass sie der logischen Abfolge bei der Herstellung des Produktes entsprechen (Flussprinzip). Dieser Organisationstyp eignet sich besonders für die Mehrfachfertigung. Bei der Massenfertigung wird in der Regel die Fließbandfertigung verwendet. Dabei wird der Herstellungsprozess in kleinste, zeitgleiche Verrichtungen zerlegt und das Werkstück im Taktverfahren an den einzelnen Arbeitsplätzen vorbeigeführt.

Vorteile:
- Die Transportwege werden verkürzt.
- Spezialmaschinen und eine starke Spezialisierung der Mitarbeiter beschleunigen den Produktionsablauf.
- Durch die Einengung der Verrichtungen kann auf teure Fachkräfte verzichtet werden. Vielfach lassen sich Arbeitskräfte durch Maschinen ersetzen.
- Der Produktionsprozess ist sehr übersichtlich.

Gruppenarbeit steigert die Motivation der Mitarbeiter.

Nachteile:
- Die Spezialisierung von Maschinen und Mitarbeitern erschwert Produktionsumstellungen.
- Ausfälle einzelner Produktionselemente können den gesamten Fertigungsprozess beeinträchtigen.
- Die geringe Abwechslung in den Arbeitsabläufen, die manchmal auf wenige Handgriffe beschränkt sind, vermindert die Motivation der Mitarbeiter oft stark.

Ebenso wie bei der Fließfertigung wird bei der **Reihenfertigung** nach dem Flussprinzip verfahren. Bei beiden Fertigungsarten bestimmt die technologische Reihenfolge den Fertigungsablauf. Der Unterschied besteht nur darin, dass bei der Fließfertigung die Arbeitsplätze durch mechanische Transporteinrichtungen verbunden sind, während bei der Reihenfertigung die Werkstücke von den Mitarbeitern transportiert werden.

Gruppenfertigung

Bei der **Gruppenfertigung** versucht man, die Vorteile der Werkstattfertigung und der Fließfertigung miteinander zu kombinieren. Statt die Arbeitsvorgänge z. B. am Fließband in immer kleinere Abschnitte zu zerlegen, bildet man komplexere Verrichtungen, die einer Fertigungsgruppe zugeordnet werden. Die Gruppe von Mitarbeitern kann dabei über die reine Montage des Produktes hinaus auch für die Qualitätssicherung zuständig sein, die Instandhaltung der Maschinen und die Materialbereitstellung. Durch regelmäßige Information, durch Einbeziehung der Mitarbeiter in die Produktionsplanung und durch das eigenverantwortliche Handeln der Gruppe gelingt oft eine beträchtliche Motivationssteigerung des Personals.

Zusammenfassung: Gestaltung von Arbeitsabläufen

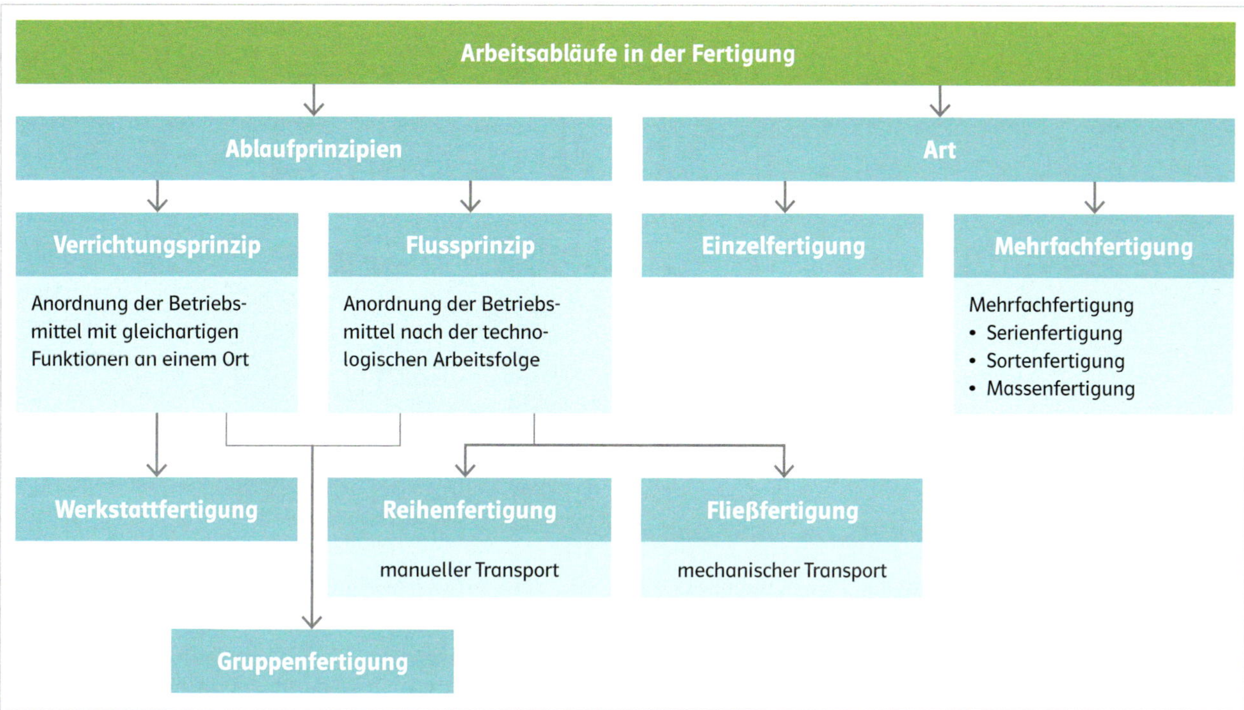

Übungsaufgaben

1. Stellen Sie den Fertigungsablauf in Ihrem Ausbildungsbetrieb dar und beantworten Sie folgende Fragen:
   a) Um welche Fertigungsart handelt es sich?
   b) Welches Ablaufprinzip der Fertigung wird eingesetzt?
   c) Worin liegen die Vor- und Nachteile des Fertigungsverfahrens?

2. Bestimmen Sie, welche Fertigungsart jeweils in den folgenden Fällen vorliegt.
   a) Bau eines Luxusschiffs
   b) Herstellung von Jeans
   c) Bau von Autos
   d) Herstellung von Zigaretten

3. Prüfen Sie, ob die folgenden Aussagen stimmen:
   a) Bei der Werkstattfertigung wird häufig zwischen den einzelnen Arbeitsgängen ein Zwischenlager eingerichtet.
   b) Die Durchlaufzeit bei der Fertigung eines Produktes ist bei der Fließfertigung am niedrigsten.
   c) Bei der Reihenfertigung müssen die Dauer der einzelnen Arbeitsgänge und die Geschwindigkeit des Fließbandes aufeinander abgestimmt werden.
   d) Bei der Fließfertigung kann man schnell und flexibel auf Kundenwünsche reagieren.

Leistungskontrolle und Qualitätsmanagement

Lernsituation

Gregor Gehling hat seine beiden Meister Schaaf und Howe zu sich bestellt.

Herr Gehling: Frau Henkel hat mir gerade die Mängel ihrer neuen Küche vorgetragen. Zwei Türen schließen nicht richtig, an den Ecken der Arbeitsplatte löst sich das Furnier und der Backofen des Elektroherdes ist defekt. Wer arbeitet bei uns eigentlich so miserabel?

Herr Howe: Sie wissen doch selber, was hier in den letzten Wochen los war. Peter hatte die Grippe, und Klaus fällt wegen des Sportunfalls schon seit vier Wochen aus. Da müssen wir eben improvisieren. Wer gerade frei ist, muss die Arbeiten an der Zuschneidesäge und an der Hobelmaschine übernehmen. Für Wartung und Instandhaltung der Maschinen bleibt da keine Zeit.

Herr Gehling: Jetzt verstehe ich auch, warum sich die Reklamationen in letzter Zeit häufen. Mal abgesehen von den hohen Kosten, die uns durch die Nachbesserungen entstehen: Unsere Kundschaft erwartet einwandfreie Qualität. Übrigens, besonders hat sich Frau Henkel darüber geärgert, dass ihre Änderungswünsche nicht berücksichtigt wurden. Wer hat denn das verschlafen?

Arbeitsauftrag

- Entwickeln Sie ein Lösungskonzept, das Fehler in der Fertigung vermeiden soll. Stellen Sie dabei in einer Übersicht nach folgendem Muster den Fehlern die möglichen Lösungen gegenüber. Zusätzliche Bedingungen:
  Aufgrund der guten Auftragslage sollen zusätzliche Maschinen angeschafft werden. Die Räumlichkeiten lassen eine veränderte Fertigungsorganisation zu.

Entstandene Fehler	Maßnahmen zur Vermeidung der Fehler
zwei Türen schließen nicht richtig	

Recherche
e3a9vx
Qualitätsmanagement

Bereiche der Leistungsüberwachung

Damit der Fertigungsprozess wie geplant durchgeführt wird, ist eine Leistungsüberwachung notwendig. Dazu gehören:
- **Terminkontrolle**: Der Beginn und das Ende der einzelnen Arbeitschritte werden mit dem Zeitplan (Fristenplan) verglichen, damit der vorgegebene Liefertermin eingehalten werden kann. Die Einhaltung der Liefertermine hat für die Beurteilung des Lieferanten durch den Kunden häufig einen gleich hohen Stellenwert wie die Kriterien Preis und Qualität.
- **Quantitätsprüfung**: Überprüfung der zu produzierenden Menge.
- **Kostenkontrolle**: Durch eine Nachkalkulation werden die einzelnen Kostenarten (Löhne, Materialverbrauch) mit den vorgegebenen Werten verglichen.
- **Instandhaltung und Wartung**: Darunter versteht man alle Maßnahmen, die dazu dienen, die Betriebsmittel (Maschinen, Werkzeuge) ohne Störung einsetzen zu können. Diese Maßnahmen sind Wartung (Reinigen, Abschmieren), Inspektion (Überprüfung des Zustandes) und Instandsetzung (Austausch defekter oder verbrauchter Teile).
- **Qualitätssicherung**: Die Qualitätssicherung der Produkte gehört zu den wesentlichen Aufgaben der Unternehmenspolitik. Ziel ist die Null-Fehler-Produktion. Mangelhafte Produkte führen aufgrund von Nachbesserungen oder Ausschuss zu hohen Kosten, zum Verlust von Kunden oder zu Schadenersatzansprüchen.

Sind alle Anforderungen erfüllt?

Was versteht man unter „Qualität"?

Der Begriff „Qualität" wird im allgemeinen Sprachgebrauch sehr subjektiv und ungenau verwendet. Ist z. B. ein Rennrad qualitativ hochwertiger als ein Freizeitrad? Oder ist ein Holzfenster von schlechterer Qualität als ein Kunststofffenster? Beide Fragen lassen sich nicht mit Ja beantworten. Bei dem Vergleich der Fahrräder spielt der Verwendungszweck eine Rolle. Holzfenster sorgen für ein besseres Raumklima, Kunststofffenster sind pflegeleichter. Vereinfacht ausgedrückt ist Qualität, wenn die Beschaffenheit den Zweck erfüllt.

Wie lässt sich Qualität bestimmen?

Die **Qualität** eines Produktes oder einer Dienstleistung ergibt sich einerseits aus den Anforderungen und Erwartungen des Kunden und andererseits aus den Zusagen und Garantien des Unternehmers. Auf der Grundlage gesetzlicher Vorschriften (z. B. Verwendung von Leitungsschutzschaltern), bestimmter Normen (**VDE-Normen**) und Regeln der Technik (z. B. zur Verlegung von Stromkabeln) wird zwischen Kunde und Unternehmer eine Vereinbarung abgeschlossen. Zu den Vereinbarungen kann es auch gehören, dass der Unternehmer die Produkte einem festgelegten Prüfverfahren unterzieht und die Ergebnisse dokumentiert – auch wenn dies nicht gesetzlich vorgeschrieben ist.

Definition von Qualität nach DIN ISO 8402

Qualität bezeichnet die Gesamtheit von Merkmalen einer Einheit bezüglich ihrer Eignung, festgelegte und vorausgesetzte Erfordernisse zu erfüllen.

VDE-Normen

Der VDE (Verband der Elektrotechnik, Elektronik und Informationstechnik) erarbeitet für seinen Bereich Normen und Sicherheitsbestimmungen.

So funktioniert Qualitätssicherung

Es gibt drei Ansatzpunkte, um Qualitätssicherung zu gewährleisten:

- **Nach dem Zeitpunkt**: Dabei werden **Eingangskontrollen** bei der Warenlieferung vorgenommen. **Zwischenkontrollen** erfolgen nach jedem Fertigungsschritt, damit entstandene Fehler gleich behoben werden. **Endkontrollen** überprüfen die Funktionsfähigkeit der Produkte.
- **Nach der Person**: Dabei werden **Selbstkontrollen** von der für die Herstellung des Produktes verantwortlichen Person oder Gruppe durchgeführt. Damit wird dem Arbeitnehmer (Gruppe) die Verantwortung für die geleistete Tätigkeit übertragen. Voraussetzung ist, dass später auftauchende Fehler dem Verursacher zugeordnet werden können und die Arbeitsleistung dem Ziel der Qualitätssicherung nicht widerspricht. Der Vorteil der Selbstkontrolle gegenüber der **Fremdkontrolle** (durch Mitarbeiter der Qualitätskontrolle) liegt in der Personaleinsparung.
- **Nach dem Verfahren**: Hierbei unterscheidet man nach
  - **Stichprobenkontrolle**: Aus dem Produktionsprozess werden zufällig einzelne Stücke (Stichproben) entnommen und geprüft. Anhand der ermittelten Fehlerquote schließt man auf die Anzahl der fehlerhaften Produkte in der Gesamtproduktion.
  - **Vollkontrolle**: Alle Produkte werden kontrolliert. Dieses kostenintensive Verfahren ist notwendig, wenn der Kunde eine 100-prozentige Qualität voraussetzt und diese Anforderung in der Produktion nicht erreicht wird. Ein weiterer Grund sind hohe Sicherheitsanforderungen (z. B. Flugzeuge, medizinische Geräte).
  - **FMEA** (Fehlermöglichkeits- und Einflussanalyse): Dieses Verfahren versucht schon bei der Planung und Entwicklung, mögliche Fehlerquellen zu ermitteln und abzustellen.
  - **QFD** (Qualität – Funktion – Entwicklung): An der Entwicklung von Produkten arbeiten Hersteller und Kunde gemeinsam, damit die Qualität und die Produkteigenschaften den Wünschen des Kunden entsprechen (*Beispiel:* Autoindustrie).
  - **DIN EN ISO 9000 ff. (2005)**: Durch Qualitätssicherungssysteme werden alle Prozesse und Tätigkeiten daraufhin untersucht, ob sie den Qualitätsgrundsätzen entsprechen. Dazu gehören u. a. Kundenorientierung, die von der Unternehmensleitung gesetzten Ziele, ein optimales Umfeld für Mitarbeiter, Prozessoptimierung und das ständige Ziel, sich zu verbessern. Durch Anerkennung (Zertifizierung) dieser Fähigkeiten werden eine gleichbleibende Qualität und hohe Zuverlässigkeit garantiert. Das Zertifikat verbessert zudem die Wettbewerbschancen von Zulieferern und Herstellern. Immer mehr Unternehmen machen die Vergabe von Aufträgen davon abhängig.

Qualitätsmerkmale bestimmen

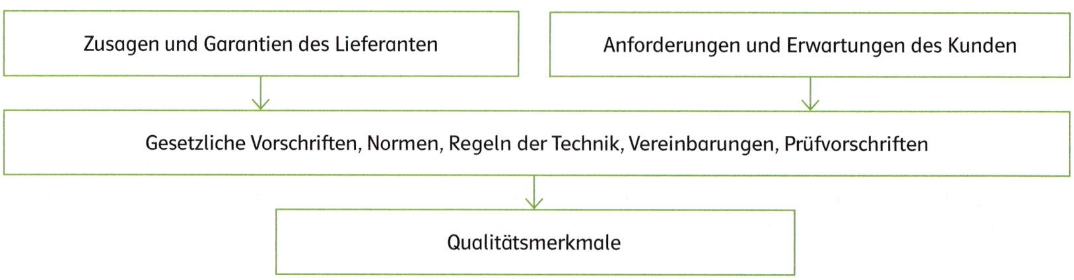

Zusammenfassung: Leistungskontrolle und Qualitätsmanagement

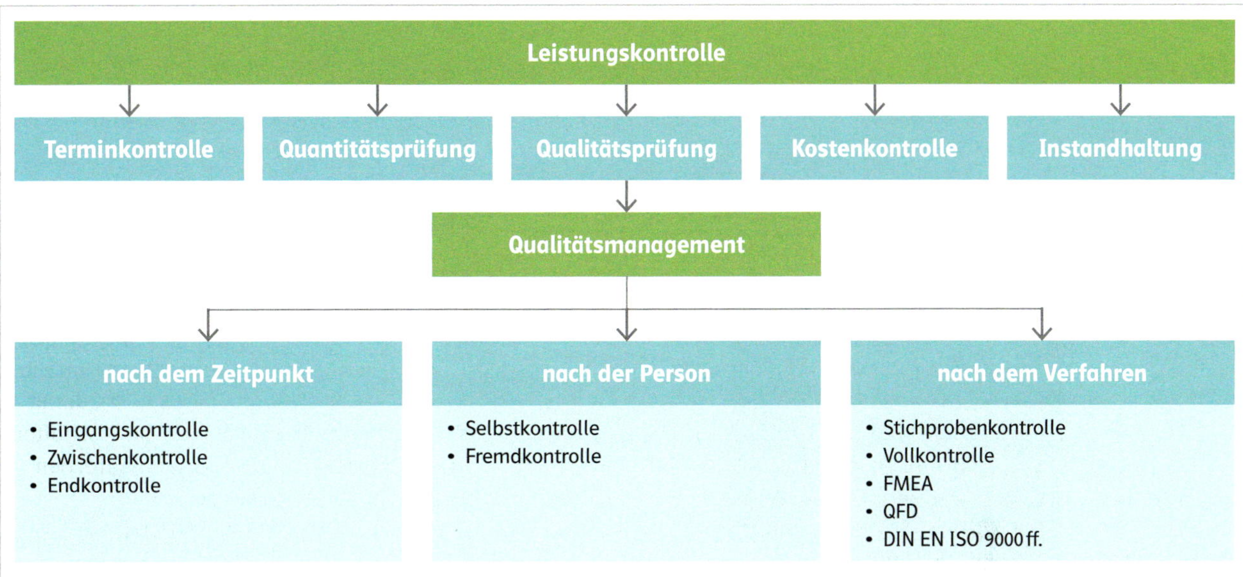

Übungsaufgaben

1. Beschreiben Sie den im Informationsteil zugrunde gelegten Qualitätsbegriff und überprüfen Sie, inwieweit er sich mit Ihren Vorstellungen von Qualität deckt.

2.

Toyota ruft 6,4 Millionen Autos in die Werkstätten zurück

Diesmal sind es fehlerhafte Befestigungen von Sitzen und Lenksäulen, die Toyota zu einem weltweiten Massenrückruf zwingen. In Deutschland sind rund 93 000 Fahrzeuge betroffen. Toyota hatte bereits in früheren Jahren Fahrzeuge wegen klemmender Gaspedale und rutschender Fußmatten zurückrufen müssen. Bis vor wenigen Jahren war Toyota für die Zuverlässigkeit seiner Fahrzeuge bekannt.

(nach einer Zeitungsmeldung vom April 2014)

Beschreiben Sie die möglichen Folgen, die sich für Toyota aus dem Rückruf wegen fehlerhafter Befestigungen ergeben.

3. Beschreiben Sie die Verfahren der Qualitätssicherung in Ihrem Ausbildungsbetrieb.

4. Erläutern Sie, warum Qualitätssicherung mehr ist als eine Endkontrolle und so früh wie möglich einsetzen sollte.

5. Bestimmen Sie die Voraussetzungen, unter denen eine Stichprobenkontrolle ausreichend ist.

6. Welches Verfahren zur Qualitätssicherung sollte in den folgenden Fällen angewandt werden?
   a) Die Firma Wilke produziert Fallschirme.
   b) Die Firma König stellt Büromaterial (Schreibhefte, Ordner) her.
   c) Ein Automobilkonzern beabsichtigt, in vier Jahren ein neues Modell auf den Markt zu bringen.
   d) Das Maschinenbauunternehmen Hülshoff fertigt Getriebe nach Vorgaben der Kunden.
   e) Die Wurstfabrik Schmaller wirbt gegenüber ihren Kunden damit, gleichbleibende Qualität zu liefern.

Kennzahlen für die Rationalisierung

Lernsituation

Phonotek AG sichert Standort

BIELACH. Die Phonotek AG hat es geschafft. Dank einer konsequenten Änderung der Unternehmensstrategie hat das Telefonwerk in Bielach innerhalb von nur vier Jahren die Kosten um 40 Prozent gesenkt. Die noch vor einigen Jahren gefährdeten Arbeitsplätze sind vorerst gesichert.

Angesichts der starken Konkurrenz aus Fernost und des rasanten Preisverfalls bei Telefonen konnten nur noch einschneidende Änderungen den Standort retten. Weglassen, vereinfachen, automatisieren: Nach diesem Motto wurde die Anzahl der verschiedenen Telefonmodelle verringert. Anstelle von 1 500 Lieferanten gibt es heute nur noch 150. Dadurch wird Zeit und Geld gespart. Die Zahl der für die Produktion benötigten Einzelteile sank innerhalb der vier Jahre von 27 000 auf 4 000. Gezielt wurde das Baukastensystem angewandt, bei dem einzelne Teile für mehrere Modelle einsetzbar sind. Es musste jedoch auch Personal abgebaut werden. Die Mitarbeiterzahl hat sich auf 2 000 halbiert. Durch Investitionen in neue vollautomatische Fertigungsanlagen wurden die Fertigungsdurchlaufzeiten auf ein Viertel ehemaliger Werte verkürzt. Dabei erhöhte sich der Kapitaleinsatz von 800 Millionen Euro auf 1 Milliarde Euro; die Zahl der gefertigten Telefone pro Jahr stieg von 3 Millionen vor fünf Jahren bis auf 10 Millionen in diesem Jahr.
Ein weiterer Grund für die gestiegene Produktivität ist die Einführung der Gruppenarbeit. Dies kam auch der Qualität zugute. Statt 20 Prozent Ausschuss (wie vor vier Jahren) zu produzieren, muss heute nur noch eines von 100 Geräten beanstandet werden.

Arbeitsauftrag

- Bewerten Sie die Rationalisierungsmaßnahmen der Phonotek AG.
  1. Stellen Sie der jeweiligen Rationalisierungsmaßnahme das Ergebnis gegenüber. Verwenden Sie dazu das folgende Schema:

Rationalisierungsmaßnahmen	Ergebnisse
Telefonmodelle reduzieren	

  2. Ermitteln Sie die zur Bewertung notwendigen betrieblichen Kennzahlen.

Recherche
ev7hk7
Rationalisierung

Ziel der Rationalisierung

Wenn von Rationalisierung die Rede ist, wird dies häufig mit dem Abbau von Arbeitsplätzen gleichgesetzt. Tatsächlich bedeutet Rationalisierung den Einsatz aller Maßnahmen, die zur Leistungssteigerung oder Kostensenkung beitragen. Rationalisierung heißt wirtschaftlich handeln. Dabei unterscheidet man zwei ökonomische Prinzipien:

- **Maximalprinzip** (Ergiebigkeitsprinzip): mit den gegebenen Mitteln (z. B. Mitarbeiter, Maschinen ...) die maximale Leistung (möglichst viele Produkte) erzielen.
- **Minimalprinzip** (Sparprinzip): eine gegebene Leistung (Bau eines Hauses) mit möglichst geringen Mitteln (Mitarbeiter, Material ...) erbringen.

Rationalisierung ist ein Muss, um gegenüber der Konkurrenz bestehen zu können. Dies gilt für den Handwerksbetrieb auf dem lokalen Markt genauso wie für Großunternehmen, die sich dem weltweiten Wettbewerb stellen. Erfolgreiche Rationalisierungsmaßnahmen führen dazu, dass

- sich die betrieblichen Kosten verringern,
- neue Produkte entwickelt werden,
- höhere Lohnzahlungen an Mitarbeiter möglich sind,
- aber auch Arbeitsplätze verloren gehen.

Von daher ist es wichtig, dass ein Unternehmen nicht erst dann Veränderungen vornimmt, wenn es sich in wirtschaftlichen Schwierigkeiten befindet. Häufig fehlen dann dafür auch die finanziellen Mittel.
Rationalisierungsmaßnahmen können auf Erzeugnisse, auf den Einsatz von Maschinen oder auf eine Veränderung der Arbeitsabläufe und somit der Betriebsorganisation bezogen sein.

Erzeugnisbezogene Maßnahmen

- **Normung** bedeutet die Vereinheitlichung von Einzelteilen und einfachen Erzeugnissen. Beispiele: Autoreifen, Schrauben, Steckdosen.
- **Typung** ist die Vereinheitlichung von Endprodukten. Man erreicht dadurch eine Vereinheitlichung von Produktvarianten, die sich in Einzelheiten unterscheiden. Beispiele sind Autos, Waschmaschinen; Ziel ist meist die Verkleinerung des Sortiments.
- **Spezialisierung** bedeutet die Beschränkung der Produktpalette auf wenige Arten von Erzeugnissen. Dadurch ist eine Produktion in größeren Stückzahlen möglich. Es entstehen kaum **Rüstkosten** und bei optimaler Auslastung der Produktionsanlagen sinken die Fixkosten pro Stück (→ S. 162 Gesetz der Massenproduktion).

Henry Ford hat 1913 die Fließbandarbeit eingeführt.

Baukastensystem bedeutet, dass sich die einzelnen Produkte aus Bausteinen zusammensetzen.
Beispiel: Beim Auto ist die Lichtmaschine ein Bauteil, das aus vielen Einzelteilen besteht. Dieser Baustein kann in unterschiedliche Autos eingebaut werden.

Rüstkosten

Kosten, die anfallen, wenn Betriebsmittel (z. B. Maschinen) für einen bestimmten Arbeitsgang eingerichtet (z. B. mit den notwendigen Werkzeugen bestückt) oder in den ungerüsteten Zustand zurückversetzt werden

DIN

DIN Deutsches Institut für Normung e. V.

erarbeitet Normen und Standards als Dienstleistung für Wirtschaft, Staat und Gesellschaft

Arbeitsteilung auf dem Spargelfeld

Arbeitsbezogene Maßnahmen

- **Arbeitsteilung** (Mengeneinteilung): Aufteilung gleicher Arbeiten auf verschiedene Arbeitskräfte.
- **Arbeitszerlegung**: Zerlegung von Arbeit in einzelne Arbeitsschritte, die von verschiedenen Mitarbeitern ausgeführt werden.
- **Gruppenarbeit**: Die Gruppenmitglieder entscheiden selbstständig und eigenverantwortlich über die notwendigen Maßnahmen, die zur Erledigung der vorgegebenen Aufgabe erforderlich sind. Dazu gehören neben den ausführenden Tätigkeiten (drehen, lackieren, montieren usw.) auch Aufgaben der Planung, des Rüstens, der Qualitätssicherung und der Instandhaltung. Die Verteilung der Aufgaben regelt die Arbeitsgruppe ähnlich wie die Einteilung der Pausen, Freischichten oder Urlaubspläne weitgehend selbst.
  Gruppen arbeiten produktiver als Einzelne, da sich die Gruppenmitglieder gegenseitig helfen. Selbstständigkeit und Eigenverantwortlichkeit fördern zudem die Leistungsbereitschaft der Gruppe, die sich in hohen Produktionszahlen, geringer Fehlerquote, hoher Kapazitätsauslastung und ständigen Verbesserungen niederschlagen soll.

Beispiel: Eine Gruppe besteht aus 15 Mitarbeitern. Einer von ihnen führt die Qualitätsprüfung durch. Die gesamte Gruppe wird nach der Anzahl der fehlerfreien Geräte bezahlt. Sobald das Qualitätsziel während der laufenden Schicht erreicht ist, wird die Qualitätsprüfung eingestellt. Der dadurch frei werdende Prüfmitarbeiter kann sich nun der Montage anschließen. Durch die entsprechend steigende Stückzahl erhöht sich der Lohn der gesamten Gruppe.

Maschinenbezogene Maßnahmen

Die Industrie hat sich kontinuierlich weiterentwickelt, von der **manuellen Fertigung** (Handarbeit) bis zu unterschiedlichsten Einsätzen von Maschinen.
Mechanisierung liegt vor, wenn Produkte mithilfe von Maschinen gefertigt werden.
Übernimmt die Maschine die Steuerung und Kontrolle eines Arbeitsprozesses, spricht man von **Automatisierung**. Wird auch der Materialtransport neben dem Arbeitsprozess (Fließbänder) von solchen Maschinen übernommen, spricht man von einer **vollautomatischen Fertigung** (Verkettung mehrerer Automaten).

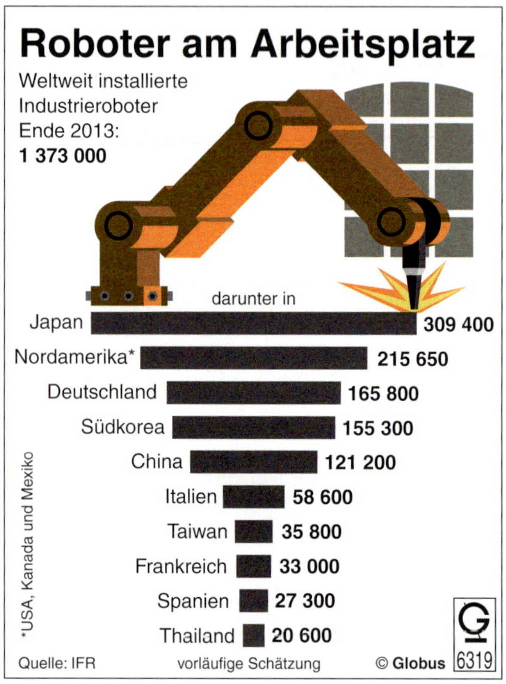

Betriebliche Kennzahlen

Häufig müssen Betriebe verglichen werden. Geschäftsführung, Anleger und Kreditgeber wollen sich, bevor sie eine Entscheidung treffen, ein Bild über den Leistungsstand des Unternehmens machen. Kennzahlen helfen bei der Bewertung.
Beispiel: Am Ende des Geschäftsjahres liegen in der Schreinerei Pattberg, einem Hersteller von Küchen, folgende Zahlen vor:

Anzahl der hergestellten Küchen:	150
Mitarbeiter:	5
Ertrag:	2 500 000 €
Aufwand:	2 000 000 €
Gewinn:	500 000 €
Eigenkapital: (von den Eigentümern investiertes Kapital)	5 000 000 €

Daraus lassen sich wichtige betriebliche Kennzahlen ermitteln.

- **Rentabilität**
  Die Höhe des erwirtschafteten Gewinns in einer Periode (z. B. ein Jahr) wird ins Verhältnis gesetzt zum eingebrachten Kapital. Die Rentabilität bringt zum Ausdruck, in welchem Maße sich der Einsatz von Kapital im Unternehmen gelohnt (d. h. rentiert oder verzinst) hat. Zu vergleichen ist dieser Wert mit der Rendite anderer Anlageformen (z. B. Spareinlagen) oder mit der Rendite, die Unternehmen der gleichen Branche erzielt haben.

$$\text{Rentabilität} = \frac{\text{Gewinn} \times 100}{\text{Eigenkapital}} = \frac{500\,000 \times 100}{5\,000\,000} = 10\,\%$$

Das eingesetzte Kapital wird mit 10 % verzinst.

- **Produktivität**
  Die Leistungserstellung erfolgt durch den Einsatz von Kapital (z. B. Maschinen) und Arbeitskräften. Die Produktivität drückt die Ergiebigkeit dieser Faktoren aus. Alle Maßnahmen (Rationalisierungen), die zu einer Leistungssteigerung und Kostensenkung beitragen, erhöhen die Produktivität.

$$\text{Arbeitsproduktivität} = \frac{\text{Produktionsmenge}}{\text{Anzahl der Beschäftigten}} = \frac{150}{5} = 30$$

Pro Mitarbeiter werden im Jahr 30 Küchen produziert.

- **Wirtschaftlichkeit**
  Die Wirtschaftlichkeit eines Betriebes lässt sich aus dem Verhältnis seiner Erträge (Umsatzerlöse) zu seinen Aufwendungen (z. B. Löhne, Material, Wertverlust der Maschinen, Miete) ermitteln. Die Wirtschaftlichkeit misst den Wert der geschaffenen Leistung.

$$\text{Wirtschaftlichkeit} = \frac{\text{Ertrag}}{\text{Aufwand}} = \frac{2\,500\,000}{2\,000\,000} = 1{,}25$$

Die Erträge, die jeweils auf einen Euro Aufwand entfallen, liegen bei 1,25 Euro.

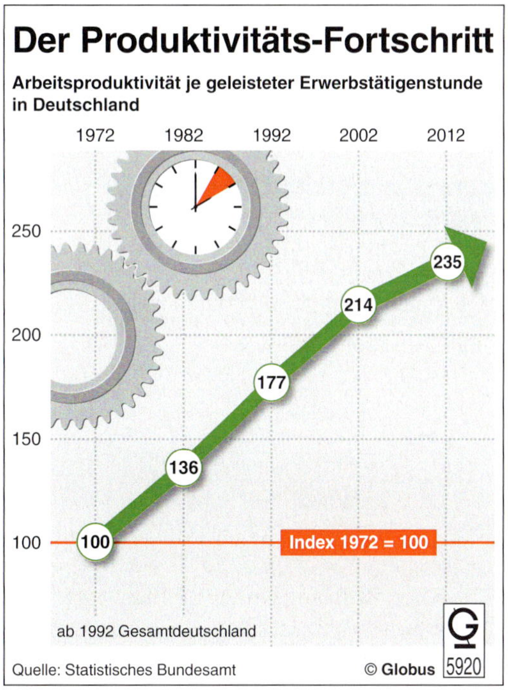

Gewinn = Ertrag – Aufwand

*Die **Produktivität** lässt sich auch messen anhand des eingesetzten Kapitals:*

Kapitalproduktivität

$$= \frac{\text{Produktionsmenge}}{\text{Kapital}}$$

und anhand der genutzten Fläche:

Flächenproduktivität

$$= \frac{\text{Produktionsmenge}}{\text{Fläche}}$$

Zusammenfassung: Kennzahlen für die Rationalisierung

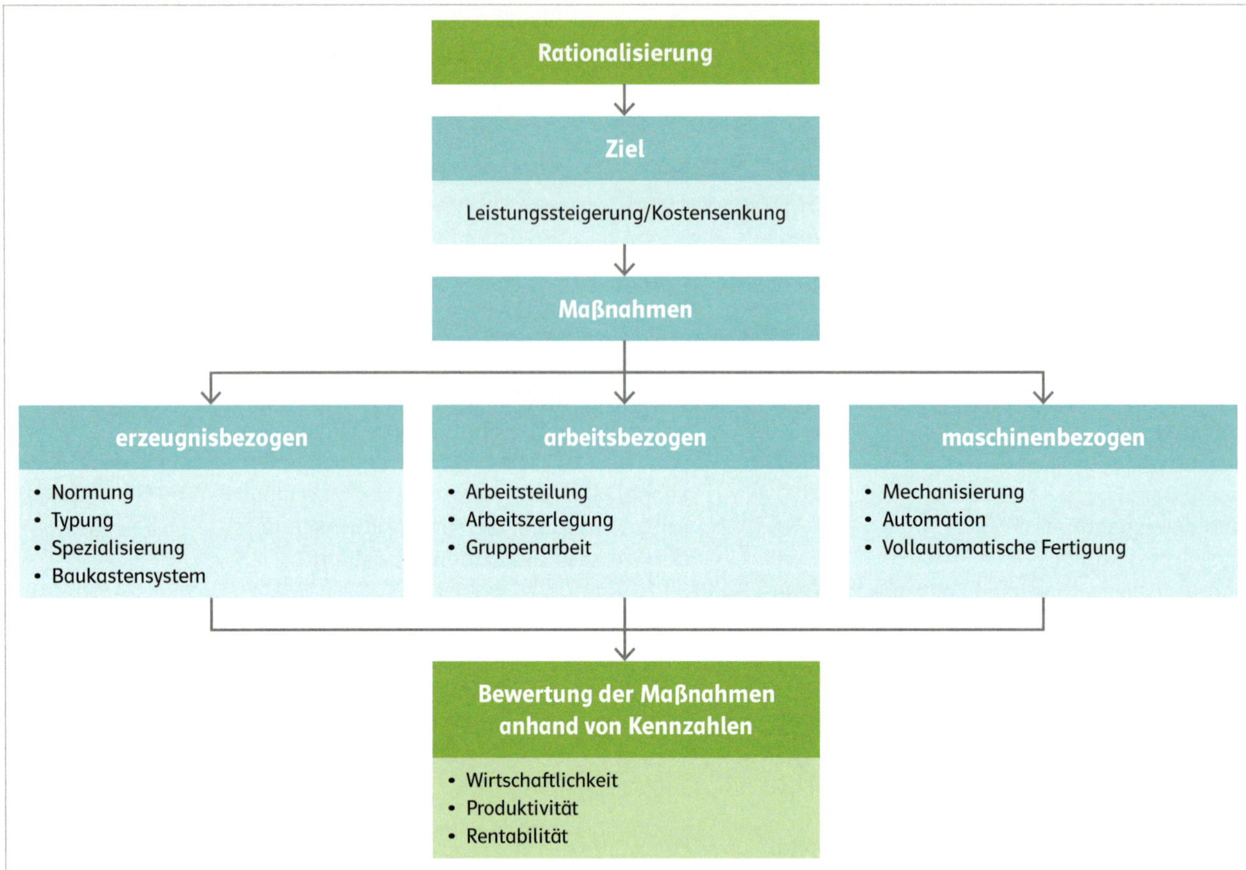

Übungsaufgaben

1. Für die Unternehmen A und B liegen folgende Zahlenangaben vor.

	Unternehmen A	Unternehmen B
Produktionsmenge (in Stück)	400 000	700 000
Kapitaleinsatz (in €)	4 500 000	8 000 000
Mitarbeiter	500	800
Ertrag/Erlöse (in €)	28 000 000	40 000 000
Aufwand (in €)	25 000 000	38 000 000
Eigenkapital	30 000 000	35 000 000

a) Ermitteln Sie für die Unternehmen A und B die folgenden Kennzahlen:
- Produktivität
- Rentabilität
- Wirtschaftlichkeit

b) Beurteilen Sie anhand der Kennzahlen die wirtschaftliche Situation der Unternehmen.

2. Erläutern Sie, warum verbesserte Produktivitätskennzahlen nicht automatisch zu einer Verbesserung der Wirtschaftlichkeit und einer Erhöhung der Rentabilität führen.

3. Nennen Sie Beispiele für Normung und Typung in Ihrem Ausbildungsbetrieb.

Aufgaben auslagern oder selbst machen?

Lernsituation

Die Flander KG stellt Getriebe her. Wegen der stark gestiegenen Nachfrage soll die Produktionskapazität durch zusätzliche Maschinen erweitert werden. Weil die finanziellen und räumlichen Möglichkeiten des Unternehmens keine Erweiterung der Produktionsgebäude zulassen, muss die zusätzliche Produktion mit der vorhandenen Fläche bewältigt werden. Die Geschäftsleitung erwägt daher, das Materiallager an einen Spediteur in der Nähe auszugliedern. Das Angebot des Spediteurs lautet: Einlagerung und Lagerung von Gussteilen, Anlieferung an Produktionslinie, Preis pro Gussteil: 35 Euro

Aus der Kostenrechnung des vergangenen Monats ergaben sich für die Flander KG folgende Zahlen:

Daten	Mitarbeiter		Fläche/qm	Abschreibungen	Prozessmengen
Prozess	var.	fix	fix	fix	(Gussteile)
Einlagern	7	1	120	3 %	2 575
Lagern	3	1	1 800	93 %	10 800
Auslagern	4	1	80	4 %	2 500
Summe	**14**	**3**	**2 000**	**100 %**	-

Kostenart	Kosten (€)	Schlüssel
Personalkosten	85 000	Mitarbeiter
Flächenkosten	60 000	Fläche
Abschreibungen	45 000	Abschreibungen

Arbeitsauftrag

- Entscheiden Sie, ob die Flander KG das Angebot des Spediteurs annehmen soll. Begründen Sie Ihre Entscheidung.

1. Bestimmen Sie zunächst die Prozesskosten der Einlagerung, Lagerung und Auslagerung eines Gussteils bei der Flander AG.

2. Berücksichtigen Sie bei Ihrer Entscheidung weitere Faktoren.

Gewaschen wird in Polen

Adlon, Mandala, Regent, Westin Grand, Kempinski – viele Berliner Luxushotels lassen ihre Hotelwäsche in Polen waschen. Trotz der Transportkosten ist das immer noch billiger, als die Wäsche vor Ort zu waschen. Immerhin fallen pro Zimmer und Nacht bis zu 11 kg Wäsche an.

bearb. nach: Matthias Stengel, Luxushotels lassen in Polen waschen. Berliner Morgenpost, 10.06.2008

Outsourcing

Kunstwort, das sich aus den englischen Wörtern „outside" (außen), „resource" (Quelle) und „using" (nutzen) zusammensetzt.

Globalisierung → S. 308

Unternehmen konzentrieren sich aufs Kerngeschäft

Vor 40 Jahren gab es sie noch, die mittelständischen Betriebe, die fast alle anfallenden Tätigkeiten selbst durchführten. Da wurde die Werkskantine noch in eigener Regie des Unternehmens geführt. Es gab die verschiedensten Reparaturwerkstätten, in denen Elektriker, Maler, Schreiner und Maurer beschäftigt waren. Die meisten Vorprodukte stellte man selbst her. So gehörte zu einem Bekleidungshersteller eine eigene Spinnerei, Weberei und Färberei.
Heute werden die meisten Vorprodukte von anderen Unternehmen bezogen. Viele Betriebe sind reine Montagebetriebe. Durch die Globalisierung verteilen sich die Zulieferer heute über den ganzen Globus. In vielen Betrieben werden Reparaturarbeiten von Fremdfirmen durchgeführt. Facility-Service-Gesellschaften übernehmen die Reinigung und Wartung, die Buchführung wird von einem Steuerberater erledigt. Große Unternehmen lassen diese Arbeiten, ebenso wie bestimmte Serviceleistungen, z.T. im Ausland durchführen.
Dieser Trend, unternehmerische Tätigkeiten auszugliedern, lässt sich mit zwei Begriffen umschreiben, die häufig gleichbedeutend verwendet werden:

- Outsourcing,
- Make-or-Buy (Eigen- oder Fremdfertigung).

Weniger Kosten durch Outsourcing

Outsourcing ist im vergangenen Jahrzehnt zum Inbegriff für die Auslagerung unternehmerischer Tätigkeiten geworden. Er entstand in den 1980er-Jahren im Zusammenhang mit der Auslagerung von IT-Prozessen. Unter Outsourcing versteht man heute die Ausgliederung und Übertragung von unterstützenden Maßnahmen an andere Unternehmen. Zu den unterstützenden Maßnahmen zählt man neben den Leistungen aus dem IT-Bereich auch Logistikleistungen (Speditionen), Kantinenbetrieb, Gebäudereinigung, Wachdienst, Buchhaltung usw. In den meisten Fällen werden diese Leistungen an externe Unternehmen vergeben. Große Unternehmen (z. B. Konzerne) gliedern Abteilungen (z. B. den IT-Bereich) als selbstständiges Unternehmen aus, das dann für die anderen Konzernunternehmen die Leistungen erbringt.
Der Grundgedanke des Outsourcing-Konzeptes ist es, die Tätigkeiten, die andere Unternehmen kostengünstiger und effizienter ausführen können, an diese abzugeben. Speditionen verfügen in der Regel über ein größeres Wissen (Know-how), was die Lagerung und den Transport von Waren betrifft. So beschränken sich Unternehmen auf das, was ihr Hauptgeschäft ist und was sie am besten können, die sogenannte **Kernkompetenz**.

Das Make-or-Buy-Prinzip

Unter „Make or buy" versteht man die Entscheidung zwischen Eigenfertigung und Fremdbezug. Dies bezieht sich sowohl auf Einzelteile und Baugruppen als auch auf Fertigprodukte.

Recherche
wj5e59
Outsourcing, Make-or-Buy-Prinzip

Der Grund liegt darin, dass Unternehmen ihre Modell- und Typenvielfalt erhöht haben. So finden sich in der Palette mancher Unternehmen Produkte, die sie nicht selbst hergestellt haben. Ähnlich wie beim Outsourcing spielt neben der Festlegung auf die eigene Kernkompetenz der Kostenfaktor eine entscheidende Rolle.
In eine endgültige Entscheidung müssen auch folgende Überlegungen einfließen:

- Können die Fixkosten sofort abgebaut werden? (Kann ich die Mitarbeiter und Maschinen an einer anderen Stelle im Unternehmen einsetzen?)
- Wie verändert sich meine Kostenstruktur, wenn ich mehr oder weniger Teile im Monat produziere?

Ein Nachteil von Outsourcing ist das hohe Verkehrsaufkommen.

Vor- und Nachteile der Auslagerung

Neben einer möglichen Kosteneinsparung und der Konzentration auf die eigene Leistungsfähigkeit gibt es weitere Vorteile, die für eine Auslagerung bestimmter Tätigkeiten sprechen. Dadurch, dass sich Unternehmen nur noch auf wenige Tätigkeiten beschränken, lassen sich die Abläufe im Unternehmen vereinfachen und die Flexibilität erhöhen. Zur Flexibilität gehört es, dass man jederzeit zum kostengünstigsten Lieferanten wechseln kann. Bei Produktionsschwankungen liegt das Risiko, unwirtschaftlich zu fertigen, dann beim Fremdunternehmen. Durch eine geringere Fertigungstiefe benötigt man zudem weniger Kapital für die Anschaffung von Maschinen und Werkzeugen.
Als Nachteile lassen sich u. a. folgende Punkte anführen:

- Man verliert die Kontrolle über den gesamten Geschäftsprozess.
- Man begibt sich in Abhängigkeit zum Lieferanten/Dienstleister.
- Eine einmal aufgegebene betriebliche Tätigkeit ist schwer rückgängig zu machen (hohe Investitionskosten, verloren gegangenes Know-how).
- Teil- und Fertigprodukte müssen vom Zulieferer zum Kunden transportiert werden. Dies erklärt auch den rasant angestiegenen Güterverkehr, mit der Folge verstopfter Straßen und hoher Umweltbelastung.

Der Trend geht zu einer weiteren Auslagerung betrieblicher Tätigkeiten. Dazu tragen auch die ständig verbesserten Informations- und Transportsysteme bei.

Beispiel: Kostenvergleichsrechnung

In der Abteilung Teilefertigung betragen die

– Fixkosten/Monat (Zinsen, Miete, …)	100 000 €
– variablen Kosten/Stück (Material …)	40 €
Einkaufspreis bei Fremdbezug	55 €
Produktionsmenge/Monat	5 000 Stück

Eigenfertigung/Kosten pro Stück:

$$\frac{\text{Fixkosten + variable Gesamtkosten}}{\text{Stückzahl}}$$

$$\frac{100\,000 + (5\,000 \times 40)}{5\,000} = 60$$

Kostenersparnis bei Fremdbezug = 5 €.

Bei einer monatlichen Produktionsmenge von 6 667 Stück sind die Kosten gleich hoch.

Berechnung (x = Stückzahl): $55x = 100\,000 + 40x$; $x = 6\,667$

Zusammenfassung: Aufgaben auslagern oder selbst machen?

Outsourcing	Make-or-Buy
Unterstützung unternehmerischer Tätigkeiten (z. B. IT-Bereich, Logistik, Wartungsdienst, Buchhaltung)	Eigenherstellung oder Fremdbezug von Vor- und Fertigprodukten

Vorteile	Probleme/Risiken
• Kosteneinsparung • Konzentration auf Kernkompetenz • höhere Flexibilität • Verlagerung des Risikos • geringerer Kapitalbedarf	• Abhängigkeit vom Lieferanten/Dienstleister • meist unwiderrufliche Entscheidung • Verlust der Gesamtkontrolle • hohes Verkehrsaufkommen, hohe Umweltbelastung

Übungsaufgaben

1. Nennen Sie Beispiele für das Outsourcing in Produktions- und Handwerksbetrieben.

2. Vergleichen Sie Outsourcing und Make-or-Buy.

3. Fixkosten/Monat: 40 000 €
   variable Kosten/Stück: 30 €
   geplante Produktionsmenge: 1000 Stück
   Kosten pro Stück bei Fremdbezug: 65 €
   a) Führen Sie eine Kostenvergleichsrechnung durch.
   b) Bestimmen Sie die Menge, ab der die Eigenfertigung günstiger als der Fremdbezug ist.

4. Erläutern Sie die Gründe, warum Unternehmen Tätigkeiten auf andere Unternehmen übertragen.

5. Zeigen Sie die Gefahren auf, die mit einer Fremdfertigung von eigenentwickelten, technisch hochwertigen Teilen verbunden sind.

6. Prüfen Sie die folgenden Aussagen zur Auslagerung unternehmerischer Tätigkeiten auf ihre Richtigkeit. Begründen Sie Ihre Entscheidung!
   a) Outsourcing ist für alle daran Beteiligten von Vorteil, da sich jeder auf seine Kernkompetenz konzentriert.
   b) Outsourcing erhöht die Abhängigkeit gegenüber Lieferanten und Dienstleistern.
   c) Der zunehmende Fremdbezug von Vor- und Fertigprodukten hat keinen Einfluss auf die Umweltbelastung.
   d) Die Auslagerung von Tätigkeiten führt zu mehr Spezialisierung und damit zu einem größeren Risiko, unwirtschaftlich zu produzieren.
   e) Die Auslagerung von Tätigkeiten wird in den nächsten Jahren noch zunehmen.

Lagerhaltung und Lagerkennziffern

Lernsituation

Die Firma Warnat macht Inventur. Herr Warnat, der Inhaber der Firma, spricht mit Herrn Geiger, dem Leiter der Bereiche Einkauf und Wareneingangslager:

Warnat: Ist der Lagerbestand an Stoffen immer noch so hoch?
Geiger: Diese Woche ist eine Lieferung eingetroffen. Zum Ende des Monats, kurz vor der neuen Lieferung, liegt hier nur noch ein Bruchteil der Ware.
Warnat: Finden Sie das für den Augenblick nicht ein wenig übertrieben? Während wir im Fertigungsbereich mit jedem Cent rechnen, scheint mir, wird hier Geld verschenkt. Sie wissen ja zu genau, wie hoch die Kosten im Lager sind. Warum kaufen wir eigentlich so große Mengen Stoff ein?
Geiger: Wir bekommen Mengenrabatte, weil wir nur einmal im Monat bestellen.
Warnat: Der Mengenrabatt wird doch auf der Grundlage des gesamten Jahreseinkaufswerts berechnet. Und der ändert sich nicht, wenn häufiger in kleineren Mengen bestellt wird. Haben Sie schon mal durchgerechnet, was uns Lagerhaltung und Bestellungen kosten?
Geiger: Nein, aber eigentlich …
Warnat: Ich schlage vor, Sie ermitteln erst einmal die Kennziffern zur Lagerhaltung. Und dann sehen wir weiter.

Arbeitsauftrag

- Ermitteln Sie anhand des angegebenen Zahlenmaterials …

1. grafisch die Veränderungen des Lagerbestands auf Jahressicht;
2. die folgenden Lagerkennziffern: durchschnittlicher Lagerbestand, Umschlagshäufigkeit, durchschnittliche Lagerdauer;
3. die mögliche Kosteneinsparung, wenn nicht alle 30, sondern alle 15 Tage bestellt wird.

Tagesverbrauch:	1000 m Stoff
Sicherheitsbestand:	5000 m Stoff
Produktionszeit/Jahr:	360 Tage
Bestellrhythmus:	30 Tage (es wird mit 30 Tagen pro Monat gerechnet)
Bestellmenge:	30000 m Stoff
Kosten pro lfd. Meter:	20 €
Lagerkosten:	20 % des durchschnittlichen Warenbestands in Euro

2.3 Lagerhaltung optimieren

Sicherheitsbestand

Mindestbestand, „eiserner Bestand"

Arten der Lagerhaltung

Eng mit dem Beschaffungswesen ist die Lagerhaltung verbunden. Da es in der Praxis nicht immer möglich ist, bestellte Waren so geliefert zu bekommen, dass sie gleich in der Produktion einsetzbar sind, muss ein **Wareneingangslager** geschaffen werden. Ziel ist es, mithilfe eines ausreichenden Lagerbestands den Betriebsablauf nicht durch fehlende Materialien oder Betriebsstoffe zu stören bzw. zu unterbrechen. Zudem können bei Nichteinhaltung der Liefertermine wichtige Kunden verloren gehen.
Der **Sicherheitsbestand** dient dazu, sich gegen Risiken in der Beschaffung abzusichern, z. B. bei Transportproblemen oder einem Produktionsausfall beim Lieferanten. Dieser Lagerbestand sollte im Normalfall nicht unterschritten werden.
Neben dem Wareneingangslager finden sich im Betrieb noch andere Lager. Im Bereich der Fertigung dienen sie als **Zwischenlager** für Halbfertigprodukte oder der Aufnahme von Material für die Produktion. Um langfristige Störungen bei der Produktion zu vermeiden, werden **Ersatzteil- und Werkzeuglager** gebildet. Im Absatzbereich bilden sie den Ausgleich zwischen Produktion und Absatz der Waren. Für den Verwaltungsbereich werden u. a. Büromaterialien gelagert.

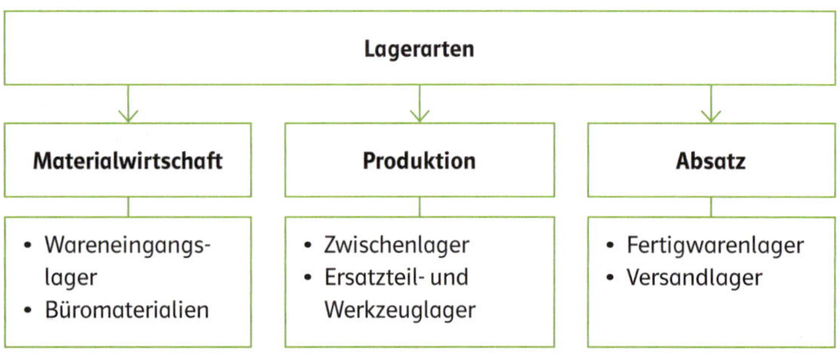

Kennzahlen zur Bewertung der Lagerhaltung

Während auf der einen Seite mithilfe der Lagerhaltung das Betriebsrisiko gemindert wird, entstehen andererseits Lagerkosten. Dazu gehören:

- Gebäude-, Energie-, Wartungs- und Unterhaltungskosten;
- Personalkosten;
- Zinskosten (das für die Lagerhaltung und den Lagerbestand eingesetzte Kapital kostet Zinsen).

Die Kosten der Lagerhaltung können allerdings dadurch verringert werden, dass durch den Einkauf größerer Stückzahlen Preisvorteile (Rabatte) erzielt werden oder dass weniger Bestellvorgänge die Bestell- und Frachtkosten senken.
Um Aussagen über die Effektivität der Lagerhaltung machen zu können, bedient man sich der Lagerkennziffern:

- **Durchschnittlicher Lagerbestand:** Er gibt an, wie hoch die Vorräte im Durchschnitt sind. Je höher der durchschnittliche Lagerbestand, desto höher sind auch die Lagerkosten.
  Beispiel: Die Lagerkosten pro Stück belaufen sich im Jahr auf drei Euro. Bei einem durchschnittlichen Lagerbestand von 10 000 Stück betragen die durchschnittlichen Lagerkosten 30 000 Euro.
- **Umschlagshäufigkeit:** Die Umschlagshäufigkeit bringt zum Ausdruck, wie oft der durchschnittliche Lagerbestand pro Jahr umgesetzt wird. Je öfter der Warenbestand umgeschlagen wird, desto weniger Kapital ist im Lager gebunden.
  Beispiel: Der Materialverbrauch eines Jahres beträgt 10 000 Stück. Der durchschnittliche Lagerbestand liegt bei 2 000 Stück, d. h., der Warenbestand wird fünfmal im Jahr erneuert.

Recherche
5t3vd3
Lagerkennzahlen

Lagerbestände bei gleichen Bestellmengen, gleichmäßigem Verbrauch

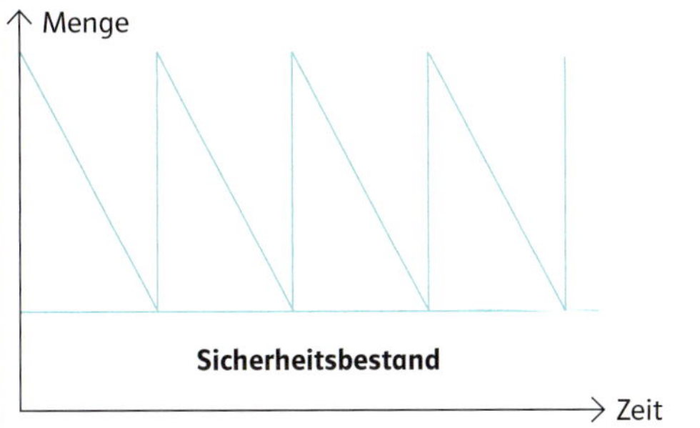

Lagerbestände bei unterschiedlich hohen Bestellmengen, ungleichmäßigem Verbrauch

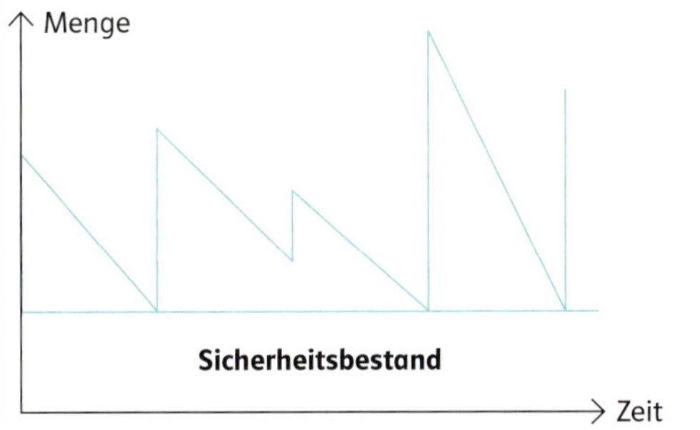

Lagerkennziffern

Durchschnittlicher Lagerbestand

$$\frac{\text{Summe der Bestandswerte}}{\text{Anzahl der addierten Bestandswerte}}$$

z. B.

$$\frac{\text{Anfangsbestand} + 12\ \text{Monatsendbestände}}{13}$$

oder bei gleichen Bestellmengen und gleichmäßigem Verbrauch

$$\frac{\text{Bestellmenge}}{2} + \text{Sicherheitsbestand}$$

Umschlagshäufigkeit

$$\frac{\text{Materialverbrauch/Jahr}}{\text{durchschn. Lagerbestand}}$$

Durchschnittliche Lagerdauer

$$\frac{360}{\text{Umschlagshäufigkeit}}$$

- **Durchschnittliche Lagerdauer:** Die durchschnittliche Lagerdauer macht deutlich, wie lange die Ware durchschnittlich eingelagert ist.

Umschlagshäufigkeit und durchschnittliche Lagerdauer hängen zusammen. Wird ein bestimmter Lagerbestand z. B. fünfmal im Jahr umgeschlagen, so liegt die Ware 72 Tage (360 : 5) im Lager, bevor sie in die Produktion oder in den Verkauf geht.

Die optimale Bestellmenge

Jeder Bestellvorgang verursacht Verwaltungs- und Transportkosten. Legt man einen gewissen Jahresverbrauch an Material zugrunde, würde eine einmalige Bestellung die geringsten Bestellkosten verursachen. Dem stünden allerdings hohe Lagerkosten gegenüber, da die Waren durchschnittlich lange Zeit lagerten. Würden die benötigten Waren durch mehrmalige Bestellungen geliefert, hätte man geringe Lagerkosten, dafür aber hohe Bestellkosten. Die optimale Bestellmenge liegt somit dort, wo die Summe beider Kostenfaktoren am geringsten ist. Weitere Faktoren, die Einfluss auf die Bestellmenge haben, sind u. a. Lagerkapazität, Transportkapazität, Mindestmengenabnahme, Mengenrabatte, Verfügbarkeit der benötigten Rohstoffe und Waren.

Tage pro Jahr

Das Jahr wird aus Gründen der Vereinfachung mit 360 Tagen gerechnet.

Beispiel: Berechnung der optimalen Bestellmenge

Bestellmenge	Bestellhäufigkeit	Ø Lagerbestand (€)	Lagerkosten (€)	Bestellkosten (€)	Gesamtkosten (€)
360 000	1	372 000	37 200	300	37 500
72 000	5	84 000	8 400	1 500	9 900
24 000	**15**	**36 000**	**3 600**	**4 500**	**8 100**
12 000	30	24 000	2 400	9 000	11 400
8 000	45	20 000	2 000	13 500	15 500

(Erläuterung: Einkaufspreis/Stück 2 €, Sicherheitsbestand 6 000 Stück, gleichmäßiger Verbrauch, Lagerkosten = 10 % des durchschnittlichen Lagerbestandes. Die optimale Bestellmenge liegt bei 24 000.)

Zusammenfassung: Lagerhaltung und Lagerkennziffern

Lagerhaltung → **Ziel**

- Ausgleich zwischen Warenanlieferung und Verbrauch
- Verfügbarkeit der Materialien sichert die Produktion

Lagerarten

- Wareneingangslager
- Zwischenlager
- Ersatzteil- und Werkzeuglager
- Fertigwarenlager
- Versandlager

Lagerkennziffern

geben Auskunft über die Effektivität der Lagerhaltung

- durchschnittlicher Lagerbestand
- Umschlagshäufigkeit
- durchschnittliche Lagerdauer

optimale Bestellmenge

wenn Summe aus Lager- und Bestellkosten am niedrigsten ist

Übungsaufgaben

1. Erläutern Sie die Aussagekraft der folgenden Lagerkennziffern:
   - durchschnittlicher Lagerbestand,
   - Umschlagshäufigkeit,
   - durchschnittliche Lagerdauer.

2. Zeigen Sie die Aufgaben der Lagerhaltung anhand von drei unterschiedlichen Lagerarten auf.

3. Erläutern Sie, warum die Lagerung von Waren und Gütern Zinskosten (Kapitalbindungskosten) verursacht.

4. Nennen Sie die Gründe, warum ein Sicherheitsbestand in der Lagerhaltung sinnvoll ist.

5. Erläutern Sie, warum in der Praxis die Anwendung der „optimalen Bestellmenge" nicht immer möglich ist.

6. Ermitteln Sie anhand folgender Zahlenangaben:
   Jahresbedarf: 18 000 kg
   Bestellmenge: 1 500 kg
   Bestellrhythmus: monatlich
   Sicherheitsbestand: 500 kg
   Tagesverbrauch: 50 kg
   a) den durchschnittlichen Lagerbestand,
   b) die Umschlagshäufigkeit,
   c) die durchschnittliche Lagerdauer.

7. Stellen Sie anhand der Informationen der Aufgabe 6 die Bestandsveränderungen grafisch dar.

8. Die Schupp AG benötigt bei einem gleichmäßigen Verbrauch im Jahr 30 000 Liter Hydraulik-Öl. Für Beschaffung und Lagerung fallen folgende Kosten an:
   - je Lieferung 400 Euro Versandkosten,
   - Lagerkosten: 0,40 Euro pro Liter/Jahr.

   Ermitteln Sie tabellarisch die optimale Bestellmenge.

Bestellmenge	Bestellhäufigkeit	Ø Lagerbestand (€)	Lagerkosten (€)	Bestellkosten (€)	Gesamtkosten (€)
	2				
	4				
	6				
	8				
	10				

Logistiksysteme

Lernsituation

Frau Roger, Leiterin der Materialwirtschaft eines Fahrradherstellers, im Gespräch mit Herrn Ballauf, dem Vertriebsleiter eines Zulieferers.

Frau Roger: … die Prozesskette sieht doch folgendermaßen aus: Nachdem die Felgen produziert wurden, werden sie kontrolliert und gelagert. Wir bestellen einmal pro Woche. Die Ware wird mit Lkws zu uns transportiert, von uns noch einmal kontrolliert und eingelagert. Im Laufe der Woche werden die Felgen dann montiert. Dieser lange Prozess kostet zu viel Geld!

Herr Ballauf: Aber wenn wir die Lagerhaltung und die Kontrolle herausnehmen, gehen wir doch ein unkalkulierbares Risiko ein. Was ist denn, wenn die Felgen fehlerhaft sind oder nicht pünktlich geliefert werden?

Frau Roger: Aber wir benötigen doch jeden Tag die gleiche Menge an Felgen. Das ist eine Lkw-Ladung. Stellen Sie sich vor, wie viel wir einsparen könnten, wenn die Felgen just in time geliefert würden. Man müsste das Schritt für Schritt angehen …

Arbeitsauftrag

- Erstellen und bewerten Sie eine Logistikkette nach dem Just-in-time-Konzept (JIT).

1. Entfernen Sie pro Schritt ein Element. Die Reihenfolge ist davon bestimmt, welches Element Ihrer Meinung nach das geringste Risiko für eine sichere Versorgung trägt. Die Höhe der Einsparung spielt dabei keine Rolle. Begründen Sie Ihre Entscheidung.

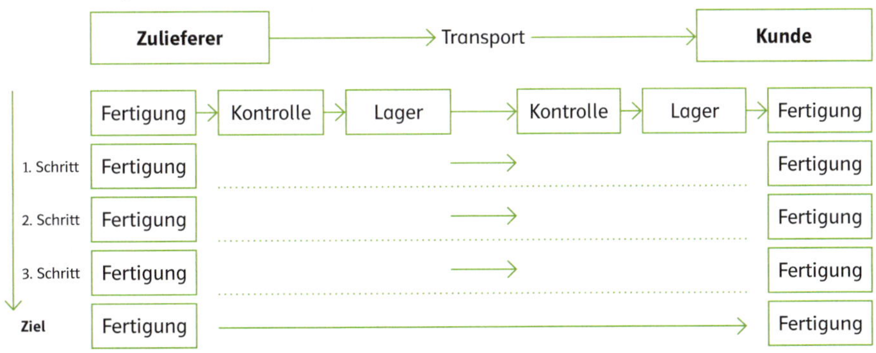

2. Beschreiben Sie die Risiken des JIT-Konzeptes für den Kunden und machen Sie Vorschläge, mit welchen Maßnahmen sich dieses Risiko verringern oder eingrenzen lässt.

2.3 Lagerhaltung optimieren

Just in time

(engl.) bedeutet „gerade rechtzeitig" und bezieht sich auf die Materialanlieferung in der Produktion. Ziel ist es, unnötige Teileansammlungen und Zwischenlagerungen zu vermeiden.

Nutzbringende Lagerung

Nur bei wenigen Produkten, wie z. B. Käse, Wein oder Whisky, steigt durch die Lagerung der Wert des Produktes.

Disponent

koordiniert und überwacht Fahrten in Speditionen

Die Optimierung des Materialflusssystems senkt die Lagerbestände. In der Autoindustrie hat sich das Just-in-time-Konzept bewährt.

Entwicklung der Logistiksysteme

Der reibungslose betriebliche Ablauf ist u. a. davon abhängig, ob ausreichend Material an der erforderlichen Stelle vorhanden ist. Dies gilt für die Produktion genauso wie für den Vertrieb. Durch hohe Lagerbestände in der Material-, der Produktions- und Absatzwirtschaft ließe sich das Ziel der sicheren Versorgung relativ einfach erreichen. Große Lagerbestände verursachen aber Kosten. Daraus ergibt sich ein Zielkonflikt zwischen dem Wunsch nach sicherer Materialversorgung und der finanziellen Belastung.
Die Optimierung der Materialflusssysteme kann dazu beitragen, Lagerbestände ganz oder teilweise zu senken, ohne dabei das Ziel der hohen Lieferbereitschaft entscheidend zu gefährden. Technologische Entwicklungen, vor allem im Bereich der Informations- und Kommunikationssysteme, haben Materialflusssysteme verbessert. Das Zusammenwirken von Materialfluss und Informations- und Kommunikationssystemen bezeichnet man als **Logistik**.
Beispiel: Im Fertigungsbereich erfolgt der Weitertransport von gefertigten Teilen und Materialien computergesteuert. Disponenten in Speditionen können über Navigationssysteme nicht nur den genauen Standort ihrer Lkws, sondern auch die Fahrgeschwindigkeit und den Benzinverbrauch abrufen.

Logistiksysteme werden verwendet in der Beziehung Kunde – Lieferant (Beschaffungs- oder Absatzlogistik) und innerhalb betrieblicher Abläufe (Produktionslogistik: Wareneingang – Produktion – Absatzlager). Ein vierter Bereich beschäftigt sich mit der Entsorgung (Entsorgungslogistik).

Hohe Lagerbestände bedeuten

Kosten für Gebäude, Energie, Wartung, Personal, Zinsen …

Zielkonflikte

hohe Lieferbereitschaft gegenüber der Fertigung und den Kunden

Das Just-in-time-Verfahren (JIT)

Das Logistiksystem **„Just in time"** steuert den Materialfluss zwischen Kunde und Lieferant. Dabei müssen die Materialien zur richtigen Zeit, am richtigen Ort, in der richtigen Menge sowie in der richtigen Art und Weise bereitgestellt werden. Das JIT-Konzept beschränkt sich aber nicht einzig und allein auf die pünktliche Lieferung. Grundidee ist es, dass die benötigten Materialien **synchron** zum Fertigungsprozess direkt an den Produktionsort geliefert werden. In diesem Fall behält der Lieferant sein Lager, aus dem die Materialien abgerufen werden. Eine Weiterführung des Konzeptes kann dadurch erfolgen, dass auch der Lieferant auf die Lagerhaltung verzichtet und innerhalb des Produktionsprozesses eine Qualitätskontrolle

Die räumliche Nähe von Zulieferern zu ihren Kunden verringert das Risiko der Just-in-time-Lieferung.

KANBAN = Karte (jap.)

durchführt. Dieses Verfahren erfordert einen noch intensiveren Informations- und Datenaustausch zwischen Kunde und Lieferant. Meist siedeln sich die Zulieferfirmen in unmittelbarer Nähe ihres Kunden an, z. B. in Industrie- und Gewerbeparks. Das Ideal der Just-in-time-Lieferung ist eine Produktion ohne Lager.

Folgen des Just-in-time-Verfahrens

Die **Vorteile** dieses Verfahrens bestehen im Wesentlichen in der Kostensenkung und der Verkürzung der Durchlaufzeiten des Materials. Die Nachteile und Risiken bestehen
- in der gegenseitigen Abhängigkeit;
- in der hohen Lieferbereitschaft und Flexibilität, die vom Lieferanten erwartet werden;
- im möglicherweise hohen Nachbesserungsaufwand und in Rückrufaktionen, wenn die Qualitätskontrolle unterbleibt und es so zu Fehlern kommt;
- im möglichen Produktionsausfall bei Versagen der Lieferketten, z. B. durch Verkehrsbehinderungen oder einen Produktionsausfall beim Lieferanten.

Die **Risiken** von JIT versuchen Kunden einzugrenzen, indem
- Sicherheitslager für zwei bis drei Produktionstage aufgebaut werden;
- die Kosten eines Produktionsausfalls oder mangelhafter Lieferung durch hohe Konventionalstrafen auf den Lieferanten abgewälzt werden;
- sie möglichst nicht nur einen Zulieferer für eine Produktgruppe haben, um so die Abhängigkeit zu verringern und für Konkurrenz unter den Lieferanten zu sorgen.

Letztlich spiegelt sich die Leistungsfähigkeit der Lieferanten in der Qualität und im Preis der Produkte ihres Abnehmers wider.

Das KANBAN-System

Der Materialfluss innerhalb eines Unternehmens lässt sich ebenfalls nach dem JIT-Prinzip organisieren. Eine Form ist das von Toyota in den 1960er-Jahren entwickelte **KANBAN-System**. Dabei wurde das Bring-Prinzip durch das Zieh-Prinzip (Hol-Prinzip) abgelöst. Nach dem Bring-Prinzip werden aufgrund vorliegender Aufträge die Materialien an die Produktion geliefert und die bearbeiteten Teile werden dann von Arbeitsplatz zu Arbeitsplatz geschoben. Beim Zieh-Prinzip handelt es sich um eine verbrauchsgesteuerte Materialbereitstellung. Aus dem Lager oder von vorgelagerten Arbeitsplätzen wird nur das gerade benötigte Material in der Menge und zu dem Zeitpunkt entnommen (oder „angesaugt"), zu dem es gerade benötigt wird.

Eine Variante des KANBAN-Systems ist die Steuerung über ein **Zwei-Behälter-System**:
Für die Produktion wird aus einem Behälter Material entnommen. Sobald dieser Vorrat aufgebraucht ist, geht eine Meldung an das Lager, den Materialvorrat aufzufüllen. Jetzt wird aus dem zweiten Behälter Material für die Produktion entnommen. In dieser Zeit wird der leere Behälter gegen einen vollen ausgetauscht. Ist der Vorrat des zweiten Behälters aufgebraucht, geht wieder eine Meldung an das Lager. Der inzwischen aufgefüllte und bereitgestellte neue Behälter dient dann der Materialentnahme.
So entsteht ein selbstgesteuerter Regelkreis, der einen Materialfluss exakt nach dem Verbrauch in der Produktion sicherstellt. Geeignet ist dieses Verfahren bei einer Serien- oder Massenfertigung.
Die Vor- und Nachteile sind ähnlich wie beim JIT-Verfahren. Positiv sind geringere Lagerkosten (da Zwischenlager wegfallen), eine verkürzte Durchlaufzeit und weniger Platzbedarf im Produktionsbereich. Aber eine Störung im Materialflusssystem führt zu Produktionsstillstand.

Zwei-Behälter-System

Informationen:
- Jeder Behälter enthält Material für vier Arbeitsstunden.
- Der Abruf erfolgt durch Datenübertragung; es dauert zwei Stunden vom Eingang der Daten bis zur Bereitstellung des Materials im Fertigungsbereich.
- Zu Beginn der ersten Schicht (6.00 Uhr) sind ein voller und ein leerer Behälter vorhanden, die Bestellauslösung muss vorgenommen werden.

Zusammenfassung: Logistiksysteme

Logistiksysteme

Logistik = Zusammenwirken von Material- und Warenfluss sowie von Informations- und Kommunikationssystemen

Just-in-time-Prinzip

Materialflusssystem zwischen Lieferant und Kunde

KANBAN-System

Materialfluss zwischen Lagerhaltung und Produktion im Produktionsbereich

Ziele

- Kosteneinsparung
- schnellere Durchlaufzeit
- Einsparung von Betriebsfläche

Risiken und Probleme

- Nachbesserung/Rückrufaktionen
- gegenseitige Abhängigkeit
- Produktionsausfall durch Verkehrsstörungen und Produktionsausfall beim Lieferanten

Übungsaufgaben

1. Erläutern Sie den Begriff „Logistik“.

2. Beschreiben Sie den Unterschied zwischen pünktlicher Lieferung und dem JIT-Konzept.

3. Erläutern Sie den Zielkonflikt zwischen kostengünstiger Lagerhaltung und sicherer Versorgung der Produktion mit Materialien.

4. Das JIT-Verfahren beinhaltet neben einer Reihe von Vorteilen auch Risiken und Probleme.
   a) Nennen Sie die Vorteile des Kunden, für ein Produkt (z. B. Reifen) mehrere Lieferanten zu haben.
   b) Erläutern Sie Maßnahmen, die das Risiko des Produktionsausfalls verringern.

5. Die Materialversorgung nach dem KANBAN-System erfolgt nach dem Zieh-Prinzip. Erläutern Sie den Unterschied zum Bring-Prinzip.

6. Nehmen Sie zu folgender Behauptung Stellung: „Die zunehmende Anlieferung von Waren nach dem JIT- und KANBAN-System hat dazu geführt, dass Straßen und Autobahnen stärker belastet werden und es so zu mehr Staus kommt.“

Entsorgungskonzept für betriebliche Abfälle

Lernsituation

Beim Bekleidungsunternehmen Bineta werden die im Ausland gefertigten Textilien überprüft und für die Filialen zusammengestellt. Die Geschäftsführerin Frau Held im Gespräch mit dem Leiter des Lagers, Herrn Bär.

Frau Held: Erklären Sie mir bitte, wie bei uns die Abfälle entsorgt werden?
Herr Bär: Der Sondermüll, wie z. B. ölverschmierte Gegenstände oder Farbreste, wird drinnen in gesonderten Behältern gesammelt. Hier draußen stehen die Container für den normalen Werkmüll. Vorne der für den Restmüll, dann einer für Papier, einer für Folien und einer für Holz.
Frau Held: Wenn ich mir die Container so anschaue, haben wir anscheinend nur Restmüll. Stehen die anderen nur zur Zierde da?
Herr Bär: Ich predige den Mitarbeitern schon seit Jahren, dass vor allem die Verpackungsmaterialien sortiert werden müssen. Aber wenn keiner hinschaut, dann wird alles in den Restmüllcontainer geworfen.
Frau Held: Dann sorgen Sie bitte als Erstes dafür, dass der Restmüllcontainer ganz nach hinten kommt. Und dann machen Sie Ihren Mitarbeitern klar, dass eine vernünftige Müllentsorgung mehr ist als nur ein wenig Umweltschutz. Sie spart uns viel Geld.

Arbeitsauftrag

- Unterstützen Sie die Firma Bineta bei der Entwicklung eines Entsorgungskonzepts.

1. Berechnen Sie anhand der unten stehenden Informationen die jährlichen Kosten, die das Unternehmen bei einer besseren Abfallentsorgung einsparen könnte.
2. Machen Sie Vorschläge, wie das Umweltbewusstsein der Mitarbeiter in diesem Betrieb verbessert werden könnte.
3. Gestalten Sie ein umfassendes Entsorgungskonzept.

Informationen:
Eine Untersuchung ergibt, dass im Jahr 650 Tonnen Abfall anfallen, davon 60 % Papier, 25 % Restmüll, 10 % Holz, 5 % Folie.
Bisherige Kosten pro Jahr: 60 000 €
Preisangaben des Containerdienstleisters für die Abfallentsorgung pro Tonne:
Holz: 25 €, Papier: kostenlos, Restmüll: 100 €, Folie: Gutschrift von 140 €.

Recherche
m9up4w
Abfallwirtschaft, Gesetze

Aus Abfällen können wieder Energie und Rohstoffe gewonnen werden.

Kosten von Umweltschäden

Wirtschaftliches Handeln – Produzieren und Konsumieren – ist nicht möglich, ohne die Umwelt zu benutzen und zu belasten. Die Nutzung der Umwelt geschieht auf unterschiedliche Weise:

- Unternehmen benötigen für die Herstellung der Güter Rohstoffe und Energie.
- Die Umwelt wird mit allen möglichen Schadstoffen belastet, die bei der Produktion und beim Konsum der Güter durch die Haushalte anfallen.
- Nicht zuletzt müssen Industrie- und Haushaltsabfall entsorgt werden.

Rohstoffe und Energie stehen nicht in unbegrenztem Maße zur Verfügung. Ein Teil der Rohstoffe (Kupfer, Erz usw.) und Energievorräte (Erdöl und Erdgas) sind nicht erneuerbar. Von daher ist ein sparsamer Umgang mit diesen Gütern notwendig. Umweltschäden verursachen Kosten. Sei es, dass z. B. Trinkwasser mit hohem Aufwand aufbereitet wird oder dass die durch Umweltbelastungen verursachte Klimaveränderung zu Naturkatastrophen mit erheblichen Schäden führt. Der Staat stellt daher Vorschriften auf, um die Umweltkosten so gering wie möglich zu halten (**Vorsorgeprinzip**). Außerdem sollen diejenigen diese Kosten tragen, die sie verursacht haben (**Verursacherprinzip**).

Das Kreislaufwirtschafts- und Abfallgesetz (Krw-/AbfG)

Das **Kreislaufwirtschafts- und Abfallgesetz** gehört zu den wichtigsten Vorschriften im Umweltschutz. Das wichtigste Ziel dieses Gesetzes liegt in der **Vermeidung von Abfällen,** bezogen auf ihre Menge und Schädlichkeit. Dazu zählen u. a. folgende Maßnahmen:

- abfall- und schadstoffarme Produkte herstellen und erwerben,
- Stoffe in ein internes Kreislaufsystem führen.

Die **Abfallverwertung** zielt

- auf die Gewinnung der Stoffe oder
- auf die Energiegewinnung (energetische Verwertung) ab.

Unter **energetischer Verwertung** versteht man die Nutzung der Abfälle als Ersatzbrennstoff. Dabei werden die Abfälle in Müllverbrennungsanlagen in Energie umgewandelt. Die Rückgewinnung von Rohstoffen erfolgt in einem Kreislaufwirtschaftssystem. Dabei sollen die Abfälle in Unternehmen und Haushalten getrennt eingesammelt (Hol- und Bring-Systeme) und zur weiteren Verwertung aufgearbeitet werden.

Kreislaufwirtschafts- und Abfallgesetz (Krw/AbfG)

Gesetz zur Förderung der Kreislaufwirtschaft und Sicherung der umweltverträglichen Beseitigung von Abfällen

Nach dem neuen Kreislaufwirtschaftsgesetz (2012) sollen bis zum Jahr 2020 insgesamt 65 Prozent aller Siedlungsabfälle recycelt und 70 Prozent aller Bau- und Abbruchabfälle stofflich verwertet werden.

Krw-/AbfG § 2:
Die Vorschriften dieses Gesetzes gelten für
1. *die Vermeidung,*
2. *die Verwertung,*
3. *die Beseitigung von Abfällen.*

2.3 Lagerhaltung optimieren

Öko-Audit
Verfahren, bei dem ein Unternehmen sein Umwelt-management offenlegt, überprüft und verbessert

Abfälle unterteilen

In jedem Betrieb fällt eine große Anzahl von Rückständen an. Diese Stoffe lassen sich in folgende Gruppen unterteilen:
- Verpackungen (z. B. Papier, Pappe, Folie, Styropor, Holz), die stofflich zu verwerten sind;
- verwertbare Reststoffe und Sonderabfälle (z. B. Reifen, Eisenschrott, Kunststoffe, Buntmetalle, Ölreste), die entweder stofflich verwertet und somit dem Wirtschaftskreislauf wieder zugeführt oder die in Müllverbrennungsanlagen energetisch verwertet werden;
- Sonderabfälle (z. B. ölverschmierte Gegenstände, Farbreste), die gesondert entsorgt werden müssen, da sie bei falscher Lagerung Umweltschäden verursachen.

Betriebliches Abfallwirtschaftskonzept

Die Beseitigung von betrieblichen Abfällen ist mit einer Reihe von gesetzlichen Auflagen und Bestimmungen verbunden. Es entstehen dadurch Kosten für das Unternehmen. Ein betriebliches Abfallwirtschaftskonzept dient dazu, durch Abfallvermeidung und richtige Abfallverwertung diese Kosten gering zu halten. Mit einigen Abfällen kann man sogar Geld verdienen. So zahlen Entsorgungsunternehmen, je nach Marktlage, für bestimmte vorsortierte Abfälle (z. B. Folien, Papier, Buntmetalle) eine Vergütung. Diese Stoffe werden dann aufbereitet und verkauft.
Für **Industriebetriebe** bestehen von der Materialwirtschaft über die Produktion bis hin zum Vertrieb viele Möglichkeiten der Abfallvermeidung und Abfallverwertung.
- Der Materialwirtschaft kommt dabei eine wichtige Rolle zu, da der Anteil der eingekauften Teile an dem zu fertigenden Produkt sehr hoch ist. Daher sollte beim Einkauf auf umweltfreundliche Produkte und Rohstoffe geachtet werden. (→ S. 81 ff.)
- Die Fertigung sollte die Güter so herstellen, dass die einzelnen Teile bei der Abfallverwertung einfach zu zerlegen oder zu trennen sind.
- Im Vertrieb sind Transportverpackungen und Umverpackungen zu wählen, die leicht zu entsorgen sind. Ideal wäre im Sinne der Kreislaufwirtschaft ein System, in dem Verpackungen wiederverwertet werden. Bei der Wahl der Transportmittel (Bahn, Lkw, Schiff, Flugzeug) sollen neben der Wirtschaftlichkeit auch der Energieverbrauch und der Schadstoffausstoß berücksichtigt werden.

Im **Handwerk** gibt es z. B. folgende Möglichkeiten:
- Malerbetriebe arbeiten mit wasserlöslichen Farben.
- Tischler verarbeiten einheimische Hölzer und verwenden lösungsmittelfreie Kleber und Leime.
- Fleischerei- und Bäckereifachgeschäfte beziehen ihre Produkte überwiegend aus der heimischen Region.

Alte Autos werden professionell zerlegt.

Schulung der Mitarbeiter

Die Ziele des Umweltmanagements in Unternehmen lassen sich am besten verwirklichen, wenn die Mitarbeiter in die Planung und Umsetzung einbezogen werden. Dies kann in Mitarbeiterschulungen erfolgen.
In großen Unternehmen oder Unternehmen, die sich einem **Öko-Audit** unterzogen haben, übernehmen Umweltberater diese Aufgaben.
Im Handwerk informieren und helfen Umweltberater der Kammern bei der Umsetzung der gesetzlichen Bestimmungen in die betriebliche Praxis und beim Einstieg in ein professionelles Umweltmanagement.

Zusammenfassung: Entsorgungskonzept für betriebliche Abfälle

Kreislaufwirtschafts- und Abfallgesetz (Krw-/AbfG)

Abfallvermeidung	Abfallverwertung	Abfallbeseitigung
oberstes Ziel	stoffliche und energetische Verwertung	Sonderabfälle

Betriebliches Abfallwirtschaftskonzept

Vermeidung und Verwertung	Mitarbeiterschulung/Umweltbeauftragte
durch z. B.: • Einkauf umweltfreundlicher Rohstoffe und Materialien • energiesparende Verkehrssysteme • wiederverwertbare Verpackungen • schadstoffarme Betriebsmittel	

Übungsaufgaben

1. Im Jahre 1996 wurde das Abfallgesetz durch das Kreislaufwirtschafts- und Abfallgesetz abgelöst.

   a) Erläutern Sie, warum in dieses Gesetz die Förderung der Kreislaufwirtschaft aufgenommen wurde.

   b) Erklären Sie, worauf das Gesetz den Schwerpunkt legt, damit das, was die Karikatur beschreibt, nicht für die Gesellschaft eintritt.

2. Beschreiben Sie, was man unter „energetischer Verwertung" von Abfällen versteht.

3. Zählen Sie auf, welche Produkte sich besonders für eine stoffliche Verwertung anbieten.

4. Erklären Sie, warum die Mitarbeiterschulung im Rahmen eines betrieblichen Abfallwirtschaftskonzeptes wichtig ist.

5. Stellen Sie das Abfallwirtschaftskonzept Ihres Ausbildungsbetriebes dar und überprüfen Sie es auf Verbesserungsmöglichkeiten.

Materialwirtschaft und Bedarfsplanung

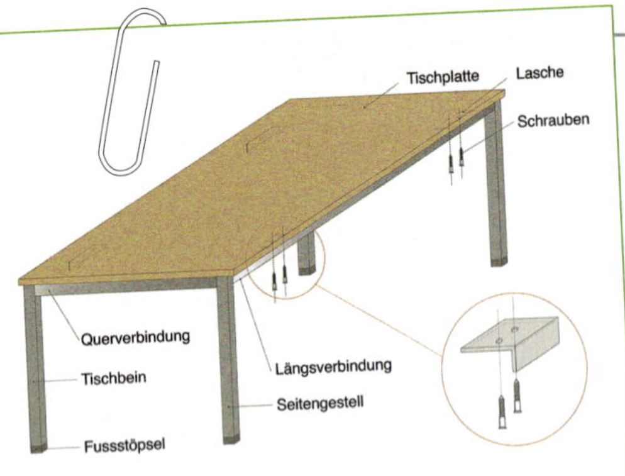

Isometrie Schultisch

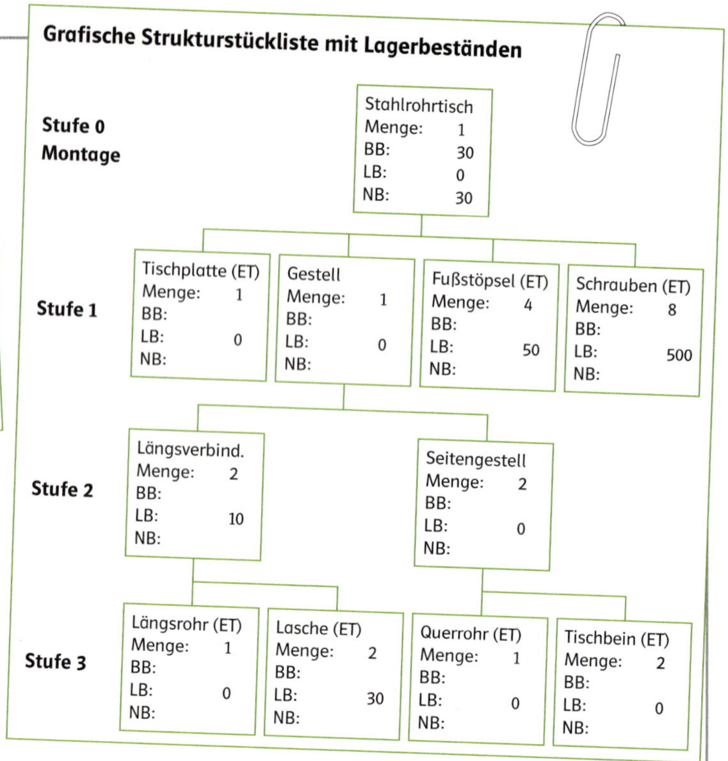

Lernsituation

Ein Schulmöbelhersteller hat einen Auftrag über 30 eigens für einen Kunden anzufertigende Schülertische erhalten. Das Gestell wird in einzelnen Fertigungsstufen aus Stahlrohr und Laschen zusammengeschweißt, die Tischplatte wird an die Laschen geschraubt.
Die grafische Strukturstückliste macht die Reihenfolge der Arbeitsschritte ersichtlich.
Für die Einkaufsabteilung soll eine Materialbedarfsliste erstellt werden.

Arbeitsauftrag

- Erarbeiten Sie eine Bedarfsliste für die Einkaufsabteilung.
  Hinweis: Das Gestell besteht aus Stahlrohr, das in kg berechnet wird:
  Das Längsrohr wiegt 3 kg, das Querrohr und das Tischbein wiegen jeweils 1,5 kg.

Bedarfsliste	
Artikelbezeichnung	**Menge**
Tischplatte	
Fußstöpsel	
Befestigungsschrauben	
Laschen	
Stahlrohr	

Abkürzungen

ET = Einkaufsteil
BB = Bruttobedarf
LB = Lagerbestand
NB = Nettobedarf (BB – LB)

Recherche
63j8hs
Bedarfsplanung, Verfahren der Beschaffung

Aufgaben und Ziele der Materialwirtschaft

Der reibungslose Ablauf der Fertigung ist u. a. davon abhängig, dass der Produktionsprozess nicht durch fehlende Materialien beeinträchtigt wird oder zum Erliegen kommt. Die Produktion ist somit der „Kunde" der Materialwirtschaft. Neben der sicheren Versorgung ist der wirtschaftliche Aspekt von gleich großer Bedeutung. Der Wert der eingekauften Materialien macht, vor allem in der Industrie, den Großteil der Produktionskosten aus. Daraus lässt sich folgende Zielsetzung für die Materialwirtschaft formulieren:
Die Materialien müssen
- in der benötigten Art und Qualität,
- in der benötigten Menge,
- zur richtigen Zeit,
- zu optimalen Kosten,
- unter Beachtung der Umweltbelange

für die Produktion bereitgestellt werden.

Die sich daraus ergebenden Tätigkeiten verteilen sich auf vier Aufgabenbereiche:
- Beschaffung → S. 85 ff.,
- Lagerung → S. 67 ff.,
- Logistik (Verteilung der Güter = Materialfluss) → S. 71 ff.,
- Entsorgung (Verpackungsmaterial, Abfälle) → S. 76 ff.

Die Beschaffungsplanung

Die Beschaffung von Materialien erfordert eine gute Planung und Vorbereitung. Dazu dient der

Materialien
- → **Rohstoffe**: Holz, Stahl
- → **Hilfsstoffe**: Leim, Schrauben
- → **Bauteile**: Tischplatte, Laschen
- → **Betriebsstoffe**: Maschinenöl
- → **Reparaturmaterial**: Riemen, Ketten

Beschaffungsplan, der die notwendigen Schritte enthält:
- Bedarfsermittlung,
- Bezugsquellenermittlung und Angebotsvergleiche,
- Bestellung,
- Beschaffungskontrolle.

Handelsunternehmen verkaufen ihre eingekauften Produkte unverändert an den Kunden.

Nachdem die Bestellung an den Verkäufer erfolgt ist, muss die Einhaltung des Liefertermins überprüft werden. Die gelieferte Ware wird vom Wareneingang entgegengenommen und anhand des Lieferscheins auf Vollständigkeit und Richtigkeit überprüft. Anschließend wird das Material einer Qualitätsprüfung unterzogen.

Beispiel für einen Beschaffungsplan: Die Firma Gloster, Dach- und Fassadenbau GmbH, hat den Auftrag für die Bedachung und Fassadenverkleidung einer Produktionshalle erhalten. Der Termin für den Baubeginn ist auf den 13.12. festgelegt worden. Auf der Grundlage des Angebotstextes wird ein Beschaffungsplan erstellt.

Beschaffungsplan für den Auftrag ...

Pos.	Bezeichnung	Menge	Lieferant	Lieferfrist	Bestellung	Liefertermin
1	Thermowand	25	STABAU, Essen	ca. 2 Wochen	26. Nov.	13. Dez.
2	Dampfsperre	300 m²	Pesch KG, Ulm	sofort	10. Dez.	13. Dez.
3	Nieten	600 St.	Kree, Köln	ca. 5 Tage	06. Dez.	13. Dez.

Verfahren der Beschaffung

Die Beschaffung der benötigten Güter und Materialien lässt sich unterschiedlich organisieren.

- **Fallweise Beschaffung:** Teile, die man in der Produktion nicht regelmäßig benötigt, werden bei Bedarf angeschafft. Die fallweise Beschaffung wird vor allem im Handwerk angewandt, wenn Teile aufgrund von Sonderwünschen der Kunden gefertigt werden oder wenn die zur Reparatur benötigten Materialien bestellt werden müssen.
  Beispiel: Eine Kfz-Werkstatt wird Austauschmotoren nicht lagern, sondern bei Bedarf bestellen.
- **Vorratsbeschaffung:** Gegenstände, die im Handwerk fast jederzeit verfügbar sein müssen, werden hingegen gelagert. Eine Kfz-Werkstatt wird Bremsbeläge lagern, da diese Teile täglich benötigt werden. In der Industrie dienen Lager vor allem dem reibungslosen Ablauf der Produktion. Die Auslösung einer Warenbestellung kann durch zwei grundlegende Verfahren erfolgen:
  Beim **Bestellpunktverfahren** wird der Warenbestand nach jeder Entnahme überprüft. Erreicht er einen vorher festgelegten **Meldebestand** (Bestellpunkt), so wird das Bestellverfahren ausgelöst. Die Bestellmenge muss mindestens der Menge entsprechen, die in der Zeit zwischen Bestellauslösung und Warenlieferung verbraucht wird.

Beispiel für das Bestellpunktverfahren

Mindestbestand: 200 Stück Lieferzeit ab Bestellung: 4 Tage
Tagesverbrauch: 80 Stück

Meldebestand	=	Mindestbestand	+	Tagesverbrauch	×	Lieferzeit
520	=	200	+	80	×	4

geringste Bestellmenge: 320

geringster zeitlicher Abstand zwischen den Bestellungen: 4 Tage, Verbrauch = 320

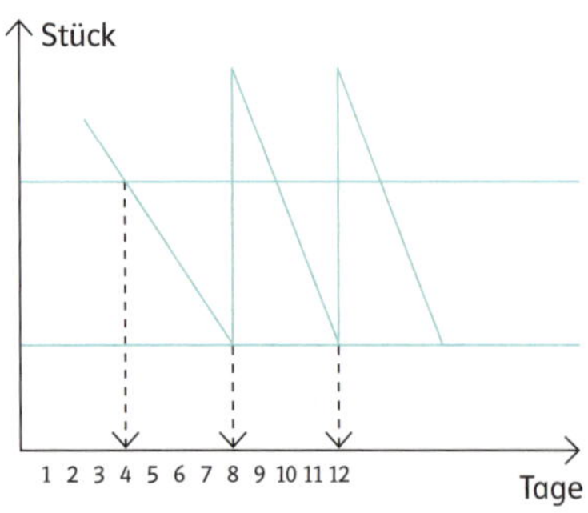

Beim **Bestellrhythmusverfahren** wird der Bestand in festen Zeitabständen (z. B. wöchentlich) überprüft. Die Bestellung wird ausgelöst, wenn der Vorrat einen bestimmten Punkt (Meldebestand) erreicht oder unterschritten hat. Die Lagerbestände können aber auch nach jeder Überprüfung in Höhe der Lagerabgänge wieder aufgefüllt werden.

- Bei der **fertigungssynchronen Beschaffung (just in time)** werden die Materialien nach der Anlieferung ohne weitere Liegezeit der Produktion zugeführt (→ S. 72 ff.).

Die Bedarfsermittlung

Bevor die notwendigen Waren beschafft werden, muss eine genaue Ermittlung des Bedarfs erfolgen. Dazu haben die entsprechenden Stellen oder Abteilungen (z. B. Fertigung, Lager, Verkauf) genaue Angaben über die Menge der benötigten Waren zu machen und über den

Zeitpunkt, an dem die Waren eingesetzt werden sollen. Die Erfassung all dieser Daten erfolgt im **Bedarfsplan**, der Informationen über die Art, Qualität und Anzahl der zu beschaffenden Waren sowie über den Zeitpunkt der Bereitstellung enthält.

Der Bedarf wird von unterschiedlichen Einflussgrößen bestimmt. Das sind:

- Stücklisten: Aus den Konstruktionen und Zeichnungen, die bei der Entwicklung eines Produktes entstehen, werden die Stücklisten erstellt. Sie geben Auskunft über die Zusammensetzung eines Produktes. Der Bedarf errechnet sich, indem die Menge der zu produzierenden Güter mit der auf der Stückliste angegebenen Anzahl der Teile multipliziert wird.
- Arbeitsplan: Der Arbeitsplan beschreibt die technische Reihenfolge der Arbeitsvorgänge zur Fertigung eines Teiles. Der Arbeitsplan enthält nicht nur Angaben über den Bedarf, sondern es lassen sich daraus auch die Bestelltermine und Bestellzeitpunkte ableiten.
- Produktionsplan: Der Produktionsplan gibt Auskunft über die Art und die Anzahl der zu fertigenden Produkte innerhalb eines bestimmten Zeitraums. Zu den Einflussfaktoren gehören die Kundennachfrage, die vorhandenen Produktionskapazitäten und die Absatzpolitik des Unternehmens.

Beispiel: Ein Automobilunternehmen plant in seinen Betrieben für das nächste Jahr die Herstellung von täglich 3000 Autos.

Einflussgrößen für den Bedarf

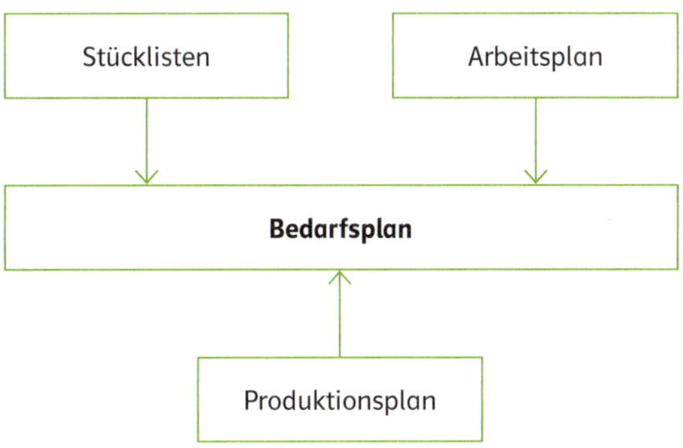

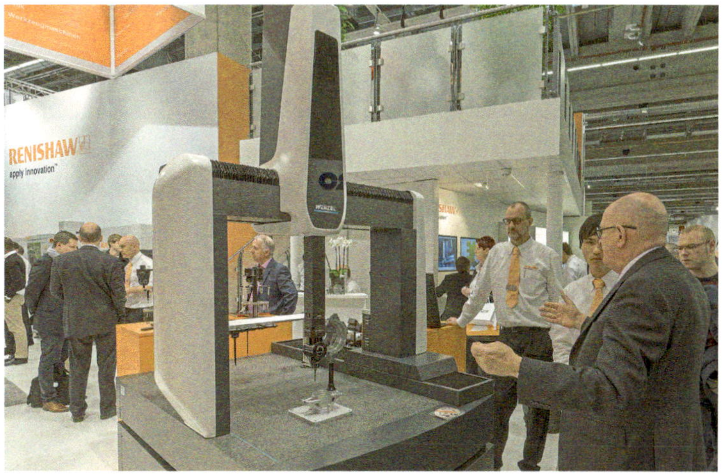

Bezugsquellen für die Beschaffung

Für den Einkauf von Maschinen, Werkzeug, Materialien, Fertigprodukten usw. stehen dem Unternehmen verschiedene Bezugsquellen zur Verfügung:

- Messen, Ausstellungen,
- Fachzeitschriften,
- „Gelbe Seiten" (Telefonbuch),
- Lieferverzeichnisse, z. B. „Wer liefert was?",
- die eigene Lieferkartei des Unternehmens,
- Internet.

Mit einer **Anfrage** spricht man einen möglichen Lieferanten direkt an. Man erhofft sich von ihm genauere Informationen oder ein konkretes Angebot. Folgende Arten von Anfragen werden unterschieden:

- Unbestimmte Anfrage: Sie dient dazu, sich über Liefermöglichkeiten zu informieren. Mit ihr fordert man daher Kataloge, Prospekte, Preislisten oder einen Vertreterbesuch an. Eine fest umrissene Kaufabsicht ist noch nicht vorhanden.
- Bestimmte Anfrage: Sie enthält die Bitte um genauere Angaben zu einer bestimmten Ware (Eigenschaften, Preis, Rabatt, Lieferungs- und Zahlungsmöglichkeiten). Man möchte wissen, zu welchen Bedingungen eine bestimmte Ware bezogen werden kann.

Eine Anfrage ist unverbindlich, d. h., es ergeben sich daraus keine rechtlichen Wirkungen.

Zusammenfassung: Materialwirtschaft und Bedarfsplanung

Materialwirtschaft

Aufgabe

Sichere und kostengünstige Versorgung der Produktion

Aufgabenbereich

Beschaffung – Lagerung – Logistik – Entsorgung

Beschaffungsvorgang

Bedarfsermittlung (Bedarfsplan)
↓
Angebotsvergleich
↓
Bestellung
↓
Kontrolle

Verfahren
- fallweise Beschaffung
- Vorratsbeschaffung
- fertigungssynchrone Beschaffung (just in time)

Bedarfsplan

enthält Informationen über
- Qualität und Anzahl der Waren
- den Zeitpunkt der Bereitstellung

↑

Einflussgrößen
- Stücklisten
- Arbeitsplan
- Produktionsplan

Übungsaufgaben

1. Ermitteln Sie, ob in folgenden Fällen eine fallweise Beschaffung oder eine Vorratsbeschaffung vorgenommen werden soll.
   a) Eine Kfz-Werkstatt benötigt am Tag 100 Liter Motoröl.
   b) Ein Malerbetrieb verarbeitet die vom Kunden ausgesuchte Tapete.
   c) Ein metallverarbeitendes Unternehmen verarbeitet am Tag 10 Tonnen Gussstahl.
   d) Schreinermeister Delsing hat sich auf die Fertigung von Küchen spezialisiert. Die Kunden haben beim Elektroherd die Auswahl zwischen drei Modellen.

2. Vergleichen Sie Bestellpunkt- und Bestellrhythmusverfahren.

3. Nennen Sie die Aufgabenbereiche der Beschaffungsplanung.

4. Ermitteln Sie den Meldebestand eines Lagerartikels, wenn der Mindestbestand bei 150 Stück und der Tagesverbrauch bei 120 Stück liegen. Die Beschaffungszeit des Artikels beträgt sechs Tage.

Angebotsvergleich

Lernsituation

Die Bäckerei Bucher benötigt demnächst einen leistungsfähigeren Backofen. Der Ofen ist an 360 Tagen im Jahr jeweils sechs Stunden in Betrieb. Da es sich für die Bäckerei Bucher um eine bedeutende Investition handelt, hat Herr Bucher bei verschiedenen Lieferanten angefragt. Das beste Angebot kam bisher von der Firma Breil. Bevor Herr Bucher bestellt, will er noch das Angebot der Groll KG prüfen.

Auszug aus dem Angebotsschreiben der Firma Groll

....

vielen Dank für Ihre Anfrage. Wir bieten Ihnen an:

Backofen, Typ 2000-S

Leistungsfähigkeit:	2000 Brötchen/pro Std
Listenpreis:	51000 €
Sonderrabatt	10 % vom Listenpreis
Lieferungsbedingungen:	ab Werk, Aufbau-, Transportkosten 800 €
Zahlungsbedingungen:	8 Tage nach Lieferung 2 % Skonto 30 Tage netto Kasse
Lieferzeit:	4 Monate
Energieverbrauch:	40 KWh oder 4 Kubikmeter Gas/h
Wartung/Reparaturen:	innerhalb 24 Stunden
Garantie:	5 Jahre

Wir freuen uns auf Ihre Bestellung.

Mit freundlichen Grüßen

Arbeitsauftrag

- Entscheiden Sie, für welches Angebot Herr Bucher sich entscheiden soll.
  Damit Sie die Angebote der Firmen Groll und Breil vergleichen können, tragen Sie bitte die Angaben aus dem Angebotsschreiben der Firma Groll in eine Übersicht ein. Anschließend nehmen Sie die Gewichtung der Kriterien und eine Bewertung beider Angebote vor.
  (🌐 **Material** 2n6w27 Angebotsübersicht)

Kriterien	Gewichtung	Angebot Breil			Angebot Groll		
		Fakten	Bewertung	Punkte ges.	Fakten	Bewertung	Punkte ges.
Bezugspreis		45500 €					
Leistung		1500 Brötchen/ Std.					
Garantie		5 Jahre					
Lieferzeit		1 Monat					
Wartung/ Reparatur		sofort					
Zahlungsbedingungen		3 Monate Ziel					
Energieverbrauch		50 KWh					
Punkte gesamt							
Rangstelle							

Angebote vergleichen

Bei der Festlegung, welche Lieferanten die Aufträge erhalten, bedient man sich des Angebotsvergleichs, indem man die wesentlichen Bestandteile der Angebote gegenüberstellt. Verglichen werden der Listenpreis, Preisnachlässe und die Bezugskosten. Darüber hinaus wird die Entscheidung auch von den Faktoren bestimmt, die nicht unmittelbar in Geldbeträgen ausgedrückt werden können. Dazu zählen u. a. Qualität, Lieferzeit, Kundendienst, Liefertreue, Kulanz und auch die Flexibilität, auf plötzliche Kundenwünsche reagieren zu können.
Stehen mehrere Angebote zur Auswahl, hilft eine einfache Methode zur Bewertung: die **Entscheidungsmatrix**. Dabei werden zunächst die für das Unternehmen relevanten Einflussfaktoren nach ihrer Wichtigkeit bewertet, indem man einen Gewichtungsfaktor von 1 bis 10 vergibt. Dabei ist 10 besonders wichtig und 1 unwichtig. Zwischenstufen sind möglich. Nun werden die Kriterien der verschiedenen Angebote mit Punkten von 1 bis 5 bewertet. Hier ist z. B. 5 sehr gut; 1 sehr schlecht. Die Gewichtungsfaktoren werden mit den Punkten multipliziert und die Ergebnisse für jedes Angebot summiert. Das Angebot mit der höchsten Punktzahl entspricht am besten den Anforderungen.

Beispiel eines Angebotsvergleichs

Kriterien	Gewichtung	Angebot A		Angebot B	
		Bewertung	Punkte	Bewertung	Punkte
Preis	8	3	24	4	32
Qualität	9	2	18	3	27
Lieferzeit	7	4	28	1	7
Liefertreue	5	4	20	3	15
Service	4	2	8	3	12
Punkte ges.			**98**		**93**
Rangstelle		**1**		**2**	

Bezugskosten ermitteln

Ein Preisvergleich verschiedener Anbieter ist nur auf der Grundlage des Einstandspreises aussagekräftig. Hier werden neben dem Listenpreis alle Faktoren berücksichtigt, die im Einkauf entstehen. Dazu zählen Preisnachlässe, Transport- und Verpackungskosten.

Ermittlung der Bezugskosten
(Beispielrechnung in €)

Listenpreis	15 000
– Rabatt (10 %)	1 500
= Zieleinkaufspreis	13 500
– Skonto (2 %)	270
= Bareinkaufspreis	13 230
+ Beförderungskosten	400
+ Verpackungskosten	200
= **Bezugspreis**	**13 830**

Wenn bestimmte Voraussetzungen vorliegen, gewährt der Lieferant **Preisnachlässe**. Dazu zählen u. a.:
- **Mengenrabatt**: wenn eine größere Menge bestellt wird.
- **Treuerabatt**: wenn man über einen längeren Zeitraum beim selben Lieferant bestellt.
- **Sonderrabatt**: z. B. anlässlich eines Geschäftsjubiläums.
- **Skonto**: Preisnachlass für vorzeitige Zahlung oder innerhalb einer bestimmten Frist (z. B. acht Tage).

Beförderungskosten nicht vergessen

Der Transport von Waren vom Lieferanten zum Kunden kostet Geld. Daher ist es von Bedeutung, wer diese Kosten übernimmt. Regelungen

Recherche
6kv8i5
Angebotsvergleich

(Beförderungsbedingungen) dieser Art stehen gewöhnlich im Angebot des Lieferanten. Daher ist die Formulierung auch aus seiner Sicht aufzufassen. *Beispiele:*

- **„ab Werk"**: Der Lieferant stellt die Ware ab seinem Werk zur Verfügung, das heißt, die Beförderungskosten gehen voll zulasten des Käufers.
- **„unfrei"** (ab hier, ab Bahnhof hier): Der Lieferant stellt die Ware ab Versandstation (Spediteur, Bahnhof oder Post an seinem Wohnort) zur Verfügung. Die Beförderungskosten bis zur Versandstation trägt der Verkäufer.
- **„frei"** (frei dort, frei Bahnhof dort): Der Lieferant trägt die Beförderungskosten bis zur Empfangsstation, d.h. bis zum Spediteur, Bahnhof oder bis zur Post am Wohnort des Empfängers.
- **„frei Haus"**: Der Lieferant liefert frei bis zum Haus des Käufers und trägt damit selber alle Beförderungskosten.

Wer bezahlt die Beförderungskosten?

Mit und ohne Verpackungskosten

Wer die Verpackungskosten bezahlt, ergibt sich aus den folgenden Formulierungen im Angebot:

- **„Reingewicht einschließlich Verpackung"**: Der Preis wird nach dem Rein- oder Nettogewicht der Ware berechnet; die Verpackungskosten werden nicht in Rechnung gestellt.
- **„Reingewicht ausschließlich Verpackung"**: Der Preis wird nach dem Reingewicht der Ware berechnet, die Verpackungskosten werden gesondert in Rechnung gestellt.

Stichwort Nachhaltigkeit

Nachhaltige, ökologische Materialien und Güter, die Berücksichtigung der Umwelt und faire Arbeitsbedingungen sind heute bedeutende qualitative Entscheidungsfaktoren bei der Beschaffung. Sie haben nicht nur Einfluss auf die Kostenstruktur, sondern auch auf das Image eines Unternehmens in der Öffentlichkeit (→ S. 139 Corporate Identity).
Der Bezug der Produkte aus der heimischen Region entlastet die Umwelt. Energiekosten können durch energieeffiziente Fertigungsmittel gesenkt werden (z.B. 10 bis 25% weniger Strom- oder Gasverbrauch, wenn Bäckereien und Konditoreien entsprechende Backöfen und Kälteanlagen einsetzen). Viele Verbraucher achten bei ihrer Kaufentscheidung auf Nachhaltigkeit. Nicht nur das Endprodukt soll nachhaltig sein, sondern auch die für die Herstellung nötigen Zukaufteile und die erbrachten Leistungen (z.B. Arbeitsbedingungen in der Textilindustrie).

Ziele von Unternehmen → S. 14

Entsorgungskonzept → S. 76

Aufteilung der Beförderungskosten

	Werk des Lieferanten	Bahnhof des Lieferanten	Bahnhof des Käufers	Adresse des Käufers
ab Werk				
unfrei				
frei				
frei Haus				

- - - - -> Käufer zahlt die Kosten
———> Lieferant zahlt die Kosten

Lieferung per Nachnahme

Allgemeine Geschäftsbedingungen BGB § 305 ff.

Zahlungsbedingungen aushandeln

Übliche Angebotsformulierungen zur Zahlungsbedingung lauten:

Zahlung vor der Lieferung:
- Lieferung gegen Vorauszahlung,
- 50 Prozent Anzahlung.

Zahlung bei Lieferung:
- Zahlung bei Empfang der Ware,
- Lieferung gegen bar,
- Lieferung gegen Nachnahme.

Zahlung nach der Lieferung:
- Zahlung innerhalb von 30 Tagen,
- Zahlungsziel drei Monate,
- zahlbar in sechs Monatsraten.

Eine Zahlung innerhalb von acht Tagen gilt als Barzahlung.

Eigentumsvorbehalt beachten

Durch den Eigentumsvorbehalt bleibt der Lieferant bis zur vollständigen Bezahlung Eigentümer der Ware; der Käufer wird lediglich Besitzer. Falls der Käufer seinen Zahlungsverpflichtungen nicht nachkommt, kann der Verkäufer die Rückgabe der Ware verlangen.

Allgemeine Geschäftsbedingungen (AGB)

Nicht bei jedem Kaufvertrag, vor allem nicht zwischen Unternehmen und Privatpersonen, können alle Bedingungen so ausgehandelt und schriftlich festgehalten werden wie in der Lernsituation. Aus diesem Grunde haben viele Kaufleute in ihren Kaufverträgen die Allgemeinen Geschäftsbedingungen aufgenommen. Darin wird z. B. geregelt:
- Wer trägt die Verpackungs- und Versandkosten?
- Innerhalb welcher Zeit muss die Ware bezahlt werden?
- Wie lange garantiert der Verkäufer die Fehlerfreiheit des Produktes?
- Welche Schadenersatzansprüche bestehen bei Liefer- oder Annahmeverzug?

Damit dieses „Kleingedruckte" nicht zum Nachteil des Verbrauchers ausgestaltet wird, hat der Gesetzgeber Vorschriften im Bürgerlichen Gesetzbuch (BGB) erlassen. Folgende **Voraussetzungen** müssen erfüllt sein, damit die AGB Bestandteil eines Kaufvertrags werden:
- Auf die AGB ist ausdrücklich hinzuweisen.
- Der Käufer muss vom Inhalt der AGB in zumutbarer Weise Kenntnis nehmen können.
- Der Käufer muss den AGB zustimmen.

Folgende Bestimmungen sind **unwirksam**:
- überraschende Klauseln (z. B. wenn ein Möbelgeschäft in seinen AGB die Haftung für Schäden ausschließt, die seine eigenen Mitarbeiter beim Aufbau im Kundenhaushalt verursachen);
- nachträgliche Preiserhöhungen für Waren, die innerhalb von vier Monaten nach Vertragsabschluss geliefert werden;
- Verkürzung der gesetzlichen Fristen zur Sachmangelhaftung;
- Beschränkung der Rechte des Käufers bei mangelhafter Lieferung.

Zusammenfassung: Angebotsvergleich

Preisnachlässe
- Rabatte
- Skonto

Beförderungskosten
- ab Werk
- unfrei
- frei
- frei Haus

Verpackungskosten
- Reingewicht einschließlich Verpackung
- Reingewicht ausschließlich Verpackung

Zahlungsbedingungen
- Zahlung
- vor der Lieferung
- bei Lieferung
- nach der Lieferung

Kriterien des Angebotsvergleichs

- Listenpreis
- Garantie
- Lieferzeit
- Eigentums-vorbehalt
- Wartung/ Reparatur
- Nachhaltigkeit

Übungsaufgaben

○ 1. Wie nennt man die Preisnachlässe in folgenden Fällen?
   a) Schreiben des Lieferanten an seinen Kunden: „Weil Sie in der Zeit vom 01.01. bis 31.12.20XX mehr als 500 Fahrräder abgenommen haben, gewähren wir Ihnen eine Rückvergütung von fünf Prozent."
   b) Frau Kramer ist seit zehn Jahren Mitglied in einem Bücherklub. Bestimmte Bücher werden ihr mit einem Rabatt von 30 Prozent angeboten.
   c) Bei Bezahlung der Rechnung innerhalb einer bestimmten Frist kann der Käufer zwei Prozent vom Rechnungsbetrag abziehen.

○ 2. Bestimmen Sie den Anteil an den Beförderungskosten, den der Käufer bei den folgenden Angeboten zu tragen hat:
   a) ab Werk,
   b) unfrei,
   c) frei.

◒ 3. Ermitteln Sie jeweils den Bezugspreis für 100 kg Schrauben bei folgenden Angaben zu den Verpackungskosten:
   a) „Preis pro 100 kg Reingewicht einschließlich Verpackung 1500 Euro."
   b) „Preis pro 100 kg Reingewicht ausschließlich Verpackung 1500 Euro."
   Die Verpackung (Holzkisten, in denen die Schrauben liegen) wiegt 5 kg und kostet 30 Euro, falls sie gesondert berechnet wird.

◒ 4. Erläutern Sie die Bedeutung des Eigentumsvorbehalts aus der Sicht des Verkäufers.

◒ 5. Erläutern Sie, warum die Allgemeinen Geschäftsbedingungen Bestandteil von vielen Verträgen sind.

● 6. Sie beabsichtigen den Kauf einer Jeans. Zur Auswahl stehen die Produkte von drei Herstellern.
   a) Entscheiden Sie sich für sechs Kriterien, die Ihrer Meinung nach für Ihre Kaufentscheidung wichtig sind. Anschließend nehmen Sie eine Gewichtung der Kriterien vor.
   b) Prüfen Sie, ob Sie bei einem Angebotsvergleich für den Kauf eines PCs dasselbe Bewertungsschema übernehmen. Begründen Sie Ihre Entscheidung.

Zustandekommen von Rechtsgeschäften

Lernsituation

Thomas hat vor Kurzem seinen Führerschein gemacht und möchte sich ein Auto kaufen. In der Zeitung findet der Auszubildende unter der Rubrik Gebrauchtwagen folgende Anzeige:

!!! Gelegenheitskauf !!!
→ VW-Golf, 7 Jahre alt, 80 000 km
→ TÜV neu, **Top-Zustand**
VB: 3 000 €
Tel.: (0 28 71) 98 33 46

Thomas meldet sich noch am gleichen Tag auf diese Anzeige und einigt sich mit dem Verkäufer, Herrn Kirch, dass er das Auto am nächsten Tag abholen und bezahlen wird. Pünktlich, wie verabredet, erscheint Thomas am nächsten Tag bei Herrn Kirch. Zu seiner Überraschung teilt Herr Kirch ihm jedoch mit, dass er das Auto bereits am Morgen jemand anderem verkauft habe. Er habe ja nicht wissen können, ob Thomas auch wirklich komme. Schließlich habe man ja nichts Schriftliches vereinbart und dann gelte nun mal: „Wer zuerst kommt, mahlt zuerst."

Arbeitsauftrag

- Prüfen Sie, ob zwischen Herrn Kirch und Thomas ein rechtsgültiger Kaufvertrag zustande gekommen ist.

Beantworten Sie zur Lösung des Arbeitsauftrags die folgenden Fragen:

1. Hat Herr Kirch ein rechtsgültiges Angebot abgegeben?
2. Liegen zwei übereinstimmende Willenserklärungen vor?
3. Wurde die für den Abschluss eines solchen Kaufvertrags vorgeschriebene Form eingehalten?

Recherche
zx7gn3
Verträge, Testament

Rechtsgeschäfte abschließen

Rechtsgeschäfte kommen durch **Willenserklärungen** zustande. Eine Willenserklärung liegt vor, wenn eine Person ihren Willen zum Ausdruck bringt. Dies kann

- mündlich,
- schriftlich oder
- durch schlüssiges Handeln erfolgen (z. B. durch Handheben bei einer Versteigerung).

Rechtsgeschäfte lassen sich in einseitige und zweiseitige Rechtsgeschäfte unterteilen.

- **Einseitige Rechtsgeschäfte**: Sie entstehen, wenn nur eine Person eine Willenserklärung abgibt (*Beispiele*: Kündigung, Testament).

Testament

Jch, Heinz Müller, geboren am 3. April 1954, wohnhaft in 50674 Köln, Am Ring 467, verheiratet, 2 Kinder, deutscher Staatsangehöriger, errichte folgendes Testament:

- **Zweiseitige Rechtsgeschäfte**: Sie entstehen, wenn zwei übereinstimmende Willenserklärungen vorliegen. Zu diesen Rechtsgeschäften zählen alle Verträge. Zu den wichtigen Verträgen gehören:

Kaufvertrag BGB §§ 433 ff.	Veräußerung von Sachen. *Beispiel: Sabine erwirbt in einem Elektrofachgeschäft einen Fernseher.*
Darlehensvertrag BGB §§ 488 ff.	Überlassung von **vertretbaren Sachen** oder Geld. Der Darlehensnehmer verpflichtet sich zur Rückzahlung. *Beispiel: Aufnahme eines Kredites bei der Bank.*
Mietvertrag BGB §§ 535 ff.	Überlassung einer Sache zum Gebrauch gegen Zahlung der vereinbarten Miete. *Beispiel: Wohnungsgesellschaft vermietet an Petra eine Wohnung.*
Pachtvertrag BGB §§ 581 ff.	Überlassung einer Sache zum Gebrauch und zur Nutzung des Ertrages gegen Entgelt. *Beispiel: Bauer Heinz pachtet von seinem Nachbarn Ackerland.*
Leihvertrag BGB §§ 598 ff.	Überlassung einer Sache zum Gebrauch ohne Entgelt. *Beispiel: Peter überlässt seinem Freund kostenlos für einen Tag sein Fahrrad.*
Dienstvertrag/ Arbeitsvertrag BGB §§ 611 ff.	Leistung von Diensten gegen Entgelt. *Beispiel: Frau Meier arbeitet als Konstruktionsmechanikerin bei der Firma Flander.*
Werkvertrag BGB §§ 631 ff.	Herstellung eines Werkes. *Beispiel: Eine Schneiderin ändert einen Anzug nach den Wünschen des Kunden um.*

Im Vertragsrecht gilt der Grundsatz: Verträge sind einzuhalten. Bei einem Kaufvertrag gilt:

Der Kunde muss die gekaufte Ware	Der Verkäufer muss
• annehmen und • bezahlen	• rechtzeitig liefern und • mangelfrei liefern und • das Eigentum übertragen

vertretbare Sachen

alle beweglichen Sachen, die nach Maß, Zahl, Gewicht bestimmt werden

Form der Rechtsgeschäfte

Die meisten Rechtsgeschäfte können nach dem **Prinzip der Formfreiheit** abgeschlossen werden (z. B. mündlich oder schriftlich). Häufig empfiehlt es sich jedoch, einen Vertrag schriftlich abzuschließen, damit man bei Streitigkeiten ein Beweismittel hat. Bei einigen Rechtsgeschäften verlangt das Gesetz eine bestimmte Form. Wird diese Form nicht eingehalten, führt dies zur Nichtigkeit, d. h., es kommt kein Rechtsgeschäft zustande.

Es gelten folgende **Formvorschriften**:

- **Schriftform**: u. a. Berufsausbildungsvertrag, Testament, Verbraucherkredit;

2.5 Kaufvertrag abschließen, mit Kaufvertragsstörungen umgehen

Angebotsvergleich →S. 85 ff.

BGB

Das Bürgerliche Gesetzbuch (BGB) regelt die Rechtsbeziehungen zwischen Privatpersonen.

HGB

Das Handelsgesetzbuch (HGB) gilt für Kaufleute.

- **Öffentliche Beglaubigung**: Die Echtheit der Unterschrift wird von einem Notar oder einer Behörde beglaubigt. *Beispiel:* Antrag auf Eintragung ins Handels- oder Vereinsregister;
- **Notarielle Beurkundung**: Der Inhalt und die Unterschrift eines Schriftstücks werden von einem Notar beglaubigt. *Beispiele:* Ehevertrag, Grundstückskauf, Schenkungsversprechen.

Kaufvertrag abschließen

Der Kaufvertrag gehört zu den wichtigsten Vertragsarten. Ein Vertragspartner macht einen Antrag (z. B. ein Angebot), der andere nimmt diesen Antrag an (Annahme/Bestellung). Der erste Schritt (der Antrag) kann aber auch ein ausgefülltes Bestellformular sein, das vom Vertragspartner angenommen wird (Bestellungsannahme).
Beispiel: Ein Kunde bestellt bei einem Versandhandel einen Artikel. Durch die Lieferung erfolgt die Bestellannahme.

Voraussetzungen für einen Vertragsabschluss

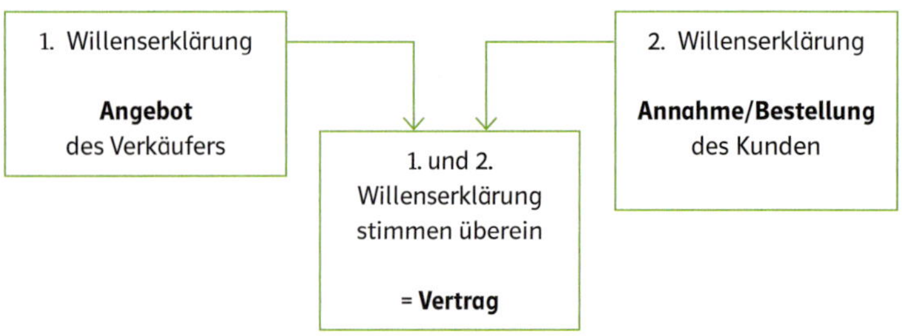

Ein Angebot abgeben

Das Angebot ist eine Willenserklärung an eine bestimmte Person, in der die Bereitschaft versichert wird, eine Ware oder Dienstleistung zu einem bestimmten Preis zu verkaufen bzw. anzubieten. Ein Autoverkäufer bietet einem Kunden ein Auto zum Kauf an. Für den Verkäufer besteht Vertragsfreiheit, d. h., er kann selber bestimmen, ob und an wen er seine Ware verkauft. Gibt er jedoch ein rechtswirksames Angebot ab, ist er daran auch gebunden.
Anpreisungen von Waren in Zeitungsanzeigen, Rundschreiben, Preislisten oder auch im Schaufenster richten sich an die Allgemeinheit. Sie sind keine Vertragsangebote im rechtlichen Sinn. Die in einem Supermarkt ausgelegten Waren gelten als verbindliches Angebot. Wenn der Kunde die Ware auf das Verkaufsband legt, wird dies als Kaufannahme bezeichnet.
In einem Angebot werden in der Regel nur die wichtigsten Punkte genannt. Wenn ein Sachverhalt nicht ausdrücklich zwischen zwei Partnern geklärt ist, tritt die gesetzliche Regelung in Kraft. Diese Regelungen finden sich im **BGB** und im **HGB**.
Angebote sind so lange gültig, wie unter normalen Umständen eine Antwort erwartet werden kann.
Beispiel:
- Telefonisches oder mündliches Angebot gilt für die Dauer des Gesprächs.
- Schriftliches Angebot gilt eine Woche.

Besonderheiten bei Internetangeboten

Grundsätzlich gelten für Internetangebote die gleichen rechtlichen Bestimmungen wie für das herkömmliche Einkaufen:
- Die Internetseite des Anbieters stellt eine Anpreisung dar (das Angebot richtet sich an die Allgemeinheit).
- Die Bestellung des Internetkäufers ist die erste Willenserklärung (Antrag).
- Durch die Auftragsbestätigung des Anbieters kommt der Kaufvertrag zustande (Annahme). An die Stelle einer schriftlichen Bestätigung kann auch die Lieferung der Ware treten (schlüssiges Handeln).

Zusammenfassung: Zustandekommen von Rechtsgeschäften

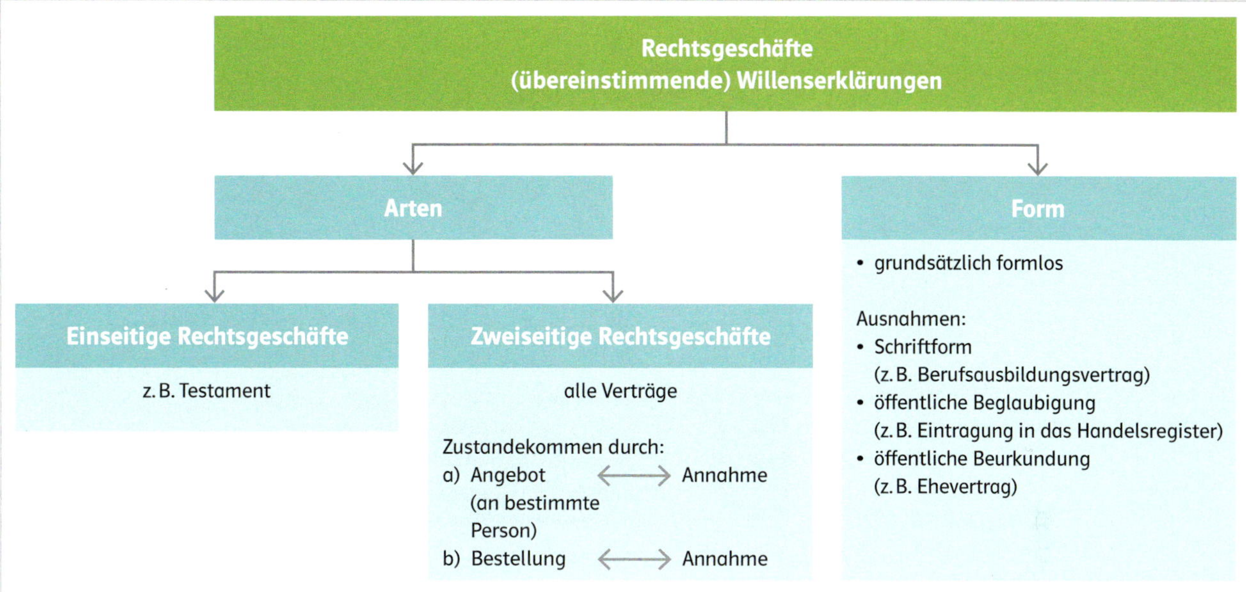

Übungsaufgaben

○ 1. Geben Sie bei den folgenden Rechtsgeschäften an, ob es sich um einseitige oder zweiseitige Rechtsgeschäfte handelt.
a) Kündigung
b) Arbeitsvertrag
c) Testament
d) Pachtvertrag

○ 2. In welcher Form müssen die folgenden Verträge abgeschlossen werden?
a) Berufsausbildungsvertrag
b) Grundstückskauf
c) Kauf von Aktien
d) Ehevertrag

◒ 3. Ermitteln Sie, ob in den folgenden Situationen jeweils ein Vertrag zustande gekommen ist:
a) Verkäufer: „Ich kann Ihnen diesen Fernseher für 420 € anbieten."
Kunde: „Ihr Konkurrent bietet dieses Modell für 399 € an. Wenn Sie mir den Fernseher zum gleichen Preis verkaufen, nehme ich ihn."
Verkäufer: „Einverstanden."
b) In einer Maschinenfabrik steht im Aufenthaltsraum ein Getränkeautomat. Ein Angestellter steckt eine Ein-Euro-Münze hinein und entnimmt dann eine Flasche Limonade.
c) Meister zu dem Auszubildenden: „Wenn du im nächsten Monat die Prüfung zum Zerspanungsmechaniker bestehst, kannst du hier weiterarbeiten."

● 4. Prüfen Sie folgenden Fall. Hat der Kunde Recht? Begründen Sie Ihre Entscheidung.
Einem Kunden gefällt das neue Pkw-Modell, das im Ausstellungsraum eines Autohauses steht, so gut, dass er es unbedingt haben möchte, und zwar sofort. Der Händler ist bereit, dieses neu eingetroffene Modell in einigen Tagen abzugeben. Er möchte warten, bis ein weiteres Modell eingetroffen ist, da er mehrere Interessenten hat, die sich bereits angemeldet haben, um sich diesen Wagen anzuschauen.
Kunde: „Wenn Sie die Wagen im Ausstellungsraum anbieten, müssen Sie sie auch verkaufen."

Gültige und ungültige Rechtsgeschäfte

Lernsituation

Im Verkaufsraum der Firma „Motor Kranz": Der 17-jährige Henning betrachtet schon einige Zeit den Motorroller, als ein Verkäufer auf ihn zukommt:

Verkäufer: Gefällt Ihnen der Roller?

Henning: Ja, sehr. Aber 3 100 Euro ist auch ein stolzer Betrag. Ich überlege schon die ganze Zeit, wie ich es finanzieren soll.

Verkäufer: Sie sehen sehr jung aus, entschuldigen Sie die Frage, aber sind Sie schon 18?

Henning: Noch nicht, aber in zwei Monaten.

Verkäufer: Wenn Sie erst 17 Jahre alt sind, darf ich Ihnen den Roller ohne Einwilligung Ihrer Eltern nicht verkaufen.

Henning: Wieso? Das ist doch mein Geld. Ich bekomme 620 Euro Ausbildungsvergütung. Seit einem Jahr spare ich für den Roller. Außerdem, mit 17 Jahren kann ich mit meinem Taschengeld doch kaufen, was ich will.

Verkäufer: Solch ein Betrag geht aber über das Taschengeld hinaus. Wir können den Vertrag ja schon so weit fertig machen. Wenn Ihre Eltern dann unterschreiben, ist alles klar.

Henning: Meine Eltern lassen wir besser aus dem Spiel. Wenn der Betrag in einer Summe zu hoch ist, bezahle ich eben in Raten. Sie bieten diese Zahlungsform an. Hier steht doch: 36 Monatsraten à 90 Euro; und 90 Euro im Monat bewegen sich doch im Rahmen meines Taschengelds, oder?

Arbeitsauftrag

- Prüfen Sie, ob Henning ohne Einwilligung der Eltern mit der Firma „Motor Kranz" einen rechtsgültigen Vertrag

  1. über den Barkauf eines Motorrollers zum Preis von 3 100 Euro oder

  2. über 36 Monatsraten in Höhe von je 90 Euro

  abschließen darf.

Recherche
v8ua34
Geschäftsfähigkeit, Nichtigkeit, Anfechtbarkeit

Rechtsfähigkeit besitzen

Die Rechtsfähigkeit beinhaltet die Fähigkeit von Personen, Träger von Rechten und Pflichten zu sein.
Beispiele: Erben, Steuern zahlen.

Man unterscheidet zwischen natürlichen und juristischen Personen.
Natürliche Personen (alle Menschen) sind von der Geburt bis zum Tod rechtsfähig, **juristische Personen** von der Gründung bis zur Auflösung. Zu den juristischen Personen zählen u.a. Unternehmen, Vereine, Gemeinden, Handwerkskammern, IHKs.
Beispiel: Eine GmbH existiert von der Eintragung ins Handelsregister bis zur Löschung dort.
Tiere sind nicht rechtsfähig.

Drei Stufen der Geschäftsfähigkeit

Von der Rechtsfähigkeit des Menschen ist die **Geschäftsfähigkeit** zu unterscheiden. Wenn Kinder und Jugendliche teure Sachen einkaufen wollen, ist zu prüfen, ob sie berechtigt sind, Kaufverträge abzuschließen. Kaufverträge sind Rechtsgeschäfte. Die Berechtigung, Rechtsgeschäfte selbstständig und wirksam abzuschließen, ist vom Alter eines Menschen abhängig. Man unterscheidet drei Stufen der Geschäftsfähigkeit.
Bis zum siebten Lebensjahr ist der Mensch **geschäftsunfähig**. Er kann keine Kaufverträge abschließen, weil seine Willenserklärungen von vornherein ungültig (nichtig) sind. Kinder können als Boten eingesetzt werden, indem sie z.B. die Willenserklärung der Mutter übermitteln. Der Kaufvertrag kommt dann zwischen der Mutter und dem Verkäufer zustande.
Vom siebten Geburtstag an werden Kinder **beschränkt geschäftsfähig**. Das bedeutet, sie dürfen rechtswirksam

- im Rahmen ihres **Taschengelds** einkaufen. Kaufverträge mit beschränkt Geschäftsfähigen, die über das Taschengeld hinausgehen, sind **schwebend unwirksam**, d.h., erst durch die nachträgliche Zustimmung der Erziehungsberechtigten kommt ein rechtswirksamer Vertrag zustande. Bei der Frage, ob ein Kauf sich im Rahmen des Taschengeldes bewegt, ist zu prüfen, wie alt das Kind oder der Jugendliche ist und in welchem familiären Umfeld es/er sich bewegt. Bestimmte Geldbeträge können nicht genannt werden, weil sich die Auffassung über die angemessene Höhe des Taschengelds ändert. Für die Beurteilung ist nur die Höhe des Kaufbetrags entscheidend. So dürfen z.B. beschränkt Geschäftsfähige auch nicht über höhere Geldbeträge frei verfügen, die sie aus dem Taschengeld angespart haben. Kreditverträge bzw. Teilzahlungsverträge, auch in Höhe des Taschengelds, sind unwirksam.

Jugendliche dürfen:

- im Rahmen ihres Ausbildungs- oder Arbeitsverhältnisses Geschäfte abschließen;
- Geschäfte abschließen, die nur Vorteile bringen. *Beispiel:* Geldgeschenk.

Erziehungsberechtigte, die zusammen mit ihrem minderjährigen Kind einen Ausbildungsvertrag oder Arbeitsvertrag abschließen, stimmen durch ihre Unterschrift allen Geschäften zu, die im Rahmen der Ausbildung bzw. der Arbeit anfallen.
Beispiele: Kauf von Ausbildungsmitteln, Kündigung des Arbeitsvertrags.

Mit 18 Jahren wird man **voll geschäftsfähig**.

Erbfähigkeit BGB § 1923:

(2) Wer zur Zeit des Erbfalls noch nicht lebte, aber bereits gezeugt war, gilt als vor dem Erbfall geboren.

Geschäftsfähigkeit BGB §§ 104 – 113

Beschränkte Geschäftsfähigkeit

Geistig behinderte Menschen sind – je nach Schwere ihrer Behinderung – in ihrer Geschäftsfähigkeit eingeschränkt oder geschäftsunfähig.

„Taschengeld-Paragraph" BGB § 110:

Mit Kindern und Jugendlichen zwischen sieben und 18 Jahren sind nur Bargeschäfte erlaubt.

„Gute Sitten“

entsprechen dem Gerechtigkeits- und Anstandsgefühl der Mehrheit der Menschen in einer Gesellschaft

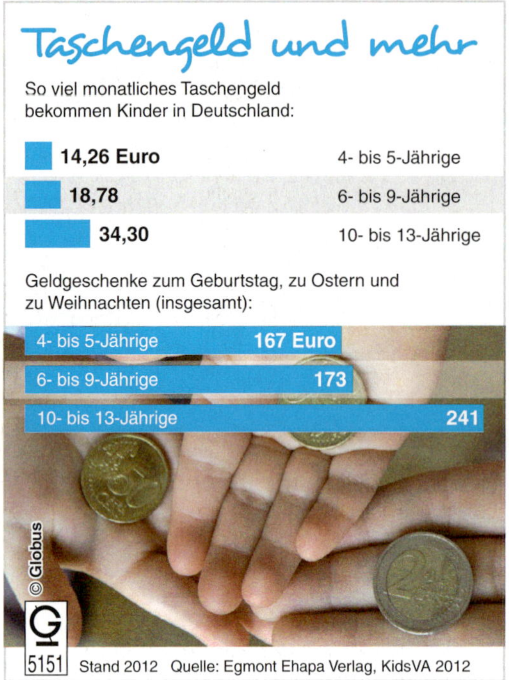

Nichtige Rechtsgeschäfte

Auch wenn Vertragsfreiheit herrscht, sind Rechtsgeschäfte mit Geschäftsunfähigen von vornherein ungültig, d.h., sie sind nichtig. Die **Nichtigkeit** von Rechtsgeschäften gilt ebenfalls bei:

- Verträgen, die im Zustand der Bewusstlosigkeit oder bei vorübergehender Störung der Geistestätigkeit abgeschlossen wurden,
- Scherz- und Scheingeschäften (nicht ernst gemeinte Willenserklärungen),
- Verträgen, die gegen ein gesetzliches Verbot verstoßen (z.B. Rauschgifthandel),
- Verträgen, die gegen die **guten Sitten** verstoßen (z.B. Mietwucher),
- Verträgen, die gegen die vorgeschriebene Form verstoßen (z.B. mündlich abgeschlossener Ehevertrag).

Geschäfte, die gegen ein gesetzliches Verbot verstoßen, sind immer illegal.

Anfechtbare Rechtsgeschäfte

Im Unterschied zur Nichtigkeit sind anfechtbare Rechtsgeschäfte zunächst gültig und werden erst mit der erfolgreichen Anfechtung rückwirkend außer Kraft gesetzt. Solange keine Anfechtung erfolgt, ist das Rechtsgeschäft gültig. Gründe, die zu einer Anfechtung führen können, sind:

- **Irrtum**, z.B. in der Erklärung, wenn die Äußerung eines Vertragspartners nicht das besagt, was er eigentlich ausdrücken wollte, z.B. durch Verschreiben oder durch einen Versprecher. Die Anfechtung muss unverzüglich nach Entdeckung vorgenommen werden. Den dadurch entstandenen Schaden trägt der Anfechtende.
- **Arglistige Täuschung**, wenn z.B. eine Fälschung als echtes Bild verkauft wird.
- **Widerrechtliche Drohung**, wenn z.B. ein Versicherungsvertreter einem Kunden droht, dass er dessen Vorstrafe in der Nachbarschaft erzählen werde, wenn dieser nicht bei ihm eine Lebensversicherung abschließt.

Dagegen ist der **Motivirrtum** nicht anfechtbar. Damit ist Folgendes gemeint: Viele Kaufverträge sind mit bestimmten Erwartungen (Absichten, Motiven) verbunden. Eltern kaufen z.B. ihrer Tochter ein Fahrrad zum Geburtstag, weil sie glauben, dass sie sich darüber freut. Ist das nicht der Fall, ist der Fahrradhändler dafür nicht verantwortlich. Der Kaufvertrag bleibt gültig, weil die Erklärung der Eltern zum Kauf des Fahrrads eindeutig war und ihrem damaligen Willen entsprach. Es liegt lediglich ein Motivirrtum vor.

Zusammenfassung: Gültige und ungültige Rechtsgeschäfte

Rechtsgeschäfte

Voraussetzung für Gültigkeit	Nichtigkeitsgründe	Anfechtungsgründe
Rechtsfähigkeit aller beteiligten Personen (natürliche und juristische Personen), das bedeutet: • volle Geschäftsfähigkeit • beschränkte Geschäftsfähigkeit nur in bestimmten Ausnahmefällen	• Geschäftsunfähigkeit • Verstoß gegen die guten Sitten • Verstoß gegen ein Gesetz • Scherz- und Scheingeschäfte • Nichteinhaltung der vorgeschriebenen Form ↓ Rechtsgeschäfte sind von Anfang an ungültig.	• Irrtum • arglistige Täuschung • widerrechtliche Drohung ↓ Rechtsgeschäfte werden durch Anfechtung ungültig.

Übungsaufgaben

1. Unterscheiden Sie zwischen natürlichen und juristischen Personen.
   a) Fußballverein
   b) Herr Kleinert
   c) Staatsanwalt Schulte
   d) GmbH
   e) Firma Kremer

2. Sind die nachfolgenden Rechtsgeschäfte nichtig oder anfechtbar? Begründen Sie Ihre Entscheidung.
   a) Auf einem Markt werden Schmuckteile aus 585er-Gold angeboten, obwohl es sich nur um 333er-Gold handelt.
   b) Ein Artikel wurde irrtümlich mit einem falschen Preis ausgezeichnet.
   c) Ein Betrunkener verkauft im Rausch an der Theke eine wertvolle Krawattennadel.
   d) Um Einkommensteuern zu sparen, wird der Arbeitsvertrag schriftlich zu einem niedrigeren Lohn abgeschlossen als mündlich vereinbart.
   e) Ein Kioskbesitzer verkauft eine Flasche Branntwein an einen 15-jährigen Schüler.
   f) Ein Vermieter verlangt von einem Studenten 550 Euro Miete für ein Kellerzimmer, für das er unter marktüblichen Bedingungen nur 350 Euro bekommen hätte.
   g) Ein Hauseigentümer verkauft seine Villa ohne die gesetzlich vorgeschriebene notarielle Beurkundung.

3. Ermitteln Sie, ob in folgenden Fällen ein Rechtsgeschäft zustande gekommen ist.
   a) Ein Zehnjähriger erwirbt für 30 Euro ein ferngesteuertes Auto.
   b) Susanne ist 17 Jahre alt und Auszubildende in einer Kfz-Werkstatt. Heute hat sie einem Kunden ein Autoradio für 298 Euro verkauft.
   c) Herr Meier, keine Angehörigen, hat in seinem Testament den örtlichen Fußballverein und seinen Hund Rex als Erben eingesetzt.
   d) Nach fünf Monaten hat Azubi Frank (17 Jahre) so viel Taschengeld gespart, dass er sich die lang gewünschte Stereoanlage für 250 Euro kaufen kann.
   e) Regelmäßig kommt die kleine Mira (fünf Jahre) ins Lebensmittelgeschäft, händigt einen Einkaufszettel aus und übergibt einen Geldbeutel, der ihr von ihrer Mutter mitgegeben wurde. Daraufhin wird ihr die auf der Einkaufsliste genannte Ware ausgehändigt.
   f) Der 15-jährige Patrick erhält gegen den Widerstand der Eltern von seinem Onkel einen Hund geschenkt. Patrick möchte den Hund behalten.

Liefer- und Annahmeverzug

Lernsituation

Frau Schlüter lässt sich für ihre Hochzeit bei der Schneiderin Frau Brauer ein Hochzeitskleid fertigen. Sie vereinbaren, dass das Kleid am Morgen der kirchlichen Trauung abgeholt wird. Drei Tage vor diesem Termin liegt die Schneiderin aufgrund eines Unfalls eine Woche bewusstlos im Krankenhaus. Da Frau Brauer das Geschäft allein betreibt, wird Frau Schlüter darüber nicht informiert. Als sie am Hochzeitstag das Kleid abholen will, findet sie das Geschäft geschlossen vor. Kurz entschlossen kauft Frau Schlüter im nächstgelegenen Fachgeschäft ein Brautkleid, das jedoch 300 Euro teurer ist als das vergleichbare Brautkleid von der Schneiderin.
Nach ihrer Entlassung aus dem Krankenhaus erscheint Frau Brauer mit dem Hochzeitskleid bei Frau Schlüter und verlangt die Abnahme und die Bezahlung des Kleides. Schließlich habe sie Auslagen für Material gehabt und viele Arbeitsstunden eingesetzt. Dass sie für einige Tage bewusstlos war, dafür könne sie ja schließlich nichts. Da Frau Schlüter keine Verwendung mehr für das Kleid hat, verweigert sie nicht nur die Annahme, sondern verlangt Schadenersatz für die höheren Ausgaben, die ihr durch den Kauf im Fachgeschäft entstanden sind.

Arbeitsauftrag

- Prüfen Sie, ob Frau Schlüter das Kleid annehmen muss oder ob sie neben der Annahmeverweigerung Schadenersatz verlangen kann. Bitte begründen Sie Ihre Entscheidungen.

Recherche
3h8u82
Eigentum übertragen

Eigentum übertragen

Mit Abschluss des Kaufvertrags verpflichtet sich der Verkäufer, die Ware dem Käufer zu übertragen; der Käufer verpflichtet sich, die Ware anzunehmen. Erfolgt dies unter bestimmten Voraussetzungen nicht, spricht man von Verzug (→ S. 284 Zahlungsverzug).

Der Begriff **„Eigentum"** wird im allgemeinen Sprachgebrauch häufig mit dem Begriff **„Besitz"** gleichgesetzt. Aber aus juristischer Sicht gibt es einen Unterschied: Eigentum ist die rechtliche Gewalt über eine Sache, der Besitzer einer Sache übt nur die tatsächliche Gewalt über den Gegenstand aus.

Beispiel: Peter hat seinem Freund Fabian über das Wochenende sein Auto geliehen. Fabian ist demnach am Wochenende Besitzer eines Pkws, da er zu der Zeit mit dem Wagen fährt; Eigentümer ist nach wie vor Peter.

Die Übertragung des Eigentums erfolgt bei
- beweglichen Sachen (z. B. Auto, Möbelstück) durch Einigung der Vertragspartner und Übergabe des Gegenstandes,
- unbeweglichen Sachen (Haus, Grundstück) durch Einigung vor einem Notar (notarielle Beurkundung) und durch die Eintragung ins Grundbuch.

Bei gestohlenen Waren kann das Eigentum grundsätzlich nicht übertragen werden. Der rechtmäßige Eigentümer kann von dem Käufer einer gestohlenen Ware diese zurückverlangen. Dies gilt auch, wenn der Käufer die Ware gutgläubig erworben hat, d. h. der Käufer davon ausging, dass er sie tatsächlich vom Eigentümer kaufte.

Erwirbt ein Käufer gutgläubig Ware vom Besitzer (z. B. kauft jemand von Fabian ein Fahrrad, das dieser sich nur von einem anderen geliehen hatte), so wird der Käufer Eigentümer. Der ursprüngliche Eigentümer kann vom Besitzer (Fabian) Schadenersatz verlangen.

In Lieferungsverzug geraten

Damit ein Verkäufer in Lieferungsverzug gerät, müssen zwei Voraussetzungen erfüllt sein. Die erste Voraussetzung ist, dass nicht oder nicht

rechtzeitig geliefert wird, also der Termin der Fälligkeit überschritten wird. Zum Zweiten muss ein Verschulden des Lieferanten vorliegen.

Bei **Fälligkeit** ist zu unterscheiden:
- Der Liefertermin ist kalendermäßig festgelegt (Lieferdatum, z. B. 22. Juni oder Ende April). In diesem Fall kommt der Verkäufer ohne Mahnung in Verzug.
- Der Liefertermin ist kalendermäßig unbestimmt. Der Verkäufer ist dann dazu verpflichtet, unverzüglich zu liefern. Kommt er der Verpflichtung nicht nach, muss der Käufer mahnen.

Verschulden bedeutet, dass der Lieferant die Gründe für die verspätete Lieferung zu vertreten hat. *Beispiele:*
- Der Lieferant überwacht die Liefertermine nicht sorgfältig genug: **fahrlässiges Handeln.**
- Er liefert bewusst ein Einzelstück an einen anderen Kunden, weil dieser für das Produkt einen höheren Preis bezahlt: **vorsätzliches Handeln.**

Rechte des Käufers bei Lieferungsverzug

Ist der Lieferant in Verzug, so kann der Käufer wahlweise verschiedene Rechte beanspruchen. Er kann:
- auf Lieferung, d. h. auf Erfüllung des Vertrags bestehen,
- auf Lieferung und Schadenersatz wegen Verzögerung bestehen (Verzögerungsschaden),
- vom Vertrag zurücktreten,

Eigentumsvorbehalt

Im Kaufvertrag wird vereinbart, dass der Verkäufer bis zur vollständigen Bezahlung Eigentümer der Ware bleibt. Kommt der Käufer seinen Zahlungsverpflichtungen nicht nach (Zahlungsverzug), kann der Verkäufer die Ware zurückverlangen. Dies gilt auch bei einem Insolvenzverfahren. → S. 270

Verzug des Schuldners BGB § 286

Rücktrittsrecht BGB § 323

(2) Die Fristsetzung ist entbehrlich, wenn besondere Umstände vorliegen, die unter Abwägung der beiderseitigen Interessen den sofortigen Rücktritt rechtfertigen.

- vom Vertrag zurücktreten und Schadenersatz wegen Nichterfüllung (Nichterfüllungsschaden) verlangen.

Sein Recht auf **Rücktritt** mit oder ohne Schadenersatz kann der Käufer einzeln oder zusammen geltend machen. Er muss aber dem Schuldner eine angemessene Nachfrist setzen. Der Käufer kann, ohne eine Nachfrist zu setzen, vom Vertrag zurücktreten, wenn für ihn kein Interesse mehr an der Leistung besteht.
Beispiel: Ein Weihnachtsbaum wird nach Weihnachten geliefert.

Konventionalstrafe festlegen

Die Festlegung der Schadenersatzansprüche kann mit einigen Schwierigkeiten verbunden sein, da nur der konkrete Schaden geltend gemacht werden darf. Die Mehrausgaben, die im Rahmen einer Ersatzbeschaffung entstanden sind, lassen sich einfach nachweisen. Schwieriger ist da schon die Berechnung des entgangenen Gewinns sowie abstrakter Verluste (Geschäftsschädigung). Diese Probleme kann man umgehen, indem man bei Vertragsabschluss festlegt, wie hoch eine Vertragsstrafe bei Nichteinhaltung des Liefertermins ist. Diese Regelung heißt **Konventionalstrafe**; sie wird häufig im Baugewerbe eingesetzt.
Beispiel: Es wird eine Vertragsstrafe von 10 000 Euro für jeden Tag festgelegt, um den der vereinbarte Liefer- bzw. Fertigstellungstermin überschritten wird.

Bei Annahmeverzug von leicht verderblicher Ware darf der Verkäufer einen Selbsthilfeverkauf starten.

In Annahmeverzug geraten

Kommt ein Käufer seiner Pflicht aus dem Kaufvertrag zur Annahme der Ware nicht nach, liegt eine Leistungsstörung vonseiten des Käufers vor. Er gerät in Annahmeverzug, wenn er die ordnungsgemäß gelieferte Ware nicht annimmt. Ordnungsgemäß heißt, die Ware muss zur richtigen Zeit, an den richtigen Ort und mängelfrei geliefert worden sein. Dabei spielt es keine Rolle, warum der Käufer die Ware nicht annimmt.

Rechte des Verkäufers bei Annahmeverzug

Weigert sich ein Kunde, die Ware anzunehmen, so kann der Verkäufer dem Kunden entgegenkommen, indem er die Ware zurücknimmt und anderweitig verkauft. Ist der Verkäufer dazu jedoch nicht bereit, hat er folgende rechtliche Möglichkeiten:

- **Auf Annahme der Ware bestehen** und gegebenenfalls auf Annahme klagen. In der Zwischenzeit kann der Verkäufer die Ware auf Kosten und Gefahr des Käufers in einem öffentlichen Lagerhaus oder sonst sicher hinterlegen. Für die Lagerung und Pflege der Ware kann der Verkäufer Kostenerstattung verlangen.
- Einen **Selbsthilfeverkauf durchführen**. Das bedeutet, dass der Verkäufer die Ware nach vorheriger Androhung und Setzen einer angemessenen Frist öffentlich versteigern lassen kann. Diese Androhung ist nicht nötig, wenn es sich um leicht verderbliche Ware handelt (Obst, Gemüse, Fisch usw.). In diesem Fall spricht man von Notverkauf. Sämtliche Kosten und einen möglichen Mindererlös muss der Käufer tragen.

Zusammenfassung: Liefer- und Annahmeverzug

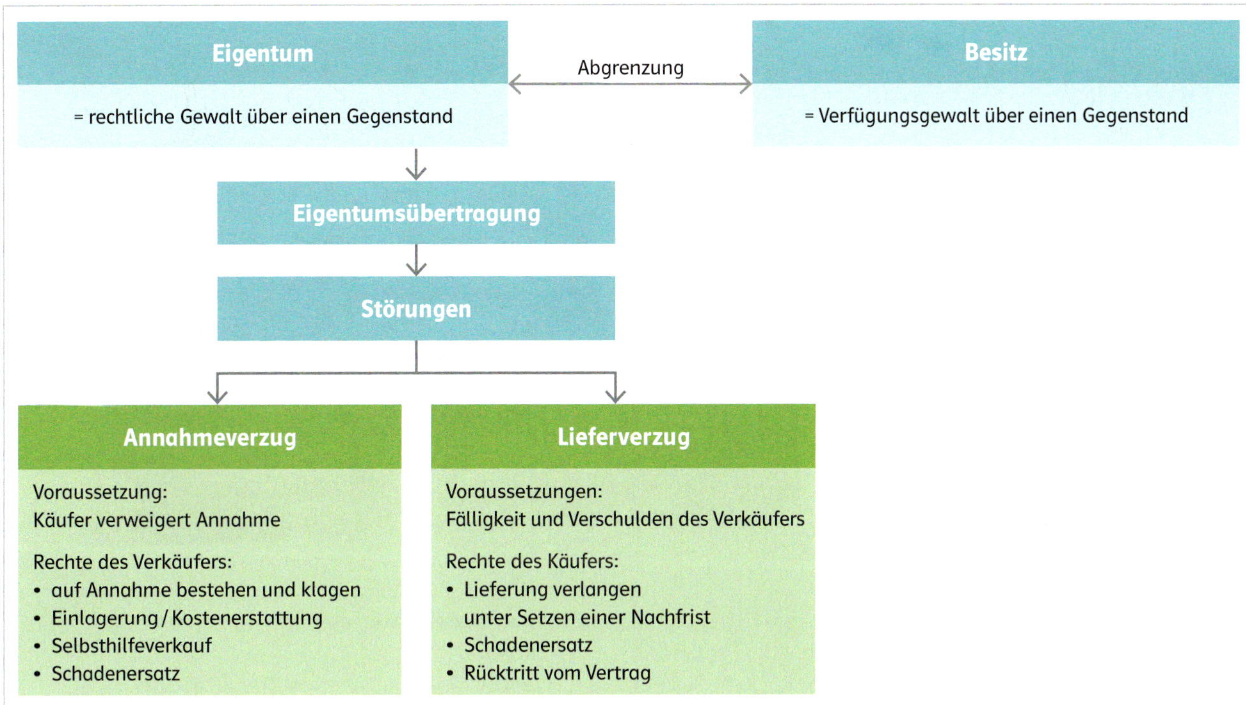

Übungsaufgaben

○ 1. Beschreiben Sie den Unterschied zwischen Eigentum und Besitz.

◒ 2. Liegt in folgenden Fällen ein Annahmeverzug vor?
   a) Ein Kunde hat bei einem Elektrogeschäft eine Waschmaschine bestellt. Als der Händler zum vereinbarten Termin die Ware ausliefern möchte, ist der Kunde nicht zu Hause.
   b) Ein Kunde hat eine Ware gekauft und sie angezahlt. Zum vereinbarten Termin holt er die Ware aber nicht ab.

● 3. Prüfen Sie, welches Recht aus dem Annahmeverzug Sie im folgenden Fallbeispiel aus der Sicht der Schreinerei in Anspruch nehmen würden.
   Ein Küchenhersteller hat den Auftrag, für eine Villa eine besonders exklusive Einbauküche zu bauen. Der Hersteller hat diese Küche mit hohen Kosten fertiggestellt. Der Käufer aber verweigert die Annahme der Küche, da er inzwischen eine ähnliche Küche bei einem Küchenhersteller am Ort günstiger bekommen hat.

◒ 4. Erklären Sie, ob in den folgenden Fällen Fahrlässigkeit bzw. Vorsatz des Lieferanten vorliegt.
   a) Eine Auszubildende vergisst, den Auftrag weiterzuleiten.
   b) Aufgrund eines Streiks im Rahmen der Tarifauseinandersetzungen fällt die Produktion aus.

● 5. Diskutieren Sie: Welche der möglichen Rechte bei Lieferungsverzug würden Sie in folgenden Fällen geltend machen?
   a) Aufgrund der Verbilligung des Rohstoffs (z. B. Gold) ist der Preis der Ware inzwischen um ca. zehn Prozent gesunken.
   b) Die bestellte Ware ist eine Sonderanfertigung, die nur bei diesem einen Lieferanten zu erhalten ist.

Mängelreklamation

Lernsituation

In einer Boutique:

Lisa: Guten Tag. Dieses Top habe ich hier letzte Woche gekauft und zu Hause erst festgestellt, dass da im Rückenteil ein Webfehler ist. Ich möchte das Top zurückgeben.

Verkäuferin: Darf ich mal sehen? (Lisa gibt der Verkäuferin das Top.) Naja, da muss man aber schon ganz genau hinschauen.

Lisa: Bei einem Top, das 110 Euro kostet, kann man doch erwarten, dass es einwandfrei ist.

Verkäuferin: Also gut, möchten Sie sich etwas anderes aussuchen oder soll ich Ihnen einen Gutschein ausstellen?

Lisa: Weder noch. Ich hätte gerne das Geld zurück.

Verkäuferin: Das ist nicht möglich. Die Kassenabrechnung der letzten Woche ist bereits abgeschlossen. Wie soll ich den Betrag buchen? Außerdem ist es nicht üblich, dass bei zurückgebrachter Ware das Geld erstattet wird. Das machen wir grundsätzlich nicht.

Lisa: Und was soll ich mit einem Gutschein, wenn ich hier nichts anderes kaufen möchte? Nein, ich bestehe auf meinem Geld.

Arbeitsauftrag

- Überprüfen Sie, ob Lisa die Herausgabe des Geldes verlangen kann. Beantworten Sie zunächst die folgenden Fragen:

  1. Ist der von Lisa vorgebrachte Mangel erheblich?
  2. Welche Mängelart liegt hier vor?
  3. Ist die Frist für eine Mängelrüge eingehalten worden?
  4. Welche Rechte können bei Lieferung mangelhafter Ware in Anspruch genommen werden?

Recherche
924s2z
Mängelrüge

Mangel ist nicht gleich Mangel

Im Kaufvertrag verpflichtet sich der Verkäufer, dem Käufer die Ware ohne Mängel zu übergeben. Dennoch tauchen in der Praxis immer wieder folgende Sachmängel auf:

- **Mangel in der Art** (Gattungsmangel): Falsche Ware wird geliefert.
- **Mangel in der Menge** (Quantitätsmangel): Es wurde zu wenig Ware geliefert.
- **Mangel in der Güte** (Qualitätsmangel): Die tatsächliche Beschaffenheit weicht von der vereinbarten Beschaffenheit ab (z. B. ein Backofen erreicht nicht die vertraglich zugesicherte Leistung) oder die Beschaffenheit dient nicht dem Zweck, zu dem sie gekauft wurde (fehlerhafte oder verdorbene Ware).
- **Mangel in der Werbung**: Die gelieferte Ware entspricht nicht den Versprechen der Werbung, z. B. ein Pkw verbraucht mehr Benzin als in der Werbung angegeben.
- **Mangel in der Montage**: Der Verkäufer hat die Montage falsch durchgeführt.
- **Mangel in der Montageanleitung**: Die Montageanleitung ist so fehlerhaft, dass der Käufer die Sache nicht montieren kann oder fehlerhaft montiert („IKEA-Klausel").

Rügefristen einhalten

Die Dauer der **Rügefristen** hängt davon ab, zwischen welchen Personen der Vertrag zustande kommt.

- Sind Käufer und Verkäufer Kaufleute, hat der Käufer die Ware unverzüglich, soweit dies nach ordnungsgemäßem Geschäftsgang möglich ist, auf Güte, Menge und Art zu prüfen und zu rügen. Durch einen Vertrag kann der Verkäufer seine Haftung beliebig verkürzen oder ausschließen.
- Ist der Käufer eine Privatperson und kauft er bei einem Unternehmen, spricht man von einem **Verbrauchsgüterkauf**. Die Rügefrist beträgt zwei Jahre und gilt auch, wenn Käufer und Verkäufer Privatpersonen sind. Bei gebrauchten Produkten kann die Frist beim Verbrauchsgüterkauf ein Jahr herabgesetzt werden. Der normale Verschleiß gehört nicht zu den Sachmängeln.

Auch eine falsche Montageanleitung ist ein Mangel.

Bei Mängeln an Bauwerken verjähren die Ansprüche nach fünf Jahren.
Bei einem arglistig verschwiegenen Mangel gilt die regelmäßige Verjährungsfrist (drei Jahre). Sie beginnt Ende des Jahres, in dem der Mangel festgestellt wurde.

Rügefrist

die Zeitspanne, in der ein Käufer den Mangel rügen muss, damit seine Ansprüche gegenüber dem Verkäufer erhalten bleiben

Besonderheiten beim Kauf von Verbrauchsgütern (Verbraucherprivileg)

Innerhalb der zweijährigen Sachmangelhaftung gilt, wenn der Käufer eine Privatperson und der Verkäufer ein Unternehmen ist:

- Wenn innerhalb der ersten sechs Monate ein Sachmangel auftritt, so kann man unterstellen, dass der Mangel bereits bei der Übergabe vorhanden war (**Rückwirkungsvermutung**). Der Verkäufer muss nun nachweisen, dass die Ware zum Zeitpunkt der Übergabe mangelfrei war (**Beweislastumkehr**).
- In der restlichen Gewährleistungsfrist muss der Käufer beweisen, dass die Ware bereits bei der Übergabe Mängel hatte.

Verjährung der Mängelansprüche BGB § 438

Gewährleistung

Zusicherung, dass zum Zeitpunkt der Übergabe eines Gutes keine Mängel vorliegen

Bei arglistiger Täuschung kann der Käufer den Vertrag anfechten, *→ S. 96*

2.5 Kaufvertrag abschließen, mit Kaufvertragsstörungen umgehen

Garantie
Zusicherung der Funktionsfähigkeit einer Ware für eine bestimmte Zeitspanne

Nacherfüllung BGB § 439

Besondere Bedingungen für Rücktritt und Schadenersatz BGB §§ 440 ff.

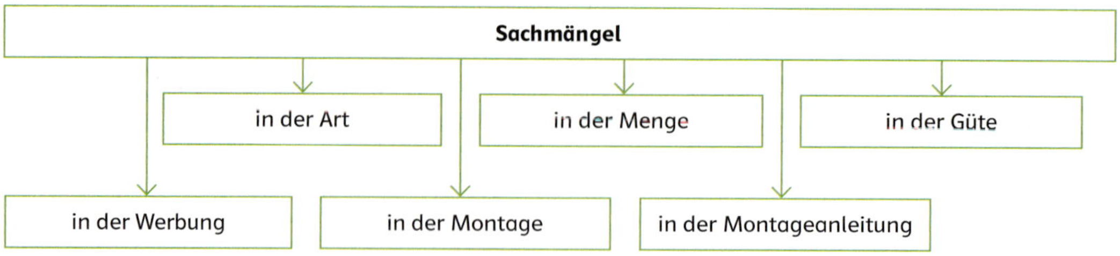

Wenn der Käufer die Mängelrüge unterlässt, so gilt die Ware als genehmigt. Um sicherzugehen, sollte ein Mangel unverzüglich angezeigt werden. Die Mängelrüge kann formlos erteilt werden.

Auswirkungen einer Garantie

Gibt der Verkäufer eine über die gesetzliche Gewährleistungspflicht von zwei Jahren hinausgehende **Garantie**, z. B. von fünf Jahren, so gelten die Rechte, die in der Garantieerklärung aufgeführt sind.

Rechte des Käufers bei einem Sachmangel	
Stufe 1	**Nacherfüllung**: Der Käufer kann die Nacherfüllung verlangen. Dabei hat er folgendes Wahlrecht: **Nachbesserung**: Er kann die Reparatur der Ware fordern oder **Ersatzlieferung**: Er kann eine mangelfreie Ware beanspruchen. Die mit der Nacherfüllung verbundenen Aufwendungen, wie Transport-, Arbeits- und Materialkosten, hat der Verkäufer zu tragen.
Stufe 2	In dieser Stufe hat der Käufer folgende Rechte: **Rücktritt vom Kaufvertrag**: Der Käufer kann wegen eines Mangels vom Kaufvertrag zurücktreten und erhält, falls die Ware schon bezahlt ist, den Kaufpreis erstattet. Einen Gutschein muss der Kunde nicht akzeptieren. **Minderung** (Herabsetzung des Kaufpreises): Kann der Käufer die fehlerhafte Ware noch verwenden, ist durch eine Einigung mit dem Verkäufer auch eine angemessene Preisminderung möglich. **Ersatz vergeblicher Aufwendungen**: Der Käufer kann auf den Schadenersatz verzichten und dafür den Ersatz seiner vergeblichen Aufwendungen verlangen. *Beispiel:* Ein Käufer hat für den Einbau eines Pizzaofens im Garten Vorarbeiten verrichtet. Der gelieferte Pizzaofen ist zweimal vergeblich repariert worden. Nun kann der Käufer den Ersatz für seine Vorarbeiten verlangen. **Schadenersatz**: Der Käufer kann zusätzlich Schadenersatz verlangen, wenn folgende Voraussetzungen vorliegen: – Der Verkäufer muss schuldhaft gehandelt haben. – Der Käufer hat eine angemessene Frist zur Nacherfüllung gesetzt und die Frist ist abgelaufen.

Beispiel: Ein Automobilhersteller gibt in seiner Fernsehwerbung eine Garantie von fünf Jahren gegen Durchrostungsschäden.

Die Rechte des Käufers bei Sachmängeln

Bringt ein Kunde einwandfreie Ware zurück, z. B. weil sie ihm nicht mehr gefällt, so liegt kein Sachmangel vor und es besteht kein Umtauschrecht. Bietet man dem Kunden in diesem Fall die Rücknahme der Ware gegen einen Gutschein an, liegt ein Entgegenkommen des Verkäufers (Kulanz) vor.
Liegt ein Sachmangel vor, hat der Käufer verschiedene Rechte, die sich auf zwei Stufen verteilen (Tabelle links). Das Wahlrecht des Käufers auf Nachbesserung oder Ersatzlieferung gilt jedoch nicht in jedem Fall.

- Der Verkäufer kann die Nachbesserung verweigern, wenn damit unverhältnismäßig hohe Kosten verbunden sind. *Beispiel:* Die Reparatur eines Haartrockners kostet 30 €, der Kaufpreis beträgt 20 €.
- Der Verkäufer hat das Recht auf Nachbesserung, wenn dies in den AGB oder im Vertrag wirksam vereinbart wurde. Der Käufer braucht nur zwei Nachbesserungen zu akzeptieren.

Hat die Nacherfüllung keinen Erfolg, tritt die Stufe 2 in Kraft. Ist der Mangel unerheblich, besteht kein Rücktrittsrecht vom Vertrag.
In folgenden Fällen kennt das Gesetz keine Gewährleistungsansprüche:

- Der Käufer nimmt die Ware trotz Kenntnis des Mangels ohne Vorbehalt an, rügt den Mangel nicht (*Beispiel:* Die Ware ist schon im Preis herabgesetzt).
- Die Ware wurde auf einer öffentlichen Versteigerung gekauft.

Zusammenfassung: Mängelreklamation

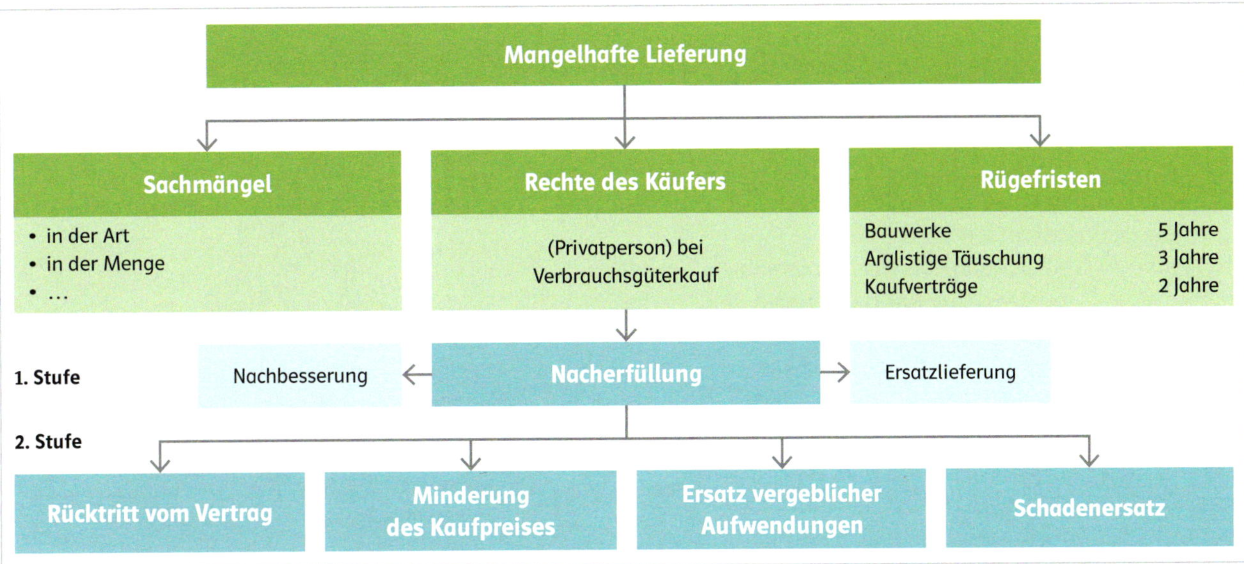

Übungsaufgaben

1. Ermitteln Sie jeweils den Sachmangel, der in den folgenden Fällen vorliegt.
   a) Der neue Backofen der Bäckerei Schmitz erreicht nicht die im Vertrag zugesicherte Backleistung.
   b) Michael kauft einen neuen Pkw. Im Werbeprospekt gibt der Hersteller an, dass der durchschnittliche Benzinverbrauch bei vier Litern pro 100 Kilometern liegt. Im ersten Monat verbraucht der Pkw jedoch durchschnittlich acht Liter.
   c) Einem Kunden wird das falsche Waschbecken eingebaut.
   d) Schreinermeister Klein hat eine Tür falsch herum eingebaut.

2. Bei mangelhafter Lieferung kann der Käufer Nacherfüllung verlangen. Erläutern Sie, was der Gesetzgeber darunter versteht.

3. Erläutern Sie, von welchen Käuferrechten Sie in den folgenden Fällen Gebrauch machen können.
   a) Ein Pkw hatte bereits nach einigen hundert Kilometern Fahrleistung einen Motorschaden, der von der Werkstatt behoben wurde. Wenige Wochen später trat der gleiche Fehler noch einmal auf. Das Fahrzeug wurde ein zweites Mal repariert. Als der Fehler zum dritten Mal auftritt, ist der Käufer mit seiner Geduld am Ende.
   b) Peter hat in einem Mitnahmemarkt ein Regal gekauft. Die Montageanleitung ist lückenhaft. Nach jedem Zusammenbau bricht das Regal zusammen.
   c) Ein Pizzaservice liefert anstelle einer Pizza Margherita eine Pizza Calzone aus.

4. Prüfen Sie, worin sich Garantie und Gewährleistung unterscheiden.

Mit Gesetzestexten arbeiten

Gesetzestexte

Die meisten Rechtsgeschäfte erfolgen formlos und werden ohne Probleme abgewickelt. Es kann aber auch zu Streitigkeiten zwischen den Vertragsparteien kommen, die zum Schluss vor Gericht ausgetragen werden. Deshalb ist es von Vorteil, wenn man den Aufbau von Gesetzestexten versteht.

So geht's!

1. Problem analysieren
- Welche Frage soll gelöst werden?
- Wer will was von wem woraus?

2. Gesetzliche Grundlage bestimmen
- Welches Gesetz regelt diesen Streitfall?
- Aktuelle Fassung des Gesetzes besorgen (🌐 9bg9qk)

3. Gesetz auf den Streitfall anwenden
- Welche Ansprüche ergeben sich aus dem Gesetz?
- Wird auf andere Paragrafen verwiesen?
- Unbekannte Fachbegriffe klären und erst dann die Formulierungen des Gesetzes auf den Streitfall übertragen.

4. Lösung formulieren
- Welche Rechtsfolgen ergeben sich für die Beteiligten? Begründen Sie.

Motorschaden am Gebrauchtwagen – Wie ist die Rechtslage?

Der Auszubildende Peter kauft beim Autohaus Lachmann einen zwei Jahre alten gebrauchten Pkw, einen „VW Polo". In dem Kaufvertrag befindet sich unter § 4 Gewährleistung folgende Regelung: *Sämtliche Gewährleistungsansprüche verjähren innerhalb von sechs Monaten ab Übergabe des Fahrzeugs.*
Neun Monate nach Kauf und Übergabe des Pkw hat der Motor einen Totalschaden. In der Werkstatt des Autohauses Lachmann stellt sich später heraus, dass die Ursache für den Motorschaden schon bei Vertragsschluss vorlag und einen eindeutigen Mangel darstellt. Peter verlangt daraufhin, dass das Autohaus Lachmann den Motor auf dessen Kosten repariert. Das Autohaus Lachmann verweigert eine solche kostenlose Reparatur unter Hinweis auf § 4 des Kaufvertrages.

1. Problem analysieren

Hier will Peter (**wer**) die für ihn kostenlose Reparatur des VW Polo (**was**) von dem Autohaus Lachmann (**von wem**) aus dem zwischen Peter und dem Autohaus Lachmann geschlossenen Vertrag (**woraus**).

2. Gesetzliche Grundlage bestimmen

Bei dem Vertrag zwischen Peter und dem Autohaus Lachmann handelt es sich um einen Kaufvertrag, auf den die Regelungen der BGB§§ 433–480 angewendet werden. Die Rechte eines Käufers bei Mängeln an der Kaufsache ergeben sich aus BGB § 437. Als Anspruchsgrundlage für die Forderung von Peter gegenüber dem Autohaus Lachmann auf kostenlose Reparatur kommt der § 439 BGB in Betracht.

Info
g2pn2k
§§ 474, 475, 437, 439 BGB (Auszug)

3. Gesetz auf den Streitfall anwenden

Die gesetzlichen Voraussetzungen für eine Reparatur des Pkw auf Kosten des Verkäufers sind: 1. Zwischen Peter und dem Autohaus Lachmann wurde ein Kaufvertrag geschlossen. 2. Der übergebene Kleinwagen ist mangelhaft. Beide Voraussetzungen liegen hier vor.
Das Autohaus Lachmann beruft sich jedoch darauf, dass der Mangel von Peter erst neun Monate nach Übergabe des Polos geltend gemacht wurde und der Nacherfüllungsanspruch von Peter aufgrund der Regelung in § 4 des Kaufvertrags verjährt sei.
Gemäß BGB § 438 verjährt der Anspruch beim Verbrauchsgüterkauf auf Nacherfüllung grundsätzlich nach zwei Jahren. Von dieser Regelung können die Parteien abweichen. Dies gilt allerdings nicht für den Verbrauchsgüterkauf. In diesem Falle ist Peter Verbraucher, das Autohaus Unternehmer und damit handelt es sich nach BGB § 474 um einen Verbrauchsgüterkauf.

4. Lösung formulieren

Die Verjährungsfrist konnte nicht durch den Kaufvertrag wirksam auf sechs Monate verkürzt werden. Peter hat daher einen Anspruch auf kostenlose Reparatur.

Üben
234zm9
Prüfungsaufgaben

Üben interaktiv
hx59jn
Prüfungstraining

Berufsschule

1. Erläutern Sie den Zusammenhang zwischen der Steigerung der Arbeitsproduktivität und der Lohnentwicklung (s. Grafik).

M Arbeitsproduktivität, Lohnkosten und Lohnstückkosten im Inland

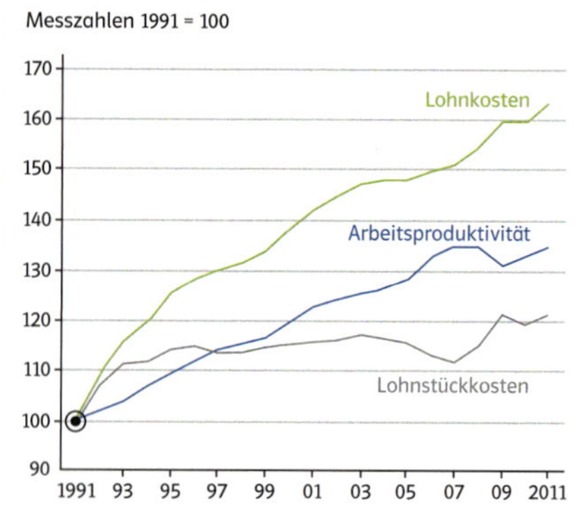

© Statistisches Bundesamt, Wiesbaden 2011

2. In einem Unternehmen ist die Arbeitsproduktivität gestiegen.

a) Vergleichen Sie Rentabilität, Produktivität und Wirtschaftlichkeit.

b) Diskutieren Sie drei mögliche Ursachen für diese Produktivitätssteigerung.

3. Ergänzen Sie die folgende Übersicht, indem Sie den Berechnungsformeln die folgenden Kennzahlen zuordnen:
Wirtschaftlichkeit, Produktivität, Rentabilität.

	$= \frac{\text{Gewinn}}{\text{Eigenkapital}} \times 100$
	$= \frac{\text{Produktionsmenge}}{\text{Anzahl der Beschäftigten}}$
	$= \frac{\text{Ertrag}}{\text{Aufwand}}$

4. Der Listeneinkaufspreis eines Artikels beträgt 1800 Euro. Der Lieferant gewährt 15 Prozent Rabatt und zwei Prozent Skonto. Ermitteln Sie den Bareinkaufspreis.

a) 1457,89 € b) 1499,40 € c) 1488,60 € d) 1494,00 € e) 1501,00 €

5. Nennen Sie die Rechte des Käufers, wenn bei einer mangelhaften Lieferung die Nacherfüllung keinen Erfolg hatte?

6. Ermitteln Sie, ob die folgenden Gründe zur Nichtigkeit oder zur Anfechtbarkeit von Rechtsgeschäften führen. Tragen Sie in die freien Kästchen jeweils
N für Nichtigkeit und
A für Anfechtbarkeit ein.

arglistige Täuschung	
Geschäftsunfähigkeit	
Scherz- und Scheingeschäft	
widerrechtliche Drohung	
Nichteinhaltung der vorgeschriebenen Form	
Irrtum	
Verstoß gegen ein Gesetz	
Verstoß gegen die guten Sitten	

7. Erläutern Sie, ob die folgenden Rechtsfälle gültig sind. Begründen Sie Ihre Entscheidung.

a) Der 17-jährige Auszubildende Kevin kauft von seinem Taschengeld eine Uhr im Wert von 80 Euro.

b) Die sechsjährige Tina kauft von ihrem Taschengeld Süßigkeiten.

c) Herr Schmidt setzt in seinem Testament seinen Sportverein als Erben ein.

d) Der arbeitslose Magnus schließt einen Ratenvertrag über einen teuren Sportwagen ab.

Berufsfachschule zur FHR

1. Die Rothe KG, ein mittelständisches Unternehmen, stellt Mountainbikes her. Die wirtschaftliche Entwicklung lässt sich anhand der unten stehenden Übersicht ablesen.

a) Erläutern Sie anhand von Kennzahlen die wirtschaftliche Entwicklung der Rothe KG.

b) Vergleichen Sie die Fließ- und die Werkstattfertigung anhand der folgenden Kriterien:
- Durchlaufzeit
- Qualifikation der Mitarbeiter
- Lagerkosten
- Ausschuss
- Anpassungsfähigkeit an Marktveränderungen

c) Bestimmen Sie:
a) Meldebestand
b) jährliche Lagerkosten
c) optimale Bestellmenge bei einer möglichen Bestellhäufigkeit von 12, 24, 40

M Materialwirtschaft und Fertigung

	Jahr 1	Jahr 2	Jahr 3
Produktionsmenge	22 500,00	24 000,00	26 400,00
geleistete Arbeitsstunden	62 100,00	63 100,00	63 360,00
Arbeitskosten/Std. (€)	31,00	31,50	32,00
Materialkosten/Stück (€)	650,00	650,00	660,00
sonstige Kosten (€)	2.830 000,00	2 850 000,00	2 970 000,00
Erlöse/Ertrag/Stück (€)	1 050,00	1 050,00	1 050,00
Kapitaleinsatz (€)	18 000 000,00	18 500 000,00	18 600 000,00
Eigenkapital (€)	13 400 000,00	14 100 000,00	14 300 000,00

Die Geschäftsleitung plant, ein weiteres Modell in das Produktionsprogramm aufzunehmen: Es soll ein Trekkingrad als Pedelec angeboten werden. Die bisherige Montage der Räder erfolgte nach dem Verrichtungsprinzip bzw. der Werkstattfertigung. Es soll geprüft werden, ob in Zukunft aufgrund der höheren Stückzahl nach dem Prinzip der Fließfertigung gefertigt wird.

Für den Lagerbereich „Bike-Rahmen" liegen für das Jahr 3 folgende Daten vor:
- Die Bestellung erfolgt monatlich.
- Es wird durchschnittlich 8 Stunden an 22 Tagen im Monat produziert.
- Das Fertigungsverfahren ermöglicht einen gleichbleibenden Lagerabgang.
- Sicherheitsbestand: 200 Stück
- Einstandspreis eines Rahmens: 90,00 €
- Lagerkostensatz: 12 %
- Kosten pro Bestellvorgang: 250,00 €
- Lieferzeit ab Bestellung: 8 Tage

Die räumlichen Möglichkeiten des Unternehmens sind begrenzt. Deshalb soll das Angebot eines in der Nähe ansässigen Spediteurs für die Lagerung von Verpackungsmaterial geprüft werden.

Das Angebot des Spediteurs lautet:
Einlagerung, Lagerung und Anlieferung des Verpackungsmaterials
Preis pro Einheit = 2,50 €

Anteilige Kosten der Eigenlagerung des Verpackungsmaterials:

Miete:	15 500,00 €
Löhne:	24 300,00 €
Abschreibung Lagereinrichtung:	12 500,00 €
Sonstige	15 000,00 €

2. Prüfen Sie, ob die Rothe KG das Angebot des Spediteurs annehmen soll.

3 Markt und Marketing

Preisbildung auf internationalen Märkten – gestern und heute

Die Bundesrepublik Deutschland ist eine Marktwirtschaft. Auf dem Markt zahlen Käufer für Waren einen Preis oder bieten ihre Arbeitskraft gegen Lohn an. Der Markt ist somit nichts anderes als eine Tauschbörse. Durch Arbeitsteilung und Spezialisierung entstehen unterschiedliche Marktarten, national und international. Wie der Markt funktioniert und welche Vorteile sich aus der Arbeitsteilung ergeben, hat der Ökonom Adam Smith bereits im Jahr 1776 in seinem Buch „Wohlstand der Nationen" aufgezeigt.

Ein Beispiel soll dies verdeutlichen. Nehmen wir an, Frankreich und Deutschland stellen jeweils Wein und Töpfe her. Die Kosten für die Produktion sind aber unterschiedlich hoch:

Länder	Kosten für Weinproduktion (1 Liter)	Kosten für Topfproduktion (1 Topf)	hergestellte Einheiten	Summe der Kosten
Deutschland	3,00 €	1,50 €	1 Liter Wein 1 Topf	4,50 €
Frankreich	2,00 €	2,50 €	1 Liter Wein 1 Topf	4,50 €

Ohne Spezialisierung auf die Produktion eines Gutes haben beide Länder Kosten für die Gesamtproduktion in Höhe von 4,50 €. Wenn ein Land nur das Produkt herstellt, welches es preiswerter produzieren kann und danach im Rahmen des internationalen Handels austauscht, ergeben sich folgende Kosten:

Deutschland: Herstellung von 2 Töpfen → Gesamtkosten = 3,00 €
Frankreich: Herstellung von 2 Litern Wein → Gesamtkosten = 4,00 €

Beide Länder profitieren also von der Spezialisierung auf ein Gut, welches sie dann international austauschen. Wenn die Waren dort produziert werden, wo sie am günstigsten hergestellt werden, hat es für den Verbraucher den Vorteil, dass er Waren zu niedrigen Preisen kaufen kann.

Adam Smith (1723–1790)

Hätten Sie's gewusst?

1. Wie hoch ist der tägliche Umsatz auf dem deutschen Aktienmarkt?
2. Bei welchem Großereignis sind Unternehmen bereit, für einen Fernseh-Werbespot von 30 Sekunden bis zu 3 Mio. $ zu bezahlen?
3. Wie hoch sind die durchschnittlichen Herstellungskosten einer Jeans, die für ca. 100 € im Geschäft verkauft wird?

Lösung:
1: jährlich 1.383 Mrd. US-$, täglich: ca. 4,6 Mrd. US-$
2: Super Bowl in den USA
3: 5,20 €

Einen Einblick gewinnen

Worum geht es?

Was haben die Wirtschaftstheorien von Adam Smith aus dem 18. Jahrhundert mit dem zu tun, was heute auf den Märkten abläuft? Es geht doch nicht mehr um Wein und Töpfe. Autos, Maschinen, EDV-Systeme oder Geldgeschäfte bestimmen den Markt von heute. Oder hat sich am grundsätzlichen Prinzip des Marktes doch nichts geändert? Erfolgt die Preisbildung immer noch nach den gleichen Regeln? Wie errechnen Unternehmen ihre Kosten? Wann erzielen sie Gewinne?
Wir kaufen Güter und nehmen Dienstleistungen in Anspruch. Was aber beeinflusst unsere Kaufentscheidungen? Wie gelingt es Unternehmen, ihre Kunden langfristig zu binden? Wo setzt der Verbraucherschutz Grenzen?

Informieren Sie sich!

**Verschaffen Sie sich mithilfe des Buchs einen Überblick.
Sie finden in diesem Kapitel Lernsituationen zu folgenden Themen:**

So geht's!
Fragebogen erstellen

- Markt, Preis und Marktformen
- Unternehmenszusammenschlüsse
- Kundengewinnung und Kundenbindung
- Umgang mit Reklamationen
- Marktforschung
- Marketing-Mix und Corporate Identity
- Verbraucherschutzbestimmungen
- Aufwendungen und Erträge – Kosten und Leistungen
- Selbstkosten pro Handwerkerstunde
- Deckungsbeitrag und Preisuntergrenze
- Einzel- und Gemeinkosten

Was hat das mit mir zu tun?

- Das Unternehmen, in dem Sie zurzeit ausgebildet oder in dem Sie in Zukunft arbeiten werden, muss sich auf dem Markt behaupten. Märkte verändern sich laufend. Passen Sie Ihre berufliche Entwicklung daran an.
- Damit Sie als Kunde nicht den Kürzeren ziehen, sollten Sie die rechtlichen Möglichkeiten kennen, die der Verbraucherschutz Ihnen bietet.
- Ihr Arbeitgeber erwartet von Ihnen, dass Sie zur Produktivitätssteigerung im Unternehmen beitragen. Wenn Sie über Kostenstrukturen Bescheid wissen, können Sie fundierte Verbesserungsvorschläge machen.

Markt, Preis und Marktformen

Lernsituation

Bäckermeister Gerd Wilting im Gespräch mit seinem alten Schulfreund Berthold Huhn, Geschäftsführer eines metallverarbeitenden Unternehmens.

Berthold: Hallo Gerd, wie laufen die Geschäfte?
Gerd: Ich will nicht klagen. Es geht alles seinen gewohnten Gang. Wir haben hier unseren festen Kundenstamm und seitdem unser direkter Konkurrent Bäcker Hornig aufgehört hat, weil er keinen Nachfolger gefunden hat, sind wir der einzige Anbieter.
Berthold: Und die Backdiscounter in der Innenstadt nehmen euch keine Kunden weg?
Gerd: Zu Anfang haben wir es doch ein wenig gemerkt. Aber auf Dauer haben sich unsere Qualität, der Service und die Nähe zum Kunden doch durchgesetzt. Man muss allerdings am Ball bleiben. Und wie sieht es bei euch aus?
Berthold: Der Markt bei uns ist da schon etwas schwieriger. Wir verkaufen unsere Produkte weltweit. Da schwankt die Auftragslage erheblich. Du hast sicherlich in der Zeitung gelesen, dass die Prognosen für die Entwicklung der Weltwirtschaft nicht allzu rosig sind. Der Auftragsrückgang, vor allem aus Asien, ist heute schon zu spüren. Es trifft aber alle in der Branche. Das führt dazu, dass nur noch mit einem ordentlichen Preisabschlag verkauft werden kann. Aber die Zeiten werden sich bestimmt wieder ändern.
Gerd: Weltmarkt ist für unsere kleine Bäckerei ein Fremdwort. Es sei denn beim Einkauf von einigen Rohstoffen, da merken wir es auch.
Berthold: Rohstoffe? *(lacht)* Ich habe immer gedacht, eure Fertigkeit besteht darin, Wasser schnittfest zu machen …

Arbeitsauftrag

Die Marktstellung eines Unternehmens hängt davon ab, welche Leistungen es anbietet, wie groß der Absatzmarkt ist und wie viele Anbieter und Nachfrager es auf dem Markt gibt.

1. Vergleichen Sie die Marktstellung der oben aufgeführten Unternehmen.
2. Untersuchen Sie die Marktstellung Ihres Ausbildungsbetriebs in der Branche.

Recherche
af3ee7
Märkte, Handelsabkommen

Bedürfnisse erzeugen Bedarf

Jeder Mensch hat **Bedürfnisse** existenzieller Art: Um nicht zu verhungern, muss er sich ernähren. Um nicht zu frieren, muss er etwas anziehen. Um sich vor der Witterung zu schützen, braucht er eine Unterkunft. Neben diesen Primärbedürfnissen gibt es Bedürfnisse, die nicht lebensnotwendig sind, aber das Leben verschönern oder angenehmer machen. Diese Art von Bedürfnissen nennt man Sekundärbedürfnisse (auch Kultur- und Luxusbedürfnisse). Zur Befriedigung seiner Bedürfnisse fragt der Mensch Sachgüter oder Dienstleistungen nach. Aufgrund der begrenzten finanziellen Mittel muss er sich entscheiden, welche Wirtschaftsgüter er kaufen kann. Dies bezeichnet man als Bedarf. Kommt noch der entsprechende Kaufwille hinzu, dann wird in der Marktwirtschaft eine **Nachfrage** daraus.
Wirtschaftsgüter müssen produziert und bereitgestellt werden, denn nur wenige Güter sind frei und in unbegrenzter Menge verfügbar (freie Güter), wie z. B. Wüstensand und Meerwasser. Wirtschaftsgüter lassen sich unterteilen nach ihrer Beschaffenheit, ihrer wirtschaftlichen Verwendung und ihrer Nutzungsdauer.

Marktarten

Je nach Art der gehandelten Güter und Dienstleistungen unterscheidet man verschiedene Marktarten:

Marktarten	Gegenstand des Marktes
Gütermarkt	Handel mit Konsumgütern für Haushalte (Fernseher, Nahrungsmittel usw.), Investitionsgütern für Unternehmen (Güter, die für die Produktion benötigt werden, z. B. Drehmaschinen)
Dienstleistungsmarkt	Bereitstellung von Dienstleistungen, z. B. Haarschnitt
Geldmarkt	Bereitstellung von kurzfristigen Krediten
Kapitalmarkt	Bereitstellung von langfristigen Krediten/Darlehen
Arbeitsmarkt	Bereitstellung des Produktionsfaktors Arbeit
Immobilienmarkt	Handel mit Häusern und Grundstücken
Devisenmarkt	Handel mit ausländischer Währung
Aktienmarkt	Handel mit Aktien an der Börse

Märkte und Marktformen

Alle Haushalte und Unternehmen erstellen Einzelpläne, die auf dem Markt zusammengeführt werden. Die Wirtschaftssubjekte (Haushalte und Unternehmen) verhalten sich dabei nach dem **ökonomischen Prinzip**, d. h. sie treffen ihre Entscheidungen so, dass sie mit gegebenen Mitteln den größtmöglichen Nutzen bzw. Gewinn für sich erzielen. So versuchen Unternehmen ihre Produkte kostengünstig herzustellen (u. a. durch niedrige Lohnzahlungen) und sie auf dem Markt mit einem maximalen Gewinn zu veräußern. Private Haushalte dagegen sind an hohen Löhnen interessiert und versuchen, preisgünstig einzukaufen (Nutzenmaximierung).

Bedürfnisse
→ *S. 185*
(Maslow'sche Bedürfnispyramide)

Wirtschaftsgüter

- nach der Beschaffenheit
  - materielle Güter = Sachgüter z. B. Autos, Brot
  - immaterielle Güter = Dienstleistungen und Rechte, z. B. Gütertransporte, Lizenzen
- nach der Verwendung
  - Konsumgüter = werden in Haushalten verwendet, z. B. Lebensmittel, Fahrräder
  - Produktionsgüter (Investitionsgüter) = dienen der Herstellung von Gütern, z. B. Maschinen
- nach der Nutzungsdauer
  - Gebrauchsgüter = Nutzung über einen längeren Zeitraum, z. B. Autos
  - Verbrauchsgüter = einmalige Verwendung, z. B. Druckerpatronen

Nachfrage- und Angebotskurve

Nachfragekurve: Die nachgefragte Menge nach einem Gut steigt mit sinkenden Preisen. Angebotskurve: Das Angebot eines Gutes steigt, wenn dessen Preis steigt.

Auf dem Markt treffen die verschiedenen Interessen von Anbietern und Nachfragern aufeinander. Dort ergibt sich der **Marktpreis**. Die Höhe des Preises hängt davon ab, wie viele Anbieter und Nachfrager sich auf dem jeweiligen Markt gegenüberstehen. Im Idealfall der freien Marktpreisbildung gibt es am Markt unendlich viele Nachfrager und Anbieter (Polypol). In der Realität ist das jedoch häufig eingeschränkt. Deshalb gibt es auch andere Marktformen, beispielsweise das Oligopol und das Monopol.

Marktformen

Marktformen	Anbieter	Nachfrager	Beispiel
Polypol	viele	viele	Gaststätten (Düsseldorfer Altstadt)
Angebots-Oligopol	wenige	viele	Lebensmitteleinzelhandel
Nachfrage-Oligopol	viele	wenige	Landwirte/ Molkereien
Angebots-Monopol	ein	viele	kommunale Verkehrsbetriebe
Nachfrage-Monopol	viele	ein	Bundeswehr (Rüstungsgüter)

Preisbildung im Polypol

Beim Polypol treffen viele Anbieter und viele Nachfrager aufeinander. Man spricht bei dieser Marktform von vollständiger Konkurrenz. Die Käufer können sich aus einem großen Warenangebot die Produkte heraussuchen, die ihnen am günstigsten und qualitativ am besten erscheinen. Auf der anderen Seite gibt es ausreichend Nachfrager, sodass eine große Anzahl von Anbietern ihre Waren mit Gewinn veräußern können.
Der Gleichgewichtspreis ist der Schnittpunkt von **Nachfrage- und Angebotskurve**, also dort, wo sich die Anbieter und Nachfrage auf einen gemeinsamen Preis geeinigt haben. Beide Seiten sind bereit zu verkaufen bzw. zu kaufen. Bei diesem Preis wird die größte Menge an Waren verkauft und der höchste Umsatz erzielt.

Der Anbieter, der über dem **Gleichgewichtspreis** liegt, kann seine Waren nicht verkaufen (Angebotsüberhang); der Käufer, der nicht bereit ist, diesen Preis zu bezahlen, geht leer aus (Nachfrageüberhang).

Bildung von Marktpreisen

Preis in € je Stück	Angebot (Unternehmen) in Stück	Nachfrage (Haushalte) in Stück
1,00	200	300
2,00	400	500
3,00	600	600
4,00	800	700
5,00	1000	400

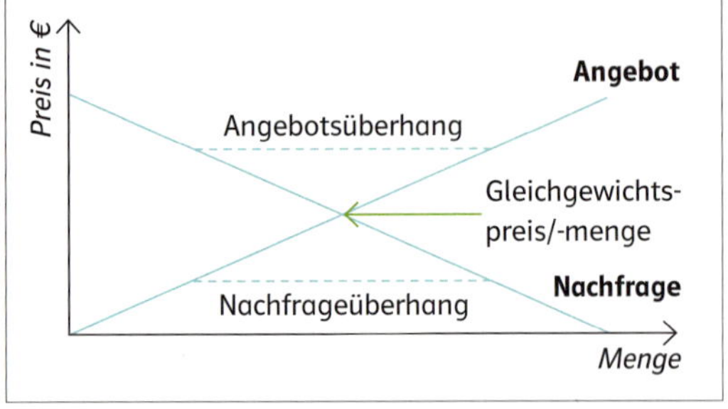

Verschiebung der Nachfrage- und Angebotskurve

Eine Verschiebung des Verhältnisses von Angebot und Nachfrage kann ausgelöst werden durch

- Veränderung der Verbrauchereinkommen: Lohnerhöhung, Steuersenkung, Mehrarbeit;
- verändertes Sparverhalten;
- Aufnahme von Krediten (günstige Kreditzinsen): Mit den Krediten werden Käufe getätigt;
- Erhöhung/Senkung der Auslandsnachfrage;
- Verringerung der Angebotsmenge: Missernten, Einstellung der Produktion;
- Veränderung der Kostenstruktur bei Unternehmen: Preise für Rohstoffe steigen;
- Marktstellung eines Unternehmens hat sich verändert (→ S. 115 Preisbildung im Oligopol und Monopol).

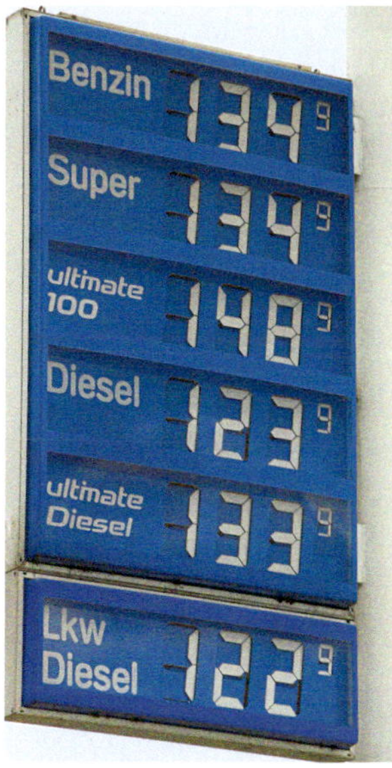

Die beschriebene Preisbildung geht von einem **vollkommenen Markt** aus, d. h.:

- Es handelt sich um gleichartige Produkte (qualitativ kein Unterschied).
- Käufer und Verkäufer sind über Preise und Qualität der Produkte informiert.
- Es gibt keine Präferenzen (Vorlieben) der Käufer für bestimmte Produkte oder einen Verkäufer.

Dieser vollkommene Markt existiert im Wirtschaftsleben praktisch nicht. Daher bezeichnet man fast alle Märkte als unvollkommene Märkte. Dort können Anbieter von Waren und Leistungen ihre Angebote regional (Stadt oder Land) oder zeitlich unterschiedlich gestalten. Durch Marketingmaßnahmen oder Kundendienstleistungen (z. B. kurze Lieferzeit, bequemes Bestellverfahren) lassen sich die Vorlieben der Kunden verstärken.

Preisbildung im Oligopol

Stehen sich auf dem Markt wenige Anbieter und viele Nachfrager gegenüber, spricht man von einem **Angebotsoligopol**. Bei dieser Marktform herrscht oft eine gegenseitige Abhängigkeit unter Oligopolisten. Ein Oligopolist wird seine Preise erhöhen, wenn er damit rechnen kann, dass sich seine Mitkonkurrenten genauso verhalten. Es kann aber auch zu scharfem Wettbewerb unter Anbietern kommen, wenn Unternehmen ihren Marktanteil erhöhen wollen oder der Branchenumsatz rückläufig ist. Andererseits besteht aufgrund der geringen Zahl der Anbieter die Gefahr verbotener Absprachen. Beim **Nachfrageoligopol** gibt es auf der Nachfrageseite nur wenige Marktteilnehmer.

Preisbildung im Monopol

Ein Monopolist ist alleiniger Anbieter oder Nachfrager auf dem Markt. Bei einem Angebotsmonopol kann der Monopolist überhöhte Preise festsetzen, da kein Wettbewerb besteht. Setzt er den Preis zu hoch an, muss er damit rechnen, dass die Käufer sich zurückhalten oder auf Ersatzgüter umsteigen.

Wettbewerbsrecht → S. 142

Internationale Arbeitsteilung

Wirtschaften beruht auf Arbeitsteilung und Tausch. Der Austausch arbeitsteilig produzierter Güter ermöglicht **Spezialisierung** (im Idealfall macht jeder, was er am besten kann). Spezialisierung führt zu steigender Produktivität und bringt allen Beteiligten einen höheren Nutzen. Diese Zusammenhänge gelten für eine Dorfgemeinschaft, auf nationaler Ebene und im Rahmen der Weltwirtschaft. Nach dieser Theorie lohnt sich Außenwirtschaft vor allem dann, wenn sich jedes Land/Unternehmen auf die Produktion derjenigen Güter spezialisiert, die es kostengünstiger produzieren kann als andere, bei denen es also einen absoluten Kostenvorteil besitzt.

TTIPP

Transatlantic Trade and Investment Partnership

Globalisierung

Prozess, durch den Märkte und Produktionen in verschiedenen Ländern immer mehr voneinander abhängig werden – dank der Dynamik des Handels mit Gütern und Dienstleistungen und durch die Bewegung von Kapital und Technologie

Entwicklung der Märkte

Das wirtschaftliche Handeln hat sich während des größten Teils der Menschheitsgeschichte auf die lokale Ebene bezogen. Produkte wurden gezielt für den heimischen Markt produziert. Mit dem Beginn des grenzüberschreitenden Handels vor etwa 200 Jahren veränderte sich zunächst das Warenangebot auf den lokalen Märkten. Bis in die 70er Jahre des letzten Jahrhunderts exportierten die Industrieländer vor allem Industrieprodukte untereinander und in die weniger entwickelten Länder und führten von dort im Gegenzug Rohstoffe und Vorprodukte ein. Heute errichten viele Unternehmen weltweit eigene Produktionsstätten. Containerschiffe bringen Fertigwaren wie Textilien, Spielzeug, Haushaltsgeräte, Fernseher usw. nach Europa. Industrieprodukte, wie z. B. Maschinen, Autos, medizinische Geräte, werden in umgekehrter Richtung transportiert (→ S. 327 Grafik *Globale Handelsströme*).

Handelsabkommen

Freier Handel und somit das Zusammenwachsen von Märkten ist nur möglich, wenn es keine Behinderung gibt, etwa durch Zölle, Exportverbote oder andere Handelsbeschränkungen (z. B. unterschiedliche technische Anforderungen). Innerhalb der **Europäischen Union** gelten für die wirtschaftliche Zusammenarbeit seit dem Jahre 1993 die „vier Freiheiten":

- freier Warenverkehr,
- freie Wahl des Arbeitsplatzes,
- freie Unternehmensgründung,
- freier Kapitalverkehr.

Der Europäische Binnenmarkt

ist der gemeinsame Binnenmarkt der Mitgliedstaaten der Europäischen Union (EU). Er umfasst derzeit 28 Länder mit über 500 Millionen Einwohnern und einer Wirtschaftsleistung von 13 Billionen Euro.

Grundlage sind die **vier Freiheiten**, die im Vertrag über die Arbeitsweise der Europäischen Union (AEU-Vertrag) festgelegt sind:

Freier Warenverkehr
Keine Zölle und mengenmäßigen Beschränkungen, Angleichung von Normen, freier Wettbewerb

Freier Personenverkehr
Keine Grenzkontrollen, Niederlassungsfreiheit (Wohnort/Arbeitsplatz), Anerkennung von Berufs- u. Schulabschlüssen

Freier Dienstleistungsverkehr
Grenzüberschreitendes Angebot von Dienstleistungen wie Transport, Energie, Telekommunikation, Versicherungen, Handwerk etc.

Freier Kapitalverkehr
Freie Geld- und Kapitalbewegungen, gemeinsamer Markt für Finanzdienstleistungen (Bankgeschäfte u. a.), Unternehmensbeteiligungen in der EU

Quelle: Europäische Kommission Stand Anfang 2014 ausgewählte Beispiele © Globus 6209

Die Regeln für den Welthandel werden von der **Welthandelsorganisation** (WTO) festgelegt. Zu ihren Aufgaben gehören:

- Verhandlungen über Zollsenkungen und Handelsrichtlinien,
- Regelungen über den Handel mit Waren und Dienstleistungen,
- Überwachung der Einhaltung der getroffenen Entscheidungen,
- Vermittlung bei Konflikten,
- Verhängung von Handelssanktionen bei Nichteinhaltung der Regeln.

Die Handelsbeziehungen zwischen den USA und der EU sollen im transatlantischen Freihandelsabkommen (**TTIP**) geregelt werden (Stand Anfang 2015). Damit könnte der größte Binnenwirtschaftsraum der Welt entstehen.
Der freie Handel, verbunden mit zunehmender Arbeitsteilung und **Globalisierung**, bietet selbst kleinen und mittelständischen Unternehmen die Möglichkeit, weltweit zu agieren. Große Unternehmen können darüber hinaus einzelne Geschäftsfelder weltweit verteilen. Handwerksbetriebe sind heute weit über den heimischen Bereich hinaus tätig.

Zusammenfassung: Markt, Preis und Marktformen

Bedürfnisse
(Primär- und Sekundärbedürfnisse)

Angebot
- materielle und immaterielle Güter
- Konsum- und Produktionsgüter
- Gebrauchs- und Verbrauchsgüter

Markt
Auf dem Markt treffen Angebot und Nachfrage aufeinander. Daraus ergibt sich der Marktpreis, dessen Höhe von der Marktform beeinflusst wird.

Nachfrage
Bedürfnisse erzeugen Bedarf, der wiederum zu Nachfrage nach Wirtschaftsgütern führt.

Marktformen
- Polypol
- Oligopol
- Monopol

Rahmenbedingungen
- vollkommener Markt
- unvollkommener Markt

Größe des Marktes
- lokal
- Europäische Union
- Weltmarkt

Marktarten
- Gütermarkt
- Dienstleistungsmarkt
- usw.

Übungsaufgaben

○ 1. Benennen Sie die Art der folgenden Wirtschaftsgüter. Verwenden Sie dazu das Schema auf S. 113. Kaffeemaschine im Haushalt, Lizenz zur Vermarktung eines Produktes, Hemd, Drehmaschine, Lkw, Lebensmittel.

◒ 2. Interpretieren Sie den folgenden Spruch von Wilhelm Busch: „Ein jeder Wunsch, wenn er erfüllt, kriegt augenblicklich Junge."

◒ 3. Beschreiben Sie anhand der Grafik *Globale Handelsströme* auf S. 327, in welchem Maße die verschiedenen Regionen in den Welthandel integriert sind.

● 4. Erstellen Sie eine Übersicht, aus der hervorgeht, auf welchen Märkten Sie als Anbieter oder Nachfrager am Marktgeschehen teilnehmen.

● 5. Der bisherige Gleichgewichtspreis ergab sich aus der Angebotskurve A1 und der Nachfragekurve N1.

a) Wie verändert sich der Preis, wenn die neue Angebotskurve A2 ist und was können die Gründe für diese Verschiebung sein?

b) Wie verändert sich der Preis, wenn die neue Nachfragekurve N2 ist und was können die Gründe für diese Verschiebung sein?

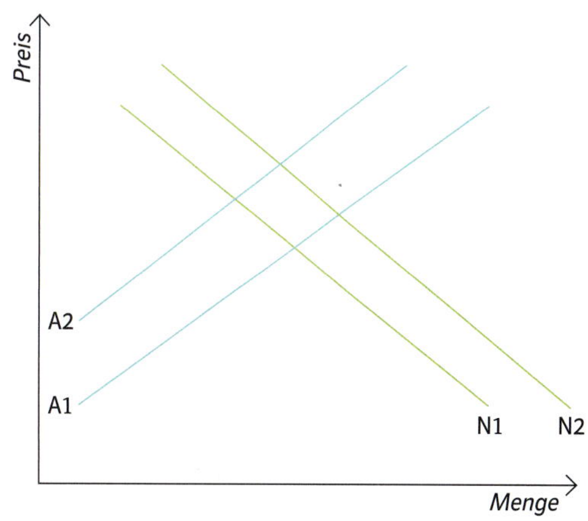

Unternehmenszusammenschlüsse

Lernsituation

Anna ist Auszubildende zur Zerspanungsmechanikerin bei der Rieger AG. Das Unternehmen gehört zur metallverarbeitenden Branche und ist im Bereich der Antriebstechnik tätig. Als Anna am Morgen den Aufenthaltsraum betritt, sind die Mitarbeiter der Abteilung in heller Aufregung.

Völlig unerwartet ist bekannt geworden, dass die Radloff AG, bisher größter Konkurrent der Rieger AG, die Aktienmehrheit des Unternehmens mit 51 Prozent übernommen hat. Die Mitarbeiter befürchten, dass in Zukunft mit einigen Veränderungen bei der Rieger AG zu rechnen ist.

Arbeitsauftrag

- Nehmen Sie eine Bewertung der Übernahme der Rieger AG durch die Radloff AG vor. Bearbeiten Sie dabei mithilfe des Informationstextes folgende Teilaufgaben:

1. Stellen Sie Vermutungen über die Ursachen der Übernahme an.
2. Bestimmen Sie die Form und Art des Unternehmenszusammenschlusses.
3. Prüfen Sie, inwieweit sich die wirtschaftliche und rechtliche Selbstständigkeit der Rieger AG durch den Zusammenschluss verändert.
4. Nennen Sie die Voraussetzungen, damit das Kartellamt einem solchen Zusammenschluss zustimmt.
5. Bestimmen Sie mögliche Vor- und Nachteile, die sich aus der Übernahme für die Rieger AG ergeben können.

Recherche
7jx5qv
Gesetz gegen Wettbewerbsbeschränkungen, Kartellamt

Wirtschaftliche Verflechtungen

Viele Unternehmen haben sich in den vergangenen Jahren zusammengeschlossen. Zu den Ursachen gehören:

- Ausbau der Marktanteile, um die Wettbewerbsposition zu stärken;
- Kostensenkung durch rationellere Produktion (Automation); durch die Produktion in größeren Stückzahlen können niedrigere Stückkosten entstehen (→S. 162). Die Ausnutzung der Mengenrabatte beim Einkauf größerer Mengen ist der wichtigste Grund, warum man im Einzelhandel größere Unternehmenseinheiten schaffen will;
- Kostenintensive Forschung ist nur noch von großen Unternehmen durchzuführen;
- Einsatz modernster Technologie im Bereich der Planung, Steuerung und Kontrolle sowie im Vertrieb;
- Verminderung des unternehmerischen Risikos durch geringere Konkurrenz;
- Erweiterung des Eigenkapitals und somit höhere Kreditwürdigkeit.

VW und seine Töchter: Unter dem Dach der Konzernmutter befinden sich mittlerweile zwölf höchst unterschiedliche Marken.

Formen des Unternehmenszusammenschlusses

Wenn die Unternehmen beim Zusammenschluss ihre wirtschaftliche Selbstständigkeit ganz oder weitestgehend behalten, so bezeichnet man dies als Kooperation. Bei Verlust der wirtschaftlichen Selbstständigkeit spricht man von einem verbundenen Unternehmen (z. B. Konzern). Wenn die beteiligten Unternehmen sowohl die rechtliche als auch die wirtschaftliche Selbstständigkeit verlieren, entsteht ein Trust.

Unternehmenszusammenschluss	Selbstständigkeit	
	wirtschaftlich	**rechtlich**
Kooperation	bleibt erhalten	bleibt erhalten
Konzern	geht verloren	bleibt erhalten
Trust/Fusion	geht verloren	geht verloren

Zu den **Kooperationen** zählen **Interessengemeinschaften** und Kartelle. Interessengemeinschaften sind rechtlich selbstständige Unternehmen. Sie verfolgen gemeinschaftlich bestimmte wirtschaftliche Interessen, um z. B. gemeinsam Forschungs- und Entwicklungsarbeit zu leisten (z. B. zwei Elektrounternehmen entwickeln gemeinsam einen neuen Computerchip) oder gemeinsam Werbung zu betreiben (z. B. Winzer einer Region).

Bei einem **Kartell** schließen gleichartige Unternehmen sich durch einen Vertrag zusammen. Dabei bleiben sie rechtlich selbstständig, geben aber ihre wirtschaftliche Selbstständigkeit teilweise auf. Das Kartellamt verbietet jedoch Preisabsprachen (Preiskartell), die Aufteilung eines Absatzgebiets (Gebietskartell) und die Vereinbarung über bestimmte Produktionsmengen (Quoten- oder Mengenkartell), um Nachteile für Verbraucher zu verhindern.

Beim Bundeskartellamt angemeldete Zusammenschlüsse 1990–2012

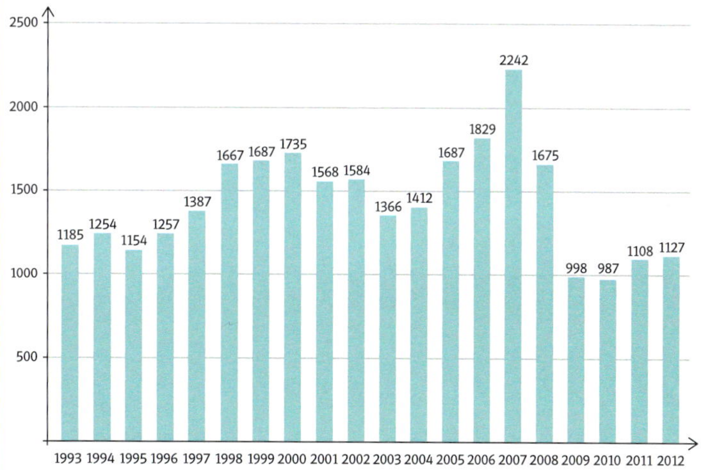

Aufbau eines Konzerns am Beispiel der Radloff AG

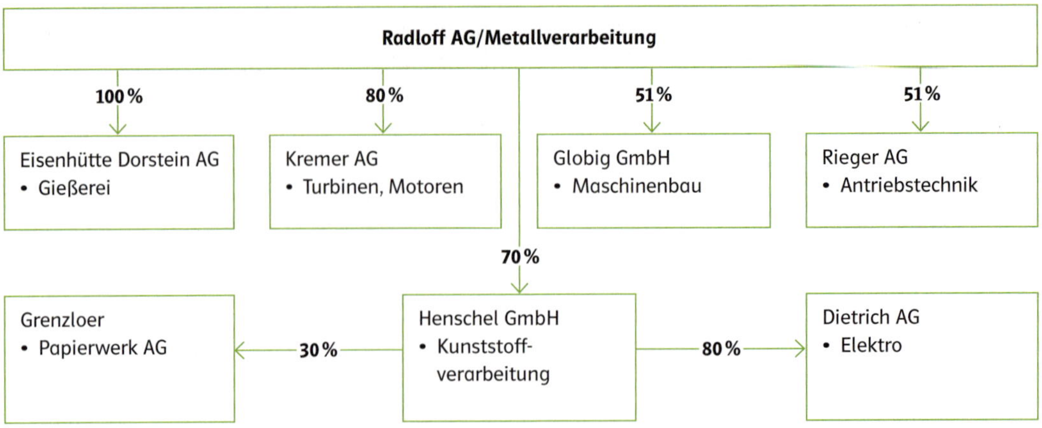

Liegt kein spürbarer Nachteil für den Verbraucher und keine Einschränkung des Wettbewerbs vor, sind Ausnahmeregelungen möglich. Dazu zählen u. a. Vereinbarungen,

- die die Warenerzeugung oder Warenverteilung der Mitglieder verbessern,
- die den technischen und wirtschaftlichen Fortschritt fördern,
- die mittelständische Unternehmen zum Zweck der Rationalisierung treffen.

Beispiel: In einer Region können Nachprüfungen für Fahrschüler so von den Fahrschulen geregelt werden, dass zu den einzelnen Terminen jeweils nur eine Fahrschule diese Prüfung anbietet.

Ein **Konzern** entsteht, wenn ein Unternehmen die Mehrheit am Kapital (z. B. mehr als 50 Prozent des Aktienkapitals) eines anderen Unternehmens erwirbt, das rechtlich selbstständig bleibt, aber seine wirtschaftliche Selbstständigkeit verliert. Unternehmen, welche andere beherrschen, bezeichnet man als Muttergesellschaften, die abhängigen als Tochtergesellschaften. Konzerne, die im Ausland Töchter haben, bezeichnet man als **multinationale Konzerne**.

Beim **Trust** oder der **Fusion** verliert das aufgekaufte Unternehmen die rechtliche und wirtschaftliche Selbstständigkeit. Die Firma erlischt, indem das gesamte Vermögen in der anderen aufgeht, oder es entsteht durch Zusammenschluss der beteiligten Unternehmen ein neues Unternehmen.

Arten von Zusammenschlüssen bei Konzernen

horizontaler Zusammenschluss
(Unternehmen auf derselben Produktionsstufe)

diagonaler Zusammenschluss
(Unternehmen unterschiedlichster Branchen und Produktionsstufen)

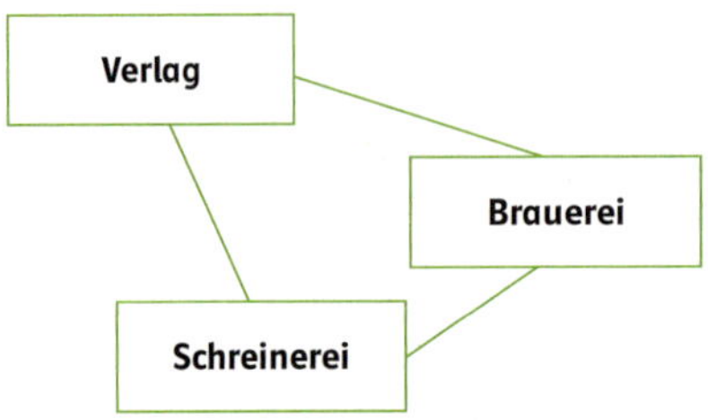

vertikaler Zusammenschluss
(Unternehmen auf nachfolgender Produktionsstufe)

Folgen des Zusammenschlusses

Wenn Großbetriebe mit Milliardenumsätzen das Bild einzelner Wirtschaftsbereiche bestimmen, besteht die Gefahr, dass diese Unternehmen, zumindest auf Teilmärkten, marktbeherrschend werden. Sie können z. B. die Preise nach Belieben festsetzen, weil die Konkurrenz fehlt. Außerdem kann die Vielfalt an angebotenen Waren verloren gehen, wenn sich nur noch wenige Unternehmen den Markt teilen. Weiterhin besteht die Gefahr, dass Großunternehmen aufgrund der wirtschaftlichen Macht leichter ihre Interessen durchsetzen können (z. B. Erlangung von Baugenehmigungen).

Eine solche Entwicklung soll durch das **Gesetz gegen Wettbewerbsbeschränkungen (Kartellgesetz)** verhindert werden. Zuständig für die Einhaltung der Bestimmungen ist das Kartellamt in Bonn.
So müssen beabsichtigte Zusammenschlüsse von Unternehmen ab einer bestimmten Größenordnung beim Kartellamt angemeldet werden. Ihm obliegt die **Fusionskontrolle**. Außerdem hat das Kartellamt die **Missbrauchsaufsicht**. Es überwacht marktbeherrschende Unternehmen und achtet darauf, dass keine verbotenen Kartelle entstehen und dass genehmigungspflichtige Kartelle beantragt werden. Dies ist die **Kartellaufsicht**. Bei Verstößen gegen das Kartellgesetz können Bußgelder verhängt werden.

Zusammenschlüsse in Europa

Für Unternehmenszusammenschlüsse innerhalb der EU ist der EU-Kartellausschuss in Brüssel zuständig.

Gesetz gegen Wettbewerbsbeschränkungen (GWB)

§1 Verbot wettbewerbsbeschränkender Vereinbarungen: Vereinbarungen zwischen Unternehmen, Beschlüsse von Unternehmensvereinigungen und aufeinander abgestimmte Verhaltensweisen, die eine Verhinderung, Einschränkung oder Verfälschung des Wettbewerbs bezwecken oder bewirken, sind verboten.

Von wegen harter Wettbewerb

Ob Aldi, Edeka, Rewe oder Metro – viele Lebensmittelhändler werden […] Post vom Bundeskartellamt bekommen. Der Inhalt: Fragebögen. […] Die Wettbewerbswächter möchten tatsächlich viel wissen. Woher die Händler bestimmte Waren beziehen beispielsweise, was sie dafür bezahlen und welche Sonderregelungen sie möglicherweise mit ihren Lieferanten treffen. Eine solche Aktion starten sie immer dann, wenn sie den Verdacht haben, dass der Wettbewerb in einer Branche nicht ausreichend funktioniert.
Dass das im Einzelhandel der Fall ist, scheint auf den ersten Blick abwegig. Belegen nicht zahlreiche Studien, dass nirgendwo in Europa Lebensmittel so preiswert sind wie in Deutschland? Und haben nicht die hierzulande so mächtigen Discounter in den vergangenen zwei Jahren Dutzende Preissenkungsrunden aufgelegt? All das spricht doch für einen lebhaften Wettbewerb, argumentieren die Händler.
Kartellamtschef Andreas Mundt hat eine andere Sicht der Dinge. […] Die Preiskämpfe beschränken sich meist nur auf wenige Artikel: Molkereiprodukte, Schokolade, Fleischwaren […]. Die Konsumforscher GfK haben festgestellt, dass nur in 40 von 275 Produktgruppen im Lebensmittelhandel Preiskämpfe stattfinden. Nicht jeder mag da an Zufall glauben. Außerdem untersucht Mundt die Kräfteverhältnisse bei Verhandlungen zwischen Lieferanten und Handelsketten. Auf der Lieferantenseite […] ständen 5 800 oft mittelständische Firmen. Verhandlungen auf Augenhöhe, das sollen diese Zahlenbeispiele zeigen, seien da wohl weniger zu erwarten.

Stefan Weber, Von wegen harter Wettbewerb (18.02.2011): http://archiv.sueddeutsche.de

Zusammenfassung: Unternehmenszusammenschlüsse

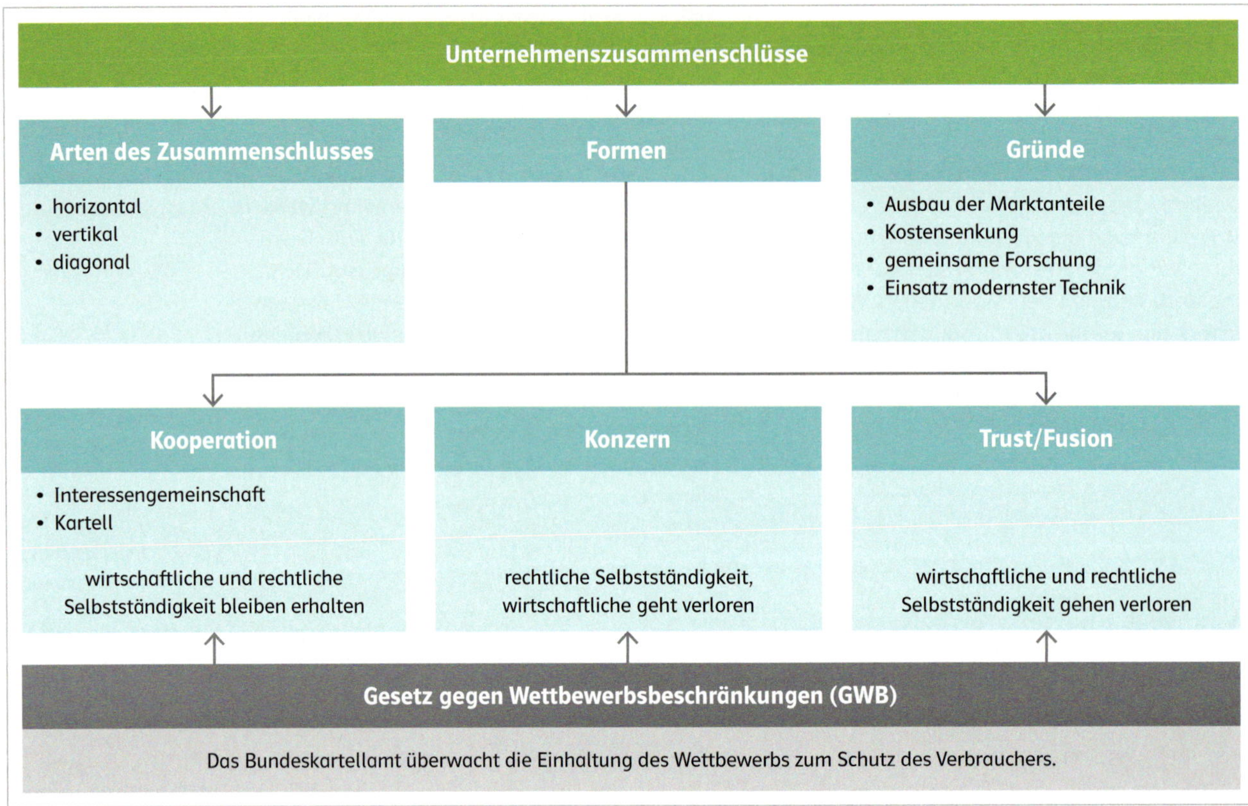

Übungsaufgaben

◒ 1. Zu den Aufgaben des Kartellamts zählen die Missbrauchsaufsicht, die Fusionskontrolle und die Kartellaufsicht. Erläutern Sie diese Aufgabenbereiche.

● 2. Wenn Großunternehmen mit Milliardenumsätzen das Bild einzelner Wirtschaftsbereiche bestimmen, besteht die Gefahr, dass diese Unternehmen, zumindest auf Teilmärkten, marktbeherrschend werden und z. B. die Preise nach Belieben festsetzen können, weil die Konkurrenz fehlt.
Diskutieren Sie weitere Gefahren, die sich für den Verbraucher aus der Unternehmenskonzentration ergeben können.

○ 3. Beschreiben Sie drei Möglichkeiten von Unternehmenszusammenschlüssen. Gehen Sie dabei auf die Kriterien der wirtschaftlichen und rechtlichen Selbstständigkeit ein.

◒ 4. Vergleichen Sie vertikale, horizontale und diagonale Zusammenschlüsse und geben Sie jeweils ein Beispiel.

Kundengewinnung und Kundenbindung

Lernsituation

Herr Malek ist Chef eines Malerbetriebes. Heute hat er seine Mitarbeiter zu einer Besprechung eingeladen. Nach einer kurzen Begrüßung konfrontiert er seine Mitarbeiter mit einer wichtigen Frage.

Arbeitsauftrag

- Gestalten Sie für Ihren Ausbildungsbetrieb einen Maßnahmenkatalog zur Kundengewinnung und Kundenbindung.
  Bei der Lösung helfen Ihnen die folgenden Fragen:

  1. Wie kommt der Kontakt zwischen Ihrem Ausbildungsbetrieb und den Kunden zustande?
  2. Welche Maßnahmen setzt Ihr Ausbildungsbetrieb zur Kundenbindung ein?
  3. Welche weiteren Maßnahmen zur Kundenbindung schlagen Sie für Ihren Ausbildungsbetrieb vor?

3.2 Als Unternehmen verantwortlich kommunizieren

Ausführliche Darstellung des Marketing-Mix *→ S. 135 ff.*

Akquise (Akquisition)

Maßnahmen zur Kundengewinnung

Die drei Phasen im Kundenkontakt

Unternehmen verkaufen Güter und bieten Dienstleistungen an. Die Basis für den Verkaufserfolg legt ein schlüssiges Marketingkonzept, das Vorgaben für das Produktangebot, den Preis, die Vertriebsform und die Kommunikationspolitik beinhaltet.
Sind die Kunden auf die Leistungen eines Betriebes aufmerksam geworden, entscheidet häufig ein Kunden- oder Beratungsgespräch über das Zustandekommen eines Auftrages. Um eine Geschäftsbeziehung langfristig aufrechtzuerhalten, müssen verschiedene Maßnahmen der Kundenbindung eingesetzt werden.

Die drei Phasen im Kundenkontakt

1. **Akquise- und Angebotsphase**
   Bekanntmachung des Unternehmens oder des Produktes, Aufbau eines Vertrauensverhältnisses zu möglichen Kunden
2. **Abwicklungsphase**
   Durchführung des Auftrages zur Kundenzufriedenheit, Einbindung des Kunden in die Auftragsabwicklung
3. **After-Sales-Phase**
   Aufrechterhaltung des Kundenkontaktes, Aufbau einer langfristigen Kundenbeziehung

Mit Kunden kommunizieren

Vor allem im Handwerk haben Auszubildende und Mitarbeiter häufig den ersten Kontakt mit einem Privatkunden, sei es z. B. die Bäckereifachverkäuferin oder der Gas-Wasser-Installateur, der einen Reparaturauftrag durchführt. Einen Kunden zu gewinnen, bedeutet einen viel höheren Einsatz, als einen schon einmal gewonnenen Kunden an ein Unternehmen zu binden. Daher ist der erste Eindruck, den ein Kunde von einem Unternehmen gewinnt, besonders wichtig. Wenn ein Kunde einen positiven Eindruck von dem Betrieb erhält, wird er sich bei Bedarf wieder an ihn wenden. Dagegen wendet sich ein unzufriedener Kunde vom Unternehmen ab. Die gerade im Handwerk wichtige „Mundpropaganda" wird zum Bumerang.

Der erste Eindruck ist der wichtigste

Der erste Eindruck, den ein Kunde von einem Unternehmen hat, umfasst:

- Erscheinungsbild der Mitarbeiter:
  Die Kleidung sollte sauber, gepflegt und zweckmäßig sein. Daneben kommt es auf das richtige Auftreten an.
- Die Bereitschaft der Mitarbeiter, freundlich und offen mit den Kunden umzugehen, setzt eine entsprechende Arbeitsatmosphäre voraus. Diese wird durch eine positive Grundeinstellung im ganzen Betrieb verwirklicht (→ S. 139 Corporate Identity).
- Ausstattung des Betriebes, die zum Kauf anregen soll.

Ablauf eines Kundengesprächs

Ziel eines Kunden- bzw. Beratungsgesprächs ist es, Kunden verschiedene Alternativen aufzuzeigen und Entscheidungshilfen zu geben. Dazu ist ein fachlich geschultes Personal erforderlich. Der Ablauf eines Kundengesprächs kann in folgenden Schritten erfolgen:

- In der Phase der Gesprächseröffnung beschreibt der Kunde seine Wünsche.
- In der 2. Phase wird der Kundenwunsch mit den Angebotsmöglichkeiten abgeglichen.
- In der 3. Phase wird eine Lösung des Kundenwunsches präsentiert. Der Kunde hat sich für eine Lösung entschieden, aber noch nicht den Auftrag erteilt.
- In der 4. Phase kann versucht werden, ein Zusatzgeschäft (Cross-Selling) abzuschlie-

Kundenzufriedenheit in Deutschland 2014					
Optiker	1,79	(+7)	Stromversorger	2,38	(+10)
Autowerkstätten	1,91		Bau- und Heimwerkermärkte	2,40	(+4)
Drogeriemärkte	2,00	(+7)	Senioren- und Pflegedienste	2,52	
Hörgeräteakustiker	2,04	(+13)	soziale Netzwerke	2,80	
Baumarkt-Onlineshops	2,18	(−3)	Studieninformation: Mittelwerte von „vollkommen zufrieden" (= 1) bis „unzufrieden" (= 5); Gesamtbasis der Studie: 31555 Befragte; +/−: Veränderung zum Vorjahr in Basispunkten		
Fluggesellschaften	2,21	(+8)			
Video- und Filmportale	2,23				
Mobilfunkanbieter	2,24				
Lebensmittelmärkte	2,25	(+3)			
Briefpost	2,27	(−2)			

ServiceBarometer AG, Kundenmonitor 2014 (Auszug)

ßen. *Beispiel:* Hat sich der Kunde für eine neue Heizungsanlage entschieden, ergibt sich vielleicht ein Zusatzgeschäft mit neuen Heizthermostaten.
- Kommt es zum Vertragsabschluss, sollte der Kunde das Gefühl haben, dass er genau das erreicht hat, was er wollte.

Kunden binden

Ob ein Kunde zum zweiten Mal ein Geschäft betritt, um erneut einen Auftrag zu erteilen, hängt davon ab, ob seine Erwartungen erfüllt wurden. Immer anspruchsvollere Kunden und die zunehmende Markttransparenz (z. B. Information und Kauf per Internet) führen jedoch zu einer sinkenden Kundentreue. Gezielte Maßnahmen erhöhen die Kundenbindung. Dazu gehören u. a.:
- **Reparatur- und Wartungsverträge**, die den Kunden langfristig an den Auftraggeber binden.
- **Serviceleistungen**, d. h., das Unternehmen steht auch nach erbrachter Leistung für Wünsche und Fragen der Kunden zur Verfügung. Bei Handwerksbetrieben, die meist in unmittelbarer Nähe des Kunden liegen, erfolgt dies durch persönliche Kontakte; Industrieunternehmen schalten eine Hotline, um für Anfragen erreichbar zu sein.
  Als besondere Serviceleistung empfinden Kunden es, wenn ein Unternehmen auch außerhalb der normalen Geschäftszeiten erreichbar ist, z. B. wenn der Rohrbruch am Feiertag passiert oder der Pkw am Wochenende nicht anspringt.
- **Bonusleistungen**, die Kundentreue belohnen. Das frühere Rabattmarkensystem wird heute vielfach durch das Sammeln von Punkten ersetzt. Dies gilt nicht nur für den Einzelhandel, sondern auch für den Bereich des Handwerks, in dem überwiegend Dienstleistungen oder wiederkehrende Leistungen angeboten werden (z. B. Friseure, Bäckereien).
- **Laufende Kundeninformationen** über Waren und Dienstleistungen können in Form einer Kundenzeitschrift, in Anschreiben oder durch Angebote im Internet erfolgen.
  Zumindest einmal im Jahr sollten die Stammkunden angeschrieben werden. Anlässe dafür gibt es viele, angefangen mit Weihnachtsgrüßen über neue Produkte bis hin zu Sonderangeboten.
- Durch **Anrufe bei Kunden** nach der Auftragsabwicklung lassen sich die Kundenzufriedenheit und Kundenwünsche feststellen. Man vermittelt den Kunden zudem das Gefühl, dass dem Unternehmen ihre Meinung und Leistungsbewertung wichtig sind.
- Zur **Kontaktpflege** gehören Einladungen zu Seminaren, Firmenveranstaltungen (z. B. „Tag der offenen Tür", Vorstellung eines neuen Produktes) oder zu vom Unternehmen gesponserten Sport- und Kulturveranstaltungen.
- Damit auf Mängel und Fehler schnell und für den Kunden zufriedenstellend reagiert wird, sollten Unternehmen über ein **Beschwerdemanagement** verfügen (→ S. 127 ff.).

Zusammenfassung: Kundengewinnung und Kundenbindung

Kundengewinnung- und Kundenbindung

Maßnahmen sollen auf die Phase des Kundenkontakts abgestimmt sein.

Akquise- und Angebotsphase

- Marketing-Konzept entwickeln
- Kunden- und Beratungsgespräche führen

Abwicklungsphase

- Kundenzufriedenheit in den Mittelpunkt stellen
- Kunden einbinden

After-Sales-Phase

Cross-Selling und langfristige Kundenbindung durch:

- Reparatur-Wartungsverträge
- Serviceleistungen
- Bonusleistungen
- laufende Kundeninformation
- Anrufe beim Kunden
- Kontaktpflege
- Beschwerdemanagement

Übungsaufgaben

1. Erläutern Sie die Bedeutung des Kunden- bzw. Beratungsgesprächs für Handwerksbetriebe.
2. Bewerten Sie die Aussage „Der Kunde ist König".
3. Bestimmen Sie den Stellenwert, den die „Mundpropaganda" für Handwerksbetriebe hat.
4. Man sagt: „Es ist fünfmal schwerer, Kunden zu gewinnen, als Kunden zu binden."
   a) Bestimmen Sie die möglichen Gründe.
   b) Bewerten Sie diese Aussage aus der Sicht Ihres Ausbildungsbetriebes.
5. In der Grafik auf S. 125 bewerten die Verbraucher die Leistungen verschiedener Berufsgruppen bzw. Branchen. Wählen Sie eine Gruppe, die positiv und eine, die negativ bewertet wurde. Finden Sie Gründe und Ursachen für diese Bewertung.

Umgang mit Reklamationen

Lernsituation

Beim Malerbetrieb Malek herrscht „dicke Luft“. Eine Kundin, Frau Baier, hat sich über die Gesellen Thomas und Mehmet beschwert. Dabei wurden die ausgeführten Arbeiten nicht beanstandet, vielmehr ging es um das Verhalten der beiden.

Herr Malek empört nach dem Telefongespräch zu der Büroangestellten: „Das muss man sich mal vorstellen! Schon frühmorgens gab es Ärger mit dem Nachbarn, weil sie die Einfahrt zugeparkt haben. Dann haben sie, ohne nachzufragen, einfach alle Möbel in den Flur gepackt, sodass Frau Baier nicht mal mehr ins Bad konnte. Den ganzen Tag dröhnte das Radio und zu guter Letzt sind sie verschwunden, ohne sich zu verabschieden. Von dem Dreck, den die beiden hinterlassen haben, ganz zu schweigen. Denen bring ich erst mal bei, wie man sich beim Kunden zu verhalten hat!“

Arbeitsauftrag

- „Wie verhalte ich mich beim Kunden?“ Gestalten Sie dazu einen Katalog von Regeln. Teilen Sie die Verhaltensregeln auf folgende Bereiche auf:
  - Ankunft beim Kunden
  - vor Arbeitsbeginn
  - bei der Arbeit im Haus
  - bei Arbeitsschluss

So arbeiten vorbildliche Handwerker.

Garantieleistungen BGB § 443

Die rechtlichen Möglichkeiten des Käufers sind im BGB geregelt.

Arten von Reklamationen

Mit Abschluss eines Vertrags verpflichtet sich der Verkäufer, die vereinbarten Leistungen zu erbringen. Dazu zählt die pünktliche und ordnungsgemäße Lieferung der Ware (→ S. 98 ff.). Darüber hinaus kann sich der Verkäufer zu **Garantieleistungen** verpflichten. Der Käufer hat das Recht zur Mängelrüge bzw. Reklamation (→ S. 102 ff.), wenn die Leistung verspätet erbracht wurde (Lieferungsverzug), die Ware bereits bei der Übergabe Mängel aufweist (Gewährleistung) oder Mängel während der Garantiephase auftreten.
Anlässe für Reklamationen oder Beschwerden können auch im Verhalten der Mitarbeiter oder der Geschäftsleitung gegenüber dem Kunden liegen. Selbst wenn Kunden nicht immer davon ausgehen dürfen, dass sie wie „Könige" behandelt werden, so dürfen sie doch von ihrem Gegenüber eine persönliche Ansprache und eine freundliche und zuvorkommende Behandlung erwarten. Wird eine Leistung bei Kunden erbracht (z. B. Reparatur der Heizungsanlage, Anstrich einer Wohnung), so können diese von den Mitarbeitern des ausführenden Betriebes erwarten, dass die Arbeitsstätte sauber verlassen wird.

Was bedeuten Reklamationen für das Unternehmen?

Das Recht zur Reklamation bzw. zur Beschwerde nehmen nicht alle Kunden in Anspruch. Ein großer Teil der Kunden beschwert sich nicht, sondern bleibt einfach weg, wenn er mit der Leistung oder dem Verhalten des Auftragnehmers nicht einverstanden ist. Das bedeutet: Ein unzufriedener Kunde ist ein verlorener Kunde. Das ist auch der Fall, wenn ein Kunde verärgert das Geschäft verlässt. Darum ist es wichtig, mit eventuellen Reklamationen richtig umzugehen, unabhängig davon, ob ein Verschulden des Unternehmers vorliegt oder nicht. Dabei ist ein Beschwerdemanagement hilfreich.
Ein gut funktionierendes **Beschwerdemanagement** kann sich in zweierlei Hinsicht positiv auswirken:

- Die meisten Kunden, die sich beschweren, sind grundsätzlich an einer Fortführung der Zusammenarbeit interessiert. Sie akzeptieren, dass Fehler passieren können. Wenn die Beschwerde zur Zufriedenheit des Kunden gelöst wird, kann sich daraus sogar eine stärkere Kundenbindung entwickeln.
- Kunden zeigen durch ihre Beschwerden Qualitätsmängel auf. Sie machen auf unfreundliche und inkompetente Mitarbeiter aufmerksam. So entdeckt das Unternehmen seine Schwachstellen und kann diese zielgerichtet beheben.

Mit Reklamationen richtig umgehen

Ziel einer jeden Reklamation muss es sein, das Vertrauen des Kunden in den Betrieb und die Mitarbeiter wiederherzustellen. Es gilt der Grundsatz, berechtigte Reklamationen zu akzeptieren, die Mängel anzuerkennen und möglichst schnell zu beheben.
Jeder Mitarbeiter sollte dabei folgende Regel beachten: **Gelassenheit und Ruhe ausstrahlen.** Jeder Kunde, der eine Reklamation anbringt,

Recherche
6a2qs5
Kundenreklamationen

sieht sich zunächst einmal im Recht. Er ist verärgert, weil die Ware nicht funktionsfähig ist. Oft hat er einen erheblichen Zeitaufwand mit Telefonaten, mit der Fahrt zum Betrieb des Auftragnehmers oder mit Warten auf den Kundendienst gehabt. Daher ist es verständlich, dass er seinem Ärger Luft macht. Verkäufer oder Gesellen sind schlecht beraten, wenn sie dem Kunden im gleichen Ton begegnen. Vielmehr sollten sie Verständnis für das Problem zeigen.

Ist der Kunde am Ende mit dem Ergebnis zufrieden, wirkt sich eine Kundenreklamation nicht unbedingt negativ auf das Ansehen des Betriebes aus. Es ist jedoch darauf zu achten, dass bei diesem Kunden in Zukunft kein Anlass mehr für eine weitere Reklamation entsteht.

Wichtige Verhaltensregeln bei der Bearbeitung von Kundenreklamationen

- **Nicht aufschieben:** Reklamationen sofort behandeln und nicht aufschieben.
- **Öffentlichkeit vermeiden:** Eine Beschwerde darf kein Aufsehen erregen oder in Anwesenheit anderer Kunden diskutiert werden.
- **Dem Kunden zuhören:** Den Kunden ausreden lassen, das Wichtigste notieren.
- **Verständnis zeigen:** Verständnis für die Situation des Kunden zeigen.
- **Verantwortung übernehmen:** Die Schuld nicht auf Dritte schieben. Dafür haben Kunden nur selten Verständnis.
- **Sachverhalt und Rechtslage prüfen:** Den Sachverhalt mit dem Kunden durchgehen und prüfen, ob ein Verschulden des Betriebes vorliegt.
- **Lösung anbieten:** Eigene Lösungsvorschläge machen und nicht auf Forderungen des Kunden warten.
- **Nicht kleinlich sein:** Geringfügige Beanstandungen, ob zu Recht oder zu Unrecht, ohne lange Diskussion erledigen.
- **Bedauern ausdrücken:** Für den Fehler und den entstandenen Schaden entschuldigen.
- **Positives betonen:** Den Kunden an die langjährige, gute Zusammenarbeit erinnern sowie auf die vielen, reibungslos abgewickelten Aufträge hinweisen.

Zusammenfassung: Umgang mit Reklamationen

Umgang mit Reklamationen

Gründe für Reklamationen

- mangelhafte Lieferung
- verspätete Lieferung
- Mängel während der Garantiezeit
- unsauberes Arbeiten
- unangemessenes Verhalten der Geschäftsleitung oder der Mitarbeiter
- …

Beschwerdemanagement

- Reklamation schnell bearbeiten
- Kulanz zeigen
- zuhören
- Verständnis zeigen
- sich entschuldigen
- …

Ziel des Beschwerdemanagements

- Kundenzufriedenheit und Kundenbindung verbessern
- Schwachstellen im Unternehmen beheben

Übungsaufgaben

1. Bewerten Sie die folgenden Aussagen des Mitarbeiters gegenüber einem Kunden, der eine Reklamation vorgetragen hat.
   a) „Sie hätten besser erst einmal die Gebrauchsanweisung lesen sollen, bevor Sie an dem Gerät herumhantieren. Kein Wunder, dass es nicht mehr tut."
   b) „Sie sind der Erste, der sich so pingelig anstellt."

2. Beschreiben Sie jeweils anhand eines Beispiels die verschiedenen Ursachen, warum sich Kunden beschweren.

3. Nennen Sie die Gründe, warum es für Unternehmen wichtig ist, dass sich unzufriedene Kunden melden.

4. Ein Kunde, der eine Reklamation anbringt, kann schon mal seiner Verärgerung Luft machen.
   a) Wie sollte ein Mitarbeiter darauf reagieren?
   b) Wie sollte man in diesem Fall auf eine unberechtigte Reklamation des Kunden reagieren?

5. Erläutern Sie, warum Kundenreklamationen nicht in der Öffentlichkeit ausgetragen werden sollten.

6. Unternehmen sollen Kundenreklamationen mit Kulanz bearbeiten. Erläutern Sie anhand eines Beispiels aus Ihrem Ausbildungsbereich, was damit gemeint ist.

7. Beschreiben Sie den Unterschied zwischen Garantie- und Gewährleistungsansprüchen.

Marktforschung

Lernsituation

Mareike Brand hat vor einiger Zeit das Autohaus Brand von ihrem Vater Heinz übernommen. In regelmäßigen Abständen erscheint der Seniorchef, um nach dem Rechten zu sehen.

Vater: Was hat meine Tochter denn heute wieder für Veränderungen geplant?
Tochter: Ich arbeite an einem Marketingkonzept für unser Autohaus. Vorher soll aber eine Marktuntersuchung durchgeführt werden.
Vater: Marktuntersuchung? Was soll denn das? Das ist doch nur was für große Unternehmen. Unser Angebot und unsere Leistungen stimmen doch! Das wissen auch unsere Kunden. Die kommen auch ohne Marktuntersuchung.
Tochter: Woher weißt du, was Kunden wollen und ob z. B. die Leistungen unserer Werkstatt wirklich so gut sind? Du hast doch immer gesagt, eine gute Werkstatt verkauft am Ende die Autos. Und dann wäre es doch vielleicht ratsam, genauer zu wissen, was die Kunden von uns halten. Außerdem wäre es gut zu erfahren, wie unsere Produktpalette ankommt, wie Sonderaktionen wahrgenommen werden und so weiter.
Vater: Vielleicht hast du ja doch Recht. Die Zeiten haben sich eben geändert. Aber wie soll eine Marktuntersuchung aussehen? Willst du etwa ein Meinungsforschungsinstitut beauftragen? Das ist viel zu teuer!
Tochter: Ich habe mir gedacht, wir schicken unseren Kunden einen Fragebogen zu. Die Adressen haben wir aus unserer Kundendatei. Ich überlege gerade, welchen Anreiz man schaffen könnte, damit die Kunden den Fragebogen auch zurückschicken.

Arbeitsauftrag

● Entwickeln Sie einen Fragebogen, in dem die Kunden das Autohaus bewerten (→ S. 164 Fragebogen erstellen).

1. Folgende Bereiche sollen abgedeckt werden:
   - Werkstatt/Service
   - Verkaufsbereich/Personal
   - Erscheinungsbild in der Öffentlichkeit
2. Überlegen Sie sich einen Anreiz für die Befragten, den Fragebogen zurückzuschicken.

Marktforschung ermöglicht kundenorientiertes Handeln

Die Märkte, auf denen Unternehmen ihre Produkte und Dienstleistungen anbieten, verändern sich ständig. Das liegt u.a. an der rasanten Entwicklung im technischen Bereich und an den gestiegenen und sich stetig verändernden Ansprüchen der Kunden. Hinzu kommt, dass aufgrund der Globalisierung der Wettbewerbsdruck zwischen den Unternehmen steigt.
Dadurch hat sich der **Verkäufermarkt** zum **Käufermarkt** gewandelt. Die meisten Unternehmen können es sich nicht mehr leisten, passiv zu bleiben und auf Aufträge zu warten, die sie dann abarbeiten. Dies gilt auch für das Handwerk. Vielmehr müssen die Unternehmen ihren Umsatz planen und auf die Käufer zugehen. Die zentrale Frage ist: Was muss ich dem Kunden wie, wo und wann anbieten? Von Unternehmen wird ein kundenorientiertes Handeln erwartet. Daher gibt es heute nicht nur in der Produktpolitik Marktforschung.
Um die Absatzchancen von Produkten oder Dienstleistungen zu beurteilen, lassen Hersteller oder Händler Marktuntersuchungen vornehmen. Ziel ist die systematische Sammlung und Auswertung von Marktdaten
- zu einem Zeitpunkt: **Marktanalyse**,
- über einen Zeitraum: **Marktbeobachtung**,
- über zukünftige Entwicklungen bzw. Trends: **Marktprognose**.

Die Marktforschung soll Aufschluss geben über
- das Konsumentenverhalten: verfügbares Einkommen, Preise vergleichbarer Produkte, Lebens- und Verbrauchsgewohnheiten;
- die ansprechbaren Zielgruppen: Alter, Geschlecht, Hobbys, Einstellungen, Gewohnheiten, Haushaltsgröße, verfügbares Einkommen;
- die Produkteigenschaften: Material, Form, Farbe, Oberfläche, Verpackung, Preislage, Umweltverträglichkeit, Qualitätsniveau;
- die Konkurrenzsituation: Anbieter, Marktanteile, Absatzentwicklung, Aktionen der Konkurrenten;
- das Ansehen des Unternehmens in der Öffentlichkeit.

Zur Informationsgewinnung verwendet die Marktforschung zwei Verfahren: Primärforschung und Sekundärforschung.

Primärforschung – erste Datenerhebung

Bei diesem Verfahren werden Daten erstmalig erfasst. Es ist ein aufwendiges und kostenintensives Verfahren, bietet aber den Vorteil, zielgerichtet Marktdaten zu erheben. Die wichtigsten Methoden dabei sind:
- die **Befragung** von Kunden, Verbrauchern und Herstellern. Die Befragungen können schriftlich in Form von Fragebögen (→ S. 164 Fragebogen erstellen), mündlich in Form von

Laborversuch – was beeinflusst unser Kaufverhalten?

Unser unbewusstes Handeln rückt immer stärker in den Fokus von Marktforschern. Konzerne investieren Millionen in die Anmutung ihrer Produkte: Wie müssen Dinge riechen und klingen, damit sie sich besser verkaufen? In Laborversuchen werden Vorlieben untersucht und Gerüche, Geräusche und Farben entwickelt, die besonders gut bei Verbrauchern ankommen. Geräuschedesigner suchen nach dem perfekten Klang für das neue Staubsaugermodell und Hotelketten entwickeln den „Corporate Smell", der das Image ihrer Häuser unterstreichen soll.

„Angriff auf die Sinne", ein Film von Jan Tenhaven, gesendet am 19.08.2009, 23.30 Uhr im Ersten (bearb.)

Recherche
75j6mx
Marktforschung

persönlichen Interviews oder über das Internet durchgeführt werden;

- die **Paneltechnik**, um über Veränderungen und Entwicklungen auf dem Markt ständig unterrichtet zu sein. Dazu werden Daten über einen längeren Zeitraum erhoben, indem ein gleich bleibender Personenkreis immer wieder Auskünfte zu einem bestimmten Sachverhalt erteilt (z. B. Fernsehquoten);
- die **Beobachtung**, wenn Informationen unabhängig von der Auskunftsbereitschaft des Einzelnen beschafft werden. So können z. B. die Reaktionen und das Verhalten von Kunden im Supermarkt über Beobachter oder Kameras erfasst werden. Meinungen, Motive und Einstellungen der Personen bleiben jedoch unberücksichtigt;
- der **Test**, bei dem Testpersonen Produkte zur Beurteilung vorgelegt werden.

Die Durchführung dieser Methoden ist nicht nur aufwendig, sondern erfordert umfassende Kenntnisse. Daher beauftragen Unternehmen häufig Marktforschungsinstitute zur Datenerhebung. Zu den weltweit größten Instituten gehört die Gesellschaft für Konsumforschung (GfK) mit mehr als 10 000 Mitarbeitern.

Sekundärforschung – Auswertung vorhandener Daten

Grundsätzlich wird ein Unternehmen zunächst auf vorhandenes Informationsmaterial zurückgreifen. Das können eigene Unterlagen, z. B. Kundendateien, Umsatz- und Absatzstatistiken oder Berichte der Außendienstmitarbeiter sein. Unternehmensfremde Informationen sind Veröffentlichungen von Statistiken (z. B. vom Statistischen Bundesamt), Fachzeitschriften oder Verbänden.
Die Sekundärforschung hat Vor- und Nachteile. Zu den Vorteilen gehören die schnelle und kostengünstige Datenerhebung. Dagegen sind die Daten nicht immer aktuell und häufig nicht spezifisch genug, um die gewünschten Informationen zu liefern.

Interviews sind eine bewährte Methode in der Primärforschung.

Umsetzung der Marktforschungsergebnisse

Nachdem die Marktforschung eine Vielzahl von Informationen geliefert hat, müssen in einem zweiten Schritt Schlussfolgerungen aus den erhobenen Marktdaten gezogen werden. Zunächst werden die **Marketingziele** formuliert, wie z. B. Umsatz, Marktanteil, Gewinn oder Erhöhung des Bekanntheitsgrades. Anschließend werden die Auswahl und die Anwendung der Marketinginstrumente festgelegt: **Marketingstrategie**.

Experten testen neue Produkte, bevor sie auf den Markt kommen.

Zusammenfassung: Marktforschung

Marktforschung

systematische Sammlung und Auswertung von Marktdaten;
bildet die Grundlage für kundenorientiertes Handeln

Ziele

Informationen erhalten über:
- Konsumverhalten
- Zielgruppen
- Produkteigenschaft
- Konkurrenzsituation
- Ansehen des Unternehmens

Methoden

Primärforschung
erstmaliges Erheben von Daten durch:
- Befragung
- Paneltechnik
- Beobachtung
- Test

Sekundärforschung
Auswertung bereits vorhandener Informationsquellen, z. B.
- Statistiken
- Fachzeitschriften
- Kundendateien

Marktprognose

Absatzchancen, Einsatz von Marketinginstrumenten

Übungsaufgaben

1. Nennen Sie die Aufgaben/Ziele der Marktforschung.

2. Vergleichen Sie Primär- und Sekundärforschung.

3. Erläutern Sie anhand eines Beispiels die einzelnen Methoden der Primärforschung.

4. Werten Sie folgende Statistik aus.

Größe und Entwicklung der Haushalte in Prozent

Haushaltsgröße / Jahr	Ein-Personen-Haushalte	Zwei-Personen-Haushalte	Haushalte mit drei Personen und mehr
1991	34	31	35
2006	39	34	27
2025	41	37	22

Statistisches Bundesamt

a) Erklären Sie die Veränderungen der Haushaltsgrößen im Laufe der 34 Jahre.

b) Beschreiben Sie, welche möglichen Veränderungen der Marketingziele sich daraus für Unternehmen aus folgenden Bereichen ergeben können:
- Lebensmittelindustrie
- Automobilindustrie
- Wohnungswirtschaft
- Freizeitindustrie
- Tourismus

Marketing-Mix und Corporate Identity

Lernsituation

Wieder im Autohaus Brand. Seniorchef Heinz Brand im Gespräch mit seiner Tochter Mareike, die grübelnd am Schreibtisch sitzt.

Vater: Wenn ich mir die Ergebnisse der Fragebogenaktion anschaue, ist doch alles in bester Ordnung. Die Qualität unserer Werkstatt und der Service lassen nichts zu wünschen übrig. Was wollen wir denn noch mehr?
Tochter: Vielleicht ist dir entgangen, dass unser Autohaus, so wie wir uns der Öffentlichkeit präsentieren, nicht so gut wegkommt. Daran müssen wir arbeiten. Du sagst doch immer: „Klappern gehört zum Handwerk".
Vater: Und wie soll das aussehen? Machen wir jetzt Werbung vor den Acht-Uhr-Nachrichten im Fernsehen?
Tochter: Jetzt tu bitte nicht so, als ob wir früher nie Anzeigen in der Lokalzeitung geschaltet hätten. Aber es gibt heute Lokalfernsehen und Lokalradio und im Bereich der Öffentlichkeitsarbeit gibt es vielfältige Möglichkeiten.
Vater: Vielleicht auch noch „Corporate Identity"?
Tochter: Warum nicht? Man könnte doch mal ein Konzept entwerfen, wie wir uns in der Öffentlichkeit besser darstellen. Was finanziell machbar ist, entscheiden wir dann.

Arbeitsauftrag

- Erstellen Sie ein Konzept zur Außendarstellung des Unternehmens, das Elemente aus der Kommunikationspolitik und dem „Corporate Identity" enthält.
  Konkretisieren Sie Ihre Vorstellung so weit wie möglich.

Einen Marketing-Mix zusammenstellen

Aus den Ergebnissen der Marktprognose (→ S. 132 ff.) wird ein Marketingkonzept entwickelt. Zu den Marketinginstrumenten zählt man:

- Produkt- und Sortimentspolitik,
- Kommunikationspolitik,
- Vertriebs- oder Distributionspolitik,
- Preispolitik.

Die sinnvolle Abstimmung dieser Instrumente bezeichnet man als **Marketing-Mix**. Dabei müssen Produkteigenschaft, Preis, Werbebotschaft und Vertriebsform eine Einheit bilden.

Produkt- und Sortimentspolitik

Der Sortimentsbegriff bezieht sich in erster Linie auf Handelsbetriebe. Er bezeichnet alle Waren und Dienstleistungen, die angeboten werden. In Industrie und Handwerk wird die Gesamtheit der produzierten Sachgüter als Produktionsprogramm bezeichnet. Um mit dem Sortiment bzw. mit den Produkten den sich wandelnden Kundenansprüchen gerecht zu werden, nutzen Unternehmen die unterschiedlichen Möglichkeiten der Sortiments- und Produktpolitik.

- **Sortimentserweiterung/Produktinnovation**: Das Unternehmen nimmt zusätzliche Warengruppen/Produkte in sein Sortiment auf.
- **Sortimentsumstrukturierung/Produktvariation**: Teile des Sortiments werden durch andere Artikel ersetzt oder eingeführte Produkte werden in bestimmten Merkmalen verändert.
- **Sortimentsbereinigung/Produktelimination**: Artikel werden aus dem Sortiment entfernt.

Kommunikationspolitik

Das grundsätzliche Werbeziel ist die Absatzsteigerung. Für Jungunternehmer gilt es, zunächst neue Kunden zu gewinnen bzw. Verbraucher für neue Produkte oder Modetrends zu interessieren. Weitere Ziele von Werbekampagnen sind:

- Kundenbindung;
- Steigerung des Marktanteils;
- Verbesserung des Firmenimages;
- Reaktion auf Werbung der Konkurrenz;
- Überbrückung von Auftragslücken (z. B. beim Bau-Handwerk im Winter).

Durch Absatzwerbung, Öffentlichkeitsarbeit und Verkaufsförderung sollen diese Ziele erreicht werden.

Absatzwerbung

Eine Werbemaßnahme ist dann besonders erfolgreich, wenn ein Produkt in die unmittelbaren Lebensgewohnheiten des Konsumenten passt. Da aber die Bedürfnisse der Menschen sehr unterschiedlich sind, kann man heute in der Regel nur die Wünsche eines Teils der Verbraucher gesondert herausstellen, der

Werbemarkt 2013 (Darstellung in %)
Die Verteilung der Werbeetats nach Mediengattung

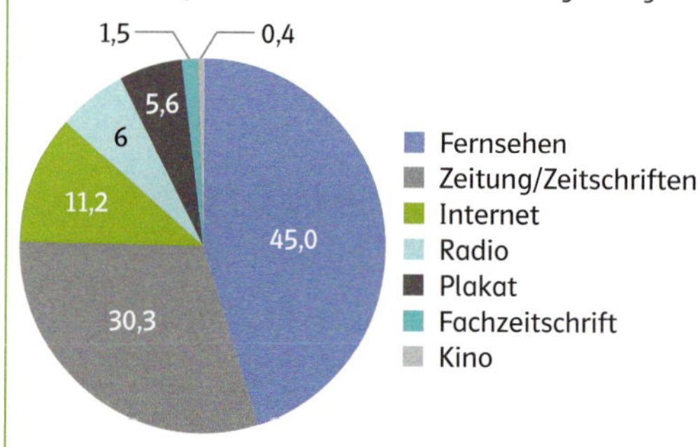

Nielsen

Recherche
b8e5cy
Marketinginstrumente, Corporate Identity

Zielgruppe. Wenn es gelingt, eine bestimmte Gruppe möglicher Käufer gezielt einzugrenzen, kann die Werbeaktion auf diese Zielgruppe ausgerichtet werden. Mit **Werbegebiet** ist die regionale Ausdehnung der Kampagne gemeint (z. B. Beschränkung auf Norddeutschland). In welchem Umfang eine Werbekampagne durchgeführt wird, ist abhängig von den zur Verfügung stehenden Mitteln, dem **Werbebudget**. Eingesetzt werden verschiedene **Werbemittel**, die über **Werbeträger** der Öffentlichkeit zugänglich gemacht werden. Am häufigsten werden genutzt:

Werbemittel	Werbeträger
Anzeige	Zeitung, Zeitschrift
Plakat	Schaufenster, Litfaßsäule, Plakatwände, …
Texte, Bilder, Preise	Werbebrief, Flyer, Prospekte, …
Werbespot	Fernsehen
Rundfunkspot	Rundfunk
Suchmaschineneinträge	Internet

Mit der Festlegung der **Werbezeit** ist die Planung abgeschlossen. Am Ende erfolgt die Überprüfung der Wirksamkeit der Werbekampagne (Werbeerfolgskontrolle). Unternehmen und Händler müssen z. B. die Kunden vor, während und nach einer Aktion zählen, Verbraucher- oder Haushaltsbefragungen durchführen und die Umsatzentwicklung einzelner Produkte beobachten. Je nach Ergebnis kann die Werbekampagne intensiviert, verändert oder beendet werden.

Öffentlichkeitsarbeit

Im Unterschied zur Absatzwerbung steht Öffentlichkeitsarbeit für die Bemühungen um Interesse, Vertrauen und Anerkennung in der Öffentlichkeit. Sie will ein Unternehmen als Ganzes bekannt machen. Öffentlichkeitsarbeit kann sich auf Massenmedien, Veröffentlichungen in Hauszeitungen, Betriebsbesichtigungen oder Verbindungen zu wichtigen Behörden erstrecken. Diese spezielle Form der gesellschaftlichen Einbindung eines Unternehmens nennt man **Public Relations** (PR).

Beispiel: Ein Bäcker öffnet seine Backstube einen Tag vor Muttertag für Kinder.
Sponsoring geht über das soziale Engagement hinaus und steht für die öffentlichkeitswirksame, finanzielle Unterstützung von Personen und Organisationen vor allem im sportlichen, kulturellen und sozialen Bereich.
Beispiel: Eine Brauerei finanziert einen Fußballverein und darf dafür auf der Bande oder den Sportlertrikots werben.

Verkaufsförderung

Maßnahmen der Verkaufsförderung beziehen sich meistens auf den Herstellungs- oder Verkaufsort. Beispiele sind die Gestaltung des Verkaufsraums, die Warenpräsentation im Schaufenster oder auf Messen sowie die Schulung des Personals.

Vertriebspolitik

Zur Vertriebspolitik (Distributionspolitik) zählt man alle Maßnahmen, die eine bestmögliche Verteilung der Produkte und Dienstleistungen an mögliche Kunden beinhalten. Der Vertrieb der Produkte kann direkt oder indirekt erfolgen.

Vor allem Bekleidungshersteller setzen auf eigene Filialgeschäfte.

Kalkulationsschema → S. 154

Direkter Vertrieb

Wenn der Hersteller seine Produkte selbst durch ein werkseigenes Vertriebssystem vertreibt, bezeichnet man dies als direkten Vertrieb.
Dazu gehören:
- Lagerverkauf/Outlet Center,
- Verkaufsniederlassungen (Filialen, z. B. H&M),
- eigener Versandhandel (z. B. Otto-Versand),
- Homeshopping (z. B. QVC),
- Bestellungen über das Internet (z. B. Dell),
- Haustürverkäufe (z. B. Vorwerk),
- Home-Partys (z. B. Tupperware).

Beim direkten Vertrieb herrscht ein direkter Kontakt zwischen dem Produzenten und dem Kunden. Typisch ist diese Form des Vertriebs für kleinere Unternehmen, z. B. im Handwerk, sowie für Industrieunternehmen, die komplette Maschinen oder Anlagen auf Kundenwunsch herstellen oder die besonders erklärungsbedürftige Produkte haben. Die Vorteile des direkten Vertriebsweges liegen in der genauen Produktkenntnis des Herstellers bzw. Verkäufers und in der Einsparung von Händlerkosten.

Indirekter Vertrieb

Hersteller von Massen- und Konsumgütern (z. B. Getränke, Süßwaren, Waschmittel) setzen ihre Produkte in der Regel mithilfe des Groß- und Einzelhandels ab. Dies bezeichnet man als indirekten Vertrieb. Die Vorteile dieses Vertriebssystems bestehen für den Hersteller darin, dass der Handel über eine entsprechende Marktübersicht und Branchenkenntnis verfügt. Außerdem kann das Produkt fast jedem Konsumenten über den Groß- und Einzelhandel angeboten werden.

Preispolitik

Die Preisgestaltung gehört zu den wichtigsten Faktoren im Bereich des Marketings, da für viele Kunden der Preis ein wichtiges Kaufargument ist. So lässt sich einerseits über einen hohen Preis das Ziel der Gewinnmaximierung erreichen; andererseits kann ein zu hoher Preis gegenüber der Konkurrenz einen Wettbewerbsnachteil bedeuten und somit zum Verlust von Marktanteilen führen. Die Preisbildung wird beeinflusst von:
- den Kosten eines Produktes oder einer Dienstleistung,
- dem Verhalten der Kunden,
- dem Verhalten der Konkurrenten.

Werden die Preise vor allem in Abhängigkeit von den Kosten bestimmt, zuzüglich eines

Gewinnzuschlags, spricht man von **kostenorientierter Preisbildung**. Der Produzent kann den Preis selbst bestimmen. Diese Situation liegt vor, wenn der Hersteller als Alleinanbieter (Monopolist) am Markt auftritt oder wenn eine große Nachfrage den Verkäufer in eine bevorzugte Position bringt.
Die meisten Unternehmen müssen sich jedoch am Marktpreis orientieren. Zahlreiche Anbieter stehen im Wettbewerb um die Gunst des Kunden. Die Käufer sind in der vorteilhaften Lage, aus einem großen Angebot auswählen zu können. Für den Hersteller ist eine Preisfestsetzung ohne Berücksichtigung der Preise von Mitbewerbern kaum möglich. Dies gilt vor allem dann, wenn mehrere Anbieter gleichartige Produkte verkaufen. Versucht ein Konkurrent über Preissenkungen größere Käuferschichten an sich zu ziehen, müssen die Mitbewerber sofort reagieren und unter Umständen damit rechnen, dass der Verkaufspreis kurzfristig unterhalb der eigenen Kosten liegt (Dumpingpreis, ruinöser Wettbewerb).
Neben dem Preis gibt es zusätzliche Faktoren (Konditionen), die die Kaufentscheidung des Kunden beeinflussen:

- Rabattgewährung: Mengen-, Treue-, Sonderrabatte, Skonto (→ S. 86);
- Zahlungsbedingungen: Gewährung von Zahlungszielen;
- Dienstleistungen: Garantie, Wartung.

Corporate Identity (Unternehmensidentität)

Die Identität eines Unternehmens ergibt sich aus den Wertvorstellungen oder Zielen des Managements und ihrer Umsetzung. Dies spiegelt sich wider im Verhalten gegenüber Kunden und Mitarbeitern und der Art der Kommunikation nach innen und außen. Daraus ergibt sich für den Betrachter ein klares Profil des Unternehmens.
Drei Bereiche von Corporate Identity sind:

- **Corporate Design** meint das Erscheinungsbild des Unternehmens. Unverwechselbare Firmenlogos, Markenzeichen, Schriftzüge, Formulare, Arbeitskleidung der Mitarbeiter usw. ermöglichen eine bessere Erkennbarkeit des Unternehmens.
- **Corporate Communication** umfasst die Unternehmenskommunikation nach außen (Werbemaßnahmen, Öffentlichkeitsarbeit) und nach innen (unternehmensinterne Kommunikation).
- **Corporate Behaviour** legt das Verhalten gegenüber Kunden, Lieferanten, Partnern und Mitarbeitern untereinander fest. Im internen Bereich drückt sich dies in der Mitarbeiterführung und im Umgang mit Konflikten und Kritik aus.

Mehr zur Preisbildung → S. 114 ff.

Die Umsetzung all dieser Maßnahmen führt nicht nur zu einem positiven Bild des Unternehmens in der Öffentlichkeit. Auch die Mitarbeiter identifizieren sich stärker mit dem eigenen Unternehmen. Dies steigert die Motivation und verbessert die Leistung. Dadurch wird das Unternehmen wiederum positiver gesehen.

Die zehn beliebtesten deutschen Unternehmen	
1. VW	6. Opel
2. Mercedes	7. Porsche
3. Siemens	8. Bosch
4. BMW	9. BASF
5. Audi	10. Deutsche Telekom

Umfrage der Unternehmensberatung PriceWaterhouseCoopers (Stand 2014)

McDonald's hat eine unverwechselbare Unternehmensidentität.

Zusammenfassung: Marketing-Mix und Corporate Identity

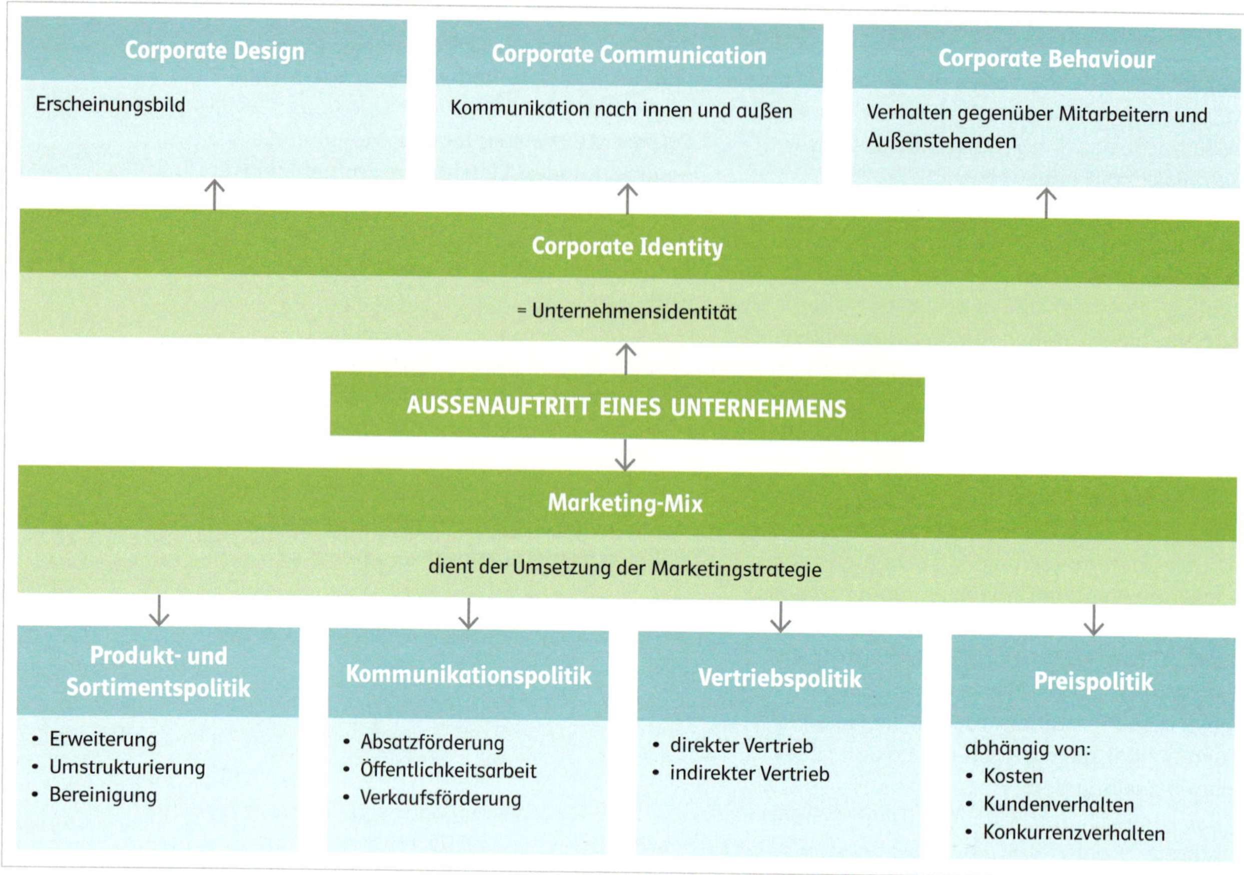

Übungsaufgaben

1. Erläutern Sie, warum die einzelnen Marketinginstrumente zu einem sinnvollen Marketing-Mix zusammengefasst werden sollten.

2. Nennen Sie Werbemittel und entsprechende Werbeträger, die Ihr Ausbildungsbetrieb nutzt.

3. Ordnen Sie die folgenden Beispiele den Maßnahmen Produktinnovation, Produktvariation oder Produktelimination zu.
   a) Ein Automobilhersteller bringt erstmals ein Zwei-Liter-Auto auf den Markt.
   b) Eine Brauerei bietet ihr Bier mit unterschiedlichem Alkoholgehalt an.
   c) Ein Hersteller von Tiefkühlkost nimmt Fischprodukte aus dem Sortiment.
   d) Ein Telefonhersteller bringt ein neues Modell auf den Markt, das sich nur durch das Design und den Markennamen von den anderen angebotenen Geräten unterscheidet.

4. Erläutern Sie aus der Sicht des Herstellers die Vorteile der folgenden Vertriebsformen: Vertrieb der Waren über
   a) ein eigenes Filialsystem,
   b) den Groß- und Einzelhandel,
   c) das Internet,
   d) Haustürverkauf.

5. Ein Unternehmen tritt mit einem klaren Profil gegenüber Mitarbeitern, Lieferanten und Kunden auf. Diskutieren Sie die Vorteile, die sich daraus für das Unternehmen ergeben können.

Verbraucherschutzbestimmungen

Lernsituation

Frau Schmöller vom Verbraucherschutzverband erhält neben dem Fax und dem Anruf folgenden Brief:

„[…] mein Sohn Klaus ist mit dem Fahrrad verunglückt. Ursache des Unfalls waren blockierte Bremsen. Dadurch wurde Klaus über das Lenkrad katapultiert und verlor durch den Aufprall mehrere Zähne. Eine Fahrradwerkstatt stellte fest, dass aufgrund eines Konstruktionsfehlers das Blockieren der Bremsen bei diesem Modell schon viele Male vorgekommen sei. Der Fahrradhändler Kremer lehnt alle Forderungen mit der Begründung ab, dass die Gewährleistungsfrist bereits abgelaufen sei und ihn keine Schuld am Konstruktionsfehler treffe. Er habe lediglich das Fahrrad aus Asien importiert und verkauft. Kann ich eine kostenlose Reparatur, den Eigenanteil an der Zahnarztrechnung von 1200 Euro und Schmerzensgeld verlangen?“

Arbeitsauftrag

- In den oben dargestellten Fällen bitten die Verbraucher um die rechtliche Klärung ihrer Probleme. Bearbeiten Sie bitte diese Fälle.

3.4 Marketing aus Sicht des Verbraucherschutzes bewerten

Sonderangebot oder Lockvogelangebot?

ProdHaftG § 1: Haftung

Wird durch den Fehler eines Produktes jemand getötet, sein Körper oder seine Gesundheit verletzt oder eine Sache beschädigt, so ist der Hersteller des Produktes verpflichtet, dem Geschädigten den daraus entstandenen Schaden zu ersetzen.

Gefährdungshaftung

Der Hersteller haftet für alle Gefahren, die von seinem Produkt ausgehen.

Verstöße gegen UWG

Der Anspruch auf Unterlassung wird in der Praxis von Mitbewerbern und der IHK geltend gemacht.

Ansprüche aus dem Produkthaftungsgesetz (ProdHaftG)

Ein Unternehmen haftet nach dem **Produkthaftungsgesetz** für Schäden, die sein mangelhaftes Produkt beim Verbraucher anrichtet. Wichtig für den Verbraucher ist, dass er die gesetzlichen Regelungen zur Produkthaftung von den Gewährleistungsrechten (→ S. 103 ff.) unterscheidet.
Beispiel: Jemand kauft ein mangelhaft verarbeitetes Fantrikot. Zu allem Übel färbt es auch noch auf andere Kleidungsstücke ab. Geht es dem Kunden darum, sein Geld für das Trikot zurückzubekommen, so hat er alle Rechte eines Käufers (z. B. aus der Gewährleistung). Dagegen regelt die Produkthaftung die Schäden, die ein fehlerhaftes Produkt verursacht. Das sind hier verfärbte Textilien, z.B. eine teure Designerjacke.
Nach dem Gesetz haften:

- Hersteller mit Sitz EU;
- Quasihersteller, die sich durch Anbringen ihres Namens als Hersteller ausgeben;
- am Vertrieb Beteiligte, z. B. der Importeur, der die Ware in die EU eingeführt hat.

Voraussetzungen für die Haftung

Damit das Produkthaftungsgesetz greift, muss ein Fehler am Produkt vorhanden sein. Ein Fehler liegt vor, wenn das Produkt nicht die Sicherheit bietet, die üblicherweise erwartet werden kann. Allenfalls ein unvernünftiger Missbrauch schließt die Haftung des Herstellers aus (z. B. Nichtbeachtung der Gebrauchsanweisung, eigene unsachgemäße Reparatur).
Gehaftet wird für Konstruktionsfehler, Fabrikationsfehler und Instruktionsfehler (mangelhafte Bedienungsanleitung).
Ein Verschulden des Herstellers ist nicht erforderlich. Es genügt, wenn durch die Produkte ein Schaden verursacht worden ist: Man spricht von **Gefährdungshaftung**.

Umfang der Haftung

Gehaftet wird für Personenschäden und Sachschäden. Bei Personenschäden muss der Händler den entstandenen Schaden bis höchstens 85 Mio. Euro ersetzen. Sachschäden werden ersetzt, sofern sie den Betrag von 500 Euro überschreiten. Sachschäden bis zu dieser Höhe muss der Geschädigte selbst tragen.
Alle Ansprüche aus der Produkthaftung verjähren drei Jahre ab Kenntnis des Mangels und maximal zehn Jahre, nachdem der Gegenstand verkauft wurde.

Gesetz gegen den unlauteren Wettbewerb (UWG)

Kaufleute sollen nach fairen Regeln um Kunden werben. Das **UWG** verbietet es den Marktteilnehmern,

- mit ihren Handlungen gegen die guten Sitten zu verstoßen oder
- irreführende Angaben zu machen.

Als **Verstoß gegen die guten Sitten** gelten insbesondere

- anreißerische (aufdringliche, belästigende) Werbung, z. B. unaufgeforderte Telefonanrufe bei Privatleuten, das Ansprechen von Personen auf offener Straße;
- vergleichende Werbung, wenn die Aussagen nicht nachprüfbar sind oder wenn es zu einer Verunglimpfung oder Herabsetzung fremder Waren, Dienstleistungen oder Mitbewerber kommt. Direkte Werbevergleiche mit Konkurrenten sind jedoch erlaubt;

Recherche
xg338g
Gesetze, Verbraucherschutzverbände

- Gewinnspiele/Preisausschreiben/Verlosungen mit Kaufzwang, z. B. wenn die Aushändigung von Teilnahmekarten an einem Preisausschreiben vom Kauf einer Ware abhängig gemacht wird.

Von einer **Irreführung des Verbrauchers** spricht das UWG
- bei falschen Angaben über Beschaffenheit und Qualität von Waren;
- bei Lockvogelangeboten: Sonderangebotswerbung, ohne dass Artikel in ausreichender Menge zur Verfügung stehen;
- wenn Produkte in der Werbung mengenmäßig beschränkt werden („Abgabe nur in Haushaltsmengen", „Kein Verkauf an Wiederverkäufer"). Davon ausgenommen ist der Verkauf von Sonderangeboten.

Wie lange Sonderangebote aus der Werbung vorrätig gehalten werden müssen, hängt von der Ware und von vergleichbaren Aktionen aus der Vergangenheit ab. Sonderangebote sind naturgemäß nur in begrenzter Stückzahl vorhanden. Der Kaufmann darf daher die Menge und den Zeitraum des Angebots begrenzen.

Die Preisangabenverordnung (PAngV)

Wer erwerbs- oder geschäftsmäßig Verbrauchern Waren oder Dienstleistungen anbietet, muss diese mit Preisen auszeichnen. Dabei gelten nach der PAngV folgende Vorschriften:
- Die Preise sind einschließlich der Mehrwertsteuer und sonstiger Bestandteile anzugeben. Dazu zählt z. B. der Preis für Bedienung in Gaststätten.
- Für angebotene Dienstleistungen (z. B. Friseur, Gaststätten) muss ein Preisverzeichnis erstellt und ausgehängt werden.
- Der Preis für unverpackte Ware, die noch ausgewogen wird, muss in 1000 g oder 100 g angegeben sein. Energieversorger (für Strom, Gas, Wasser ...) haben den Preis für eine Mengeneinheit, z. B. Kilowattstunde, anzugeben.
- Bei der Auszeichnung der Preise müssen die Grundsätze der **Preisklarheit** und **Preiswahrheit** beachtet werden. Die Preise müssen dem Angebot oder der Werbung eindeutig zugeordnet werden können, leicht erkennbar und deutlich lesbar sein. So sind an Tankstellen die Kraftstoffpreise so auszuzeichnen, dass der auf der Straße heranfahrende Kraftfahrer die Preise lesen kann.
- Für Kredite ist der „effektive Jahreszins" anzugeben (→ S. 266).

Widerrufsrecht bei Haustürgeschäften

Der Käufer kann **innerhalb von 14 Tagen schriftlich widerrufen**, wenn der Abschluss des Vertrages
- am Arbeitsplatz oder in der Privatwohnung,
- durch überraschendes Ansprechen auf der Straße oder in Verkehrsmitteln,
- auf einer vom Verkäufer organisierten Veranstaltung („Kaffeefahrt") zustande kam.

Die **Frist** von zwei Wochen verlängert sich auf einen Monat, wenn die Belehrung erst nach Vertragsabschluss erfolgte. Wenn der Verbraucher nicht ordnungsgemäß belehrt wird, erlischt das Widerrufsrecht spätestens nach 1 Jahr und 14 Tagen.
Ein Recht auf Widerruf besteht nicht, wenn
- die Kaufverhandlung auf Wunsch des Käufers geführt wurde, er also den Berater bestellt hat;
- sofort geliefert und gezahlt wird und der Kaufpreis 40 Euro nicht übersteigt.

In Raten zahlen

Bei **Teilzahlungsgeschäften** wird der Kaufpreis in Raten beglichen. Der Vertrag zwischen Unternehmer und Verbraucher muss schriftlich abgeschlossen werden und folgende Angaben enthalten:
- den Barzahlungspreis;
- den Teilzahlungspreis (Gesamtbetrag von Anzahlungen und allen vom Verbraucher zu zahlenden Teilbeträgen, einschließlich Zinsen und sonstiger Kosten);
- Betrag, Anzahl und Fälligkeit der einzelnen Teilzahlungen;
- den effektiven Jahreszins;

Widerrufsrecht
§ 312 b–g BGB

Widerrufsfristen
§355 BGB

Teilzahlungsgeschäfte
§§ 501 ff. BGB

E-Commerce
elektronischer Handel/Handelsverkehr

- die Belehrung, dass der Verbraucher innerhalb von 14 Tagen schriftlich ohne Angabe von Gründen oder durch Rücksendung der Sache den Vertrag widerrufen kann.

Die angegebenen Vorschriften gelten nur, wenn die Summe der zu leistenden Teilzahlungen über 200 Euro liegt.
Das Widerrufsrecht gilt ebenfalls beim:
- **Verbraucherdarlehensvertrag,**
- **Ratenlieferungsvertrag.**

Zu den Ratenlieferverträgen zwischen Unternehmen und Verbrauchern gehören
- regelmäßige Lieferungen von Sachen gleicher Art, z. B.: Zeitschriftenabonnements;
- die Verpflichtung des Verbrauchers, in regelmäßigen Abständen immer wieder Sachen zu kaufen oder zu beziehen (*Beispiel:* Mitgliedschaft im Bücherklub).

Fernabsatzverträge und elektronischer Geschäftsverkehr

Der § 312 BGB gilt für Verträge, die unter ausschließlicher Verwendung von Fernkommunikationsmitteln abgeschlossen werden, d. h. durch Briefe, Kataloge, Telefonanrufe, Fax, E-Mails sowie Rundfunk, Tele- und Mediendienste.
Dieses Gesetz gilt aber nicht für:
- die Lieferung von Speisen und Getränken, z. B. Pizzaservice;
- Bank-, Wertpapier- und Versicherungsgeschäfte.

Einige Besonderheiten sind im **E-Commerce** zu beachten. Danach hat der Unternehmer dem Verbraucher die Möglichkeit zu verschaffen, die Vertragsbestimmungen einschließlich der Allgemeinen Geschäftsbedingungen (AGB) abzurufen und auf seinem PC zu speichern.
Zudem hat jedes Unternehmen eine **Informationspflicht**, d. h., es muss dem Käufer folgende Daten angeben:
- Anschrift des Unternehmens;
- wesentliche Eigenschaften der Ware oder Dienstleistung;
- Preise der Waren und Dienstleistung einschließlich aller Steuern und sonstigen Preisbestandteile;
- zusätzlich anfallende Versandkosten;
- Gewährleistungs- und Garantiebedingungen;
- Bestehen eines Widerrufs- oder Rückgaberechts.

Das Widerrufsrecht besteht nicht bei ersteigerten Gegenständen, entsiegelten Audio- und Videoaufzeichnungen und Software, Spezialanfertigungen und Waren, die für eine Rücksendung ungeeignet sind (z. B. schnell verderbende Ware).
Auch bei Geschäften über Tele- und Mediendienste muss der **Widerruf** schriftlich innerhalb von 14 Tagen erfolgen. Gründe müssen dafür nicht angegeben werden.
Wenn sich der Unternehmer zum Abschluss des Vertrags eines Tele- oder Mediendienstes (Internet) bedient, hat er dem Kunden gegenüber bestimmte Pflichten. Er muss
- technische Mittel zur Verfügung stellen, mit deren Hilfe der Kunde Eingabefehler vor Abgabe einer Bestellung erkennen und berichtigen kann,
- den Zugang der Bestellung unverzüglich auf elektronischem Weg bestätigen,
- bestimmte Informationen mitteilen und dem Kunden die Möglichkeit geben, Vertragsbestimmungen abzurufen und zu speichern.

Falls der Unternehmer eine dieser Pflichten verletzt, kann der Käufer schriftlich innerhalb von sechs Monaten vom Vertrag zurücktreten.

Zusammenfassung: Verbraucherschutzbestimmungen

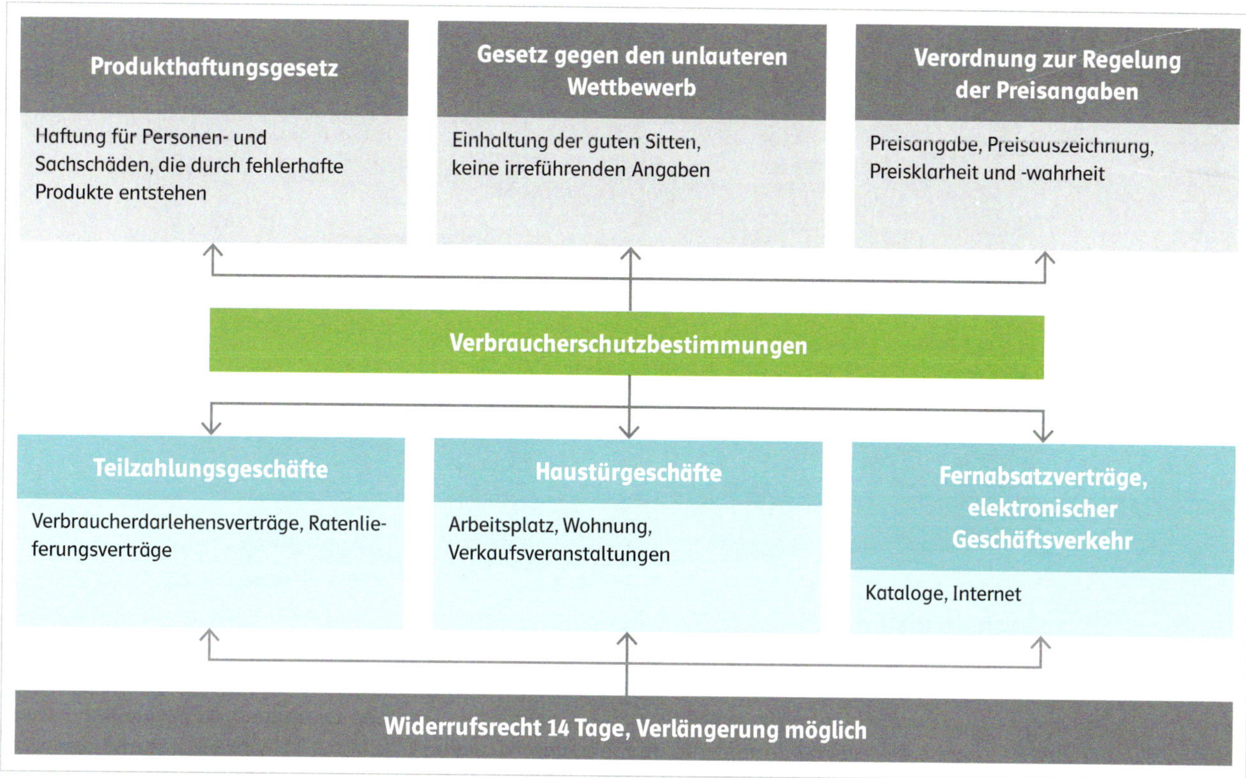

Übungsaufgaben

1. Bearbeiten Sie die folgenden Fälle:
   a) Herr Buchholtz hat aufgrund einer Anzeige des Getränkehandels Scholz dort für seine Gartenparty Bier bestellt. Als er später die Rechnung erhält, stellt er fest, dass er mehr bezahlen soll, weil zu den Preisen in der Anzeige noch die Umsatzsteuer (USt) hinzugerechnet wurde. Auf Anfrage erhält Herr Buchholtz vom Getränkehandel die Auskunft, er hätte wegen des günstigen Preises erkennen müssen, dass es sich um Nettopreise handle und die Umsatzsteuer noch dazukomme. Herr Buchholtz möchte wissen, ob er den höheren Rechnungsbetrag bezahlen muss.
   b) Herr Bähron hat den Vertreter des Möbelherstellers Pieron zu sich nach Hause eingeladen, um sich wegen einer neuen Wohnzimmereinrichtung beraten zu lassen. Am Ende schließt er einen Kaufvertrag ab. Darin ist vereinbart, dass er 30 Tage nach der Lieferung 15 000 Euro zahlen muss. Am nächsten Tag kommen Herrn Bähron Bedenken, ob er der künftigen Zahlungsverpflichtung nachkommen kann. Er möchte vom Vertrag zurücktreten.
   Prüfen Sie, ob das möglich ist.

2. Nennen Sie die Widerrufsfristen bei Haustür- und Teilzahlungsgeschäften.

3. Erläutern Sie, welche Absichten das Produkthaftungsgesetz verfolgt.

4. Das UWG verbietet es den Marktteilnehmern,
   a) mit ihren Handlungen gegen die guten Sitten zu verstoßen und
   b) irreführende Angaben zu machen.
   Erläutern Sie die beiden Punkte.

5. Nennen Sie den Unterschied zwischen Verbraucherdarlehensvertrag und Ratenlieferungsvertrag.

Aufwendungen und Erträge – Kosten und Leistungen

Lernsituation

Das Taxiunternehmen Hüls kauft am Anfang des Jahres beim Autohaus Scholz ein neues Taxi. Der Rechnungsbetrag in Höhe von 40 000 Euro wird am 15.01. per Banküberweisung bezahlt. Die jährliche Versicherungsgebühr und die Jahressteuern in Höhe von 4 000 Euro werden am 15.02. überwiesen. Jeweils am Ende des Monats überweist Martin Hüls den Lohn für die Aushilfsfahrer in Höhe von 2 000 Euro. Ebenfalls am Ende des Monats bucht die Tankstelle von seinem Konto den Rechnungsbetrag für den Diesel ab.
Die Nutzungsdauer des Taxis wird mit vier Jahren berechnet, die Kilometerleistung pro Jahr mit 96 000 km (monatlich gleichmäßig mit 8 000 km), der Kraftstoffverbrauch mit 8 l/100 km und der Dieselpreis pro Liter mit 1,40 Euro.

Arbeitsauftrag

- Erstellen Sie eine Übersicht über die monatlichen Ausgaben des ersten Jahres und ermitteln Sie die Kosten des ersten Jahres und eines gefahrenen Kilometers.

Ausgaben	Januar	Februar	März	...	...
gesamt					

Recherche
k7m4fv
Liquiditätsplanung, Ergebnisrechnung

Aufwendungen – Erträge

Unternehmen erbringen Dienstleistungen oder produzieren Güter, um bestimmte Unternehmensziele zu erreichen (z. B. hoher Umsatz, hoher Gewinn). Den dabei verursachten Verbrauch von Gütern und Dienstleistungen bezeichnet man als Aufwendungen.
Beispiel: In einer Werkzeugbaufirma sind u. a. Aufwendungen entstanden für: Materialverbrauch, Löhne, Reparaturen, Werbung, Spenden, Verluste aus dem Verkauf einer alten Maschine und Abschreibungen.
Unter Abschreibung versteht man den Wertverlust eines Anlagegegenstandes innerhalb eines bestimmten Zeitraums.
Beispiel: Der Anschaffungswert einer Maschine betrug 100 000 Euro. Die Nutzungsdauer beträgt fünf Jahre. Der Wertverlust (Abschreibungskosten) beläuft sich somit im Jahr auf 20 000 Euro (100 000 : 5).

Erträge – **Aufwendungen**
↓
Gewinn/Verlust
(Ergebnisrechnung)

Den Aufwendungen stehen die **Erträge**, z. B. Umsatzerlöse oder Mieteinnahmen, gegenüber. Aus der Differenz errechnet sich der **Gewinn bzw. Verlust** (**Ergebnisrechnung**).

Kosten – Leistungen – Betriebsergebnis

Aufwendungen
↓ ↓
Kosten + neutrale Aufwendungen

Den Teil der Aufwendungen, der im direkten Zusammenhang mit dem unternehmerischen Ziel steht, nennt man **Kosten**. Den anderen Teil bezeichnet man als neutrale Aufwendungen.
Beispiel: Löhne, Materialverbrauch, Reparaturen und Abschreibungen sind in der Werkzeugbaufirma unbedingt zur Erreichung des normalen

Lineare Abschreibung

Wird der Wertverlust des Anlagegutes gleichmäßig auf die Nutzungsdauer verteilt, spricht man von linearer Abschreibung.

Arten von Kosten

Kosten lassen sich unterteilen in:
- *fixe und variable Kosten*
- *Einzel- und Gemeinkosten*

Gewinn

Gewinn ergibt sich als Saldo aus Aufwand und Ertrag.

Gewinn/Verlust (vereinfachte Ergebnisrechnung)

Aufwand		Ertrag	
Materialverbrauch	3 000 €	Erlöse	12 100 €
Löhne	4 000 €	Mieteinnahmen	700 €
Reparaturen	1 000 €		
Werbung	500 €		
Zinsen	800 €		
Spenden	200 €		
Verlust aus dem Verkauf einer Maschine	600 €		
Abschreibungen	2 000 €		
Gewinn	**700 €**		
	12 800 €		12 800 €

Kostenkontrolle

Der Soll-Ist-Vergleich gehört zu den Aufgaben des Controllings.

Betriebszwecks (Herstellung von Werkzeugen) erforderlich und sind somit Kosten. Spenden oder Verluste aus dem Verkauf der Maschine stehen nicht in direktem Zusammenhang mit dem Betriebszweck (neutrale Aufwendungen). Die betriebsbedingten Erträge bezeichnet man als **Leistungen** (Umsatzerlöse aus dem Verkauf der Möbel). Mieteinnahmen stehen nicht im Zusammenhang mit dem betrieblichen Zweck (= sonstige Erträge).

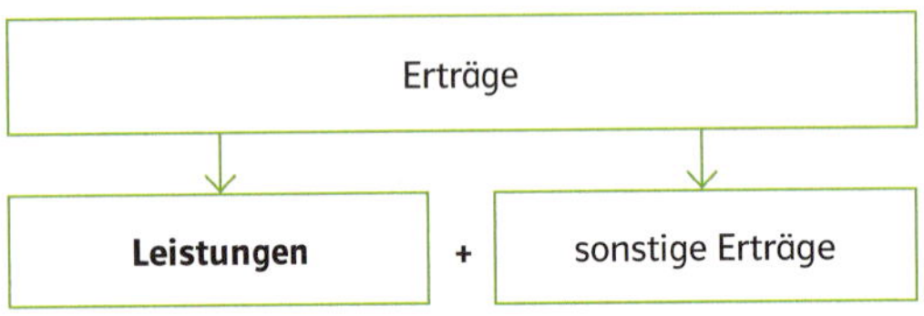

Aus der Gegenüberstellung der Kosten und Leistungen ergibt sich das **Betriebsergebnis** (**Betriebsergebnisrechnung**):

Aufgaben der Kostenrechnung

Hohe Umsätze und damit vielleicht auch hohe Gewinne lassen sich nur erzielen, wenn im Vergleich zur Konkurrenz kostengünstig produziert wird. Dabei kommt der Kostenrechnung eine besondere Bedeutung zu. Zu den wesentlichen Aufgaben gehören:

- **Kalkulation des Verkaufspreises:** Sie soll gewährleisten, dass die Kosten gedeckt werden.
- **Kostenvergleich:** Durch Vergleich mit den Branchendurchschnittswerten lässt sich die Wirtschaftlichkeit eigener Abteilungen in bestimmten Zeiträumen messen. Das Ergebnis bildet somit eine Grundlage für zukünftige Entscheidungen.
  Beispiel: Inwieweit z. B. die eigenen Personalkosten mit denen der Konkurrenten vergleichbar sind, lässt sich ermitteln, indem man diese Kosten ins Verhältnis zu den Gesamtkosten oder den Umsatzerlösen setzt.
- **Kostenkontrolle:** Dabei werden die tatsächlich entstandenen Kosten (Ist-Kosten) den geplanten Kosten (Soll-Kosten) gegenübergestellt. Damit lassen sich Abweichungen feststellen, die anschließend auf ihre Ursachen hin untersucht werden.

Arten der Kostenrechnung

Die Ergebnisse der Kostenrechnung sind Grundlage für unternehmerische Entscheidungen. Mögliche Fragen sind: Wie viel darf für Material ausgegeben werden? Wie kann ich meinen Preis senken? Sollen die Waren von uns oder von einer Spedition zum Kunden transportiert werden? Die unterschiedliche Betrachtungsweise von Kosten findet sich in den folgenden Kostenrechnungsarten:

- **Vollkostenrechnung**: Unterteilung der Kosten in Einzel- und Gemeinkosten (→ S. 151 ff.);
- **Deckungsbeitragsrechnung**: Unterteilung der Kosten in fixe und variable Kosten (→ S. 160 ff.);
- **Zielkostenrechnung**: Der Preis eines Auftrages/Produktes wird in vielen Fällen vom Markt bzw. den Kunden vorgegeben. Bei der Zielkostenrechnung wird festgelegt, wo und in welcher Höhe Kosten anfallen dürfen;
- **Prozesskostenrechnung:** Arbeitsgänge/Prozesse, z. B. das Lagern von Waren, werden kostenmäßig erfasst. Anhand dieser Zahlen lassen sich unternehmerische Entscheidungen treffen, z. B. das Ausgliedern von Tätigkeiten (→ S. 63 ff.).

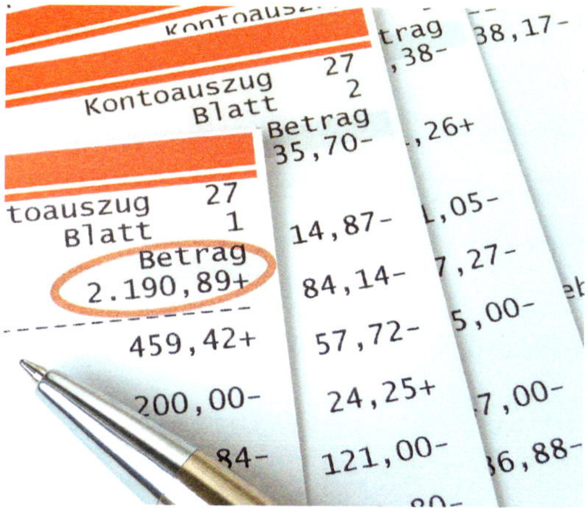

Handelskalkulation

Groß- und Einzelhändler haben häufig ein sehr umfangreiches Warensortiment. Es ist daher nicht möglich, für jeden einzelnen Artikel die Selbstkosten genau zu kalkulieren. Mithilfe von Zuschlagssätzen werden alle anderen Kosten (für Personal, Miete, Werbung usw.) auf die Bezugskosten aufgeschlagen.

Beispiel:

Bezugspreis	30 €
+ Handlungskosten (60 %)	18 €
= Selbstkosten	48 €

Ausgaben – Einnahmen

Die Begriffe **Ausgaben** und **Einnahmen** stehen im Zusammenhang mit einem Zahlungsvorgang. Geld wird der Kasse entnommen/zugeführt oder Zahlungseingänge werden dem Konto gutgeschrieben, Überweisungen belasten das Konto.
Beispiele: Wir zahlen eine Lieferrechnung durch Banküberweisung. Ein Kunde zahlt bar.
Einen Überblick über die voraussichtlichen Ein- und Ausgaben können private Haushalte mithilfe eines Haushaltsplans (→ S. 275 ff.) erhalten. Unternehmen erstellen zu diesem Zweck einen sogenannten **Liquiditätsplan**. Ausreichende Liquidität bedeutet, dass man jederzeit in der Lage ist, seinen Zahlungsverpflichtungen nachzukommen.

Liquiditätsplan in € (verkürzt)				
Bestand an liquiden Mitteln (zu Beginn jeden Monats)	**1. Monat**	**2. Monat**	**3. Monat**	…
Kasse	550	720	680	
Bank	32 800	34 370	33 670	
Überschuss Vormonat	33 350	35 090	34 350	
Einzahlungen aus				
Forderungen	15 200	12 800	16 200	
Barverkäufen	10 800	9 500	7 200	
Sonstige Einzahlungen	1 700	1 800	1 900	
Summe	27 700	24 100	25 300	
Auszahlungen für				
Material/Waren	12 400	11 500	12 100	
Bareinkäufe	780	860	620	
Lohn/Gehalt	5 080	5 080	5 280	
Miete/Nebenkosten	3 400	3 400	3 400	
Privatentnahmen	2 500	2 600	2 000	
Übrige Ausgaben	1 800	1 400	1 900	
Summe	25 960	24 840	25 300	
Überschuss/Fehlbetrag	+35 090	+34 350	+34 350	

Zusammenfassung: Aufwendungen und Erträge – Kosten und Leistungen

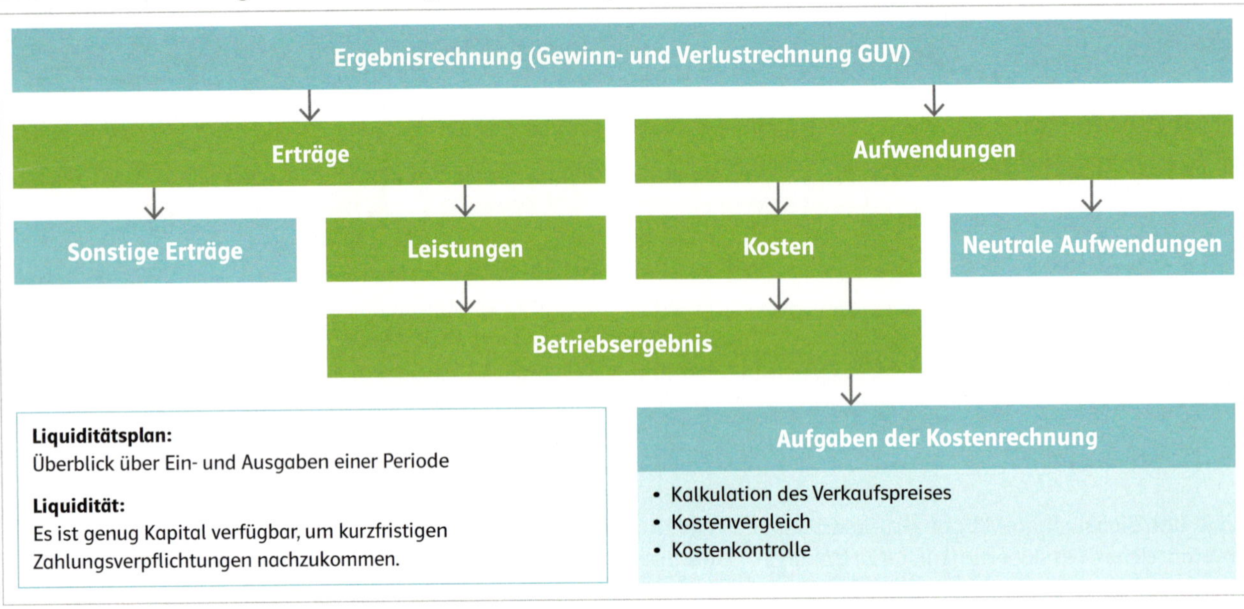

Übungsaufgaben

○ 1. Handelt es sich bei den folgenden Geschäftsfällen um Aufwendungen, Kosten oder Ausgaben?
   a) Rohmaterialien werden gegen Barzahlung eingekauft und gelagert.
   b) Rohmaterialien werden für die Produktion vom Lager entnommen.
   c) Banküberweisung der Löhne.
   d) Spende an eine mildtätige Organisation.
   e) Verlust aus Maschinenverkauf.
   f) Eine Maschine wird abgeschrieben.
   g) Die Bank bucht vom Geschäftskonto Zinsen und Tilgung für einen Kredit.

◒ 2. Ein Bauunternehmer kauft im Januar einen Pkw, der ausschließlich für betriebliche Zwecke genutzt wird. Der Rechnungsbetrag in Höhe von 38 000 Euro wird noch im gleichen Monat überwiesen. Die Nutzungsdauer wird mit fünf Jahren angesetzt.
   Berechnen Sie die Ausgaben und Kosten im Anschaffungsjahr.

○ 3. Unterscheiden Sie zwischen:
   a) Erträgen und Leistungen
   b) Ergebnisrechnung und Betriebsergebnisrechnung

◒ 4. In einem Unternehmen wurden folgende Zahlen ermittelt:

Aufwendungen:	1 250 000 €
Kosten:	1 100 000 €
Erträge:	1 500 000 €
Umsatzerlöse:	1 200 000 €

   Berechnen Sie
   a) den Gewinn oder Verlust
   b) das Betriebsergebnis

Einzel- und Gemeinkosten

Lernsituation

Ein Möbelschreiner hat im Juni eine Anfrage über zehn Tische erhalten. Dem Kunden soll ein schriftliches Angebot gemacht werden. Dazu liegen bereits folgende Zahlenangaben vor:

Einzelkosten pro Tisch	
Fertigungsmaterial	21,00 €
Fertigungslöhne/Std.	24,00 €
Fertigungszeit pro Tisch:	90 Min.

Kosten des Vormonats Mai	
Fertigungsmaterial (Einzelkosten)	100 000 €
Materialgemeinkosten	25 000 €
Fertigungslöhne (Einzelkosten)	80 000 €
Fertigungsgemeinkosten	120 000 €
Verwaltungsgemeinkosten	32 500 €
Vertriebsgemeinkosten	48 750 €
Gewinn:	8 %
Mehrwertsteuer:	19 %

Arbeitsauftrag

- Ermitteln Sie anhand der angegebenen Daten den Angebotspreis für zehn Tische. Ermitteln Sie zunächst die Gemeinkostenzuschlagssätze und führen Sie anschließend eine Zuschlagskalkulation durch.

Aufbau der Vollkostenrechnung

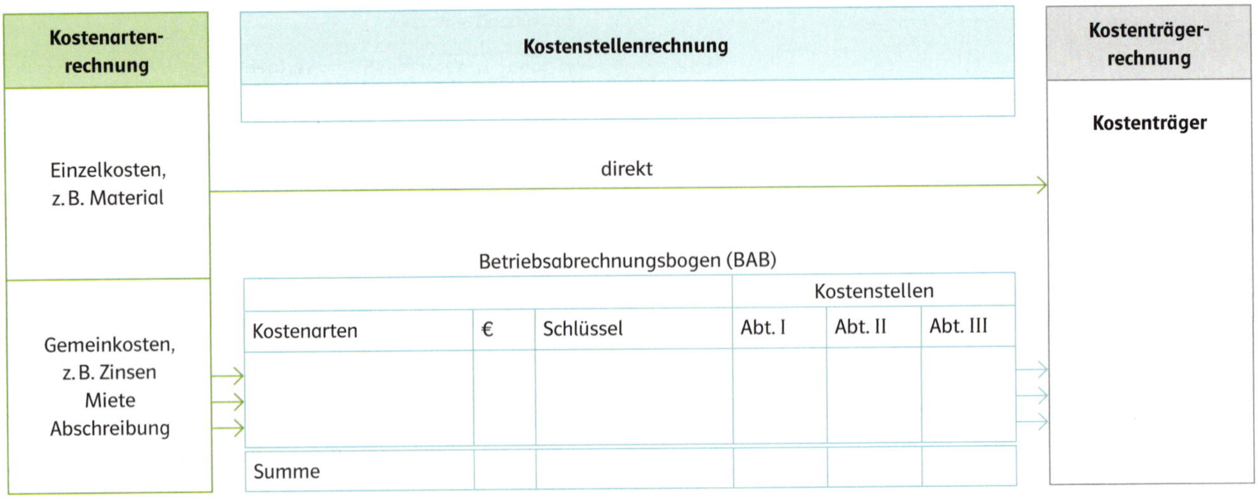

Abschreibung

Wertverlust eines Anlagegutes innerhalb eines bestimmten Zeitraums

Die Kalkulation eines Produktes oder eines Auftrages lässt sich anhand der Vollkostenrechnung durchführen. Sie lässt sich in drei Bereiche unterteilen: die Kostenarten-, die Kostenstellen- und die Kostenträgerrechnung.

Kostenartenrechnung: **Welche** Kosten sind entstanden?
Aufgabe der Kostenartenrechnung ist die Erfassung aller Kosten nach ihrer Art. Dabei wird in Einzel- und Gemeinkosten unterschieden.

- **Einzelkosten** können einer betrieblichen Leistung (Ware/Produkt/Auftrag/Dienstleistung) direkt zugeordnet werden. Dazu zählen die Materialkosten und der Fertigungslohn aufgrund von Aufzeichnungen (Materialentnahmescheine oder Zeiterfassung).
- **Gemeinkosten** fallen dagegen für das gesamte Unternehmen an und können deshalb nicht einzelnen Produkten, Aufträgen usw. zugeordnet werden. Zu den Gemeinkosten zählen u. a. Miete, Werbung, **Abschreibung**.

Kostenstellenrechnung: **Wo** sind die Kosten entstanden?
Die Kostenstellenrechnung fragt, wo oder an welchem Ort die Kosten entstanden sind. Die Kostenstellen decken sich häufig mit den Abteilungen im Betrieb (z. B. Modellschreinerei, Gießerei, CNC-Arbeitsplatz, Personalabteilung, Damensalon, Herrensalon). Grundlage dieser Verteilung ist die Verantwortung für einen bestimmten Bereich. Man spricht hier von Verantwortungsbereichen. Der Betrieb lässt sich auch in Kostenbereiche gliedern, die sich aus den Funktionen (Funktionsbereichen) eines Betriebes ergeben. Dabei handelt es sich um die Bereiche:

- Material,
- Fertigung,
- Verwaltung,
- Vertrieb.

Recherche
3k593j
Vollkostenrechnung

Vereinfachter Betriebsabrechnungsbogen: Monat Mai						
Gemeinkosten	**€**	**Schlüssel**	**Kostenstellen in Euro**			
			Material	Fertigung	Verwaltung	Vertrieb
Personal	70 000	Gehaltsliste	14 000	35 000	14 000	7 000
Abschreibung	30 000	Anlagewert	5 000	15 000	5 000	5 000
Miete	10 000	Fläche	1 500	5 000	3 000	500
Fahrzeugkosten	15 000	gefahrene km	2 000	1 000	3 000	9 000
Zinsen	8 000	1:7:1:1	800	5 600	800	800
Versch. Kosten	9 800	Belege	1 000	3 800	3 000	2 000
Summe der Gemeinkosten	142 800		24 300	65 400	28 800	24 300
Zuschlags-grundlagen			**Fertigung: Material 132 000**	**Fertigung: Löhne 43 600**	**Herstellkosten 265 300**	
Zuschlagssätze			**MGKZ 18,41 %**	**FGKZ 150 %**	**VwGKZ 10,86 %**	**VtrGKZ 9,16 %**

Berechnung der Herstellkosten

Fertigungsmaterial 132 000
+ Materialgemeink. 24 300
+ Fertigungslöhne 43 600
+ Fertigungsgemeink. 65 400
= Herstellkosten 265 300

Die Verteilung der Kosten auf die Kostenstellen kann
- direkt aufgrund von Belegen vorgenommen werden, z. B. Personalkosten anhand der Lohn- und Gehaltsliste, oder
- nach einem festgelegten Schlüssel erfolgen, z. B. Miete anhand der genutzten Fläche.

Der Betriebsabrechnungsbogen

Die Verteilung der Gemeinkosten wird in tabellarischer Form im **Betriebsabrechnungsbogen** (**BAB**) durchgeführt. In der Industrie und im Handwerk ist die Kostenstellenbildung in der Regel am Prozess der Leistungserstellung (nach Funktionsbereichen) ausgerichtet (Kostenstellen: Material, Fertigung, Verwaltung, Vertrieb).

Einzelkosten werden direkt dem Kostenträger (Produkt/Ware/Auftrag) zugeordnet.

Die Selbstkosten eines Auftrags/Produktes setzen sich aus den Einzelkosten und den anteiligen Gemeinkosten zusammen. In welcher Höhe die Gemeinkosten berücksichtigt werden müssen, ergibt sich aus den Gemeinkostenzuschlagssätzen. Bei der Ermittlung der **Zuschlagssätze** wird das Verhältnis der Einzelkosten zu den Gemeinkosten der vergangenen Abrechnungsperioden (hier Monat Mai) zugrunde gelegt. Da bei den Kostenstellen Verwaltung und Vertrieb fast keine Einzelkosten anfallen, nimmt man als Zuschlagsgrundlage die **Herstellkosten**.
Formeln zur Berechnung der Gemeinkostenzuschlagssätze:

Materialgemeinkostenzuschlag (MGKZ)	Fertigungsgemeinkostenzuschlag (FGKZ)
$= \frac{\text{Materialgemeinkosten} \times 100}{\text{Fertigungsmaterial}}$ $\frac{24\,300 \times 100}{132\,000} = 18{,}41\,\%$	$= \frac{\text{Fertigungsgemeinkosten} \times 100}{\text{Fertigungslöhne}}$ $\frac{65\,400 \times 100}{43\,600} = 150\,\%$
Verwaltungsgemeinkostenzuschlag (VwGKZ)	**Vertriebsgemeinkostenzuschlag (VtrGKZ)**
$= \frac{\text{Verwaltungsgemeinkosten} \times 100}{\text{Herstellkosten}}$ $\frac{28\,800 \times 100}{265\,300} = 10{,}86\,\%$	$= \frac{\text{Vertriebsgemeinkosten} \times 100}{\text{Herstellkosten}}$ $\frac{24\,300 \times 100}{265\,300} = 9{,}16\,\%$

Kostenträgerrechnung: **Wer** hat die Kosten verursacht?
Aufgabe der Kostenträgerrechnung ist die Kalkulation eines Auftrages oder eines Produktes. Folgende Methoden lassen sich bei der Aufteilung der Kosten nach ihren Verursachern anwenden:

- Bei Unternehmen, die nur ein Produkt herstellen, lassen sich die Stückkosten ermitteln, indem die Gesamtkosten einer Periode durch die Anzahl der in diesem Zeitraum produzierten Güter dividiert werden. Dies bezeichnet man als **Divisionskalkulation**.

Beispiel: Eine Brauerei produziert in einer Woche 8 000 Hektoliter Bier. Die Gesamtkosten belaufen sich auf 220 000 Euro. Die Selbstkosten betragen 27,50 Euro pro Hektoliter Bier.

- Bei Unternehmen, die verschiedene Produkte herstellen, wird die **Zuschlagskalkulation** angewandt. Mithilfe von Zuschlagssätzen werden die anteiligen Gemeinkosten zu den Einzelkosten hinzugerechnet. Das Ergebnis dieser Berechnung sind die **Selbstkosten**. Rechnet man den Gewinn und die Mehrwertsteuer hinzu, erhält man den Bruttoverkaufspreis bzw. Angebotspreis.

Beispiel: Für die Berechnung eines Auftrages liegen folgende Zahlen vor:

Fertigungsmaterial (Materialeinzelkosten):	50 €
Fertigungslöhne (Fertigungseinzelkosten):	100 €
Materialgemeinkosten (z. B. Lagerhaltung):	10 % des Fertigungsmaterials
Fertigungsgemeinkosten (z. B. Energiekosten):	90 % der Fertigungslöhne
Verwaltungsgemeinkosten (Gehälter d. Angestellten):	10 % der Herstellkosten
Vertriebsgemeinkosten (z. B. Verpackung):	5 % der Herstellkosten

Kalkulationsschema		%	€	€
	1. Fertigungsmaterial		50	
+	2. Materialgemeinkosten	10	5	
=	**3. Materialkosten (1 + 2)**			**55,00**
+	4. Fertigungslöhne		100	
+	5. Fertigungsgemeinkosten	90	90	
=	**6. Fertigungskosten (4 + 5)**			**190,00**
=	**7. Herstellkosten (3 + 6)**			**245,00**
+	8. Verwaltungsgemeinkosten	10		24,50
+	9. Vertriebsgemeinkosten	5		12,25
=	**10. Selbstkosten**			**281,75**
+	11. Gewinn	10		28,18
=	**12. Nettoverkaufspreis**			**309,93**
+	Mehrwertsteuer	19		58,89
=	**13. Bruttoverkaufspreis**			**368,82**

Zusammenfassung: Einzel- und Gemeinkosten

Kostenartenrechnung
Welche Kosten sind entstanden?

Kostenstellenrechnung
Wo sind die Kosten entstanden?
BAB: Aufteilung der Kosten

Kostenträgerrechnung
Wer hat die Kosten verursacht?
- Divisionskalkulation
- Zuschlagskalkulation

Vollkostenrechnung

Einzelkosten
können Produkt/Ware/Auftrag
direkt
zugerechnet werden

Gemeinkosten
können Produkt/Ware/Auftrag
nicht direkt
zugerechnet werden

Übungsaufgaben

○ 1. Ordnen Sie die unten genannten Abteilungen den Kostenstellen (Material, Fertigung, Verwaltung, Vertrieb) zu:
Buchhaltung, Lager, Marketingabteilung, Rechtsabteilung, Gießerei, Geschäftsleitung, Reparaturabteilung, CNC-Arbeitsplatz, Arbeitsvorbereitung.

◒ 2. Der Besitzer einer Grube fördert im Monat 6 200 Tonnen Kies. Dabei entstehen folgende Kosten (Angaben in Euro):

Personalkosten:	87 000
Abschreibungen:	34 000
Verwaltungskosten:	25 000
Vertriebskosten:	12 000
Übrige Kosten:	42 000

Berechnen Sie die Selbstkosten für eine Tonne Kies.

● 3. Eine Kundin wünscht von der Firma Homann einen Kostenvoranschlag für eine Küche.
Folgende Zahlen sind bekannt:

Fertigungsmaterial:	1 500 €
Materialgemeinkosten:	10 %
Fertigungslöhne:	2 000 €
Fertigungsgemeinkosten:	150 %
Verwaltungsgemeinkosten:	20 %
Vertriebsgemeinkosten:	5 %
Gewinnzuschlag:	10 %
Umsatzsteuer:	19 %

Ermitteln Sie den Preis für die Küche.

Selbstkosten pro Handwerkerstunde

Lernsituation

Frau Enders: Enders, Kreishandwerkerschaft. Guten Morgen.
Frau Stein: Stein. Guten Morgen. Wer kann mir denn Auskunft über eine Handwerkerrechnung geben?
Frau Enders: Worum geht es denn?
Frau Stein: Also, wir hatten in der letzten Woche einen Rohrbruch. Normalerweise macht mein Mann ja alles selber. Aber der Rohrbruch konnte ja nicht warten, bis mein Mann von der Arbeit kam. Daher rief ich bei dem Installationsbetrieb Haas an, und die schickten mir sofort einen Handwerker, der den Schaden behob. Heute Morgen bekam ich dann die Rechnung:
Für zwei Stunden Arbeit sollen wir 102 Euro bezahlen. Mein Mann bekommt 17 Euro in der Stunde. Da kann doch etwas nicht stimmen!
Frau Enders: Frau Stein, bedenken Sie aber bitte, dass ein Handwerksbetrieb mehr in Rechnung stellen muss, als er an seine Mitarbeiter auszahlt. Dazu gehören auch die Lohnnebenkosten.
Frau Stein: Natürlich zahlt der Arbeitgeber einen Teil der Sozialversicherungsbeiträge. Aber 51 Euro pro Stunde, das ist doch völlig überzogen.
Frau Enders: Viele Kunden sehen nur die Zeit, in der der Handwerker in ihrer Wohnung arbeitet. Der Preis für eine Arbeitsstunde muss aber z. B. auch die Zeit der Arbeitsvorbereitung abdecken.
Frau Stein: So viel kann das doch gar nicht sein.
Frau Enders: Denken Sie auch daran, dass die Mitarbeiter Fahrzeuge und Maschinen benötigen und dass Aufträge im Büro vor- und nachbereitet werden müssen. Ich schicke Ihnen gerne eine Aufstellung zu, aus der hervorgeht, wie viel eine Handwerkerstunde kostet. Dann können Sie sich selber ein Bild machen.
Frau Stein: Das würde mich wirklich einmal interessieren.

Arbeitsauftrag

- Ermitteln Sie die Kosten für die Arbeitsstunde eines Handwerkers im Bereich Gas- und Wasserinstallation.
  Berechnen Sie zunächst die jährliche produktive Arbeitszeit eines Handwerkers allgemein und anschließend die Selbstkosten der Handwerkerstunde in diesem Beispiel. Übernehmen Sie dabei die im Informationstext angegebenen Informationen und die dort vorgestellten Formulare.

Nicht nur die Zeit beim Kunden verursacht Kosten.

Nicht jede Arbeitszeit ist produktiv

Nehmen wir an, dass eine tarifliche Arbeitszeit von 37,5 Stunden pro Woche vereinbart ist. Bei einer Fünf-Tage-Woche ergibt das eine tägliche Arbeitszeit von 7,5 Stunden. Da samstags und sonntags nicht gearbeitet wird, bleiben von den 365 Tagen des Jahres zunächst 261 Tage übrig. Weiterhin sind Zeiten zu berücksichtigen, die zwar bezahlt werden, in denen die Mitarbeiter aber nicht produktiv tätig sind. Durchschnittlich fallen im Jahr elf Feiertage, 30 Urlaubstage und neun Krankheitstage an. Aber auch im Betrieb fallen unproduktive Zeiten an, z. B. für Schulungen. Durchschnittlich sind das 172 Stunden im Jahr.

Erfassung der Kosten

Damit Unternehmen keine Verluste erwirtschaften, müssen alle Kosten über die Erlöse abgedeckt sein. Dazu ist es erforderlich, zunächst einmal alle Kosten zu erfassen.
Neben den reinen Stundenlöhnen gibt es noch andere Kosten, die bei der Kalkulation der Selbstkosten berücksichtigt werden müssen. Dazu zählen **Lohnnebenleistungen** (z. B. Weihnachtsgeld, Urlaubsgeld, vermögenswirksame Leistungen) ebenso wie **Lohnnebenkosten**, vor allem als Arbeitgeberanteil zur Sozialversicherung.

Außerdem muss der Betrieb Kosten tragen, die durch die Nutzung von Maschinen und Fahrzeugen sowie durch den Einsatz von Verwaltungspersonal begründet sind. Das sind die **Gemeinkosten**.

Beispiel: Ein Reparaturauftrag wird im Büro angenommen. Arbeitskräfte werden zur Erledigung des Auftrages eingeteilt. Nähere Anweisungen erteilt der Meister an einen Gesellen und an einen Auszubildenden. Ein Fahrzeug muss für die Fahrt zum Kunden bereitgestellt werden. Beim Kunden stellt sich heraus, dass an einem Werkstück umfangreichere Arbeiten zu erledigen sind, für die eine Spezialmaschine erforderlich ist. Der Geselle fährt zur Werkstatt zurück, bearbeitet das Werkstück und beendet die Arbeiten beim Kunden. Nach der Rückkehr der Mitarbeiter erhält das Büro einen Stundenzettel, der die Grundlage für die Rechnung bildet. Bis zum Zahlungseingang wird der Vorgang durch das Büro überwacht. Materialkosten werden dem Kunden meist gesondert in Rechnung gestellt.

Selbstkosten einer Handwerkerstunde

Mitarbeiter im Handwerk (Meister, Gesellen, Hilfskräfte) erhalten an zahlreichen Tagen im Jahr einen Lohn, obwohl sie nicht arbeiten.

Berechnung der jährlichen produktiven Arbeitszeit Tägliche Arbeitszeit = 7,5 Std. (Wochenarbeitszeit = 37,5 Std.)	
Kalendertage des Jahres	365 Tage
• Samstage	___ Tage
• Sonntage	___ Tage
bezahlte Stunden (Jahresarbeitszeit)	___ Tage × 7,5 = _____ Stunden
abzüglich:	
• Feiertage	___ Tage × 7,5 = _____ Stunden
• Urlaub	___ Tage × 7,5 = _____ Stunden
• Krankheitstage	___ Tage × 7,5 = _____ Stunden
Anwesenheit im Betrieb:	___ Tage × 7,5 = _____ Stunden
abzüglich:	
• unproduktive Arbeitszeit	
• Schulung	
• Arbeitsvorbereitung	= _____ Stunden
produktive Arbeitszeit: (anrechenbare Stunden)	= _____ Stunden

Schema zur Berechnung der Selbstkosten pro Handwerkerstunde			
	Bruttolohn: Jahresarbeitszeit (volle Std.) × Stundenlohn	=	€
+	Lohnnebenleistungen (Urlaubsgeld u. ä.)	=	€
=	Jahresarbeitslohn	=	€
+	Lohnnebenkosten	=	€
=	Jahreslohnkosten	=	€
	Lohnkosten pro produktive Stunde: (Jahreslohnkosten : produktive Arbeitszeit)	=	€
+	Gemeinkostenzuschlag (Maschinen, Verwaltung u. Ä.)	=	€
=	**Selbstkosten pro Handwerkerstunde**	=	**€**

Im Installationsbetrieb Haas liegen folgende Daten vor:

bezahlte Arbeitszeit: Stundenlohn:	1931 Stunden 16,00 €
Lohnnebenleistungen (Urlaubsgeld, Weihnachtsgeld, vermögenswirksame Leistungen) pro Jahr:	rund 2800 €
Lohnnebenkosten (Arbeitgeberanteil zur Sozialversicherung):	ca. 20 % des Jahresarbeitslohnes
produktive Arbeitsstunden:	1389
Gemeinkostenzuschlag (für die Nutzung von Maschinen, Fahrzeugen, Verwaltungsarbeiten)	ca. 75 % der Lohnkosten (Jahr)

Material
ju4a3u
Schema zur Berechnung der Selbstkosten pro Handwerkerstunde

Jahreslohnkosten

Bruttolohn
+ Lohnnebenleistungen
+ Lohnnebenkosten
= Jahreslohnkosten

Daher ergibt sich eine erhebliche Differenz zwischen den Stunden, die der Betrieb seinen Mitarbeitern bezahlen muss, und den Stunden, die Kunden in Rechnung gestellt werden können (produktive Arbeitszeit). Letztlich müssen alle Kosten über die Erlöse wieder an das Unternehmen zurückfließen. Dazu ist es erforderlich, alle Kosten auf die Arbeitszeit umzulegen, die Kunden in Rechnung gestellt werden.
Die Arbeitszeit, die für einen Kundenauftrag aufgewendet werden musste, lässt sich exakt messen und damit jedem einzelnen Auftrag genau zurechnen. Man spricht daher auch von **Einzelkosten**.
Die Nutzung von Maschinen und Fahrzeugen, der planerische und kontrollierende Einsatz eines Meisters sowie die Leistungen der Verwaltung können nur schwer oder mit erheblichem Aufwand exakt erfasst werden. Daher rechnet man diese allgemeinen, d. h. für viele Aufträge anfallenden Kosten in einen Prozentsatz um (Gemeinkostenzuschlag), den man auf die Lohnkosten aufschlägt.

Beispiel zur Berechnung des Gemeinkostenzuschlags:

50 000 € Jahreslohnkosten = 100 %
100 000 € Gemeinkosten = ? %

$$\frac{100 \times 100\,000}{50\,000} = 200\,\%$$

Mit dem Gemeinkostenzuschlag werden die Gemeinkosten über den Stundenlohn an den Kunden weiterberechnet. Die Basis für die Berechnung (100 %) sind die Jahreslohnkosten. Die Gemeinkosten eines Jahres werden zu den Jahreslohnkosten ins Verhältnis gesetzt.
Mit dem errechneten Gemeinkostenzuschlag können die Selbstkosten ermittelt werden. Dabei kann der Gemeinkostenzuschlag auf die Jahreslohnkosten oder auch auf eine Handwerkerstunde bezogen sein.

Kalkulation des Selbstkostenpreises pro Handwerkerstunde:

	Lohnkosten je produktive Std.	16,00 €
+	Gemeinkostenzuschlag (200 %)	32,00 €
=	**Selbstkostenpreis**	48,00 €

Zusammenfassung: Selbstkosten pro Handwerkerstunde

Selbstkosten pro Handwerkerstunde

Jahresarbeitslohn : **Produktive Arbeitszeit** × **Gemeinkostenzuschlag**

Jahresarbeitslohn	:	Produktive Arbeitszeit	×	Gemeinkostenzuschlag
Bruttolohn + Lohnnebenleistungen + Lohnnebenkosten		Bezahlte Arbeitszeit – Feiertage, Urlaubs- und Krankheitstage – Unproduktive Zeiten		• Verhältnis der Gemeinkosten (Maschinen-, Fahrzeug-, Bürokosten usw.) zu Lohnkosten in Prozent

Übungsaufgaben

1. Ein Dachdeckerbetrieb packt alle anfallenden Gemeinkosten in einen einheitlichen Gemeinkostenzuschlag.
   a) Ermitteln Sie den Gemeinkostenzuschlag nach folgenden Angaben:

Jahresbruttolohn insgesamt	100 000 €
Lohnnebenleistungen	34 000 €
Lohnnebenkosten	48 000 €
Gemeinkosten	
• Gehälter	33 000 €
• Aufwendungen für bezogene Leistungen	10 000 €
• Abschreibungen	12 500 €
• Aufwendungen für die Inanspruchnahme von Rechten und Diensten	17 000 €
• Aufwendungen für Kommunikation	4 000 €
• Aufwendungen für Beiträge	2 000 €
• Betriebliche Steuern	4 000 €
• Zinsen	7 500 €

   b) Ermitteln Sie die durchschnittlichen Selbstkosten pro Handwerkerstunde.
   Die produktive Arbeitszeit der Mitarbeiter beträgt im Jahr 9 580 Stunden.

2. Kalkulieren Sie für das Friseurfachgeschäft „Trend-Frisuren Helmer“ den Preis für eine modische Tagesfrisur mit Kopfwäsche und modellierendem Nachschnitt anhand folgender Zahlenangaben:

Arbeitszeit:	55 Min.
Stundenlohn:	8,50 €
Gemeinkostenzuschlagssatz:	165 %
Gewinn:	30 %
Umsatzsteuer:	19 %

3. Eine Bauunternehmung könnte einen Auftrag für den Umbau einer Garage erhalten. Allerdings muss sie auf das günstigste Angebot in Höhe von 15 000 Euro (ohne MwSt) eingehen.
   Prüfen Sie anhand der nachfolgenden Angaben, ob das Unternehmen den Auftrag übernehmen sollte.

Fertigungsmaterial:	4 100 €
Fertigungslöhne:	40 Meisterstunden zu je 15 €
	110 Gesellenstunden zu je 14 €
	110 Stunden Hilfslöhne zu je 14 €
Gemeinkostenzuschlag auf den Lohn:	140 %
Gewinnzuschlag:	mindestens 12 %

Deckungsbeitrag und Preisuntergrenze

Lernsituation

In der Schreinerei Klein. Herr Klein, der Inhaber, im Gespräch mit seiner Tochter:

Herr Klein: Ich habe gerade mit Herrn Schröder gesprochen.
Anja Klein: Haben wir den Auftrag?
Herr Klein: Ja, aber nur dann, wenn wir mit dem Preis um 1500 Euro runtergehen. Er hat sich auch von unseren Konkurrenten ein Angebot eingeholt. Und Schmidt baut ihm die Küche für 1500 Euro weniger.
Anja Klein: Dann soll Schmidt den Auftrag machen. Wir haben doch alles genau durchgerechnet. Auf den Gewinn von 500 Euro könnten wir noch verzichten, aber wenn wir 1000 Euro unter Selbstkosten verkaufen, ist das für uns ein Verlust. Außerdem lassen sich nirgendwo Kosten sparen. Vergessen wir den Auftrag.
Herr Klein: Aber dieser Auftrag hätte gut in die 44. Woche gepasst. Bisher liegt für diesen Zeitraum noch nichts an und daran wird sich wohl auch nichts ändern.
Anja Klein: Das heißt also, für die Woche haben wir keine Einnahmen.
Herr Klein: Dafür aber Kosten. Bei den Lohnkosten ist das kein Problem. Martin und Petra haben ein dickes Plus auf ihren Arbeitszeitkonten. Beide bekommen zwar für die Woche ihren Lohn, können aber zu Hause bleiben, um die zuvor geleistete Mehrarbeit auszugleichen. Miete, Abschreibungen und Zinsen fallen aber an, auch wenn wir nicht fertigen. Angenommen, mit dem Erlös aus der Schröder-Küche könnten wir nicht nur die Kosten decken, die uns durch den Auftrag entstehen, sondern auch noch einen Teil der Fixkosten, dann …
Anja Klein: Du meinst, es lohnt sich doch, über das Angebot von Herrn Schröder nachzudenken? Dann lass' uns die Kalkulation noch mal durchgehen.

Kalkulation Schröder

Material	3000 €
Haushaltsgeräte	3500 €
160 Arbeitsstunden à 34 €	5440 €
Gemeinkosten:	
- Abschreibungen	800 €
- Zinsen	250 €
- Werbung	100 €
- Verwaltung/Büro	900 €
- Leasing/Pkw	400 €
- Versicherungen	200 €
- Reparatur/Wartung	300 €
- Energie	150 €
Selbstkosten	15040 €
Gewinn	500 €
Gesamt (ohne MwSt)	15540 €

Arbeitsauftrag

- Beurteilen Sie, ob es sich für die Schreinerei lohnt, den Auftrag anzunehmen. Herr Schröder ist bereit, für die Küche 14000 Euro (ohne MwSt) zu bezahlen.

Recherche
r7i984
Teilkostenrechnung

Deckungsbeitragsrechnung

Bei der Vollkostenrechnung werden die Kosten in Einzel- und Gemeinkosten aufgeteilt (→ S. 152 ff.). Eine andere Art der Kostenrechnung ist die Aufteilung in fixe und variable Kosten. Man spricht auch von der Deckungsbeitragsrechnung als Teil der Teilkostenrechnung.

Fixe Kosten (feste, zeitabhängige Kosten) entstehen in einem bestimmten Zeitraum (Monat/Jahr) unabhängig davon, wie viele Güter produziert werden. Sie entstehen selbst dann, wenn nicht produziert wurde. Zu den Fixkosten gehören:
Mieten, Leasingraten, Zinsen, Versicherungsprämien, Abschreibungen.

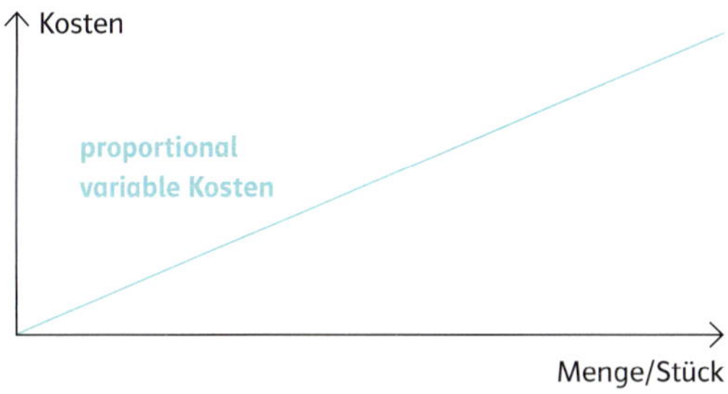

Variable Kosten (veränderbare, leistungsabhängige Kosten) sind abhängig von der Produktionsmenge. Zu den variablen Kosten gehören u. a. Materialverbrauch und Energiekosten. Lohnkosten lassen sich dann den variablen Kosten zurechnen, wenn der Lohn nur für geleistete Arbeit gezahlt wird. Dies gilt z. B. für die Beschäftigung von Leiharbeitern. Unternehmen mit fest angestellten Arbeitnehmern können Lohnkosten als variabel ansehen, wenn sie Arbeitszeitkonten einsetzen. Bei guter Auftragslage arbeitet der Mitarbeiter länger als die normal vereinbarte Arbeitszeit und bekommt diese Stunden auf dem Arbeitszeitkonto gutgeschrieben. Bei schlechter Auftragslage erhält er diese Mehrarbeit in Form von Freizeitausgleich zurück.

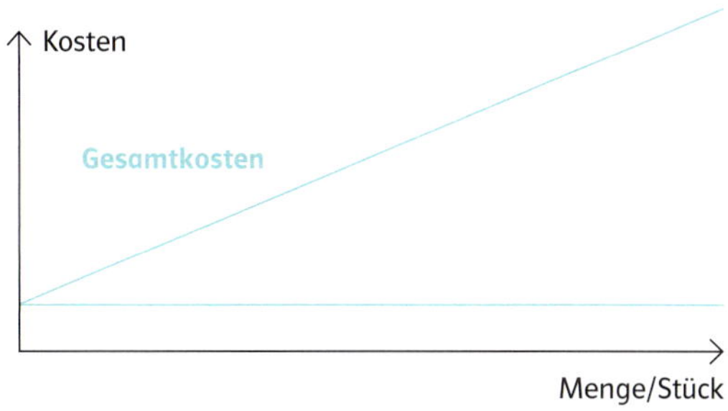

Zählt man die fixen Kosten und die variablen Kosten zusammen, erhält man die **Gesamtkosten**.
Wenn sich die variablen Kosten im gleichen Ausmaß oder Umfang wie die Produktionsmenge ändern, spricht man von proportional variablen Kosten. Die Veränderung der variablen Kosten kann auch progressiv sein (dann steigen die Kosten stärker, z. B. weil die Maschinen durch die Überbelastung extrem verschleißen) oder die Kosten verändern sich degressiv (sie steigen weniger, z. B. weil es Mengenrabatte beim Einkauf gibt).

Die absolute Preisuntergrenze

Die Kosten eines Produktes (Stückkosten) setzen sich somit zusammen aus den variablen Kosten pro Stück (gleicher Betrag) und den anteiligen Fixkosten (Gesamtfixkosten, verteilt auf die Fertigungsmenge). Damit ein Unternehmen am Markt besteht, muss der Verkaufspreis langfristig die Stückkosten decken. Lässt sich dieser Preis kurzfristig aufgrund geringer Nachfrage und verstärkter Konkurrenz nicht erzielen, so kann es durchaus Sinn machen, seine Leistung unter den Stückkosten anzubieten.
Verluste entstehen nämlich auch dann, wenn nicht produziert und keine Einnahmen erzielt werden. Es fallen zwar keine variablen Kosten an, aber die fixen Kosten bleiben. Liegt der Verkaufspreis über den variablen Kosten, kann ein Teil der Fixkosten gedeckt und somit der Verlust gemindert werden. Die variablen Kosten bilden jedoch die Preisuntergrenze. Es lohnt sich also nicht, einen Auftrag anzunehmen,

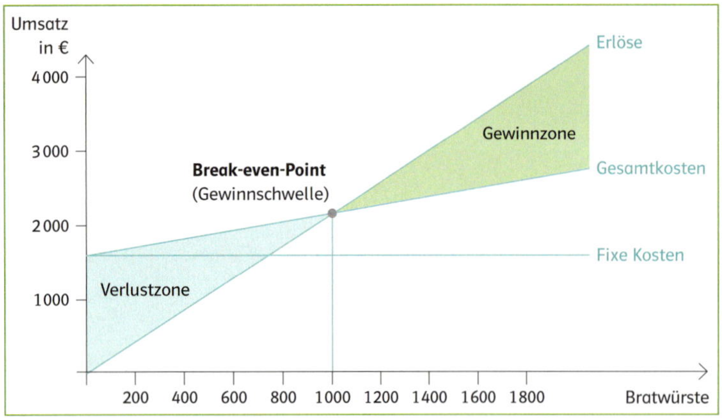

Deckungsbeitrag gesamt:

Gesamterlös – variable Kosten (gesamt)

Deckungsbeitrag pro Stück:

Erlös pro Stück – variable Kosten pro Stück

wenn nicht einmal die variablen Kosten gedeckt werden. Den Betrag, der über die variablen Kosten hinaus die Fixkosten deckt, nennt man **Deckungsbeitrag**.

Der Break-even-Point

Mithilfe des Deckungsbeitrags lässt sich der Break-even-Point berechnen. Dieser Punkt gibt an, bei welcher Produktionsmenge bzw. bei welchem Umsatz die **Gewinnschwelle** erreicht wird. In diesem Punkt sind die Gesamtfixkosten und der Deckungsbeitrag für das Unternehmen insgesamt gleich hoch (Deckungsbeitrag gesamt = Gesamtfixkosten).

Beispiel: Nach dem Verlust seines Arbeitsplatzes eröffnet Peter einen Bratwurststand. An festen Kosten (Standgebühr, Strom, Werbung usw.) hat er monatlich 1600 €. Die Bratwurst kauft er für 0,60 € ein und bietet sie für 2,20 € an. Pro Bratwurst erzielt er einen Deckungsbeitrag von 1,60 €. Bei 1000 verkauften Bratwürsten deckt er seine gesamten Fixkosten ab und hat den erforderlichen Deckungsbeitrag von 1600 € erwirtschaftet. Jede zusätzlich verkaufte Bratwurst bedeutet nun einen Gewinn von 1,60 €.

Das Gesetz der Massenproduktion

Die variablen Kosten verändern sich bei unterschiedlicher Produktionsmenge (Kapazitätsauslastung); der Anteil der variablen Kosten pro Stück ist aber immer gleich hoch. Anders verhalten sich die Fixkosten pro Stück. Dividiert man die Gesamtfixkosten (fester Betrag) durch die Ausbringungsmenge, ergeben sich die Fixkosten pro Stück. Bei steigender Ausbringungsmenge werden die Fixkosten pro Stück und somit auch die Gesamtstückkosten immer kleiner. Diese Art des Kostenverhaltens wirkt sich besonders bei Unternehmen aus, die mit hohem Maschineneinsatz (kapitalintensiv) produzieren. Durch Abschreibungen, Zinskosten, regelmäßige Wartungen und Reparaturen entstehen in einer Periode hohe Fixkosten. Bei optimaler Auslastung der Produktionsanlagen sinken die Fixkosten pro Stück auf ein Minimum. Dadurch können diese Unternehmen kostengünstiger produzieren als kleinere Unternehmen, deren gesamte Fixkosten niedriger sind, die dafür aber höhere variable Stückkosten haben, z. B. höhere Lohnkosten. Bei rückläufiger Nachfrage sind solche kapitalintensiven Unternehmen aber krisenanfälliger, da die Gesamtstückkosten steigen, und zwar durch die dann bestehenden hohen Fixkosten pro Stück. Deckt der Marktpreis dann nicht mehr die Gesamtstückkosten, führt dies zu Verlusten.

Monat	Stückzahl	variable Kosten/Stück	variable Kosten gesamt	Fixkosten gesamt	Fixkosten/ Stück	Stückkosten
März	2500	10 €	25000 €	100000 €	40 €	50 €
April	4000	10 €	40000 €	100000 €	25 €	35 €
Mai	5000	10 €	50000 €	100000 €	20 €	30 €

Zusammenfassung: Deckungsbeitrag und Preisuntergrenze

Deckungsbeitragsrechnung

Deckungsbeitrag (gesamt) = Gesamterlös – gesamte variable Kosten

Deckungsbeitrag (Stück) = Erlös (Stück) – variable Kosten (Stück)

Fixe Kosten

entstehen unabhängig von der Produktionsmenge

Variable Kosten

ihre Höhe ist abhängig von der Produktionsmenge

Gesetz der Massenproduktion

bei steigender Ausbringungsmenge werden die Fixkosten pro Stück und somit die Gesamtstückkosten immer kleiner

Preisuntergrenze

wenn Deckungsbeitrag/Stück = 0

Break-even-Point

gibt an, bei welcher Stückzahl/welchem Erlös die Gewinnschwelle erreicht ist.
Voraussetzung:
Deckungsbeitrag (gesamt)
= Fixkosten (gesamt)

Übungsaufgaben

1. Nehmen Sie eine Aufteilung der folgenden Kosten in fixe und variable Kosten vor:
   Miete, Werbung, Reparatur, Verpackungsmaterial, Materialverbrauch, Zinsen, Leasingraten, Meistergehalt.

2. Im Juli wurden 3000 Teile gefertigt, im August 4800 Teile und im September 5400. Die monatlichen Fixkosten betrugen 240000 Euro, die variablen Stückkosten lagen bei 60 Euro.
   a) Stellen Sie für alle Monate eine Kostentabelle auf, aufgeteilt in fixe und variable Gesamt- und Stückkosten.
   b) Erklären Sie, wie sich Fixkosten (gesamt und pro Stück) und variable Kosten (gesamt und pro Stück) bei veränderter Produktionsmenge verhalten.

3. Einem Unternehmen liegen folgende Zahlen vor:

Fixkosten Mai:	229500 €
variable Kosten (Stück):	250 €
Verkaufspreis (Stück):	520 €
verkaufte Stückzahl:	780 Einheiten

   Ermitteln Sie
   a) den Deckungsbeitrag (Stück)
   b) den Deckungsbeitrag (gesamt)
   c) die absolute Preisuntergrenze
   d) den Gewinn bzw. Verlust
   e) den Break-even-Point

4. Erstellen Sie anhand der Zahlenangaben aus Aufgabe 3 eine Zeichnung, aus der der Break-even-Point und die Gewinn- und Verlustzonen hervorgehen.

Fragebogen erstellen

Umfrage mit Fragebogen

Unternehmen führen Umfragen mithilfe von Fragebögen durch, um die Kundenzufriedenheit festzustellen. Befragungen werden aber auch durchgeführt, um die Marktchancen eines neuen Produkts zu ermitteln oder die Einstellung der Mitarbeiter zum Unternehmen zu erfassen. Auf der Grundlage der ermittelten Daten werden dann unternehmerische Entscheidungen getroffen.

So geht's!

1. Umfrageziel und Teilnehmerkreis definieren
- Das Ziel der Befragung genau definieren. Was wollen Sie herausfinden?
- Den Kreis der Befragten auswählen (Größe der Gruppe, Merkmale der Gruppe).
- Den Zeitraum für die Befragung festlegen und das Budget ermitteln.

2. Fragebogen ausarbeiten
- Die Fragen einfach und eindeutig formulieren.
- Einen Anreiz für die Beantwortung und Rückgabe des Fragebogens schaffen (z. B. Preisausschreiben).
- Testlauf und Probeauswertung durchführen.

3. Befragung durchführen
- Die Befragten über Grund und Initiator der Umfragen aufklären.
- Datenschutz wahren: Identität der Befragten muss unkenntlich gemacht werden.

4. Ergebnisse auswerten und präsentieren
- Informationen auswerten und visualisieren.
- Welche Schlüsse können Sie ziehen?
- Wesentliche Ergebnisse der Befragung präsentieren.

Linktipp
28wm28
kostenlose Fragebogensoftware für Schulen

Fragebogen für eine Kundenumfrage erstellen

1. Umfrageziel und Teilnehmerkreis definieren

Bevor Sie Fragen entwickeln, müssen Sie wissen, was Sie von Ihren Kunden erfahren wollen. Beziehen sich die Fragen nur auf die Kundenzufriedenheit oder sollen darüber hinaus Daten für eine mögliche Umgestaltung des Warenangebots oder des Service ermittelt werden? Wie viele und welche Kunden wollen Sie in die Befragung einbeziehen (z. B. nur Kunden des höheren Preissegments)?

2. Fragebogen ausarbeiten

Gute Fragen sind kurz, möglichst einfach formuliert und berücksichtigen den Wissensstand der Befragten. Der Fragebogen sollte maximal 15–20 Fragen enthalten.

M Fragetypen

1. Einfachauswahl
   Angaben zur Person: ☐ *männlich* ☐ *weiblich*
2. Mehrfachantwort
   Was essen Sie gerne zu Mittag? (3 Nennungen möglich)
   ☐ *warmes Essen aus der Schulkantine* ☐ *Döner vom Kiosk ums Eck*
   ☐ *Brötchen oder Salat aus der Schulkantine* ☐ *bringe mir etwas von zuhause mit*
3. Maßzahl
   Wie viel geben Sie durchschnittlich für Ihr Mittagessen aus? ________ €
4. Skala
   Beurteilen Sie das Angebot der Schulkantine auf einer Skala von 1 bis 5.

	1	*2*	*3*	*4*	*5*
Brötchen	☐	☐	☐	☐	☐
Getränke	☐	☐	☐	☐	☐
Süßigkeiten	☐	☐	☐	☐	☐

5. offene Fragen ohne Antwortvorgabe
   Welche Verbesserungsvorschläge haben Sie?

Vor der Befragung ist es sinnvoll, einen **Testlauf** mit Probeauswertung durchzuführen. Um die Rücklaufquote zu erhöhen, können Preisausschreiben, kleine Geschenke oder Preisnachlässe für künftige Einkäufe mit der Befragung verbunden werden.

3. Befragung durchführen

Vor der Befragung müssen Sie den Teilnehmern Ziel und Inhalt der Befragung mitteilen und wer sie durchführt. Aus Gründen des Datenschutzes müssen Sie darauf hinweisen, dass die Personendaten nicht erfasst werden.

4. Ergebnisse auswerten und präsentieren

Die Antworten auszählen, die entsprechenden Anteile errechnen und Diagramme erstellen (→ S. 288 ff. Informationen visualisieren).

Arbeitsauftrag

- Entwickeln Sie einen Fragebogen für das Autohaus Brand (→ S. 131).

Üben
74c9ew
Prüfungsaufgaben

Üben interaktiv
6pu3zs
Prüfungstraining

Berufsschule

1. Ein Industriebetrieb kalkuliert die Selbstkosten eines Auftrages anhand folgender Zahlenangaben: Fertigungsmaterial 100 €, Materialgemeinkostenzuschlagssatz 15 %, Fertigungslöhne 80 €, Fertigungsgemeinkostenzuschlagssatz 200 %, Verwaltungsgemeinkostenzuschlagssatz 10 %, Vertriebsgemeinkostenzuschlagssatz 8 %.
Bestimmen Sie die Selbstkosten.

2. Zeigen Sie jeweils anhand eines Beispiels die Anwendung der folgenden Verbraucherschutzbestimmungen auf.
a) Produkthaftungsgesetz
b) Gesetz gegen den unlauteren Wettbewerb
c) Verordnung zur Regelung der Preisangaben
d) Teilzahlungsgeschäfte
e) Haustürgeschäfte
f) Fernabsatzverträge, elektronischer Geschäftsverkehr

3. Konsumgüter unterliegen einem Produktlebenszyklus. Bringen Sie die einzelnen Phasen in die richtige Reihenfolge:
A Reife
B Forschung und Entwicklung
C Einführung
D Eliminierung
E Marktsättigung
F Wachstum

4. Unternehmenszusammenschlüsse ab einer bestimmten Größenordnung müssen vom Kartellamt genehmigt werden.
a) Aus welchen Gründen kann das Bundeskartellamt einen Unternehmenszusammenschluss verbieten?
b) Nennen Sie vier mögliche Vorteile eines Unternehmenszusammenschlusses.

5. Ordnen Sie den folgenden Gütern die folgenden Güterarten zu:
A immaterielle Güter
B Konsumgut und Gebrauchsgut
C Konsumgut und Verbrauchsgut
D Produktionsgut und Gebrauchsgut
E Produktionsgut und Verbrauchsgut

	Die Firma Maier kauft eine neue Hobelmaschine.
	Herr Strieb kauft auf dem Wochenmarkt ein.
	Rechtsberatung durch einen Anwalt

	Familie Strieb kauft einen Pkw.
	Die Firma Maier kauft Rohmaterialien.

6. Auf dem Markt für Haushaltswaagen besteht folgender Zusammenhang zwischen Preisen und den zu verkaufenden Mengen (Angebotsmenge), bzw. den nachgefragten Mengen (Nachfragemenge).

Preis (€)	10	20	30	40	50	60	70
Angebotsmenge/Stück	200	300	400	500	600	700	800
Nachfragemenge/Stück	800	700	600	500	400	300	200

Zeichnen Sie in einem Diagramm ein:
a) die Angebots- und Nachfragekurve
b) den Gleichgewichtspreis
c) den Nachfrageüberhang bei einem Preis von 30 €
d) den Angebotsüberhang bei einem Preis von 60 €

Berufsfachschule zur FHR

1. Die Hofmann KG stellt Herren-, Damen- und Kinderräder her. Für den Monat Mai liegen die folgenden Zahlen vor.

M1 Kostenrechnung Monat Mai

Einzelkosten gesamt	**€**	**Gemeinkosten gesamt**	**€**
Materialeinzelkosten	150 000	Materialgemeinkosten	22 500
Fertigungseinzelkosten	125 000	Fertigungsgemeinkosten	350 000
		Verwaltungsgemeinkosten	116 550
		Vertriebsgemeinkosten	77 700

a) Ermitteln Sie die Selbstkosten eines Kinderrades, wenn die Materialeinzelkosten/Stück bei 45 € und die Fertigungseinzelkosten/Stück bei 55 € liegen.

b) Die Geschäftsleitung erwägt, die Produktion der Kinderräder einzustellen, da der Verkaufspreis von 300 € die Selbstkosten nicht deckt. Sie erhofft sich davon eine Verbesserung des Betriebsergebnisses, obwohl die frei werdenden Kapazitäten nicht durch eine Absatzsteigerung der Herren- und Damenräder genutzt werden können. Eine Kostenuntersuchung ergibt, dass die Fixkosten bei den Kinderrädern 50 % der Gemeinkosten betragen.
Beurteilen Sie, ob die monatliche Kinderradproduktion von 900 Stück eingestellt werden soll. Bestimmen Sie den Break-even-Point für die Kinderräder.

c) Da die Kapazitäten bei den Kinderrädern nicht ausgelastet sind, lässt die Geschäftsleitung von einem Marktforschungsinstitut die Absatzmöglichkeiten für die Kinderräder bei unterschiedlicher Preisgestaltung ermitteln.
Folgende Zahlen liegen im Rahmen der vorhandenen Kapazitäten vor. Prüfen Sie, welcher Verkaufspreis zum „besten“ Betriebsergebnis führt.

Preis in €	Mögliche Absatzmengen (Stück)
180	1 800
200	1 300
220	900
240	700
270	500

d) Die Fahrräder der Hofmann KG liegen im mittleren Preissegment und werden über den Fachhandel verkauft. Zeigen Sie alternative Möglichkeiten der Distributionspolitik auf und nehmen Sie eine Bewertung vor.

2. Die Globalisierung der Märkte führt zu einer stärkeren gegenseitigen Abhängigkeit der Länder und Unternehmen. Kommt es zu einem wirtschaftlichen Einbruch in einem Land oder Wirtschaftsbereich, so hat das Auswirkungen auf andere Länder und Wirtschaftsbereiche. 2008 weitete sich die Immobilienkrise in den USA zu einer Weltwirtschaftskrise aus. Die folgenden Schlagzeilen dokumentieren diese Entwicklung.

a) Bringen Sie die Schlagzeilen in die richtige Reihenfolge, sodass sich daraus eine Argumentationskette ergibt, die die Auswirkungen einer Immobilienkrise in den USA darstellt.

b) Diskutieren Sie die Ursachen für die zunehmende Abhängigkeit der Volkswirtschaften untereinander in fast allen Wirtschaftsbereichen.

M2 Internationale Arbeitsteilung und ihre Auswirkungen

Zinsen steigen in den USA

Deutsche Bankeinlangen in den USA gefährdet

Weltweites Misstrauen der Banken untereinander

Wirtschaftsforschungsinstitute sagen Anstieg der Arbeitslosenzahlen voraus

Deutsche Banken melden hohe Verluste

Investitionen gehen zurück

Deutsche Autobauer melden dramatischen Auftragsrückgang

Banken halten sich bei der Kreditvergabe zurück

Erste amerikanische Bank meldet Pleite

Unternehmen erhalten keine Kredite

Weltweit erste Entlassungen in der Automobilindustrie

Amerikanische Hausbesitzer können Kredite nicht zurückzahlen

Viele Zulieferfirmen geraten in Schwierigkeiten

4 Ausbildung und nachhaltige Existenzsicherung

Alte und neue Arbeitswelt

„Heutzutage ist es viel schlimmer, wenn der PC ausfällt, als wenn die Hebebühne ausfällt."

Alex, Azubi *(schaut auf die Uhr)*: Ich hab' dann übrigens bald Feierabend, Herr Maute.
Herr Maute, Kfz-Meister: Das sagst du so! Wir mussten als Lehrlinge abends die Werkstatt fegen und dann vor dem Meister antreten. Erst wenn er zufrieden war, war Feierabend. Dass man auf seine Rechte gepocht hat wie ihr heute, das hätten wir uns nicht getraut. Nach Gesetzen oder der Ausbildungsordnung hat keiner gefragt.
Alex: Weil Sie Angst hatten, dass der Betrieb Sie rauswirft?
Herr Maute: Nein, nein, die brauchten uns dringend. Lehrlinge waren gesucht, und anschließend hat man als Geselle gleich gut verdient. Es war einfach eine andere Zeit. Kfz-Mechaniker, wie das damals hieß, war ein reiner Männerberuf. Wir haben Drehen, Bohren, Fräsen und Schweißen gelernt. Es ging um Mechanik und nicht um Elektronik. Was damals repariert worden ist, wird heute ausgetauscht. Ich habe mich laufend umstellen und dazulernen müssen. Aber nächsten Monat gehe ich in Rente. Naja, alles ist komplizierter geworden.
Alex: Die Ansprüche an uns Lehrlinge sind höher, das stimmt. Aber vieles wird durch die Diagnosegeräte auch einfacher.
Herr Maute: Jaja, da hast du schon recht. Ich habe aber an was anderes gedacht. Weißt du, ich war die ganzen 48 Jahre im selben Betrieb, als Lehrling, als Geselle und dann als Meister. Ich habe in meinem Leben nie eine Bewerbung geschrieben. Ich habe fleißig in die Rentenversicherung einbezahlt und ordentlich was auf die Seite gelegt. Davon kann ich jetzt ganz gut leben. Aber bei euch ist das doch eine unsichere Sache. Vom Brutto bleibt heute ja viel weniger übrig als bei uns damals und keiner weiß, wie lange er seinen Job hat und wie viel Rente er irgendwann bekommt. Wer weiß, was der Politik bis dahin noch alles einfällt! Schau nicht so entsetzt – ganz so schlimm wird es schon nicht kommen. Aber ein wenig Glück gehört im Leben einfach dazu.

Hätten Sie's gewusst?

1. Wie viele Arbeitnehmerinnen und Arbeitnehmer arbeiten nicht (mehr) im erlernten Beruf: 20 %, 35 % oder 50 %?
2. Wie viele Frauen sind berufstätig: 20 %; 40 %; 60 %? Wie viele davon in Vollzeit?
3. Wie hoch ist die durchschnittliche Altersrente in den alten Bundesländern?

1: 50 %
2: 60 %, davon 31 % in Vollzeit (bei den Männern sind es 84 %, davon 55 % in Vollzeit.)
3: 734 € (Frauen 512 €, Männer 1.003 €, Stand 2013)

Info
mb2wp2
Berufsausbildung früher

Worum geht es?

Alex hat als Azubi Rechte und Pflichten. Die sollte er genau kennen. Schließlich ist eine gute Ausbildung die Grundlage für seine spätere Karriere. Auch nach der Ausbildung muss er am Ball bleiben und sich weiterbilden, denn die beruflichen Anforderungen steigen. Außerdem muss Alex sich über die Zukunftsaussichten seines Berufs informieren. Wie sieht seine Lebensplanung aus? Wünscht er sich eine eigene Familie? Wie möchte er im Alter leben? Wie sicher ist seine Rente? Die Antworten auf diese Fragen haben Einfluss auf die Art der Vorsorge. Unser Sozialstaat unterstützt Arbeitnehmer bei der privaten Vorsorge. Die staatlichen Leistungen decken nämlich nicht alle Bedürfnisse ab. Sollte Alex also schon heute privat für die Zukunft vorsorgen?

Informieren Sie sich!

Verschaffen Sie sich mithilfe des Buchs einen Überblick. Sie finden in diesem Kapitel Lernsituationen zu folgenden Themen:

So geht's!
Zukunftsszenarien entwerfen

- Beteiligte im Ausbildungsverhältnis
- Rechte und Pflichten in der Ausbildung
- Lernen für den Beruf
- Berufliche und private Lebensplanung
- Chancen und Risiken von Berufen
- Lohn- und Gehaltsabrechnung
- Aufgaben der Sozialversicherungen
- Private Vorsorge für die Wechselfälle des Lebens
- Leistungen des Sozialstaats

Was hat das mit mir zu tun?

- Vertreten Sie angemessen Ihre Rechte im Betrieb.
- Überlegen Sie, wie Sie Ihren beruflichen Weg aktiv gestalten können. Bleiben Sie offen für Alternativen und neue Wege.
- Wägen Sie zwischen beruflichen und privaten Lebenszielen ab und beziehen Sie Ihre Partnerin bzw. Ihren Partner in Ihre Entscheidung ein.
- Sorgen Sie für den Fall der Berufsunfähigkeit und fürs Alter vor und schieben Sie dies nicht auf die lange Bank. Wie es mit Ihrer Altersrente aussieht, können Sie in den Zukunftsszenarien zur Altersvorsorge erarbeiten (→ S. 212 Zukunftsszenarien entwerfen).

Beteiligte im Ausbildungsverhältnis

Lernsituation

Johanna, Konditorin im ersten Lehrjahr, ist an ihre frühere Schule eingeladen worden. Sie soll in einer 10. Klasse über ihre Ausbildung berichten. „Weil die Schüler das von jemand hören wollen, der schon in der Ausbildung steht“, hat ihre frühere Klassenlehrerin gesagt. „Viele Fragen kann ich als Lehrerin gar nicht beantworten oder nur vom Hörensagen. Du weißt viel genauer, worauf es ankommt.“ Johanna fühlte sich ein wenig geschmeichelt und hat darum sofort Ja gesagt. Aber jetzt merkt sie, dass es nicht so einfach ist zu entscheiden, was für die Schüler wichtig ist. Sie überlegt hin und her. Schließlich schreibt sie ein paar Stichworte auf:

Mein Ausbildungsbetrieb
Konditorei Sautter

<u>Meine Ausbildung</u>
- im Betrieb
- in der Berufsschule
- ÜLU* im Bildungszentrum Butzweilerhof

<u>Mein Ausbilder</u>
- Herr Kurz

<u>Zuständig</u>
- Konditoreninnung Köln-Bonn

<u>Meine Bezahlung</u>
- ...

* Überbetriebliche Lehrlingsunterweisung

Arbeitsauftrag

- Stellen Sie sich vor, Sie wären an Johannas Stelle eingeladen und müssten über Ihre Ausbildung berichten. Erstellen Sie eine Gliederung und bereiten Sie sich auf einen Kurzvortrag vor.

Recherche
j2z9ec
Berufsbildungsgesetz, duale Ausbildung, Ausbildungsordnungen

Duale Ausbildung

Jährlich beginnen in Deutschland mehr als eine halbe Million junge Erwachsene eine duale Ausbildung, das ist eine Ausbildung, in der sich Betrieb und Schule die Aufgaben teilen. Die Ausbildungsplätze werden überwiegend von privaten Unternehmen zur Verfügung gestellt. Diese sind in der Auswahl der Bewerber frei, ohne dass der Staat eingreift (Grundsatz der Vertragsfreiheit).
Eine Berufsausbildung, egal welche, ist in vielen Betrieben heute eine Voraussetzung, um eingestellt zu werden. Unter den Arbeitslosen und denen, die sich mit Gelegenheitsarbeiten über Wasser halten, finden sich besonders viele Ungelernte.

Was regeln Ausbildungsordnungen?

Für jeden der etwa 330 Ausbildungsberufe werden die Anforderungen bundesweit in einer **Ausbildungsordnung** festgelegt. Sie enthält
- die Bezeichnung des Ausbildungsberufs;
- die Ausbildungsdauer;
- die Fertigkeiten und Kenntnisse, die vermittelt werden müssen: **Ausbildungsberufsbild**;
- Regelungen über die inhaltliche Gliederung und zeitliche Abfolge der Fertigkeiten und Kenntnisse: **Ausbildungsrahmenplan**;
- die Prüfungsanforderungen.

Die Ausbildungsordnungen sind im Internet abrufbar. Sie werden immer wieder den veränderten Bedingungen der Arbeitswelt (technischer Fortschritt, neue Arbeitsformen) angepasst und regelmäßig überarbeitet. So sind z. B. in den vergangenen Jahren neue Berufe in der Informationstechnik entstanden und traditionelle Berufe ersetzt worden – wie etwa der Kfz-Mechaniker durch den Kfz-Mechatroniker.

Betriebliche Ausbildungspläne

Der Ausbildungsbetrieb vermittelt in betrieblichen Handlungssituationen praktische Kenntnisse, Fertigkeiten und Fähigkeiten für den Ausbildungsberuf. Die Umsetzung der Ausbildungsordnung wird in betrieblichen Ausbildungsplänen festgelegt. Sie sind ein Bestandteil des Ausbildungsvertrags und müssen den Auszubildenden spätestens zu Beginn der Ausbildung ausgehändigt werden. Die Ausbildungspläne setzen die Vorgaben der Ausbildungsordnung und des Ausbildungsrahmenplans in die betriebliche Realität um und berücksichtigen dabei die speziellen Bedingungen vor Ort. Sie können über die Ausbildungsordnung und den Ausbildungsrahmenplan hinausgehen; weniger enthalten dürfen sie nicht.

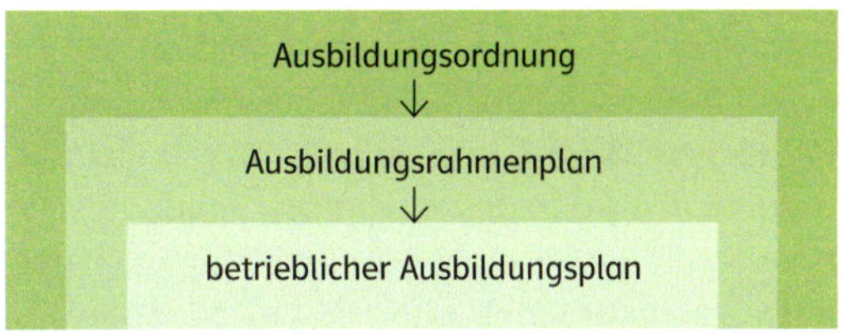

Auszug aus einem betrieblichen Ausbildungsplan

Mikrotechnologe/-in: Ausbildungsabschnitt 15
2. Ausbildungsjahr (Ausbildungswoche 24 – 28) – Ausbildungszentrum (A)

Zwischenprüfung – Vorbereitung
Oszilloskop
- Aufbau, Funktion und Bedienung
- Zeitablenkung
- praktische Anwendungen

Elektronikbauteile und Schaltungen
- Diode, Leuchtdiode, Z-Diode
- Gleichrichterschaltungen
- Transistor als Schalter
- Transistor als Verstärker
- Kennzeichnung von Halbleitern (auch SMD)

Messtechnik, Messwerterfassung und Auswertung mit Excel-Diagramm
- frequenzabhängige Schaltungen (RC-Hoch-, Tief-, Bandpass)
- Aufnahme von Übertragungskennlinien
- Erfassung mit Excel-Tabellen und Umsetzung in Diagramme

Innung

Zusammenschluss von Handwerkern gleicher oder ähnlicher Handwerke auf regionaler Ebene. Die Mitgliedschaft ist freiwillig.

Die wichtigsten Kammern

Handwerkskammer (HWK)
53 regionale Kammern z. B. Düsseldorf

Industrie- und Handelskammer
80 regionale Kammern, z. B. IHK Köln

Ärzte- bzw. Zahnärztekammer

Apothekerkammer

Rechtsanwaltskammer

Betriebliche Ausbildungspläne enthalten eine genaue **zeitliche Gliederung** der einzelnen Ausbildungsabschnitte: Probezeit, Lehrgänge, schulische Ausbildungsabschnitte, Prüfungen, Urlaubswochen. Außerdem geben sie die Reihenfolge und den Zeitrahmen für die einzelnen Ausbildungseinheiten vor. Die **sachliche Gliederung** legt fest, welche Lernziele an welchen Lernorten durch wen vermittelt werden. Lernziele werden dabei oft zu thematischen Arbeitseinheiten oder Arbeitsprojekten zusammengefasst. Ein Beispiel für einen betrieblichen Ausbildungsplan finden Sie auf S. 171.
Anhand des betrieblichen Ausbildungsplans, des Ausbildungsrahmenplans und der Ausbildungsordnung können Auszubildende überprüfen, ob ihnen der Betrieb tatsächlich die Qualifikationen vermittelt, die dort festgelegt sind.

Die Beteiligten: Auszubildender, Ausbildender, Ausbilder

Ein Ausbildungsvertrag wird zwischen dem Auszubildenden und dem Betrieb (offizielle Bezeichnung: Ausbildender) geschlossen. Bei minderjährigen Auszubildenden müssen auch die Erziehungsberechtigten unterschreiben. Manchmal ist auch der Ausbilder im Vertrag erwähnt. Das ist die Person, die im Unternehmen für die Ausbildung verantwortlich ist. In kleinen Betrieben, etwa in den Meisterbetrieben des Handwerks, ist der Ausbildende oft zugleich der Ausbilder. In Großbetrieben gibt es dagegen Mitarbeiter (z. B. Meister, Techniker), die nur für die Lehrlingsausbildung zuständig sind.
Im Handwerk spielen die **Innungen** eine wichtige Rolle. Sie unterstützen die Betriebe bei der Ausbildung, z. B. durch die Einrichtung von überbetrieblichen Ausbildungsstätten, in denen die Lerninhalte vermittelt werden, die die Ausbildungsbetriebe nicht vermitteln können. Innungen bieten außerdem Fortbildungs- und Beratungsangebote an. Manchmal nehmen sie auch im Auftrag der Handwerkskammer die Gesellenprüfung ab.

Betrieb und Schule – die zwei Säulen der dualen Ausbildung

Der Partner des Betriebs ist die Berufsschule. Sie vermittelt fachtheoretische Grundlagen, außerdem Lern- und Arbeitstechniken in beruflichen Lernsituationen. Darüber hinaus vermittelt die Berufsschule eine arbeits- und berufsbezogene Allgemeinbildung, insbesondere in Deutsch, Englisch, Politik und Wirtschaftskunde. Was gelernt werden muss, ist von den Kultusministern aller Bundesländer in **Rahmenlehrplänen** festgelegt.
Etwa nach der Hälfte der Ausbildungszeit gibt es eine Zwischenprüfung. Am Ende stehen eine theoretische und eine praktische Abschlussprüfung, die von einem Prüfungsausschuss abgenommen werden, den die zuständige **Kammer** eingesetzt hat. Im Handwerk heißt diese Prüfung Gesellenprüfung. Wer die Prüfung nicht bestanden hat, darf sie wiederholen. Die Ausbildung verlängert sich dann entsprechend.

Die häufigsten Lehrberufe …

… für männliche Auszubildende	… für weibliche Auszubildende
1. Kfz-Mechatroniker 2. Kaufmann im Einzelhandel 3. Industriemechaniker 4. Elektroniker 5. Anlagenmechaniker für Sanitär-, Heizungs- und Klimatechnik 6. Verkäufer	1. Kauffrau im Einzelhandel 2. Verkäuferin 3. Medizinische Fachangestellte 4. Bürokauffrau 5. Industriekauffrau 6. Zahnmedizinische Fachangestellte

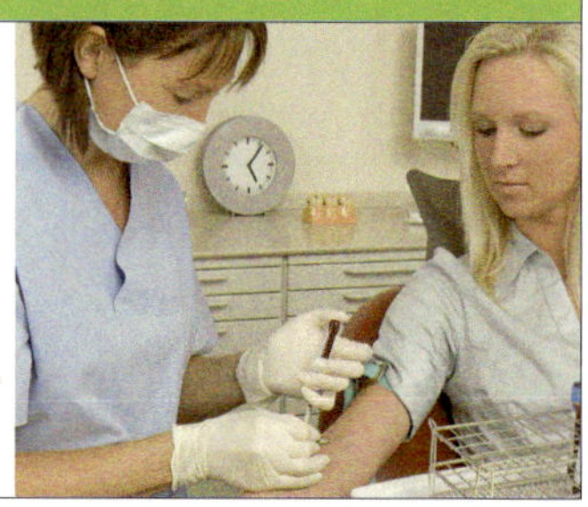

Statistisches Bundesamt: Neu abgeschlossene Ausbildungsverträge 2013

Anforderungen an den Ausbildungsvertrag

Das **Berufsbildungsgesetz** (BBiG) schreibt vor, dass vor Ausbildungsbeginn ein schriftlicher Ausbildungsvertrag abgeschlossen werden muss. Er enthält mindestens diese Angaben (BBiG § 11):

- genaue Bezeichnung des Ausbildungsberufs und der Ausbildungszeit,
- Ausbildungsbeginn und -ende,
- Ausbildungsmaßnahmen außerhalb des Betriebs (etwa in überbetrieblichen Einrichtungen),
- Dauer der täglichen Arbeitszeit,
- Dauer der Probezeit,
- Höhe und Zahlungstermin der Vergütung,
- Urlaubsanspruch,
- Voraussetzungen für die Kündigung,
- Hinweise auf Tarifverträge oder Betriebsvereinbarungen (→ S. 219 ff.), die für diesen Vertrag mit gelten.

Der unterschriebene Vertrag wird bei der zuständigen Kammer eingereicht. Diese prüft, ob er mit der entsprechenden Ausbildungsordnung übereinstimmt und ob Ausbildungsstätte und Ausbilder fachlich und persönlich geeignet sind. Fachliche Eignung heißt: Die Ausbilder müssen die erforderlichen Qualifikationen und die Ausbildereignung besitzen (z. B. durch eine Meisterprüfung). Wenn ein Ausbilder bereits gegen Ausbildungsvorschriften verstoßen hat, weist er nicht mehr die persönliche Eignung auf. Bei minderjährigen Auszubildenden schreibt das Jugendarbeitsschutzgesetz (→ S. 176 ff.) eine Gesundheitsprüfung vor.

Der Vertrag wird anschließend in ein Verzeichnis eingetragen (z. B. im Handwerk in die sogenannte Lehrlingsrolle); die Überwachung des Vertrags ist Sache der zuständigen Kammer. Alle diese Regelungen dienen dem Schutz der Auszubildenden.

Wie und wann endet die Ausbildung?

Die Rechte und Pflichten, die mit dem Ausbildungsvertrag eingegangen werden (→ S. 176), sind im Berufsbildungsgesetz geregelt. Verstöße gegen diese Pflichten können zu einer fristlosen Kündigung und zu Schadenersatzpflicht führen. Jeder Ausbildungsvertrag enthält eine **Probezeit** (1–4 Monate). In dieser Zeit können Betrieb und Lehrling feststellen, ob die Ausbildung dem Lehrling gefällt und der Betrieb mit den Leistungen und dem Verhalten des Auszubildenden zufrieden ist. Innerhalb der Probezeit kann das Ausbildungsverhältnis von beiden Seiten jederzeit und ohne Angabe von Gründen gekündigt werden. Danach kann der Auszubildende mit einer Frist von vier Wochen kündigen. Der Ausbildungsbetrieb kann nur aus wichtigem Grund kündigen (z. B. wenn der Auszubildende seine Pflichten verletzt). Mit bestandener Abschlussprüfung endet das Ausbildungsverhältnis.

Berufsbildungsgesetz (BBIG)
regelt die Berufsausbildung im dualen System, die Vorbereitung auf die Berufsausbildung, die Fortbildung und die berufliche Umschulung

Ausbildungsvergütungen in ausgewählten Berufe 2013
Durchschnittliche monatliche Beträge in Euro

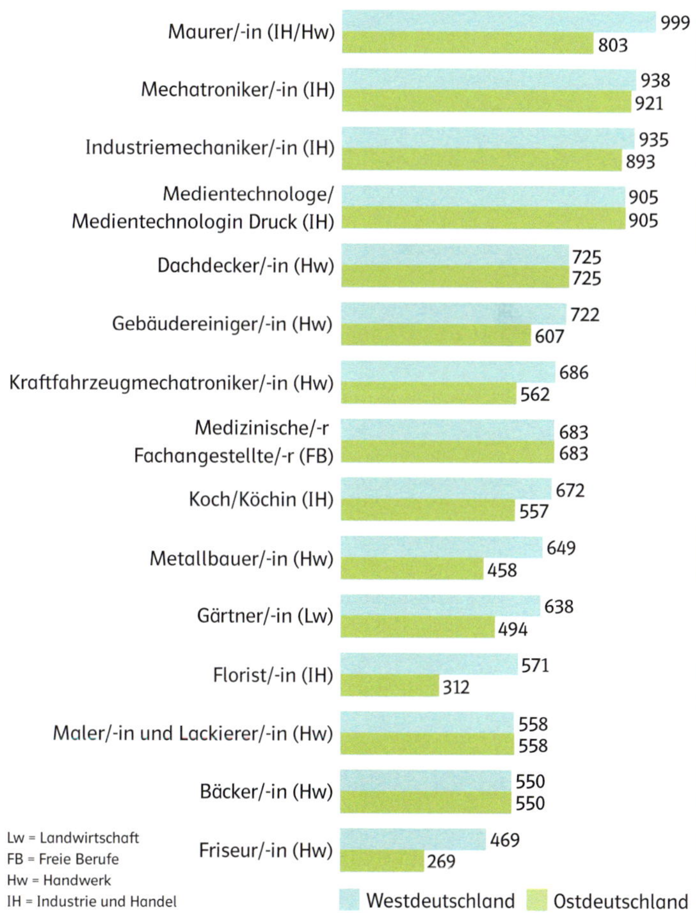

Berechnungsbasis: Tarifliche Ausbildungsvergütungen
Quelle: BiBB

Zusammenfassung: Beteiligte im Ausbildungsverhältnis

Ausbildender → **Berufsausbildungsvertrag** ← **Auszubildender**

Berufsausbildungsvertrag

Schriftform vorgeschrieben.
Folgende Angaben sind Pflicht:
- Beginn und Ende (Dauer) des Ausbildungsverhältnisses
- Überbetriebliche Ausbildungsmaßnahmen
- Dauer der täglichen Arbeitszeit
- Dauer der Probezeit
- Vergütung
- Urlaubsanspruch
- Voraussetzungen für die Kündigung
- ggf. Verweis auf Tarifverträge und Betriebsvereinbarungen

Ziel: Erlernen eines anerkannten Ausbildungsberufs

zuständige Kammer → Berufsausbildungsvertrag ← **Berufsbildungsgesetz**

bestandene Abschlussprüfung
- Weiterbeschäftigung im Lehrbetrieb als Geselle/Facharbeiter
- Wechsel in einen anderen Betrieb/eine andere Tätigkeit

Kündigung
- in der Probezeit fristlos
- nach der Probezeit durch den Auszubildenden
- nach der Probezeit durch den Ausbildenden nur fristlos aus wichtigem Grund

Übungsaufgaben

○ 1. Nennen Sie die Grundsätze des dualen Systems der Berufsausbildung.

◒ 2. Erläutern Sie, warum eine abgeschlossene Berufsausbildung im Arbeitsleben immer wichtiger wird.

○ 3. Nennen Sie zwei Aufgaben der Berufsschule und zwei Aufgaben des Ausbildungsbetriebs.

◒ 4. Vergleichen Sie die Begriffe „Ausbilder“ und „Ausbildender“.

○ 5. Beschreiben Sie, welche Bedeutung den Kammern zu Beginn und am Ende eines Ausbildungsverhältnisses zukommt.

● 6. Bei der betrieblichen Ausbildung besteht die Gefahr, dass ein Unternehmen nur nach seinem Bedarf ausbildet. Beurteilen Sie, ob durch die Regelungen im BBiG diese Gefahr vermieden wird.

○ 7. Definieren Sie den Begriff „Probezeit“.

◒ 8. Analysieren Sie den Auszug aus dem betrieblichen Ausbildungsplan (→ S. 171).
   a) Welche Aussagen werden über die sachliche Gliederung gemacht, welche über die zeitliche Gliederung?
   b) Wie detailliert sind die Ausführungen?
   c) Wie verständlich sind sie?
   d) Vergleichen Sie mit Ihrem persönlichen Ausbildungsplan und bewerten Sie die Unterschiede.

Rechte und Pflichten in der Ausbildung

Lernsituation

Der 17-jährige Markus ist Auszubildender als Elektroniker, Fachrichtung Energie- und Gebäudetechnik, in der Firma Elektro-Putzler GmbH. Die Ausbildung ist in Ordnung und er versteht sich gut mit dem Meister, Herrn Posmanski. Jetzt hat der Chef einen Großauftrag an Land gezogen, für den das Unternehmen eigentlich zu klein ist. Es klemmt an allen Ecken und Enden.
Herr Posmanski kommt im Auftrag des Chefs zu Markus und bittet ihn, in den nächsten zwei Monaten an den Berufsschultagen und an den Samstagen auf der Baustelle zu arbeiten. Pro Stunde gibt es 11 Euro. Markus denkt an das Geld, das er dann zusätzlich bekommt. Aber ihm ist nicht wohl in seiner Haut. Wie wird wohl die Schule reagieren, wenn er so lange nicht kommt?

Arbeitsauftrag

- Prüfen Sie die rechtliche Situation und machen Sie Markus einen Vorschlag, wie er sich verhalten soll.

Berufsbildungsgesetz (BBIG)

regelt die Berufsausbildung im dualen System, die Vorbereitung auf die Berufsausbildung, die Fortbildung und die berufliche Umschulung

Jugendarbeitsschutzgesetz (JArbSchG)

gilt für Beschäftigte, die noch nicht 18 Jahre alt sind; schützt sie vor Überbeanspruchung, Überforderung und Gefahren am Arbeitsplatz

Unterschiedliche Interessen

Unternehmen bilden nicht aus reiner Nächstenliebe oder aus Verantwortung gegenüber der Gesellschaft aus. Sie wollen qualifizierten Nachwuchs gewinnen und sie wollen, dass die Auszubildenden mindestens einen Teil der Kosten erwirtschaften, die sie dem Unternehmen verursachen. Manche Betriebe sehen in Auszubildenden in erster Linie billige Arbeitskräfte; andere lassen sich die Ausbildung viel kosten. Die Auszubildenden wollen umfassend ausgebildet und gut angeleitet werden. Die Kosten für das Unternehmen sind ihnen egal.
Dieser Interessengegensatz wird im **Berufsbildungsgesetz** (BBiG) geregelt. Es erlegt beiden Seiten, dem ausbildenden Unternehmen und den Auszubildenden, Pflichten auf. Verstöße gegen diese Pflichten können die andere Seite zur fristlosen Kündigung berechtigen und zu Schadenersatz verpflichten.
Ein Ausbilder riskiert bei schweren Verstößen außerdem, dass er nicht mehr ausbilden darf (persönliche Eignung des Ausbilders → S. 173).

Rechte und Pflichten in der Ausbildung

Einen Überblick über die Rechte und Pflichten nach dem Berufsbildungsgesetz (BBIG) finden Sie unten. Zusätzlich gibt es ein **Wettbewerbsverbot** für Auszubildende: Sie dürfen dem Ausbildungsbetrieb keine Konkurrenz machen (z. B. durch Schwarzarbeit).

Jugendarbeitsschutzgesetz

Alle Regelungen des Arbeitsrechts (→ S. 219 ff.) gelten für Berufsausbildungen ohne Einschränkungen, also z. B. das Arbeitszeitgesetz oder das Mutterschutzgesetz. Besondere Bedeutung hat das **Jugendarbeitsschutzgesetz** (JArbSchG), das für alle Beschäftigten gilt, die zu Beginn des Kalenderjahrs mindestens 15, aber noch nicht 18 Jahre alt sind. Wer unter 15 Jahre alt ist, darf überhaupt noch nicht arbeiten.

Konflikte in der Ausbildung

Während einer Ausbildung entstehen manchmal Konflikte – das ist normal. Meist lassen sie sich im Gespräch lösen oder es geht um Kleinigkeiten, die bald wieder vergessen sind. Manchmal führen sie aber auch dazu, dass die Ausbildung abgebrochen wird. So weit muss es aber nicht kommen. Zuerst sollten Sie prüfen, wer nach dem Gesetz Recht hat. Wenn Sie im Recht sind, müssen Sie einschätzen, ob Ihre Rechte auch im Betrieb durchsetzbar sind.
(→ Auf S. 350 finden Sie eine Anleitung zu einem Rollenspiel zu Konflikten im Betrieb.)

Berufsbildungsgesetz – die wichtigsten Rechte und Pflichten

Pflichten des Ausbildenden	Pflichten des Auszubildenden
• **Ausbildungspflicht:** Vermittlung der nötigen Kenntnisse und Fertigkeiten und der beruflichen Handlungsfähigkeit • **Pflicht zur Bezahlung der Ausbildungsvergütung** • Bereitstellung der Ausbildungsmittel (z. B. Werkzeuge) • Freistellung für Berufsschule • Es dürfen nur Arbeiten angeordnet werden, die dem Ausbildungszweck dienen und den körperlichen Kräften angemessen sind. • **Fürsorgepflicht:** Einhaltung der gesetzlichen Bestimmungen (z. B. Jugendarbeitsschutzgesetz, Arbeitszeitgesetz, Unfallschutzbestimmungen) • Pflicht zur charakterlichen Förderung der Auszubildenden • **Pflicht zur Ausstellung eines Zeugnisses**	• **Lernpflicht**: Aneignung der nötigen Kenntnisse und Fertigkeiten und der beruflichen Handlungsfähigkeit • Pflicht zur Führung eines Berichtshefts • Pflicht zum Besuch der Berufsschule • **Gehorsamspflicht**: Weisungen des Ausbildenden müssen befolgt werden. • Die Betriebsordnung und die Bestimmungen des Unfallschutzes müssen eingehalten werden. • **Sorgfaltspflicht**: Übertragene Arbeiten müssen sorgfältig erledigt werden, mit Werkzeug und Maschinen muss sorgfältig umgegangen werden. • **Schweigepflicht**: Betriebsgeheimnisse und Datenschutz müssen beachtet werden.

Recherche
my4j6s
Berufsbildungsgesetz, duale Ausbildung, Jugendarbeitsschutzgesetz

Wer gibt Rat? Wer hilft?

- **Die zuständige Kammer**: Sie ist für die Qualität der Ausbildung mitverantwortlich und hat eigene Ausbildungsberater, die zwischen Auszubildenden und Ausbildenden vermitteln können.
- **Die Gewerkschaft**: Sie vertritt die Interessen der Arbeitnehmer und Auszubildenden und weiß konkret, was das ausbildende Unternehmen darf und was es nicht darf (→ S. 241 ff.).
- **Die Jugend- und Auszubildendenvertretung im Betrieb (JAV)**: Sie vertritt die Interessen der Auszubildenden gegenüber den Ausbildern und Ausbildenden (→ S. 234).
- **Der Betriebsrat**: Er ist die Interessenvertretung aller Arbeitnehmer im Unternehmen. Dazu hat er laut Betriebsverfassungsgesetz Mitbestimmungsrechte (→ S. 237 ff.).
- **Die Lehrerinnen und Lehrer der Berufsschule**: Sie kennen die Rechte und Pflichten der Auszubildenden und des Betriebes ebenfalls genau und haben meist Erfahrungen mit betrieblichen Konflikten.
- **Die Berufsberatung der Agentur für Arbeit**: Bei schlechten Leistungen in der Berufsschule gibt es Unterstützung durch ausbildungsbegleitende Hilfen (ABH). Zudem kennt die Berufsberatung berufliche Alternativen und ggf. andere Ausbildungsbetriebe.

Vorzeitig gelöste Lehrverträge

Industrie und Handel	*24 %*
Handwerk	*39 %*
Öffentlicher Dienst	*7 %*
Freie Berufe	*29 %*
Landwirtschaft	*26 %*
Hauswirtschaft	*33 %*
Alle Bereiche	*29 %*

Statistisches Bundesamt (Stand 2013); Zahlen gerundet

Werktage

= Montag bis Samstag (30 Werktage entsprechen 5 Wochen)

Jugendarbeitsschutzgesetz – die wichtigsten Regelungen	
Arbeitszeit (§ 8)	Höchstens acht Stunden täglich (bei Schichtarbeit bis 11 Stunden) und 40 Stunden wöchentlich. Nicht mehr als fünf Tage in der Woche. Berufsschultage sind Arbeitstage. Sie werden auf die Ausbildungs- bzw. Arbeitszeit angerechnet und bezahlt. Keine Beschäftigung an Schultagen, wenn der Unterricht vor 9 Uhr beginnt und/oder mindestens fünf Unterrichtsstunden dauert.
Ruhepausen (§ 11)	Bei 4½ – 6 Stunden Arbeitszeit mindestens 30 Minuten, bei längerer Arbeitszeit mindestens 60 Minuten.
Freizeit (§ 13)	Täglich mindestens zwölf Stunden.
Arbeitsbeginn und -ende (§ 14)	Keine Beschäftigung vor 6 und nach 20 Uhr. (Ausnahmen ab 16 Jahren z. B. in Gaststätten, Bäckereien und Konditoreien; bei Schichtarbeit Arbeit bis 23 Uhr erlaubt.)
Wochenende (§§ 16 – 17)	Beschäftigung an Samstagen nur in Betrieben mit regelmäßiger Samstagsarbeit (z. B. Einzelhandel, Friseure, Gastronomie, Gesundheitswesen). Dafür muss ein Wochentag freigegeben werden. Beschäftigung an Sonn- und Feiertagen im Wesentlichen nur in der Gastronomie und im Gesundheitswesen erlaubt. Zwei Sonntage im Monat müssen frei bleiben.
Urlaub (§ 19)	Nach Alter gestaffelt. Für Jugendliche, die zu Beginn des Kalenderjahres noch nicht 16 Jahre alt sind: 30 Werktage, noch nicht 17-Jährige: 27 Werktage, noch nicht 18-Jährige: 25 Werktage.
Beschäftigungsverbote (§§ 22 – 23)	Keine Arbeiten, die die Leistungsfähigkeit übersteigen (z. B. Akkordarbeit); keine gefährlichen Arbeiten (Ausnahmen jeweils zu Ausbildungszwecken).
Ärztliche Untersuchung (§§ 32 – 33)	Erste Untersuchung frühestens 14 Monate vor Beginn der Beschäftigung. Nachuntersuchung in den letzten 3 Monaten des ersten Jahres (falls bis dahin noch minderjährig).

Auszug aus dem Berufsbildungsgesetz

§ 13: Auszubildende haben sich zu bemühen, die berufliche Handlungsfähigkeit zu erwerben, die zum Erreichen des Ausbildungsziels erforderlich ist. Sie sind insbesondere verpflichtet,
1) die ihnen im Rahmen ihrer Berufsausbildung aufgetragenen Aufgaben sorgfältig auszuführen,
2) an Ausbildungsmaßnahmen teilzunehmen, für die sie nach § 15 [Freistellung zum Besuch der Berufsschule und zu Prüfungen] freigestellt werden,
3) den Weisungen zu folgen, die ihnen im Rahmen der Berufsausbildung von Ausbildenden, von Ausbildern oder Ausbilderinnen oder von anderen weisungsberechtigten Personen erteilt werden,
4) die für die Ausbildungsstätte geltende Ordnung zu beachten,
5) Werkzeug, Maschinen und sonstige Einrichtungen pfleglich zu behandeln,
6) über Betriebs- und Geschäftsgeheimnisse Stillschweigen zu wahren.

§ 14 [Auszug]: (1) Ausbildende haben
7) dafür zu sorgen, dass den Auszubildenden die berufliche Handlungsfähigkeit vermittelt wird, die zum Erreichen des Ausbildungsziels erforderlich ist, und die Berufsausbildung in einer durch ihren Zweck gebotenen Form planmäßig, zeitlich und sachlich gegliedert so durchzuführen, dass das Ausbildungsziel in der vorgesehenen Ausbildungszeit erreicht werden kann, [...]
8) Auszubildenden kostenlos die Ausbildungsmittel, insbesondere Werkzeuge und Werkstoffe zur Verfügung zu stellen, die zur Berufsausbildung und zum Ablegen von Zwischen- und Abschlussprüfungen [...] erforderlich sind,
9) Auszubildende zum Besuch der Berufsschule sowie zum Führen von schriftlichen Ausbildungsnachweisen anzuhalten [...] und diese durchzusehen [...]

Gefährliche Arbeiten sind erlaubt, wenn sie zur Erreichung des Ausbildungsziels erforderlich sind und die Aufsicht durch eine fachkundige Person gewährleistet ist.

Auszug aus dem Jugendarbeitsschutzgesetz

§ 9:
1) Der Arbeitgeber hat den Jugendlichen für die Teilnahme am Berufsschulunterricht freizustellen. Er darf den Jugendlichen nicht beschäftigen
   1. vor einem vor 9 Uhr beginnenden Unterricht; dies gilt auch für Personen, die über 18 Jahre alt und noch berufsschulpflichtig sind,
   2. an einem Berufsschultag mit mehr als fünf Unterrichtsstunden von mindestens je 45 Minuten, einmal in der Woche,
   3. in Berufsschulwochen mit einem planmäßigen Blockunterricht von mindestens 25 Stunden an mindestens fünf Tagen; zusätzliche betriebliche Ausbildungsveranstaltungen bis zu zwei Stunden wöchentlich sind zulässig.
2) Auf die Arbeitszeit werden angerechnet
   1. Berufsschultage nach Absatz 1 Nr. 2 mit acht Stunden,
   2. Berufsschulwochen nach Absatz 1 Nr. 3 mit 40 Stunden,
   3. im übrigen die Unterrichtszeit einschließlich der Pausen.

Zusammenfassung: Rechte und Pflichten in der Ausbildung

Ausbildender

Pflichten:
- **Ausbildungspflicht**
- **Vergütungspflicht**
- Pflicht, Ausbildungsmittel zur Verfügung zu stellen
- Freistellungspflicht für Berufsschule
- Fürsorgepflicht
- Pflicht zur Ausstellung eines Zeugnisses

= **Rechte des Auszubildenden**

↑

Jugendarbeitsschutzgesetz

Einhaltung für Jugendliche, die zu Beginn des Kalenderjahres unter 18 Jahre alt sind, zwingend vorgeschrieben.

- Arbeitszeit
- Pausen
- Arbeitsbeginn und -ende
- Arbeit am Wochenende
- Urlaub
- Beschäftigungsverbote
- ärztliche Untersuchung

Auszubildender

Pflichten:
- **Lernpflicht**
- Pflicht, ein Berichtsheft zu führen
- Pflicht zum Besuch der Berufsschule
- Sorgfaltspflicht
- Gehorsamspflicht
- Schweigepflicht
- Wettbewerbsverbot

= **Rechte des Ausbildenden**

Hilfe/Unterstützung in Konfliktfällen z. B. durch:
- zuständige Kammer
- Gewerkschaft
- JAV
- Betriebsrat
- Lehrkräfte der Berufsschule
- Berufsberatung

Übungsaufgaben

● 1. Erstellen Sie eine Liste, was in Ihren Augen einen guten Ausbildungsbetrieb auszeichnet. Erstellen Sie eine Rangfolge, vergleichen und bewerten Sie die Ergebnisse in der Gruppe.

○ 2. Beschreiben Sie den Begriff „Wettbewerbsverbot“.

◒ 3. Der Begriff „Lernpflicht“ wird im Berufsbildungsgesetz in § 13 nicht genannt. Begründen Sie aus dem Wortlaut von § 13 (→ S. 178), warum man trotzdem von einer Lernpflicht sprechen kann. (→ S. 106 Mit Gesetzestexten arbeiten)

◒ 4. Analysieren Sie, ob in den folgenden Fällen gegen gesetzliche Vorschriften verstoßen wurde. Begründen Sie Ihre Einschätzung!

a) Wegen längerer Krankheit einer Mitarbeiterin im Verkauf muss Ayşe, 16 Jahre, am Samstag statt am Montag arbeiten.

b) Das Unternehmen Metalltechnik Mayer beschäftigt Auszubildende in Teilzeit: Die Berufsschultage gelten nicht als Arbeitszeit.

c) Der Ausbilder, Herr Hummel, weist Mike – Auszubildender im 1. Lehrjahr – an, in den nächsten zwei Monaten am Freitagnachmittag die Werkstatt zu fegen. Mike weigert sich.

d) Sandro, Bauschreiner, hilft seinem Kumpel Christoph samstags immer beim Ausbau von dessen Bude. Das benötigte Material sägt er in der Werkstatt seines Ausbildungsbetriebs zu.

Lernen für den Beruf

Handwerkskammer Düsseldorf

Fachkraft für Solartechnik/Solarteur®

Berufsbegleitender Vorbereitungskurs auf die Fortbildungsprüfung „Fachkraft für Solartechnik" vor der Handwerkskammer Düsseldorf.
140 Stunden Theorie und 60 Praxisstunden in den Gebieten

- **Energietechnik, Wärmetechnik, Elektrotechnik**
- **Solarthermische Anlagen**
- **Fotovoltaische Anlagen**
- **Wärmepumpen**

Teilnehmer: Handwerksmeister; Gesellen des Sanitär-, Heizungs- und Klimatechnik-Handwerks, des Elektrohandwerks mit mindestens zweijähriger Berufspraxis.

Dauer: 8 Monate (einmal wöchentlich, abends)

Ort: Handwerkszentrum Ruhr, Oberhausen

Kosten: 1690 € für Handwerker

Nächster Termin: 01.09.

Lernsituation

Murat arbeitet seit zweieinhalb Jahren in einem großen Sanitär- und Heizungsbaubetrieb als Geselle. Der Chef ist mit ihm zufrieden und hat ihn schon darauf angesprochen, ob er nicht die Zusatzausbildung zur Fachkraft für Solartechnik oder den Meister machen und im Unternehmen aufsteigen will. Das Angebot der Handwerkskammer für die Fortbildung zur Fachkraft für Solartechnik hat er schon mitgebracht.
Murat spricht mit seiner Freundin Nadine darüber. Die ist gleich Feuer und Flamme und telefoniert herum, wann der nächste Vorbereitungskurs auf die Meisterprüfung stattfindet. Murat geht das ein bisschen zu schnell. Erst will er wissen, was da alles auf ihn zukommt. Und außerdem gibt es sicher weitere Alternativen, wenn er beruflich weiterkommen will – andere Fortbildungen, den Wechsel in die Industrie …

Arbeitsauftrag

- Helfen Sie Murat bei seiner Entscheidung, indem Sie die berufliche Fortbildung zum Meister und zum Solarteur vergleichen und indem Sie die Möglichkeiten diskutieren, die sich dadurch jeweils eröffnen.

  1. Welchen Nutzen haben diese Fortbildungen für Murat und für seinen Betrieb? Vergleichen Sie!

  2. Die Meisterprüfung oder die Prüfung für eine Zusatzqualifikation stehen nicht am Ende der beruflichen Karriere. Was sind jeweils sinnvolle Fortsetzungen?

Recherche
q2f2t8
Weiterbildung, Zusatzqualifikationen, Meister

Warum lebenslanges Lernen?

Wissen veraltet. Oft ändern sich innerhalb weniger Jahre die Produktionstechniken, die Werkstoffe, die Arbeitsabläufe, die Tätigkeiten der Beschäftigten, die verwendeten IT-Programme, die Lieferanten und Kunden. Wichtig sind darum **Schlüsselqualifikationen**. Das sind Fähigkeiten und Kompetenzen, die für den Beruf wichtig, aber unabhängig von einem bestimmten Beruf sind. Sie helfen, die Arbeit selbstständig zu organisieren, Arbeitsabläufe sinnvoll zu gestalten und das Lernen zu lernen, d.h. sich auf Veränderungen der eigenen Arbeit einzustellen.
Wer sich nicht fortbildet, verliert den Anschluss und ist irgendwann den neuen Anforderungen nicht mehr gewachsen. Sein Risiko, arbeitslos zu werden, wird größer. Er gewinnt zwar an Erfahrung und Routine; aber das Wissen, das er in seiner Ausbildung erworben hat, verliert an Wert.

Je höher jemand in der betrieblichen Hierarchie steht, umso wertvoller ist er für das Unternehmen und umso mehr investiert dieses in seine **Fortbildung.** Manchmal sehen die Tarifverträge einige Tage im Jahr für Fortbildungsmaßnahmen vor. In Nordrhein-Westfalen und vielen anderen Bundesländern gibt es Regelungen für einen jährlichen bezahlten **Bildungsurlaub** (in der Regel fünf Tage).
Ein Teil der Fortbildung findet **innerbetrieblich** statt oder in **überbetrieblichen** Einrichtungen. Vieles wird von den Kammern angeboten, z.B. von der Industrie- und Handelskammer (IHK) oder im Handwerk von der Handwerkskammer (HWK) bzw. von den Innungen. Auch manche Hersteller bieten Fortbildungen für die Betriebe an, die ihre Produkte verwenden oder – wie im Kfz-Gewerbe – warten und reparieren.

Berufliche Fortbildung braucht aber die Eigeninitiative der Beschäftigten. Es wird erwartet, dass sie einen Teil ihrer Freizeit dafür opfern, sich auf dem Laufenden zu halten. Sie müssen sich das nötige Wissen eigenverantwortlich aneignen. Fortbildung, insbesondere der Erwerb von **Zusatzqualifikationen**, ist heute eine wichtige Voraussetzung für die Karriere. Die Fortbildungsbereitschaft steht weit oben in der Liste

der Anforderungen der Unternehmen an ihre Beschäftigten. Neben der **Anpassungsfortbildung**, die die Qualifikation für den jetzigen Arbeitsplatz sichern hilft, gibt es die **Aufstiegsfortbildung** für Mitarbeiter, die im Unternehmen Karriere machen wollen.

Auch das Unternehmen profitiert von der Fortbildung seiner Beschäftigten: Mitarbeiter, die auf dem Laufenden sind, die über die neuesten Kenntnisse verfügen, arbeiten produktiver und effizienter. Sie sind vielseitiger einsetzbar. Ihre Fachkompetenz gegenüber Kunden ist ein Wettbewerbsvorteil.
Und eine gute betriebliche Fortbildung wirkt sich oft positiv auf die Motivation der Belegschaft aus.

Fortbildung im Beruf: die Meisterprüfung

Im Handwerk ist die Meisterprüfung für viele das Karriere-Sprungbrett: für den Aufstieg im Betrieb, für die Gründung eines eigenen oder die Übernahme eines bestehenden Handwerksbetriebs. Der Meisterprüfung sind andere Prüfungen gleichgestellt, die in Deutschland oder einem anderen EU-Staat erworben wurden.

Wer die Meisterprüfung besteht, wird in der Handwerksrolle des betreffenden Handwerks eingetragen. Die **Meisterpflicht** gibt es noch in 41 Handwerken (Stand 2015). Der Hinweis „Meisterbetrieb" im Briefkopf ist ein Wettbewerbsvorteil, besonders bei anspruchsvollen Arbeiten. Wer Meister ist, darf Lehrlinge aus-

Fortbildung

Weiterbildung im erlernten Beruf

Bestandene Fortbildungsprüfungen

Kaufmännischer Bereich	*55 000*
davon Fachwirte Handel	*31 000*
Gewerblicher Bereich	*45 000*
davon Industriemeister	*10 000*
davon Handwerksmeister	*23 000*
Alle bestandenen Prüfungen	*103 000*

Datenreport zum Berufsbildungsbericht 2014, Zahlen gerundet

Karrierewege in der Industrie – Beispiele

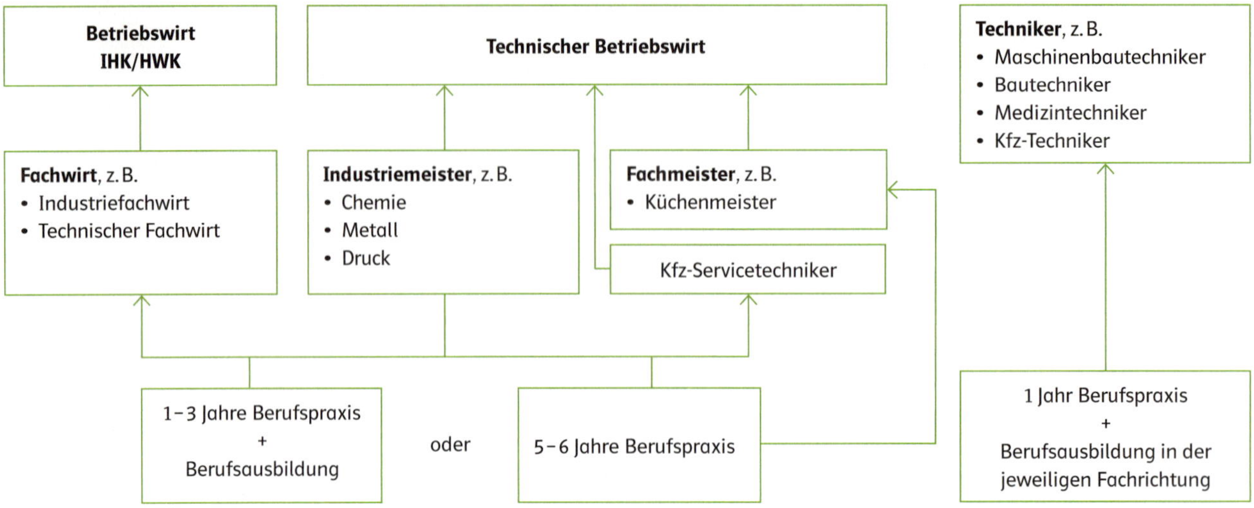

Umschulung

Erlernen eines anderen Berufs

Vorbereitungskurse zur Meisterprüfung – ein Beispiel

Meisterprüfung im Installateur- und Heizungsbauer-Handwerk (Teilzeit)
Zeit: zweimal wöchentlich 18–21 Uhr, teilweise samstags 8–15 Uhr
Dauer: 24 Monate
Kosten: 3 220 €

bilden und muss nicht die Ausbildereignungsprüfung ablegen.

Auch in der Industrie gibt es Meister, die **Industriemeister.** Sie stehen in der betrieblichen Rangordnung zwischen den Facharbeitern und den Technikern. Die Möglichkeiten der Fortbildung und des innerbetrieblichen Aufstiegs sind in der Industrie vielfältiger als im Handwerk. Auf die Prüfung bereiten die Meisterschulen vor, die an staatlichen Schulen, von den Kammern (HWK, IHK) oder von privaten Trägern angeboten werden. Die Meisterprüfung ist im Handwerk eine staatliche Prüfung vor einem Prüfungsausschuss der HWK. In der Industrie ist es eine IHK-Prüfung. Die Fortbildung zum Meister wird staatlich gefördert (Meister-BAFöG).

Umschulung

Eine Weiterbildung, die sich auf einen anderen Beruf oder auf eine andere Qualifikation bezieht als die ursprünglich erworbene, nennt man **Umschulung**. Etwa die Hälfte aller Arbeitnehmerinnen und Arbeitnehmer ist heute nicht mehr im erlernten Beruf tätig. Die einen sind nach der Ausbildung nicht untergekommen. Andere haben den Beruf nach Mutterschaft und Elternzeit gewechselt. Die dritte Gruppe ist mit ihrer beruflichen Situation unzufrieden und will etwas Neues anfangen. Die vierte Gruppe schließlich hat ihre Arbeit wegen der Veränderungen in der Berufswelt verloren, zum Beispiel als Folge von Rationalisierung, technischen Innovationen oder der Verlagerung von Arbeiten ins Ausland.

Erfolgreich sind berufliche Umschulungen vor allem dann, wenn sich eine Brücke schlagen lässt von der alten zur neuen Tätigkeit, wenn ich beispielsweise die kaufmännischen Kenntnisse aus meinem Erstberuf verwenden kann.

Zweiter Bildungsweg

Manchmal stößt die Karriere im Beruf an eine andere Grenze: Für die Fortsetzung ist ein Studium nötig und davor ein höherer Schulabschluss wie Abitur oder Fachhochschulreife.
Die verschiedenen Möglichkeiten, versäumte Schulabschlüsse nachzuholen, werden als zweiter Bildungsweg bezeichnet.
In den vergangenen Jahren sind außerdem Zugangsmöglichkeiten zu den Hochschulen für Berufstätige ohne Abitur geschaffen worden, z. B. für Meister im Handwerk oder in der Industrie. Diese Möglichkeiten sind von Bundesland zu Bundesland unterschiedlich.

Zusammenfassung: Lernen für den Beruf

Berufliche Fortbildung

Anpassungsfortbildung

zusätzliche Qualifikationen im erlernten Beruf

Beispiele:
- Lehrgänge
- Fremdsprachenkurse

Aufstiegsfortbildung

Höherqualifizierung

Beispiele:
- zweiter Bildungsweg
- Meisterprüfung

Ziele
- Karriere
- Spezialisierung
- geringeres Risiko von Arbeitslosigkeit
- Gründung eines eigenen Unternehmens (z. B. im Handwerk)

Probleme
- Finanzierung
- Unterbrechung der Berufstätigkeit
- zeitliche Belastung/Vereinbarkeit mit Familie

Umschulung
- Erlernen eines neuen Berufs
- Erwerb andersartiger Qualifikationen

Ziele
- bessere Chancen auf dem Arbeitsmarkt
- berufliche Neuorientierung

Übungsaufgaben

1. Ordnen Sie die folgenden Fälle der Anpassungsfortbildung bzw. der Aufstiegsfortbildung zu:
   A Betriebliche Schulung zur Umstellung auf ein neues Konstruktionsprogramm in der EDV
   B Ablegung der Ausbildereignungsprüfung
   C Seminar zum Konfliktmanagement für Führungskräfte
   D Kurs der Volkshochschule über technisches Englisch
   E Besuch der Technikerschule

2. In vielen Handwerken gibt es keine Meisterpflicht mehr. Erläutern Sie, warum es dennoch Sinn macht, die Meisterprüfung abzulegen.

3. Anke ist seit drei Jahren als Friseurin beschäftigt. Sie möchte sich zur Kosmetikerin weiterbilden, ohne die Berufstätigkeit zu unterbrechen. Zwei Angebote sagen ihr zu. Sie ist sich unsicher, für welches sie sich entscheiden soll.
   Ermitteln Sie einen Vorteil und einen Nachteil für jedes Angebot und empfehlen Sie eines von beiden. Begründen Sie Ihre Empfehlung.

1. Angebot

Fernstudium zur Bio-Fachkosmetikerin
- Dauer etwa 9 Monate
- Zeitaufwand 4–6 Stunden/Woche
- 3 Studienbriefe mit dem Stoff von jeweils 3 Monaten
- Erlernte Griffe sollen an Bekannten und Verwandten geübt werden (gegen Zusatzkosten auch Übungsmöglichkeit in der Schule)
- Ausstellung einer Urkunde am Ende des Kurses
- Kosten ca. 1230 €.

2. Angebot:

Abendschule zur Kosmetikerin
- Schulort etwa 10 km entfernt
- Dauer 18 Monate
- Schultage Mo–Mi, 19:30–21:00
- Kosten: 170 € im Monat; außerdem Prüfungsgebühr (170 €) und Nebenkosten (ca. 600 €)
- Prüfung und Ausstellung einer Urkunde am Ende des Kurses.

Berufliche und private Lebensplanung

Lernsituation

Franziska und Esther sitzen im Bus. Es ist Freitagnachmittag; die Arbeit liegt hinter ihnen, das ganze Wochenende vor ihnen. Die beiden kennen sich seit der Grundschule. Franziska macht eine Ausbildung als Friseurin, Esther bereitet sich auf das Fachabitur vor.

Franziska: Also wenn ich mit Andy zusammenbleibe, dann will ich eine große Wohnung haben und drei Kinder.

Esther: Du und Kinder! Nie im Leben!

Franziska: Doch, mit Andy schon. Aber erst mache ich meinen eigenen Friseursalon auf.

Esther: Wie soll denn das gehen? Erst ein Salon und dann drei Kinder! Die sollen wohl den ganzen Tag den Kundinnen zwischen den Beinen rumkrabbeln?

Franziska: Einfach ist es nicht. Ich will aber beides haben und nicht so rumhängen wie meine Mutter, die bloß noch als Aushilfe an der Kasse sitzt, weil sie so lang nur zu Hause war. Und jetzt jammert sie rum, dass sie wegen uns den Beruf aufgegeben hat.

Esther: Was sagt eigentlich Andy dazu?

Franziska: Keine Ahnung. Ich hab' noch nicht mit ihm drüber gesprochen.

Arbeitsauftrag

- Machen Sie Franziska Vorschläge, inwieweit sich ihre Zukunftspläne umsetzen lassen und welche Kompromisse sie vermutlich eingehen muss. Erarbeiten Sie eine Liste mit möglichen Konflikten und Risiken:

  1. Welche Konflikte zwischen Franziskas Zielen für die Zukunft gibt es?
  2. Mit welchen Risiken sind Franziskas Pläne verbunden?
  3. Wie beurteilen Sie die Vorstellung, sich mit einem eigenen Salon selbstständig zu machen?

Recherche
z42uu2
statistische Daten zur Gleichstellung, Lebensformen, Frauenförderung

Mein eigenes Leben leben

Wie wollen Sie leben? In erster Linie geht es um private und berufliche Fragen:

- Wie wichtig ist mir der Beruf? Will ich beruflich Erfolg haben und Karriere machen? Geht es mir um die Freude an der Arbeit oder um ein möglichst hohes Einkommen?
- Möchte ich den Lebensunterhalt als Arbeitnehmer verdienen oder ein eigenes Unternehmen gründen?
- Möchte ich alleine leben oder mit anderen zusammen? Möchte ich Familie haben?
- Welche Rolle spielt der Freundeskreis?
- Wie wichtig sind mir Hobbys?
- Wo möchte ich wohnen, arbeiten, leben?

Männer und Frauen beantworten diese Fragen unterschiedlich, jüngere Menschen anders als ältere. Jeder hat seine individuelle Antwort, seine individuelle Rangfolge. Jedem ist klar, dass sich nicht alle Lebensziele gleichermaßen und gleichzeitig verwirklichen lassen.
Eine Theorie über die Rangordnung der menschlichen Bedürfnisse hat der Psychologe **Abraham Maslow** aufgestellt. Die von ihm entwickelte **Bedürfnispyramide** zeigt, dass die Erfüllung der Grundbedürfnisse, die die Basis seiner Pyramide bilden, in unserem Alltag kein großes Problem ist. Die Entscheidungen fallen weiter oben: Welche Art von sozialer Wertschätzung ist mir wichtig, welche Form der Selbstverwirklichung? Auch in der Gestaltung der sozialen Beziehungen gibt es heute große Freiheiten.
Die unterste Stufe der Pyramide ist die Sicherung der physischen Existenz – ein Überlebensprogramm. Jede Stufe schafft die Voraussetzungen für die nächsthöhere. Je höher die Stufe, umso mehr Freiheiten, Spielräume, Alternativen eröffnen sich. Maslow bezeichnet die Bedürfnisse der unteren drei Stufen als **Defizitbedürfnisse**: Wenn sie erfüllt sind, gibt es kein Bedürfnis nach noch mehr. Wer genug geschlafen hat, ist ausgeschlafen. Wenn der Magen voll ist, ist der Hunger weg. Die Bedürfnisse der oberen zwei Stufen nennt er **unstillbare Bedürfnisse**. Damit ist gemeint, dass diese Bedürfnisse keine Grenze kennen. Wer sich durch das Malen von Bildern selbst verwirklicht, hört nicht nach fünf Bildern auf.

Formen des Zusammenlebens

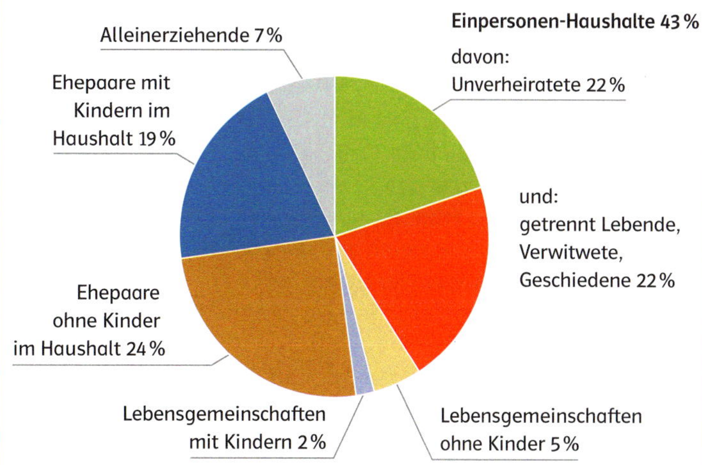

Statistisches Bundesamt; Ergebnisse des Mikrozensus 2013, Zahlen gerundet

Bedürfnispyramide nach Maslow

Wandel des Zusammenlebens

Noch vor fünfzig Jahren war die Ehe die einzig allgemein anerkannte Form des Zusammenlebens. Über 90 Prozent der Bevölkerung haben damals geheiratet. Kinderlose Ehen waren die Ausnahme. Viele Ehen waren sogenannte **Versorgerehen**, in denen der Mann arbeitete und die Frau sich um Haushalt und Nachwuchs kümmerte. Heute gibt es neben der Ehe eine Vielzahl **alternativer Lebensformen** (→ S. 185 Grafik), die gesellschaftlich weitgehend anerkannt sind:

- Singles,
- kinderlose Ehen oder Partnerschaften,
- Wochenendbeziehungen, Wochenendfamilien,
- alleinerziehende Mütter und Väter,
- homosexuelle Paare mit und ohne Kinder,
- freie Wohn- und Lebensgemeinschaften, Patchwork-Familien.

Neue Chancen für Frauen ...

Vom gesellschaftlichen Wandel haben in erster Linie die Frauen profitiert. Sie sind nicht mehr auf die Rolle der Hausfrau und Mutter festgelegt. Unverheiratete Frauen genießen nicht weniger Ansehen als verheiratete. Junge Frauen haben keine schlechtere Schul- und Berufsausbildung als die Männer. Sie stellen heute die Mehrzahl der Abiturienten und der Studenten. Ihre Berufstätigkeit ist selbstverständlich und gibt ihnen wirtschaftliche Unabhängigkeit vom Mann. Sie erwerben damit auch einen eigenen Rentenanspruch.
Diese neue Freiheit ist sicher eine Ursache dafür, dass mehr Frauen kinderlos bleiben. Kinderlosigkeit ist kein Makel mehr; eher ist man erstaunt, wenn Familien fünf Kinder und mehr haben.

... und ihre Schattenseiten

Wenn eine Frau beides will, Kinder und Karriere, kommt es manchmal zu Konflikten. In Umfragen erklären Männer wie Frauen, dass beruflicher Aufstieg für beide Partner gleich wichtig sein sollte. In der Praxis machen aber vor allem die Männer und die kinderlosen Frauen Karriere. Die Hälfte der verheirateten Männer macht Karriere, aber nur ein Viertel der verheirateten Frauen. In einer Partnerschaft ist es offenbar eher die Frau, die zurücksteckt.

Lebensentwürfe – mehr Freiheit für Frauen?

Eine Frau hat bei ihrem Lebensentwurf in unserer Gesellschaft mehr Wahlmöglichkeiten als ein Mann. Welchen Lebensentwurf sie auch wählt, es gibt jedoch immer eine Personengruppe, die sie deswegen angreift:
- Ist eine Frau Mutter und übt sie gleichzeitig keinen Beruf aus, so ist sie eine ‚Nur-Hausfrau' ...
- Ist eine Frau berufstätig und hat sie keine Kinder, so gilt sie als eine ‚Karrierezicke'.
- Hat eine Frau Kinder und ist sie berufstätig, so ist sie eine schlechte Mutter, gar eine ‚Rabenmutter'.

Und da – gleich welchen Lebensentwurf eine Frau wählt – sich immer eine Personengruppe findet, die den gewählten Lebensentwurf anfeindet, kann eine Frau frei wählen, für welchen sie angegriffen wird. Wichtig ist jedoch, sich im eigenen privaten Umfeld mit Personen zu umgeben, die den eigenen Lebensentwurf ... respektieren. ...
Dagegen haben Männer weniger Wahlmöglichkeiten. Sie sollen der Ernährer der Familie sein und auch Karriere machen. ... Hausmänner erhalten wenig bis gar keine gesellschaftliche Anerkennung.

Monika Henn, Die Kunst des Aufstiegs, Frankfurt/Main 2008, S. 160 f.

Wegen der Kindererziehungszeiten scheiden viele Frauen zumindest zeitweise aus dem Berufsleben aus. Diese Unterbrechung führt, ebenso wie die Teilzeitarbeit, oft zu einem **Karriereknick.** Sie ist einer der Gründe, warum Frauen im Durchschnitt weniger verdienen als Männer.
Die Chancen für Frauen auf einen erfolgreichen Wiedereinstieg in den Beruf steigen, wenn sie während ihrer Auszeit Kontakt zum Arbeitgeber halten und an Weiterbildungen teilnehmen. Damit der Wiedereinstieg klappt, müssen genügend Betreuungsangebote für Kinder vorhanden sein, die finanzierbar sind. Außerdem muss die Unternehmenskultur stimmen: Erleichtert der Betrieb mir den Wiedereinstieg? Nimmt er Rücksicht auf meine familiären Verpflichtungen?

Und was heißt das für mich persönlich?

Entscheidungen über Kinder und Karriere betreffen in einer Partnerschaft immer beide. Sie sollten gemeinsam besprochen und bewusst getroffen werden. Gerade wenn es für die Frau darum geht, weder auf Kinder noch auf Erfolg im Beruf zu verzichten, braucht sie einen Partner, der sie nicht nur mit Worten unterstützt, sondern auch das WC putzt und die Kinder vom Kindergarten abholt.
Job und Familie lassen sich in Deutschland nicht in allen Berufen gleichermaßen unter einen Hut bringen. In manchen Berufen mit hohem Männeranteil gibt es Schwierigkeiten, weil weder die männlichen Kollegen noch das Unternehmen auf Frauen mit kleinen Kindern eingerichtet sind. Auch den Arbeitgeber des Partners muss ich mir genau auf seine Familienfreundlichkeit hin ansehen. Männer, die für die Familie im Beruf zurückstecken, haben oft einen schweren Stand.
Work-Life-Balance: Die Frage nach der Balance zwischen Arbeit und Privatleben betrifft aber nicht nur Frauen. In manchen Berufen und Unternehmen wird von den Mitarbeitern erwartet, dass sie ständig erreichbar sind oder dass sie die liegen gebliebene Arbeit mit nach Hause nehmen. Die Grenze zwischen Beruf und Freizeit verschiebt sich dadurch. Gerade Menschen, die gerne arbeiten und im Beruf erfolgreich sind, versäumen es leicht, Grenzen zu ziehen. Sie setzen damit nicht nur ihre Gesundheit, sondern auch ihr privates Glück aufs Spiel.

Teilzeitarbeit bei Männern und Frauen

9% der Männer arbeiten Teilzeit, davon 9% aus familiären Gründen

45% der Frauen arbeiten Teilzeit, davon 55% aus familiären Gründen

Statistisches Bundesamt (2012)

Männer und Frauen in den verschiedenen Leistungsstufen und ihre Bezahlung

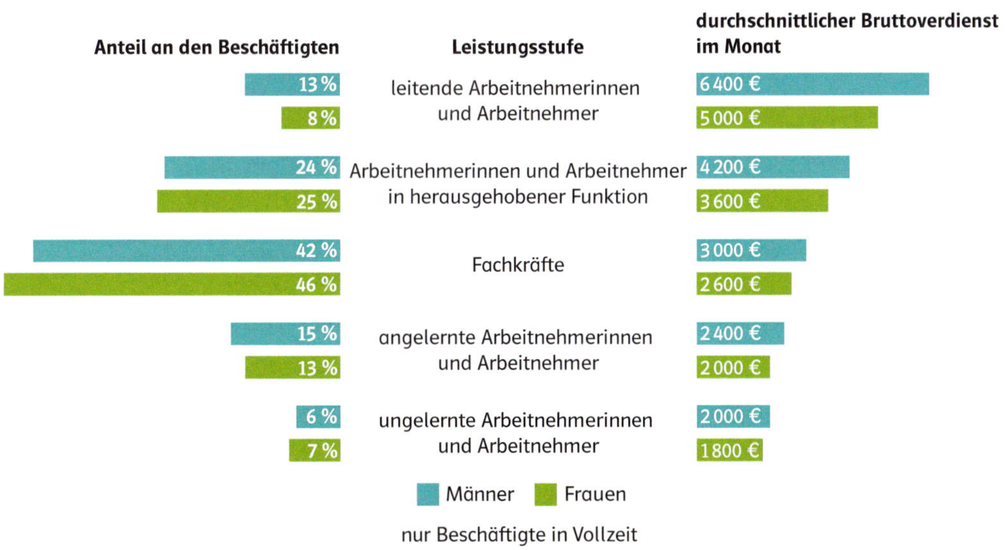

Statistisches Bundesamt: Datenreport 2013 (Stand 2012), Zahlen gerundet.

Lesebeispiel:

8% der Frauen und 13% der Männer waren 2012 in leitender Position beschäftigt. Die Männer verdienten in dieser Position im Durchschnitt 6400 € brutto im Monat, 1400 € oder 28% mehr als die Frauen.

Zusammenfassung: Berufliche und private Lebensplanung

Berufliche Lebensplanung

↓

Ziele

- Karriere
- Verantwortung übernehmen
- hohes Gehalt
- Selbstverwirklichung
- Selbstständigkeit
- …

Private Lebensplanung

↓

Ziele

- soziale Kontakte
- Familie, Partnerschaft
- Kinder
- Freizeit/Hobbys
- Wohnsituation
- …

↓

Konflikte

- Vereinbarkeit von Familie und Beruf
- Work-Life-Balance

Übungsaufgaben

1. Stellen Sie anhand der Grafik *Formen des Zusammenlebens* (→ S. 185) fest,
   a) in wie viel Prozent der Haushalte Kinder leben,
   b) wie viel Prozent der Kinder außerhalb einer Ehe aufwachsen.

2. Definieren Sie den Begriff Work-Life-Balance.

3. Vergleichen Sie auf S. 172 die häufigsten Lehrberufe männlicher und weiblicher Jugendlicher.
   a) Welche Art von Berufen steht jeweils im Vordergrund?
   b) Suchen Sie nach Gründen für diese Unterschiede.

4. Lesen Sie das Buchzitat auf S. 186.
   a) Erklären Sie, welche Vor- und Nachteile Frauen im Vergleich zu Männern bei der Gestaltung ihres Lebens haben.
   b) Beurteilen Sie die Ansicht der Verfasserin.

5. Geben Sie die Kernaussagen der Grafik *Männer und Frauen in den verschiedenen Leistungsstufen und ihre Bezahlung* auf S. 187 wieder. Erläutern Sie, inwiefern darin eine Benachteiligung der Frauen zum Ausdruck kommt.

6. Betrachten Sie die unten stehende Karikatur.
   a) Erläutern Sie ihre Aussage in eigenen Worten.
   b) Geben Sie der Karikatur eine Überschrift.

Chancen und Risiken von Berufen

Lernsituation

Nico: In sechs Wochen hau ich ab. In Rostock macht'n Kumpel von mir'n Tattoo-Studio auf. Da krieg ich 'nen Job. Vielleicht kann ich später den Laden sogar übernehmen. Kannste massig Kohle mit machen.
Olli: Mit 'nem Tattoo-Studio?! Dass ich nicht lache! Der Hype ist längst rum. Heute machste viel Geld, wenn du den Leuten ihr Tattoo wieder weglaserst.
Nico: Gibt immer noch genug, die sich eins machen lassen. Außerdem hab ich keinen Schimmer, wie das mit dem Wegmachen geht.
Ralf: Also ich würde nie nach Rostock gehen. Mir gefällt's hier. Und meinen Job würd' ich nie für so was aufgeben.
Nico: Klar. Du sitzt noch in dreißig Jahren im gleichen miefigen Büro und zeichnest deine Entwürfe, und nur die Chefs über dir wechseln.
Ralf: Es gibt Schlimmeres. Immerhin habe ich meinen Job sicher.
Olli: Den Job zeig mir mal, der heute sicher ist!
Ralf: Es gibt Unterschiede! Wer gut ist, muss sich keine Sorgen machen.
(Pause. Alle nehmen einen Schluck.)
Olli: Man muss immer rechtzeitig aussteigen. Die Ersten haben sich mit ihren Tattoo-Studios dumm und dämlich verdient. Aber die sind längst wieder draußen.
Ralf: So, jetzt musst du mir bloß noch sagen, wann „rechtzeitig" ist, dann bin ich in zwei Jahren Millionär.

Arbeitsauftrag

- Mischen Sie sich in die Debatte ein. Diskutieren Sie, wo Nico, Olli und Ralf recht haben und welche ihrer Aussagen nicht oder nur teilweise stimmen.

1. Wie verändert sich heutzutage die Berufswelt? Vergleichen Sie die Aussagen der drei jungen Männer. Wer sieht eher die Chancen, wer eher die Risiken dieser Veränderungen?
2. Wie gehen Olli, Nico und Ralf mit diesen Veränderungen um? Bewerten Sie ihr Verhalten.
3. Warum ist es schwer, anderen Leuten bei beruflichen Veränderungen Ratschläge zu geben? Begründen Sie Ihre Aussage.

Normalarbeitsverhältnis

unbefristetes Vollzeit-Arbeitsverhältnis mit geregelter Arbeitszeit; bezahlt wird nach Tarif und arbeitsrechtliche Schutzvorschriften werden eingehalten

Die beliebtesten neuen Ausbildungsberufe

1. *Fachinformatiker*
2. *Mechatroniker*
3. *Automobilkaufmann*
4. *Maschinen- und Anlagenführer*
5. *Mediengestalter Digital und Print*

Ausbildungsberufe mit über 3000 Verträgen; Rangfolge nach BIBB-Report 2014

Übernahmequote von Auszubildenden nach Betriebsgröße

1–9 Beschäftigte → 50 %
10–49 Beschäftigte → 64 %
50–499 Beschäftigte → 70 %
500 und mehr Beschäftigte → 79 %

Durchschnitt → 66 %

BIBB-Report 2014

Wandel der Arbeitswelt

Bei den Menschen, die zwischen 1950 und 1970 eine Ausbildung machten, war mit der Berufswahl die berufliche Laufbahn meist vorgezeichnet. Heute herrscht Unsicherheit. Niemand kann mehr erwarten, dass sein beruflicher Weg geradlinig und ohne Unterbrechungen verläuft. Die Berufswelt ist so raschen Veränderungen unterworfen, dass Vorhersagen für einen einzelnen Beruf oft unmöglich sind.
Die jungen Arbeitnehmer von heute treten mit einer besseren Qualifikation an als ihre Eltern oder Großeltern; dennoch ist ihre berufliche Zukunft unsicherer. Die Rahmenbedingungen der Arbeit verändern sich auf allen Ebenen:

- **Veränderung der Arbeitsinhalte** und der benötigten Qualifikationen;
- **Veränderung der Arbeitsorganisation**: Teamarbeit und selbst organisierte Arbeit nehmen zu; gearbeitet wird an verschiedenen Orten und zu unterschiedlichen Zeiten, je nach betrieblichem Bedarf;
- **Rückgang der Normalarbeitsverhältnisse** (d. h. Vollzeitbeschäftigung mit unbefristetem Arbeitsvertrag): Immer mehr Arbeitnehmer sind in Teilzeit oder nur geringfügig beschäftigt, bekommen nur einen befristeten Arbeitsvertrag oder leisten Arbeit auf Abruf.

Ein Zeichen der geschwundenen beruflichen Sicherheit ist auch, dass Zeiten der Arbeitslosigkeit oder der Umschulung völlig normal geworden sind.

Strukturwandel der Wirtschaft

Der Strukturwandel der Wirtschaft hat sich beschleunigt. Im Pfälzer Wald etwa haben die Menschen (neben der Landwirtschaft) 500 Jahre lang vom Bergbau und der Eisenverhüttung gelebt. Vor gut 100 Jahren wurden die Gruben stillgelegt, weil sie wegen neu entwickelter Verfahren der Verhüttung unrentabel geworden waren. Dann kam die Schuhindustrie. Die hielt sich 50 Jahre, bis sie in Billiglohnländer verlagert wurde. Was kommt jetzt? Und wie lange wird diese Branche bleiben?
Ursachen von Strukturwandel sind:

- **neue Technologien** (im Beispiel der Niedergang des Bergbaus);
- **veränderte internationale Arbeitsteilung**: Globalisierung (im Beispiel die Verlagerung der Schuhindustrie);
- **Veränderungen der Nachfrage**: Vor etwa 25 Jahren sind beispielsweise überall Sonnenstudios entstanden. Von denen sind viele wieder verschwunden, weil sich die Menschen

Recherche
kr728r
Statistiken zu Berufen, Qualifikation, Berufsbildungsbericht

der Gesundheitsgefahren bewusst geworden sind und künstliche Bräune nicht mehr so gefragt ist.

Die Zukunft der Arbeit

So viele Erwerbstätige arbeiten in diesen Bereichen (in 1000)

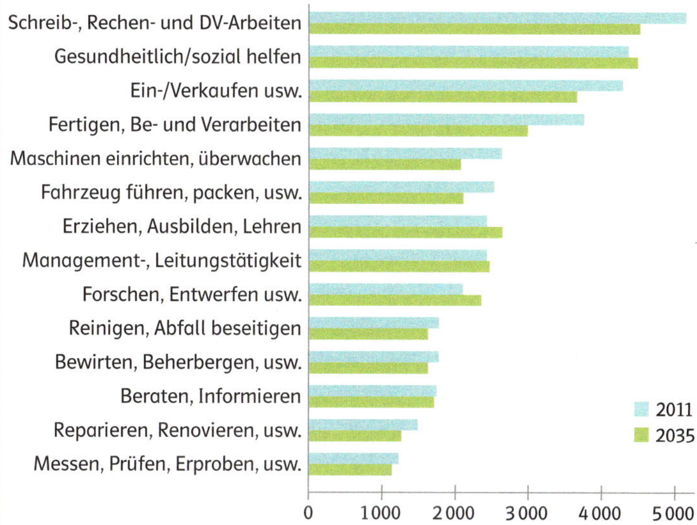

Vereinigung der Bayerischen Wirtschaft (Hrsg.): Arbeitslandschaft 2035. Studie der Prognos AG, München 2012, S. 42 (gekürzt)

Traditionelle und neue Berufe

Am raschesten verläuft der berufliche Wandel im Gewerbe. Aber auch hier gibt es Berufe, die sich nur langsam verändern: Verkäuferin im Nahrungsmittelhandwerk, Floristin, Friseurin, Medizinische Fachangestellte. Allesamt traditionelle Berufe im Bereich der persönlichen Dienstleistungen, die es auch in Zukunft geben wird. Der Bedarf schwankt weniger als in der Industrie.
Neue Berufe kommen in den Medien groß raus. Welche von ihnen Zukunft haben, weiß man oft erst nach einigen Jahren – beim Blick auf die Zahl der Auszubildenden, der Beschäftigten und der Arbeitslosen in diesem Beruf. Der Mechatroniker ist ein Renner, der Speiseeishersteller eher nicht. Statistiken zu allen wichtigen Berufen findet man im Internet.
Hoch spezialisierte Nischenberufe haben einen Nachteil: Was ist, wenn der Bedarf zurückgeht? In welchen Nachbarberufen kann ich dann arbeiten?

Modeberufe

Manche Ausbildungen sind völlig überlaufen. Dazu zählen vor allem kaufmännische Berufe wie der Bankkaufmann, aber auch der Fotograf oder die Tiermedizinische Fachangestellte. Überlaufen sind insbesondere Berufe, die ein hohes Ansehen genießen, in denen für die Zukunft ein hoher Arbeitskräftebedarf angenommen wird oder die gute Chancen für die Selbstverwirklichung bieten, z. B. weil man in künstlerischen Berufen das Hobby zum Beruf machen kann.
Ob der Alltag in diesen Berufen die hohen Erwartungen erfüllt, ist eine andere Frage. Mitunter sind gerade hier die Arbeitsbedingungen erbärmlich, ist die Bezahlung mies und hangeln sich viele junge Menschen von Praktikum zu Praktikum. Modeberufe können so zur Sackgasse werden. Andererseits ist es auch keine Lebensperspektive, einen Beruf zu erlernen und auszuüben, der einen anödet, bloß weil die Berufsberaterin oder Onkel Manfred gesagt haben, dass er Zukunft hat.

Vorteil für qualifizierte Arbeit

Die Arbeitslosenzahlen sprechen eine klare Sprache: Je niedriger die Qualifikation, umso höher ist das Risiko der Arbeitslosigkeit und umso größer sind die Schwankungen, umso öfter folgen auf Einstellungen Entlassungen. In der Krise scheuen sich die Unternehmen, hoch qualifizierte Arbeitnehmer zu entlassen, weil sie nur schwer und nur mit hohen Kosten Ersatz finden, sobald die Geschäfte wieder besser laufen. Diese Arbeitskräfte sind knapp; ihre Einarbeitung ist teuer. Wenn sie entlassen werden, geht wichtiges Wissen verloren.

Neue Arbeitsformen

Viele der in den vergangenen Jahren neu geschaffenen Arbeitsplätze sind keine Normalarbeitsverhältnisse. Die Unternehmen reagie-

Formen der Beschäftigung	2001	2013
Normalarbeitsverhältnisse	80 %	76 %
andere Arbeitsverhältnisse	20 %	24 %
darunter:		
befristete Beschäftigung	7%	8%
*Teilzeitbeschäftigung**	14 %	16 %
Minijobs	6 %	8 %
Zeitarbeit	1%	2%

*unter 20 Stunden/Woche
Statistisches Bundesamt (Zahlen gerundet)

ren auf eine höhere Nachfrage oft nicht durch eine Erhöhung der Stammbelegschaft. Sie fangen Arbeitsspitzen z. B. durch Überstunden, Einstellung von Leiharbeitern und befristete Arbeitsverträge ab oder durch die Vergabe von Arbeit nach außen (Outsourcing). Teilzeitarbeit erleichtert es den Unternehmen, schnell auf Schwankungen der Nachfrage zu reagieren.

- **Leiharbeit**: Die Arbeitnehmer werden von einer Zeitarbeitsfirma an ein Unternehmen ausgeliehen. Sie haben einen (in der Regel unbefristeten) Arbeitsvertrag mit der Zeitarbeitsfirma.
- **Befristete Beschäftigung**: Solche Arbeitsverträge werden vor allem mit Berufsanfängern oder projektbezogen geschlossen. Sie müssen nicht gekündigt werden, sondern enden automatisch.
- **Teilzeitarbeit**: Fast 90 Prozent der in Teilzeit oder als Minijobber Beschäftigten sind Frauen. Häufig werden sie flexibel eingesetzt, bzw. leisten Arbeit auf Abruf.
- **Minijobs**: Wer bis 450 Euro verdient, zahlt keine Steuern und fast keine Abgaben. Minijobber stellen in manchen Branchen einen hohen Anteil der Beschäftigten (Gebäudereinigung, Gastgewerbe).
- **Neue Selbstständige**: Unternehmen vergeben Arbeitspakete als Auftrag an freie Mitarbeiter oder Subunternehmer. Diese arbeiten als Selbstständige und müssen selbst für ihre soziale Absicherung und ihre Vertretung im Krankheitsfall sorgen. Neue Selbstständige gibt es auf allen Qualifikationsebenen, vom Paketzusteller bis zum Ingenieur.

Diese Formen der Beschäftigung wälzen einen Teil des Risikos auf die Beschäftigten ab. Arbeitsinhalte und Arbeitsumfang werden von Phase zu Phase vertraglich neu vereinbart. Zeiten der Arbeitshetze wechseln mit Zeiten der Unterbeschäftigung oder Arbeitslosigkeit. Dies erfordert von den Beschäftigten mehr Flexibilität, unter Umständen auch den Wechsel in andere Aufgaben und Tätigkeiten. Probleme bringen diese Arbeitsformen oft auch im Alter. Wer wenig verdient hat (z. B. als geringfügig Beschäftigter oder Leiharbeiter), bekommt im Alter auch eine niedrige Rente. Viele Selbstständige sind derzeit (2015) gar nicht verpflichtet, für das Alter vorzusorgen. Wenn sie keine private Rentenversicherung abgeschlossen haben, müssen sie von ihren Ersparnissen leben oder über das Rentenalter hinaus noch arbeiten.

Arbeitsformen im Betrieb

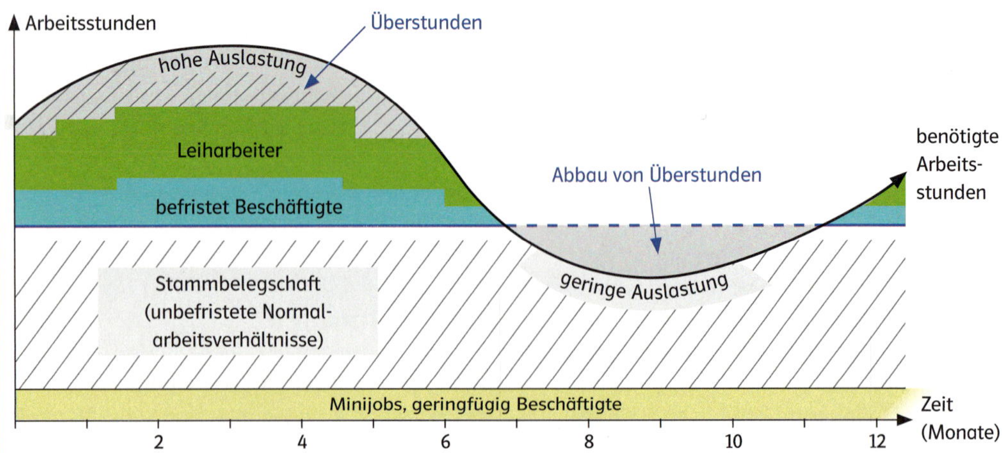

Zusammenfassung: Chancen und Risiken von Berufen

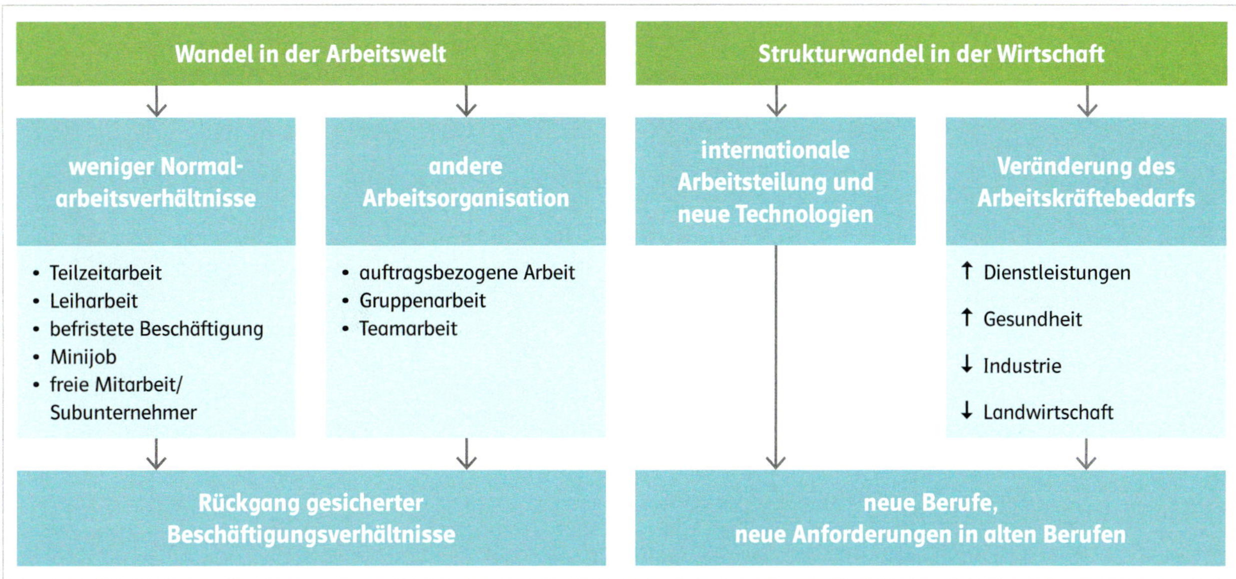

Übungsaufgaben

1. Nennen Sie anhand der Grafik *Die Zukunft der Arbeit* auf S. 191 drei Wirtschaftsbereiche, in denen die Zahl der Beschäftigten bis zum Jahr 2035 vermutlich zunimmt, und drei Wirtschaftsbereiche, in denen sie vermutlich sinkt.

2. Beschreiben Sie zwei Maßnahmen, mit denen Unternehmen auf Schwankungen der Nachfrage reagieren.

3. Erläutern Sie den Begriff „neue Selbstständige". Nennen Sie Vor- und Nachteile dieser Arbeitsform.

4. Definieren Sie den Begriff „Normalarbeitsverhältnis".

5. Erklären Sie, warum die Zahl der Normalarbeitsverhältnisse in Deutschland zurückgeht.

6. Erläutern Sie, wodurch sich die Anforderungen in Ihrem Ausbildungsberuf verändern.
   a) Ordnen Sie die Veränderungen nach folgenden Gesichtspunkten:
      - Wo geht es um Veränderungen durch neue Technologien?
      - Wo geht es um Veränderungen durch den Markt?
      - Wo ändert sich das Berufsbild?
      - Wo ändern sich die Anforderungen an die Beschäftigten?
   b) Diskutieren Sie, welche Chancen und Risiken mit diesen Veränderungen jeweils verbunden sind.

7. Prüfen Sie die folgenden Aussagen auf ihre Richtigkeit. Begründen Sie!
   a) Weil niemand über die Zukunft von Berufen eine sichere Aussage machen kann, ist es egal, welchen Beruf man ergreift.
   b) Die Bindung zwischen den Unternehmen und den Beschäftigten wird lockerer.
   c) Durch die Berufswahl kann man sein persönliches Risiko verringern, arbeitslos zu werden.
   d) Arbeitslose gibt es auf allen Qualifikationsstufen.

Lohn- und Gehaltsabrechnung

Lernsituation

Ausriss aus einer Lohnabrechnung

Abr.-Monat	Steuer-tage	SV-Tage	Steuer-ID-Nr.	StKl	KFB	Konf.	Kranken-kasse	SV-Nr.	DEÜV-Schlüssel
07/15	30	30	52 670 093 415	IV	1,0	ev/ev	AOK	122208898G345	263023212

Abr.-Nr.	Lohnart	Anzahl	Wert	St.-pflichtig	SV-pflichtig	Summe
168	Gehalt Gruppe 5a (60 %)	0,6	2.640,00	1.584,00	1.584,00	1.584,00
181	Überstunden 05/15	13	17,20	223,60	223,60	223,60
197	Urlaubsgeld (60 %)	0,6	200,00	120,00	120,00	120,00
971	VL-Zuschuss	1	20,00	20,00	20,00	20,00
	Gesamt brutto			**1.947,60**	**1.947,60**	**1.947,60**

Arbeitnehmeranteile	Jahressumme	lfd. Monat
Rentenversicherung	1298,01	182,10
Krankenversicherung	1110,60	155,81
Pflegeversicherung	163,12	22,88
Arbeitslosenvers.	208,24	29,21

Abzüge	
Lohnsteuer	195,58
Solidaritätszuschlag	6,63
Kirchensteuer	10,85
SV-Beiträge Arbeitnehmer	390,00
VL-Überweisung	40,00
Auszahlung	**1304,54**

Arbeitsauftrag

Helfen Sie Frau Gassner, ihre Lohnabrechnung zu analysieren.

1. Was bedeuten die in der Lohnabrechnung verwendeten Kürzel?
2. Aus welchen Elementen setzt sich der Bruttolohn von Frau Gassner zusammen?
3. Welche Lohnabzüge wurden vorgenommen? Wie werden sie ermittelt?
4. Wie kommen die Schwankungen im ausbezahlten Lohn zustande?

Recherche
x845pa
gesetzliche Abzüge vom Lohn, Steuerklassen, Minijob

Was geht vom Lohn/Gehalt ab?

Der **Bruttolohn** bzw. das **Bruttogehalt** ist im Arbeitsvertrag oder Tarifvertrag vereinbart. Darin enthalten sind folgende Elemente:

- Grundlohn (Zeitlohn oder Akkordlohn), Grundgehalt;
- Zuschläge, z. B. als Leistungszulage oder für Überstunden, Schicht- oder Sonntagsarbeit;
- Einmalzahlungen, insbesondere Weihnachtsgeld, Urlaubsgeld, Gewinnbeteiligung;
- sonstige Leistungen des Arbeitgebers, z. B. vermögenswirksame Leistungen oder Zuschüsse zur betrieblichen Altersversorgung.

Vom Bruttolohn/-gehalt zieht der Arbeitgeber direkt Steuern und Sozialversicherungsbeiträge ab und leitet sie an die zuständigen Stellen weiter. Bei diesen sogenannten **gesetzlichen Abzügen** handelt es sich um

- Lohnsteuer; deren Höhe hängt von der Steuerklasse ab (mehr dazu weiter unten),
- Solidaritätszuschlag (5,5 % der Lohnsteuer), der nach der Wiedervereinigung eingeführt wurde,
- Kirchensteuer (9 % der Lohnsteuer; in Bayern und Baden-Württemberg nur 8 %),
- Sozialversicherungsbeiträge des Arbeitnehmers: Rentenversicherung, Krankenversicherung, Pflegeversicherung, Arbeitslosenversicherung. Auch deren Höhe richtet sich nach dem Bruttolohn/-gehalt und wird jährlich vom Staat neu festgesetzt.

Die verbleibende Summe ist der **Nettolohn** bzw. das **Nettogehalt**. Die tatsächliche Auszahlung kann davon abweichen. Das ist z. B. dann der Fall, wenn der Arbeitnehmer einen Spar- oder Investmentvertrag über vermögenswirksames Sparen abgeschlossen hat. In diesem Fall legt der Arbeitnehmer monatlich einen (geringen) Teil seines Einkommens in einem länger laufenden Vertrag an. Der Arbeitgeber kann dazu freiwillig oder aufgrund eines Tarifvertrags oder einer Betriebsvereinbarung einen monatlichen Zuschuss gewähren (oft auch als VL-Leistungen bezeichnet). Auch Beiträge des Arbeitnehmers zur betrieblichen Altersversorgung werden vom Nettolohn abgezogen, ebenso Vorschüsse und Pfändungen.

Lohnsteuer – abhängig von der Steuerklasse

Wie viel Lohnsteuer einem Beschäftigten abgezogen wird, hängt von seiner Lohn-/Gehaltshöhe und von seiner Steuerklasse ab. Es muss nicht für das ganze Einkommen Lohnsteuer bezahlt werden, sondern es gibt **Freibeträge**, z. B. 8 354 Euro jährlich als „steuerfreies Existenzminimum“ (Grundfreibetrag). Erst wenn diese Freibeträge überstiegen werden, wird Lohnsteuer fällig. Deren Höhe steigt von 14 % bis auf 45 % (für Einkommen über ca. 251 000 €/Jahr). Wer viel verdient, zahlt also einen höheren Anteil seines Einkommens als Lohnsteuer. Das nennt man **Steuerprogression**.
Für Verheiratete verdoppeln sich diese Beträge, denn ihr Einkommen wird zusammengezählt. Alleinerziehende bekommen einen besonderen Entlastungsbetrag. Aufgrund dieser Unterschiede werden Arbeitnehmern unterschiedliche Steuerklassen zugeordnet:

- Steuerklasse I für Unverheiratete ohne Kinder
- Steuerklasse II für Alleinerziehende
- Steuerklasse III und IV: Wer verheiratet ist oder in einer eingetragenen Lebensgemeinschaft lebt, kann wählen. Entweder sind beide Partner in Steuerklasse IV oder der besser Verdienende in Steuerklasse III und der andere in Steuerklasse V.
- Steuerklasse VI gilt für einen Zweitjob (nicht für Minijob)

Solidaritätszuschlag und Kirchensteuer richten sich nach der Lohnsteuer. Für **Minijobs** (max. 450 €/Monat) fällt weder Lohnsteuer noch Kirchensteuer an.

Was steht noch auf der Entgeltabrechnung?

Die Entgeltabrechnung enthält neben der **Steuer-Identifikationsnummer**, die jeder Steuerpflichtige zugewiesen bekommt, auch Angaben zur **Steuerklasse**, zur **Konfession** (bei Verheirateten auch zur Konfession des Ehepartners) und zu **Kinderfreibeträgen** (KFB). Der Arbeitgeber übernimmt diese Merkmale aus der elektronischen Lohnsteuerkarte, deren Daten er direkt vom Finanzamt erhält. Außerdem enthält die Lohn-/Gehaltsabrechnung die **Sozialversicherungsnummer** in der Rentenversicherung und

gesetzliche Abzüge vom Lohn/Gehalt

Bruttolohn/-gehalt
– Lohnsteuer
– Solidaritätszuschlag
– Kirchensteuer
– Sozialversicherungen
= Nettolohn/-gehalt

KFB = Kinderfreibetrag

Zahl der Kinder, die steuerlich berücksichtigt werden

Stand aller Angaben: März 2015

Lohnsteuerhilfe

Lohnsteuerhilfe Target e.V.
Lohnsteuerhilfeverein
Sonnenstr. 10 3001...

Lohnsteuer-Hilfevereine bieten gegen einen Mitgliedsbeitrag Hilfe bei der Erstellung der Einkommensteuererklärung.

den **Tätigkeitsschlüssel** (DEÜV-Schlüssel) für die Statistik der Bundesagentur für Arbeit. Die Zahl der **Steuertage** und der **Sozialversicherungstage** ist nur wichtig, wenn das Arbeitsverhältnis nicht den ganzen Monat gedauert hat.

Am Jahresende: Einkommensteuererklärung

Die Steuerabzüge vom Lohn/Gehalt sind aber nur vorläufig. Steuerzahler können durch eine Einkommensteuererklärung einen Teil der bezahlten Steuern zurückbekommen. Das lohnt sich in der Regel bei Verheirateten oder bei Beschäftigten, die besonders hohe Kosten im Zusammenhang mit ihrer Berufstätigkeit hatten (z.B. als Pendler) oder außergewöhnliche Belastungen (z.B. wegen einer Behinderung). Kosten für den Weg zur Arbeit, für berufliche Fortbildung oder Ähnliches sind nämlich **Werbungskosten**, d.h. Ausgaben, die nötig sind, um Einkommen zu erzielen. Sie können vom Bruttolohn/-gehalt abgezogen werden. Steuern müssen nicht nur auf Arbeitseinkommen bezahlt werden, sondern auch auf Einkommen aus anderen Quellen, z.B. Mieteinnahmen, Zinsen und Dividenden aus Wertpapieren oder Einnahmen aus selbstständiger Tätigkeit.

Arbeitnehmerbeiträge zur Sozialversicherung

Diese Beiträge richten sich nach dem Bruttolohn/-gehalt. Sie werden jedes Jahr neu festgelegt. Bei der Berechnung sind einige Besonderheiten zu beachten:

- In der **Arbeitslosenversicherung** (Beitragssatz 1,5 %) und der **Rentenversicherung** (Beitragssatz 9,35 %) gilt eine Beitragsbemessungsgrenze von 6 050 €/Monat (alte Bundesländer; neue Bundesländer 5 200 €). Für das Einkommen, das über dieser Grenze liegt, müssen keine Beiträge bezahlt werden.
- In der **Krankenversicherung** gilt eine andere Bemessungsgrenze, nämlich 4 125 €. Zusätzlich gibt es hier eine **Versicherungspflichtgrenze** (4 575 €/Monat). Wer mit seinem Einkommen über dieser Grenze liegt, kann sich auch privat krankenversichern, darf aber später nicht mehr in die gesetzliche Krankenversicherung zurück. Darum muss ein solcher Schritt genau überlegt werden. Eine Pflicht zur Krankenversicherung besteht aber für jeden.
  Der Beitragssatz zur Krankenversicherung beträgt mindestens 7,3 %. Zusätzlich können die Krankenkassen Zusatzbeiträge erheben. Ob eine Krankenkasse einen Zusatzbeitrag verlangt und wie hoch dieser ist, hängt von ihrer finanziellen Situation ab.
- In der **Pflegeversicherung** (Beitragssatz 1,175 %; Sachsen: 1,675 %) bezahlen kinderlose Arbeitnehmer über 23 Jahre zusätzlich 0,25 % des Bruttolohns/-gehalts. Die Pflegeversicherung richtet sich nach der Krankenversicherung. Es gilt dieselbe Bemessungsgrenze und dieselbe Grenze für die Versicherungspflicht. Wer privat krankenversichert ist, ist auch privat pflegeversichert.

Bei einem Bruttolohn/-gehalt von 450,01 – 850 € pro Monat gelten niedrigere Arbeitnehmerbeiträge zur Sozialversicherung. Man nennt diesen Einkommensbereich Gleitzone. Bei Minijobs (bis 450 €) zahlt der Arbeitnehmer keine Steuern, sondern nur Beiträge zur Rentenversicherung (derzeit 3,7 %).

Auszug aus der Lohnsteuertabelle

Kinderfreibetrag			0		0,5		1	
ab €	StKl	Steuer	SolZ	KiSt	SolZ	KiSt	SolZ	KiSt
1.947,00 €								
	I	195,58	10,75	17,60	6,63	10,85	–	4,66
	II	167,00	–	–	2,56	8,44	–	2,73
	III	18,83	–	1,69	–	–	–	–
	IV	195,58	10,75	17,60	8,66	14,17	6,63	10,85
	V	417,33	22,95	37,55	–	–	–	–
	VI	448,16	24,64	40,33	–	–	–	–

Zusammenfassung: Lohn- und Gehaltsabrechnung

	Bruttolohn/-gehalt	Bruttolohn/-gehalt + Zuschläge + Einmalzahlungen + sonstige Leistungen Grundlage: Arbeits- oder Tarifvertrag, Betriebsvereinbarung
–	**gesetzliche Abzüge**	– Lohnsteuer – Solidaritätszuschlag – Kirchensteuer – Sozialversicherungsbeiträge Berechnungsgrundlage: • Steuerklasse und Kinderfreibeträge (Lohn- und Kirchensteuer, Solidaritätszuschlag) • fester Prozentsatz vom Bruttolohn/-gehalt (Sozialversicherungsbeiträge)
=	**Nettolohn/-gehalt**	
–	**weitere Abzüge**	– vermögenswirksames Sparen – betriebliche Altersvorsorge – Vorschuss – Pfändung Grundlage: Arbeits- oder Tarifvertrag, Betriebsvereinbarung
=	**Auszahlung**	

Übungsaufgaben

○ 1. Der gleiche Bruttolohn bzw. das gleiche Bruttogehalt führt nicht immer zum gleichen Nettolohn/-gehalt. Nennen Sie drei Gründe, warum das so ist.

○ 2. Stellen Sie anhand ihrer Lohnabrechnung (→ S. 194) den Familienstand und die Steuerklasse von Frau Gassner fest. Hat sie Kinder?

◒ 3. Ermitteln Sie aus der Tabelle (→ S. 196), wie hoch das Nettogehalt von Frau Gassner wäre, wenn sie statt in Steuerklasse IV in Steuerklasse III wäre. Stellen Sie die gleiche Rechnung für alle Steuerklassen an, und berechnen Sie, wie viel Prozent die Abzüge insgesamt betragen.

○ 4. Ermitteln Sie für einen Minijob mit einem Bruttolohn von 420 € den Nettolohn.

● 5. Weshalb steigt der Lohnsteuersatz mit dem Einkommen?
   a) Begründen Sie, warum der Staat niedrige Einkomme,n nicht oder nur gering besteuert und hohe Einkommen mit bis zu 45 %.
   b) Man könnte alle Einkommen mit dem gleichen Steuersatz besteuern. Stellen Sie mögliche Folgen einer solchen Änderung dar.

● 6. Matthias behauptet, dass bei ihm die Abzüge mehr als die Hälfte des Bruttolohns betragen. Überprüfen Sie, ob das überhaupt möglich ist.

Aufgaben der Sozialversicherungen

Lernsituation

Arbeitsauftrag

Erläutern Sie die Grundsätze, nach denen die gesetzliche Sozialversicherung funktioniert.

1. Nach welchen Grundsätzen werden die Beiträge zur gesetzlichen Krankenversicherung erhoben? Welche Rolle spielt in diesem Zusammenhang das Solidaritätsprinzip?

2. Aus diesen Grundsätzen ergeben sich für manche Versicherte Vorteile, für manche Nachteile. Nennen Sie Beispiele.

3. Welche Leistungen erbringen die anderen Zweige der Sozialversicherung? Unter welchen Bedingungen können sie in Anspruch genommen werden?

4. Warum sind die Sozialversicherungen für die meisten Beschäftigten eine Pflichtversicherung?

Recherche
242t9x
Sozialstaat, Sozialversicherung, Generationenvertrag

Aufgaben des Sozialstaats

Die Bundesrepublik Deutschland bezeichnet sich in ihrer Verfassung ausdrücklich als Sozialstaat. Der Sozialstaat hat es zu seiner Aufgabe gemacht, Menschen zu helfen, die in Not sind – das heißt: nicht oder nur eingeschränkt in der Lage sind, ihre Existenz aus eigenen Mitteln zu sichern. Das können Arbeitslose sein, Familien mit vielen Kindern, Alleinerziehende, Rentner oder Behinderte. Auch persönliche Schicksalsschläge wie Scheidung, Krankheit, Arbeitslosigkeit führen leicht in die Armut oder in die Verschuldung.

Die Sozialversicherung – Pflicht für viele

Die meisten Arbeitnehmer werden durch eine **Pflichtversicherung** vor Risiken wie Krankheit, Arbeitslosigkeit, Arbeitsunfällen, Pflegebedürftigkeit und im Alter abgesichert: die gesetzliche Sozialversicherung (für Beamte und Selbstständige gelten meist andere Regelungen). Eine genaue Übersicht über die fünf Säulen der Sozialversicherung, den versicherten Personenkreis, die Leistungen und die Beitragshöhe finden Sie in der Tabelle auf S. 200.
Der Staat überlässt es nicht der Entscheidung des Einzelnen, ob und wie er Vorsorge für diese Risiken trifft, sondern zieht die Versicherungsbeiträge wie eine Steuer direkt vom Lohn oder Gehalt ab. Er legt im **Sozialgesetzbuch** (SGB) Art und Umfang der Leistungen fest, den versicherten Personenkreis und – mit Ausnahme der Unfall- und der Krankenversicherung – auch die Höhe der Beitragssätze. Träger der Versicherungen ist aber nicht der Staat, sondern es sind Körperschaften des öffentlichen Rechts, wie z. B. die Krankenkassen.
Die Beiträge zur Unfallversicherung trägt der Arbeitgeber allein. Bei den anderen Zweigen der Sozialversicherung gilt der Grundsatz, dass die Beiträge jeweils zur Hälfte von Arbeitgeber und Arbeitnehmer bezahlt werden. Allerdings zahlen Arbeitnehmer in der Krankenversicherung einen Zusatzbeitrag, der von Kasse zu Kasse unterschiedlich hoch ist. Kinderlose Arbeitnehmer zahlen zusätzlich auch in der Pflegeversicherung einen Zusatzbeitrag.

Stichwort: Solidaritätsprinzip

Die Versicherungen sind nach dem Solidaritätsprinzip aufgebaut. Besonders deutlich ist dies in der Krankenversicherung. Der Beitrag richtet sich nach dem Bruttolohn/-gehalt und nicht danach, wie oft jemand krank wird und was er die Krankenkasse kostet. Unabhängig von der Höhe des Beitrags und der Dauer der Beitragszahlung erhalten alle Versicherten die gleichen Leistungen. Die Gesunden zahlen für die Kranken. Familienmitglieder ohne eigenes Einkommen (Kinder, nicht erwerbstätige Ehepartner) sind ohne zusätzliche Kosten mitversichert.
Ob die Beiträge gesenkt werden können oder erhöht werden müssen, hängt ab von den Ausgaben des jeweiligen Zweigs der Sozialversicherung. Die Beitragszahler sind eine **Solidargemeinschaft**.
Durch die Sozialversicherung wird normalerweise auch verhindert, dass Menschen im Alter oder bei Pflegebedürftigkeit anderen zur Last fallen und von ihnen abhängig werden. Wer alt ist, muss sich nicht wie früher auf die Nachkommen verlassen und von deren Geld leben. Die Sozialversicherungen nützen damit dem Einzelnen, indem sie ihn unabhängiger machen von den Zuwendungen anderer Menschen. Sie nützen der Gemeinschaft, weil ihr der Einzelne seltener zur Last fällt.
Wenn heute jemand pflegebedürftig wird, gibt es die freie Entscheidung zwischen häuslicher Pflege und einem Pflegeheim. Beide Formen der Pflege werden finanziell unterstützt, auch wenn die Versicherungsleistungen nicht die gesamten Kosten abdecken.
Für Streitigkeiten über Sozialleistungen und Sozialversicherungen sind die Sozialgerichte zuständig. Grundsätzlich sind Klagen vor dem Sozialgericht kostenfrei.

Wann zahlt die Arbeitslosenversicherung?

Arbeitslosengeld I gibt es für Arbeitslose, die in den vergangenen zwei Jahren mindestens zwölf Monate in die Arbeitslosenversicherung einbezahlt haben (Anwartschaftszeit). Die Höhe richtet sich hauptsächlich nach dem letzten Nettoeinkommen. Die Agentur für Arbeit zahlt

Sozialgesetzbuch (SGB)

Im Sozialgesetzbuch sind wesentliche Teile des Sozialrechts geregelt, z. B. Arbeitsförderung, die Zweige der Sozialversicherung, Sozialhilfe, Kinder- und Jugendhilfe. Das Arbeitsrecht ist nicht Teil des SGB.

Aufbau der Sozialgerichtsbarkeit

Bundessozialgericht
↑ Revision
Landessozialgericht
↑ Berufung
Sozialgericht

Revision

Nachprüfung eines Gerichtsurteils

Lohnfortzahlung bei Krankheit

Bei Arbeitsunfähigkeit bis 6 Wochen wird der Lohn vom Arbeitgeber weiterbezahlt. Spätestens am 3. Krankheitstag muss ihm eine Arbeitsunfähigkeitsbescheinigung vorgelegt werden.

4.3 Die eigene Existenz absichern

Die fünf Säulen der Gesetzlichen Sozialversicherung					
	Gesetzliche Krankenversicherung	**Renten-versicherung**	**Arbeitslosen-versicherung**	**Gesetzliche Pflegever-sicherung**	**Unfall-versicherung**
Träger	Krankenkassen (AOK, Betriebs-krankenkassen u.a.)	Deutsche Renten-versicherung Bund	Bundesagentur für Arbeit	Pflegekassen der Krankenkassen	Berufsgenossen-schaften, Unfallkassen
Pflicht-versicherung für	Arbeitnehmer mit Bruttoeinkommen bis 4 575 €; außerdem Auszubildende, Arbeitslose, Rentner, Studenten, Landwirte	alle Arbeitnehmer, Auszubildende, Arbeitslose; außerdem Handwerker und Landwirte	alle Arbeitnehmer, Auszubildende	alle Mitglieder einer gesetzlichen Kranken-versicherung	alle Arbeitnehmer und Auszubildende; Schüler, Studenten (Versicherung durch Arbeitgeber, Schule, Universität u.Ä.)
Wichtige Leistungen	für Versicherte und Familienangehörige ohne eigene Versiche-rung: • Behandlungskosten beim Arzt und im Krankenhaus • Heil- und Arznei-mittel • Krankengeld bei Arbeitsunfähigkeit über sechs Wochen • Mutterschaftshilfe • Vorsorgeunter-suchungen • Rehabilitation	• Rente im Alter • Rente bei Erwerbs-unfähigkeit, abhän-gig vom Maß der Erwerbsunfähigkeit: bei 3–6 Stunden Arbeit täglich Teil-erwerbsunfähigkeit; wenn weniger: volle Erwerbsunfähigkeit • Hinterbliebenen-rente	• Arbeitslosengeld I bei Arbeitslosigkeit, je nach Höhe des Nettoeinkommens • Kurzarbeitergeld Arbeitsförderung: • Arbeitsvermittlung • Berufsberatung • Umschulung	Geldleistung für Pfle-ge zu Hause oder in Heimen (Pflegegeld) je nach Schwere des Falls (3 Pflegestufen)	Unfallverhütung; bei Arbeitsunfällen (auch Wegeunfällen) und bei Berufskrank-heiten: • Behandlungskosten • Rehabilitations-maßnahmen • Umschulung • Rente bei Erwerbs-unfähigkeit und für Hinterbliebene
Finanziert durch	Arbeitgeber 50 %/Arbeitnehmer 50 % (Ausnahme Sachsen)				Arbeitgeber 100 %
	Beitragssatz 14,6 % zusätzlicher Arbeit-nehmerbeitrag, außerdem staatlicher Zuschuss	Beitragssatz 18,7 %, außerdem staatlicher Zuschuss	Beitragssatz 3,0 %	Beitragssatz 2,35 %, kinderlose Arbeit-nehmer zahlen zusätzlich 0,25 %.	Beitragssatz abhängig von Schadenklasse des Unternehmens und Lohnsumme

Freiwillige Versicherung ist auch für andere Personengruppen möglich. Andere Regelungen gelten bei Beamten, bei geringfügig Beschäftigten, z. T. bei Rentnern.
Zusammenstellung des Autors, Stand 2015. Aktueller Stand → 242t9x

Arbeitslosengeld II, Hartz IV → S. 209

auch die Beiträge zur Kranken-, Pflege- und Rentenversicherung.
Arbeitnehmer, die selbst gekündigt oder durch ihr Verhalten ihre Arbeitslosigkeit verschuldet haben, haben erst nach einer **Sperrzeit** Anspruch auf Arbeitslosengeld I. Sperrzeiten gibt es auch, wenn zumutbare Arbeiten oder Eingliederungsmaßnahmen abgelehnt wurden.
Der Anspruch auf Arbeitslosengeld ist zeitlich befristet; die Dauer beträgt normalerweise zwölf Monate (bei älteren Arbeitnehmern länger). Wer danach noch arbeitslos ist oder keinen Anspruch auf Arbeitslosengeld I hat, kann **Arbeitslosengeld II** beantragen, umgangssprachlich bekannt als **Hartz IV**. Es handelt sich dabei nicht um eine Versicherungsleistung, sondern es wird vom Staat bezahlt und ist von der Erfüllung bestimmter Bedingungen abhängig.

Die besonderen Aufgaben der Unfallversicherung

Träger der gesetzlichen Unfallversicherung sind die **Berufsgenossenschaften**, z. B. die Berufs-

genossenschaft Bau. Sie sind in ihrem Bereich zuständig für alle Kosten von Arbeitsunfällen. Zu den **Arbeitsunfällen** zählen auch **Wegeunfälle**, d.h. Unfälle auf dem direkten Weg zur Arbeitsstelle oder zurück.
Nur wenn der Arbeitnehmer den Unfall unter Alkoholeinfluss oder Drogen verursacht hat, erbringt die Unfallversicherung keine Leistungen. Außerdem zahlt sie die Kosten von **Berufskrankheiten**. Ein Beispiel: Ein Arbeitnehmer kommt auf dem Weg zur Arbeit bei Glatteis mit dem Auto von der Straße ab. Die Krankheitskosten werden nicht von der Krankenversicherung, sondern von der Unfallversicherung übernommen. Wenn er dadurch seinen Beruf nicht mehr ausüben kann, wird eine Umschulung von der Unfallversicherung bezahlt und nicht von der Arbeitslosenversicherung. Wenn er erwerbsunfähig wird, zahlt die Unfallversicherung eine Rente. Nur den Schaden am eigenen Auto muss er selbst tragen, wenn er keine Vollkaskoversicherung (→ S. 205) abgeschlossen hat.
Anders sieht es aus, wenn der Unfall in der Freizeit oder auf einem Umweg auf der Fahrt zur Arbeitsstelle passiert. Die Unfallversicherung ist dann nicht mehr zuständig. Eine wichtige Konsequenz: Wenn der Arbeitnehmer erwerbsunfähig wird, ist die Erwerbsunfähigkeitsrente, die ihm die Rentenversicherung zahlt, oft sehr niedrig. Der Grund: Jüngere Arbeitnehmer haben noch nicht lange in die Rentenversicherung einbezahlt. Hier zeigt sich eine Versorgungslücke, die durch private Vorsorge geschlossen werden sollte (→ S. 205 ff.).

Stichwort: Generationenvertrag

Die **Rentenversicherung** ist nach dem Grundsatz des Generationenvertrags organisiert. Aus den laufenden Beiträgen der berufstätigen Versicherten werden die Zahlungen an die Rentner finanziert: **Umlageverfahren**. Die Beitragszahler erwerben dadurch einen Rentenanspruch, dessen Höhe sich in erster Linie nach der Zahl der Beitragsjahre und der Höhe der bezahlten Beiträge richtet. Zeiten der Kindererziehung werden dabei berücksichtigt.
Die Renten sind dynamisch, d.h. sie folgen mit zeitlichem Abstand der Entwicklung der Löhne.

Dennoch werden wegen der Finanzierungsprobleme der Rentenversicherung künftige Generationen weniger Rente bekommen.

Finanzierungsprobleme der Sozialversicherung

Alle Zweige der Sozialversicherung haben mit steigenden Kosten zu kämpfen. Die Einnahmen sind abhängig von der Situation auf dem Arbeitsmarkt. Hohe Arbeitslosigkeit belastet nicht nur die Arbeitslosenversicherung, sondern führt in allen Zweigen der Sozialversicherung zu sinkenden Einnahmen, weil weniger Beschäftigte Beiträge zahlen. Eigentlich müssten die Beitragssätze erhöht werden. Dies ist jedoch problematisch, weil das (durch steigende Lohnnebenkosten) die Arbeit für die Arbeitgeber verteuern würde. Außerdem würde der Abstand zwischen den Lohnkosten der Unternehmen und dem ausbezahlten Lohn noch größer werden.
In der **Rentenversicherung** steht einer wachsenden Zahl von Rentnern eine immer kleinere Zahl von Arbeitnehmern gegenüber, die die notwendigen Beiträge zahlen (→ S. 202, Grafik). Die zwei Hauptursachen für diese ungünstige demografische Entwicklung sind die höhere Lebenserwartung und das Schrumpfen der Bevölkerung aufgrund der seit Jahrzehnten niedrigen Geburtenrate von derzeit durchschnittlich 1,4 Kindern je Frau.

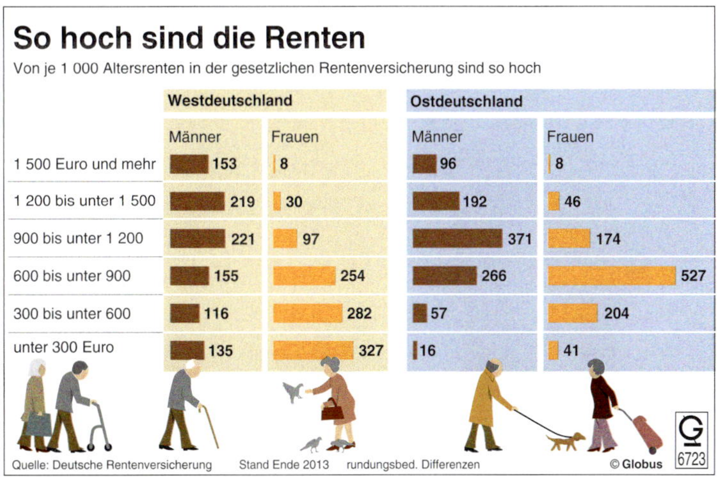

Ausgaben der gesetzlichen Unfallversicherung 2013

32 % Renten an Versicherte
31 % Heilbehandlung, Rehabilitation
11 % Hinterbliebenenrente
26 % sonstige Ausgaben, z.B. Prävention, Verwaltung

Deutsche gesetzliche Unfallversicherung

Berufskrankheiten

Krankheiten, die ursächlich durch die Berufstätigkeit entstanden sind; mehr dazu → S. 248

Rehabilitation, Reha

Maßnahmen zur Wiederherstellung der Arbeitsfähigkeit nach Unfall oder Krankheit

Wer versorgt die Pflegebedürftigen?

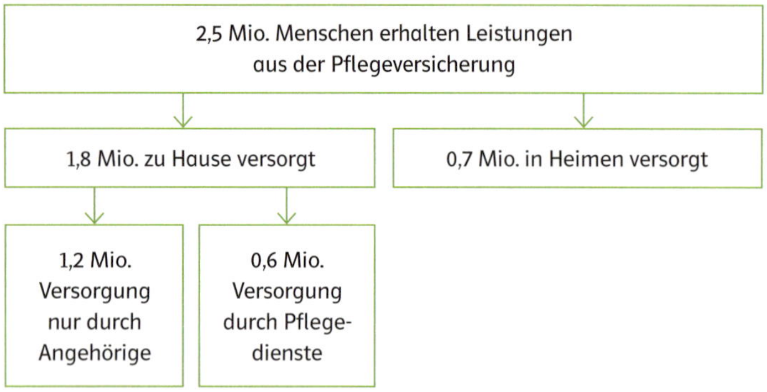

Statistisches Bundesamt: Pflegestatistik 2011; Zahlen gerundet

Kosten des Gesundheitswesens

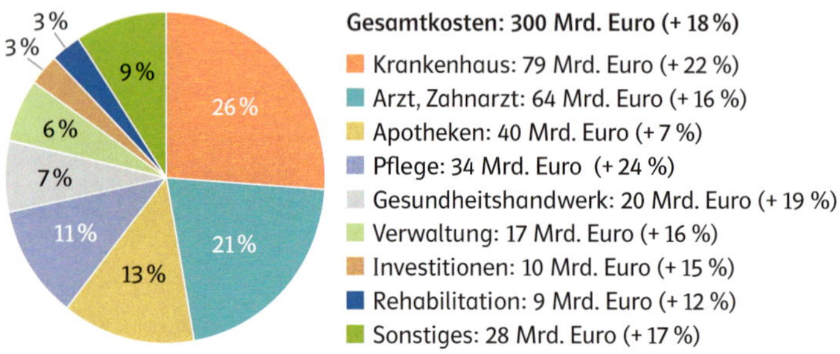

Statistisches Bundesamt (Stand 2012; in Klammern die Steigerung gegenüber 2007; Zahlen gerundet)

Um die Belastung der arbeitenden Generation zu begrenzen, wurden verschiedene Maßnahmen ergriffen: Der Staat hat seinen Zuschuss erhöht. Die Formel zur Berechnung der Rentenhöhe wurde verändert, was zu niedrigeren Renten führt. Wer vorzeitig in Rente geht, muss größere Abschläge in Kauf nehmen. Das Rentenalter wurde auf 67 Jahre heraufgesetzt.

In der **Krankenversicherung** steigen die Kosten vor allem wegen der Fortschritte der Medizin und der steigenden Lebenserwartung – zwei positive Entwicklungen. Eine Versorgung nach heutigen Maßstäben lässt sich aber nicht mit den Kosten von gestern erreichen. Durch Reformen wurde versucht, die Kosten stabil zu halten. Dies ist bisher jedoch nicht gelungen (→ Grafik *Kosten des Gesundheitswesens*).

Das Grundproblem aller Zweige der Sozialversicherung ist, dass die steigenden Kosten nicht einfach durch höhere Beitragssätze ausgeglichen werden können. Schließlich würden dadurch die Lohnnebenkosten steigen, was die Arbeit für die Arbeitgeber verteuern würde. Zugleich würde auch der ausbezahlte Lohn sinken. Steigende Arbeitskosten bei sinkenden Löhnen sind eine Kombination, die die Politik auf jeden Fall vermeiden will.

Prozentualer Anteil der Männer und Frauen im jeweiligen Alter an der Gesamtbevölkerung

Datengrundlage: Statistisches Bundesamt

Berlin-Institut für Bevölkerung und Entwicklung

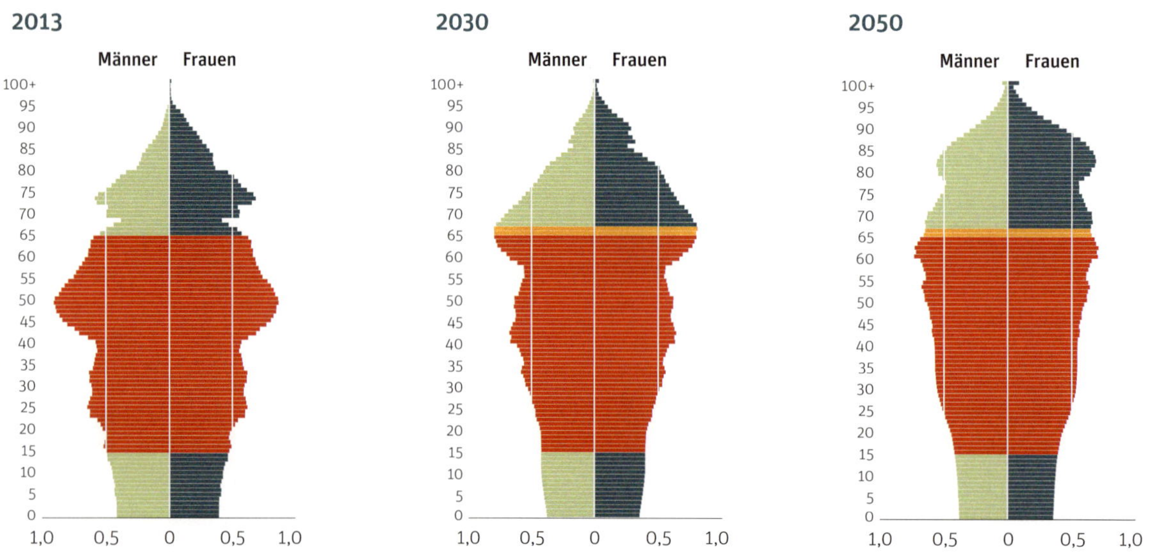

Kreuter et al.: Die Zukunft des Generationenvertrags, Berlin: Berlin-Institut für Bevölkerung und Entwicklung, 2014, S. 11

Zusammenfassung: Aufgaben der Sozialversicherungen

	Krankenversicherung	Rentenversicherung	Arbeitslosenversicherung	Gesetzliche Pflegeversicherung	Unfallversicherung
Träger	gesetzliche Krankenkassen	Deutsche Rentenversicherung Bund	Bundesagentur für Arbeit	gesetzliche Pflegekassen der Krankenkassen	Berufsgenossenschaften
wichtige Leistungen	• Arzt • Krankenhaus • Arzneimittel • Krankengeld • Mutterschaftshilfe	• Rente im Alter • Rente bei Erwerbsunfähigkeit • Hinterbliebenenrente	• Arbeitslosengeld I • Kurzarbeitergeld • Arbeitsvermittlung • Arbeitsförderung • Umschulung	Geldleistung für Pflege • zu Hause • in Heimen	Unfallverhütung Bei Arbeitsunfällen/Berufskrankheiten: • Behandlungskosten • Umschulung • Erwerbsunfähigkeitsrente
Finanzierungsgrundsätze	Arbeitgeber 50 % Arbeitnehmer 50 % (Ausnahme: Sachsen)				Arbeitgeber 100 %
Beitragshöhe	fester Prozentsatz des Bruttoeinkommens				hängt von Schadenklasse des Unternehmens und Lohnsumme ab
	↓ Pflichtversicherung für Arbeitnehmer				↓ Pflichtversicherung für Unternehmen

Übungsaufgaben

1. Erläutern Sie den Begriff „Generationenvertrag".

2. Nennen Sie zwei Berufsgruppen, die nicht rentenversicherungspflichtig sind.

3. Vanessa, Restaurantfachfrau, wird von einer Wespe gestochen, während sie auf der Terrasse des Cafés „Ruhrpott" Kuchen serviert. Sie reagiert auf den Stich allergisch und muss sofort zum Arzt. Sie bekommt Medikamente und ist drei Tage arbeitsunfähig.
   a) Ermitteln Sie, welche Versicherung die Kosten trägt.
   b) Was würde sich ändern, wenn nicht Vanessa, sondern ein Gast von der Wespe gestochen worden wäre?

4. Probleme der gesetzlichen Rentenversicherung
   a) Nennen Sie zwei Probleme der gesetzlichen Rentenversicherung.
   b) Stellen Sie zwei mögliche staatliche Gegenmaßnahmen dar.
   c) Erörtern Sie, warum es schwierig ist, die Probleme der Rentenversicherung dauerhaft zu lösen.

5. Verfahren vor dem Sozialgericht sind kostenfrei. Prüfen Sie, ob dies so bleiben soll.

6. Das Problem der Altersarmut
   a) Ermitteln Sie aus der Grafik *So hoch sind die Renten* auf S. 201, welche Gruppe besonders von Altersarmut bedroht ist.
   b) Suchen Sie nach Gründen dafür.

Private Vorsorge für die Wechselfälle des Lebens

Lernsituation

Stefanie und Alexander Padeffke sind seit zwei Jahren verheiratet. Jetzt kündigt sich Nachwuchs an. Stefanie arbeitet als Hauswirtschafterin und will nach der Elternzeit wieder in den Beruf einsteigen. Alexander ist Kfz-Mechatroniker. Sie haben ein Reihenhaus gemietet, damit die Kleine genug Platz zum Spielen hat. Jetzt sind sie dabei, sich neu einzurichten. „Brauchen wir dann eine Hausratversicherung?", fragt Stefanie. „Und gibt es andere Versicherungen, die auch nötig sind?"

Die beiden vereinbaren einen Termin mit einem Versicherungsvertreter. Im Voraus überlegen sie, was ihnen wichtig ist: Das Einkommen der Familie soll abgesichert werden, falls Alexander aus irgendwelchen Gründen nicht mehr arbeiten kann. Außer dem Auto hat Alexander ein neues Motorrad, eine schwere Maschine, die er nur in den Sommermonaten fährt.

Arbeitsauftrag

- Erstellen Sie ein sinnvolles Versicherungspaket für Familie Padeffke.

Recherche
p6i7zw
private Vorsorge, Individualversicherungen

Warum ist private Vorsorge nötig?

Haben Sie reiche Eltern? Erben Sie ein paar Mietshäuser oder ein Aktienpaket? Nein? Dann müssen Sie selbst vorsorgen und Geld auf die Seite legen für Anschaffungen, für unvorhergesehene Ausgaben, für den Fall der Berufsunfähigkeit, fürs Alter. Die Sozialversicherung deckt nämlich nicht alle Risiken und Schäden ab. Es ist verkehrt, sich darauf zu verlassen, dass Sozialversicherung oder Staat im Notfall schon für das nötige Geld sorgen werden. Die gesetzliche Vorsorge muss durch private Vorsorge ergänzt werden. Die eigene Vorsorge sollte auf drei Säulen ruhen:

- Sozialversicherung (→ S. 199 ff.),
- Individualversicherungen,
- Vermögensbildung.

Individualversicherungen

Die meisten Risiken kann ich gegen Geld versichern. Eine Versicherung ist aber nur dann notwendig, wenn die Kosten eines Schadens so hoch sind, dass ich sie aus eigener Tasche nicht bezahlen kann. Eine Reisegepäckversicherung ist darum nicht unbedingt nötig; schlimmstenfalls muss ich die abhandengekommenen Sachen neu kaufen. Auf eine Berufsunfähigkeitsversicherung kann ich dagegen nicht verzichten, weil ich sonst vor allem in jüngeren Jahren nur wenig Rente bekomme, wenn ich wegen Krankheit oder nach einem Unfall nicht mehr oder nur in Teilzeit arbeiten kann. Wer Familie hat, braucht mehr Versicherungen. Dann geht es auch um die Vorsorge für die Familienmitglieder (→ Grafik rechts).

Unterschieden wird zwischen

- **Personenversicherungen**: Sie gleichen Einkommensverluste bei Berufsunfähigkeit, nach einem Unfall oder beim Tod des Versicherten teilweise aus.
- **Sachversicherungen**, z. B. Hausratversicherung, Wohngebäudeversicherung: Sie ersetzen Sachschäden oder tragen die Kosten des Wiederaufbaus eines Gebäudes, etwa nach einem Brand.
- **Vermögensversicherungen**: Sie schützen vor Ansprüchen anderer auf Schadenersatz, z. B. private Haftpflichtversicherung, Rechtsschutzversicherung (übernimmt Anwalts- und Gerichtskosten).

Manche Individualversicherungen sind in Deutschland sogar vorgeschrieben. Ein Beispiel: Wer ein Auto hat, muss eine Kfz-Haftpflichtversicherung abschließen, die Sach- und Personenschäden abdeckt, die durch die Schuld des Fahrers an fremdem Eigentum entstehen. Auch der Schaden am eigenen Fahrzeug kann durch eine Vollkaskoversicherung versichert werden. Diese ist aber nicht Pflicht.

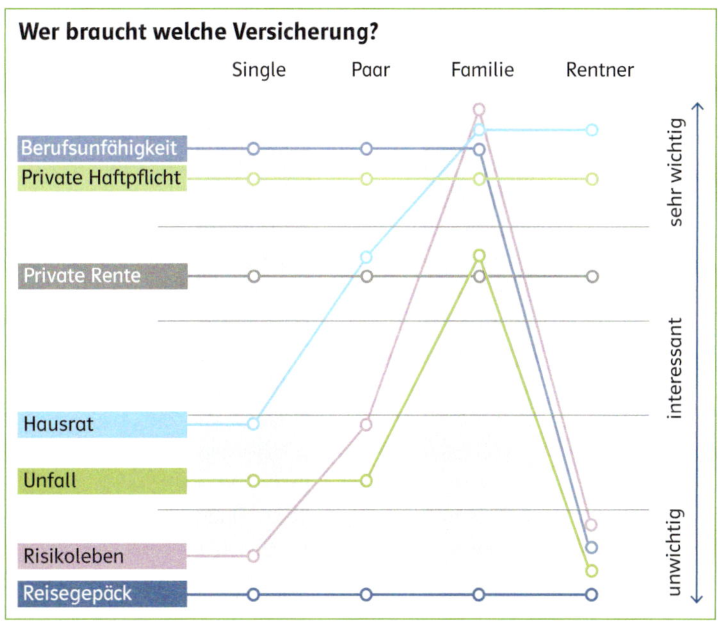

Was leisten die Versicherungen?	
Berufsunfähigkeit	Rente für Berufstätige bei Berufs- oder Erwerbsunfähigkeit; neun von zehn Frührentnern verlieren ihre Arbeit durch Krankheit, nicht durch Unfall
Private Haftpflicht	deckt alle Personen-, Sach- und Vermögensschäden bei fremden Personen ab; auch Schäden, die von Familienmitgliedern verursacht wurden. Kfz-Haftpflichtversicherung ist vorgeschrieben
Private Rente	Altersrente zusätzlich zur gesetzlichen Rente (bis zum Tod). Auch als betriebliche Altersvorsorge möglich.
Hausrat	ersetzt Schäden an der Einrichtung, z. B. nach Einbruch, Feuer u. Ä.
Unfall	Absicherung bei privaten Unfällen
Risikoleben	bei Tod des Versicherten erhalten die Hinterbliebenen die Versicherungssumme

Vermögensbildung

Etwa zehn Prozent des Einkommens werden in Deutschland gespart (Stand 2013). Banken und Versicherungen konkurrieren mit unterschiedlichen Produkten um die Ersparnisse.
Die ideale Form der Vermögensbildung gibt es nicht. Sie hängt von der persönlichen Situation ab, etwa der Familie oder Partnerschaft, den beruflichen Verpflichtungen und Interessen. Je nach den eigenen Sparzielen und der eigenen Risikobereitschaft kommen unterschiedliche Formen der Anlage infrage. Was für den einen Sparpläne und Kapitalanlagen sind, ist für den anderen das eigene Häuschen.
Viele Modelle der Vermögensbildung sind allerdings zu unflexibel. Die persönlichen Verhältnisse können sich schnell ändern, geplant und ungeplant. Plötzlich steht mehr Geld zur Verfügung oder gar keines mehr, z. B. nach einer Scheidung oder bei Arbeitslosigkeit.
Wichtig ist die Vermögensbildung besonders zur Altersvorsorge. Mit der gesetzlichen Rente allein werden künftig viele Menschen nicht mehr auskommen. Das Problem wird oft verdrängt. Annabel Oelmann von der Verbraucherzentrale Nordrhein-Westfalen sagt es so: „Die Haltung ‚Wenn ich nichts mache, mache ich nichts falsch' findet sich bei beiden Geschlechtern. Männer wie Frauen recherchieren ausführlich Handytarife, aber nicht ihre Altersvorsorge." (Süddeutsche Zeitung, 20.08.2014)
Wer recherchiert, stellt fest: Wegen der seit vielen Jahren niedrigen Zinsen sind die Erträge aus Kapitalanlagen derzeit niedrig, entsprechend auch die monatlichen Auszahlungen einer privaten Rentenversicherung. Es müssen hohe Beträge gespart werden oder es muss für höhere Erträge ein höheres Risiko in Kauf genommen werden – das Risiko, dass ein Teil der Anlagesumme (schlimmstenfalls alles) verloren gehen kann.
Ein zweites Problem der privaten Vorsorge ist: Wer wenig verdient, bekommt wenig Rente, kann aber kaum Geld für die eigene Vorsorge zurücklegen.

Staatliche Sparförderung

Der Staat fördert die Vermögensbildung seiner Bürger. Wer einen Teil seines Einkommens für seine **private Altersvorsorge** in einem speziellen Vertrag anlegt (z. B. Riester-Vertrag), bekommt einen staatlichen Zuschuss. Jeder Arbeitnehmer hat außerdem einen gesetzlichen Anspruch auf **betriebliche Altersvorsorge**. Wenn es vom Arbeitgeber keine freiwilligen Leistungen zur betrieblichen Altersvorsorge gibt, kann der Arbeitnehmer einen Teil seines Lohns in eine Direktversicherung einzahlen, die der Arbeitgeber für ihn abschließt.
Viele Arbeitnehmer erhalten **vermögenswirksame Leistungen** des Arbeitgebers. Der Grundsatz: Das Geld muss sieben Jahre in einen Sparbrief, einen Bausparvertrag, in einen Investmentfonds o. Ä. angelegt werden. Dafür gibt es ebenfalls staatliche Zuschüsse, abhängig von Einkommensgrenzen.
Dennoch ist Vorsicht angebracht. Manche Vorsorgeprodukte bringen dem Versicherungsvertreter oder der Bank höhere Erträge als dem Kunden. Mitunter sind Gebühren und Provisionen höher als der staatliche Zuschuss. Nicht selten werden auch unrealistische Prognosen über die spätere Rendite abgegeben.

Zusammenfassung: Private Vorsorge für die Wechselfälle des Lebens

Die drei Säulen der Vorsorge

Sozialversicherungen	Individualversicherungen	Vermögensbildung
• gesetzliche Krankenversicherung • Pflegeversicherung • Arbeitslosenversicherung • Rentenversicherung • Unfallversicherung	• Personenversicherungen • Sachversicherungen • Vermögensversicherungen	• Altersvorsorge (z.T. staatlich gefördert) • Wohnungseigentum • Kapitalanlagen
gesetzliche Vorsorge (Pflichtversicherung für die meisten Arbeitnehmer)	**private Vorsorge**	**private Vorsorge**

Personenversicherungen	Sachversicherung	Vermögensversicherungen
Personenversicherungen • Berufsunfähigkeitsversicherung • private Rentenversicherung • private Unfallversicherung	**Sachversicherungen** • Hausratversicherung • Wohngebäudeversicherung	**Vermögensversicherungen** • private Haftpflichtversicherung • Rechtsschutzversicherung • Kfz-Haftpflichtversicherung
Zweck: Einkommen, wenn andere Einkommensquellen wegfallen oder geringer werden	Zweck: Ersatz von Schäden am eigenen Eigentum	Zweck: Absicherung gegen Schadenersatzansprüche anderer (Schutz des eigenen Vermögens)

Übungsaufgaben

1. Nennen Sie drei Entscheidungen, die Sie schon heute treffen können, um über die gesetzliche Rente hinaus für Ihr Alter vorzusorgen.

2. Prüfen Sie die folgende Aussage auf ihre Richtigkeit: „Eine private Rentenversicherung ist eine Form der Kapitalanlage."

3. Beitragseinnahmen privater Versicherungen 2013:

Lebensversicherung, private Rentenversicherung u. Ä.	90,8 Mrd. €
Private Krankenversicherung	35,9 Mrd. €
Kfz-Haftpflichtversicherung	23,3 Mrd. €
private Haftpflichtversicherung	7,2 Mrd. €
Unfallversicherung	6,4 Mrd. €
Wohngebäudeversicherung	5,6 Mrd. €
Rechtsschutzversicherung	3,4 Mrd. €
Hausratversicherung	2,8 Mrd. €

Gesamtverband der deutschen Versicherungswirtschaft, Auswahl

a) Stellen Sie fest, welche dieser Versicherungen für junge Menschen am Anfang des Berufslebens nötig sind und ob wichtige Versicherungen fehlen. Erläutern Sie Ihre Entscheidung.

b) Kann man sagen, dass eine Versicherung umso wichtiger ist, je höher die Beitragseinnahmen sind? Beziehen Sie zu dieser These Stellung und begründen Sie.

Leistungen des Sozialstaats

Lernsituation

Vier Jahre lang haben Kerstin und Jan zusammengelebt. Zuerst in einer kleinen Zweizimmerwohnung, dann, nach der Geburt von Max, in einer großen Wohnung in einem Vorort. Heiraten wollten sie beide nicht. Jan hatte eine sichere Stelle als Fliesenleger; Kerstin arbeitete immer wieder als Aushilfe im Verkauf. Finanziell kamen sie über die Runden, aber große Sprünge waren nicht drin. Jetzt haben sich die beiden getrennt. Jan ist ausgezogen. Mal zahlt er ein wenig Unterhalt für den Kleinen, mal zahlt er nicht.
Kerstin steht vor einem Berg von Problemen und weiß nicht, wie sie sie lösen soll. Allein kann sie die Miete für die Wohnung nicht aufbringen. Ihre Ausbildung als Friseurin ist schon vier Jahre her. Seit der Geburt von Max hat sie nicht mehr in ihrem Beruf gearbeitet. Bevor sie eine Stelle annehmen kann, muss sie einen Platz für Max in einer Kindertagesstätte finden. Ohnehin wird sie mit ihm manchmal nicht fertig, seit Jan weg ist.

Arbeitsauftrag

Erklären Sie Kerstin, welche Angebote und welche finanziellen Leistungen des Staates ihr weiterhelfen können.

1. Auf welche finanziellen Leistungen des Staates hat Kerstin einen Anspruch?
2. An wen kann sie sich wegen der Unterhaltszahlungen ihres Expartners und wegen der Probleme mit Max wenden?

Recherche
iw4k5b
soziales Netz, Fürsorgeleistungen, Familienpolitk

Was gibt der Staat, was nimmt er?

Sozialleistungen gibt es als
- **Versicherungsleistungen** für die Pflichtversicherten der Sozialversicherungen (→ S. 199 ff.);
- **Versorgungsleistungen** für Menschen, die eine besondere Leistung für den Staat erbringen (z. B. als Kindergeld);
- **Fürsorgeleistungen** für Menschen, die in einer Notlage sind, wenn ihre Einkünfte eine bestimmte Grenze nicht überschreiten.

Versicherungsleistungen werden aus den Beiträgen der Versicherten bezahlt. Bei Versorgungs- und Fürsorgeleistungen ist es anders: Hier gibt es **Transferzahlungen**, also direkte Geldleistungen, mit denen der Staat die Schwächeren stärkt und Chancengleichheit herstellt. Beispiel Ausbildungsförderung: Kinder sollen unabhängig von der finanziellen Situation der Eltern eine ihrer Begabung entsprechende Ausbildung machen können. Die Transferleistungen finanziert der Staat aus seinen Einnahmen, d. h. in erster Linie aus Steuern.

Soziale Grundsicherung nach Regelsätzen

Berufstätige sind meist über die Sozialversicherung gut abgesichert. Die Fürsorgeleistungen des deutschen Staates sollen aber allen Menschen eine soziale Grundsicherung garantieren, z. B.
- wenn die eigene Rente nicht ausreicht,
- als Zusatzzahlung bei niedrigem Arbeitseinkommen: Aufstockung durch **Arbeitslosengeld II (Hartz IV)**,
- zur Sicherung einer angemessenen Unterkunft: **Wohngeld**.

Für die Höhe der Leistungen gelten oft sogenannte Regelsätze. Das bedeutet: Es wird nicht der individuelle Bedarf ermittelt, sondern ein Pauschalbetrag, der als **Existenzminimum** ermittelt wird. Grundlage dafür sind die Lebenshaltungskosten und die Einkommen in den untersten Lohngruppen. Für Sozialhilfe und Arbeitslosengeld II sind dies derzeit (2015) 399 €/Monat; außerdem werden die Kosten für Miete und Heizung übernommen.

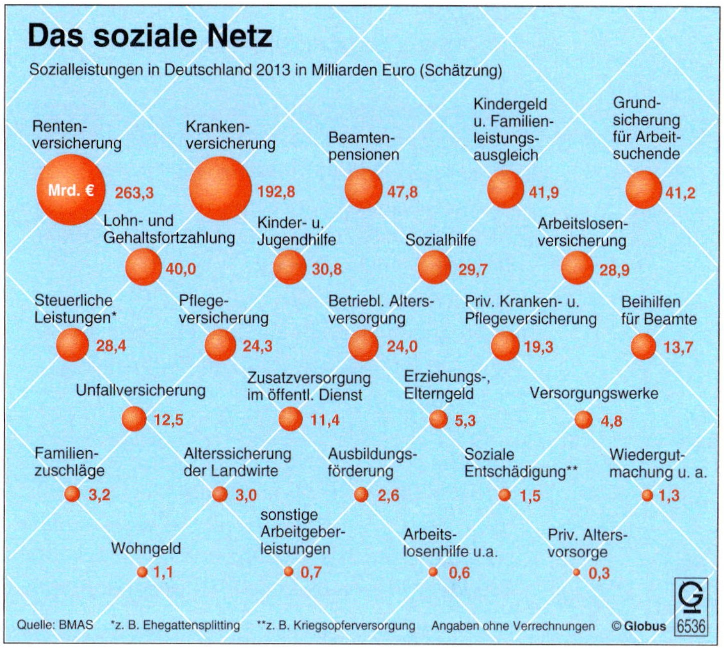

Stichwort: Subsidiarität

Fürsorgeleistungen des Staates gibt es nur subsidiär, d. h. nur dann, wenn der Einzelne bzw. seine Familie nicht in der Lage ist, die Belastungen aus eigenem Einkommen oder Vermögen zu tragen. Zuerst muss das eigene Vermögen (z. B. Geldvermögen, vermietetes Wohneigentum) weitgehend verbraucht werden, bevor der Staat hilft. Auch das Einkommen des Partners wird oft angerechnet. In manchen Fällen müssen Eltern für ihre Kinder oder Kinder für ihre Eltern finanziell einstehen, soweit ihre Einkommens- und Vermögensverhältnisse das erlauben.

Beratung und Betreuung

Oft fehlt es Menschen, die in einer Notlage sind, nicht nur an Geld, sondern überhaupt an Unterstützung von außen. Diese Hilfe, Beratung und Betreuung, kommt nicht immer von staatlichen Stellen, etwa der Gemeinde oder dem Landkreis. Auch kirchliche, gemeinnützige und private Selbsthilfegruppen und -initiativen leisten Hilfe und entlasten damit die öffentlichen Haushalte. Vieles wird ehrenamtlich, also ohne Bezahlung, geleistet. Im Folgenden einige

Transferzahlungen

Zahlungen, die ein Empfänger ohne Verpflichtung zu einer Gegenleistung erhält (z. B. Sozialhilfe).

Arbeitslosengeld II

auch Hartz IV genannt; soziale Grundsicherung für Bedürftige, die keine Arbeit finden. Hartz-IV-Empfänger müssen alle Arbeiten annehmen.

Existenzminimum

Die Mittel, die zur Befriedigung der materiellen Bedürfnisse notwendig sind, vor allem Nahrung, Kleidung, Wohnung und eine medizinische Notfallversorgung.

Beispiele für ehrenamtliche und öffentlich finanzierte Beratung und Betreuung:

- Familien- und Erziehungsberatung,
- Schuldnerberatung (→ S. 280 f.),
- Beratung in Krisen- und Konfliktsituationen,
- Beratung in Unterhaltsfragen,
- Mutter-Kind-Programme,
- Beratung bei Drogen- und Suchtproblemen,
- Kontaktstellen für Ausländer,
- Nachbarschaftshilfe,
- Tafelläden (verbilligte oder kostenlose Abgabe von Lebensmitteln an Bedürftige),
- Jugendhäuser.

Die Zuständigkeiten sind regional unterschiedlich; die Bürgerbüros der Gemeinden können oft weiterhelfen. Daneben gibt es Vereine und Verbände, die ihre Mitglieder kostenlos beraten, z. B. der Mieterverein oder die Gewerkschaften.

Was tut der Sozialstaat für die Familie?

In den vergangenen Jahrzehnten ist die Zahl der Geburten dramatisch gesunken. Das führt dazu, dass die Bevölkerung in Deutschland in Zukunft schrumpfen wird. Dies wird Probleme für die Wirtschaft und die Sozialversicherung mit sich bringen und die Struktur der Gesellschaft grundlegend ändern (→ S. 201 f.).

Kinderreiche Familien und alleinerziehende Mütter oder Väter sind besonders auf finanzielle Hilfen des Staates angewiesen. Was tut der Staat für die Familie? Was tut der Staat, um den Trend der sinkenden Geburtenrate zu stoppen?

- Unabhängig von Einkommensgrenzen gibt der Staat Kindergeld, Elterngeld bei Unterbrechung der Berufstätigkeit für 12 bis 14 Monate, Mutterschaftsgeld in der Zeit des Mutterschutzes (→ S. 220).
- Abhängig von Einkommensgrenzen sind die Ausbildungsförderung (BAFöG) und das Wohngeld, ebenso das Erziehungsgeld im Anschluss an das Elterngeld. Erziehungsgeld gibt es jedoch nur noch in vier Bundesländern.

Die Übersicht unten gibt Ihnen einen Überblick.

Staatliche Hilfen für Familien

Finanzielle Hilfen
- Kindergeld, Steuerfreibeträge für Kinder
- Elterngeld
- Ausbildungsförderung
- Wohngeld
- Sozialgeld

Unterstützende Einrichtungen
- Kinderkrippe, Kindergarten
- Ganztagsschulen
- soziale Dienste/Sozialstationen
- Rehabilitation für Behinderte

Beratungsangebote
- Schwangerschaftsberatung
- Erziehungs-/Familienberatung
- Schuldnerberatung
- Bildungsangebote

Hilfen für Mütter
- Mutterschutz/Mutterschaftsgeld
- Anerkennung von Erziehungszeiten bei der Rente
- Elternzeit

Zusammenfassung: Leistungen des Sozialstaats

Sozialleistungen

Versicherungsleistungen	Versorgungsleistungen	Fürsorgeleistungen
Leistungen erhält, wer als Pflichtversicherter Beiträge einbezahlt hat.	Leistungen erhält, wer besondere Leistungen für den Staat erbringt.	Leistungen erhält, wer in einer finanziellen Notlage ist und nicht auf die Hilfe anderer zurückgreifen kann (Subsidiarität).
Beispiel: Rentenversicherung	Beispiel: Kindergeld	Beispiel: Sozialhilfe

↓

Unterstützung durch den Sozialstaat

Finanzielle Leistungen (Transferzahlungen)	Beratung	Betreuung
Soziale Grundsicherung abhängig von Einkommensgrenzen: • Wohngeld • Arbeitslosengeld II • BAFöG Ohne Einkommensgrenzen (für Familien): • Kindergeld • Elterngeld	• Erziehungsberatung • Familienberatung • Schuldnerberatung • Beratung bei Drogen- und Suchtproblemen	• Nachbarschaftshilfe • Kinderkrippen/Kindertagesstätten • Sozialstationen

Übungsaufgaben

1. Vergleichen Sie Versicherungsleistungen und Versorgungsleistungen.

2. Versicherungsleistungen, Versorgungsleistungen und Fürsorgeleistungen
   a) Nennen Sie je 3 Beispiele für die obigen Leistungen.
   b) Welche der von Ihnen genannten Leistungen sind Transferleistungen? Erklären Sie.

3. Erläutern Sie den Begriff „Regelsatz“.

4. Vergleichen Sie Arbeitslosengeld I und Arbeitslosengeld II. Stellen Sie die Merkmale in einer Tabelle gegenüber.

5. Erklären Sie, warum der Staat Fürsorgeleistungen nur subsidiär erbringt.

6. Ermitteln Sie, wer in Ihrem Wohnort Auskünfte über das Beratungs- und Betreuungsangebot erteilen kann.

7. Nennen Sie je zwei Beratungs- und Betreuungsangebote, die besonders für Kinder und Jugendliche wichtig sind.

8. Leistungen für Familien
   a) Beurteilen Sie, ob die Leistungen des Sozialstaats für Familien ihren Zweck erfüllen.
   b) Erarbeiten Sie sinnvolle Änderungen.

Zukunftsszenarien entwerfen

Szenarien

Mit Szenarien kann man Entwicklungen abschätzen, indem man drei mögliche Typen darstellt: **Best-Case-Szenario**, **Worst-Case-Szenario** und einen **Trend** bei Fortsetzung der bisherigen Entwicklung. Szenarien eignen sich beispielsweise für folgende Fragestellungen: Altersvorsorge, Klimawandel, Datensicherheit.

So geht's!

1. Problem analysieren

- Was ist das gesellschaftliche Problem?
- Wer ist davon betroffen?
- In welchem Zeitraum soll die künftige Entwicklung betrachtet werden?

2. Einflussfaktoren bestimmen (Gruppe)

- Welche Faktoren beeinflussen dieses Problem? Wie wichtig sind sie?
- In welchem Zusammenhang stehen sie zueinander? Sind sie voneinander abhängig?

Info
v5q2rj
Szenario-Trichter

3. Zukunftsbilder erstellen (Gruppe)

- Entwerfen Sie drei mögliche Szenarien:
  - Wie wird die Zukunft aussehen, wenn alles schlecht läuft?
  - Wie wird die Zukunft aussehen, wenn sich alle Faktoren positiv auswirken?
  - Wie wird die Zukunft bei Fortsetzung des derzeitigen Trends aussehen?
- Beschreiben Sie die drei möglichen Szenarien und visualisieren Sie sie durch Bilder und Skizzen.
- Diskutieren Sie die drei Szenarien.

4. Lösungsstrategien entwickeln (Gruppe und Plenum)

- Was muss getan werden, um sich dem Best-Case-Szenario möglichst weit anzunähern?
- Wer kann welchen Beitrag dazu leisten (Parteien, Verbände, interessierte Bürgerinnen und Bürger, Betroffene)?
- Was können mögliche Schritte zu diesem Ziel sein?

Recherche
j6q2xp
Rentenhöhe, Rentenpolitik, Generationenvertrag

Zukunftsszenarien für unsere Altersvorsorge entwerfen

M1 Wovon hängt die künftige Rentenhöhe ab?

- Gesellschaft: Bevölkerungsentwicklung, Zuwanderung, Altersstruktur
- Politik: Entscheidungen über Renteneintrittsalter, Beiträge und Leistungen der Rentenversicherung
- Wirtschaft: Entwicklung der Löhne und des Arbeitsmarkts, Entwicklung des Kapitalmarkts
- persönliche Ebene: Entwicklung des Einkommens und der Ausgaben, Sparquote, Möglichkeiten und Grenzen der Vermögensbildung, finanzieller Bedarf im Alter

M2 Finanzieller Bedarf im Alter

M3 Vorschläge, die wehtun

- alle Einkommen (auch aus Kapitalvermögen, Vermietung u.Ä.) zur Finanzierung der Renten heranziehen: Modell Schweiz
- private Vorsorge verpflichtend machen, gesetzliche Renten kürzen
- Grundrente aus Steuermitteln finanzieren
- Altersgrenze für Rentenbezug auf 75 Jahre heraufsetzen

M4 Anteil der Altersgruppen an der Gesamtbevölkerung

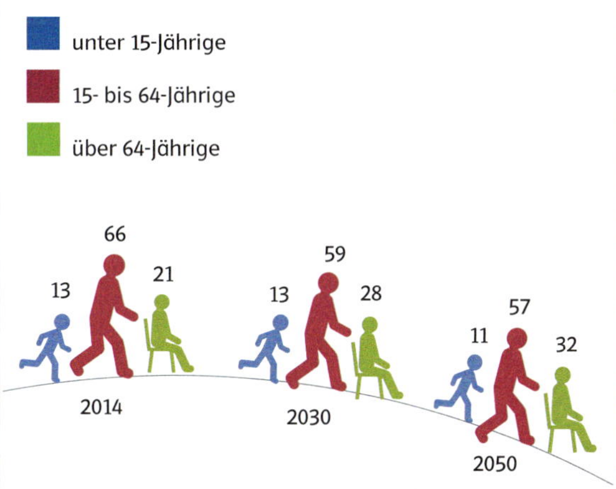

Kreuter et al.: Die Zukunft des Generationenvertrags, Berlin: Berlin-Institut für Bevölkerung und Entwicklung, 2014, S. 4

Arbeitsauftrag

- Gestalten Sie Szenarien zur Zukunft der Altersvorsorge: Wie wirken sich die steigende Zahl der Rentner und die sinkende Zahl der Berufstätigen auf Einkommen und Renten aus? Gehen Sie so vor, wie auf der linken Seite beschrieben.

Üben
9bq8uz
Prüfungsaufgaben

Üben interaktiv
rf4w9f
Prüfungstraining

Berufsschule

1. Anna Karsunke hat die Abschlussprüfung der Berufsausbildung nicht bestanden. Der Ausbildungsbetrieb ist der Meinung, dass damit das Ausbildungsverhältnis beendet ist.

a) Erläutern Sie, ob diese Aussage zutrifft. Begründen Sie.

b) Erarbeiten Sie die Schritte, die Anna unternehmen muss, um die Ausbildung trotzdem abschließen zu können.

Beantworten Sie die Aufgaben anhand des folgenden Auszugs aus dem Berufsbildungsgesetz (BBiG).

M1 Auszug aus dem Berufsbildungsgesetz (BBiG)

§ 8 Abkürzung und Verlängerung der Ausbildungszeit

(1) Auf gemeinsamen Antrag der Auszubildenden und Ausbildenden hat die zuständige Stelle die Ausbildungszeit zu kürzen, wenn zu erwarten ist, dass das Ausbildungsziel in der gekürzten Zeit erreicht wird. Bei berechtigtem Interesse kann sich der Antrag auch auf die Verkürzung der täglichen oder wöchentlichen Ausbildungszeit richten (Teilzeitberufsausbildung).

(2) In Ausnahmefällen kann die zuständige Stelle auf Antrag Auszubildender die Ausbildungszeit verlängern, wenn die Verlängerung erforderlich ist, um das Ausbildungsziel zu erreichen. Vor der Entscheidung nach Satz 1 sind die Ausbildenden zu hören.

§ 21 Beendigung

(1) Das Berufsausbildungsverhältnis endet mit dem Ablauf der Ausbildungszeit. Im Falle der Stufenausbildung endet es mit Ablauf der letzten Stufe.

(2) Bestehen Auszubildende vor Ablauf der Ausbildungszeit die Abschlussprüfung, so endet das Berufsausbildungsverhältnis mit Bekanntgabe des Ergebnisses durch den Prüfungsausschuss.

(3) Bestehen Auszubildende die Abschlussprüfung nicht, so verlängert sich das Berufsausbildungsverhältnis auf ihr Verlangen bis zur nächstmöglichen Wiederholungsprüfung, höchstens um ein Jahr.

M2 Meister-Bafög

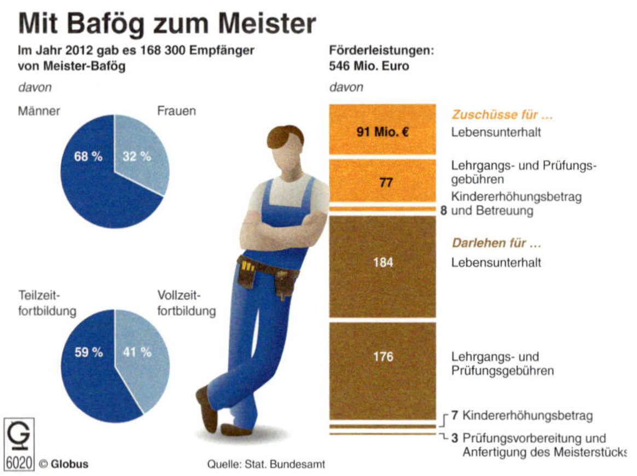

2. Beantworten Sie folgende Fragen zum Meister-Bafög mithilfe der Grafik links.

a) Stellen Sie die zentralen Aussagen der Grafik in eigenen Worten dar und klären Sie in diesem Zusammenhang den Begriff „Meister-Bafög".

b) Einige Förderleistungen sind in der Grafik zweimal erwähnt: als Zuschuss und als Darlehen. Erläutern Sie den Unterschied.

c) Ermitteln Sie die durchschnittliche Höhe der Förderung.

d) Vergleichen Sie Vollzeitfortbildung und Teilzeitfortbildung aus Sicht der Teilnehmer. Begründen Sie, welche Form der Fortbildung Sie persönlich bevorzugen würden.

3. Nennen Sie je drei Sozialleistungen der Grafik *Das soziale Netz* (→ S. 209), die nach dem Versicherungsprinzip, nach dem Versorgungsprinzip und nach dem Fürsorgeprinzip ausbezahlt werden.

Berufsfachschule zur FHR

1. Sandra Niermann arbeitet für eine Gewerkschaft und ist dort für den Bereich „Jugendliche und Auszubildende" zuständig. In den folgenden beiden Fällen wird sie um rechtliche Klärung gebeten.

a) Ermitteln Sie, ob bei Selin die Bestimmungen des Jugendarbeitsschutzes eingehalten wurden.

b) Ermitteln Sie, ob das Bauunternehmen Behring die Bestimmungen des Berufsbildungsgesetzes eingehalten hat und ob Julian noch eine Kündigung vornehmen kann.

M1 Rechte und Pflichten von Auszubildenden

1. Die 17-jährige Selin ist Auszubildende zur Malerin und Lackiererin. Sie möchte wissen, ob ihre Ausbildungs- und Berufsschulzeiten den gesetzlichen Vorgaben entsprechen. Sie stellt Frau Niermann folgende Übersicht zur Verfügung:

Tag	Ausbildungs- und Berufsschulzeiten
Montag	7:00–16.30 im Betrieb, Pause von 12.00–12:30, Frühstückspause 15 Minuten von 9:00–9:15
Dienstag	Berufsschule 7:15–14:00
Mittwoch	7:00–16:30 im Betrieb, Pausen siehe Montag
Donnerstag	Berufsschule 7:15–13:00, Betrieb von 14:00–16:30
Freitag	6:30–15.00 im Betrieb, Pausen s. Montag

2. Der 17-jährige Julian ist seit 5 Monaten beim Bauunternehmer Behring Auszubildender zum Maurer. Sein Polier hat ihn heute mit auf die Baustelle genommen, obwohl es sein erster Berufsschultag zu Beginn des Blockunterrichts ist. Begründet hat er die Maßnahme damit, dass am ersten Berufsschultag des Blockunterrichts sowieso nichts Wichtiges durchgenommen würde und außerdem die Arbeiten auf der Baustelle unbedingt erledigt werden müssen. Auf der Baustelle angekommen, soll Julian im Treppenhaus des 8. Stocks arbeiten. Julian hat noch nie in einer solchen Höhe gearbeitet. Da an den Seiten auch noch die Absicherungen fehlen, weigert er sich, dort zu arbeiten. Daraufhin schickt ihn der Polier mit der Bemerkung nach Hause, dass mit dem heutigen Tag das Ausbildungsverhältnis beendet sei. Julian möchte auf keinen Fall zurück zum Bauunternehmen Behring. Er will sich um einen Ausbildungsplatz in einer Bäckerei bemühen. Da in seinen Bewerbungsunterlagen jetzt aber steht, dass er gekündigt wurde, könnten sich seine Bewerbungschancen verschlechtern. Er möchte, dass die Kündigung von ihm ausgeht.

Info
9re6ir
§§ 14 bis 16 Berufsbildungsgesetz

2. Klaus Laar wird in seiner Firma zum Leiter der Instandhaltung befördert. Sein neues Bruttogehalt beträgt 4 300 €. Ermitteln Sie das neue Nettogehalt von Klaus Laar.

M2 Entgeltabrechnung

Klaus Laar rechnet mit folgenden Abzügen:

Lohnsteuer: 518 €
Solidaritätszuschlag: 5,5%
Sozialversicherungsbeiträge gemäß der aktuellen Sätze

Herr Laar ist katholisch (9 % KiSt), verheiratet und hat ein Kind.
Er nutzt das vermögenswirksame Sparen von monatlich 40 €, sein Arbeitgeber unterstützt ihn dabei mit 20 €.

Im vergangenen Monat erhielt er einen Gehaltsvorschuss i. H. v. 300 €, der ihm jetzt verrechnet wird.

5 Arbeitsrecht und Interessen im Betrieb

Betriebsrat und Gewerkschaft – wer braucht die schon?

Niklas und Ina, beide Auszubildende zum Technischen Modellbauer bei der Firma Kurz GmbH, im Gespräch über das bevorstehende lange Wochenende.

Niklas: Super, dass der 1. Mai in diesem Jahr auf einen Donnerstag fällt.
Am Freitag nehme ich einen Brückentag und dann geht es bei diesem tollen Wetter für vier Tage an die Nordsee. Und was machst du so?
Ina: Ich werde an der Maikundgebung der Gewerkschaften teilnehmen.
Niklas: Respekt, aber wofür soll das gut sein? Als Mitglied der Jugend- und Auszubildendenvertretung in unserem Betrieb ist es vielleicht richtig, wenn du da mal vorbeischaust. Ich brauche das alles nicht. Was es mit dem Chef zu regeln gibt, das schaffe ich allein. Das Verhältnis zwischen Mitarbeiter und Vorgesetzten hat sich in den letzten Jahrzehnten doch völlig geändert. Daher brauche ich weder die Gewerkschaft noch den Betriebsrat. Ich kenne meine Rechte. Notfalls muss ich sie vor Gericht durchsetzen.
Ina: Was glaubst du denn, wer in erster Linie dafür gesorgt hat, dass du als Arbeitnehmer Rechte hast und die gegenüber unserem Chef durchsetzen kannst? Woher kommt denn der hohe Tariflohn für unsere Branche und wer hat dafür gesorgt, dass die Kollegen am Freitag einen Urlaubstag nehmen können? Aber gut, vielleicht denkst du mal darüber nach, wenn du morgen am Strand in der Sonne liegst.

Hätten Sie's gewusst?

1. Von 10 Arbeitnehmern sind wie viele Mitglieder in einer Gewerkschaft?
2. Wie viele Gesetze regeln in Deutschland das Arbeitsrecht?
3. Wie hoch ist der Anteil von Frauen in den Betriebsräten?

1: jeder Fünfte (insg. ca. 7,4 Mio. Mitglieder)
2: ca. 31
3: 30 %

Einen Einblick gewinnen

Worum geht es?

Die beiden Auszubildenden Ina und Niklas sprechen über ihre Rechte als Arbeitnehmer und Auszubildende. Unterscheiden sich die Rechte und Pflichten eines Auszubildenden von denen eines Arbeitnehmers? Wie können ihre Ansprüche gegenüber dem Arbeitgeber am besten durchgesetzt werden? Wer hilft ihnen dabei? Wo kann man das nachlesen?
Das Arbeitsrecht unterscheidet zwischen Individualarbeitsrecht (befasst sich mit dem Verhältnis Arbeitgeber – Arbeitnehmer) und Kollektivarbeitsrecht (befasst sich mit dem Verhältnis zwischen Gewerkschaften und Betriebsräten auf der einen und Arbeitgeberverbänden und Arbeitgebern auf der anderen Seite). Welche Aufgaben übernehmen Gewerkschaften und Betriebsräte? Welche Rolle spielt der Staat? Schützt er Arbeitnehmer, und wenn ja, wie? Wie läuft eine Klage vor dem Arbeitsgericht ab und welche Risiken sind damit für den Kläger verbunden?

Informieren Sie sich!

So geht's!
Simulationsspiel umsetzen

Verschaffen Sie sich mithilfe des Buchs einen Überblick. Sie finden in diesem Kapitel Lernsituationen zu folgenden Themen:

- Arbeitsrecht
- Arbeitsvertrag
- Kündigung und Kündigungsschutz
- Handlungsmöglichkeiten des Betriebsrats
- Jugend- und Auszubildendenvertretung
- Tarifverträge und Tarifauseinandersetzungen
- Schutz vor Gefahren am Arbeitsplatz
- Ergonomie am Arbeitsplatz

Was hat das mit mir zu tun?

- Lernen Sie, Ihre Rechte im Betrieb angemessen zu vertreten.
- Informieren Sie sich, wie Tarifabschlüsse in Ihrer Branche zustande kommen.
- Überlegen Sie, welche Bedeutung die Gewerkschaften bei Tarifauseinandersetzungen haben und welche Rolle das für Sie spielt.
- Entscheiden Sie, inwieweit Sie die betrieblichen Mitbestimmungsmöglichkeiten in Anspruch nehmen wollen.
- Eine Auseinandersetzung mit dem Arbeitgeber vor dem Arbeitsgericht birgt Chancen und Risiken. Sie sollten wissen, welche das sind.

Arbeitsrecht

Lernsituation

Im Personalbüro der Metallbau GmbH.

Herr Berthold: Sie haben mir für diesen Monat einen Stundenlohn von 13,20 Euro berechnet. Von einem Bekannten habe ich jetzt erfahren, dass der Tariflohn aber bei 14,40 Euro liegt. Sie haben mir 176 Euro im Monat zu wenig gezahlt!
Herr Kern: Für uns spielt der Tarifvertrag keine Rolle. Wir sind schon vor Jahren aus dem Arbeitgeberverband ausgetreten, weil uns die Haltung des Verbandes gegenüber der Gewerkschaft bei den Tarifauseinandersetzungen nicht mehr passte.
Herr Berthold: Das mag für Sie ja richtig sein. Aber solange ich Mitglied der Gewerkschaft bin, habe ich auch Anspruch auf die tariflichen Bestimmungen. Wofür bezahle ich sonst eigentlich Beiträge? Außerdem haben Sie mir während der Ausbildung bis vor einem Monat die Vergütung nach Tarif gezahlt.
Herr Kern: Dies wurde in Ihrem Ausbildungsvertrag auch ausdrücklich so geregelt. Als wir Ihnen vor einem Monat den Arbeitsvertrag vorlegten, waren Sie mit einem Stundenlohn von 13,20 Euro einverstanden. Sie selbst haben doch den Vertrag unterschrieben.
Herr Berthold: Ich war davon ausgegangen, dass das der Tariflohn sei. Konnte ich denn zu dem Zeitpunkt wissen, dass Sie mich so hereinlegen?

Arbeitsauftrag

- Erläutern Sie, ob Herr Berthold Anspruch auf zusätzliche 176 Euro monatlich hat, und bestimmen Sie, wie viele Tage Urlaub ihm im Jahr zustehen.
(Hinweis: Der Tarifvertrag wurde nicht für allgemein verbindlich erklärt.)

Recherche
c56m45
Arbeitsschutzbestimmungen

Regelungsmittel im Arbeitsrecht

Im Arbeitsrecht gilt der Grundsatz der Vertragsfreiheit. So können einzelne Personen (z. B. Arbeitgeber und Arbeitnehmer) oder Gruppen (z. B. Gewerkschaften und Arbeitgeberverbände) Vereinbarungen treffen. Diese Vereinbarungen können aber nicht frei von rechtlichen Bestimmungen abgeschlossen werden. Dazu erlässt der Staat Gesetze und Verordnungen. Sie

- regeln die Mitbestimmung der Arbeitnehmer am betrieblichen Entscheidungsprozess (Betriebsverfassungsgesetz, Mitbestimmungsgesetz);
- legen die Rechte und Pflichten des Arbeitnehmers und Arbeitgebers oder des Auszubildenden und des Ausbildenden fest (z. B. Berufsbildungsgesetz → S. 176 ff.);
- schützen den Arbeitnehmer vor ungerechtfertigten Entscheidungen und Maßnahmen des Arbeitgebers (technischer und sozialer Arbeitsschutz → S. 220 f., 245 f.).

Bei der Vielzahl der gesetzlichen Bestimmungen und der Vielzahl von Vereinbarungen zwischen Gruppen und Einzelpersonen stellt sich die Frage nach deren Bedeutung und Rangordnung. Wie viele Urlaubstage stehen z. B. einem Arbeitnehmer zu, wenn sich dazu unterschiedliche Angaben im Arbeitsvertrag, im Tarifvertrag oder im Bundesurlaubsgesetz finden?

Rangordnung der Regelungsmittel

Der Gesetzgeber hat eine klare Rangordnung der Rechtsquellen vorgegeben.
Danach hat das Grundgesetz der Bundesrepublik Deutschland den höchsten Rang.
Die **Art. 12 GG** und **Art. 9 GG** beziehen sich im Besonderen auf arbeitsrechtliche Aspekte:

> **Art. 12** „Alle Deutschen haben das Recht, Beruf, Arbeitsplatz und Ausbildungsstätte frei zu wählen.
>
> **Art. 9 (3)** Das Recht, zur Wahrung und Förderung der Arbeits- und Wirtschaftsbedingungen Vereinigungen zu bilden, ist für jedermann und für alle Berufe gewährleistet."

Am Grundgesetz richten sich alle anderen gesetzlichen Bestimmungen aus (z. B. Jugendarbeitsschutzgesetz).
Dann folgen Tarifverträge, die nicht gegen gesetzliche Bestimmungen verstoßen dürfen.
Auf die Tarifverträge folgen Betriebsvereinbarungen, danach die Arbeitsverträge.
Betriebsvereinbarungen werden zwischen dem Arbeitgeber (Geschäftsleitung) und dem Betriebsrat abgeschlossen. Sie gelten für alle Mitarbeiter des Betriebes.
Den niedrigsten Rang nehmen die Weisungen des Arbeitgebers ein. Widersprechen die Weisungen dem Inhalt des Arbeitsvertrags oder gesetzlichen Bestimmungen, so kann der Arbeitnehmer sich der Weisung widersetzen.
Beispiele: Ein Facharbeiter wird zu Gartenarbeiten beim Chef eingeteilt oder ein Berufskraftfahrer soll Fahrten durchführen, die über die vorgeschriebenen Lenkzeiten hinausgehen.
Das **Rangfolgeprinzip** besagt, dass jede Vereinbarung dem höhergestellten Regelungsmittel nicht widersprechen darf. Ein Tarifvertrag kann Bestimmungen des Jugendarbeitsschutzgesetzes (JArbSchG) nicht aufheben. Eine Abweichung

Bedeutung des europäischen Rechts

Nationales Recht muss im Einklang mit europäischem Recht stehen.

Verordnung

Rechtsnorm, die in der Regel von einer Regierung oder Verwaltungsstelle erlassen wird

Rangfolgeprinzip und Günstigkeitsprinzip

* Grundgesetz

5.1 Gesetzliche, tarifliche, betriebliche Rahmenbedingungen berücksichtigen

Kündigungsschutzgesetz → S. 227 f.

Jugendarbeitsschutzgesetz → S. 177

ist nur erlaubt, wenn sie für den Arbeitnehmer günstiger ist: **Günstigkeitsprinzip**.
Beispiel: Ein Auszubildender kann eine höhere Vergütung erhalten, als im Tarifvertrag vorgesehen ist.
Eine Abweichung vom Rangfolgeprinzip kann sich auch aus einer im Tarifvertrag festgelegten **Öffnungsklausel** ergeben. Danach können Bestimmungen eines Tarifvertrags in einer Betriebsvereinbarung oder in einem Arbeitsvertrag unterschritten werden. Öffnungsklauseln können zulassen, dass z. B. in wirtschaftlichen Krisensituationen tariflich verbindlich vereinbarte Mindeststandards unterschritten werden.
Beispiel: Ein Unternehmen, das sich in finanziellen Schwierigkeiten befindet, darf vorübergehend weniger als den Tariflohn zahlen.

Gesetze im Bereich des sozialen Arbeitsschutzes

Die nun folgenden Gesetze gehören zum sozialen Arbeitsschutz. Dadurch soll die körperliche und seelische Belastung der Arbeitnehmer reduziert werden.
Folgende Regelungen gelten nach dem **Arbeitszeitgesetz (ArbZG §§ 3 – 13)** für alle Arbeitnehmer:

- Die tägliche Arbeitszeit ist auf acht Stunden begrenzt.
- Die tägliche Arbeitszeit kann auf zehn Stunden erweitert werden, wenn innerhalb von sechs Monaten der Durchschnitt von acht Stunden pro Werktag nicht überschritten wird.
- Sonntags- und Feiertagsarbeit sind verboten.
- In bestimmten Bereichen ist die Sonntags- und Feiertagsarbeit erlaubt, z. B. in Konditoreien und Bäckereien, in Krankenhäusern, im Gastgewerbe und in Verkehrsbetrieben.
- Mindestens 15 Sonntage im Jahr sind beschäftigungsfrei.
- Die Ruhezeit zwischen zwei Arbeitstagen muss mindestens 11 Stunden betragen.
- Bei einer Arbeitszeit von sechs bis neun Stunden betragen die Ruhepausen mindestens 30 Minuten, 45 Minuten bei einer Arbeitszeit von mehr als neun Stunden.

Endlich Ferien!

Ein Mindesturlaub von 24 Werktagen steht laut **Bundesurlaubsgesetz (BUrlG § 3)** jedem Arbeitnehmer zu. Den Zeitpunkt bestimmt grundsätzlich der Arbeitgeber! Allerdings muss er die Wünsche des Arbeitnehmers berücksichtigen, sofern dem nicht dringende betriebliche Angelegenheiten entgegenstehen (→ S. 238 f.).

Durch das **Mutterschutzgesetz (MuSchG §§ 3, 4)** schützt der Staat werdende Mütter vor zu hoher Belastung. Hierzu hat er folgende wichtige Bestimmungen erlassen:

- Sechs Wochen vor und acht Wochen nach der Entbindung besteht ein Beschäftigungsverbot.
- Schwere und gefährliche Arbeiten, Akkord- und Fließbandarbeit sowie der Umgang mit Gefahrstoffen sind während Schwangerschaft und Stillzeit verboten.
- Während der Schwangerschaft und bis vier Monate nach der Entbindung besteht ein besonderer Kündigungsschutz.

An den Mutterschutz können sich gemäß Bundeselterngeld- und Elternzeitgesetz (§ 15) bis zu drei Jahre Elternzeit anschließen.

Unter dem **Schwerbehindertenschutz des Sozialgesetzbuchs (SGB IX. Buch)** stehen Arbeitnehmer, deren Erwerbsfähigkeit auf Dauer zu mindestens 50 Prozent eingeschränkt ist. Sie erhalten z. B. fünf Tage zusätzlichen Jahresurlaub, einen besonderen Kündigungsschutz und müssen keine Mehrarbeit leisten. Um die Beschäftigung von Schwerbehinderten zu fördern, gewährt der Staat Zuschüsse an die Unternehmen. Gleichzeitig müssen Unternehmen mit mindestens 20 Arbeitsplätzen, die weniger als fünf Prozent davon für Schwerbehinderte zur Verfügung stellen, für jeden nicht besetzten Arbeitsplatz monatlich bis zu 290 Euro als Ausgleichsabgabe bezahlen (Stand 2015).

Schwerbehinderte genießen besonderen Schutz.

Das **Allgemeine Gleichbehandlungsgesetz** (**AGG**) sieht vor, dass im Arbeits- und Geschäftsleben niemand aus Gründen der Rasse oder der ethnischen Herkunft, des Geschlechts, der Religion oder Weltanschauung, einer Behinderung, des Alters oder der sexuellen Identität benachteiligt und diskriminiert werden darf.

Wann ist ein Tarifvertrag für den Arbeitnehmer gültig?

Tarifverträge werden zwischen den Gewerkschaften und Vereinigungen von Arbeitgebern (Arbeitgeberverbände) bzw. einzelnen Unternehmen (Tarifvertragsgesetz §2) geschlossen. Damit ein Arbeitnehmer einen Anspruch auf die Bestimmungen des Tarifvertrags hat, müssen die folgenden Bedingungen erfüllt sein:
Der Arbeitnehmer muss unter den räumlichen, fachlichen und persönlichen **Geltungsbereich** des Tarifvertrags fallen.

- **Räumlicher** Geltungsbereich: Gebiet, für das der Tarifvertrag gilt (z.B. Bundesland NRW).
- **Fachlicher** Geltungsbereich: Bezeichnung derjenigen Betriebe, die ihrer Art nach unter den Tarifvertrag fallen (z.B. Betriebe der Eisen-, Metall- und Elektroindustrie).
- **Persönlicher** Geltungsbereich: bestimmte Arbeitnehmer, für die der Tarifvertrag gelten soll (z.B. alle kaufmännischen und gewerblichen Angestellten).

Der Tarifvertrag gilt nur „zwischen den beiderseits Tarifgebundenen" (Tarifvertragsgesetz §4). Einen Anspruch auf die Bestimmungen des Tarifvertrags gibt es somit nur, wenn der Arbeitgeber Mitglied im vertragsschließenden Arbeitgeberverband ist oder selbst den Tarifvertrag (Haustarifvertrag/Firmentarifvertrag) unterzeichnet hat **und** der Arbeitnehmer Mitglied in der vertragsschließenden Gewerkschaft ist. Anspruch auf den Tarifvertrag besteht auch, wenn

- im Arbeitsvertrag Bestimmungen des Tarifvertrags vereinbart werden (z.B. „Es gilt der Tarifvertrag der …");
- der Bundesminister für Arbeit und Sozialordnung den Tarifvertrag für allgemein verbindlich erklärt hat. Alle Arbeitnehmer des Geltungsbereichs haben dann Anspruch auf die Bestimmungen des Tarifvertrags.

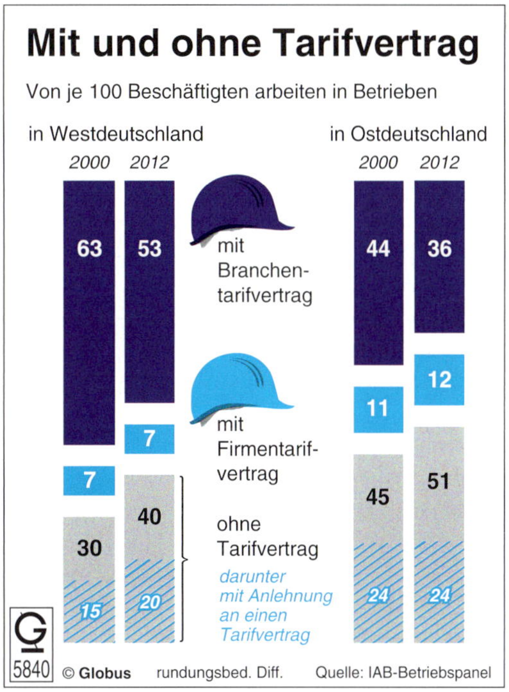

5.1 Gesetzliche, tarifliche, betriebliche Rahmenbedingungen berücksichtigen

Zusammenfassung: Arbeitsrecht

Aufbau des Arbeitsrechts

Grundgesetz	Tarifautonomie, freie Wahl des Berufs …
Gesetze/ Verordnungen	Staatliche Rahmenbedingungen zur Mitbestimmung, zu Rechten und Pflichten des Arbeitnehmers und des Arbeitgebers und zum technischen und sozialen Arbeitsschutz …
Tarifvertrag	Zustandekommen durch Tarifvertragsparteien, Gültigkeit für den Arbeitnehmer, wenn bestimmte Voraussetzungen vorliegen
Betriebsvereinbarung	Zustandekommen durch Betriebsrat und Geschäftsleitung, Rechte des Betriebsrats
Arbeitsvertrag	Zustandekommen durch Arbeitgeber und Arbeitnehmer, regelt Rechte und Pflichten zwischen Vertragspartnern
Weisungen des Arbeitgebers	Weisungsgebundenheit des Arbeitnehmers aus dem Arbeitsvertrag

Rangfolgeprinzip

Günstigkeitsprinzip

Übungsaufgaben

1. Prüfen Sie, ob die folgenden Fälle rechtlich zulässig sind.
   a) § 1 Lohnfortzahlungsgesetz legt fest, dass ein Arbeiter, der infolge einer Krankheit an seiner Arbeitsleistung gehindert wird, ohne dass ihn daran ein Verschulden trifft, den Anspruch auf sein Arbeitsentgelt für sechs Wochen behält. Ein Arbeitgeber vereinbart mit dem Arbeitnehmer schriftlich im Arbeitsvertrag eine Dauer von fünf Wochen.
   b) Arbeitgeber Kretschmer stellt die Verkäuferin Skomroch ein. Im Arbeitsvertrag wird vereinbart, das Mutterschutzgesetz solle keine Anwendung finden, weil im Betrieb schon zwei Frauen wegen des Mutterschutzes ausgefallen seien. Kretschmer fügt hinzu, ohne diese Klausel hätte er diesen Arbeitsvertrag nicht schließen können.

2. Herr Semmeling ist bei der Firma Reitmeyer beschäftigt. Beide sind tarifgebunden. Der tarifliche Stundenlohn beträgt 12,50 Euro. Kraft Vereinbarung erhält Herr Semmeling 14,00 Euro. Durch einen neuen Tarifvertrag wird der Lohn um zehn Prozent erhöht. Ermitteln Sie, welchen Lohn Herr Semmeling verlangen kann.

3. Erläutern Sie die Begriffe Rangfolge- und Günstigkeitsprinzip.

4. Nennen Sie die Ziele der folgenden Gesetze im Bereich des sozialen Arbeitsschutzes:
   a) Mutterschutzgesetz
   b) Bundesurlaubsgesetz
   c) Schwerbehindertenschutz im Sozialgesetzbuch
   d) Allgemeines Gleichbehandlungsgesetz

Arbeitsvertrag

Lernsituation

Sofia ist Auszubildende als Kfz-Mechatronikerin beim Autohaus Scholz. In einem Monat endet mit der Abschlussprüfung ihr Ausbildungsverhältnis. Da ihre Leistungen in der Schule und im Betrieb bisher sehr gut sind, wird sie sicherlich die Prüfung bestehen.
Heute hat sie mit ihrem Chef darüber gesprochen, ob sie nach der bestandenen Gesellenprüfung weiterhin im Autohaus arbeiten kann. Er versicherte ihr, dass, wenn alles wie geplant verläuft, sie im nächsten Monat als Gesellin beschäftigt wird. Weil ein Kunde den Chef dringend sprechen musste, konnten weitere Einzelheiten nicht besprochen werden.
Auf dem Weg nach Hause kommen Sofia Bedenken, ob mit der Zusage des Chefs schon ein Arbeitsvertrag zustande gekommen ist. Schließlich wurde ja nichts schriftlich vereinbart. Außerdem fragt sie sich, was sich ändern wird, wenn sie nicht mehr als Auszubildende, sondern als Gesellin beim Autohaus Scholz arbeitet.

Arbeitsauftrag

Klären Sie, ob zwischen dem Chef und Sofia ein Arbeitsvertrag zustande gekommen ist, und klären Sie für Sofia die folgenden Fragen:

1. Nennen Sie die Rechte und Pflichten, die Sofia als Gesellin hat.

2. Vergleichen Sie den Berufsausbildungsvertrag mit dem Arbeitsvertrag.

5.1 Gesetzliche, tarifliche, betriebliche Rahmenbedingungen berücksichtigen

TzBfG = Teilzeit- und Befristungsgesetz

Inhalt des Arbeitsvertrags

Arbeitsverträge können formlos (mündlich, schriftlich oder stillschweigend) abgeschlossen werden. Ein Arbeitsvertrag muss allerdings schriftlich festgehalten werden. Vorgeschrieben ist, dass Arbeitgeber die Vertragsinhalte spätestens vier Wochen nach dem Abschluss schriftlich dokumentieren und beide Seiten diese Dokumentation unterschreiben: **Nachweisgesetz**. Erfolgt kein schriftlicher Nachweis, ist der Arbeitsvertrag dennoch weiterhin gültig.

Wenn sie eine neue Stelle antreten, müssen Arbeitnehmer zeitgerecht ihre **Arbeitspapiere** abgeben: Lohnsteuerkarte (seit 2012 elektronisch), Urlaubsbescheinigung des vorherigen Arbeitgebers, die Mitgliedsbescheinigung der gewählten Krankenkasse sowie den Sozialversicherungsnachweis.
Die überwiegende Zahl der Arbeitsverträge wird noch immer **unbefristet** abgeschlossen, allerdings nimmt die Zahl der **befristeten Arbeitsverträge** zu. Gerade Auszubildende erhalten nach bestandener Prüfung oft befristete Arbeitsverträge. Befristete Arbeitsverträge dürfen höchstens 24 Monate Laufzeit haben, außerdem dürfen sie nur dreimal verlängert werden (TzBfG). Beim vierten Mal der Verlängerung werden sie automatisch zu unbefristeten Arbeitsverträgen. Insbesondere bei neu eingestellten Mitarbeitern ist die Vereinbarung einer **Probezeit** (bis zu sechs Monate) üblich. In diesem Zeitraum kann ohne Angabe von Gründen von beiden Seiten gekündigt werden.

Rechte und Pflichten im Arbeitsverhältnis

Durch den Abschluss eines Arbeitsvertrags entstehen für Arbeitgeber und Arbeitnehmer gesetzlich festgelegte Rechte und Pflichten (BGB § 611 ff. → Tabelle).

Auszug aus dem Nachweisgesetz (NachwG)

§ 2:

1) Der Arbeitgeber hat spätestens einen Monat nach dem vereinbarten Beginn des Arbeitsverhältnisses die wesentlichen Vertragsbedingungen schriftlich niederzulegen, die Niederschrift zu unterzeichnen und dem Arbeitnehmer auszuhändigen. In die Niederschrift sind mindestens aufzunehmen:
   1. der Name und die Anschrift der Vertragsparteien,
   2. der Beginn des Arbeitsverhältnisses,
   3. bei befristeten Arbeitsverträgen: die vorhersehbare Dauer des Arbeitsverhältnisses,
   4. der Arbeitsort oder ein Hinweis darauf, dass der Arbeitnehmer an verschiedenen Orten beschäftigt werden kann,
   5. eine kurze Charakterisierung oder Beschreibung der zu leistenden Tätigkeit,
   6. die Zusammensetzung und die Höhe des Arbeitsentgelts einschließlich der Zuschläge, der Zulagen, Prämien und Sonderzahlungen sowie anderer Bestandteile des Arbeitsentgelts und deren Fälligkeit,
   7. die vereinbarte Arbeitszeit,
   8. die Dauer des jährlichen Erholungsurlaubs,
   9. die Kündigungsfristen,
   10. ein Hinweis auf die Tarifverträge, Betriebs- oder Dienstvereinbarungen, die auf das Arbeitsverhältnis anzuwenden sind.

Recherche
v7ss8z
Arbeitsvertrag, Arbeitszeugnis

Berufsausbildungsvertrag und Arbeitsvertrag im Vergleich

Beim Arbeitsvertrag muss der Arbeitnehmer die nötigen Kenntnisse, Fertigkeiten und Fähigkeiten für seine Tätigkeit bereits mitbringen.
Er muss nach einer Einarbeitungszeit die volle Arbeitsleistung erbringen, andernfalls kann ihm gekündigt werden. Beim Berufsausbildungsvertrag erwirbt der Auszubildende erst die Kenntnisse, Fertigkeiten und Fähigkeiten des Ausbildungsberufs, und der Ausbildungsbetrieb ist verpflichtet, sie ihm zu vermitteln.
Beim Arbeitsvertrag gibt es viele Gründe für spätere Vertragsänderungen: Der Arbeitnehmer wird für andere Arbeiten eingesetzt; er soll länger oder kürzer arbeiten oder im Schichtdienst; seine Bezahlung ändert sich oder sein Arbeitsort. Bei einem Berufsausbildungsvertrag sind solche Änderungen im Nachhinein nicht möglich; selbst wenn das Unternehmen aufgelöst wird, muss der Arbeitgeber versuchen, seine Auszubildenden anderweitig unterzubringen.

Pflichten der Arbeitgeber = Rechte des Arbeitnehmers	Pflichten der Arbeitnehmer = Rechte des Arbeitgebers
Vergütungspflicht: Die Höhe der Bezahlung ist oft durch einen Tarifvertrag oder durch den gesetzlichen Mindestlohn von 8,50 € (Stand 2015) festgelegt.	**Arbeitspflicht**: Pflicht, die vereinbarte Arbeitsleistung persönlich zu erbringen
Beschäftigungspflicht: Der Arbeitnehmer muss mit den vertraglich vereinbarten Aufgaben beschäftigt werden.	**Gehorsamspflicht**: Den Weisungen des Arbeitgebers ist Folge zu leisten im Rahmen des Arbeitsvertrags und der gesetzlichen Bestimmungen.
Fürsorgepflicht: Die gesetzlichen Bestimmungen (z. B. Abführung der Beiträge zur gesetzlichen Sozialversicherung, Arbeitszeitgesetz, Unfallschutzbestimmungen) sind einzuhalten.	**Treuepflicht**: Sie beinhaltet *Sorgfaltspflicht:* Übertragene Aufgaben müssen sorgfältig erledigt, mit Werkzeug und Maschinen muss sorgfältig umgegangen werden. *Schweigepflicht:* Der Arbeitnehmer muss Betriebsgeheimnisse und den Datenschutz wahren. *Wettbewerbsverbot:* Der Arbeitnehmer darf dem Arbeitgeber keine Konkurrenz machen.
Zeugnispflicht: Pflicht, ein Arbeitszeugnis auszustellen	

Erstellen eines Arbeitszeugnisses

Ein Arbeitszeugnis (BGB § 630) muss mindestens Angaben zu Art und Dauer der Tätigkeit enthalten: **einfaches Zeugnis**. Arbeitnehmer können verlangen, dass sich die Angaben darüber hinaus auf eine Beurteilung ihrer Leistung und ihres Verhaltens im Arbeitsverhältnis erstrecken: **qualifiziertes Zeugnis**. Das Arbeitszeugnis muss der Wahrheit entsprechen, damit sich der neue Arbeitgeber ein Bild von dem Arbeitnehmer machen kann. Das Arbeitszeugnis ist aber auch für den Arbeitsuchenden ein wesentlicher Teil der Bewerbungsunterlagen. Daher soll es wohlwollend formuliert sein.

Pflichten im Ausbildungsverhältnis → S. 176

Was diese Formulierungen im Arbeitszeugnis bedeuten	
sehr gut	hat die übertragenen Arbeiten stets zu unserer vollsten Zufriedenheit erledigt
gut	hat die übertragenen Arbeiten stets zu unserer vollen Zufriedenheit erledigt
befriedigend	hat die übertragenen Arbeiten zu unserer vollen Zufriedenheit erledigt
ausreichend	hat die übertragenen Arbeiten zu unserer Zufriedenheit erledigt
mangelhaft	hat die übertragenen Arbeiten im Großen und Ganzen zu unserer Zufriedenheit erledigt
ungenügend	hat sich bemüht, die übertragenen Arbeiten zu unserer Zufriedenheit zu erledigen

5.1 Gesetzliche, tarifliche, betriebliche Rahmenbedingungen berücksichtigen

Zusammenfassung: Arbeitsvertrag

Arbeitsvertrag

Wird abgeschlossen zwischen dem Arbeitgeber und dem Arbeitnehmer und regelt Beginn, Ziele, Form und Inhalt des Arbeitsverhältnisses.

↓

Ziel

gegen Bezahlung eine Leistung erbringen

↓

Form

mündlicher, schriftlicher oder stillschweigender Vertrag

↓

Vertragsinhalte

gesetzlich festgelegte Mindestinhalte für einen Nachweis des AGs

→ **Nachweisgesetz** (zu Form und Vertragsinhalte)

Inhalte des Arbeitsvertrags sind nach spätestens vier Wochen vom AG schriftlich zu dokumentieren

↓

Rechte und Pflichten ← **Bürgerliches Gesetzbuch (BGB)**

Übungsaufgaben

○ 1. Nennen Sie die Arbeitspapiere, welche dem Arbeitgeber bei Antritt einer neuen Beschäftigung ausgehändigt werden müssen.

◒ 2. Ermitteln Sie, gegen welche Pflichten in den folgenden Fällen vonseiten des Arbeitnehmers bzw. des Arbeitgebers verstoßen wird.
   a) Ein Malergeselle tapeziert in seiner Freizeit gegen Entgelt Wohnungen.
   b) Ein Berufskraftfahrer wird von seinem Chef aufgefordert, länger als die gesetzlich vorgeschriebenen Lenkzeiten zu fahren.
   c) Ein Zerspanungsmechaniker verlässt trotz des Verbots durch den Meister seinen Arbeitsplatz. Durch einen Defekt an der CNC-Maschine wird das eingespannte Werkstück beschädigt.
   d) Aufgrund einer berechtigten fristlosen Kündigung verweigert der Personalleiter dem Arbeitnehmer die Ausstellung eines Zeugnisses.

○ 3. Nennen Sie die Vertragsbedingungen, die in einem Arbeitsvertrag schriftlich niederzulegen sind. Wählen Sie aus:
   a) zu leistende Arbeit
   b) Anzahl der zu leistenden Überstunden
   c) Pausenregelung
   d) Höhe des Arbeitsentgelts
   e) Fort- und Weiterbildungsmöglichkeiten
   f) Kündigungsfristen

● 4. Die Zahl der befristeten Arbeitsverträge hat in den vergangenen Jahren zugenommen.
   a) Diskutieren Sie die Gründe dafür.
   b) Nennen Sie die gesetzlichen Bestimmungen, die der Arbeitgeber beachten muss.

○ 5. Nennen Sie die Unterschiede zwischen einem einfachen und einem qualifizierten Zeugnis.

Kündigung und Kündigungsschutz

Lernsituation

Die Geschäftsleitung der Türenfabrik Lansing informiert am 25. Mai den Betriebsrat über die beabsichtigte Kündigung des Berufskraftfahrers Martin Visse. Begründet wird die Maßnahme damit, dass die notwendigen Transporte in Zukunft aus Kostengründen von einer Fremdfirma übernommen werden sollen. Als der Betriebsrat Martin Visse von der beabsichtigten Kündigung in Kenntnis setzt, weist dieser darauf hin, dass in Zeitungsanzeigen ein neuer Mitarbeiter für das Lager gesucht wird. Um die notwendigen beruflichen Qualifikationen zu erwerben, ist er bereit, an Umschulungs- und Fortbildungsmaßnahmen teilzunehmen.
Am 27. Mai teilt der Betriebsrat der Geschäftsleitung schriftlich mit, dass er der beabsichtigten Kündigung aus den oben genannten Gründen widerspricht. Der Arbeitgeber lehnt dennoch die Weiterbeschäftigung ab und kündigt das Arbeitsverhältnis fristgerecht zum 30. Juni des Jahres. Herr Visse akzeptiert die Kündigung nicht und will vor dem Arbeitsgericht klagen. Dazu trifft er sich mit einem Vertreter seiner Gewerkschaft. Von ihm erhofft er sich Informationen über sein weiteres Vorgehen.

Arbeitsauftrag

- Unterstützen Sie Martin Visse bei seiner Klage gegen die Kündigung vor dem Arbeitsgericht.

1. Erarbeiten und formulieren Sie eine Begründung für die Klageerhebung vor dem Arbeitsgericht.
2. Klären Sie darüber hinaus die folgenden Punkte:
   a) Nennen Sie die Frist für die Einhaltung der Kündigungsschutzklage.
   b) Stellen Sie dar, von wem sich Martin Visse vor Gericht vertreten lassen kann?
   c) Prüfen Sie, ob das Arbeitsverhältnis nach dem 30. Juni weiterbesteht, wenn die Entscheidung des Arbeitsgerichts erst zu einem späteren Zeitpunkt fällt.
3. Beurteilen Sie die Erfolgsaussichten der Klage vor dem Arbeitsgericht.

5.1 Gesetzliche, tarifliche, betriebliche Rahmenbedingungen berücksichtigen

Beendigung des Arbeitsverhältnisses

Während der Arbeitsvertrag durch die Zustimmung beider Partner zustande kommt, geht die Kündigung nur von einer Seite aus. Dies gilt nur für unbefristete Arbeitsverträge; befristete Verträge enden automatisch. Die Schriftform ist vorgeschrieben. Damit die andere Seite Zeit hat, sich auf die veränderte Lage einzustellen, schreibt der Staat bei einer **ordentlichen Kündigung** eine gesetzliche **Kündigungsfrist** von mindestens vier Wochen zum 15. oder Ende des Monats vor. Bei längerer Betriebszugehörigkeit verlängert sich die Kündigungsfrist des Arbeitgebers (auf bis zu sieben Monate). Eine vertragliche Verkürzung dieser Fristen ist gesetzlich nicht erlaubt. In vielen Tarifverträgen bzw. Betriebsvereinbarungen werden längere Kündigungsfristen vereinbart.

Bei einer Kündigung während der Probezeit gilt für beide Parteien die kürzere gesetzliche Kündigungsfrist von zwei Wochen.

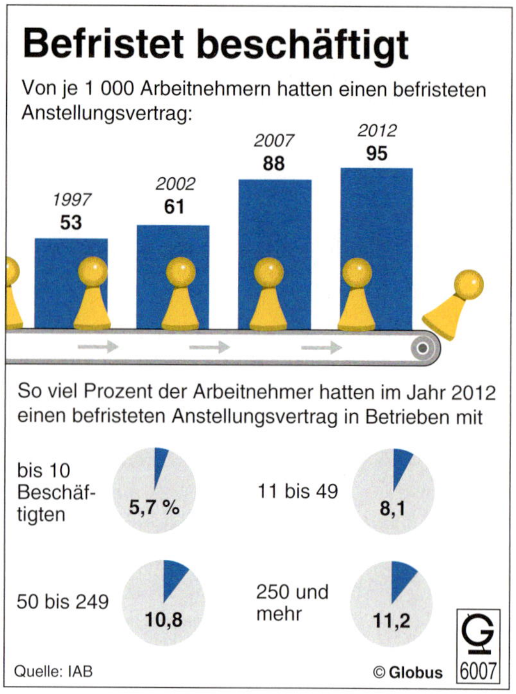

Kündigungsschutzfristen nach BGB § 622

Betriebs-zugehörigkeit	Kündigungsfrist
unter 2 Jahren	4 Wochen zum 15. oder Monatsende
ab 2 Jahren	1 Monat zum Monatsende
ab 5 Jahren	2 Monate zum Monatsende
ab 8 Jahren	3 Monate zum Monatsende
ab 10 Jahren	4 Monate zum Monatsende
ab 12 Jahren	5 Monate zum Monatsende
ab 15 Jahren	6 Monate zum Monatsende
ab 20 Jahren	7 Monate zum Monatsende

Anders ist es bei **fristlosen Kündigungen**. Diese setzen ein Fehlverhalten der anderen Vertragsseite voraus, das so schwerwiegend ist, dass eine Fortsetzung des Arbeitsverhältnisses nicht mehr zumutbar ist, z. B. wenn ein Mitarbeiter gestohlen hat oder der Arbeitspflicht nicht nachkommt.
Eine Beendigung des Arbeitsverhältnisses kann auch im beiderseitigen Einvernehmen erfolgen. Arbeitgeber und Arbeitnehmer können ohne Einhaltung der Kündigungsfristen das Vertragsverhältnis auflösen.
Eine dritte Form der Kündigung ist die **Änderungskündigung**. In diesem Fall kündigt der Arbeitgeber das Arbeitsverhältnis und bietet dem Arbeitnehmer gleichzeitig die Fortführung des Arbeitsverhältnisses zu geänderten Bedingungen an. *Beispiel:* Einem Berufskraftfahrer wird gekündigt und gleichzeitig eine Arbeitsstelle im Lager gegen geringere Bezahlung angeboten.
Der Betriebsrat ist vor jeder Kündigung zu hören. Eine ohne Anhörung des Betriebsrates ausgesprochene Kündigung ist unwirksam (Betriebsverfassungsgesetz § 102).

Kündigungsschutz dient Arbeitnehmern

Bei der ordentlichen, fristgerechten Kündigung braucht weder der Arbeitgeber noch der Arbeitnehmer einen Grund zu nennen, um das Arbeitsverhältnis zu kündigen.
Damit Arbeitnehmer nicht willkürlich vor die Tür gesetzt werden können, gibt es den Kündigungsschutz. Dieser gilt für **besondere Personengruppen**. Das sind:

Recherche
fe223i
Kündigungsschutzgesetz, Arbeitsgerichtsbarkeit

Hat der Arbeitgeber alle Vorschriften eingehalten?

- Auszubildende: Nach Ablauf der Probezeit kann nur aus einem wichtigen Grund gekündigt werden;
- Schwerbehinderte: Sie sind nur kündbar mit Zustimmung des Integrationsamts;
- Personengruppen, die laut Tarifvertrag oder Betriebsvereinbarung Kündigungsschutz genießen;
- Schwangere (→ S. 220);
- Betriebsräte und Jugend- und Auszubildungsvertreter (→ S. 232 ff.).

Der Kündigungsschutz nach dem **Kündigungsschutzgesetz (KSchG)** gilt für Betriebe mit mehr als zehn Beschäftigten. Für Beschäftigte, die vor dem 01.04.2003 eingestellt wurden, gilt das Gesetz sogar schon bei Unternehmen mit mehr als fünf Arbeitnehmern. Ab den genannten Betriebsgrößen dürfen Mitarbeiter nach einer Betriebszugehörigkeit von mehr als sechs Monaten nur aus personen-, verhaltens- oder betriebsbedingten Gründen gekündigt werden.

- **Gründe in der Person des Arbeitnehmers** (personenbedingt): mangelnde Eignung für den Arbeitsplatz, lange Krankheit;
- **Gründe im Verhalten des Arbeitnehmers** (verhaltensbedingt): Fehlverhalten wie Störung des Betriebsfriedens, unentschuldigtes Fehlen. Dieser Kündigung muss allerdings eine **Abmahnung** vorausgehen. Dabei droht der Arbeitgeber mit der Kündigung, falls der Arbeitnehmer sein Fehlverhalten fortsetzt;
- **Gründe in den Erfordernissen des Unternehmens** (betriebsbedingt): Auftragsmangel, Umstellungen in der Produktion, Betriebseinschränkungen.

Bei betriebsbedingten Kündigungen muss der Arbeitgeber begründen, warum gerade diesem Arbeitnehmer und nicht einem anderen gekündigt wurde. Dabei ist der Arbeitgeber verpflichtet, soziale Gesichtspunkte zu berücksichtigen (**Sozialauswahl**): Alter, Dauer der Betriebszugehörigkeit, Unterhaltspflichten, z. B. gegenüber der Familie, und eine Schwerbehinderung.
Die Kündigung ist auch dann **sozial ungerechtfertigt**, wenn

- die Kündigung gegen eine Richtlinie nach § 95 Betriebsverfassungsgesetz (Richtlinie über die personelle Auswahl bei Kündigungen) verstößt;
- der Arbeitnehmer an einem anderen Arbeitsplatz im selben Betrieb oder in einem anderen Betrieb des Unternehmens weiterbeschäftigt werden kann;
- die Weiterbeschäftigung des Arbeitnehmers unter geänderten Vertragsbedingungen möglich ist;
- die Weiterbeschäftigung des Arbeitnehmers nach zumutbaren Umschulungs- oder Fortbildungsmaßnahmen möglich ist.

Wenn der Betriebsrat widerspricht, muss er dies innerhalb der vorgeschriebenen Frist von einer Woche tun.
Bei betriebsbedingten Kündigungen aufgrund von Betriebsänderungen (Verlagerung, komplette oder teilweise Stilllegung, Fusion u. ä.) muss ein **Sozialplan** zwischen Betriebsrat und Geschäftsleitung ausgehandelt werden. Dieser soll die wirtschaftlichen Nachteile für die gekündigten Arbeitnehmer abmildern: Der Arbeitgeber zahlt eine bestimmte Summe (z. B. für jedes Jahr der Betriebszugehörigkeit 1000 Euro) oder er bietet für eine bestimmte Zeit den Übergang

Abmahnung

Eine gesetzliche Regelung der Abmahnung gibt es nicht. Der Arbeitgeber muss aber den Grundsatz der Verhältnismäßigkeit beachten. Jeder Mitarbeiter soll die Möglichkeit haben, sein Fehlverhalten zu erkennen und für die Zukunft zu korrigieren, ohne dass gleich das ganze Vertragsverhältnis gekündigt wird. Je nach der Schwere des Fehlverhaltens sind sogar mehr als eine oder zwei Abmahnungen wegen desselben Fehlverhaltens nötig, bevor gekündigt werden darf.

Ablauf einer Kündigung

1. Anhörung des Betriebsrates
↓
2. Prüfung des besonderen Kündigungsschutzes
↓
3. Anwendung des Kündigungsschutzgesetzes

Mitbestimmung bei Kündigungen BetrVG § 102

5.1 Gesetzliche, tarifliche, betriebliche Rahmenbedingungen berücksichtigen

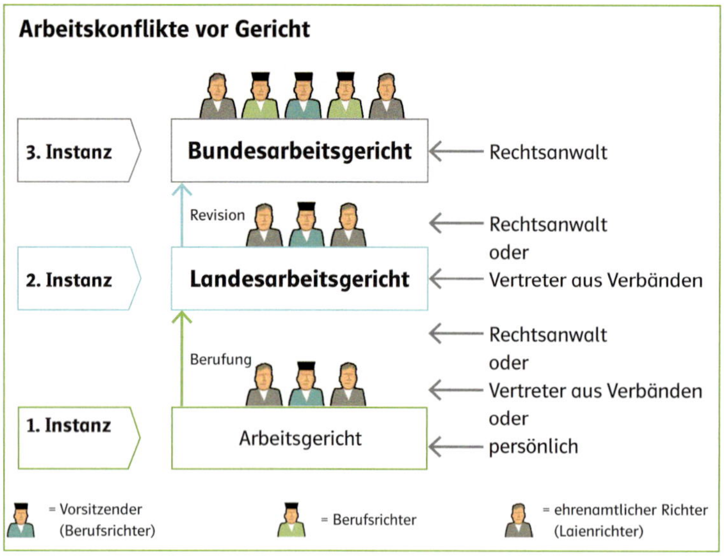

Anrufung des Arbeitsgerichts KSchG §4

in eine Beschäftigungsgesellschaft an, die die Suche nach einem neuen Job erleichtern soll.

Zuständigkeiten der Arbeitsgerichte

Die Arbeitsgerichte regeln Streitigkeiten aus
- dem Arbeitsverhältnis (Arbeitnehmer und Arbeitgeber);
- dem Berufsausbildungsvertrag (Auszubildender und Ausbildender);
- dem Tarifvertrag (Gewerkschaften und Arbeitgeber/Arbeitgeberverband);
- dem Betriebsverfassungsgesetz (Betriebsrat und Geschäftsleitung).

Einreichung der Klage

Ein Arbeitnehmer muss innerhalb von drei Wochen nach Zugang der Kündigung Klage beim Arbeitsgericht erheben. Hält der Arbeitnehmer diese Frist nicht ein, ist die Kündigung rechtswirksam. Bei der Einreichung der Klage helfen Gewerkschaften, Anwälte und Mitarbeiter des Arbeitsgerichts.

Ob das Arbeitsverhältnis bis zur Entscheidung des Arbeitsgerichts bestehen bleibt, hängt davon ab, ob der Betriebsrat der ordentlichen Kündigung innerhalb einer Woche (der außerordentlichen Kündigung innerhalb von drei Tagen) widersprochen hat. In diesem Fall muss der Arbeitgeber den Arbeitnehmer nach Ablauf der Kündigungsfrist bis zum rechtskräftigen Abschluss des Rechtsstreits zu unveränderten Arbeitsbedingungen weiterbeschäftigen – wenn der Arbeitnehmer das möchte.

Instanzen der Arbeitsgerichtsbarkeit

Die Arbeitsgerichtsbarkeit kennt drei **Instanzen**. Die unterste Instanz ist das Arbeitsgericht. Gegen dessen Urteil kann beim Landesarbeitsgericht **Berufung** eingelegt werden. Die Revisionsinstanz ist das Bundesarbeitsgericht.
Im Berufungsverfahren werden alle Tatsachen nochmals festgestellt, geprüft und rechtlich gewürdigt. Die **Revision** überprüft die korrekte Anwendung der gesetzlichen Bestimmungen im vorliegenden Fall.
In allen Instanzen setzt sich das Gericht aus Berufsrichtern und ehrenamtlichen Richtern (mit Stimmrecht) zusammen. Die ehrenamtlichen Richter werden jeweils von den Arbeitnehmer- und Arbeitgeberorganisationen gestellt.
Jeder Verhandlung vor dem Arbeitsgericht geht eine **Güteverhandlung** voraus mit dem Ziel, die Streitigkeiten zu schlichten. In der 1. Instanz kann man sich durch Vertreter der jeweiligen Verbände vertreten lassen (Rechtsvertretung), z. B. durch die Gewerkschaft.
In der 1. Instanz trägt jede Partei, unabhängig vom Ausgang der Klage, ihre eigenen Anwaltskosten. Bei einem Vergleich fallen keine Gerichtskosten an. Entscheidet ein Richter den Rechtsstreit, muss die unterlegene Partei die Gerichtskosten tragen.

Zusammenfassung: Kündigung und Kündigungsschutz

Kündigung → **Anhörung des Betriebsrates** → **Kündigungsschutz** ← **Kündigungsschutzgesetz**

Kündigung
durch Arbeitgeber

Anhörung des Betriebsrates

Kündigungsschutz
Kündigungsschutz für bestimmte Personengruppen (Schwangere, Betriebsräte …)

Kündigungsschutzgesetz
Voraussetzungen: mehr als zehn Arbeitnehmer, sechs Monate beschäftigt

Gründe für Kündigung:
- personenbedingt
- verhaltensbedingt
- betriebsbedingt

zu beachten:
- Weiterbeschäftigung
- Abmahnung
- soziale Auswahl

Arbeitsgerichtsbarkeit

Zuständigkeiten
Streitigkeiten aus
- Arbeitsverhältnissen
- Berufsausbildungsverhältnissen
- Tarifverträgen
- Betriebsverfassungsgesetz

Instanzen
Arbeitsgerichte
↓
Landesarbeitsgerichte (Berufungsinstanz)
↓
Bundesarbeitsgericht (Revisionsinstanz)

Arbeitsgerichtsverfahren
Klageeingang (Frist: drei Wochen)
↓
Güteverhandlung
↓
Verhandlung/Urteil

Übungsaufgaben

1. KSchG § 1 Sozial ungerechtfertigte Kündigungen: „Die Kündigung des Arbeitsverhältnisses gegenüber einem Arbeitnehmer, dessen Arbeitsverhältnis im selben Betrieb oder Unternehmen ohne Unterbrechung länger als sechs Monate bestanden hat, ist rechtsunwirksam, wenn sie sozial ungerechtfertigt ist."
   - ○ a) Beschreiben Sie, wann eine Kündigung sozial gerechtfertigt ist.
   - ○ b) Bei einer betriebsbedingten Kündigung hat der Arbeitgeber soziale Gesichtspunkte zu berücksichtigen. Nennen Sie die Faktoren, die zur Sozialauswahl gehören.
   - ◒ c) Erklären Sie die Rolle des Betriebsrats bei der Kündigung und beim Kündigungsschutz.
   - ◒ d) Erläutern Sie, wann einer Kündigung eine Abmahnung vorausgehen muss.

○ 2. Beschreiben Sie, worin sich Berufung und Revision unterscheiden.

◒ 3. Bei Rechtsstreitigkeiten vor dem Arbeitsgericht zahlt in der 1. Instanz, unabhängig vom Ausgang des Rechtsstreits, jede Partei ihre Anwaltskosten selbst. Erklären Sie, warum diese Regelung Vorteile für den Arbeitnehmer hat.

● 4. Das Schaubild „Befristet beschäftigt" (→S. 228) zeigt die zunehmende Zahl von befristeten Arbeitsverhältnissen. Prüfen Sie, ob diese Entwicklung im Zusammenhang mit dem gesetzlichen Kündigungsschutz steht.

Betriebsrat und Jugend- und Auszubildendenvertretung

Lernsituation

Das Bauunternehmen Baier hat sich vom kleinen Handwerksbetrieb zum Unternehmen mit inzwischen 137 Mitarbeitern entwickelt. In der Vergangenheit wurden Probleme zwischen Herrn Baier und den Mitarbeitern persönlich gelöst. Die Erweiterung des Betriebes und die Einstellung eines Geschäftsführers machen es inzwischen erforderlich, eine andere Form der Konfliktlösung zwischen Geschäftsleitung und Mitarbeitern zu finden. Aus diesem Grunde bemüht sich Peter Daniels zusammen mit einigen anderen Mitarbeitern um die Einrichtung eines Betriebsrates und einer Jugend- und Auszubildendenvertretung (JAV). Auf einer Betriebsversammlung wurde bereits ein Wahlvorstand gewählt, dem auch Peter Daniels angehört. Aufgabe des Wahlvorstandes ist es, die Betriebsratswahl unverzüglich einzuleiten, durchzuführen und das Wahlergebnis festzustellen. Peter Daniels wurde gebeten, bis zur nächsten Sitzung anhand der gesetzlichen Bestimmungen des Betriebsverfassungsgesetzes und der Wahlordnung Antworten auf eine Reihe offener Fragen zu finden.

Arbeitsauftrag

Ermitteln Sie anhand der Tabelle und der Bestimmungen des Betriebsverfassungsgesetzes:

1. die Zahl der wahlberechtigten Arbeitnehmer;
2. die Zahl der wählbaren Arbeitnehmer;
3. die Zahl der Betriebsratsmitglieder;
4. die Zusammensetzung des Betriebsrates;
5. die Zahl der von der beruflichen Tätigkeit freizustellenden Betriebsratsmitglieder;
6. die möglichen Wahlverfahren;
7. die Zahl der wahlberechtigten und wählbaren Personen zur JAV;
8. die Zahl der JAV-Mitglieder.

	insgesamt	über 18 Jahre	unter 18 Jahre	unter 25 Jahre
Arbeitnehmer	137	117	20	45
davon:				
Frauen	21	19	2	8
Männer	104	91	13	25
Auszubildende	12	7	5	12
Betriebsangehörigkeit				
Frauen				
• unter 6 Monate	2	1	1	
• über 6 Monate	19	18	1	
Männer				
• unter 6 Monate	10	4	6	
• über 6 Monate	94	87	7	
Auszubildende				
• unter 6 Monate				
• über 6 Monate	12	7	5	

Recherche
7xq3by
Betriebsverfassungsgesetz

Das Betriebsverfassungsgesetz (BetrVG)

Das Betriebsverfassungsgesetz regelt die Rechte des Arbeitnehmers und der gewählten Organe im Betrieb (→ S. 28). Die Stellung des Betriebsrates bildet das Kernstück dieses Gesetzes.
Voraussetzung für die Wahl eines Betriebsrates ist die Anzahl der Mitarbeiter im Unternehmen. In Unternehmen mit in der Regel mindestens fünf wahlberechtigten Arbeitnehmern, von denen drei wählbar sind, kann ein Betriebsrat eingerichtet werden.
Wahlberechtigt sind alle Arbeitnehmer, die das 18. Lebensjahr vollendet haben (aktives Wahlrecht). Zu den Arbeitnehmern im Sinne des BetrVG gehören auch volljährige Azubis und Leiharbeiter, wenn sie länger als drei Monate im Betrieb eingesetzt werden.
Wählbar sind alle Wahlberechtigten, die sechs Monate dem Betrieb angehören (passives Wahlrecht).
Bei der **Zusammensetzung des Betriebsrates** muss das Geschlecht, das im Betrieb in der Minderheit ist, mindestens entsprechend seinem Anteil an der Belegschaft vertreten sein.
Beispiel: Wenn in einem Betrieb Frauen ein Drittel der Belegschaft ausmachen, sollen sie auch mindestens ein Drittel der Sitze im Betriebsrat erhalten. Der Betriebsrat soll sich möglichst auch aus Arbeitnehmern der einzelnen Organisationsbereiche und der verschiedenen Beschäftigtenarten der im Betrieb tätigen Arbeitnehmer zusammensetzen.
Die **Größe des Betriebsrates** ist abhängig von der Zahl der wahlberechtigten Arbeitnehmer.

Der Betriebsrat besteht in Betrieben von	in der Regel aus
5 bis 20 Arbeitnehmern	1 Mitglied
21 bis 50 Arbeitnehmern	3 Mitgliedern
51 bis 100 Arbeitnehmern	5 Mitgliedern
101 bis 200 Arbeitnehmern	7 Mitgliedern
201 bis 400 Arbeitnehmern	9 Mitgliedern
401 bis 700 Arbeitnehmern	11 Mitgliedern
701 bis 1000 Arbeitnehmern	13 Mitgliedern
1001 bis 1500 Arbeitnehmern	15 Mitgliedern usw.

Ablaufschema für Betriebsratswahlen

Die regelmäßigen Betriebsratswahlen finden alle **vier Jahre** in der Zeit vom 1. März bis 31. Mai statt. Außerhalb dieser Zeit wird gewählt, wenn z. B. im Betrieb noch kein Betriebsrat besteht oder der Betriebsrat mit der Mehrheit seiner Mitglieder seinen Rücktritt erklärt.
Die Wahlen erfolgen nach den im Kasten beschriebenen Schritten (→ S. 234).

Die Stellung der Betriebsratsmitglieder

Die Mitglieder des Betriebsrates führen ihr Amt unentgeltlich als Ehrenamt. Der Betriebsrat kann während der Arbeitszeit Sprechstunden einrichten und Betriebsratssitzungen durchführen. Das Arbeitsentgelt wird in dieser Zeit weitergezahlt und die durch die Tätigkeit des Betriebsrates entstehenden Kosten trägt der Arbeitgeber.
In Betrieben ab 200 Arbeitnehmern werden Betriebsratsmitglieder für ihre **Betriebsratstätigkeiten freigestellt**. Die freigestellten Betriebsratsmitglieder dürfen wirtschaftlich nicht schlechter als vergleichbare Arbeitnehmer gestellt werden. Alle Mitglieder des Betriebsrates genießen während ihrer Amtszeit und ein Jahr nach ihrem Ausscheiden Kündigungsschutz.

Zahl freizustellender Betriebsräte:

200 bis 500 Arbeitnehmer = 1

500 bis 1000 Arbeitnehmer = 2

1001 bis 1500 Arbeitnehmer = 3

1501 bis 2 000 Arbeitnehmer = 4

usw. in Schritten zu Tausend

Ablaufschema einer Betriebsratswahl (BetrVG §§ 14–18)	
Normales Wahlverfahren → 1.–7.	
1. Bestellung des Wahlvorstands	Gibt es einen Betriebsrat, bestellt dieser den Wahlvorstand. Besteht kein Betriebsrat, wird der Wahlvorstand in einer Betriebsversammlung gewählt.
2. Erstellen einer Wählerliste	Verzeichnis der Personen, die wählen und gewählt werden dürfen.
3. Erlass des Wahlausschreibens	Im Wahlausschreiben werden die Arbeitnehmer des Betriebes über den Wahlablauf informiert (u. a. über Zeitpunkt und Ort der Stimmabgabe, Größe und Zusammensetzung des Betriebsrates).
4. Entgegennahme von Wahlvorschlägen	Die Wahlvorschläge müssen von mindestens einem Zwanzigstel, nicht weniger aber als drei wahlberechtigten Arbeitnehmern unterzeichnet sein. In Betrieben mit bis zu 20 wahlberechtigten Arbeitnehmern genügt die Unterzeichnung durch zwei Arbeitnehmer.
5. Erstellen der Wahlunterlagen: Verhältnis- oder Mehrheitswahl	Von Mehrheitswahl (Persönlichkeitswahl) spricht man, wenn die wahlberechtigten Arbeitnehmer mit ihrer Stimme einen Namen ankreuzen können (es dürfen so viele Bewerber angekreuzt werden, wie Betriebsratsmitglieder zu wählen sind). Von Verhältniswahl (Listenwahl) spricht man, wenn die wahlberechtigten Arbeitnehmer nur eine Vorschlagsliste als Ganzes ankreuzen können.
6. Durchführung der Wahl	Der Wahlvorstand hat die Wahlen durchzuführen, das Wahlergebnis bekannt zu machen und die neu gewählten Betriebsratsmitglieder zur ersten Sitzung einzuladen.
7. Wahl der Vorsitzenden, Bildung von Ausschüssen	Hat der Betriebsrat neun oder mehr Mitglieder, bildet er einen Betriebsausschuss, der die laufenden Geschäfte führt. In Betrieben mit mehr als 100 Arbeitnehmern werden vom Betriebsrat Ausschüsse und Arbeitsgruppen gebildet. Sie sollen bestimmte Aufgaben übernehmen und die Unternehmensleitung beraten (Wirtschaftsausschuss).
Vereinfachtes Verfahren	Bei Kleinbetrieben mit 5 bis 50 Arbeitnehmern wird nach dem vereinfachten Wahlverfahren gewählt. Bei Unternehmen mit 51–100 Arbeitnehmern kann das vereinfachte Wahlverfahren angewendet werden. Die Wahl des Betriebsrates erfolgt in zwei Stufen. Auf der ersten Wahlversammlung wird der Wahlvorstand gewählt. Eine Woche später wird auf einer zweiten Wahlversammlung der neue Betriebsrat gewählt. Die Wahl erfolgt nach den Grundsätzen der Mehrheitswahl.

Die Jugend- und Auszubildendenvertretung (JAV)

Damit die besonderen Interessen von Jugendlichen und Auszubildenden berücksichtigt werden, sieht das Betriebsverfassungsgesetz zusätzlich zum Betriebsrat eine Jugend- und Auszubildendenvertretung vor.
Maßnahmen und Anregungen der JAV können nur über den Betriebsrat beim Arbeitgeber beantragt werden.

Zu den Betriebsratssitzungen kann ein Vertreter entsandt werden; Stimmrecht hat die JAV aber nur bei Beschlüssen, die überwiegend die Jugendlichen bzw. Auszubildenden betreffen. Vor jeder Betriebsversammlung führt die JAV eine Jugend- und Auszubildendenversammlung durch. Die JAV-Vertreter genießen ebenfalls Kündigungsschutz. Für Auszubildende in der JAV besteht nach Ende der Ausbildung Anspruch auf Weiterbeschäftigung.

Jugend- und Auszubildendenvertretung (JAV)	
Voraussetzungen	Mindestens fünf Beschäftigte unter 18 Jahren oder Auszubildende unter 25 Jahren gehören zur Belegschaft.
Wahl	Wahlberechtigt sind alle oben genannten Beschäftigten. Wählbar sind alle Beschäftigten unter 25 Jahren (außer Betriebsratsmitglieder). Alle Bereiche des Betriebs, alle Ausbildungsberufe, Männer und Frauen sollen vertreten sein.
Zahl der Vertreter	Bei 5–20 Wahlberechtigten wird ein Vertreter, bei 21–50 werden drei Vertreter gewählt usw.
Amtszeit	Die Amtszeit beträgt zwei Jahre.

Zusammenfassung: Betriebsrat und Jugend- und Auszubildendenvertretung

Die Interessenvertretung der Arbeitnehmer im Unternehmen

Betriebsrat

Wahl
Voraussetzungen:
fünf Arbeitnehmer,
davon drei wählbar

Wahlverfahren und Größe abhängig von der Zahl der Arbeitnehmer

Stellung der Betriebsräte
- ehrenamtlich
- Kündigungsschutz
- evtl. Freistellung

Jugend- und Auszubildendenvertretung

Wahl
Voraussetzungen:
fünf Beschäftigte unter 18 oder Auszubildende unter 25 Jahren

Größe abhängig von der Zahl der Wahlberechtigten

Stellung der Vertreter
- ehrenamtlich
- Kündigungsschutz
- Weiterbeschäftigungsgarantie

Übungsaufgaben

○ 1. In einem Unternehmen sind 120 Arbeitnehmer beschäftigt, 74 Frauen und 46 Männer. Nennen Sie die Zahl der zu wählenden Betriebsratsmitglieder. Notieren Sie, wie sich der Betriebsrat zusammensetzt.

◒ 2. Ermitteln Sie die Zahl der Jugendlichen und Auszubildenden in Ihrem Ausbildungsbetrieb, die eine Jugend- und Auszubildendenvertretung wählen dürfen, sowie die Zahl der zu wählenden Vertreter.

● 3. Die Amtszeit der Jugend- und Auszubildendenvertretung beträgt nur zwei Jahre und nicht wie beim Betriebsrat vier Jahre. Begründen Sie diese Regelung.

◒ 4. Es soll zum ersten Mal ein Betriebsrat gewählt werden. Erklären Sie, warum es sinnvoll sein kann, die Unterstützung der für diesen Betrieb zuständigen Gewerkschaft in Anspruch zu nehmen.

◒ 5. Erklären Sie, warum die Wahl eines Betriebsrates und einer Jugend- und Auszubildendenvertretung für die Beschäftigten eines Betriebes wichtig sein kann.

● 6. Bewerten Sie die Möglichkeiten der Jugend- und Auszubildendenvertretung, selbstständig ihre Interessen gegenüber der Geschäftsleitung durchzusetzen.

Handlungsmöglichkeiten des Betriebsrats

Lernsituation

Der neue Betriebsratsvorsitzende Jansen im Gespräch mit Geschäftsführer Baier.

Jansen: Frau Rose war gerade bei mir. Sie war sehr verärgert, weil Sie ihren Urlaubsantrag für die ersten drei Ferienwochen abgelehnt haben. Sie wissen doch, dass sie zwei schulpflichtige Kinder hat und die Urlaubszeit mit ihrem Mann abstimmen muss.
Baier: Ja, ich weiß, aber was soll ich tun? Frau Rose war mit ihrem Antrag einfach später als die anderen. Bei wem soll ich die Zusage wieder rückgängig machen? Außerdem haben die meisten ihre Urlaubsreise schon gebucht.
Jansen: Wir haben doch erst Februar. Und es kann nicht angehen, dass die Urlaubszeiten nach dem Prinzip vergeben werden: Wer zuerst kommt, mahlt zuerst!
Baier: Also, Herr Jansen, mir ist es eigentlich gleich, wer wann Urlaub macht. Die Hauptsache ist, es sind genügend Mitarbeiter während der Ferienzeit anwesend, damit der betriebliche Ablauf nicht gestört wird. Mir wäre auch daran gelegen, für den Betrieb allgemeine Urlaubsgrundsätze aufzustellen. Dazu möchte ich gerne die Vorstellungen des neuen Betriebsrates kennenlernen.

Arbeitsauftrag

● 1. Entwickeln Sie Urlaubsgrundsätze für eine Betriebsvereinbarung. Dabei sollten Sie folgende Gesichtspunkte berücksichtigen:
Anmeldung des Urlaubs (Urlaubslisten), nachträgliche Änderungen, Vorrang sozialer Gesichtspunkte (z. B. Lebensalter, Betriebszugehörigkeit, Anzahl und Alter der schulpflichtigen Kinder), betriebliche Interessen, Stellung der Auszubildenden

2. Überprüfen Sie die rechtlichen Möglichkeiten des Betriebsrates, die ausgearbeiteten Grundsätze in einer Betriebsvereinbarung durchzusetzen.

3. Prüfen Sie: Muss Herr Baier Frau Roses Urlaubsantrag doch noch zustimmen?

Recherche
zx72qu
Betriebsverfassungsgesetz, Betriebsrat

Die Aufgaben des Betriebsrates

Die Betriebsräte sind ein wichtiges Organ der betrieblichen Mitbestimmung. Sie wirken an vielen Unternehmensentscheidungen mit und tragen dazu bei, dass die getroffenen Maßnahmen von den Mitarbeitern mitgetragen werden. Der Betriebsrat hat folgende Aufgaben:

- darüber zu wachen, dass die zugunsten der Arbeitnehmer geltenden Gesetze, Verordnungen, Unfallverhütungsvorschriften, Tarifverträge und Betriebsvereinbarungen beachtet werden;
- Maßnahmen beim Arbeitgeber zu beantragen, die dem Betrieb und der Belegschaft dienen;
- Anregungen von Arbeitnehmern und der Jugendvertretung entgegenzunehmen und, falls sie berechtigt erscheinen, mit dem Arbeitgeber zu verhandeln;
- die Eingliederung Schwerbehinderter und sonstiger besonders schutzbedürftiger Personen zu fördern;
- die Wahl einer Jugendvertretung vorzubereiten und durchzuführen;
- die Beschäftigung älterer Arbeitnehmer im Betrieb zu fördern;
- die Eingliederung ausländischer Arbeitnehmer im Betrieb und das Verständnis zwischen ihnen und den deutschen Arbeitnehmern zu fördern.

Betriebsversammlungen einberufen

Der Betriebsrat hat vierteljährlich eine Betriebsversammlung einzuberufen und dort einen Tätigkeitsbericht vorzulegen. Einmal im Jahr muss der Arbeitgeber über das Personal- und Sozialwesen sowie die wirtschaftliche Lage und Entwicklung des Unternehmens informieren. Darüber hinaus können auch außerordentliche Betriebsversammlungen stattfinden. Der Betriebsrat ist verpflichtet, sie einzuberufen, wenn ein bestimmter Anlass vorliegt bzw. ein Viertel der Arbeitnehmer oder der Arbeitgeber dies wünscht. Anlässe für eine außerordentliche Betriebsversammlung sind z. B. Einführung von Kurzarbeit oder eine Betriebsverlagerung.

Die Beteiligungsrechte des Betriebsrates

Betriebsrat und Arbeitgeber können Betriebsvereinbarungen beschließen und schriftlich niederlegen. Die Vereinbarungen sind für beide Seiten verbindlich. Im Rahmen des Betriebsverfassungsgesetzes werden dem Betriebsrat in sozialen, personellen und wirtschaftlichen Angelegenheiten unterschiedliche Handlungsmöglichkeiten zugestanden. Danach lassen sich grundsätzlich drei abgestufte Beteiligungsrechte unterscheiden:

- echte (erzwingbare) Mitbestimmungsrechte,
- Anhörungs- und Vetorechte,
- Unterrichtungs- und Beratungsrechte.

Bei **echten (erzwingbaren) Mitbestimmungsrechten** kann sowohl der Betriebsrat als auch der Arbeitgeber Vorschläge machen, über die sie am Ende gemeinsam entscheiden. Kommt keine Einigung zustande, so wird die Angelegenheit einer **Einigungsstelle** vorgelegt, die dann eine verbindliche Entscheidung trifft. Der Betriebsrat kann mitbestimmen, soweit noch keine gesetzliche oder tarifliche Regelung besteht. Dazu zählen u. a.:

- Fragen der Ordnung des Betriebs und des Verhaltens der Arbeitnehmer im Betrieb (Betriebsordnung);
- Beginn und Ende der täglichen Arbeitszeit einschließlich der Pausen, Verteilung der Arbeitszeit auf die Wochentage;

Festlegung des Urlaubs

Der Arbeitgeber hat die Wünsche des Arbeitnehmers bei der Festlegung der Urlaubstage zu berücksichtigen und kann nicht willkürlich den Urlaubszeitpunkt bestimmen. Das Recht, den Urlaubszeitpunkt nach den betrieblichen Erfordernissen zu bestimmen, steht dem Arbeitgeber aber zu.

- vorübergehende Verkürzung oder Verlängerung der betriebsüblichen Arbeitszeit (Überstunden);
- Zeit, Ort und Auszahlung der Arbeitsentgelte,
- Aufstellung allgemeiner Urlaubsgrundsätze und des Urlaubsplans;
- Regelungen über die Verhütung von Arbeitsunfällen und Berufskrankheiten;
- Zuweisung und Kündigung von Wohnräumen (Werkswohnungen);
- Festsetzung der Akkord- und Prämiensätze und vergleichbarer leistungsbezogener Entgelte, einschließlich der Geldfaktoren;
- Grundsätze über das betriebliche Vorschlagswesen;
- Grundsätze für die Durchführung der Gruppenarbeit;
- Aufstellung von Richtlinien, die bei Einstellungen, Versetzungen, Umgruppierungen und Kündigungen gelten.

Zu den Beteiligungsrechten des Betriebsrates gehört auch das **Anhörungs- und Vetorecht**. So kann der Betriebsrat bei personellen Einzelmaßnahmen (Einstellung, Versetzung, Umgruppierung, Eingruppierung) unter bestimmten Voraussetzungen widersprechen. Dies hat zur Folge, dass der Arbeitgeber sich an das Arbeitsgericht wenden muss, um die Zustimmung des Betriebsrates ersetzen zu lassen. Das Vetorecht gilt beispielsweise, wenn eine personelle Maßnahme gegen ein Gesetz verstößt oder wenn bei der Besetzung eines Arbeitsplatzes die erforderliche Ausschreibung unterblieben ist.

Wie sich die Betriebsräte zusammensetzen

Wahlergebnisse 2014 in Prozent

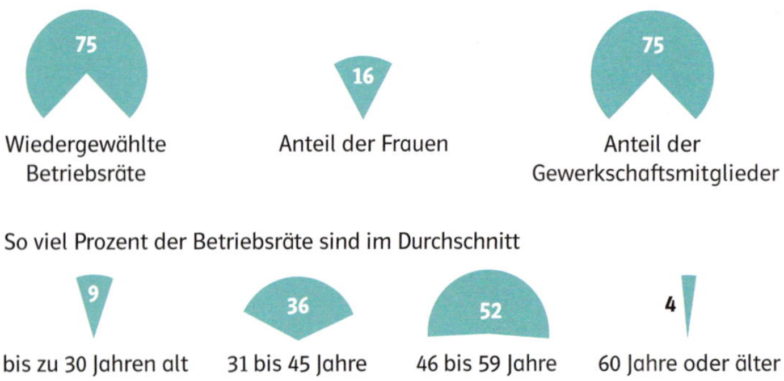

Befragung von 1600 Unternehmen mit gut 845 000 wahlberechtigt Beschäftigten (April bis Juli 2014)
IW-Betriebsratswahlbefragung 2014

Bei einer **Kündigung** hat der Betriebsrat dagegen nur ein Anhörungsrecht. Der Arbeitgeber hat ihm die Gründe der Kündigung mitzuteilen. Eine ohne Anhörung des Betriebsrates ausgesprochene Kündigung ist unwirksam.
Der Betriebsrat kann der ordentlichen Kündigung widersprechen, wenn

- der Arbeitgeber bei der Auswahl des Arbeitnehmers soziale Gesichtspunkte nicht oder nicht ausreichend berücksichtigt hat,
- der zu kündigende Arbeitnehmer an einem anderen Arbeitsplatz im selben Betrieb weiterbeschäftigt werden kann,
- die Weiterbeschäftigung des Arbeitnehmers nach zumutbaren Umschulungs- oder Fortbildungsmaßnahmen möglich ist oder
- eine Weiterbeschäftigung des Arbeitnehmers unter geänderten Vertragsbedingungen möglich ist.

Der Widerspruch des Betriebsrates hindert den Arbeitgeber nicht an der Kündigung.

Daneben gibt es **Unterrichtungs- und Beratungsrechte**. In wirtschaftlichen Angelegenheiten hat der Arbeitgeber vor der Entscheidung den Betriebsrat zu unterrichten, sich mit ihm zu beraten oder die Meinung des Betriebsrates dazu anzuhören.
Zu diesen Angelegenheiten gehören:

- die Planung von Neu-, Um- und Erweiterungsbauten von Fabrikations-, Verwaltungs- und sonstigen betrieblichen Räumen, von technischen Anlagen, von Arbeitsverfahren und Arbeitsabläufen oder der Arbeitsplätze,
- Art und Umfang der Personalplanung,
- geplante Betriebsänderungen,
- Arbeitsschutz und betrieblicher Umweltschutz,
- Vorschläge zur Beschäftigungssicherung.

Rechte des Einzelnen

Unabhängig davon, ob ein Betriebsrat vorhanden ist, hat jeder Arbeitnehmer das Recht auf Einsicht in die Personalakte, auf Anhörung, Beratung und Information in Angelegenheiten, die ihn persönlich betreffen.

Zusammenfassung: Handlungsmöglichkeiten des Betriebsrats

Beteiligungsrechte des Betriebsrates

Echtes Mitbestimmungsrecht	Anhörungs- und Vetorecht	Unterrichtungs- und Beratungsrecht
Soziale Angelegenheiten Arbeitgeber und Arbeitnehmer entscheiden gemeinsam, evtl. Einschaltung der Einigungsstelle	**Personelle Angelegenheiten** Anhörungsrecht bei Kündigung, Widerspruchsrecht unter bestimmten Voraussetzungen	**Wirtschaftliche Angelegenheiten** Maßnahmen müssen vor der Entscheidung dem Betriebsrat mitgeteilt und mit ihm beraten werden

Übungsaufgaben

1. Analysieren Sie die folgenden Fälle und entscheiden Sie, welche Rechte der Betriebsrat hat. Unterscheiden Sie nach:
   - Unterrichtungs- und Beratungsrecht
   - Anhörungsrecht
   - Vetorecht
   - echtes Mitbestimmungsrecht

   a) In der Fertigungsabteilung Dreherei sollen die Prämiensätze gekürzt werden.
   b) Das Textilunternehmen Basler beabsichtigt die Errichtung eines Fertigungsbetriebes in Ungarn.
   c) Gerda Schröter soll fristgerecht zum 30. Juni 201X gekündigt werden.
   d) Bei der Kündigung von Dieter Breitscheid sind nach Ansicht des Betriebsrates bei der Auswahl der zu kündigenden Arbeitnehmer soziale Gesichtspunkte nicht ausreichend berücksichtigt worden.
   e) Das Bauunternehmen Hübner möchte den Beginn der täglichen Arbeitszeit von 6 Uhr auf 5 Uhr verlegen.
   f) Das Elektrounternehmen Berner will in der Fertigung Gruppenarbeit einführen.
   g) Das Unternehmen Lenz erhielt im Januar einen termingebundenen Großauftrag und beabsichtigt, im März an vier Samstagen jeweils acht Stunden arbeiten zu lassen.
   h) Die Personalabteilung hat einen Personalfragebogen ausgearbeitet.

2. Erläutern Sie die Rechte, die der Betriebsrat im Rahmen von Personalentscheidungen hat.

3. Fassen Sie die Aufgaben der Einigungsstelle nach dem Betriebsverfassungsgesetz zusammen.

4. Beschreiben Sie die Aufgaben einer ordentlichen Betriebsversammlung.

Tarifverträge und Tarifauseinandersetzung

Lernsituation

Mike: Das ist doch eure Gewerkschaft, die zum Streik aufruft! Ihr seid gut! Während andere froh sind, Arbeit zu haben, wollt ihr die Sachen hinwerfen.
Peter: Was sollen wir denn machen? Du hast doch selber gehört, dass die Arbeitgeber keinen Zentimeter von ihrem bisherigen Angebot abweichen; und das bei lächerlichen drei Prozent. Die wollen ja nicht einmal die Preissteigerungsraten des letzten Jahres ausgleichen. So einfach lassen wir uns nicht abspeisen.
Mike: Und höheren Lohn bekommt man, wenn man ein bisschen streikt?
Peter: Allerdings. Auch wenn die Arbeitgeber in dieser Zeit keinen Lohn zahlen müssen, bleibt ihnen ein Großteil der Kosten wie Zinszahlungen oder Miete.
Mike: Und wie sieht das bei dir aus, wenn du keinen Lohn erhältst? Werden dir für diese Zeit die Zinsen für dein neues Auto von der Bank erlassen? Oder verzichtet dein Vermieter etwa auf die Mietzahlungen?
Peter: Ich weiß, einfach fällt mir das auch nicht. Außerdem ist es ja noch nicht so weit. Erst mal müssen 75 Prozent der Mitglieder in der Urabstimmung für Streik stimmen. Und selbst wenn es zum Streik kommt – früher oder später muss eine Einigung her!

Arbeitsauftrag

Wie es für Peter und seine Gewerkschaft bei dem Tarifkonflikt weitergeht, hängt von vielen Faktoren ab. Erläutern Sie diese Faktoren. Dabei helfen Ihnen die folgenden Fragen:

1. Welche Voraussetzungen sollten vorliegen, damit eine Gewerkschaft von einer guten Verhandlungsposition sprechen kann?
2. Über welche Instrumente verfügen Arbeitgeber, um auf Maßnahmen der Gewerkschaften reagieren zu können?
3. Warum wird/muss es am Ende des Tarifstreits zu einer Einigung kommen?

In einem Simulationsspiel können Sie die verschiedenen Positionen bei Tarifverhandlungen kennenlernen (→ S. 254 Simulationsspiel umsetzen).

Recherche
d7s29x
Tarifpartner, Tarifvertrag

Tarifpartner und Tarifautonomie

Tarifverträge werden zwischen Arbeitgebern (z. B. VW) bzw. Arbeitgeberverbänden (z. B. Arbeitgeberverband Metall) und den Gewerkschaften als Arbeitnehmervertreter (z. B. IG Metall) abgeschlossen.
In der Bundesrepublik garantiert das Grundgesetz den Tarifvertragsparteien/Sozialpartnern (Arbeitgeberverbände und Gewerkschaften) das Recht auf **Tarifautonomie** (GG Art. 9, Abs. 3). Tarifautonomie heißt, dass die Tarifpartner ohne Einmischung des Staates die Tarifverträge frei aushandeln dürfen.

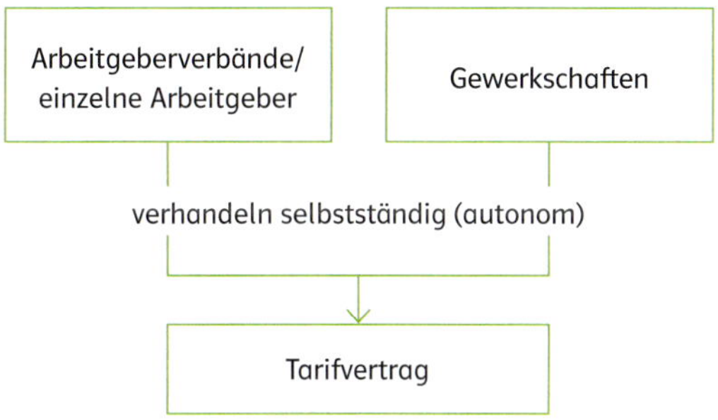

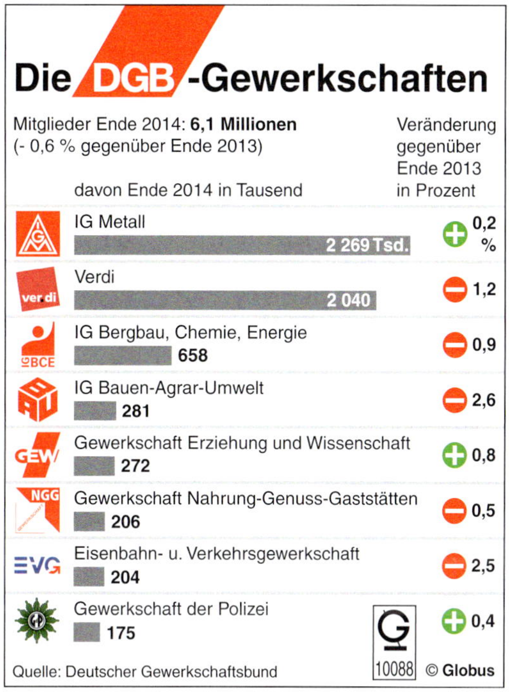

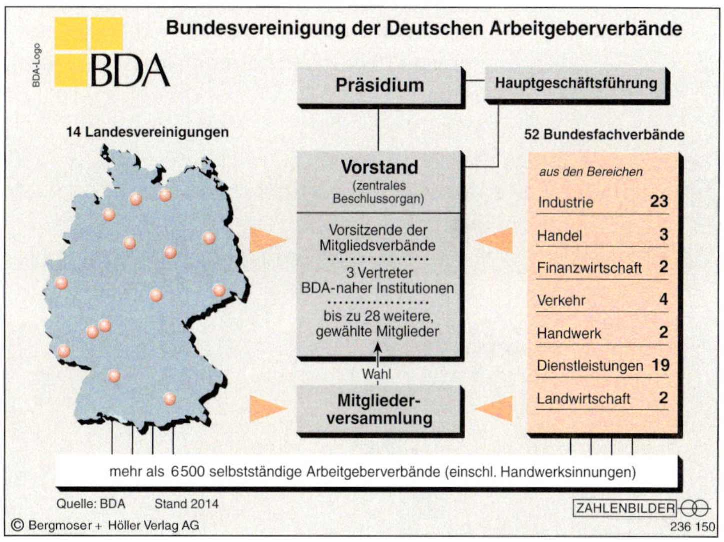

Funktionen von Tarifverträgen

Tarifverträge haben folgende Aufgaben:

- **Schutzfunktion**: Der einzelne Arbeitnehmer soll davor geschützt werden, dass der wirtschaftlich stärkere Arbeitgeber die Arbeitsbedingungen einseitig festlegt.
- **Ordnungsfunktion**: Alle Arbeitsverträge, die von dem Tarifvertrag erfasst sind, werden gleichartig behandelt.
- **Richtlinienfunktion**: Es werden klare Regelungen für die Rechte und Pflichten von Gewerkschaften und Arbeitgeberverbänden getroffen.
- **Friedensfunktion**: Für die Gültigkeitsdauer (Laufzeit) des Tarifvertrags verpflichten sich die Tarifvertragsparteien zur Friedenspflicht, d. h., Kampfmaßnahmen (Streik, Aussperrung) müssen unterbleiben. Verletzt ein Vertragspartner diese Pflicht, so kann er zum Schadenersatz herangezogen werden.

Arten von Tarifverträgen

Geltungsbereich des Tarifvertrages *→ S. 221*

Tarifverträge unterscheidet man in drei unterschiedliche Arten:

- **Lohn- und Gehaltstarifverträge** enthalten die Lohnsätze sowie Zu- und Abschläge, die für die einzelnen Lohn- und Gehaltsgruppen zu zahlen sind. Das gesamte Tarifgefüge wird dabei von einem **Ecklohn** bestimmt.

Rechtswirkungen der Tarifverträge auf

einzelne Arbeitnehmer und Arbeitgeber

Sie erhalten Normen, die z. B. Arbeitsverträge regeln:
- Inhalt (z. B. Lohn, Urlaub)
- Abschluss (z. B. Schriftform des Arbeitsvertrags)
- Beendigung (z. B. Kündigungsregelungen)

Tarifvertragsparteien

Sie sind gebunden an:
- Tariferfüllungspflicht (Einhaltung vereinbarter Verpflichtungen)
- Friedenspflicht

Der Ecklohn ist der für einen 21 Jahre alten Facharbeiter festgesetzte Normallohn, aus dem sich durch prozentuale Zu- und Abschläge die Tariflöhne für andere Lohngruppen berechnen.

- **Manteltarifverträge** legen die allgemeinen Arbeitsbedingungen fest. Dazu zählen Arbeitszeit (z. B. 35-Stunden-Woche), Urlaub, Kündigungsfristen, Rationalisierungsschutz, Überstundenzuschläge usw.
- **Rahmentarifverträge** regeln z. B. die Festlegung von Lohn- und Gehaltsgruppen sowie die Zuordnung bestimmter Tätigkeiten und Merkmale dieser Gruppen. Die Laufzeiten dieser Vereinbarungen betragen meist mehrere Jahre.

Interessengegensätze und Tarifverhandlungen

Die Tarifvertragsparteien gehen mit unterschiedlichen Interessen in die Tarifauseinandersetzung. Dabei muss grundsätzlich die Bereitschaft zum Abschluss eines Tarifvertrags vorliegen.

mögliche Interessen der Gewerkschaftsvertreter	mögliche Interessen der Arbeitgebervertreter
• Arbeitsplatzsicherung • Lohn- und Gehaltserhöhung • humane Arbeitsbedingungen	• Sicherung der Wettbewerbsfähigkeit • an der Produktivität orientierte Lohnabschlüsse • Gewinnsteigerung

Die Gewerkschaften gehen bei der Höhe ihrer Lohn- und Gehaltsforderungen von verschiedenen Aspekten aus. Zum einen sollen zumindest die Preissteigerungsraten für Güter des täglichen Bedarfs (Inflationsausgleich) ausgeglichen werden. Zum anderen sollen die Arbeitnehmer aber auch an der Produktivitätssteigerung und an den Gewinnsteigerungen des Unternehmens teilhaben. Dabei ist jedoch auch die zukünftige wirtschaftliche Lage des Unternehmens zu berücksichtigen.

Inwieweit die Forderungen durchsetzbar sind, hängt u. a. ab
- von dem Organisationsgrad, d. h., wie viele Arbeitnehmer in einem Unternehmen gewerkschaftlich organisiert sind,
- davon, wie gut die Streikkassen der Gewerkschaften gefüllt sind, um einen längeren Arbeitskampf finanziell durchstehen zu können,
- von der Auftragslage der Unternehmen.

Ablauf von Tarifverhandlungen

Nach Ablauf und Kündigung des Tarifvertrags versuchen die von den Tarifpartnern bestimmten Verhandlungskommissionen, einen neuen Vertrag auszuhandeln.
Kommt es zu keiner Einigung, wird die **Schlichtung** eingeleitet. Die Schlichtungskommission wird von einer unabhängigen, von beiden Seiten anerkannten Persönlichkeit geleitet. Während dieser Zeit kann es erneut zu **Warnstreiks** kommen. Kommt eine Einigung zustande, mündet sie in einen neuen Tarifvertrag. Bei einem Scheitern folgt der Arbeitskampf.

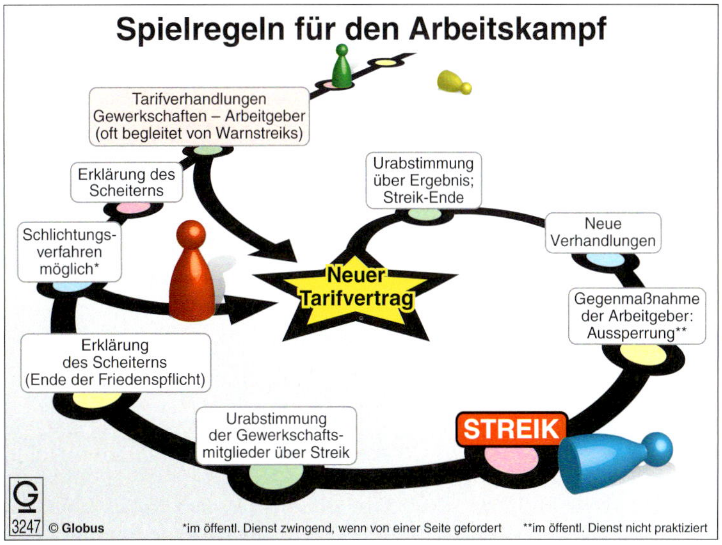

Mittel des Arbeitskampfes

Um ihren Forderungen Nachdruck zu verleihen, setzen die Gewerkschaften das Mittel des **Streiks** (planmäßig durchgeführte Arbeitsniederlegung) ein. Den Unternehmen wird ein wirtschaftlicher Schaden zugefügt. Teure Anlagen stehen still, Liefertermine platzen, es entstehen Verluste. Zur Durchführung des Streiks müssen die vom Tarifvertrag betroffenen Gewerkschaftsmitglieder darüber abstimmen (**Urabstimmung**), ob Arbeitskampfmaßnahmen zur Erreichung des Ziels eingesetzt werden sollen. Dabei ist eine Zustimmung von in der Regel 75 Prozent und mehr erforderlich. Während der Dauer des Streiks, an dem alle betroffenen Arbeitnehmer teilnehmen dürfen, erhalten die Gewerkschaftsmitglieder Streikgelder.
Den Arbeitgebern steht als Gegenmittel die **Aussperrung** zur Verfügung. Die Aussperrung bedeutet den Ausschluss der Arbeitnehmer von ihrem Arbeitsplatz und die damit verbundene Einstellung der Lohnzahlung. Das trifft vor allem die gewerkschaftlich nicht organisierten Arbeitnehmer (Gewerkschaftsmitglieder erhalten Streikgeld) und soll sie gegen den Streik aufbringen. Außerdem wird dadurch der Streik für die Gewerkschaft teurer.

Die Aussperrung darf jedoch die Verhältnismäßigkeit der Mittel nicht überschreiten, d.h., die Zahl der ausgesperrten Arbeitnehmer sollte im Verhältnis zu der Anzahl der Streikenden stehen. Damit soll das Gleichgewicht der Arbeitskampfmittel auf beiden Seiten gewahrt bleiben.

Während der Zeit des Arbeitskampfes finden weitere Verhandlungen und Schlichtungsversuche statt. Kommen die Tarifkommissionen zu einer Einigung, müssen die Gewerkschaftsmitglieder in einer erneuten Urabstimmung dem Tarifvertrag zustimmen (mindestens 25 Prozent).
Für beide Tarifvertragsparteien ist der Arbeitskampf mit Risiken verbunden. Darum sind lange Streiks in Deutschland die Ausnahme. Beide Seiten bemühen sich deshalb um zügige Verhandlungen oder eine Schlichtung.

Warnstreik

kurze Arbeitsniederlegung vor Ende der Friedenspflicht in ausgewählten Betrieben

Durch Streiks verlorene Arbeitstage pro 1000 Beschäftigte (Jahresdurchschnitt 2005–2012)

Kanada	117
Dänemark	106
Finnland	84
Spanien	65
Deutschland	16
USA	10
Schweiz	1

WSI, Wirtschafts- und Sozialwissenschaftliches Institut in der Hans-Böckler-Stiftung

Zusammenfassung: Tarifverträge und Tarifauseinandersetzung

Tarifvertrag

Aufgaben/Funktionen
- Schutzfunktion
- Ordnungsfunktion
- Richtlinienfunktion
- Friedenspflicht

Zustandekommen
- durch Tarifvertragsparteien
- ohne staatlichen Einfluss (Tarifautonomie)

Arten
- Lohn- und Gehaltstarifvertrag
- Manteltarifvertrag
- Rahmentarifvertrag

Ziele von Arbeitnehmern
- Arbeitsplatzsicherung
- hoher Lohnabschluss

Tarifauseinandersetzungen
- nach Kündigung des Tarifvertrags: Verhandlung bzw. Schlichtung
- neuer Tarifvertrag oder Arbeitskampf: Streik (nach Urabstimmung, wenn 75 Prozent der Gewerkschaftsmitglieder dafür sind), Gegenmaßnahme: Aussperrung
- Einigung nach Arbeitskampf und erneuter Urabstimmung (25 Prozent und mehr der Gewerkschaftsmitglieder sind für neuen Tarifvertrag)

Ziele von Arbeitgebern
- geringe Lohnerhöhung
- mehr Gewinn
- höhere Flexibilität bei betrieblichen Entscheidungen (z. B. Kündigungen)

Übungsaufgaben

1. Das Grundgesetz (Art. 9) garantiert den Tarifvertragsparteien die Tarifautonomie.
   a) Erklären Sie den Begriff Tarifautonomie.
   b) Nennen Sie die Vertragspartner von Tarifverträgen.
   c) Vergleichen Sie die verschiedenen Tarifvertragsarten.
   d) Erklären Sie die Verpflichtungen, die sich aus dem Tarifvertrag für die Tarifvertragsparteien ergeben.

2. Erläutern Sie die folgenden Begriffe im Rahmen einer Tarifauseinandersetzung:
   a) Schlichtung
   b) Urabstimmung
   c) Aussperrung

3. Die Tabelle auf S. 243 zeigt die Anzahl der Streiktage in verschiedenen Staaten.
   a) Nennen Sie die Voraussetzungen dafür, dass ein Streik ausgerufen werden kann.
   b) Beschreiben Sie die wirtschaftlichen Folgen eines Streiks für Unternehmen, Gewerkschaften und Arbeitnehmer.
   c) Erklären Sie die geringe Anzahl von Streiktagen in Deutschland im Vergleich zu anderen Ländern.

4. Im Jahr 2012 waren ca. 21 % aller Arbeitnehmer in der Gewerkschaft organisiert. Der Anteil in den jeweiligen Altersgruppen sieht folgendermaßen aus:

51 Jahre und älter:	36,0 %
41 bis 50 Jahre:	32,8 %
31 bis 40 Jahre:	18,5 %
18 bis 30 Jahre:	12,7 %

(IW Köln)

Diskutieren Sie, warum jüngere Arbeitnehmer immer seltener einer Gewerkschaft beitreten.

Schutz vor Gefahren am Arbeitsplatz

Lernsituation

Oliver ist heute allein in der Malerwerkstatt. Er soll mit einem Sprühgerät Türen abbeizen, bevor sie neu lackiert werden. Im Lager sucht er nach einem Abbeizmittel. Er legt sich in Ruhe seine Hilfsmittel zurecht und dreht das Radio auf volle Lautstärke. Dann packt er seine Stulle aus und seine Cola und legt die Zigaretten daneben. Gerade hat er mit dem Abbeizen angefangen, da platzt unvermutet der Meister herein. Er sieht das Abbeizmittel, blickt sich um, stellt das Radio ab und reißt die Fenster auf. Dann baut er sich vor Oliver auf. Er hält ihm das Sicherheitsdatenblatt des Abbeizers unter die Nase. „Sofort aufhören! Was hast du da um Gottes willen für eine Giftsuppe genommen? Lesen kannst du hoffentlich!“

Arbeitsauftrag

- Erklären Sie, warum der Meister Grund hat, sich aufzuregen. Beachten Sie bei Ihren Überlegungen das Sicherheitsdatenblatt auf Seite 246.

MAK-Grenzwert

maximal erlaubte Konzentration eines Stoffes am Arbeitsplatz

Exposition

Ausmaß, in dem der Körper schädigenden Einflüssen ausgesetzt ist

Arbeitsschutzgesetz

§ 12 (1) Der Arbeitgeber hat die Beschäftigten über Sicherheit und Gesundheitsschutz bei der Arbeit … ausreichend und angemessen zu unterweisen … Die Unterweisung muss bei der Einstellung, bei Veränderungen im Aufgabenbereich, der Einführung neuer Arbeitsmittel oder einer neuen Technologie vor Aufnahme der Tätigkeit der Beschäftigten erfolgen.

Auszug aus dem Sicherheitsdatenblatt eines Abbeizmittels

…

3. Mögliche Gefahren

Das Produkt ist gemäß Richtlinie 1999/45/EG und den Anhängen als gefährlich eingestuft.

Einstufung:

R12 – Hochentzündlich

R40 – Verdacht auf krebserzeugende Wirkung

R20/21 – Gesundheitsschädlich beim Einatmen und bei Berührung mit der Haut

R68 – Irreversibler Schaden möglich […]

…

7. Handhabung und Lagerung

Handhabung:

Lösemitteldämpfe sind schwerer als Luft und breiten sich über dem Boden aus. Dämpfe bilden zusammen mit Luft ein explosives Gemisch. Die Bildung entzündlicher und explosionsfähiger Lösemitteldämpfe in der Luft und ein Überschreiten der **MAK-Grenzwerte** vermeiden.

Das Material nur an Orten verwenden, bei denen offenes Licht, Feuer und andere Zündquellen ferngehalten werden.

Berührung mit den Augen und der Haut vermeiden.

Dämpfe, Spritznebel und Schleifstäube nicht einatmen.

Essen, Trinken und Rauchen ist in Bereichen zu verbieten, in denen dieses Produkt verwendet wird. […]

8. Expositionsbegrenzung und persönliche Schutzausrüstungen

Begrenzung und Überwachung der Exposition am Arbeitsplatz:

Beim Umgang mit diesem Produkt oder bei seiner Verwendung ist normalerweise eine ausreichende Lüftung erforderlich. Dies kann durch lokale oder Raumabsaugung erreicht werden. Bei unzureichender Lüftung ist ein Atemschutzgerät zum Schutz vor organischen Dämpfen und Staub/Nebel anzulegen. […]

Persönliche Schutzausrüstung

Atemwege: Liegt die Lösemittelkonzentration über den Luftgrenzwerten, so muss ein für diesen Zweck zugelassenes Atemschutzgerät getragen werden. Zum erhöhten Schutz wird eine Vollgesichts-Atemschutzmaske mit entsprechendem Filter empfohlen.

Haut: Für die verlängerte und wiederholte Behandlung sollten Neopren- oder Nitril-Handschuhe verwendet werden. Zusätzlich Schutzcreme für die Hautflächen, die mit dem Produkt in Kontakt kommen können.

Haut und Körper: Tragen antistatischer Kleidung aus Naturfaser (Baumwolle) oder hitzebeständiger Synthetikfaser.

Augen: Zum Schutz gegen Spritzer Schutzbrille tragen.

[…]

Technischer Arbeitsschutz

An fast allen Arbeitsplätzen gibt es besondere Gefahren für die Gesundheit der Beschäftigten. Diese Gefahren können ausgehen:

- von **Geräten, Maschinen, Arbeitsmitteln** am Arbeitsplatz (geregelt im Geräte- und Produktsicherheitsgesetz: GPSG);
- von der Beschaffenheit des **Arbeitsplatzes** selbst, z. B. auf Baustellen (geregelt in der Arbeitsstättenverordnung: ArbStättV);
- von **chemischen oder biologischen Stoffen**, mit denen Beschäftigte während der Arbeit umgehen müssen (geregelt in der Gefahrstoffverordnung: GefStoffV);
- vom **Arbeitsablauf** und der Arbeitsorganisation.

Die einzelnen Berufsgenossenschaften als Träger der gesetzlichen Unfallversicherung stellen darum für ihren Bereich **Unfallverhütungsvorschriften** auf und überwachen deren Einhaltung. Diese Vorschriften sind für Arbeitgeber und die Beschäftigten verbindlich. Dabei geht es

- um die Vermeidung von Unfällen,
- um eine möglichst niedrige gesundheitliche Belastung (z. B. Nichtraucherschutz, Lärmschutz) und um die Vermeidung von Berufskrankheiten,
- um die arbeitsmedizinische Untersuchung der Mitarbeiter,
- um vorbeugende Maßnahmen (z. B. Informationspflichten) und um das Sicherheitsmanagement im Unternehmen.

Der Arbeitgeber ist nach dem Arbeitsschutzgesetz (ArbSchG) verpflichtet, für jede Tätigkeit eine **Gefährdungsbeurteilung** vorzunehmen und geeignete Maßnahmen zu ergreifen. Bei der Wahl der Maßnahmen hat er einen großen Spielraum. Er muss aber folgende Grundsätze beachten:

Recherche
w353nn
technischer Arbeitsschutz, Arbeitsschutzgesetz, Gefährdungsbeurteilung, gesetzliche Unfallversicherung

Was regelt die Arbeitsstättenverordnung (ArbStättV)?

Folgende Beispiele zeigen, in welchen Bereichen die ArbStättV Anforderungen an Arbeitsplätze stellt:
- Sicherheit elektrischer Anlagen
- Sicherheits- und Gesundheitskennzeichnung
- Nichtraucherschutz
- Gestaltung von Fußböden, Wänden, Decken, Dächern, Fenstern, Türen, Verkehrsflächen, Laderampen, Treppen, Leitern
- Schutzmaßnahmen vor Absturz und herabfallenden Gegenständen
- Brandschutz
- Fluchtwege und Notausgänge, Sicherheitsbeleuchtung
- Beleuchtung, Lüftung
- Lärmschutz
- Sanitärräume, Pausen- und Bereitschaftsräume, Erste-Hilfe-Räume
- besondere Anforderungen an Baustellen und Arbeitsplätze im Freien

- Die verbleibende Gefährdung und Belastung muss möglichst gering gehalten werden. Für manche Stoffe gelten Grenzwerte, die am Arbeitsplatz nicht überschritten werden dürfen, z. B. für Ozon oder Kohlendioxid (CO_2).
- Gefahren müssen an der Quelle bekämpft werden. Zum Beispiel müssen Maschinen so konstruiert werden, dass niemand bei laufendem Betrieb hineingreifen kann.
- Der aktuelle Stand der Technik und der Arbeitswissenschaft muss berücksichtigt werden.

Die **Wirksamkeit der Maßnahmen** muss überprüft werden. Der Betriebsrat (→ S. 237 ff.) hat hier wichtige Kontrollrechte. Eine Aufsicht findet durch die Arbeitsschutzbehörden der Länder statt (in NRW sind die Bezirksregierungen zuständig). Beteiligt sind auch die gewerblichen Berufsgenossenschaften (z. B. die Berufsgenossenschaft der chemischen Industrie). Am technischen Arbeitsschutz sind außerdem der TÜV und die BAuA (Bundesanstalt für Arbeitsschutz und Arbeitsmedizin) beteiligt.
Besonders hoch ist die Unfallgefahr auf Baustellen. Beschäftigte unterschiedlicher Unternehmen arbeiten am selben Ort, oft unter großem Termindruck, auch bei Nässe und Kälte. Ihr Arbeitsplatz verändert sich täglich. Wo vor zwei Stunden eine Abdeckung war, ist jetzt womöglich keine mehr. Das Stromkabel, das gestern abgeschaltet war, steht heute unter Spannung. Die meisten Todesfälle auf Baustellen gehen auf Abstürze zurück; an zweiter Stelle folgen Elektrounfälle.
Vom technischen Arbeitsschutz ist der **soziale Arbeitsschutz** zu unterscheiden. Dort geht es z. B. um Arbeitszeiten, Kündigungsschutz und um den Schutz besonders gefährdeter Gruppen (Schwangere, Jugendliche, Schwerbehinderte …) (→ S. 220 f.).

Verhaltensvorschriften für Mitarbeiter

Technische Anforderungen an die Arbeitsmittel sind nur ein Teil des Arbeitsschutzes. Zum Arbeitsschutz gehören, abhängig vom Arbeitsplatz, auch Vorschriften für das Verhalten der Beschäftigten, das Tragen von Schutzkleidung usw. Auf diese Vorschriften wird durch eine farbige Kennzeichnung hingewiesen:
- blau für Vorschriften (z. B. das Tragen einer Schutzbrille);
- gelb für die Warnung vor Gefahren durch Geräte oder Arbeitsmittel (z. B. Quetschgefahr oder ätzende Stoffe);
- weiß mit rotem Rand für Verbote (z. B. das Verbot, in eine Maschine zu greifen);
- grün für Hinweise auf Rettungseinrichtungen.

Für den Umgang mit manchen Stoffen gelten verbindliche „Technische Regeln für Gefahrstoffe“ (TRGS), die laufend aktualisiert werden. Ein *Beispiel:* Die TRGS 517 regelt den Umgang mit möglicherweise asbesthaltigen mineralischen Rohstoffen und schreibt unter anderem bestimmte Atemschutzgeräte und Masken vor. An bestimmten Arbeitsplätzen sind regelmäßige Gesundheitsuntersuchungen vorgeschrieben.

Nichtraucherschutz

Der Arbeitgeber hat die erforderlichen Maßnahmen zu treffen, damit die nicht rauchenden Beschäftigten in Arbeitsstätten wirksam vor den Gesundheitsgefahren durch Tabakrauch geschützt sind. Soweit erforderlich, hat der Arbeitgeber ein allgemeines oder auf einzelne Bereiche der Arbeitsstätte beschränktes Rauchverbot zu erlassen.

Auszug aus der Arbeitsstättenverordnung, § 5 (1)

Gefahrenschilder

Berufskrankheiten

Krankheitsgruppe (Auswahl)	Todesfälle	anerkannte Fälle
Atemwegserkrankungen (bes. durch anorganischen Staub, etwa Asbest, Silikat)	2069	5496
Lösungsmittel, Pestizide, andere chemische Stoffe	117	492
Strahlenbelastung	43	71
Lärmschwerhörigkeit u. Ä.	0	6935
Infektionen, Parasiten, Tropenkrankheiten	16	1262
Hautkrankheiten	1	637
Schäden des Bewegungsapparats (z. B. Bandscheibenschäden)	0	972
andere Krankheiten	111	548
insgesamt	2357	16413

Bearbeitet aus: Bundesministerium für Arbeit und Soziales (BMAS): Sicherheit und Gesundheit bei der Arbeit 2013, Tabellen TC 2, TC 4

Ergonomie
→ S. 251 f.

Die Zahl der **Berufskrankheiten** (→ Tabelle oben) erscheint niedrig, die Folgen sind jedoch weitreichend: Tod, Berufsunfähigkeit oder eingeschränkte Arbeitsfähigkeit. Viele Fälle sind auf mangelnden Schutz am Arbeitsplatz zurückzuführen.

Wirtschaftsbereiche mit den meisten Arbeitsunfällen 2013
(Zahl der Unfälle je 1000 Vollzeitbeschäftigte)

Wirtschaftsbereich	Unfälle
Landwirtschaft	70
Bau	57
Verkehr	39
Holz und Metall	38
Nahrungsmittel und Gastronomie	36
Handel und Distribution	25

BMAS 2013 (s. o), Tabelle TB 4 (Zahlen gerundet)

Verstöße gegen Arbeitsschutzvorschriften

Routine hilft, Unfälle zu vermeiden. Wer im Umgang mit einem Trennschleifer Erfahrung hat, hat sich an die Beachtung elementarer Regeln gewöhnt. Er weiß, wie er das Gerät halten muss, welche Arbeiten gefährlich sind und für welche Arbeiten das Gerät nicht geeignet ist. Routine ist andererseits eine Quelle für Unfälle. Die Aufmerksamkeit sinkt, weil die Tätigkeit immer wieder vorkommt.
Die Hauptquelle für Unfälle ist aber die Bequemlichkeit. Maßnahmen, die dem Arbeitsschutz dienen, kosten zusätzliche Zeit oder erschweren die Durchführung. Das ist besonders dann lästig, wenn der Aufwand für den Arbeitsschutz hoch ist im Vergleich zur Arbeit, die gemacht werden soll. Wer „nur mal kurz" eine Ecke der Hausfassade streicht, wird dafür nicht das Gerüst aufbauen wollen.
Ein besonderes Risiko besteht bei Schutzeinrichtungen, die erst bei Unfällen oder im Brandfall gebraucht werden. Im Alltag fällt nicht auf, wenn der Fluchtweg verstellt oder der Notausgang abgeschlossen ist.
Alkohol hat am Arbeitsplatz nichts zu suchen. Wer unter **Alkohol** oder **Drogen** einen Arbeitsunfall verursacht, verliert den Schutz der gesetzlichen Unfallversicherung. Ein weiterer Risikofaktor sind **Medikamente**. Ihre Nebenwirkungen kann der Kranke oft schwer einschätzen.

Folgen von Arbeitsunfällen

Etwa eine Million Arbeitsunfälle mit Verletzten oder Toten gibt es jedes Jahr in Deutschland. Die unmittelbaren Folgen muss das **Unfallopfer** tragen: vorübergehende oder dauernde Arbeitsunfähigkeit, Berufsunfähigkeit. Oft ist dies mit einem geringeren Einkommen verbunden.
Folgen eines Arbeitsunfalls für das **Unternehmen** sind der Ausfall einer Arbeitskraft, darüber hinaus je nach Art des Unfalls eine Unterbrechung der Produktion oder ein Sachschaden. Kosten entstehen für die **gesetzliche Unfallversicherung**, die eine Heilbehandlung, eine Umschulung, eine Rente wegen Berufsunfähigkeit oder (bei tödlichen Unfällen) eine Hinterbliebenenrente bezahlen muss.

Zusammenfassung: Schutz vor Gefahren am Arbeitsplatz

Sozialer Arbeitsschutz

- Regelung der Arbeitszeit
- Schutzvorschriften für einzelne Gruppen, z. B. Jugendliche, Schwangere

→ S. 220 f.

Technischer Arbeitsschutz

Überwachung durch:
Betriebsrat, Bezirksregierung, Berufsgenossenschaft

Arbeitsorganisation

- Gestaltung von Arbeitsabläufen
- Einweisung der Beschäftigten
- Verhaltensvorschriften

Sicherheit von Anlagen und Geräten

- Einrichtung des Arbeitsplatzes
- Einsatz von Anlagen und Geräten
- Gestaltung der Arbeitsmittel

Sicherheit beim Einsatz von Gefahrstoffen

- Auswahl der Arbeitsstoffe
- Arbeitshygiene
- Umgang mit chemischen und biologischen Stoffen
- Lagerung

Arbeitswissenschaft (Ergonomie → S. 251 ff.)

Individuelle Schutzmaßnahmen (z. B. Schutzausrüstung)

Gesundheitsuntersuchungen (Arbeitsmedizin)

Wichtige rechtliche Grundlagen:

- Geräte- und Produktsicherheitsgesetz (GPSG)
- Arbeitsschutzgesetz (ArbSchG)
- Arbeitsstättenverordnung (ArbStättV)
- Chemikaliengesetz (ChemG)
- Gefahrstoffverordnung (GefStoffV)
- Technische Regeln für Gefahrstoffe (TRGS)

Übungsaufgaben

○ 1. Nennen Sie die Bedeutung der auf Seite 247 abgebildeten Gefahren- und Hinweissymbole.

◒ 2. Ermitteln Sie, welche weiteren Gefahrensymbole es an Ihrem Arbeitsplatz gibt, und nennen Sie deren Bedeutung.

◒ 3. Ermitteln Sie, welche Personen und Institutionen in Ihrem Ausbildungsbetrieb für den technischen Arbeitsschutz zuständig sind.

● 4. Bei der Firma Verzahntechnik Müller GmbH fehlt seit einem Vierteljahr die Abdeckung einer CNC-Fräsmaschine. Stattdessen ist ein handgeschriebener roter Zettel angebracht: „Nicht in die Maschine greifen." Die Anlage soll in nächster Zeit durch eine neue ersetzt werden. Ein Mitarbeiter ist mit dieser Maßnahme nicht einverstanden und informiert den Betriebsrat. Erarbeiten Sie einen Vorschlag, was der Betriebsrat vorbringen kann.

Ergonomie am Arbeitsplatz

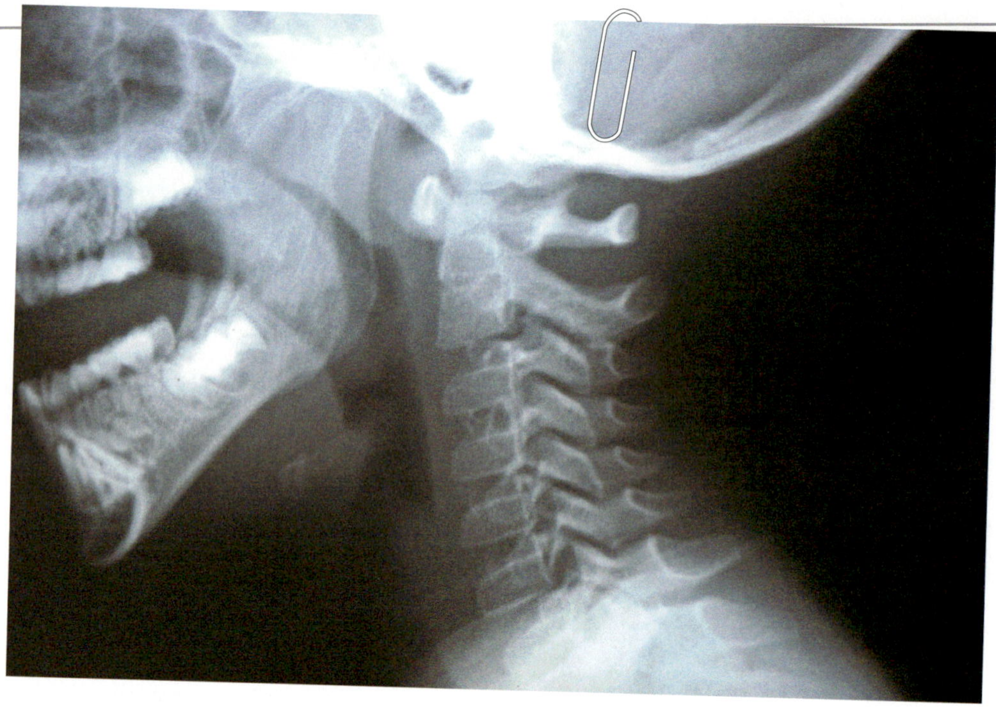

Lernsituation

Herr Jäger, einer der erfahrensten Techniker im Vertrieb, ist ein richtiges Arbeitstier. Man sieht ihn nur am Computer oder am Telefon. Außerdem ist er ein umgänglicher Mensch. In den vergangenen Monaten war Herr Jäger aber nicht gut drauf und immer wieder tageweise krank. Beim Mittagessen mit Kollegen in der Kantine beginnt er gleich zu erzählen:
„Was ich im letzten Vierteljahr bei Ärzten rumgesessen habe, das geht auf keine Kuhhaut: Hausarzt, Neurologe, Orthopäde … Letzten Endes war es die Halswirbelsäule. Jetzt kriege ich Krankengymnastik.
Wie ich da gestern so liege, komme ich mit dem Therapeuten ins Gespräch. Sagt der: ‚Herr Jäger, was arbeiten Sie denn?' Ich erzähle ihm, was ich so mache. Fragt der: ‚Haben Sie eine Brille für das Arbeiten am Computer?'
Jedenfalls muss ich mir meinen Schreibtisch anders einrichten und brauche einen anderen Bildschirm und eine Brille für das Arbeiten am Computer. Ich weiß ja nicht, ob das des Rätsels Lösung ist. Aber es hat sich ganz plausibel angehört."

Arbeitsauftrag

- Unterstützen Sie Herrn Jäger bei der Gestaltung seines PC-Arbeitsplatzes.

Recherche
7ij7zj
Ergonomie, Büroarbeitsplatz, Gefährdungsbeurteilung

Ergonomie am Büroarbeitsplatz

- Höhenverstellbarer Stuhl mit verstellbarer Rückenlehne. Das Handgelenk muss mit dem Ellenbogengelenk auf einer Höhe sein oder tiefer liegen.
- Schreibtisch: Gut sind höhenverstellbare Tische (üblich sind 68 – 76 cm).
- Der richtige Abstand zum Monitor hängt von der Bildschirmgröße ab; bei 22-Zoll-Bildschirmen ca. 80 cm.
- Ein Arbeitsblatthalter zwischen Bildschirm und Tastatur (nicht seitlich) erleichtert das Arbeiten.
- Beleuchtung: keine Spiegelungen auf dem Bildschirm. Gleichmäßige Beleuchtung. Keine zu starken Kontraste zwischen Bildschirm und Hintergrund.
- Für ältere Arbeitnehmer ist eine Bildschirmbrille sinnvoll. Gleitsichtbrillen sind für das Arbeiten am Computer ungeeignet, ebenso Lesebrillen.

Die für Büros angebotenen Stühle und Monitore erfüllen in der Regel die Vorschriften des Arbeitsschutzes an die Ergonomie.
Für Bildschirmarbeitsplätze gilt eine spezielle Bildschirmarbeitsverordnung (BildscharbV), die vom Arbeitgeber beachtet werden muss. Außerdem gibt es Hilfen (Leitfäden) für die Gestaltung von Büroarbeitsplätzen.

1 Oberkante des Bildschirms unterhalb von Augenhöhe; Entfernung zum Bildschirm 50 – 80 cm
2 Arbeitsblatthalter
3 Tisch 80 cm tief, 160 cm breit (Mindestmaße)
4 Arbeitstischhöhe 72 cm (wenn verstellbar: 68 – 76 cm)

Ergonomie

Schaffung geeigneter Arbeitsbedingungen, um die Arbeitsfähigkeit des Menschen zu verbessern und seine Belastungen während der Arbeit zu verringern. Ziel ist eine fehlerfreie Ausübung der Arbeit ohne gesundheitliche Schäden.

Warum Ergonomie wichtig ist

Die meisten haben sich schon mal über ein technisches Gerät geärgert, weil sie mit ihm nicht oder nur mit Mühe und dauerndem Blättern in der Anleitung zurechtgekommen sind. Das kann die Fernbedienung des Satelliten-Receivers sein oder ein Computerprogramm. Hier hat die **Ergonomie des Produkts** nicht gestimmt. Es war nicht benutzerfreundlich konstruiert.
Gute Ergonomie bemerken wir in der Regel nicht. Wenn wir den ganzen Tag auf demselben Stuhl sitzen können, dann stimmt seine Ergonomie. Wenn wir nach einer Stunde hin und her rutschen und nach einer bequemeren Position suchen, dann ist das ein Zeichen für schlechte Ergonomie.
Was für das Produkt gilt, ist auch wichtig für die Ergonomie der Arbeit, die **Produktionsergonomie**. Jeder weiß, wie anstrengend körperliche Arbeit gebückt, im Liegen oder hoch über dem Kopf ist und wie schnell man dabei ermüdet. Ingenieure und Techniker beschäftigen sich bei der Planung von Produktionsprozessen damit, die Arbeit so einzurichten, dass die Menschen möglichst wenig Verrenkungen machen und keine Zwangshaltungen einnehmen müssen. Zur Produktionsergonomie gehört neben der technischen Seite aber auch eine zweckmäßige Gestaltung der Arbeitsinhalte und des Arbeitsablaufs, d. h. die richtige Arbeitsorganisation.
Die zusätzlichen Kosten bei der Anpassung der Produktion an den Menschen lohnen sich aber. Die Arbeitskräfte arbeiten genauer und schneller, sie ermüden langsamer, sie machen weniger Fehler, die Gefahr von Erkrankungen durch einseitige Arbeit ist geringer.
Trotzdem sind wir am Ende eines Arbeitstages oft geschafft. Einige wichtige Gründe:

1. Ergonomie bezieht sich nicht auf alle Anstrengungen am Arbeitsplatz. Ergonomie kann am Arbeitsplatz eines Lkw-Fahrers die Instrumente gut ablesbar machen, seine Sitzposition optimieren usw., aber die Anspannung beim Fahren selbst bleibt.

5.4 Schutzvorschriften am Arbeitsplatz anwenden

Die häufigsten Gründe für Arbeitsunfähigkeit (nach Fehltagen)

Muskel-, Skelett- und Bindegewebserkrankungen	*23 %*
Atemwegserkrankungen	*14 %*
Verletzungen und Vergiftungen	*11 %*
psychische Erkrankungen	*11 %*
Kreislauferkrankungen	*7 %*

Bundesministerium für Arbeit und Soziales: Sicherheit und Gesundheit bei der Arbeit 2013, Tabelle TD 4 (Zahlen gerundet)

Überkopf-Arbeiten ist anstrengend.

2. Jede Arbeit ist in irgendeiner Weise einseitig. Das ist ein Nebenprodukt der Arbeitsteilung. Auch gute Ergonomie beseitigt diese Einseitigkeit nicht.
3. Viele Tätigkeiten zwingen uns nach wie vor unnatürliche Arbeitshaltungen auf. Das betrifft besonders körperliche Arbeit.

Arbeiten in der richtigen Arbeitshöhe

4. Auch an einem ergonomisch erstklassig eingerichteten Arbeitsplatz kann ich unzweckmäßig arbeiten. Ich bücke mich immer wieder nach derselben Seite, ich hebe Lasten auf die falsche Weise – all dies sind Quellen für den Verschleiß des Körpers und oft Ursache für Erkrankungen.

Vernachlässigte Ergonomie

In manchen Betrieben ist das Bewusstsein für den Nutzen der Ergonomie wenig ausgeprägt. Die Arbeitsplätze sind so eingerichtet, dass die Berufsgenossenschaft nicht meckert, aber mehr auch nicht: Der Bürostuhl hat fünf Beine und ist kippsicher, aber man kann an ihm nicht ermüdungsfrei arbeiten. Die Erzieherin im Kindergarten sitzt jahraus, jahrein auf Stühlen, die für Drei- bis Sechsjährige gedacht sind.
In Büros herrscht ergonomisch oft Nachholbedarf (→ S. 251). Mal werden neue Bildschirme angeschafft und irgendwann neue Stühle. Aber die Anschaffungen sind nicht aufeinander abgestimmt und bei den Stühlen wird nur über die Farbe diskutiert. Das Arbeiten am Laptop ist ergonomisch nicht optimal.

Körperschonend arbeiten

Zum ergonomisch gut gestalteten Arbeitsplatz gehört ein entsprechendes Verhalten der Mitarbeiter. Oft ist einem selbst gar nicht bewusst, dass man etwas falsch macht. Man gewöhnt sich zum Beispiel an eine falsche Haltung beim Sitzen, nicht nur bei der Arbeit, sondern auch zu Hause. Das geht jahrelang, vielleicht jahrzehntelang gut – und irgendwann kommen die Rückenprobleme. Dann ist es schwierig, sich eine falsche Haltung wieder abzugewöhnen.
An vielen Arbeitsplätzen kann ich selbst für ein Stück Abwechslung sorgen: andere Arbeiten dazwischenschieben, die Arbeitshaltung ändern, rechtzeitig Pause machen.
Bei körperlichen Arbeiten gehört es auch zur Berufsausbildung, Werkzeuge richtig einzusetzen, kräfteschonend zu arbeiten, die richtige Arbeitshöhe zu beachten, beim Heben von Lasten Überbeanspruchung zu vermeiden usw.

Zusammenfassung: Ergonomie am Arbeitsplatz

Produktionsergonomie	Produktergonomie
Arbeitsprozess ist technisch und arbeitsorganisatorisch so gestaltet, dass körperliche und geistige Überbeanspruchung vermieden wird Anwendung: Arbeitsplatz	**Arbeitsmittel** sind so gestaltet, dass sie leicht bedienbar sind und körperliche Überbeanspruchung vermieden wird Anwendung: Arbeitsplatz, Freizeit

↓ ↓

Folgen schlechter Ergonomie

↓ ↓

Arbeitsleistung	Arbeitnehmer
• geringer • schlechtere Qualität • höhere Fehlerquote	• höhere Belastung • schnellere Ermüdung • Gefahr gesundheitlicher Schäden

Beispiel Büroarbeitsplatz

Arbeitsmittel:		**Anforderungen:**
Arbeitstisch	→	Höhe/Verstellbarkeit
Arbeitsstuhl	→	Höhe/Verstellbarkeit
Beleuchtung	→	gleichmäßige Ausleuchtung, keine Reflexionen
Computer	→	Abstand des Bildschirms zum Nutzer/Höhe
Ziel: richtige Arbeitshaltung		aufrechtes Sitzen

Übungsaufgaben

○ 1. Definieren Sie den Begriff Ergonomie.

◒ 2. Ihr Arbeitsplatz im Betrieb:
a) Ermitteln Sie anhand Ihres Arbeitsplatzes zwei Beispiele für gute oder für schlechte Ergonomie.
b) Erläutern Sie, ob bzw. inwieweit sich die Ergonomie Ihres Arbeitsplatzes verbessern lässt, und machen Sie Vorschläge.

◒ 3. Ermitteln Sie, ob es bei den folgenden Problemen am Arbeitsplatz um Fragen der Ergonomie geht. Begründen Sie ihre Zuordnung.
A fehlender Gehörschutz am Arbeitsplatz
B Arbeitsstuhl ohne Höhenverstellung
C Bildschirm steht vor dem Fenster
D längeres Arbeiten in gebückter Haltung
E hoher Kraftaufwand beim Schieben von Paletten

○ 4. Nennen Sie die Vorteile, die gute Ergonomie des Arbeitsprozesses für das Unternehmen und die Beschäftigten bringt.

○ 5. Ordnen Sie die folgenden Körperhaltungen bei der Arbeit danach, inwieweit sie ergonomisch sinnvoll sind. Beginnen Sie mit der Körperhaltung, die am wenigsten belastet.

Simulationsspiel umsetzen

Simulationsspiel

Die Beteiligten an einem Simulationsspiel vertreten in einem Konflikt die Interessen von Ministern, Arbeitgebern, Verbandsfunktionären etc. Das Ziel ist die Lösung des Konflikts. Das Abschneiden der Beteiligten hängt ab von ihrer Macht, ihren Rechten und ihrem Verhandlungsgeschick. Themen für Simulationsspiele können sein: Tarifverhandlungen, Einführung einer Pkw-Maut, Flughafenerweiterung.

So geht's!

1. Konflikt beschreiben und Informationen beschaffen
- Den Interessenkonflikt beschreiben, der simuliert werden soll.
- Informationen einholen über die politischen bzw. wirtschaftlichen Rollen und die Regeln, die mit der Rolle verbunden sind.
- Gruppen einteilen

2. Eine Meinung bilden (Gruppe)
- Die eigene Position erarbeiten und festlegen: Maximalforderungen und Ziele, die mindestens erreicht werden sollen.
- Die eigene Verhandlungsstrategie ausarbeiten.

3. Miteinander verhandeln
- Spieler auswählen, der die Rolle spielt. Die anderen Gruppenmitglieder beobachten und protokollieren den Verlauf.
- Die Verhandlungen simulieren (evtl. mehrere Verhandlungsrunden, unterbrochen durch erneute Meinungsbildung in der Gruppe).
- Entscheidung (Einigung)

4. Ergebnis auswerten (Gruppen und Plenum)
- Erste Eindrücke bei Spielern und Beobachtern sammeln.
- Ergebnis bewerten
- Schritte analysieren, die zu diesem Ergebnis geführt haben, Alternativen diskutieren.
- Mit der Wirklichkeit vergleichen: Worin ähnelt die Simulation der Wirklichkeit? Was ist anders?

Simulationsspiel zu Tarifverhandlungen umsetzen

M1 Eckdaten des gekündigten Tarifvertrags

- 2,3 % Lohnerhöhung auf 17 Monate
- zusätzliche Einmalzahlung von 100 € (außer für Auszubildende)
- Unternehmen in schwieriger wirtschaftlicher Lage können die Erhöhung um bis zu 12 Monate verschieben

M2 Zeitungsmeldung: Entwicklung der Lebenshaltungskosten

Preisspirale dreht sich weiter
Wie das Statistische Bundesamt gestern meldete, müssen die Bundesbürger auch in diesem Jahr wieder tiefer in die Tasche greifen. Die Kosten für Nahrungsmittel, Miete, Kleidung, Bildung etc. werden im laufenden Jahr voraussichtlich um 1,7% ansteigen. Für das kommende Jahr wird eine Erhöhung der Lebenshaltungskosten um 1,9 % prognostiziert.

M3 Aktuelle Branchenbefragung: So schätzen die Unternehmen ihre Lage ein

Auftragslage	befriedigend (jedoch ohne Umsatzwachstum)
Kapazitätsauslastung	rund 85 % (= unterdurchschnittlich)
Neueinstellungen	nur wenige geplant; einige Unternehmen planen Stellenstreichungen
Leiharbeiter/Werkverträge	deutliche Steigerung im vergangenen Jahr
Kosten	steigend
Umsatz	stagniert (Kostensteigerungen können kaum an Kunden weitergegeben werden)
Gewinnsituation	kaum Gewinnwachstum; einige Unternehmen verzeichnen seit Jahren Verluste
Arbeitsproduktivität	Anstieg um jeweils 0,3 % im laufenden und im kommenden Jahr erwartet

M4 Interne Aktennotiz der Gewerkschaft

Etwa ein Viertel der Beschäftigten ist bei uns Mitglied, v.a. in den Großbetrieben. In kleinen und mittleren Betrieben haben wir oft keine oder nur wenige Gewerkschaftsmitglieder. Unsere Mitgliederzahlen gehen seit 20 Jahren zurück. Wir gewinnen kaum neue Mitglieder, weil wir den Jüngeren nicht vermitteln können, wie wichtig Gewerkschaften sind.

Arbeitsauftrag

- Führen Sie ein Simulationsspiel zu Tarifverhandlungen durch. Gehen Sie dabei so vor, wie auf der linken Seite beschrieben. Dabei sind die oben genannten Daten die Grundlage für Ihre Verhandlungen. Beschäftigen Sie sich vor Beginn mit dem rechtlichen Rahmen von Tarifverhandlungen (→ S. 242 f.).

Üben 72sm3f Prüfungsaufgaben

Üben interaktiv ta5b7u Prüfungstraining

Berufsschule

1. Bei den Wahlen zum Betriebsrat ist das anzuwendende Wahlverfahren von der Anzahl der im Betrieb beschäftigten Arbeitnehmer abhängig.

a) Bringen Sie die folgenden Schritte einer normalen Betriebsratswahl in die richtige Reihenfolge:

A Entgegennahme von Wahlvorschlägen
B Durchführung der Wahl
C Bestellung des Wahlvorstands
D Wahl der Vorsitzenden des Betriebsrats
E Erstellen der Wählerliste
F Erstellen der Wahlunterlagen
G Erlass des Wahlausschreibens.

b) Erläutern Sie mithilfe des Gesetzestextes, wie das Wahlverfahren in kleineren Betrieben erfolgt.

M1 Auszug aus dem Betriebsverfassungsgesetz

§ 14a Vereinfachtes Wahlverfahren für Kleinbetriebe

(1) In Betrieben mit in der Regel fünf bis fünfzig wahlberechtigten Arbeitnehmern wird der Betriebsrat in einem zweistufigen Verfahren gewählt. Auf einer ersten Wahlversammlung wird der Wahlvorstand nach § 17a Nr. 3 gewählt. Auf einer zweiten Wahlversammlung wird der Betriebsrat in geheimer und unmittelbarer Wahl gewählt. Diese Wahlversammlung findet eine Woche nach der Wahlversammlung zur Wahl des Wahlvorstands statt.

(2) Wahlvorschläge können bis zum Ende der Wahlversammlung zur Wahl des Wahlvorstands [...] gemacht werden.

2. Erläutern Sie die Aufgaben der folgenden Organe nach dem Betriebsverfassungsgesetz.

a) Betriebsrat
b) Jugend- und Auszubildendenvertretung
c) Einigungsstelle
d) Betriebsversammlung

3. In einem Unternehmen mit 80 Mitarbeitern soll Herr Scholz, der seit zwei Jahren dort beschäftigt ist, fristgerecht gekündigt werden.
Prüfen Sie anhand des Kündigungsschutzgesetzes die Möglichkeiten, sich gegen diese Kündigung zu wehren.

M2 Auszug aus dem Kündigungsschutzgesetz

§ 1 Sozial ungerechtfertigte Kündigungen

(1) Die Kündigung des Arbeitsverhältnisses gegenüber einem Arbeitnehmer, dessen Arbeitsverhältnis in demselben Betrieb oder Unternehmen ohne Unterbrechung länger als sechs Monate bestanden hat, ist rechtsunwirksam, wenn sie sozial ungerechtfertigt ist.

(2) Sozial ungerechtfertigt ist die Kündigung, wenn sie nicht durch Gründe, die in der Person oder in dem Verhalten des Arbeitnehmers liegen, oder durch dringende betriebliche Erfordernisse, die einer Weiterbeschäftigung des Arbeitnehmers in diesem Betrieb entgegenstehen, bedingt ist. Die Kündigung ist auch sozial ungerechtfertigt, wenn [...]

1 b) der Arbeitnehmer an einem anderen Arbeitsplatz in demselben Betrieb oder in einem anderen Betrieb des Unternehmens weiterbeschäftigt werden kann [...]

2 b) der Arbeitnehmer an einem anderen Arbeitsplatz [...] seines Einzugsgebiets weiterbeschäftigt werden kann [...]

Satz 2 gilt entsprechend, wenn die Weiterbeschäftigung des Arbeitnehmers nach zumutbaren Umschulungs- oder Fortbildungsmaßnahmen oder eine Weiterbeschäftigung des Arbeitnehmers unter geänderten Arbeitsbedingungen möglich ist und der Arbeitnehmer sein Einverständnis hiermit erklärt hat. [...]

(3) Ist einem Arbeitnehmer aus dringenden betrieblichen Erfordernissen im Sinne des Absatzes 2 gekündigt worden, so ist die Kündigung trotzdem sozial ungerechtfertigt, wenn der Arbeitgeber bei der Auswahl des Arbeitnehmers die Dauer der Betriebszugehörigkeit, das Lebensalter, die Unterhaltspflichten und die Schwerbehinderung des Arbeitnehmers nicht oder nicht ausreichend berücksichtigt hat [...].

Berufsfachschule zur FHR

Bei der Kling Maschinenbau GmbH ist im Zuge der Neugestaltung der Arbeitsabläufe die unten genauer dargestellte Maßnahme geplant.
Entwickeln Sie für den Betriebsrat ein Konzept zu den angeführten offenen Fragen und überprüfen Sie die rechtlichen Möglichkeiten, die ausgearbeiteten Punkte gegenüber der Geschäftsleitung durchzusetzen.

M Interessenvertretung Betriebsrat

Die verschiedenen Einzelarbeiten werden zu einzelnen Gruppen (5–10 Arbeitnehmer) zusammengefasst. Dabei geht es dem Unternehmen nicht nur um die Erhöhung der produzierten Stückzahl, sondern auch um eine bessere Effizienz der Arbeit, insbesondere um höhere Flexibilität, bessere Anlagennutzung und Qualität. Es bietet sich daher der Prämienlohn als Entlohnungsform an.
Die Geschäftsleitung beschränkt sich auf allgemeine Leistungs- bzw. Zielvorgaben für die Gruppe (Zielvereinbarungen). Die Gruppe plant, koordiniert und kontrolliert ihre Arbeit selbst. Sie entscheidet über die Arbeitsverteilung, wobei jedes Gruppenmitglied nach Möglichkeit jeden Arbeitsvorgang beherrschen soll, um Arbeitsplatzwechsel zu ermöglichen. An die Stelle des Vorgesetzten tritt der Gruppensprecher, der von der Gruppe gewählt wird. Er vertritt die Gruppe nach außen, hat aber keine Weisungsbefugnis.
In einer Betriebsvereinbarung soll die Einführung und Durchführung der Gruppenarbeit festgelegt werden. Daran wirkt der Betriebsrat mit.
Die folgenden Punkte müssen noch verhandelt werden:

Prämienlohn – Prämienlohnkurve

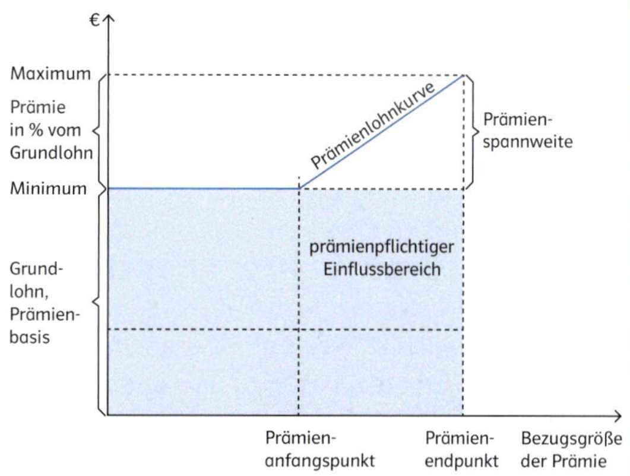

Offene Fragen

1. Wie hoch soll die Prämie in % vom Grundlohn sein? (Grundlohn = Tariflohn der jeweiligen Lohngruppen der Gruppenmitglieder). Zurzeit zahlt das Unternehmen freiwillig 10 % vom Tariflohn.
2. Wie soll bei Unterschreitung der Prämienendleistung vorgegangen werden, wenn die Gründe dafür
   a) nicht die Gruppe zu vertreten hat?
   b) die Gruppe zu vertreten hat?
3. Wie soll der Gruppensprecher entlohnt werden?
4. Welche Maßnahmen sollen zur Integration angelernter und älterer Arbeitnehmer in den Gruppen ergriffen werden? (Anspruch auf Qualifizierung, mit dem Ziel, dass alle die Aufgaben innerhalb des Arbeitsbereichs der Arbeitsgruppe ausführen können.)
5. Wie viel Zeit soll für Gruppengespräche während der Arbeitszeit angesetzt werden?
6. Wie soll vorgegangen werden, wenn Streitigkeiten innerhalb der Gruppe zu keinem Ergebnis führen?
7. Wie lange soll die Einführungszeit dauern und welche Bedingungen sollen in der Phase der Umstellung von Einzel- auf Gruppenarbeit (z. B. Lohnzahlung) gelten?

Rahmenbedingungen

1. Die tariflichen Vorgaben müssen beachtet werden.
2. Nicht in die Kompetenz der Gruppen fallen Entscheidungen, die die Mitwirkung oder Mitbestimmung des Betriebsrates voraussetzen. (Beispiel: Ob, wie viel und wann Mehrarbeit geleistet wird, endgültige Urlaubsplanung, Beginn und Ende von Arbeitszeit bzw. Pausen, Zusammensetzung der Gruppe)

6 Investition und Finanzierung

Gut geplant ist halb finanziert

Bauprojekte sind meist mit großem finanziellem Aufwand verbunden. Das gilt sowohl für die Investoren und Baufirmen wie auch für die späteren Käufer der Wohnungen und Häuser. Solche Projekte kann man nicht aus der Porto- oder Haushaltskasse finanzieren. In den meisten Fällen benötigt man dafür einen Kredit. Dies gilt auch für viele andere Investitionsvorhaben.
Dabei sind Investitionen für die Entwicklung unserer Wirtschaft wichtig. Sie steigern das Wirtschaftswachstum, verbessern die Wettbewerbsfähigkeit der Unternehmen und tragen zur Sicherung des Wirtschaftsstandorts Deutschland bei. Da viele Investitionen auf die Zukunft gerichtet sind, liegen der Entscheidung Annahmen zugrunde. Unternehmen können dabei von zu erwartenden Umsatzzahlen ausgehen, Haushalte von zu erwartenden Einkommensentwicklungen. Fehleinschätzungen können jedoch leicht zu Fehlinvestitionen führen.

Hätten Sie's gewusst?

1. Wie hoch waren die Forderungsverluste für Gläubiger im Jahr 2013?
2. Wie viele Haushalte in Deutschland sind überschuldet?
3. Wie hoch war die Investitionssumme der Unternehmen in Deutschland im Jahr 2013?

1: 27 Mrd. €
2: 10 %
3: über 530 Mrd. €

Einen Einblick gewinnen

Worum geht es?

„Vielleicht die beste Entscheidung, die Sie jemals treffen werden: Ihr eigenes Zuhause.“ So wird das Bauvorhaben GartenStadt.Home von der Terrafinanz Wohnbau in den Medien kommuniziert. Laut Umfragen wünschen sich viele Deutsche die „eigenen vier Wände“. Dabei handelt es sich meist um eine Investitionsentscheidung mit hoher finanzieller Belastung. Damit aus dem „Vielleicht“ eine sichere Entscheidung wird, sollte man folgende Fragen vorab klären: Anhand welcher Kriterien bewertet man eine Investitionsentscheidung? Welche Finanzierungsmöglichkeiten gibt es? Welche Risiken und welche Folgen sind damit verbunden? Diese Fragen stellen sich für private Investitionen genauso wie für unternehmerische.

Informieren Sie sich!

**Verschaffen Sie sich mithilfe des Buchs einen Überblick.
Sie finden in diesem Kapitel Lernsituationen zu folgenden Themen:**

So geht's!
Informationen visualisieren

- Investitionsrechnung
- Insolvenzverfahren
- Raus aus den Schulden!
- Finanzierungsarten und Kreditsicherheiten
- Haushaltsplan und Konsumgewohnheiten
- Mahnverfahren und Verjährung

Was hat das mit mir zu tun?

- Sie werden im Laufe Ihres Lebens über kleinere oder größere Investitionen entscheiden müssen. Eine falsche Entscheidung kann Ihre wirtschaftliche Situation über Jahre hinaus erheblich beeinträchtigen. Damit es nicht dazu kommt, sollten Sie Ihre Entscheidungen anhand der in diesem Abschnitt aufgeführten Kriterien überprüfen und die für Sie beste Finanzierung wählen.

Investitionsrechnung

Lernsituation

Die Gerling KG ist ein mittelständisches Unternehmen, das Fahrräder für den Sportbereich produziert. In letzter Zeit fragt der Fachhandel immer mehr Freizeiträder nach. Die Gerling-Geschäftsleitung hat deshalb beschlossen, in das Marktsegment „Freizeiträder" einzusteigen. Das erfordert allerdings eine zusätzliche Investition in Maschinen. Zur Auswahl stehen für die Teilefertigung zwei Produktionsanlagen mit gleicher Produktqualität.

Arbeitsauftrag

- Prüfen Sie mithilfe verschiedener Methoden der Investitionsrechnung, welche Anlage angeschafft werden soll.

	Anlage 1	Anlage 2
Investitionssumme (€)	2 000 000	3 000 000
Fixkosten pro Jahr (€) • davon Abschreibungen	500 000 400 000	700 000 600 000
variable Stückkosten (€)	300	250
Kapazitätsgrenze/Jahr/Stück	10 000	15 000

Man rechnet in den nächsten fünf Jahren mit folgender Absatzentwicklung:

Jahr	1	2	3	4	5
Fahrräder (Stück)	5 000	8 000	10 000	10 000	8 000
Verkaufspreis/Stück/€	400	400	400	400	400

Recherche
pm6qh4
Investitionsrechnung, Bilanz

Aussagen der Bilanz

Industrie- und Handwerksbetriebe stellen Güter her, bearbeiten Materialien, führen Reparaturen durch oder erbringen Dienstleistungen. Dazu benötigt man Betriebsmittel, wie z. B. Maschinen und Werkzeuge. Die Anschaffung dieser Güter nennt man **Investition**. Die Beschaffung des dazu notwendigen Kapitals nennt man **Finanzierung**. Von daher besteht ein enger Zusammenhang zwischen Finanzierung und Investition. Dieser Zusammenhang lässt sich an der **Bilanz** eines Unternehmens ablesen (→ Schema unten).

Die **Aktivseite** einer Bilanz gibt Auskunft über die Vermögenswerte eines Unternehmens (Vermögensverwendung), die **Passivseite** über die Vermögensherkunft. Die Aktivseite macht sichtbar, in welche Bereiche des Unternehmens investiert wurde. Dabei unterscheidet man zwischen Anlage- und Umlaufvermögen:

- **Anlagevermögen** sind die Vermögensteile, die langfristig im Unternehmen genutzt werden. Das Anlagevermögen bildet die Grundlage für die betriebliche Tätigkeit.
- **Umlaufvermögen** bezeichnet die Vermögensteile, die nur kurzfristig im Unternehmen bleiben. Sie unterliegen einem ständigen Wandel. Materialien werden zu Fertigprodukten verarbeitet, die an Kunden verkauft werden. Wird die Rechnung sofort bezahlt, erhöhen sich die flüssigen Mittel (Bank, Kasse). Bezahlt der Kunde später, entsteht eine Forderung gegenüber dem Kunden.

Das plant die Industrie – Investitionsvorhaben 2014/2015	Anteil an den Gesamtinvestitionen in % 2014	2015
Kapazitätserweiterung	32,3	31,1
Umstrukturierung	10,8	10,7
Rationalisierung	11,3	11,8
Ersatzbeschaffung	28,4	30,4
Andere Investitionsvorhaben	17,2	16,0
Investitionen insgesamt	100,0	100,0

ifo Investitionserhebung Herbst 2014

Arten der Investitionen

Wenn von Investitionen die Rede ist, bezieht sich das im allgemeinen Sprachgebrauch auf das Anlagevermögen eines Unternehmens. Investitionen können aus unterschiedlichen Gründen erfolgen:

- **Erstinvestitionen (Gründungsinvestitionen)** erfolgen zur Aufnahme einer Tätigkeit, die bisher noch nicht im Betrieb durchgeführt wurde. Der Grund kann in einer Neugründung, einer Sortimentserweiterung oder in einem neuen Produktionsverfahren bestehen. Bei umfangreichen Investitionen wird dazu ein Kapitalbedarfsplan erstellt (→ S. 35 f.).
- **Erweiterungsinvestitionen** sollen die Kapazität erweitern und den Umsatz erhöhen.
- **Ersatzinvestitionen** erfolgen z. B., wenn nicht mehr funktionstüchtige Maschinen durch gleichwertige ersetzt werden.

Pflicht zur Aufstellung einer Bilanz HGB § 242

(1) Jeder Kaufmann hat zu Beginn seines Handelsgewerbes und für den Schluss eines jeden Geschäftsjahres einen das Verhältnis seines Vermögens und seiner Schulden darstellenden Abschluss (Eröffnungsbilanz, Bilanz) aufzustellen.

Aktiva — **Bilanz** — Passiva

Investition → Aktiva	Passiva ← Finanzierung
Anlagevermögen • Grundstück • Maschinen • Fuhrpark • Betriebs- und Geschäftsausstattung	**Eigenkapital**
Umlaufvermögen • Warenbestände, Material • Fertig- und Halbfertigerzeugnisse • Forderungen • Bank/Kasse	**Fremdkapital** • Bankkredite (Darlehen) • Lieferschulden

Die häufigsten Kreditarten

Banken und Sparkassen bieten unterschiedliche Kreditformen an, die sich je nach Laufzeit und Finanzierungsanlass unterscheiden.

- **Dispositions-/Kontokorrentkredit**: Zur Buchung der laufenden Ein- und Ausgaben nutzen Privatleute Girokonten, bei Kaufleuten spricht man von Kontokorrentkonten. Die Banken bieten ihren Kunden die Möglichkeit, dieses Konto zu überziehen, d.h. auch dann noch Abbuchungen vorzunehmen, wenn kein Guthaben mehr auf dem Konto ist. Wie hoch das Konto überzogen werden darf, muss mit dem Kreditinstitut vereinbart werden.
- **Darlehen**: Ein Darlehen wird in einer Summe zur Verfügung gestellt. Das Kreditinstitut erstellt für jedes Darlehen einen detaillierten Rückzahlungsplan, der die monatlichen Zahlungen bis zum Ende der Kreditlaufzeit auflistet. Der **Zinssatz** für Darlehen wird oft „festgeschrieben“, d.h., während der Laufzeit verändert er sich nicht mehr.
  Die Tilgung, das heißt die Rückzahlung des Kredites, kann vertraglich unterschiedlich geregelt sein:
  - Fälligkeitsdarlehen: Das Darlehen wird bei Fälligkeit in einer Summe zurückgezahlt.
  - Abzahlungsdarlehen: Das Darlehen wird in vereinbarten Raten getilgt.
  - Annuitätendarlehen: Der Kreditnehmer zahlt monatlich eine gleichbleibende Rate aus Tilgung und Zinsen an das Kreditinstitut. Mit zunehmender Laufzeit nimmt dabei der Zinsanteil ab und der Tilgungsanteil nimmt zu.

Zinssatz
Preis für die zeitweilige Überlassung von Geld und Kapital, ausgedrückt in Prozent

Festzinssatz
für einen bestimmten Zeitraum festgeschriebener Prozentsatz

variabler Zinssatz
Prozentsatz wird an den aktuellen Marktzins angepasst

Verbraucherinsolvenz
Privatpersonen können ihre Rechnungen, Zinsen und Tilgung nicht mehr bezahlen *→ S. 281*

Verbraucherschutzbestimmungen zu Kreditverträgen *→ S. 280 ff.*

Die Dauer der Finanzierung darf niemals länger als die Lebensdauer des Gutes sein. So kann die Finanzierung eines Hauses (Hypothekendarlehen) über langfristige Darlehensverträge (30 Jahre) erfolgen; bei einer Autofinanzierung (Anschaffungsdarlehen) sollte das Darlehen spätestens nach fünf Jahren zurückgezahlt sein. Unternehmen sollten Anlageinvestitionen mit langfristigen Krediten finanzieren.

Verbraucherkreditverträge unterliegen der Schriftform und müssen folgende Angaben enthalten: Nettodarlehensbetrag, Gesamtbelastung, Rückzahlungsmodalitäten, Zinssatz sowie sämtliche Kosten (keine Bearbeitungsgebühr), effektiven Jahreszins, Hinweis auf das Widerrufsrecht (14 Tage).

Vorab Kreditkosten prüfen

Die Kosten eines Kredits ergeben sich aus dem effektiven Jahreszins. Dieser drückt aus, wie hoch die Kosten insgesamt für den Kreditnehmer in einem Jahr sind. Diese Kosten setzen sich meist wie folgt zusammen:

- Zins
- Disagio (Bei einem Kredit kann vereinbart werden, dass die Kreditsumme höher als der ausgezahlte Betrag ist. Die Bank behält einen Teil der Summe vorab für Zinsen und Verwaltungskosten ein).

Banken verlangen Sicherheiten

Neben der Kreditwürdigkeit verlangen Banken bei hohen und langfristigen Krediten zusätzliche Sicherheiten. Kleinere und kurzfristige Kredite werden in der Regel ohne diese Auflagen vergeben, wenn keine Bedenken bestehen. Mögliche Sicherheiten sind:

- **Abtretung von Forderungen**: Bei einem Privatkredit können als Sicherheit Lohn und Gehaltsforderungen abgetreten werden. Der Lebensunterhalt des Schuldners darf dabei aber nicht gefährdet werden. Das Mindesteinkommen muss erhalten bleiben.

- **Grundschuld/Hypothek**: Erfolgt die Finanzierung eines Grundstücks oder Gebäudes über ein Darlehen, so kann als Sicherheit eine Hypothek oder Grundschuld ins Grundbuch (Amtsgericht) eingetragen werden. Kommt der Schuldner seinen Zahlungen nicht nach, so hat der Kreditgeber das Recht, das Grundstück oder Gebäude im Zuge einer Zwangsversteigerung zu verkaufen. Die Unterscheidung in 1., 2. und 3. Hypothek drückt aus, in welcher Reihenfolge Gläubiger Zugriff auf das Vermögen des Schuldners haben. Der Kreditgeber mit der 1. Hypothek bedient sich als Erster, dann der mit der 2. Hypothek usw.
- **Sicherungsübereignung**: Die Sicherungsübereignung wird als Kreditsicherheit gewählt, wenn der Kreditnehmer die Sache weiter benutzt, z. B. den Pkw. Der Bank wird das **Eigentumsrecht** an dem Vermögensteil (Pkw) übertragen. Bei Rückzahlung der Schuldsumme geht das Eigentum an den Kreditnehmer zurück. Die Hinterlegung des Kfz-Briefes schützt die Bank davor, dass der Kreditnehmer den Pkw an einen gutgläubigen Dritten verkauft.
- **Vertragliches Pfandrecht**: In diesem Fall bleibt der Kreditnehmer Eigentümer, das Kreditinstitut/Pfandhaus wird Besitzer der Sache. Es werden werthaltige Sachen als Sicherheit übergeben (Schmuck, Aktien, Goldmünzen), die leicht aufbewahrt werden können.
- **Bürgschaften**: Eine Bürgschaft ist ein Vertrag zwischen einem Bürgen (z. B. Verwandter, Ehefrau) und dem Kreditgeber. Darin verpflichtet sich der Bürge, für die Schulden des Kreditnehmers einzustehen, wenn dieser seinen Verpflichtungen nicht mehr nachkommt.

Mieten statt kaufen

Anteile am Leasing-Neugeschäft in Deutschland 2014 in Prozent

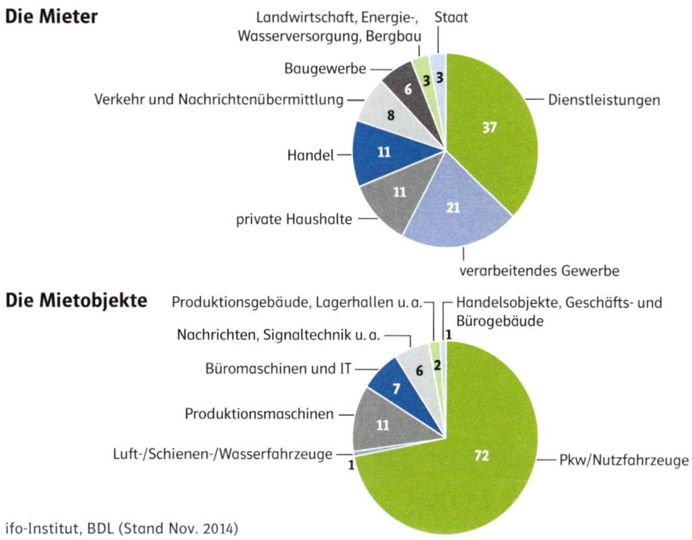

ifo-Institut, BDL (Stand Nov. 2014)

Leasing: Mieten statt kaufen

Leasing ist das Mieten und Vermieten von langfristig nutzbaren Gütern (Anlagegütern). Leasinggeber sind entweder spezielle Leasinggesellschaften oder die Hersteller der Produkte selbst. Leasingverträge enthalten häufig neben der Vertragslaufzeit und der Leasingrate zusätzliche Regelungen, z. B. einen Wartungsvertrag. In der Regel wird vereinbart, dass der Leasinggegenstand am Ende der Nutzungsdauer zum Restwert gekauft werden kann. Bei einigen Leasingverträgen ist eine Anzahlung fällig (z. B. Auto).

Der Leasingnehmer erhält nicht das Eigentum an der geleasten Sache, auch wenn er beispielsweise bei einem Auto als Fahrzeughalter im Fahrzeugbrief eingetragen ist. Eigentümer ist der Leasinggeber. Daher dient dem Leasinggeber das Leasingobjekt zunächst einmal als Sicherheit. Je nach Risikoeinschätzung kann eine Anzahlung oder Bürgschaft verlangt werden.

Leasing hat den Vorteil, dass man das Gut nicht sofort in einer Summe bezahlen muss. Dadurch werden Finanzmittel geschont und können an anderer Stelle des Unternehmens oder auch privat (z. B. für eine Urlaubsreise) eingesetzt werden. Außerdem lassen sich Maschinen, die einem schnellen technischen Wandel unterliegen, nach wenigen Jahren gegen modernere austauschen. Nachteilig bei Leasingverträgen ist, dass für die Nutzung des Gegenstandes insgesamt mehr Geld eingesetzt werden muss als beim Kauf. Unternehmen können Leasingraten bei der Steuer als Betriebsausgaben absetzen.

Eigentum und Besitz

Eigentum ist die rechtliche, Besitz die tatsächliche Herrschaft über eine Sache.

Zusammenfassung: Finanzierungsarten und Kreditsicherheiten

Finanzierungsarten

Bereitstellung von Kapital

Innenfinanzierung

Gewinne, Abschreibungen

Kreditsicherheiten

- Abtretung von Forderungen
- Bürgschaft
- Sicherungsübereignung
- Pfandrecht
- Grundschuld/Hypothek

Außenfinanzierung

Einlagen, Kredite

Kreditarten:
- Dispositions-/Kontokorrentkredit
- Darlehen

Kosten:
- effektiver Jahreszins

Sonderform

Leasing
Miete/Kauf von langfristig nutzbaren Gütern

Kosten:
laufende Leasingraten

Übungsaufgaben

1. Erläutern Sie den Unterschied zwischen einem Pfandrecht und einer Sicherungsübereignung.

2. Nennen Sie die Faktoren, aus denen sich der „effektive Jahreszins“ errechnet.

3. Beschreiben Sie die Funktion der „Schufa“.

4. Erläutern Sie jeweils anhand eines Beispiels, wann das Überziehen des Kontos (Dispositionskredit) und wann die Inanspruchnahme eines Darlehens sinnvoller ist.

5. Nennen Sie die Vorteile des Barkaufs gegenüber anderen Finanzierungsformen.

6. Ermitteln Sie die Kosten folgender Finanzierungsformen:
   - **Kauf eines Autos**
     Preis: 19 500 €
     Barzahlung: Rabatt 8 %
   - **Leasing**
     Anzahlung: 4 875 €
     Möglichkeit des Anschlusskaufs,
     Restwert: 7 800 €
     Laufzeit: 36 Monate
     Leasingrate: monatlich 2 % vom Kaufpreis

7. Nur elf Prozent aller Leasingobjekte werden von Privathaushalten geleast. Nehmen Sie dazu Stellung und versuchen Sie, eine Erklärung zu finden.

Insolvenzverfahren

Lernsituation

Im Büro der Elektrohandwerksunternehmens Strom GmbH. Die Geschäftsführerin Frau Adler im Gespräch mit dem Buchhalter, Herrn Buck.

Adler: Ich habe gerade einen Anruf von unserem Anwalt erhalten. Die Firma Schließ hat Insolvenz angemeldet. Wie viel Geld bekommen wir noch von denen?
Buck: Wenn ich das richtig im Kopf habe, müssten das so um die 200 000 € sein.
Adler: 200 000! Wie kann denn so ein hoher Betrag auflaufen?
Buck: Die Firma Schließ ist unser bester Kunde. Mehr als die Hälfte aller Aufträge kommt von denen. Wir arbeiten schon 20 Jahre mit ihnen zusammen. Vor drei Monaten haben wir noch die Elektroinstallation für die neue Halle durchgeführt.
Adler: Man konnte nicht merken, dass es denen schlecht geht?
Buck: Im Nachhinein ist man natürlich schlauer. Die Zahlungsmoral war nicht mehr ganz so gut wie früher. Meist wurde erst nach der 2. oder 3. Mahnung gezahlt. Auffällig war auch, dass fast nie mehr Skonto in Anspruch genommen wurde. Aber wie gesagt, Schließ ist der beste Kunde, und wenn dann noch investiert wird …
Adler: Jetzt müssen wir sehen, was von den 200 000 € noch zu retten ist. Sonst sind wir die Nächsten, die zum Amtsgericht gehen.
Buck: Ganz so dicke wird es wohl nicht kommen. Die größeren Anlagen sind geleast. Und vielleicht kommt auch noch eine gute Insolvenzquote dabei heraus.
Adler: Mir wäre es schon lieber, wenn die Firma Schließ weiter besteht, auch dann, wenn wir einen Großteil der Forderungen abschreiben müssten.

Arbeitsauftrag

- Von der Insolvenz eines Unternehmens sind auch andere Unternehmen und Mitarbeiter betroffen. Wie wirkt sich das für die Beteiligten aus?

1. Welche Hilfen haben die Mitarbeiter eines insolventen Unternehmens zu erwarten?
2. Vergleichen Sie verschuldete und unverschuldete Ursachen einer Insolvenz.
3. Die Geschäftsführerin Frau Adler zieht eine Sanierung mit einem hohen Forderungsausfall einer Liquidation mit einem geringen Forderungsausfall vor. Diskutieren Sie die Gründe dafür.
4. Bewerten Sie die Restschuldbefreiung. Stellen Sie Argumente dafür und dagegen in einer Übersicht dar.

6.2 Verschuldung aus Sicht eines Unternehmens betrachten

§ 1 Insolvenzordnung

Das Insolvenzverfahren dient dazu, die Gläubiger eines Schuldners gemeinschaftlich zu befriedigen, indem das Vermögen des Schuldners verwertet und der Erlös verteilt oder in einem Insolvenzplan eine abweichende Regelung insbesondere zum Erhalt des Unternehmens getroffen wird. Dem redlichen Schuldner wird Gelegenheit gegeben, sich von seinen restlichen Verbindlichkeiten zu befreien.

Notleidende Unternehmen

Zum Wesen der sozialen Marktwirtschaft gehört es, dass Unternehmen sich dem Wettbewerb auf dem Markt stellen. Damit verbunden ist, dass nicht leistungsfähige Unternehmen aus dem Markt ausscheiden.

Insolvenz

Ein Unternehmen ist insolvent, wenn es seinen Zahlungsverpflichtungen nicht mehr nachkommen kann oder überschuldet ist. Sind die Ausgaben höher als die Einnahmen, spricht man von nicht ausreichender Liquidität. Es müssen dann zusätzliche Mittel bereitgestellt werden. Verweigern Kreditinstitute weitere Kredite, weil der Kreditrahmen ausgeschöpft ist und die Lieferanten nicht bereit sind, dem Unternehmen die Schulden zu stunden, kann dies zur Zahlungsunfähigkeit führen.

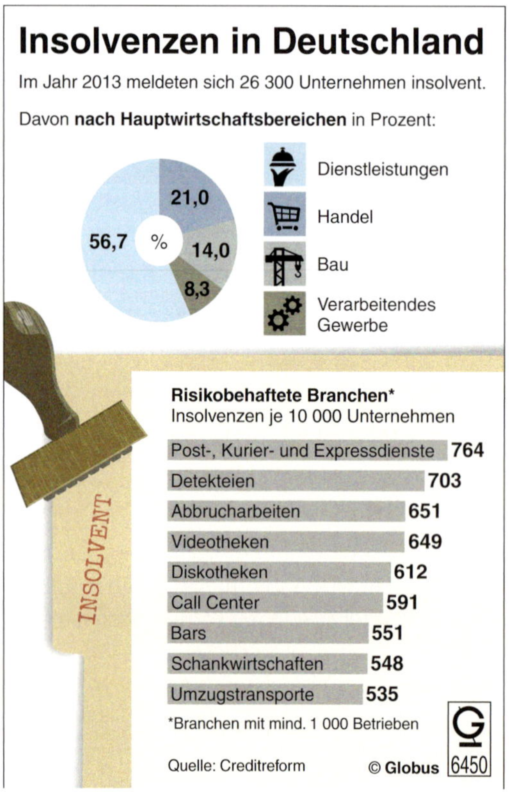

Anzeichen

Unternehmen geraten nicht vom einen auf den anderen Tag in Zahlungsverzug, es sei denn, es kommt zu einem plötzlichen Forderungsausfall eines Großkunden. Ansonsten können Anzeichen für eine drohende Insolvenz sein:

- Umsatzrückgang und sinkende Gewinne;
- Zahlungsziele werden nicht eingehalten und Skonto wird nicht in Anspruch genommen;
- anderes Bestellverhalten (kleinere Mengen).

Ursachen

Die Ursachen für Unternehmenskrisen sind vielfältig:

- **Personelle Gründe**: zu hoher Personalstand, geringe Qualifikation der Mitarbeiter, Führungsprobleme, Entnahmen der Eigentümer für den privaten Bereich sind höher als der im Unternehmen erzielte Gewinn.
- **Sachliche Gründe**: falsche Produktpolitik, zu hohe Kosten, Fehlinvestitionen, Änderungen auf dem Markt wurden nicht berücksichtigt (z. B. zunehmender Online-Verkauf).
- **Organisatorische Gründe**: Organisationsstruktur des Unternehmens wurde der veränderten Größe des Unternehmens nicht angepasst, Abstimmungsschwierigkeiten zwischen den Abteilungen, vernachlässigtes Mahnverfahren, keine Finanzplanung.
- **Außerbetriebliche Gründe**: Veränderungen auf den Absatzmärkten, z. B. zunehmende Konkurrenz, Verschlechterung der konjunkturellen Lage, staatliche Auflagen z. B. durch Umweltschutzgesetze, schlechte Zahlungsmoral der Kunden (hohe Forderungsausfälle).
- **Unzureichende Eigenkapitalausstattung/ Geringe Eigenkapitalquote**: Eigenkapital setzt sich aus Mitteln zusammen, die dem Unternehmen von den Eigentümern zur Verfügung gestellt werden. Es entsteht also dadurch, dass die Eigentümer dem Unternehmen Kapital (Geld) zuführen oder Gewinne nicht ausgeschüttet werden, sondern im Unternehmen bleiben. Entnahmen und Verluste verringern das Eigenkapital. Bei einer geringen Eigenkapitalquote besteht die Gefahr, dass die Schulden bei einem Verlust

Recherche
9j82n3
Insolvenzrecht, Kennzahlen

schnell das Vermögen übersteigen und es so zu einer Überschuldung kommt. Daher ist Eigenkapital für die Banken bei der Vergabe eines Kredits eine Sicherheit.
Bei der Eigenkapitalquote wird das Eigenkapital ins Verhältnis zur Bilanzsumme gesetzt. Die Quote sollte mindestens 20 % betragen, abhängig von Größe, Branche und Rechtsform des Unternehmens.

$$\text{Eigenkapitalquote (EK-Quote)} = \frac{\text{Eigenkapital} \times 100}{\text{Bilanzsumme}}$$

Gründe für die Einleitung des Insolvenzverfahrens

Die Insolvenzordnung regelt den Ablauf des Insolvenzverfahrens. Ziel ist es, die Forderungen aller Gläubiger so weit wie möglich zu befriedigen. Dies kann durch Verwertung (Verkauf) des Vermögens des Schuldners erfolgen. In einem Insolvenzplan kann aber auch vereinbart werden, das Unternehmen weiterzuführen und zu sanieren.
Ein Insolvenzverfahren wird durch Antrag beim Amtsgericht eingeleitet. Einer der folgenden Gründe muss dafür vorliegen:

- **Zahlungsunfähigkeit**: Ein Unternehmen kann seine fälligen Zahlungsverpflichtungen nicht begleichen oder hat bereits die Zahlungen eingestellt.
- **Drohende Zahlungsunfähigkeit**: Das Unternehmen ist nicht in der Lage, bestehende Forderungen zum Zahlungstermin zu begleichen.
- **Überschuldung**: In der Bilanz übersteigen die Schulden die Vermögenswerte. Nur für Gesellschaften, bei denen keine natürliche Person als Gesellschafter persönlich haftet (z. B. GmbH, AG), ist der Gang zum Insolvenzrichter in einem solchen Fall zwingend vorgeschrieben.

Das Insolvenzgericht eröffnet das Insolvenzverfahren nur dann, wenn das Vermögen des Schuldners ausreicht, um die Kosten, die durch das Verfahren entstehen, zu decken (z. B. Gerichtskosten, Kosten des Insolvenzverwalters). Ansonsten erfolgt eine Abweisung des Insolvenzverfahrens mangels Masse.

Wie zahlungsfähig (liquide) ein Unternehmen ist, lässt sich mithilfe von Finanzplänen und Kennzahlen messen.

Eröffnung des Insolvenzverfahrens

Mit der Eröffnung eines Insolvenzverfahrens wird ein Insolvenzverwalter bestellt und es werden

- die **Schuldner** aufgefordert, ihre Zahlungen an den Insolvenzverwalter zu leisten.
- die **Gläubiger** aufgefordert, ihre Forderungen anzumelden. Sie haben auch die Möglichkeit, Gegenstände, die dem Schuldner nicht gehören, zurückzufordern (z. B. wenn der Schuldner ein Auto geleast hat). Gegenstände, die mit

Nur Bares ist Wahres

Liquiditätskennzahlen
Sie geben an, in welchem Maß die kurzfristigen Verbindlichkeiten in ihrer Höhe und Fälligkeit mit den Zahlungsmitteln (Bankguthaben, Kassenbestände) und anderen kurzfristigen Deckungsmitteln (Forderungen und Vorräte) übereinstimmen. Sie zeigen das Deckungsverhältnis am Bilanzstichtag. Fälligkeitstermine für Forderungen und Verbindlichkeiten sind nicht berücksichtigt. Es lässt sich jedoch die Liquiditätsentwicklung im Vergleich der Jahre aufzeigen.

$$\textbf{Liquidität 1. Grades} = \frac{\text{Zahlungsmittel} \times 100}{\text{kurzfristige Verbindlichkeiten}}$$

Da nur ein Teil der Verbindlichkeiten sofort fällig ist, darf sie unter 100 % liegen.

$$\textbf{Liquidität 2. Grades} = \frac{(\text{Zahlungsmittel} + \text{Forderungen}) \times 100}{\text{kurzfristige Verbindlichkeiten}}$$

Die kurzfristigen Verbindlichkeiten sollten durch kurzfristig zur Verfügung stehende Mittel gedeckt sein. Sie ist die bedeutendste der drei Kennziffern. Der Wert sollte über 100 % liegen.

$$\textbf{Liquidität 3. Grades} = \frac{(\text{Zahlungsmittel} + \text{Forderungen} + \text{Vorräte}) \times 100}{\text{kurzfristige Verbindlichkeiten}}$$

Gibt den Deckungsgrad durch zusätzliche Mittel wieder, die durch den künftigen Umsatzprozess flüssig gemacht werden können.

Kapitalflussrechnung (Cashflow)
Sie zeigt, wie viel das Unternehmen in einer bestimmten Periode in bar verdient hat.

Cashflow aus dem laufenden Geschäft = Einzahlungen – Auszahlungen
Der Cashflow spiegelt den Überschuss der betrieblichen Einzahlungen über die betrieblichen Auszahlungen wider. Sind die Ausgaben höher als die Einnahmen, dann ist der Cashflow negativ. Ein langfristig negativer Cashflow führt zur Illiquidität.

$$\textbf{Cashflow aus Investitionstätigkeit} = \frac{\text{Investitionsbetrag}}{\text{Gewinn/Jahr} + \text{Abschreibung/Jahr}}$$

Transfergesellschaft

Ihr Ziel ist es, die Mitarbeiter so schnell wie möglich in neue Beschäftigungsverhältnisse zu vermitteln. Sie kann auch bei liquidierten Unternehmen gegründet werden.

Insolvenzquote

$$= \frac{\text{Sollmasse} \times 100}{\text{Summe der Insolvenzforderungen}}$$

Verbraucher unterliegen nicht dem Regelinsolvenzverfahren. Für sie gilt das Verbraucherinsolvenzverfahren (→ S. 281).

einem Pfandrecht oder einer Sicherungsübereignung gesichert wurden, werden bevorzugt behandelt. Die Gläubiger erhalten den Erlös aus dem Verkauf oder der Versteigerung.

Ermittlung der Vermögenswerte eines insolventen Unternehmens

Gesamtvermögen zum Zeitpunkt der Insolvenzeröffnung
\+ Forderungen des Schuldners
− Aussonderung fremden Eigentums
= Vermögenswerte

Haben die Arbeitnehmer ihre Löhne oder Gehälter nur noch teilweise beziehungsweise gar nicht mehr erhalten, zahlt die Agentur für Arbeit unter bestimmten Voraussetzungen ein Insolvenzgeld. Anspruch auf Insolvenzgeld besteht für die davor liegenden drei Monate des Arbeitsverhältnisses (Insolvenzgeld-Zeitraum). Der Insolvenzverwalter prüft die wirtschaftliche Lage des Unternehmens und legt der Gläubigerversammlung einen Bericht über die mögliche weitere Vorgehensweise vor. Dies kann sein:
- die Suche nach einem potenziellen Käufer;
- ein Sanierungskonzept/Insolvenzplan (§§ 217 InsO).

Unter einer **Sanierung** versteht man alle organisatorischen und finanziellen Maßnahmen zur Wiederherstellung der Leistungsfähigkeit eines Unternehmens. Zu den organisatorischen Maßnahmen zählen u.a.: Änderung der Aufbau- und Ablauforganisation (→ S. 20 ff.) oder Verkauf von unrentablen Unternehmensteilen. Zu den finanziellen Maßnahmen zählen u.a.: Verzicht der Gläubiger auf einen Teil der Forderungen, Stundung der Forderungen, Zuführung zusätzlicher finanzieller Mittel.
Gravierende Änderungen sind häufig mit Personalabbau verbunden. Damit die betroffenen Mitarbeiter nicht sofort arbeitslos werden, besteht die Möglichkeit, mit staatlichen Fördermitteln eine **Transfergesellschaft** zu gründen. Sie unterbreitet den Arbeitnehmern Vermittlungsvorschläge und verbessert durch Qualifizierungsmaßnahmen die Eingliederungsaussichten.

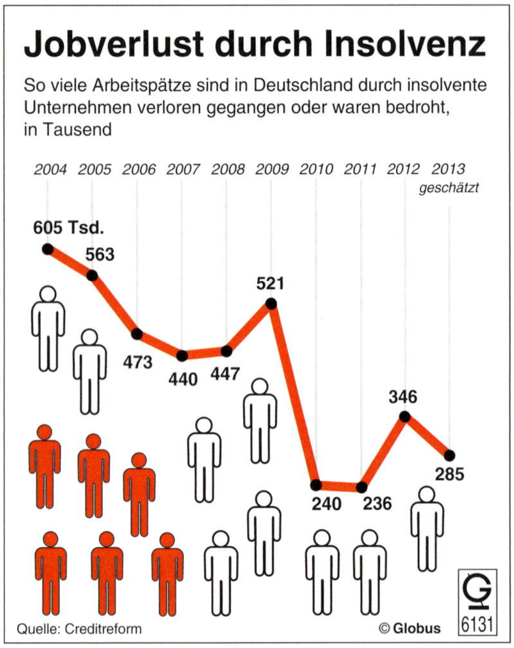

Liquidation des Unternehmens

Bei der Liquidation (Auflösung) des Unternehmens werden aus dem Verkauf aller Vermögenswerte die Forderungen der Gläubiger anteilig befriedigt. Das Vermögen, das letztendlich zur Verteilung an die Gläubiger zur Verfügung steht, bezeichnet man als **Sollmasse**.
Mit der **Insolvenzquote** wird angegeben, welchen Prozentsatz ein Insolvenzgläubiger von seiner Forderung noch erhalten wird.

Restschuldbefreiung

In der Regel erhalten die Insolvenzgläubiger nur einen Teil ihrer Forderungen erstattet. Die Restforderungen können sie aber uneingeschränkt weiterhin geltend machen, sofern der Insolvenzschuldner eine natürliche Person ist. (Juristische Personen werden am Ende des Verfahrens im Handelsregister gelöscht.)
Auf Antrag des Schuldners schließt sich an das Insolvenzverfahren meist das Restschuldbefreiungsverfahren an. Dazu muss er für einen Zeitraum von 6 Jahren seine pfändbaren laufenden Bezüge an einen Treuhänder abtreten. Danach ist er von seinen Restschulden befreit.

Zusammenfassung: Insolvenzverfahren

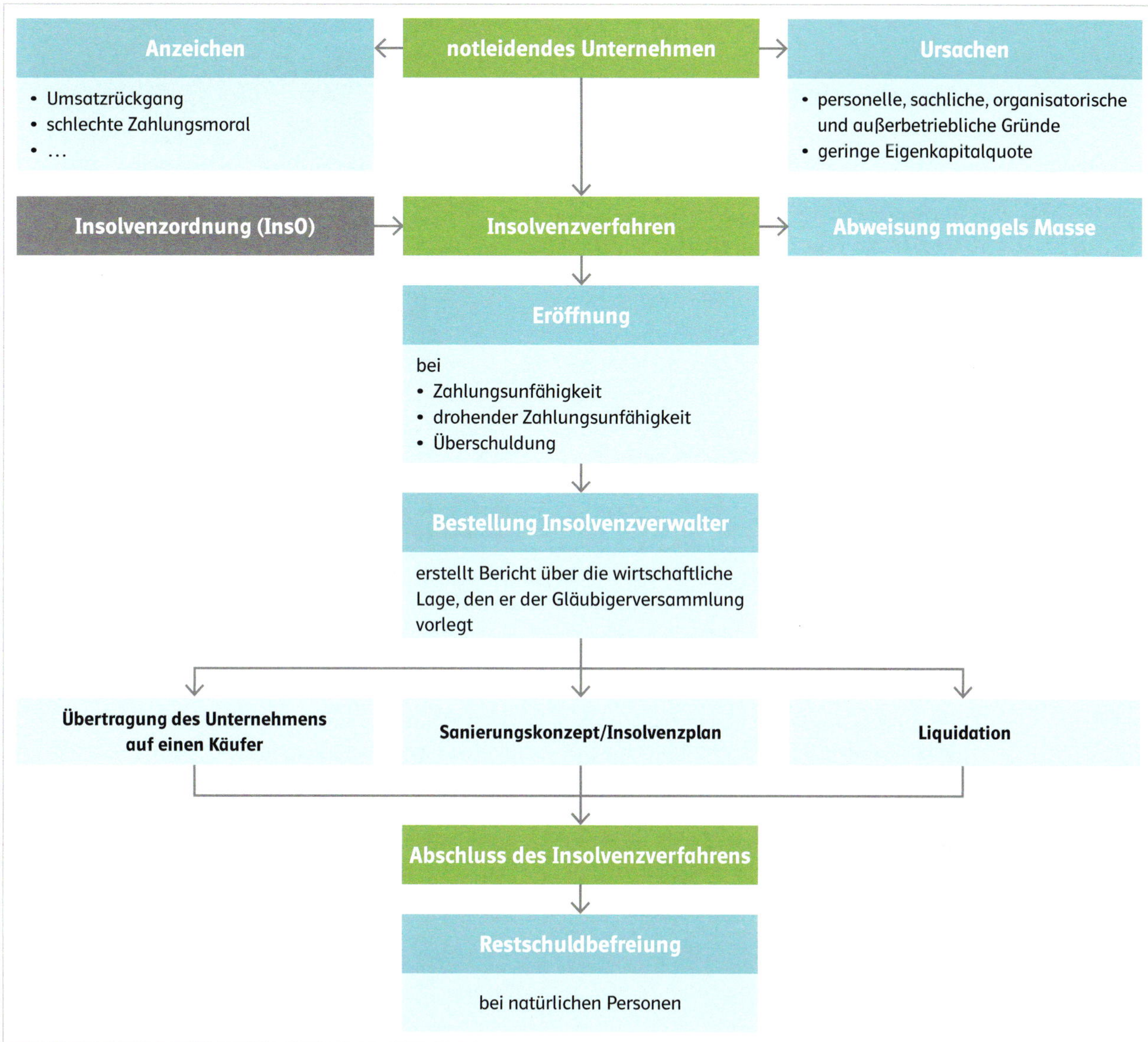

Übungsaufgaben

1. Zum 31. Dezember 2015 liegt für ein Unternehmen folgende Bilanz vor (Angaben in T€):

Aktiva		Bilanz	Passiva
Anlagevermögen	840	Eigenkapital	300
Umlaufvermögen		Fremdkapital	
Vorräte	80	Verbindlichkeiten	
Forderungen	100	(kurzfr.)	140
Kasse/Bank	60	Bankkredite (langfr.)	640
	1080		1080

Ermitteln Sie
a) die Eigenkapitalquote,
b) die Liquidität 1., 2., und 3. Grades.
c) Bewerten Sie die Kennzahlen.

2. Beschreiben Sie Aufgaben des Insolvenzverwalters im Rahmen eines Insolvenzverfahrens.

Haushaltsplan und Konsumgewohnheiten

Lernsituation

Nele und Max leben schon lange zusammen und sind seit vier Jahren verheiratet. Beide haben eine sichere Stelle und bereits 60 000 € gespart. Jetzt spielen sie mit dem Gedanken, ein kleines Haus zu bauen oder zu kaufen.
Auf die Idee mit dem Haus sind sie gekommen, weil sie an Kinder denken. Momentan leben sie mitten in der Stadt – schön, um abends noch was zu unternehmen, aber absolut nicht kinderfreundlich.
An diesem Sonntagabend sind sie wieder bei ihrer Lieblingsidee.

Max: Ich habe ausgerechnet, dass wir im Moment etwa 7000 € im Jahr auf die Seite legen. Wenn wir dann im eigenen Haus wohnen, sollten wir schon 12 000 € im Jahr für Zinsen und Tilgung einkalkulieren.
Nele: Ich bin unsicher, ob wir das schaffen.
Max: Wenn wir wollen, schaffen wir das schon.
Nele: Aber es hat keinen Sinn, nur wegen dem Haus auf alles zu verzichten. Ich kenne das von meinen Eltern. Sie haben sich nie etwas gegönnt. Jetzt ist nach 25 Jahren die Kiste endlich abbezahlt. War es das wirklich wert?
Max: Aber wir wollen es doch beide nicht nur für uns, sondern auch für die Kinder.
Nele: Wenn du den Bankberater hörst, dann ist das alles ganz einfach. Aber ich will eine realistische Rechnung mit allem Wenn und Aber. Und wir müssen auch auf den Tisch legen, worauf wir beide nicht verzichten wollen.
Max: Gut, dann fangen wir einfach mal an …

Arbeitsauftrag

- Die Entscheidung können Sie Nele und Max nicht abnehmen. Aber Sie können erarbeiten, was sie vor einer solchen Entscheidung wissen und bedenken müssen.

  1. Welche neuen Ausgaben kommen nach einem Hauskauf auf Nele und Max zu? Welche Ausgaben verändern sich?
  2. Wie verändern sich Einnahmen und Ausgaben, wenn die beiden Nachwuchs haben? Welche Rolle spielt dabei die Zahl der Kinder?
  3. Welche Unsicherheiten bleiben nach einem Hauskauf? Welche Unsicherheiten bleiben, wenn die beiden zur Miete wohnen?

Recherche
a5453u
Haushaltsbuch als App, persönlicher Haushaltsplan, Konsumgewohnheiten

Material
h7b73c
Haushaltsplan

Warum private Haushaltsplanung?

Die meisten von uns haben keinen genauen Überblick über ihre Ausgaben. Ein solcher Überblick ist aber besonders dann wichtig, wenn das Geld nicht reicht oder wenn wir mehr auf die hohe Kante legen wollen – für einen tollen Urlaub, für Anschaffungen oder für eine eigene Wohnung. Es geht also immer um zwei Fragen: Wie viel Geld ist nicht verplant? Welche Ausgaben sind unnötig? Wenn diese Fragen beantwortet sind, können wir unser verfügbares Geld gezielt für die Dinge verwenden, die uns wirklich wichtig sind.
Der erste Schritt zu einer solchen bewussten Ausgabenplanung ist, über die eigenen Ausgaben Buch zu führen. Dafür gibt es Apps für das Smartphone und kostenlose Programme für den Computer. Wichtig ist, alle Ausgaben zu erfassen, auch solche, die nur einmal im Jahr vorkommen, wie etwa Versicherungsbeiträge. Für eine erste Orientierung eignet sich ein Haushaltsplan auf Papier, wie Sie ihn hier sehen.

Monatlicher Haushaltsplan

Monat: Jahr:	aktuell	geplant
Einnahmen		
• Lohn/Gehalt		
• andere Einkünfte		
Summe Einnahmen		
Ausgaben		
• Wohnen, Heizung, Strom		
• Nahrungsmittel, Getränke, Tabakwaren		
• Körperpflege, Gesundheitspflege		
• Bekleidung und Schuhe		
• Hausrat, Haustiere, Garten		
• Verkehr (Auto, öffentliche Verkehrsmittel)		
• Kommunikation		
• Freizeit, Unterhaltung, Bildung (Hobbys, Ausgehen)		
• Versicherungen		
• Anschaffungen (Auto, Möbel, Elektronik)		
• Vermögensbildung (Sparvertrag, Altersvorsorge)		
• Verbindlichkeiten aus Krediten (Zinsen, Tilgung)		
• Sonstiges		
Summe Ausgaben		
Überschuss/Fehlbetrag		

6.3 Mit dem Einkommen auskommen

Wer einige Monate Buch geführt hat, wird vermutlich feststellen, dass seine Ausgaben sich anders verteilen als erwartet. Grob gesehen gibt es zwei Arten von Ausgaben:

- **feste Ausgaben**, deren Höhe kurzfristig nicht änderbar ist (z. B. Miete, Versicherungsbeiträge, Mitgliedsbeiträge, Gebühren …);
- **veränderliche Ausgaben**, die jeden Monat anfallen (Ernährung, Strom, Heizung, Benzin), und solche, die unregelmäßig anfallen (Bekleidung, Urlaub, Geschenke sowie alle Anschaffungen: vom Computer über die Waschmaschine bis zum Auto).

Wenn einzelne Ausgabenposten unerwartet hoch sind, lohnt es sich, sie genauer unter die Lupe zu nehmen und zu unterteilen: Sind die Kosten für Ernährung hoch, weil teuer eingekauft wurde oder weil viele Restaurantbesuche dabei waren?

Eine vernünftige Haushaltsplanung orientiert sich an der jetzigen Ausgabenverteilung und am Durchschnitt der Bevölkerung (→ Tabelle unten). Das oberste Ziel lautet: Einzelne Posten dürfen nicht ausufern. Wenn die Ausgaben für Essen und Getränke über dem Plan liegen, muss im nächsten Monat eben sparsamer eingekauft werden oder der Restaurantbesuch fällt flach. Das zweite Ziel der Haushaltsplanung ist, genügend Geld für Anschaffungen und ungeplante Ausgaben zurückzulegen. Fehlende Rücklagen für Unvorhergesehenes sind häufig ein Grund für Verschuldung. Es ist sinnvoll, zwei Monatsgehälter so anzulegen, dass man rasch darauf zugreifen kann.

Wer seine Ausgaben nicht unter Kontrolle hat oder sie unrealistisch ansetzt, ist ein Kandidat für Überschuldung (→ S. 280). Auch bei hohem Einkommen kann man über seine Verhältnisse leben. Generell gilt: Wenn die Haushaltsplanung nicht zu den Konsumgewohnheiten passt, läuft etwas schief. Die Planung muss korrigiert werden. Die Kunst besteht darin, Ausgaben dort einzusparen, wo es am wenigsten weh tut.

Ausgaben privater Haushalte pro Monat	Paare ohne Kinder	Paare mit Kindern
Wohnen, Energie, Wohnungsinstandhaltung	906 €	988 €
Essen, Getränke, Tabakwaren	495 €	595 €
Gesundheitspflege	140 €	95 €
Bekleidung und Schuhe	117 €	174 €
Möbel, Haushaltsgeräte und -gegenstände	169 €	167 €
Verkehr (Auto, öffentliche Verkehrsmittel)	389 €	514 €
Kommunikation	57 €	76 €
Freizeit, Unterhaltung, Kultur, Urlaub	379 €	455 €
Sonstiges	106 €	121 €
Gesamtausgaben	**2758 €**	**3185 €**

Statistisches Bundesamt (Stand 2012)

Konsumgewohnheiten ändern sich

Konsumgewohnheiten sind von mehreren Faktoren abhängig:

- **Lebensphase**: Wer in die erste eigene Wohnung einzieht, muss eine Menge Anschaffungen machen. Genauso ist es, wenn Kinder kommen. Der finanzielle Spielraum ist in dieser Zeit gering. In späteren Jahren steht mehr Geld zur Verfügung; entsprechend großzügiger wird meist eingekauft. Die Ansprüche an die Qualität steigen, man gönnt sich mehr. Rentner dagegen leben oft wieder sparsamer, teils gezwungenermaßen, weil ihre Rente niedrig ist, teils weil sie für die Kinder und Enkel oder für den Fall der eigenen Pflegebedürftigkeit sparen.
- **Lebensumstände**: Wer in München oder Hamburg wohnt, gibt mehr Geld aus für Miete, aber weniger fürs Auto als jemand, der in einem Dorf im Erzgebirge wohnt, wo die Arbeitsplätze weit weg sind. Wer alleinerziehend ist, hat (im Durchschnitt) wenig Geld zur Verfügung. Dann ist vieles Luxus, was für andere normal ist.
- **Lebensziele und Lebensstil**: Wofür jemand Geld ausgibt und wie wichtig Geld ihm überhaupt ist, hängt von der Lebenseinstellung ab. Die einen wollen vorzeigen, was sie sich alles leisten können und wie weit sie es gebracht haben. Den anderen ist wichtig, was sie erleben. Wer in erster Linie Wert auf soziale Beziehungen und Selbstverwirklichung legt, für den ist Geld weniger wichtig als für jemanden, dem es vor allem auf die Wertschätzung anderer ankommt (→ S. 185 *Maslow'sche Bedürfnispyramide*). Was den einen glücklich macht, lässt den anderen kalt.
- **soziale Gruppe**: Wir lassen uns in unseren Kaufentscheidungen auch von unserem Umfeld leiten. Was dort angesagt ist, interessiert uns auch.
- **Intuition, Information und Erfahrung**: Viele Entscheidungen, auch Kaufentscheidungen, treffen wir spontan und intuitiv. Wir haben uns entschieden, und erst im Anschluss suchen wir nach guten Gründen, um die Entscheidung vernünftig aussehen zu lassen. Ich hätte gerne ein iPhone und finde anschließend viele Argumente, warum Apple besser ist als die Konkurrenz. Bei Produkten mit weniger Prestige vergleichen wir ernsthaft Preise und Qualität – im Zeitalter des Internets kein Problem. Und schließlich helfen uns unsere bisherigen guten und schlechten Erfahrungen mit Produkten und Händlern bei der Auswahl.

Wofür Berufsanfänger ihr Geld ausgeben	Frauen	Männer
Sparen	77 %	70 %
Ausgehen	52 %	63 %
eigenes Auto	49 %	56 %
Elektronik	38 %	60 %
Reisen	51 %	39 %
teure Kleidung	31 %	27 %

Emnid-Befragung für AXA Deutschland 2012 (gefragt wurde nach der Verwendung des nicht verplanten Einkommens, Mehrfachnennungen möglich)

Zusammenfassung: Haushaltsplan und Konsumgewohnheiten

Ausgaben → **Haushaltsplan** ← **Einnahmen**

Ausgaben
- Wohnen
- Essen und Trinken
- Gesundheit
- Bekleidung
- Haushalt
- Verkehr
- Kommunikation
- Anschaffungen
- Sparen

Arten von Ausgaben:
- feste
- veränderliche

Haushaltsplan

dient der Konsumkontrolle

↓

Konsumgewohnheiten

↑

Einflüsse auf die Konsumgewohnheiten
- Lebensphase
- Lebensumstände
- Lebensziele, Lebensstil
- soziale Gruppe
- Intuition, Information, Erfahrung

Einnahmen
- Lohn/Gehalt
- andere Einnahmen

Übungsaufgaben

○ 1. Vergleichen Sie die Rubriken der Ausgaben privater Haushalte (→ S. 276) mit den Rubriken des Haushaltsplans (→ S. 275). Nennen Sie die Unterschiede.

◒ 2. Erläutern Sie, inwiefern ein Haushaltsplan hilft, Kosten zu sparen.

◒ 3. Erläutern Sie, ob es sich bei den folgenden Ausgaben um feste oder um veränderliche Ausgaben handelt:
   a) Leasingrate für Pkw
   b) Kosten der Heizung
   c) Monatliche Abschlagszahlung für Strom
   d) Mitgliedsbeitrag der Gewerkschaft

● 4. Arbeitslose ohne Kinder bekommen etwa 60 % des letzten Nettolohns als Arbeitslosengeld I.
   a) Kürzen Sie in der Tabelle „Ausgaben privater Haushalte“ (→ S. 276) die Ausgaben von Paaren ohne Kinder so, dass sie mit dem Arbeitslosengeld I auskommen.
   b) Begründen Sie Ihren Kürzungsvorschlag.
   c) Erläutern Sie in diesem Zusammenhang den Unterschied zwischen festen und veränderlichen Ausgaben.

○ 5. Nennen Sie die verschiedenen Einflussfaktoren auf das Konsumverhalten und nennen Sie für jeden dieser Faktoren ein Beispiel.

◒ 6. Die durchschnittlichen Ausgaben von Alleinerziehenden betrugen 2012:

Wohnen, Energie, Wohnungsinstandhaltung	686 €
Essen, Getränke, Tabakwaren	346 €
Gesundheitspflege	42 €
Bekleidung und Schuhe	97 €
Möbel, Haushaltsgeräte und -gegenstände	92 €
Verkehr (Auto, öffentliche Verkehrsmittel)	187 €
Kommunikation	63 €
Freizeit, Unterhaltung, Kultur, Urlaub	232 €
Sonstiges	76 €
Gesamtausgaben	1832 €

Statistisches Bundesamt (Stand 2012)

Vergleichen Sie mit den Ausgaben von Paaren ohne Kinder.
   a) Nennen Sie die wichtigsten Unterschiede.
   b) Ermitteln Sie Gründe für diese Unterschiede.

Raus aus den Schulden!

Lernsituation

Tobias, Chemikant in einem Industriebetrieb, und Sina, Konditorin im dritten Lehrjahr, leben seit zwei Jahren zusammen. Gut erholt sind sie vorgestern von ihrem Cluburlaub am Mittelmeer zurückgekommen. Heute ruft Tobias online den Kontostand ab und fällt aus allen Wolken.

Tobias: Uups! 4300 Euro in den Miesen! Das kann doch nicht sein!
Sina: Lass mal sehen! – Wo? – Tatsächlich! Du, das kann nicht stimmen! Wir müssen sofort checken, wer zu Unrecht abgebucht hat! Vor dem Urlaub hatten wir doch noch 500 Euro auf dem Konto …
Tobias: Jaja, ist schon gut. Ich schau' mal. *(Pause)* Ich les' es dir vor:

- Allgemeine Auto-Leasing AAL 559 €
- Miete und Nebenkosten 575 €
- Küchen-Albrecht, Rate 109 €
- Wohnland Oberhausen, Rate 270 €
- Bankautomat 500 €
- EC-Karte, Schuh Gruber 130 €
- Kreditkartenabbuchung 2071 €
- Bankautomat 500 €
- EC-Karte, Jeans-Oase 87 €

Kannst du mir mal erklären, wie 2000 Euro über die Kreditkarte zusammenkommen? So viel verdienen wir ja im Monat nicht!
Sina: Das wird der Urlaub sein, wenigstens das meiste. Aber ein Teil ist noch gar nicht abgebucht. Da kommen sicher nochmal 1000 Euro drauf.
Tobias *(nach längerer Pause)*: Wie kommen wir da bloß wieder raus?

Arbeitsauftrag

- Prüfen Sie, was Tobias und Sina tun müssen, damit sie wieder aus den Schulden herauskommen.

Überschuldung

Wenn ein Schuldner seinen Zahlungsverpflichtungen nicht mehr nachkommen kann, ohne seine eigene Grundversorgung (Nahrung, Kleidung, Wohnung …) zu gefährden.

Manchmal müssen Schulden sein

Keine Schulden machen – leichter gesagt als getan. Fast jeder gerät irgendwann in seinem Leben in eine Situation, wo es ohne Schulden nicht weitergeht: Das Auto kommt nicht durch den TÜV und die Reparatur lohnt nicht mehr, die erste eigene Wohnung soll eingerichtet werden, der Traum von den eigenen vier Wänden lässt sich nicht ohne einen Bankkredit verwirklichen. Die einen machen Schulden und zahlen sie zurück. Die anderen versinken in den Miesen. Was haben sie falsch gemacht?

Drei Schritte in die Schuldenfalle

Schritt 1: Der größte Teil des Einkommens ist normalerweise verplant (→ S. 275 ff.). Was übrig bleibt, ist das frei verfügbare Einkommen. Ich kann es sparen oder ausgeben. Wenn ich nichts spare, habe ich keine Reserve für Anschaffungen, Reparaturen und andere unvorhergesehene Ausgaben. Dann brauche ich dafür einen Kredit, entweder von der Bank oder durch die Vereinbarung von Ratenzahlung beim Kauf (**Ratenkredit**).
Schritt 2: Für einen Kredit muss ich Zinsen zahlen und ich muss ihn zurückzahlen (Tilgung). Dadurch wird mein frei verfügbares Einkommen geschmälert. Viele Menschen überschätzen beim Schuldenmachen ihren finanziellen Spielraum. Jetzt braucht bloß der Betrieb Kurzarbeit anzumelden, der Vermieter die Miete zu erhöhen, das Auto kaputtzugehen – und das Geld reicht nicht mehr für die Zinsen und die Tilgung des Kredits. Ein niedrigeres Einkommen, z. B. durch Arbeitslosigkeit oder Schwangerschaft, ist der häufigste Grund für Überschuldung.
Schritt 3: Wenn das frei verfügbare Einkommen nicht mehr für die Zinsen und die Tilgung der Kredite reicht, ist das Stadium der **Überschuldung** erreicht. Es häufen sich unbezahlte Rechnungen und es gibt die ersten gerichtlichen Mahnverfahren (→ S. 284 ff.). Wer jetzt einen zweiten Kredit aufnimmt, um den ersten abzahlen zu können, oder Freunde anpumpt, der macht die Sache nur noch schlimmer und beschleunigt seinen Absturz. Am Ende stehen Lohn- und Kontopfändungen und die Schulden sind um ein Vielfaches höher als der ursprünglich aufgenommene Kredit.

Häufige Gründe für Überschuldung (Auswahl)
Ergebnisse der Überschuldungsstatistik für das Jahr 2013

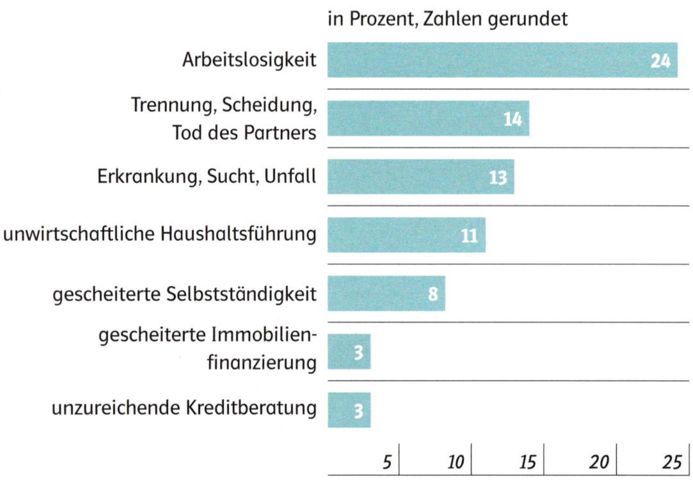

Statistisches Bundesamt: Statistik zur Überschuldung privater Haushalte 2014

Wege aus der Überschuldung

Bei einer Überschuldung führt kein Weg an der Schuldnerberatung oder der Verbraucherberatung vorbei. Diese können die geschlossenen Kreditverträge prüfen, mit den Gläubigern (Banken, Privatpersonen, Leasing-Firmen, Inkassobüros) verhandeln und nach Auswegen suchen. Eine Möglichkeit ist, dass der Gläubiger auf einen Teil seiner Forderungen verzichtet und der Schuldner den Rest sofort bezahlt.
Schuldnerberatung wird von Gemeinden, Landkreisen, kirchlichen Trägern oder Einrichtungen wie der Arbeiterwohlfahrt angeboten. Ein großes Problem sind die Wartezeiten – oft mehrere Monate: Während der Schuldner auf einen Termin wartet, verschlechtert sich seine finanzielle Situation weiter.
Bei der Suche nach einer Lösung spielt es auch eine Rolle, wofür die Schulden gemacht wurden. Wer sich für die Handyrechnung oder den Urlaub verschuldet hat, steht schlechter da, als jemand, der ein Auto auf Raten gekauft hat. Das Auto lässt sich (mit Verlust) verkaufen und hilft, die Schuldenlast zu verringern.

Recherche
af4m97
Schuldnerberatung, Verbraucherberatung, Verbraucherinsolvenz

Interview mit einem Schuldnerberater

Peter Zwegat, Schuldnerberater seit 1986, ist durch die Fernsehsendung „Raus aus den Schulden" bekannt geworden.

Süddeutsche Zeitung: Noch nie waren die Deutschen so verschuldet wie heute. Woran liegt das?
Zwegat: Schuldenmachen ist heute leicht und locker. Und genau das ist die Gefahr. Viele Leute können nicht mit Geld umgehen und sie schätzen Risiken falsch ein. […] Ein 20-jähriger Kfz-Mechatroniker hat 1500 Euro netto im Monat. Damit ist er für das Zwanzig- bis Vierzigfache seines Nettoeinkommens kreditfähig. […] Er kriegt ganz locker bis zu 40000 Euro – und er wird das Geld in der Regel auch nehmen. […] Die Wirtschaft lebt ja davon, dass auf Pump gekauft wird. […] 75 Prozent aller Autos sind hierzulande finanziert. […]
SZ: Würden Sie einen Kredit aufnehmen?
Zwegat: Naja, ich bin nun schon Mitte Sechzig. Das müsste ich mir schon gut überlegen. Ich könnte ja denken, jetzt habe ich einen Job beim Fernsehen, kauf' ich mir mal ein Haus. Das wird schon gutgehen. Aber das würde ich nicht machen. Ich könnte morgen die Treppe runterfallen, dann ist nüscht mehr mit Fernsehen. Die Leute machen den Fehler immer: Sie rechnen schon mit dem Weihnachtsgeld des nächsten Jahres. Das ist gefährlich […] Aber wenn ich das Risiko absehen könnte, würde ich schon einen Kredit aufnehmen – für ein Haus zum Beispiel.

Süddeutsche Zeitung vom 12.09.2008 (gekürzt und aktualisiert)

Letzter Ausweg: Verbraucherinsolvenz

Überschuldung führt nicht selten zu einer **Verbraucherinsolvenz**. Das gesetzliche Verfahren läuft folgendermaßen ab:
Schritt 1: Außergerichtlicher Einigungsversuch mit allen Gläubigern. Ein Schuldnerberater oder ein Anwalt müssen mitwirken.
Schritt 2: Scheitert dies, muss der Schuldner ein gerichtliches Verbraucherinsolvenz-Verfahren beantragen. Dort wird das pfändbare Vermögen des Schuldners verwertet und der Ertrag an die Gläubiger verteilt.
Schritt 3: Sechs Jahre lang muss der Schuldner sein ganzes pfändbares Einkommen an einen Treuhänder abgeben, der es an die Gläubiger verteilt. Anschließend bekommt er eine Restschuldbefreiung, d.h. die Gläubiger haben keinen Anspruch mehr gegen ihn. Er steht schuldenfrei da. Unter bestimmten Bedingungen ist eine Restschuldbefreiung schon nach 3 bzw. 5 Jahren möglich.

Überschuldung vermeiden, aber wie?

Um gar nicht erst in die Schuldenfalle zu tappen, hilft nur eines: Die Ansprüche müssen sich nach dem Einkommen richten. Konsum an einer Stelle bedeutet immer Verzicht woanders. Alles andere geht schief.
Null-Prozent-Ratenkredite im Laden erwecken den Eindruck, man könne praktisch ohne Zusatzkosten teure Waren kaufen. Dass der Kredit keine Zinsen kostet, ist eine Rabattaktion des Händlers. An der Tilgung ändert sich nichts. Vor allem wenn mehrere Ratenkredite zusammenkommen, verlieren viele Käufer den Überblick und übernehmen sich. Auch dass die Bank einen Kredit gibt, ist noch kein besonderer Vertrauensbeweis: Kredite sind für Banken ein Geschäft.
Oft unterschätzen junge Menschen die Ausgaben, die für den eigenen Lebensunterhalt nach dem Auszug von Zuhause entstehen.
Vor der Aufnahme eines Kredits muss darum eine vorsichtige Gegenüberstellung der monatlichen Einnahmen und Ausgaben mithilfe eines Haushaltsbuchs stehen (→ S. 275 ff.). Dabei gilt:

- einen Puffer für unvorhergesehene Ausgaben einplanen,
- Risiken wie Arbeitslosigkeit, Schwangerschaft, längere Krankheit einkalkulieren.

Verbraucherinsolvenz

Zahlungsunfähigkeit einer Privatperson im Unterschied zur Zahlungsunfähigkeit eines Unternehmens

Verschuldung in Deutschland 2013

- *47% der Schuldner in Schuldnerberatungen waren arbeitslos.*
- *Die durchschnittlichen Schulden betrugen 33 000 €, die Schulden aus Ratenkrediten 23 000 €.*
- *Die Hälfte der Schuldner hatte ein Einkommen von unter 900 € im Monat.*
- *Etwa 91 000 Privatinsolvenzen wurden abgewickelt.*

Statistisches Bundesamt: Statistik zur Überschuldung privater Personen 2014

Zusammenfassung: Raus aus den Schulden!

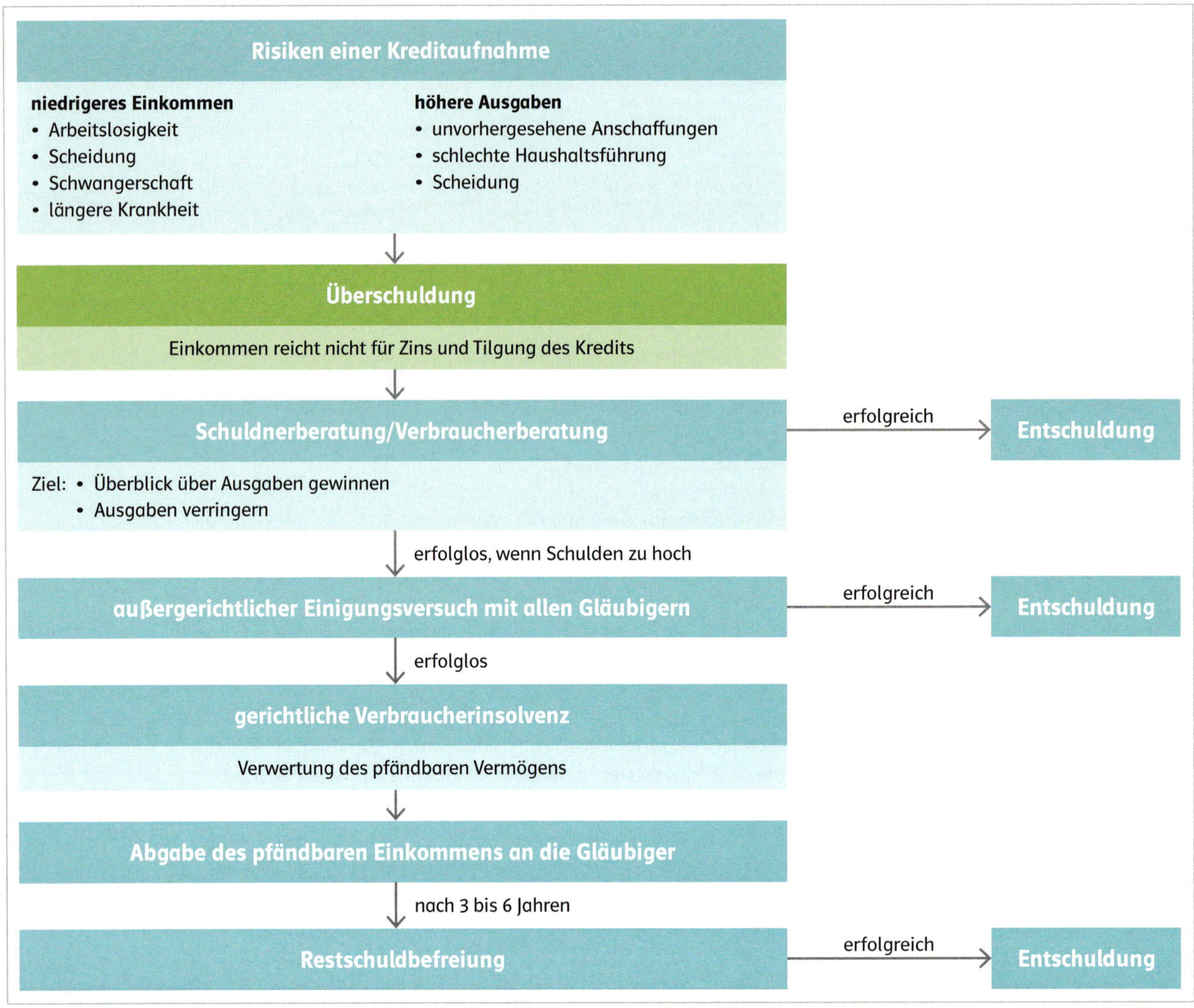

Übungsaufgaben

1. Analysieren Sie die folgenden Gründe für eine Kreditaufnahme. Welche Fälle sind ohne weitere Informationen nicht eindeutig entscheidbar?
   a) Kauf eines Gebrauchtwagens, um die neue Arbeitsstelle erreichen zu können
   b) Kauf von Eheringen
   c) Erneuerung der Heizung im Eigenheim
   d) Kreditkartenkonto ständig im Soll
   e) Kosten des Umzugs in eine billigere Wohnung
   f) Urlaubsreise
   g) Studium

2. Nennen Sie die Ursachen für Überschuldung aus a)–d), die sich leicht vermeiden lassen. Erläutern Sie Ihre Entscheidung.
   a) Arbeitslosigkeit und dadurch geringeres Einkommen
   b) Einkommen so niedrig, dass Anschaffungen durch Schulden finanziert werden müssen
   c) Schleichende Verschuldung durch Kontoüberziehung, EC-Karte, Kreditkarte
   d) Kein Überblick mehr: Schulden aus Ratenkäufen, bei der Bank, bei Kreditvermittlern, bei Unternehmen, bei Freunden

Mahnverfahren und Verjährung

Lernsituation

Klaus hat vor einiger Zeit sein Auto zur Reparatur gegeben. Da die Reparaturkosten höher als erwartet ausfielen, konnte er den Rechnungsbetrag nicht bezahlen. Später ließ er drei Mahnungen des Autohauses unbeachtet, weil er das Geld schon für andere Zwecke ausgegeben hatte. Heute ist in dieser Angelegenheit der Brief eines Rechtsanwalts gekommen. Darin teilt er Klaus mit, dass er vom Autohaus beauftragt wurde, den Forderungsbetrag einzuziehen. Der Betrag ist durch Gebühren, Zinsen und Auslagen von ursprünglich 583 Euro auf 655 Euro gestiegen. Sollte Klaus in den nächsten zwei Wochen seinen Zahlungsverpflichtungen nicht nachkommen, wird ein gerichtliches Mahnverfahren eingeleitet.

Arbeitsauftrag

○ ◒ ● Vervollständigen Sie die Ablaufskizze eines gerichtlichen Mahnverfahrens. Erörtern Sie anschließend, wie Klaus sich Ihrer Meinung nach verhalten soll.

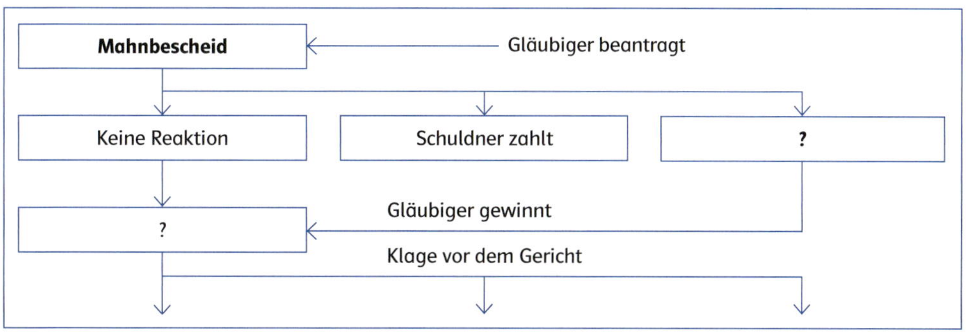

In Zahlungsverzug geraten

Der Käufer hat sich mit Abschluss des Kaufvertrags verpflichtet, den vereinbarten Kaufpreis zum vereinbarten Termin zu zahlen. Wenn er dieser Verpflichtung nicht nachkommt, gerät er in Zahlungsverzug. Dabei müssen bestimmte **Voraussetzungen** erfüllt sein:

- **Verschulden:** Ein Verschulden liegt vor, wenn der Käufer vergisst zu zahlen, sich in Zahlungsschwierigkeiten befindet oder nicht zahlen will.
- **Fälligkeit:** Wurde der Zahlungstermin kalendermäßig bestimmt (z. B. „Die Rechnung ist bis zum 22. April 20XX zahlbar"), so befindet sich der Schuldner (Käufer) vom Fälligkeitstag an in Zahlungsverzug. Ist kein kalendermäßig bestimmter Zahlungstermin vereinbart, gerät der Käufer in Zahlungsverzug, wenn der Gläubiger eine Mahnung ausspricht oder wenn 30 Tage seit Rechnungseingang vergangen sind. (Ist der Schuldner ein Verbraucher, muss der Verkäufer in der Rechnung ausdrücklich darauf hinweisen.)

Voraussetzungen für Zahlungsverzug

↓ **Verschulden**

↓ **Fälligkeit überschritten bei**
- kalendermäßig bestimmtem Termin *oder*
- nach Mahnung *oder*
- 30 Tage nach Rechnungseingang

Rechte des Gläubigers

Ist ein Zahlungsverzug des Schuldners gegeben, kann der Gläubiger
- die **Zahlung des Kaufpreises** verlangen,
- die **Zahlung des Kaufpreises** und die durch den Zahlungsverzug entstandenen **Kosten** (Mahngebühren, Verzugszinsen, d. h. den Verzögerungsschaden) verlangen

oder
- **vom Vertrag zurücktreten**,
- **vom Vertrag zurücktreten und Schadenersatz** wegen Nichterfüllung (Nichterfüllungsschaden) verlangen.

Für den Rücktritt vom Vertrag gilt, dass der Gläubiger dem Schuldner den beabsichtigten Rücktritt androhen und ihm eine Nachfrist zur Zahlung einräumen muss. Die Nachfrist entfällt, wenn der Schuldner die Zahlung verweigert oder der Zahlungstermin kalendermäßig festgelegt worden ist.

Außergerichtliches (kaufmännisches) Mahnverfahren

In der kaufmännischen Praxis ist es üblich, drei Mahnungen zu versenden, obwohl eine Mahnung genügen würde. Die erste und zweite Mahnung sind mehr als **Zahlungserinnerung** aufzufassen. Sie werden daher gewöhnlich sehr höflich, aber mit zunehmender Bestimmtheit abgefasst.
Die dritte Mahnung sollte ein konkretes Datum als letzten Zahlungstermin enthalten.
Der Schuldner ist verpflichtet, den Schaden zu ersetzen, der dem Gläubiger durch die verspätete Zahlung entstanden ist. Der Gläubiger wird z. B. durch Zinsverluste (**Verzugszinsen**) geschädigt oder durch Rechtsanwaltskosten, die mit der Durchsetzung der Zahlung verbunden sind.

Gerichtliches Mahnverfahren

Wenn das kaufmännische Mahnverfahren nicht zum Erfolg führt, hat der Gläubiger die Möglichkeit, eine Mahnung durch das zuständige Amtsgericht aussprechen zu lassen. Dies geschieht

Recherche
88764x
Mahnverfahren, Verjährung

durch ein einheitliches Formular (Mahnbescheid), das dem Schuldner vom Amtsgericht zugestellt wird.
Im Mahnbescheid wird der Schuldner aufgefordert, den geschuldeten Betrag (einschließlich Verzögerungsschaden) an den Gläubiger zu zahlen. Der Schuldner hat folgende Möglichkeiten, auf den Mahnbescheid zu reagieren:

- **Er zahlt** den geforderten Betrag. Damit ist das Verfahren beendet.
- **Er erhebt Widerspruch** gegen den Mahnbescheid. Es kommt zu einer Gerichtsverhandlung, in der geklärt wird, ob bzw. in welcher Höhe eine Forderung besteht. Hat die Klage des Gläubigers vor Gericht Erfolg, so kann er die Zwangsvollstreckung einleiten.
- **Er unternimmt nichts**. Der Gläubiger beantragt bei seinem Amtsgericht den Erlass eines Vollstreckungsbescheids.

Der Schuldner, dem ein **Vollstreckungsbescheid** zugestellt wurde, hat wiederum drei Möglichkeiten zu reagieren:

- **Er zahlt** den geforderten Betrag. Damit ist das Verfahren beendet.
- **Er erhebt Einspruch** gegen den Vollstreckungsbescheid. Es kommt zu einer Gerichtsverhandlung.
- **Er unternimmt nichts**. Damit wird der Vollstreckungsbescheid rechtskräftig. Der Gläubiger kann jetzt die Zwangsvollstreckung gegen den Schuldner durchführen lassen.

Die **Zwangsvollstreckung** wird vom Gerichtsvollzieher vorgenommen. Er darf pfänden:

- bewegliche Sachen (z. B. Wertpapiere, Fahrzeuge, Maschinen),
- unbewegliche Sachen (z. B. Grundstücke, Gebäude),
- Forderungen/Rechte: Lohnforderungen, Bankguthaben.

Nicht pfändbar sind:

- Sachen, die zum Existenzminimum gehören (z. B. normale Kleidung, Möbelgrundausstattung),
- berufsnotwendige Gegenstände (z. B. Auto des Vertreters).

Gepfändete Sachen werden versteigert. Ihr Erlös geht an den Gläubiger.

Wenn die Pfändung erfolglos verlief oder der Versteigerungserlös nicht ausreicht, kann der Gläubiger beim Amtsgericht beantragen, dass der Schuldner ein Verzeichnis über sein Vermögen aufstellt und dies eidesstattlich bekräftigt: **Eidesstattliche Versicherung**. Eine falsche Aussage wird mit Gefängnis bestraft.
Manchmal beauftragen Unternehmen **Inkassobüros** mit dem Eintreiben ihrer Forderungen.

Verjährung beendet Zahlungspflicht

Einem Schuldner kann nicht zugemutet werden, für unbegrenzte Zeit seine Unterlagen, z. B. Rechnungen, Bankauszüge, Überweisungs-

Zwangsvollstreckung

Der Gerichtsvollzieher bringt auf pfändbaren Gegenständen des Schuldners ein Pfandsiegel an.

Katastrophen können die Verjährung hemmen.

Recht auf Einrede der Verjährung

Leistungsverweigerungsrecht des Schuldners. Er muss die Verjährung geltend machen.

Regelmäßige Verjährungsfrist

BGB §§ 195 ff.

durchschriften, aufzubewahren. Nach mehreren Jahren ist es oft schwierig, eine bestimmte Rechtslage noch eindeutig nachzuweisen. Deshalb hat der Gesetzgeber verschiedene Verjährungsfristen festgelegt. Sie ergeben sich aus der Überlegung heraus, in welcher Zeit es dem Gläubiger zugemutet werden kann, seine Forderungen einzutreiben. Nach Ablauf der Verjährungsfrist kann es der Schuldner ablehnen, die Schuld zu begleichen. Die Schuld besteht zwar weiterhin, der Gläubiger kann sie dann aber nicht mehr gerichtlich einklagen. Zahlt der Schuldner nach Ablauf der Verjährungsfrist, kann er den Betrag nicht mehr zurückfordern. Es gelten folgende **Verjährungsfristen**:

- **Regelmäßige Verjährungsfrist: drei Jahre.** Diese Regelung betrifft die meisten Ansprüche. Die Verjährung **beginnt am Ende des Jahres**, in dem der Anspruch entstanden ist:

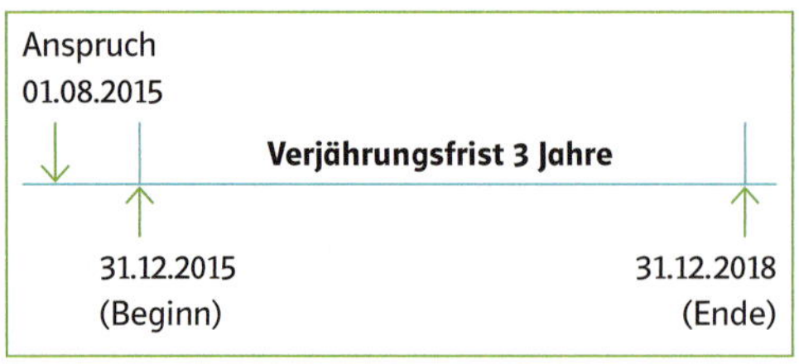

- **Verlängerte Verjährungsfristen: 10 und 30 Jahre.**
Bei Rechten an Grundstücken beträgt die Verjährungsfrist zehn Jahre (z.B. Ansprüche aus dem Verkauf eines Grundstücks). Rechtskräftige Entscheidungen (z.B. Urteile, Vollstreckungsbescheide, familien- und erbrechtliche Ansprüche) verjähren nach 30 Jahren.
Beide Verjährungsfristen **beginnen mit der Entstehung des Anspruchs**:

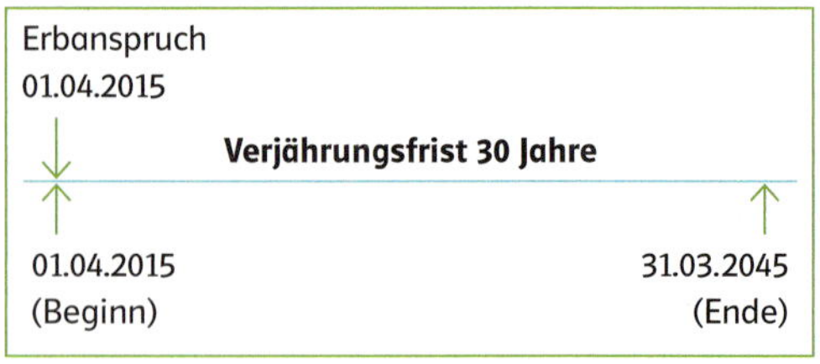

Hemmung der Verjährung

Bei der Hemmung ruht für einen bestimmten Zeitraum die Verjährungsfrist. Die Verjährungsfrist wird um den Zeitraum der Hemmung verlängert.
Hemmungsgründe sind zum *Beispiel:*
- Wenn Gläubiger und Schuldner über die Berechtigung des Anspruchs verhandeln (Verlängerung um drei Monate).
- Wenn ein Mahnbescheid ausgestellt, eine Klage erhoben oder ein Vollstreckungsbescheid erlassen ist (Verlängerung um sechs Monate).
- Wenn der Gläubiger innerhalb der vergangenen sechs Monate der Verjährungsfrist durch höhere Gewalt (Krieg, Katastrophen) gehindert wurde, seine Ansprüche durchzusetzen (Verlängerung um diese Zeit).

Neubeginn der Verjährung

Anders als bei der Hemmung beginnt in diesem Fall die Verjährungsfrist nach dem Zeitpunkt der Unterbrechung von Neuem zu laufen. Gründe für einen Neubeginn sind, wenn
- der Schuldner die Schuld anerkennt (z.B. durch Anzahlung, Zinszahlung, Bitte um Stundung) oder
- der Gläubiger eine gerichtliche Vollstreckung (z.B. Pfändung von Kontenguthaben) beantragt oder durchführen lässt.

Zusammenfassung: Mahnverfahren und Verjährung

Zahlungsverzug eines Kunden → **Verjährung des Zahlungsanspruchs**

Voraussetzungen:
- Verschulden des Käufers
- Fälligkeit der Forderung

Rechte des Verkäufers:
- Zahlung verlangen

oder
- Rücktritt vom Vertrag (mit oder ohne Schadensersatz)

↓

Mahnverfahren

außergerichtlich

1., 2. … Mahnung

gerichtlich

Mahnbescheid
↓
Vollstreckungsbescheid
↓
Zwangsvollstreckung

Verjährung des Zahlungsanspruchs

Nach Ablauf der Verjährungsfrist kann der Schuldner es ablehnen zu bezahlen.

Fristen:
- 3 Jahre (regelmäßige Verjährung)
  Beginn: Ende des Jahres
- 10 Jahre (bei Grundstücksgeschäften)
  Beginn: sofort
- 30 Jahre (bei rechtskräftigen Entscheidungen)
  Beginn: sofort

Die Verjährungsfrist kann sich durch Hemmung (z. B. Mahnbescheid ist erlassen) und Neubeginn (z. B. der Schuldner erkennt die Schuld an) verlängern.

Übungsaufgaben

1. Erläutern Sie, warum der Gläubiger nach dem erfolglosen außergerichtlichen Mahnverfahren das gerichtliche Mahnverfahren einleitet.

2. Nennen Sie die Voraussetzungen, die vorliegen müssen, damit ein Schuldner in Zahlungsverzug gerät.

3. Am Ende eines erfolglosen gerichtlichen Mahnverfahrens kann der Gläubiger vom Schuldner eine „Eidesstattliche Versicherung" verlangen. Erläutern Sie den Sinn einer solchen Maßnahme.

4. Erläutern Sie, welche der folgenden Positionen zwangsvollstreckt werden können. Begründen Sie.
   a) Sparguthaben
   b) DVD-Player
   c) Polstergarnitur
   d) Webstühle in einer Weberei
   e) Fernsehgerät
   f) Anspruch auf Arbeitslosengeld

5. Ermitteln Sie, wann die folgenden Ansprüche verjährt sind:
   a) Der Holzgroßhändler König hat eine Forderung an den Schreinermeister Schwers. Rechnungsdatum: 22.09.2015.
   b) Der Vermieter Klein bekommt noch Miete für den Monat Januar 2015.
   c) Frau Schmittker hat ihrer Nachbarin am 13.05.2015 ein Grundstück für 50 000 Euro verkauft. Bisher ist keine Zahlung erfolgt.
   d) Der Malermeister Krieg hat eine Forderung an den Kunden Fritz Fischer. Rechnungsdatum: 28.12.2015.
   e) Durch ein rechtskräftiges Urteil des Amtsgerichts hat Ernst Busch eine Forderung von 1000 Euro gegenüber seinem Nachbarn. Wann verjährt sein Anspruch?

6. Erklären Sie jeweils anhand eines Beispiels den Unterschied zwischen der Hemmung und dem Neubeginn der Verjährung.

Informationen visualisieren

Visualisierungen

Bildliche Darstellungen sind leichter verständlich als Text (z. B. Piktogramme an Flughäfen, Benutzeroberfläche eines Smartphones). Durch die Anordnung der Informationen können Sie die Aufmerksamkeit des Betrachters auf das Wesentliche lenken. Sie können ihn aber auch manipulieren, indem Sie Daten dramatischer darstellen, als sie in Wirklichkeit sind.

So geht's!

1. Material analysieren
- Um welche Informationen geht es?
- Welche Art von Informationen liegt vor? (Prozentzahlen, absolute Werte, Mengen, Zeiträume, Zeitpunkte, Orte, Maße, Listen)

2. Ziel der Visualisierung bestimmen
- Welchem Zweck dient die Visualisierung? (Überblick herstellen, Vergleiche ermöglichen, Zusammenhänge herstellen, für eine Absicht werben)
- Welche Details sind wichtig und sollen betont werden? Welche können oder sollen weggelassen werden?

3. Art der Visualisierung festlegen
- Welche Art der Visualisierung ist geeignet?
- Welche Bedeutung haben die einzelnen Elemente? (Was soll in Signalfarben dargestellt werden? Was soll weniger auffallen?)
- Sollen verschiedene Elemente kombiniert werden? Wenn ja: wie? (Beispiel Wetterbericht: animierte Karte mit Symbolen, Farben und Uhrzeit, dazu Sprechtext)
- Welche Erläuterungen und Beschriftungen sind wichtig? Sollen sie mit Symbolen, mit Worten oder mit Zahlen verdeutlicht werden?

4. Visualisierung umsetzen
- Entwurf
- Umsetzung des Entwurfs.

Info
f5h42y
Visualisierung

Die eigenen Ausgaben visualisieren

M1 Möglichkeiten der Visualisierung

Liste

Bereiche der Leistungsüberwachung

☑ Terminkontrolle
☑ Qualitätsprüfung
☑ Kostenkontrolle
☑ Instandhaltung und Wartung

Strukturskizze oder Organigramm

Lagerart

- **Materialwirtschaft**
  - Wareneingangslager
  - Büromaterialien
- **Produktion**
  - Zwischenlager
  - Ersatzteil- und Werkzeuglager

Tabelle

Kriterien	Gewichtung
Preis	8-fach
Qualität	9-fach
Lieferzeit	7-fach
Liefertreue	5-fach
Service	4-fach
Punkte gesamt	

Grafik

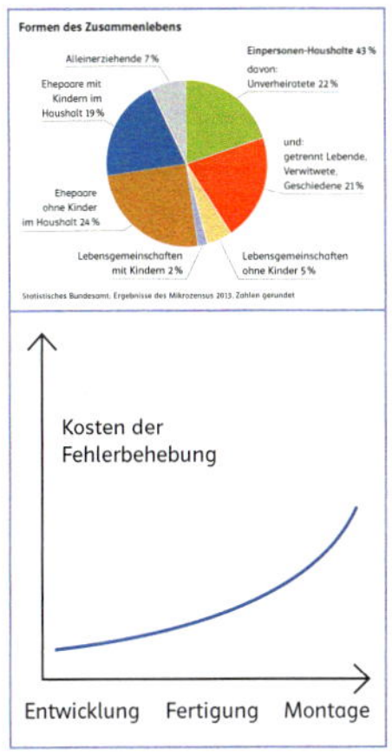

Symbol
(oft ergänzend)

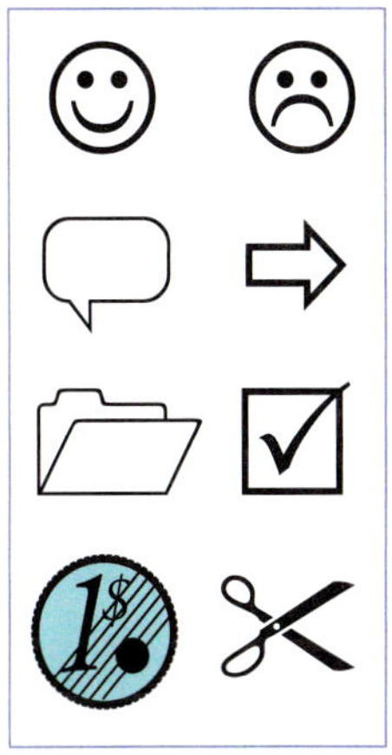

M2 Konsumausgaben einer Auszubildenden

Lara, 20 Jahre, ist Auszubildende im 3. Lehrjahr. Sie wohnt noch bei ihren Eltern. Ihre Ausbildungsvergütung als zahnmedizinische Fachangestellte beträgt 790 €. Außerdem bekommen ihre Eltern für sie noch Kindergeld (184 €/Monat). Sie hat ihre Ausgaben für den vergangenen Monat grob überschlagen und kommt auf diese Zahlen:

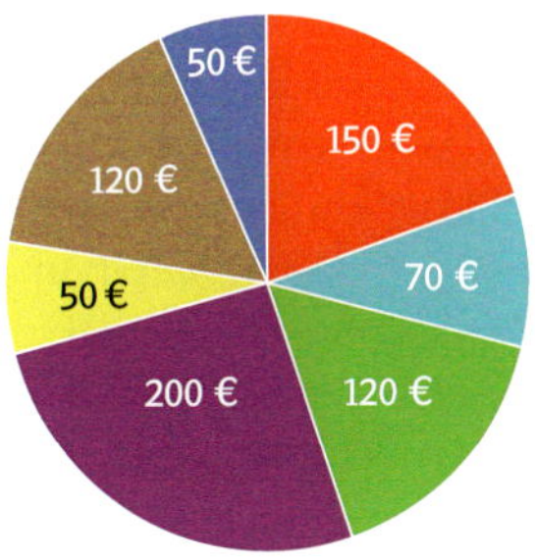

durchschnittliche Ausgaben von Paaren mit und ohne Kinder *(→ S. 276)*

Arbeitsauftrag

Material
h7b73c
Haushaltsplan

- Visualisieren Sie Ihre Konsumgewohnheiten. Gehen Sie bei der Erarbeitung folgendermaßen vor:

1. Listen Sie Ihre monatlichen Ausgaben über einen längeren Zeitraum auf, z. B. in einem elektronischen Haushaltsbuch.
2. Einigen Sie sich in der Klasse darüber, wie Sie Ihre Ergebnisse visualisieren wollen (Art der Visualisierung, Farben und Symbole). Nur so sind Ihre Ergebnisse vergleichbar.
3. Stellen Sie Ihre Ergebnisse in der Klasse vor und vergleichen Sie untereinander:
   - Wo unterscheiden sie sich?
   - Welche Rückschlüsse auf die Konsumgewohnheiten können Sie ziehen?

Üben
8er4xj
Prüfungsaufgaben

Üben interaktiv
8m3gu7
Prüfungstraining

Berufsschule

1. Marie und Sandro kaufen ihr erstes Wohnzimmer. Es kostet 12 800 €. Allerdings können sie nur 4 800 € aus ihren Ersparnissen bezahlen und müssen den Rest über einen Kredit finanzieren. Sie haben die unten dargestellten Angebote ihrer Bank und des Möbelhändlers vorliegen.

a) Berechnen Sie die gesamten Anschaffungskosten des Schlafzimmers (Kaufpreis und ggf. Zinsen) für alle drei Angebote.

b) Ermitteln Sie für jedes Angebot einen Vorteil und einen Nachteil.

c) Prüfen Sie die Angebote und erläutern Sie, welches aus Ihrer Sicht das beste ist. Begründen Sie Ihre Entscheidung.

Angebot 1: Bankfinanzierung
Rabatt des Möbelhändlers bei Barzahlung: 9 %
Darlehensbetrag: 7 000 €
Zinssatz: 5,2 % (effektiver Jahreszins)
Laufzeit des Darlehens: 48 Monate
Sondertilgungen ohne Zusatzkosten möglich
monatliche Rate: 161,84 €
bezahlte Zinsen (ohne Sondertilgungen): 768,32 €

Angebot 2: Null-Prozent-Finanzierung des Möbelhändlers
Darlehensbetrag: 12 800 €
Zinssatz: 0,0 %
Laufzeit des Darlehens: 36 Monate
monatliche Rate: 355,56 €
bezahlte Zinsen: 0 €

Angebot 3: Ratenkredit des Möbelhauses
Nachlass des Möbelhändlers auf den Kaufpreis: 300 €
Anzahlung: 4 000 €
Darlehensbetrag: 8 800 €
Zinssatz: 2,9 % (effektiver Jahreszins)
Laufzeit des Darlehens: 36 Monate
monatliche Rate: 255,53 €
bezahlte Zinsen: 398,97 €

Info
pr3t5g
§ 305 Insolvenzordnung (InsO)

2. Seit 1999 gibt es in Deutschland das Verbraucherinsolvenzverfahren.

a) Nennen Sie anhand § 305 Insolvenzordnung (Eröffnungsantrag des Schuldners) die Unterlagen, die der Schuldner bei einer Verbraucherinsolvenz seinem Antrag auf Eröffnung des Insolvenzverfahrens beifügen muss.

b) Erläutern Sie den Zweck dieser Regelungen und erklären Sie in diesem Zusammenhang die Begriffe „außergerichtliche Einigung“ und „Restschuldbefreiung“.

c) Nennen Sie drei Unterschiede zwischen dem Regelinsolvenzverfahren und dem Verbraucherinsolvenzverfahren.

d) Eine Verbraucherinsolvenz gibt es nur bei Schuldnern, die nicht selbstständig waren. Wenn der Schuldner selbstständig war, ist die Verbraucherinsolvenz trotzdem möglich, wenn er weniger als 20 Gläubiger hat und wenn keine Forderungen aus Arbeitsverhältnissen bestehen (z. B. ausstehende Löhne). Beurteilen Sie, ob diese Ausnahme sinnvoll ist.

3. Setzen Sie die folgenden Schritte des Mahnverfahrens in die richtige Reihenfolge.

A	Vollstreckungsbescheid zustellen
B	Eidesstattliche Versicherung ablegen
C	Mahnbescheid zustellen
D	Zwangsvollstreckung durchführen
E	Versteigerung durch Gerichtsvollzieher
F	Mahnung schreiben

Berufsfachschule zur FHR

Die Converta GmbH ist ein mittelständisches Unternehmen, das zumeist Kleinserien von Getrieben herstellt. Die wirtschaftliche Entwicklung des Unternehmens lässt sich anhand der folgenden Kennzahlen ablesen:

M1 Kennzahlen 2014/15

	Jahr 2014	Jahr 2015	Abweichung/Vorjahr
Eigenkapitalquote	48%	44%	−4%
Eigenkapitalrentabilität	8%	13%	+5%
Liquidität 1. Grades	33%	31%	−2%
Liquidität 2. Grades	105%	98%	−7%
Cashflow (in Mio. €)	8,32	9,26	+0,94

Das Unternehmen hat, vor allem durch die Umsatzerhöhung der Windgetriebe, eine starke Ausweitung erfahren. Die Kapazitäten der vorhandenen Anlagen reichen nicht aus, um die geplanten Teile zu fertigen. Deshalb sind Neuinvestitionen notwendig. Die Wirtschaftlichkeit wird mit Kennzahlen gemessen. Dabei gilt für die Converta GmbH: Eine Investition kann realisiert werden, wenn die Amortisationszeit 4 Jahre nicht übersteigt. Die Finanzierung soll durch Bankkredite oder Leasing erfolgen. Zur Einschätzung der eigenen Verhandlungsposition sollen die wirtschaftliche Situation und die Kreditwürdigkeit geprüft werden.

a) Beurteilen Sie
- die wirtschaftliche Entwicklung,
- die Kreditwürdigkeit des Unternehmens, indem Sie auf die Bedeutung und Aussagekraft der oben angegebenen Kennzahlen eingehen.

b) Überprüfen Sie, ob die geplante Investition durchgeführt werden kann.
Folgende Zahlenangaben liegen vor:
Investitionssumme: 6 900 000 €
Fixkosten pro Jahr: 1 000 000 € (jährlich Abschreibungen in Höhe von 690 000 €, 310 000 € ausgabewirksam)
variable Stückkosten 100 € (ausgabewirksam)
Das Unternehmen rechnet in den folgenden 5 Jahren mit folgender Absatzentwicklung:

M2 Absatzentwicklung der nächsten 5 Jahre

Jahr	1	2	3	4	5
Menge (Stück)	8 000	9 000	10 000	10 000	10 000
Stückpreis (€)	300	300	300	300	300

c) Prüfen Sie beide Finanzierungsalternativen: Kredit oder Leasing?
Beachten Sie bei den Finanzierungsüberlegungen folgende Eckdaten:
Es stehen 2 900 000 € liquide Mittel für die Investition zur Verfügung. Der Rest soll mit einem Bankkredit gedeckt werden (Zinssatz: 12% des Kreditbetrags zum Jahresanfang). Die Tilgung des Kredits soll aus den frei werdenden Abschreibungsbeträgen erfolgen. Der Hersteller bietet die Maschinen auch als Leasingobjekt an. Die jährlichen Raten: in den ersten drei Jahren 1 800 000 €, in den folgenden Jahren jährlich 1 000 000 €.
- Berechnen Sie die jährlichen Raten (Tilgung und Zinsen) sowie die Laufzeit des Kredits.
- Vergleichen Sie die Liquiditätsbelastung der Finanzierungsalternativen Leasing und Kauf während der Grundmietzeit und während der Nutzungsdauer.
- Prüfen Sie anhand zusätzlicher Entscheidungskriterien, ob die Annahme des Leasingangebots eine Alternative zur geplanten Finanzierung durch einen Bankkredit darstellt.

7 Deutschland in Europa und der Welt

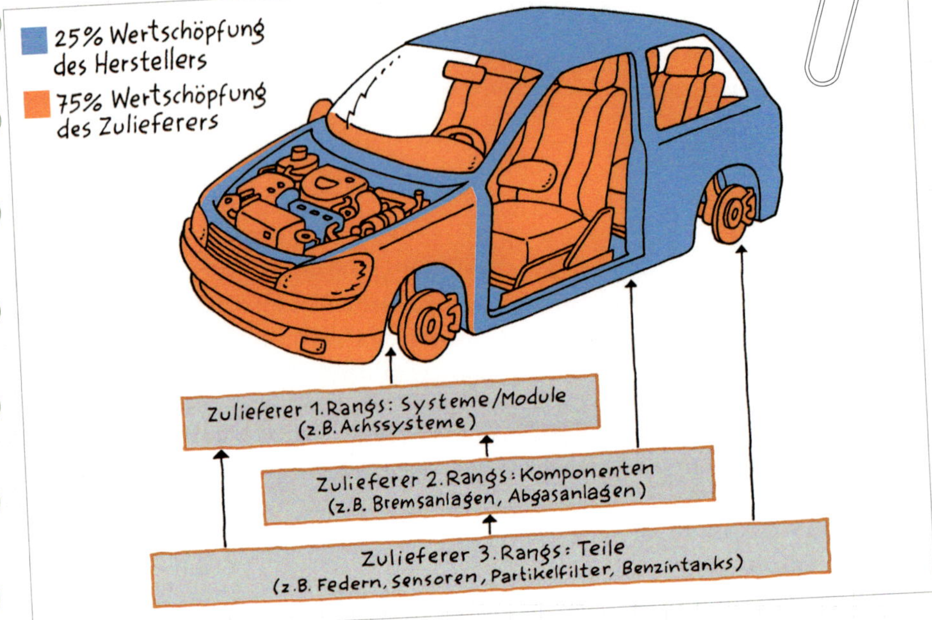

Hätten Sie's gewusst?

1. Wer erwirtschaftet weltweit den größten Außenhandelsüberschuss: die USA, Deutschland oder China?
2. Welche Steuer bringt dem deutschen Staat die höchsten Steuereinnahmen: die Umsatzsteuer, die Lohn- und Einkommensteuer oder die Energiesteuer?
3. Wie viel Prozent der Betriebe in Deutschland beschäftigen Mitarbeiter mit einem im Ausland erworbenen Berufsabschluss (z. B. Ausbildung oder Studium): 4 %, 8 %, 12 %, 16 %, 20 %?

1: Deutschland
2: Umsatzsteuer
3: 8 %

Autoindustrie – die Bedeutung der Zulieferer

Die meisten Autohersteller weltweit produzieren immer weniger Teile für ihre Autos selbst und lagern immer größere Teile der Produktion an Zulieferer aus. Die Zulieferer im 1. Rang liefern direkt ans Band. Die großen Zulieferer produzieren teils in direkter Nachbarschaft zum Hersteller, teils in Niedriglohnländern. Sie haben ihrerseits wieder Zulieferer (Zulieferer 2. Rangs) und diese wieder andere usw. So setzt sich die Lieferkette immer weiter fort und umfasst Unternehmen aus der ganzen Welt.

So viel Import steckt im Export

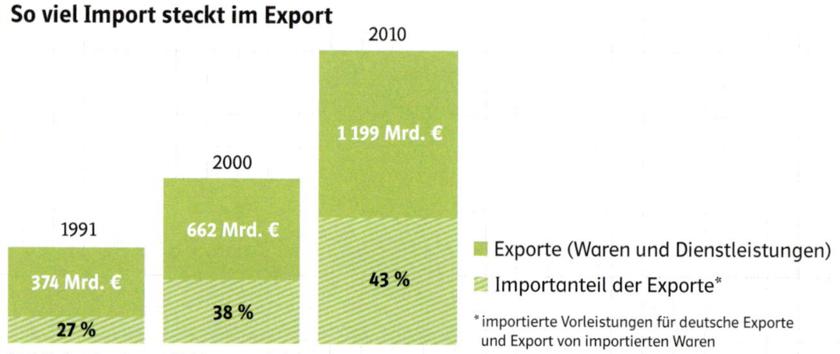

Statistisches Bundesamt (Zahlen gerundet)

Info
y78u6d
Weltwirtschaft

Worum geht es?

Die deutsche Wirtschaft muss sich in der weltweiten Konkurrenz bewähren. Nur wenn ihr das gelingt, können wir unseren Lebensstandard sichern und sogar steigern.
Wie greift der Staat in das Wirtschaftsgeschehen ein? Welche Ziele verfolgt er dabei? Wie gestalten Unternehmen ihr Geschäft in der globalisierten Welt? Wie beziehen sie die internationale Arbeitsteilung in ihre Entscheidungen ein? Der Weg, den die Autohersteller und ihre Zulieferer eingeschlagen haben, ist nur einer unter vielen.

Informieren Sie sich!

Verschaffen Sie sich mithilfe des Buchs einen Überblick. Sie finden in diesem Kapitel Lernsituationen zu folgenden Themen:

So geht's!
Statistiken auswerten

- Rolle des Staates in der Wirtschaft
- Herausforderungen durch globale Konkurrenz
- Betriebsverlagerung
- Angebots- und nachfrageorientierte Wirtschaftspolitik
- Standortfaktoren – die Bedeutung der Lohnkosten
- Leben, lernen und arbeiten im Ausland
- Bedeutung des Bruttoinlandsprodukts

Was hat das mit mir zu tun?

- Von staatlichen und unternehmerischen Entscheidungen sind Sie als Bürger, Steuerzahler, Arbeitnehmer und Konsument betroffen. Machen Sie Ihren Einfluss auf diese Entscheidungen geltend – als Wähler, als Mitglied eines Verbands oder einer Gewerkschaft, als Bürger in der Öffentlichkeit.
- Nutzen Sie die beruflichen und privaten Chancen, die Ihnen die Globalisierung bietet.

Rolle des Staates in der Wirtschaft

Lernsituation

Arbeitsauftrag

○ ◒ ● Bestimmen Sie, welche Aufgaben der Staat im Wirtschaftsgeschehen der Bundesrepublik Deutschland übernehmen soll.

So gehen Sie dabei vor:

1. Beschreiben Sie den Unterschied zwischen der freien und der sozialen Marktwirtschaft.
2. Erläutern Sie, warum der Wettbewerb als Motor der Marktwirtschaft gilt.
3. Wenn ein großes Unternehmen in wirtschaftliche Schwierigkeiten gerät, wird der Ruf nach staatlichen Hilfen laut. Nennen Sie die Folgen für die Wirtschaft, wenn der Staat diesen Forderungen nachkommt.
4. Erläutern Sie die Auswirkungen von drei staatlichen Maßnahmen auf den sozialen, wirtschaftlichen und ökologischen Bereich.
5. Soll der Staat sich mehr oder weniger in die Wirtschaft einmischen? Nehmen Sie Stellung.

Recherche
43n49a
Wirtschaftsordnungen, Staatsverschuldung

Wirtschaftsordnungen

Das Zusammenleben in einer Wirtschaftsgesellschaft gelingt nur, wenn es feste Rahmenbedingungen gibt. Im Vordergrund stehen dabei die folgenden Fragen:

- Was, wie viel und wie wird produziert?
- Wer entscheidet über Löhne und Preise?
- Was wird exportiert und importiert?

Diese Fragen werden in jedem Land anders beantwortet. Dennoch beruht jede Volkswirtschaft auf einer von zwei grundlegenden, idealtypischen Wirtschaftsordnungen:

- der freien Marktwirtschaft, in der die Wirtschaft dem freien Spiel der Kräfte von Angebot und Nachfrage überlassen wird;
- der zentralen Verwaltungswirtschaft, in der der Staat über Konsum und Produktion entscheidet.

Mit der Gründung der Bundesrepublik Deutschland (1949) musste eine Entscheidung darüber getroffen werden, an welches Modell sich die neu zu bestimmende Wirtschaftsordnung anlehnen sollte – eher marktwirtschaftlich oder eher planwirtschaftlich orientiert.

Planwirtschaft

In einer Planwirtschaft plant der Staat die gesamte Produktion der Güter und teilt diese den Haushalten nach Bedarf (Bedarfsdeckungsprinzip) zu. Dazu ist eine umfangreiche Planbehörde notwendig, die den Einsatz der Produktionsfaktoren Arbeit, Boden und Kapital (z.B. Maschinen) bestimmt.
Das Planrisiko entsteht dadurch, dass ein solcher umfassender Zentralplan fehlerhaft ist, sobald die geplanten Daten nicht mit den tatsächlichen Daten übereinstimmen.

Freie Marktwirtschaft

Die Wirtschaft soll sich durch Angebot und Nachfrage auf dem Markt selbst steuern. Alle am Wirtschaftsgeschehen Beteiligten wollen für sich den größtmöglichen Nutzen erzielen. Unternehmen versuchen ihre Produkte kostengünstig herzustellen (u.a. durch niedrige Lohnzahlungen) und sie auf dem Markt mit einem maximalen Gewinn zu veräußern. Verbraucher wollen preisgünstig einkaufen; Arbeitnehmer sind an hohen Löhnen interessiert.
Auf dem Markt treffen diese verschiedenen Interessen aufeinander. Sind die Produktionskosten eines Unternehmens für eine bestimmte Ware zu hoch und muss es deswegen einen hohen Preis verlangen, wird es keine Käufer finden und es scheidet aus. Sind die Qualifikationen eines Arbeitnehmers zu gering oder seine Lohnforderungen zu hoch, findet er keine Beschäftigung. Der Wettbewerb auf den Märkten treibt so die Wirtschaft voran.
Die freie Marktwirtschaft in der ersten Industrialisierungsphase zu Beginn des 19. Jahrhunderts führte jedoch nur für wenige Menschen zum Wohlstand. Weite Bevölkerungsteile verelendeten. Die menschliche Arbeitskraft wurde wie eine Ware gehandelt. Schlechte Arbeitsbedingungen, lange Arbeitszeiten, geringe Entlohnung und Kinderarbeit waren an der Tagesordnung. Eine soziale Absicherung gab es nicht. Verbraucher waren benachteiligt, weil Unternehmen Preise absprachen oder es zu Monopolbildungen kam.

Kinderarbeit unter Tage: Jungen und Mädchen ab 8 Jahren transportierten die Kohle in den Loren, Kinder ab 4 Jahren mussten die Tore öffnen und schließen, die Arbeitszeit betrug 12 Stunden.

Soziale Marktwirtschaft

Die Wirtschaftsordnung der Bundesrepublik ist marktwirtschaftlich orientiert. Damit die

Ludwig Erhard,* *(1897–1977)

„Vater des Wirtschaftswunders", mit seinem Buch „Wohlstand für alle" von 1957

Wirtschaftssubjekte (Haushalte und Unternehmungen) am Markt frei und unabhängig ihre Entscheidungen treffen können (Konsum- und Produktionsfreiheit), müssen folgende Rechte garantiert sein:

- Recht auf Eigentum (Grundgesetz Art 14) (sein Gebrauch soll zugleich dem Wohle der Allgemeinheit dienen);
- freie Berufs- und Arbeitsplatzwahl;
- Koalitionsfreiheit: Bildung von Vereinigungen und Gesellschaften (u.a. Gewerkschaften);
- Vertrags- und Gewerbefreiheit.

Eine komplette Übernahme der freien Marktwirtschaft kam aufgrund der geschichtlichen Erfahrungen aber nicht infrage. Das Prinzip der Freiheit sollte mit einem sozialen Ausgleich verbunden sein. Daher muss der Staat in der sozialen Marktwirtschaft eine Reihe von Aufgaben übernehmen:

Wettbewerbspolitik: Der Wettbewerb ist der Motor der Marktwirtschaft. Zu seiner Sicherung stehen dem Staat eine Reihe von Wettbewerbsgesetzen (Verbraucherschutzbestimmungen, Gesetz gegen Wettbewerbsbeschränkungen) zur Verfügung (→ S. 121).

Sozialpolitik: Bürger, die in Not geraten oder sozial benachteiligt sind, sollen durch den Staat geschützt und gesichert werden. Die wichtigsten Bestandteile der sozialen Sicherung:

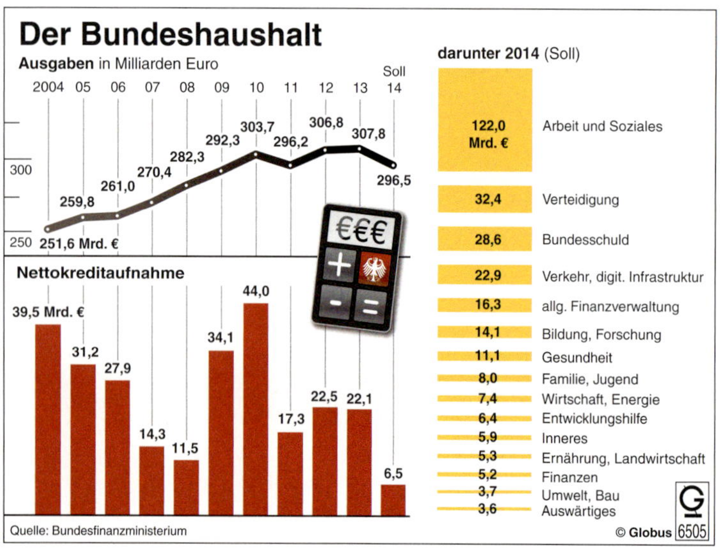

- die Sozialversicherungssysteme (→ S. 199 ff.),
- die Arbeitsschutzgesetze (→ S. 219 ff.),
- die Sozialleistungen, wie z.B. die Grundsicherung für Arbeitssuchende (Arbeitslosengeld II).

Strukturpolitik: Strukturell schwache Wirtschaftsregionen (z.B. in den neuen Bundesländern) und Wirtschaftsbranchen (z.B. Landwirtschaft) erhalten Unterstützungszahlungen (Subventionen).

Umweltpolitik: Im Jahre 1994 wurde angesichts der um sich greifenden Umweltzerstörung der Artikel 20 a (Schutz der natürlichen Lebensgrundlage) in das Grundgesetz eingefügt. Durch staatliche Anreize, Verbote und Gesetze sollen Haushalte und Unternehmen zu einem umweltfreundlichen Verhalten bewegt werden (→ S. 15 ff.).

Einkommens- und Vermögenspolitik: Ziel ist die Schaffung einer gerechten Verteilung der Einkommen und Vermögen

- durch die Belastung der Einkommen derjenigen, die leistungsfähig sind. So sind Steuersätze von der Höhe des Einkommens abhängig. Dies bewirkt ein starkes Ansteigen der Steuer bei hohem Einkommen (→ S. 195);
- durch die Unterstützung derjenigen mit sozialen Leistungen, die einen gesetzlichen Anspruch auf diese Leistungen haben, z.B. Kindergeld, BAföG;
- durch vermögensbildende Maßnahmen (z.B. vermögenswirksame Leistungen und Bausparprämie.

Konjunkturpolitik: Der Staat soll durch wirtschaftspolitische Maßnahmen Wirtschaftsschwankungen verhindern (→ S. 300 ff.).

Staatshaushalte

Der Staat tritt als Unternehmer auf (z.B. städtische Müllabfuhr), als Käufer (z.B. Bau und Einrichtung einer Schule) und als Arbeitgeber (z.B. öffentlicher Dienst). Damit der Staat seine vielfältigen Aufgaben erledigen kann, benötigt er erhebliche finanzielle Mittel.

Diese stammen überwiegend aus Steuereinnahmen. Die Vielfalt der ca. 50 verschiedenen Steuern lässt sich u. a. unterteilen nach

- der **Erhebungsart**: Der Steuerpflichtige kennt bei der direkten Steuer seine Steuerschuld und führt sie auch an das Finanzamt ab. *Beispiele:* Einkommen-/Lohnsteuer, Hundesteuer. Die indirekten Steuern sind im Endverkaufspreis enthalten. Sie werden vom Verbraucher bezahlt, aber vom Verkäufer an das Finanzamt abgeführt. *Beispiel:* Umsatzsteuer (Mehrwertsteuer);
- dem **Steuergegenstand**: Verbrauchssteuern werden auf bestimmte Verbrauchsgüter erhoben (*Beispiele:* Tabaksteuer, Biersteuer). Wird die Übertragung von Vermögenswerten mit einer Steuer belegt, spricht man von Verkehrssteuer (z. B. Grunderwerbssteuer); Besitzsteuern beziehen sich auf Einkommen und Vermögen (*Beispiele:* Lohn- und Einkommensteuer, Erbschaftssteuer).

Einteilung der Steuern

Erhebungsart
- direkte Steuern
- indirekte Steuern

Steuergegenstand
- Besitzsteuer
- Verkehrssteuer
- Verbrauchssteuer

Die Höhe der Ein- und Ausgaben des Staates lässt sich z. B. an den Haushalten des Bundes, der Länder und der Städte und Gemeinden ablesen. Den Anteil der Staatsausgaben an der gesamten Wirtschaftsleistung eines Landes bezeichnet man als **Staatsquote**. Sie bewegte sich in den letzten Jahren um die 45 Prozent.

Staatsverschuldung

Übersteigen die geplanten Ausgaben die geplanten Einnahmen, entsteht ein Haushaltsdefizit. Der Staat braucht zusätzliche Mittel, um alle Ausgaben zu finanzieren. Dazu nimmt er Kredite auf den **Kapitalmärkten** auf. Staatsverschuldung ist also die Summe der über die Jahre aufgelaufenen Haushaltsdefizite. Sie gibt an, wie stark der Staat über seine finanziellen Verhältnisse gelebt hat. Die Rückzahlung der Schulden kann nur aus Steuereinnahmen erfolgen, d. h. zukünftige Steuereinnahmen werden bereits heute zur Finanzierung eingesetzt. Kredite verursachen Zinsen. Damit werden die Haushalte mit zusätzlichen Ausgaben belastet und schränken den finanziellen Handlungsspielraum für wichtige Aufgabenbereiche (z. B. Sozialpolitik, Strukturpolitik) des Staates ein.
Um das Ansteigen der Schuldenlast zu verhindern, wurde 2009 beschlossen, eine **Schuldenbremse** einzuführen. Länder, bei denen die Staatsverschuldung außer Kontrolle gerät, sind eines Tages nicht in der Lage, ihre Zinszahlungen zu leisten. Sie erhalten auf den Kapitalmärkten dann keine oder nur sehr teure Kredite (wie derzeit einige EU-Staaten).
Staatsverschuldung muss nicht immer negativ sein. So kann der Staat in der Rezession (Wirtschaftsabschwung) mit höheren Ausgaben die gesamtwirtschaftliche Nachfrage stärken (→ S. 302). Häufig können Investitionen, die erst in der Zukunft Erträge einbringen, mit Krediten finanziert werden (z. B. den Aufbau Ost nach der Wiedervereinigung). Anders als beim staatlichen Konsum (Renten, Gehälter, Sozialleistungen) können z. B. Subventionen für technologische Entwicklungen, Investitionen in Infrastruktur und Bildung zukünftige Erträge sichern.

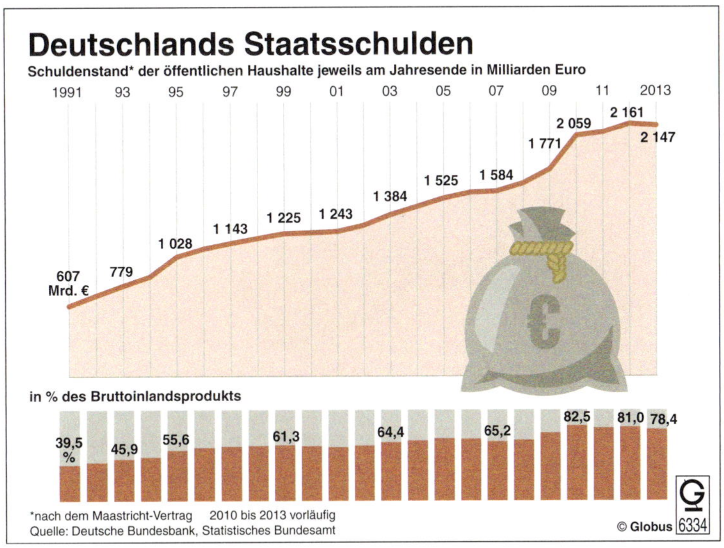

Staatsquote

Ausgaben aller öffentlichen Haushalte und der gesetzlichen Sozialversicherungen, gemessen als Prozentsatz des nominalen Bruttoinlandsprodukts

Kapitalmarkt

Markt, auf dem sich Unternehmen und Staaten Geld in Form von langfristigen Krediten besorgen

Schuldenbremse

Zusätzliche Verschuldung soll auf Bundesebene ab 2016 nur sehr begrenzt, ab 2020 auf Landesebene nicht mehr möglich sein (Ausnahmen sind möglich).

Zusammenfassung: Rolle des Staates in der Wirtschaft

Markt →	Soziale Marktwirtschaft	← Staat
regelt nach dem Gesetz von Angebot und Nachfrage	mehr Staat? mehr Markt?	regelt, wenn nötig
↓		↓
• Produktion (was, wie, wie viel?) • Preise und Löhne • Import und Export		• soziale Absicherung • gerechte Einkommens- und Vermögensverteilung • Erhaltung des Wettbewerbs • Sicherstellung der Versorgung • usw.

Übungsaufgaben

1. Ordnen Sie die folgenden Begriffe der freien Marktwirtschaft oder der Zentralverwaltungswirtschaft zu:
   Pläne Einzelner, Eigentumsrecht, Konsum- und Produktionsfreiheit, freie Berufs- und Arbeitsplatzwahl, Absatzrisiko, Planerfüllung, Gewinnmaximierung.

2. Erläutern Sie, was passiert, wenn der Anhänger abgehängt wird.

3. Beurteilen Sie die folgende Aussage eines Politikers: „Die zunehmende Aktivität des Staates lässt die Leistungsbereitschaft der Bürger verkümmern."

4. Beurteilen Sie:
   a) die Umwandlung der städtischen Müllabfuhr in ein privates Unternehmen,
   b) den Vorschlag, den Bau von Autobahnen in private Hände zu überführen.

5. Im Jahr 2013 betrugen die Staatsschulden 2 147 Milliarden Euro.
   a) Erklären Sie, warum die Staatsschulden in den vergangenen Jahren so stark gestiegen sind.
   b) Erläutern Sie die Probleme für die Wirtschaft, wenn der Staat sehr hoch verschuldet ist.

Angebots- und nachfrageorientierte Wirtschaftspolitik

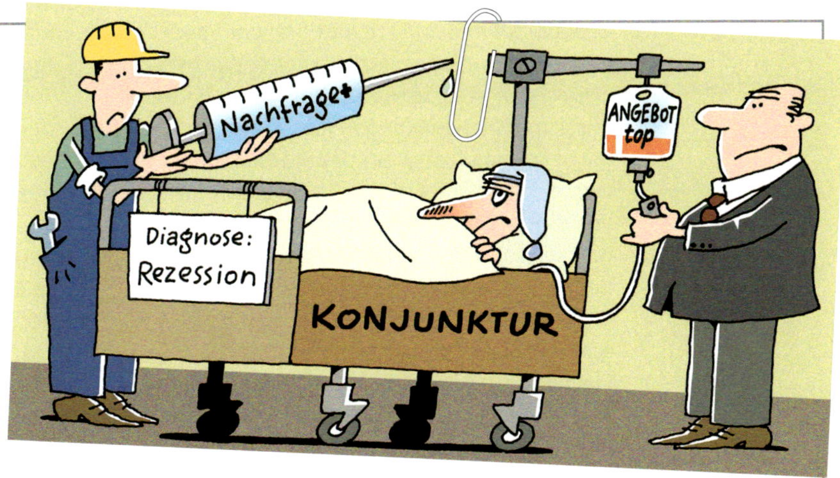

Lernsituation

Der Geschäftsführer Kemper im Gespräch mit dem Betriebsratsvorsitzenden Hinz über die wirtschaftliche Lage:

Kemper: … wenn die Rezession weiterhin anhält, kommen wir an Entlassungen nicht vorbei.
Hinz: Die Realeinkommen der Arbeitnehmer sind in den letzten Jahren gesunken. Da wundert es doch nicht, dass nicht genügend Waren verkauft werden. Der Staat müsste endlich was dagegen tun und Steuern senken.
Kemper: … das finde ich auch. Die meisten Unternehmen stehen wie wir unter hohem Konkurrenzdruck. Der Staat sollte uns dabei unterstützen, das Angebot zu verbessern. Das wäre der richtige Ansatz, die Konjunktur wieder im Schwung zu bekommen.
Hinz: … aber bitte nicht auf Kosten der Arbeitnehmer.

Arbeitsauftrag

Entscheiden Sie sich gut begründet für drei wirtschaftspolitische Maßnahmen, die der Staat in Zeiten der Rezession einsetzen soll.

Bearbeiten Sie dazu folgende Teilaufgaben:

1. Erklären Sie den Begriff „Rezession".
2. Informieren Sie sich über die aktuellen wirtschaftspolitischen Daten und vergleichen Sie diese mit den wirtschaftspolitischen Zielen des Staates.
3. Diskutieren Sie, warum man die wirtschaftspolitischen Ziele des Staates als „magisches Viereck" bezeichnet. (Hinweis: Betrachten Sie die Entwicklung der Indikatoren in den einzelnen Konjunkturphasen.)
4. Erläutern Sie die Maßnahmen, die der Staat in Zeiten der Rezession einsetzen kann. Ordnen Sie diese der angebots- und der nachfrageorientierten Wirtschaftspolitik zu.

Bruttoinlandsprodukt (BIP)

Bezeichnung für den Wert aller Sachgüter und Dienstleistungen, die in einem bestimmten Jahr innerhalb der Landesgrenzen einer Volkswirtschaft produziert werden; mehr zum BIP → S. 305 ff.

Konjunkturzyklen

Beobachtet man die Entwicklung der Volkswirtschaften, gibt es immer wieder Wechsel zwischen Wirtschaftskrisen und guten Phasen. Wirtschaftsschwankungen lassen sich unterteilen in Konjunkturzyklen: Unter einer Konjunktur versteht man das Auf und Ab einer Wirtschaft. Von diesen Wirtschaftsschwankungen sind die meisten Branchen unserer Volkswirtschaft betroffen. Die ständige Veränderung der Wirtschaftslage erfolgt in einer bestimmten Abfolge, die aus vier Phasen besteht: Tiefstand (Depression), Aufschwung (Expansion), Hochkonjunktur (Boom) und Abschwung (Rezession) bilden einen Konjunkturzyklus (→ Schema unten).

Die einzelnen Phasen lassen sich anhand von sogenannten **Konjunkturindikatoren** beschreiben. Wichtigster Indikator ist die Veränderung des **Bruttoinlandsprodukts**. Weitere Indikatoren sind:
- die Entwicklung der Preise und Löhne,
- die Zahl der Arbeitslosen,
- der Auftragseingang in der Industrie,
- der Umsatz im Handel,
- die Einschätzung der wirschaftlichen Lage („Stimmungsbarometer") und
- die Zahl der Unternehmensinsolvenzen.

Neben den Konjunkturzyklen gibt es
- **saisonale Schwankungen**, die meist jährlich wiederkehrend bestimmte Branchen betreffen. *Beispiele:* In den Wintermonaten hat der Tourismus in den Skigebieten Hochsaison; in der Bauindustrie wird hingegen wenig oder gar nicht gearbeitet.
- **strukturelle Veränderungen**, die langfristig die Wirtschaftsentwicklung in bestimmten Regionen und Branchen beschreiben. *Beispiele:* das Zechensterben im Ruhrgebiet oder der Niedergang der Bekleidungs- und Textilindustrie im Münsterland.

Arbeitslosigkeit hat oft strukturelle Ursachen, dann nämlich, wenn Angebot und Nachfrage auf dem Arbeitsmarkt nicht zueinander passen. Dann gibt es freie Stellen, aber die Arbeitslosen verfügen nicht über die nötige Qualifikation dafür.

Die Konjunktur beschreibt die eher kurzfristige Auslastung der Produktionskapazitäten einer Wirtschaft. Daneben gibt es das Wirtschaftswachstum, das sich auf eine langfristigere Entwicklung der Wirtschaft über die Jahre bezieht. Wichtigster Indikator ist auch hier die Entwicklung des Bruttoinlandsprodukts (Wachstumsrate des BIP).

Berg- und Talfahrt der Konjunktur

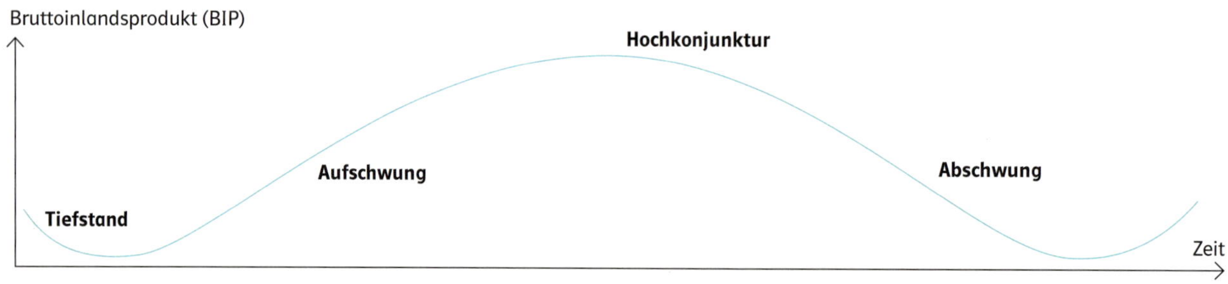

Tiefstand	Aufschwung	Hochkonjunktur	Abschwung
Die Nachfrage nach Gütern ist gering. Es wird wenig investiert und produziert. Die Arbeitslosenquote ist hoch. Gewinne und Löhne sind niedrig.	Die Nachfrage nach Gütern steigt, Unternehmen investieren und stellen Arbeitskräfte ein, Löhne und Gewinne steigen. Die Zukunftserwartungen der Haushalte, Unternehmen und des Staats sind positiv.	Die Produktionskapazitäten der Unternehmen sind voll ausgelastet. In einigen Bereichen herrscht ein Mangel an Arbeitskräften. Die hohe Nachfrage führt zu hohen Löhnen und Preisen. Zuwachsraten des BIP werden geringer. Erste Unternehmen geraten in wirtschaftliche Schwierigkeiten.	Es wird weniger produziert und investiert. Arbeitnehmer werden entlassen. Die Zukunftserwartungen sind pessimistisch.

Recherche
n987ii
volkswirtschaftliche Gesamtrechnung, Wirtschaftspolitik

Ziele der Wirtschaftspolitik

Die wirtschaftliche Entwicklung der Bundesrepublik Deutschland ist in der Vergangenheit nicht gleichmäßig verlaufen. Dies wird auch in Zukunft nicht anders sein. Da Wirtschaftsschwankungen nicht von alleine kommen, sollte der Staat ihnen entgegenwirken.
Die Ziele staatlicher Wirtschaftspolitik sind im **„Gesetz zur Förderung der Stabilität und des Wachstums der Wirtschaft“** (kurz: Stabilitätsgesetz, StabG) formuliert. Man spricht auch vom „magischen Viereck“ der Wirtschaftspolitik. Die Ziele werden so formuliert:

- Ein **angemessenes** 🔍 **Wirtschaftswachstum** gilt dann als erreicht, wenn das Bruttoinlandsprodukt um 3–4% steigt.
- **Preisstabilität** gilt dann als erreicht, wenn die Preissteigerungsrate 2% nicht übersteigt. Mithilfe des „Warenkorbs“, der ca. 750 Güter und Dienstleistungen umfasst, ermittelt das Statistische Bundesamt in einer repräsentativen Erhebung die Veränderung des Preisniveaus. Steigende Preise verringern die Kaufkraft. Erhöht sich der Nettolohn eines Arbeitnehmers (= **Nominallohn**) in einem Jahr um 2%, so bedeutet das nicht automatisch, dass er sich gegenüber dem Vorjahr für 2% mehr Güter und Dienstleistungen leisten kann. Sind nämlich im gleichen Zeitraum die Preise um 3% gestiegen, so ist sein **Reallohn**, d.h. die tatsächliche Kaufkraft seines Nettolohns, gesunken.
- Eine **Arbeitslosenquote** von maximal 3% definiert die Bundesregierung als Vollbeschäftigung.
- Eine **ausgeglichene Leistungsbilanz** liegt dann vor, wenn der Wert der Ein- und Ausfuhren etwa gleich groß ist. Bei einem Exportüberschuss im Güter- und Dienstleistungsverkehr von nicht mehr als 2% des Bruttoinlandproduktes gilt das Ziel **außenwirtschaftliches Gleichgewicht** als erreicht.

Weitere Ziele der Wirtschaftspolitik sind der **Umweltschutz** und eine **gerechte Einkommensverteilung**.

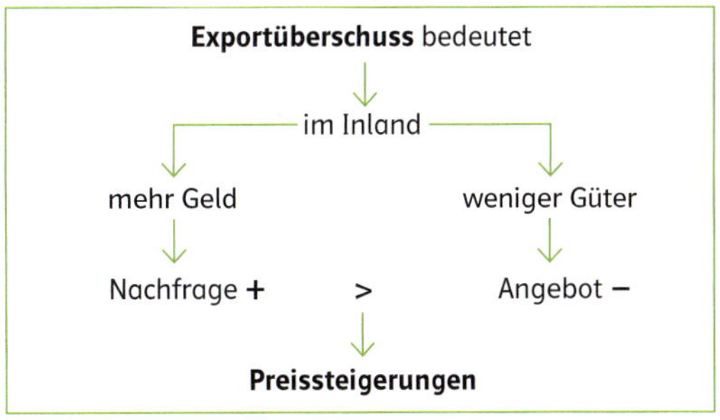

🔍 ***Wirtschaftswachstum***

Wirtschaftswachstum entsteht vor allem durch vermehrten Einsatz der Produktionsfaktoren Kapital (z.B. Maschinen), Arbeit und Boden (z.B. Rohstoffe) sowie durch technischen Fortschritt.

Wirtschaftspolitische Konzeptionen

Erfolgt der Eingriff des Staates in den Konjunkturverlauf, indem er die Nachfrage beeinflusst, so spricht man von einer nachfrageorientierten Wirtschaftpolitik. Soll der Staat die Produktionsbedingungen der Unternehmen (also die Angebotsseite) verbessern, so spricht man von einer angebotsorientierten Wirtschaftspolitik. In der wirtschaftspolitischen Praxis hat sich eine Mischung aus Maßnahmen durchgesetzt, die aus beiden Theorien abgeleitet wurden.

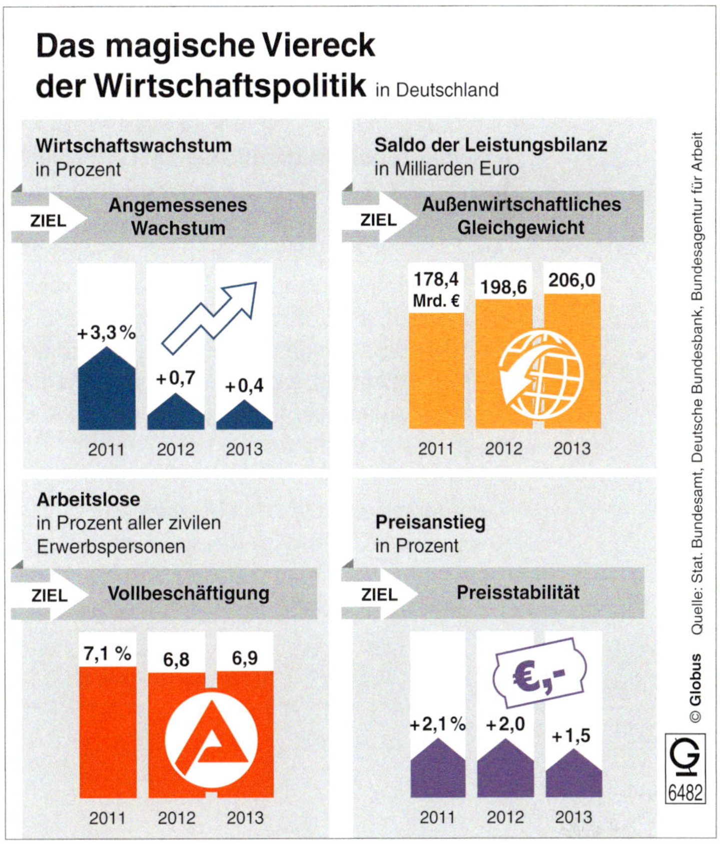

Nachfrageorientierte Wirtschaftspolitik

Die Nachfrage auf dem Markt kann der Staat durch seine Ein- und Ausgabenpolitik beeinflussen. Wenn er sich entgegengesetzt zum Konjunkturverlauf verhält, spricht man von einem **antizyklischen** Verhalten.

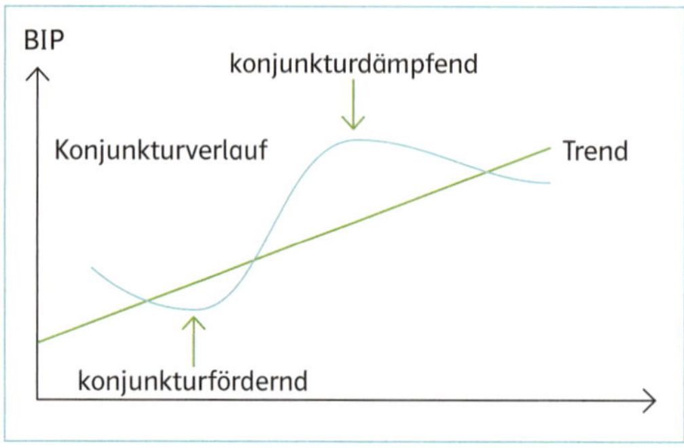

Ausgabenpolitik: Der Staat verändert die Geldströme zu den Haushalten und Unternehmen. In Zeiten der Hochkonjunktur werden z. B. weniger Aufträge an Unternehmen vergeben, um so die Konjunktur zu dämpfen. In Zeiten der Rezession verfährt man umgekehrt. Sind die Maßnahmen mit Krediten finanziert worden, besteht aber die Gefahr einer zunehmenden Staatsverschuldung.

Einnahmenpolitik: Mithilfe der Einnahmepolitik werden die Geldströme von den Haushalten und Unternehmen zum Staat verändert. Der Staat kann durch Veränderung der Steuern die finanziellen Handlungsmöglichkeiten von Haushalten und Unternehmen beeinflussen. In Zeiten der Hochkonjunktur werden z. B. die Steuern erhöht (*Beispiel:* Lohnsteuer), um die Einkommen und somit auch die Ausgaben der Haushalte zu verringern.

Beeinflussung der Wirtschaftssubjekte: Unternehmen, aber auch Haushalte sollen zum Kauf angeregt werden (z. B. durch Prämien und steuerliche Anreize bei Investitionen und Kaufentscheidungen).

Angebotsorientierte Wirtschaftspolitik

Mit diesem Konzept sollen die Produktionsbedingungen einer Volkswirtschaft verbessert werden. Man geht davon aus, dass geringere Produktionskosten und eine bessere internationale Wettbewerbsfähigkeit der Unternehmen (→ S. 309 ff.) diese dazu veranlassen, mehr im Inland zu investieren und damit zusätzliche Arbeitsplätze zu schaffen.

Dazu dienen u. a. die folgenden staatlichen Maßnahmen:

- Senkung der Lohnnebenkosten (knapp 30 Prozent des Bruttolohnes), um die Lohnkosten pro Stunde zu senken (Berechnung der Lohnnebenkosten → S. 195 ff.);
- Lockerung arbeitsrechtlicher Bestimmungen, z. B. Lockerung des Kündigungsschutzes;
- Abbau bürokratischer Auflagen, z. B. die Flexibilisierung der Arbeitszeiten;
- Reduzierung der Staatsschulden, um den finanziellen Handlungsspielraum des Staates zu erhöhen;
- Abbau sozialer Zahlungen des Staates, um die Eigenverantwortung der Einzelnen zu stärken, z. B. Selbstbeteiligung an den Krankheitskosten;
- Senkung der Unternehmenssteuern, damit Investitionen durchgeführt und Arbeitsplätze geschaffen werden können;
- staatliche Förderung im Bereich Forschung und neuer Technologien, z. B. im Bereich der Umwelttechnologie;
- Investitionen in Bildung, damit der Wirtschaft ausreichend qualifizierte Arbeitnehmer zur Verfügung stehen.

Zusammenfassung: Angebots- und nachfrageorientierte Wirtschaftspolitik

Wirtschaftspolitische Konzeptionen

Nachfrageorientierte Wirtschaftspolitik

Der Staat versucht, die Nachfrage auf dem Markt zu steigern durch
- Ausgabenpolitik
- Einnahmenpolitik
- Beeinflussung der Wirtschaftssubjekte

Wirtschaftspolitische Ziele nach dem Stabilitätsgesetz

- stetiges, angemessenes Wirtschaftswachstum
- Stabilität des Preisniveaus
- hoher Beschäftigungsstand
- außenwirtschaftliches Gleichgewicht

Angebotsorientierte Wirtschaftspolitik

Der Staat versucht, die Produktionsbedingungen zu verbessern durch
- niedrige Lohnnebenkosten
- niedrige Steuern
- gute Bildung
- usw.

Übungsaufgaben

1. Um den Preisanstieg in der Bauwirtschaft zu dämpfen, beschließt die Bundesregierung, die öffentlichen Ausgaben für den Ausbau der Bundesstraßen und Autobahnen sowie für die Modernisierung der Bundesbahn drastisch zu kürzen.
   a) Wie beurteilen Sie die Erreichung des Ziels „Preisniveaustabilität“ durch diese Maßnahme?
   b) Prüfen Sie, welche Folgen diese Politik für das Ziel „Erreichung eines hohen Beschäftigungsstandes“ hat?
   c) Erläutern Sie den Zielkonflikt zwischen den Zielen „Preisniveaustabilität“ und „hoher Beschäftigungsstand“.

2. Erläutern Sie den Zusammenhang zwischen Wirtschaftswachstum und Arbeitslosigkeit in Deutschland.

3. Beschreiben Sie strukturelle und konjunkturelle Wirtschaftsschwankungen.

4. Im Rahmen der nachfrageorientierten Wirtschaftspolitik finanziert der Staat seine Maßnahmen häufig in Form von Krediten. Das Konzept der angebotsorientierten Wirtschaftspolitik erwartet in Zeiten hoher Arbeitslosigkeit von den Tarifpartnern (Gewerkschaften und Arbeitgebern) Zurückhaltung bei den Lohnerhöhungen. Gleichzeitig soll der Staat die Unternehmenssteuern senken.
   Diskutieren Sie die Probleme, die sich jeweils aus diesen Maßnahmen ergeben können.

5. Der Lohnzuwachs eines Arbeitnehmers beträgt 4 %. Im gleichen Zeitraum liegt die Preissteigerungsrate bei 3 %.
   a) Erklären Sie den Unterschied zwischen Nominallohn und Reallohn.
   b) Erläutern Sie, wie sich in diesem Fall die Reallohnänderung für den Arbeitnehmer auswirkt.

Bedeutung des Bruttoinlandsprodukts

Lernsituation

Theresa besucht nach einem Einkaufsbummel ihre Oma.

Oma: Schön, dass du wieder mal hereinschaust. Wofür hast du denn heute dein Geld ausgegeben?
Theresa: Eigentlich wollte ich nichts kaufen. Aber als ich diese Schuhe für 129 Euro sah, musste ich einfach zugreifen.
Oma: Willst du damit sagen, dass 129 Euro für ein Paar Schuhe ein besonders günstiges Angebot ist? Als ich in deinem Alter war, hab ich für ein ähnliches Paar 40 Mark bezahlt. Das sind heute 20 Euro. Und das fand ich damals unverschämt teuer.
Theresa: Das kann schon sein, Oma. Aber wie viel hast du auch im Monat verdient? Erstens sind 129 Euro für ein gutes Paar Schuhe gar nicht so teuer und zweitens bekomme ich 2100 Euro brutto, seitdem ich die Ausbildung als Mechatronikerin abgeschlossen habe.
Oma: Ich weiß noch ganz genau, mein erstes Gehalt betrug umgerechnet 320 Euro. Dafür musste ich, einschließlich Samstag, 45 Stunden in der Woche arbeiten. Und Urlaub gab es 15 Tage. Aber an eine Urlaubsreise war nicht zu denken. Das verdiente Geld wurde fast ausschließlich für Wohnung und Lebensunterhalt aufgebracht. Für kostspielige Freizeitgestaltung und teure Hobbys blieb nichts übrig. So erging es den meisten Menschen.
Theresa: Ging es euch denn damals im Vergleich zu uns heute so viel schlechter?
Oma: Schlechter? Ich weiß nicht. Vielleicht waren wir früher sogar zufriedener als viele Leute heute, die gar nicht wissen, wie gut es ihnen geht? Manchmal hat man das Gefühl, niemand hat mehr Zeit, obwohl viel weniger gearbeitet wird.
Theresa: Apropos Zeit, ich muss weg, sonst verpass ich meine Verabredung, Oma, tschüss.

Arbeitsauftrag

○ ◒ ● Das Sozialprodukt gilt als Wohlstandsmesser in einer Gesellschaft. Zu Recht? Bei der Lösung helfen Ihnen die folgenden Aufgaben.

a) Beschreiben Sie, wie sich die Kaufkraft der Lohnminute insgesamt verändert hat.
b) Erklären Sie, warum bei einigen Produkten und Dienstleistungen viel länger, viel kürzer oder genauso viel gearbeitet werden musste.
c) Erläutern Sie den Zusammenhang zwischen der Steigerung des Bruttoinlandsproduktes, den Veränderungen bei der Kaufkraft und der zu leistenden Wochenarbeitszeit.
d) Nehmen Sie Stellung zur Kritik am Sozialprodukt als Wohlstandsmesser.

Recherche
k7h2s6
Bruttoinlandsprodukt, Wohlstandsformel

Bruttoinlandsprodukt

Die wirtschaftliche Leistungsfähigkeit und der Wohlstand einer Volkswirtschaft werden an der Höhe des Bruttoinlandsproduktes (BIP) gemessen. Es bezeichnet den Wert aller Güter und Dienstleistungen, die in einem bestimmten Jahr innerhalb einer Volkswirtschaft produziert werden. Bei der Berechnung werden die Marktpreise zugrunde gelegt. Will man die BIP der einzelnen Jahre vergleichen, muss man die Preissteigerungsraten herausrechnen und gelangt so zum realen BIP. Bereinigt man diesen Wert um den Wertverlust (z. B. Abschreibung bei Maschinen), so erhält man das Nettoinlandsprodukt.

Entwicklung des Bruttoinlandsprodukts

Die Steigerung des BIP war in den Jahrzehnten nach dem Zweiten Weltkrieg aufgrund des Wiederaufbaus besonders hoch. In den letzten 10 Jahren waren die Wachstumsraten niedrig (2009 gab es sogar einen Rückgang). Das ist aber völlig normal, da man bereits ein sehr hohes Niveau erreicht hat. Gründe für die Steigerung der Leistungsfähigkeit der Wirtschaft sind:

- Zunahme der Faktoren Arbeit und Boden: mehr Arbeitskräfte, längere Arbeitszeiten, Erschließung neuer Rohstoffquellen;
- Steigerung der Produktivität: neue Produktionsverfahren, leistungsfähigere Maschinen und veränderte Organisationsmodelle.

Die Politik nimmt Einfluss auf diese Faktoren, indem sie die Rahmenbedingungen festlegt: die Öffnung internationaler Märkte für Unternehmen (z. B. durch Handelsabkommen), die staatliche Ausgabenpolitik, die Energiepolitik, die Förderung technologischer Entwicklungen und die politische Stabilität und Rechtssicherheit.

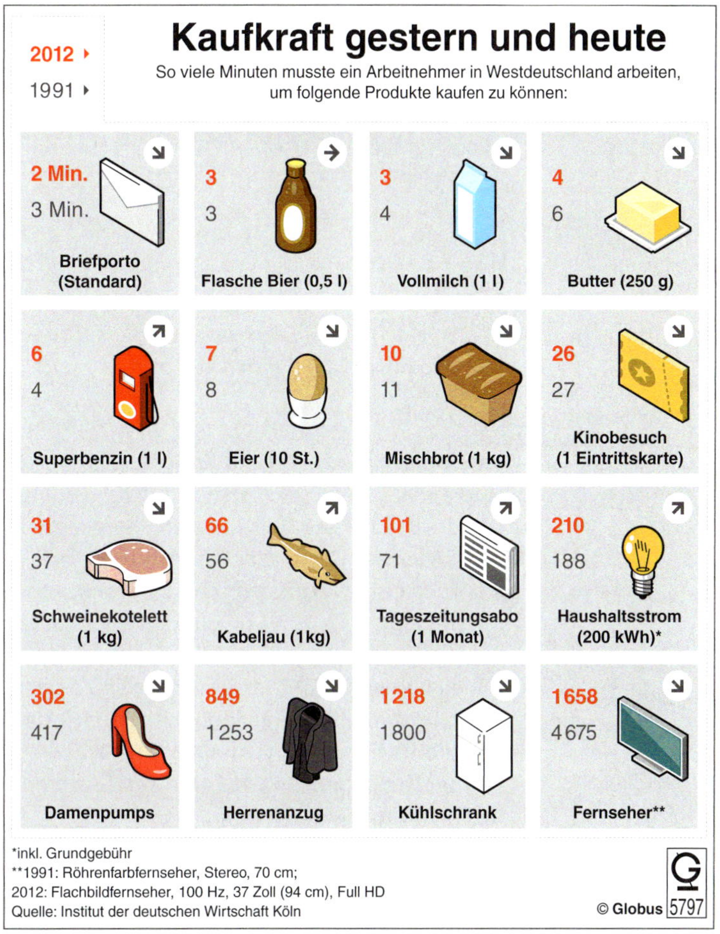

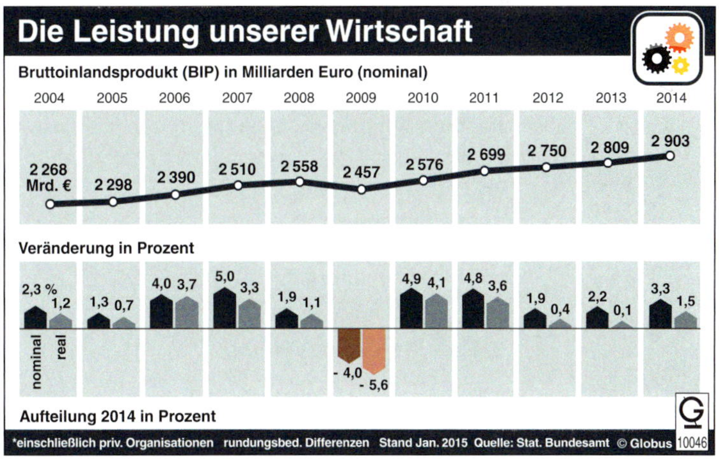

Entstehung des Bruttoinlandsprodukts

Ausgangspunkt ist die **Wertschöpfung** in einer Volkswirtschaft. Sie ergibt sich aus den Produktionswerten (Umsatz, selbst erstellte Anlagen usw.) der Unternehmen abzüglich der darin enthaltenen Vorleistungen (eingekaufte Güter und Dienstleistungen). Löhne und Gewinne bilden die Wertschöpfung. Die Wertschöpfung aller Unternehmen entspricht dem Produktionswert/Marktpreis des Endproduktes.

Rationalisierung → S. 59 ff.

Produktivitätsentwicklung → S. 61

Unternehmen	Produktionswert (€)	Vorleistungen (€)	Wertschöpfung (€)
Forstbetrieb	1000	–	1000
Sägerei	2500	1000	1500
Möbelfabrik	4500	2500	2000
			4500

Wohlstands-formel

Eine Bundestags-kommission hat eine neue Wohlstands-formel erarbeitet.
→ S. 329

Entstehung des BIP

Dienst-leistung 68,4 %
produzierendes Gewerbe 26,1 %
Bau 4,6 %
Land-/Forst-wirtschaft 0,9 %

Verwendung des BIP

Konsum 55,9 %
Staats-ausgaben 19,3 %
Investitionen 19 %
Außenbeitrag 5,8 %

Verteilung des BIP

Löhne, Gehälter 68 %
Gewinne, Ver-mögenserträge 32 %

Statistisches Bundesamt (Stand 2013)

Beispiel: Ein Forstbetrieb verkauft Bäume an eine Sägerei. Die dort hergestellten Bretter werden an eine Möbelfabrik verkauft, die daraus Möbel baut und an Kunden verkauft.

Verwendung und Verteilung des BIP

Das erwirtschaftete BIP wird zum überwiegenden Teil privat verbraucht. Die restlichen Teile entfallen auf Investitionen, den Staatsverbrauch (→ Staatsquote S. 297) und auf den Außenbeitrag (Wareneinfuhr – Wahrenausfuhr). Investitionen bedeuten Konsumverzicht. Sie sind aber Voraussetzung für technologischen Fortschritt und Produktivitätssteigerungen. Unterentwickelten Ländern gelingt es kaum, auf Kosten des Konsums zu investieren.
Das Volkseinkommen ist die Summe aller Einkünfte, die die Haushalte beziehen. Wer Arbeit zur Verfügung stellt, erhält Lohn, für Kapital erhält man Zinsen und Gewinne und für Boden Miete und Pacht. Außerdem zahlt der Staat Geld an Haushalte (Kindergeld, Sozialhilfe usw.), Unternehmen gewährt er Subventionen. In der Verteilungsrechnung wird unterschieden, welcher Anteil des Volkseinkommens auf Löhne und Gehälter (Lohnquote) und welcher Anteil auf Gewinne sowie Einkommen aus Vermögen entfällt (Gewinnquote).

BIP als Wohlstandsmesser

Ein stetiges Wirtschaftswachstum kann unterschiedlich genutzt werden. Grundsätzlich bestehen zwei Möglichkeiten:
Verkürzung der Arbeitszeit: Durch höhere Leistungsfähigkeit kann in kürzerer Zeit ein höheres Bruttoinlandsprodukt erwirtschaftet werden. So sank die Arbeitszeit von 1960 bis heute von jährlich 2124 Arbeitsstunden auf 1390 im Jahr 2013. Für Arbeitnehmer bedeutet dies: kürzere Wochenarbeitszeit, mehr Urlaub.
Steigerung des Durchschnittseinkommens: Verteilt man den erwirtschafteten Wert an Gütern und Dienstleistungen auf den Einzelnen, spricht man vom BIP pro Kopf. Dieser Wert gilt als Gradmesser für den Lebensstandard in einer Volkswirtschaft, obwohl er nichts über die tatsächliche Verteilung aussagt..

Hohes BIP = Wohlstand?

Die Kritik am BIP als Wohlstandsmesser kann man wie folgt zusammenfassen:
Fehlende Güter: Bei der Berechnung des BIP werden nur Güter und Dienstleistungen zusammengefasst, die offiziell am Markt verkauft werden. Somit fehlen die Leistungen, für die es keinen Marktpreis gibt: z. B. Hausarbeit, Ehrenamt und der informelle Wirtschaftssektor: z. B. Eigenleistungen beim Hausbau, Schwarzarbeit (wird mit einem geschätzten Aufschlag eingerechnet, genauso wie Drogenhandel und Tabakschmuggel).
Negative Einflussgrößen: Kosten für Reparaturen an Unfallfahrzeugen erhöhen das Bruttoinlandsprodukt genauso wie der Ersatz für Schäden aus Umweltkatastrophen.
Umweltgedanke: Betriebe benötigen Rohstoffe und Energie zur Herstellung von Waren und Gütern. Durch die Produktion werden Schadstoffe an die Umwelt abgegeben. Produktionsabfälle müssen entsorgt werden, ebenso wie Güter, die nicht mehr benötigt werden. Das wirtschaftliche Handeln war bis vor 40 Jahren auf wirtschaftliches Wachstum ausgerichtet. Erst die Erkenntnis, dass uneingeschränktes Wachstum zu Umweltbelastung und raschem Verbrauch nicht erneuerbarer Rohstoffe (z. B. Öl, Kupfer) führt, veränderte das Bewusstsein. Der Wert von Gütern und Dienstleistungen bemisst sich daran, ob der Mensch sie in einem intakten Lebensraum nutzen kann. Daher wird heute die ökonomische Sichtweise zunehmend durch die ökologische ergänzt. In einer neuen **Wohlstandsformel** können qualitative Größen wie nachhaltige Entwicklung, Lebenszufriedenheit, Lebensqualität, Glück, Sicherheit usw. enthalten sein.

Zusammenfassung: Bedeutung des Bruttoinlandsprodukts

Bruttoinlandsprodukt (BIP)

= Wert aller Güter und Dienstleistungen, die in einem bestimmten Zeitraum von den Mitgliedern einer Volkswirtschaft im Inland erwirtschaftet werden.

Entstehung
- Landwirtschaft
- Industrie und Handwerk
- Staat
- Dienstleistungsbereich

Verwendung
- privater Verbrauch
- Staatsverbrauch
- Investitionen
- Außenbeitrag

Verteilung
- Löhne (Lohnquote)
- Gewinne und Zinsen (Gewinnquote)

Bedeutung

= Maßstab für Leistungsfähigkeit und Wohlstand

Kritik ↓
- fehlende Leistungen
- negative Einflussfaktoren
- fehlender Umweltgedanke

Lösungsansatz ↓

= Berücksichtigung qualitativer Faktoren

Übungsaufgaben

1. Beurteilen Sie, ob durch die folgenden Leistungen das Sozialprodukt gesteigert wird.
   a) Peter hilft ausnahmsweise beim Aufräumen der Wohnung und erhält dafür von seiner Mutter 5,00 €.
   b) Der Malergeselle tapeziert nach Feierabend bei Bekannten und Freunden die Wohnung und erhält dafür einen Stundenlohn von 17,00 €.
   c) Frau Rösner pflegt ihre kranke Mutter und erhält dafür von der Krankenkasse Pflegegeld.
   d) Herr Fielmann ist seit einigen Jahren Rentner. In unregelmäßigen Abständen leitet er gegen Bezahlung bei der Volkshochschule Sprachkurse.
   e) Die durch einen Autounfall entstandenen Reparaturkosten belaufen sich auf 1.500,– €.

2. Die Länder A und B weisen in etwa die gleiche Bevölkerungszahl und Fläche auf. Das Bruttoinlandsprodukt des Landes A ist doppelt so hoch wie das des Landes B.
   Erläutern Sie, welche Folgerungen daraus abgeleitet werden können.

3. Diskutieren Sie die Bewertungskriterien, die zugrunde gelegt werden sollten für:
   a) die Entlohnung von Arbeit,
   b) die Bereitstellung von Kapital.

4. Recherchieren Sie, warum im Jahre 2009 das Wirtschaftswachstum so stark zurückging.

5. Die Tabelle zeigt die Veränderungen bei den Verbrauchsausgaben eines Vier-Personen-Haushalts im Laufe der Jahre auf.

Ausgaben für den privaten Verbrauch in %	1950	1970	1990	2012
Wohnen, Energie	15,5	20,2	26,9	34,5
Verkehr	2,1	10,8	15,9	14,2
Nahrung, Getränke, Tabak	50,7	35,3	24,1	13,9
Freizeit, Unterhaltung	7,0	7,3	10,6	10,6
Ausstattung, Haushaltsgerät	4,5	9,0	7,2	5,5
Bekleidung, Schuhe	13,2	10,8	8,1	4,6
Gesundheitspflege	4,2	3,6	3,7	4,2

   a) Beschreiben Sie die Veränderungen bei den Verbrauchsausgaben.
   b) Erläutern Sie die Gründe für die starken Abweichungen im Laufe der Jahre.

Herausforderungen durch globale Konkurrenz

Lernsituation

Arbeitsauftrag

Analysieren Sie diese – nicht ganz ernst gemeinte – Standortentscheidung für Kenia, indem Sie die folgenden Fragen klären:

1. In welchem Umfang sind die Regionen Afrika und Europa in den Welthandel einbezogen? Ziehen Sie zur Beantwortung die Grafik auf S. 327 heran.
2. Welche Standortfaktoren wurden bei der Entscheidung berücksichtigt, welche wurden vernachlässigt?
3. Welche Schwierigkeiten ergeben sich daraus?
4. Angenommen, der Standort Kenia würde beibehalten: Welche Änderungen am unternehmerischen Konzept sind Ihrer Ansicht nach dann nötig?

Recherche
u3df8a
Globalisierung, Standortfaktoren,
Außenhandel Deutschlands

Globalisierung der Wirtschaft

Viele Produkte, die wir täglich nutzen, kommen heute aus dem Ausland. Umgekehrt exportieren deutsche Unternehmen viele Waren. Darüber hinaus investieren sie im Ausland, bauen z. B. Fabriken oder errichten Handelsniederlassungen. In den letzten Jahrzehnten haben diese **Direktinvestitionen** noch stärker zugenommen als der Welthandel und die Weltwirtschaftsleistung (→ Grafik unten).
Diese zunehmende wirtschaftliche Verflechtung der Volkswirtschaften zu einem weltweiten Wirtschaftsraum nennt man **wirtschaftliche Globalisierung**. Mit diesen Verflechtungen wachsen auch die grenzüberschreitenden Abhängigkeiten und mit ihnen der internationale Wettbewerb.
Der enorme Zuwachs des Welthandels hat technische und politische Ursachen. Die wichtigsten sind:

- die weltweite **Vernetzung von Information und Kommunikation**. Sie verändert die Organisation der Wirtschaft, die weltweit riesige Datenmengen mit ihren Niederlassungen, mit Lieferanten und Kunden austauscht;
- die **Verbilligung des Transports** über See durch die Containerschifffahrt. Die Transportkosten einer Ladung Hemden von China nach Deutschland sind nicht höher als die Kosten des Weitertransports per Lkw von Hamburg nach Düsseldorf;
- die Öffnung der meisten Staaten der Welt für den **freien Handel**, d. h. für ausländische Unternehmen, die vor Ort produzieren, investieren und verkaufen dürfen.

Fast alle Staaten sind heute Mitglied der Welthandelsorganisation (WTO), die Regeln für den Welthandel festlegt und Streitigkeiten zwischen den Mitgliedern schlichtet (→ S. 116).

Attraktivität der Wirtschaftsstandorte

Globalisierung bedeutet: Die Produktionsbedingungen sind weltweit vergleichbar geworden. Unternehmen suchen für ihre Produktion den optimalen Standort und bieten ihre Produkte dort an, wo sie mit Gewinn verkauft werden können.

Direktinvestitionen

Die finanzielle Beteiligung eines Investors (Kapitalanlegers) an einem Unternehmen in einem anderen Staat mit dem Ziel, Einfluss auf dessen Geschäfte zu nehmen

Bei der Wahl des Produktionsstandorts spielen viele Faktoren eine Rolle. Keiner von ihnen ist allein ausschlaggebend. Wichtige Standortfaktoren sind:

- **Arbeitskosten** und **Arbeitsproduktivität**: Höhe von Löhnen und Gehältern und Höhe der Lohnstückkosten (→ S. 314 f.),
- **Qualifikation der Beschäftigten**: Verfügbarkeit von Arbeitskräften mit den nötigen Kenntnissen,
- **Marktnähe**: Nähe zu Kunden und Lieferanten,
- **Infrastruktur**: Verkehrs- und Kommunikationsnetze, Energieversorgung und deren Kosten, Bildungseinrichtungen, Gesundheitswesen,
- **staatliche Rahmenbedingungen**: Fördermaßnahmen, Unternehmenssteuern, politische Beschränkungen, politische Stabilität.

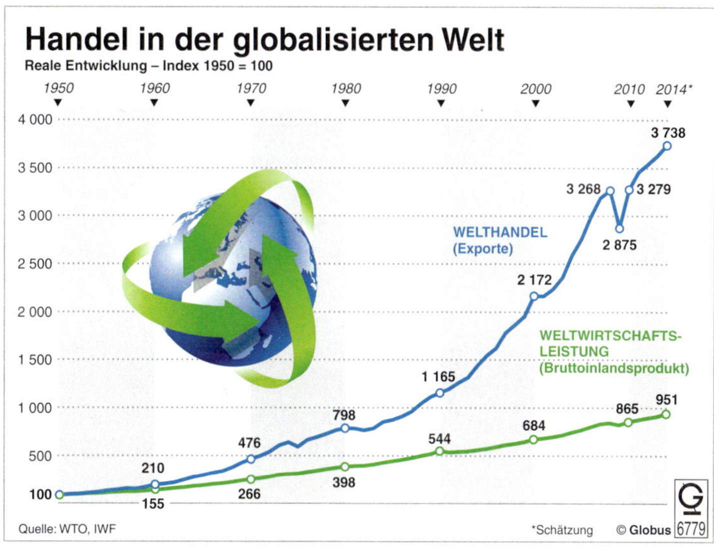

7.2 Globalisierung – Chancen und Risiken kennen

Gründe für Auslandsinvestitionen der deutschen Industrie
(in Prozent)

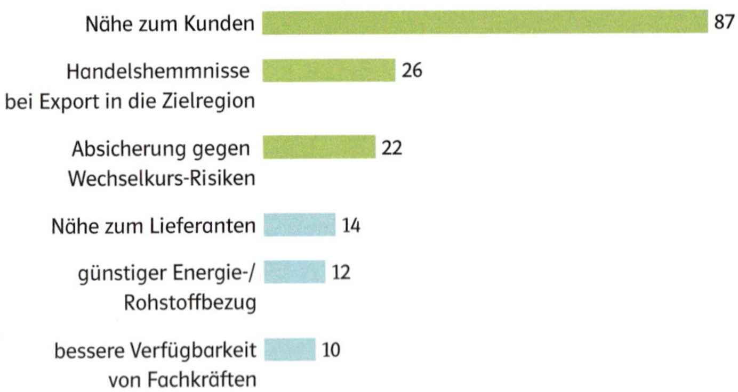

DIHK-Umfrage: Auslandsinvestitionen in der Industrie 2014, S. 18 (gekürzt, Mehrfachnennungen möglich)

Wettbewerbsfähigkeit der Standorte (Standortranking)

1. Schweiz
2. Singapur
3. USA
4. Finnland
5. Deutschland
6. Japan
7. Hongkong
8. Niederlande
9. Großbritannien
...
28. China

Rangfolge für 2014–15; World Economic Forum: Global Competitiveness Report

- **Wechselkursrisiko:** Wenn in einem Land produziert wird, das eine andere Währung hat als das Abnehmerland, besteht ein Wechselkursrisiko. Eine Aufwertung z. B. des rumänischen Leu wirkt wie eine Erhöhung der Produktionskosten, wenn in den Euro-Raum exportiert wird.
- **Politische Maßnahmen:** Manche Staaten nehmen massiv Einfluss auf die Standortwahl. Sie beschränken z. B. den Import für bestimmte Produkte oder erheben hohe Einfuhrzölle, wie etwa China für den Import von Pkws. Dadurch soll erreicht werden, dass diese Produkte im Land selbst produziert werden, oder es soll die heimische Industrie vor ausländischer Konkurrenz geschützt werden, deren Produkte durch den **Einfuhrzoll** künstlich verteuert werden (Schutzzölle). Der Zugang ausländischer Unternehmen zum Markt wird erschwert.
  Viele Staaten unterstützen ihre Wirtschaft durch Subventionen (→ S. 296) oder niedrige Unternehmenssteuern, damit sie auf dem Weltmarkt erfolgreicher sind. Andere Staaten erlauben Investitionen ausländischer Unternehmen, aber zwingen sie dazu, die Gewinne wieder im Land zu investieren.

Aus dem Vergleich solcher Faktoren und aus Befragungen von Investoren werden **Standortrankings** erstellt. Die Aussagekraft dieser Rankings ist allerdings begrenzt: Die Gewichtung der Faktoren hängt vom speziellen Interesse des einzelnen Unternehmens ab. Außerdem kommen „weiche Standortfaktoren“ dazu, z. B. bereits bestehende Geschäftsbeziehungen.

Deutschlands Stellung in der Weltwirtschaft

Bei einigen Standortfaktoren schneidet Deutschland schlecht ab. Dies sind besonders die Arbeitskosten. Niedrig qualifizierte Arbeit wird weltweit zu einem Bruchteil der deutschen Kosten angeboten. Man spricht von **Niedriglohnländern**, deren wichtigster (und oft einziger) Konkurrenzvorteil die niedrigen Löhne sind. Bezogen auf die Produktivität der Arbeit, die Qualifikation der Arbeitskräfte, die Infrastruktur und die politische Stabilität ist Deutschland aber ein guter Standort.
Deutschland erwirtschaftet etwa 40 Prozent seiner Wirtschaftsleistung durch Exporte (zum Vergleich: USA 10 Prozent, Belgien 75 Prozent). Damit ist Deutschland stärker als die USA davon abhängig, dass seine Produkte international konkurrenzfähig sind. Eine schlechte Wirtschaftslage im Ausland schlägt sofort auf die Wirtschaftsentwicklung in Deutschland durch.
Die Zusammensetzung des Exports (→ Tabelle S. 311) zeigt, dass vor allem Investitionsgüter exportiert werden, im Unterschied etwa zu China, das hauptsächlich Konsumgüter exportiert.
Die Tabelle zeigt, dass Deutschland momentan zu den Gewinnern der Globalisierung gehört (Exportüberschuss; relativ anspruchsvolles Sortiment des Exports). Das ist aber keine Garantie für die Zukunft.

Auswirkungen auf die Industrie

1. Globalisierung erschließt Unternehmen neue Absatzmärkte in aller Welt. Allerdings macht dies in vielen Branchen den Aufbau einer **Produktion vor Ort** nötig. So verkauft Volkswagen inzwischen fast die Hälfte seiner Produktion in China. Den chinesischen Markt kann VW nicht von Deutschland aus bedienen.
2. Globalisierung führt zu wachsender **Konkurrenz** durch Wettbewerber aus dem Ausland. Es gibt keinen geschützten Heimatmarkt

Außenhandel Deutschlands nach wichtigen Warengruppen

Import			Export		
in Mrd. €	in %	wichtigste Warengruppen	wichtigste Warengruppen	in Mrd. €	in %
89	10	EDV-Geräte, Elektronik, Optik	Kraftfahrzeuge	203	18
86	9	Kraftfahrzeuge	Maschinen	165	15
83	9	Erdöl, Erdgas	chemische Erzeugnisse	107	9
73	8	chemische Erzeugnisse	EDV-Geräte, Elektronik, Optik	89	8
69	8	Maschinen	elektrische Ausrüstungen	68	6
50	5	Metalle	pharmazeutische Produkte	61	5
47	5	elektrische Ausrüstungen	sonstige Fahrzeuge	51	4
41	4	Nahrungs-/Futtermittel	Metalle	50	4
41	4	pharmazeutische Produkte	Nahrungs-/Futtermittel	48	4
37	4	sonstige Fahrzeuge	Gummi-/Kunststoffwaren	40	4
301	33	Sonstige	Sonstige	251	22
917	100		gesamter Export	1134	100

Statistisches Bundesamt (Stand 2014; Zahlen gerundet)

mehr, und eine technische Innovation anderswo oder ein neues Geschäftsmodell reichen aus, um etablierte einheimische Unternehmen in Bedrängnis zu bringen.

3. Die Wahl des richtigen **Produktionsstandorts** ist zu einem wichtigen Konkurrenzfaktor geworden: Welche Rolle spielen die Lohnkosten, die Qualität des Produkts, die Nähe zu den Kunden? Unternehmen kommen hier zu unterschiedlichen Ergebnissen und nicht jede Entscheidung erweist sich langfristig als richtig.
4. Durch die Globalisierung ist weltweit eine Vielzahl von Zulieferbetrieben entstanden. Diese stellen meist Produkte her, für die keine besonders qualifizierten Arbeitskräfte nötig sind. Hersteller können also kostenintensive Bereiche auslagern, und das auf allen Ebenen der Produktion. Dadurch sind komplexe **weltumspannende Lieferketten** entstanden, deren Kontrolle und Handhabung schwierig sind.
   Das Ergebnis ist eine neue internationale Arbeitsteilung, bei der die Vorprodukte mitunter zweimal um die Welt reisen – alles im Dienste der Kostensenkung. Es gibt heute Weltfirmen, die überhaupt keine eigene Produktion (mehr) haben, z. B. Adidas oder Apple. Immer mehr Teile werden vom günstigsten Zulieferer zugekauft. Dadurch wird weniger eigenes Kapital gebunden und das wirtschaftliche Risiko auf die Zulieferer abgewälzt (mehr zu den Vor- und Nachteilen von Auslagerung → S. 64 f.).
5. Kapitalanleger suchen weltweit die günstigste Anlage. Aktionäre und Investoren erwarten stetig wachsenden Gewinn oder ein völlig neues Geschäftsmodell. Auch profitable Unternehmen suchen nach neuen Geschäftsfeldern, die mehr Profit versprechen, und führen Kostensenkungsprogramme durch.

Die größten Exporteure

	Export 2013 in Mrd. $	Bevölkerung 2013 in Mio.
China	2210	1349
Vereinigte Staaten	1579	317
Deutschland	1453	81
Japan	715	127
Niederlande	664	17
Frankreich	580	66
Südkorea	560	49
Großbritannien	541	64
Russland	523	144
Italien	518	61

Picture Alliance (Globus 6366), Wikipedia, CIA Factbook (Zahlen gerundet)

Zusammenfassung: Herausforderungen durch globale Konkurrenz

Billigere Transportsysteme ↓ | Weltweite Information und Kommunikation ↓ | Öffnung der Märkte für ausländische Unternehmen ↓

Globalisierung

↓

Vergleich der Standortfaktoren

- Arbeitskosten
- Qualifikation der Arbeitskräfte
- Marktnähe
- Infrastruktur (z. B. Verkehrswege)
- Wechselkursrisiken
- staatliche Rahmenbedingungen (z. B. Steuern)
- Handelshemmnisse (z. B. Importzölle)

Übungsaufgaben

1. Erstellen Sie aus der Tabelle *Die größten Exporteure* (→ S. 311) eine Rangfolge der dort genannten Staaten nach dem Export pro Kopf der Bevölkerung.

2. Erläutern Sie, warum Unternehmen bei Entscheidungen über den Produktionsstandort zu unterschiedlichen Ergebnissen kommen.

3. Deutschland und die Globalisierung
   a) Nennen Sie drei Standortfaktoren, bei denen Deutschland gut abschneidet, und drei Standortfaktoren, bei denen es schlecht abschneidet.
   b) Erläutern Sie den Zusammenhang zwischen dem Abschneiden Deutschlands bei den Standortfaktoren und seinen wichtigsten Exportprodukten (→ S. 311 Tabelle).

4. Prüfen Sie, ob und in welcher Weise Ihr Ausbildungsbetrieb von der Globalisierung betroffen ist, z. B.
   - beim Einkauf von Vorprodukten, Bauteilen und anderem Material,
   - bei der Konkurrenz um Aufträge,
   - im Verkehr mit Lieferanten und Kunden.

5. Vergleichen Sie die Gründe von Industrieunternehmen für Auslandsinvestitionen (→ S. 310 Grafik) mit der Liste der Standortfaktoren (→ S. 309 f.). Beschreiben Sie Gemeinsamkeiten und Unterschiede und suchen Sie nach Gründen für die Unterschiede.

Standortfaktoren – die Bedeutung der Lohnkosten

Lernsituation

Arbeitsauftrag

- Zeigen Sie mögliche Folgen der Globalisierung für Arbeitnehmer auf. Entwickeln Sie mehrere Szenarien und nehmen Sie den Dialog der Karikatur als Anregung (→ S. 212 Zukunftsszenarien entwerfen).

Woher kommen deutsche Textilien?

China	*38 %*
Bangladesch	*11 %*
Türkei	*11 %*
Indien	*6 %*
Rumänien	*3 %*

Kurt Salmon (Stand 2013)

Neue internationale Arbeitsteilung

Die Öffnung des Weltmarktes für Güter, Dienstleistungen, Kapital und – in geringerem Maße – für Menschen hat zu einem beispiellosen internationalen Wettbewerb geführt: Staaten konkurrieren um Investoren. Die Investoren vergleichen die Wirtschaftsstandorte weltweit danach, wie günstig es sich produzieren lässt und wie attraktiv sie als Absatzmärkte sind. Dabei spielen die Qualifikation der Arbeitskräfte und die Lohnkosten eine zentrale Rolle:

- Einfache Tätigkeiten, die keine besondere Qualifikation erfordern, werden in Staaten mit niedrigen Löhnen verlagert, die **Niedriglohnländer**. Beispiele dafür sind die Textilindustrie und die Spielzeugindustrie.
- Anspruchsvolle Tätigkeiten bleiben in Staaten mit einem großen Angebot an qualifizierten Arbeitskräften. Dies gilt für Forschung und Entwicklung, aber auch für Produkte, bei denen hohe Qualitätsstandards gelten. Das beste Beispiel dafür ist der Maschinenbau. Aber auch hier werden Teile der Fertigung und Dienstleistungen ausgelagert.

Zwei weitere Faktoren haben diesen Prozess beschleunigt: Die Kosten für den Warentransport sind so stark gesunken, dass meist schon ein geringer Lohnkostenvorteil reicht, um sie auszugleichen. Zweitens hat sich in den letzten 25 Jahren das Angebot an niedrig qualifizierter Arbeit weltweit etwa verdoppelt.
Die globale Arbeitsteilung aufgrund von Lohnkosten und Qualifikation ist dauernd in Bewegung. Ein *Beispiel:* Die Textilindustrie wanderte vor einem guten Jahrzehnt von Süd- und Osteuropa nach China aus. Derzeit werden viele dieser Fabriken in China geschlossen und neue in Bangladesch oder Vietnam eröffnet. Der Grund: In China sind die Lohnkosten zwischen 2005 und 2013 um mehr als das Doppelte gestiegen, in Bangladesch sind sie um 15 % gefallen.

Lohnkosten und Lohnstückkosten

Die entscheidende Größe für Investoren sind nicht die Lohnkosten pro Stunde, sondern die Lohnkosten, die auf eine Einheit eines Wirtschaftsguts (z. B. eines Schulhefts) entfallen: **Lohnstückkosten**. Diese sind nicht nur von den Kosten der Arbeit abhängig, sondern auch von der Produktivität, das heißt davon, wie viele

Lohnkosten und Lohnstückkosten im verarbeitenden Gewerbe

	Lohnkosten und Lohnnebenkosten	Lohnstückkosten
Norwegen	156	107
Schweden	119	90
Deutschland	**100**	**100**
Frankreich	99	115
Japan	80	90
Italien	74	118
USA	70	81
Polen	18	73

Deutschland jeweils = 100, Stand 2012 (Zahlen gerundet); Institut der deutschen Wirtschaft

Lesebeispiel: Die Lohnkosten mit Lohnnebenkosten im verarbeitenden Gewerbe waren 2012 in Norwegen 56 % höher als die in Deutschland, die Lohnstückkosten waren nur 7 % höher. In Polen waren die Lohnkosten mit Lohnnebenkosten 82 % niedriger (18 % der Kosten in Deutschland). Dennoch waren die Lohnstückkosten nur 27 % niedriger (73 % der Kosten in Deutschland).

Dacia Rumänien, Arbeiter an einer Fertigungsstraße

Recherche
f5s5bs
Globalisierung, Lohnkosten, Produktionsverlagerung

T-Shirts ein Arbeitnehmer in einer Zeiteinheit, beispielsweise einer Stunde, herstellt. Hohe Produktivität kann also hohe Lohnkosten ausgleichen, niedrige Produktivität ist nur bei niedrigen Lohnkosten rentabel. Den Zusammenhang verdeutlicht die Tabelle auf S. 314.
Beispiel: Der Autohersteller Renault hat seine alten, in Frankreich unrentablen Produktionsanlagen in Rumänien wieder aufgebaut und produziert dort unter seiner Tochtermarke Dacia. Wegen der niedrigen Löhne in Rumänien lässt sich damit dort rentabel produzieren, obwohl die Produktivität niedriger ist als bei neuen Anlagen.

Trigema – die Ausnahme von der Regel

Trigema ist der letzte große Hersteller von Textilien, der nur in Deutschland produziert und trotz der hohen Lohnkosten Gewinne macht. Was macht Trigema anders?

- Trigema expandiert nicht, hält die Kapazitäten konstant und lastet sie voll aus. Begründung: Der Markt wächst nicht. Umsatzwachstum würde zulasten des Gewinns gehen. Allerdings wird die Produktpalette laufend erneuert.
- Trigema hat die Fertigungstiefe nicht gesenkt, sondern erhöht und kommt auf eine Wertschöpfung von 78 %. Durch Rationalisierung macht Trigema auf allen Herstellungsstufen Gewinn.
- Trigema punktet mit rascher Lieferfähigkeit, auch bei Sonderwünschen.
- Trigema verkauft überwiegend an Endkunden und muss darum beim Handel keine Preiszugeständnisse machen. Trigema nimmt keine Massenaufträge an.
- Trigema wirbt mit umweltfreundlicher Produktion nur in Deutschland und mit sicheren Arbeitsplätzen.

Autorentext

Auswirkungen auf deutsche Beschäftigte

Von der internationalen Arbeitsteilung sind Arbeitnehmer in Deutschland in unterschiedlichem Maß betroffen:

- Eine große Gruppe ist kaum betroffen, weil ihre Arbeitsleistung ortsgebunden ist. Dies gilt u. a. bei vielen personenbezogenen Dienstleistungen, etwa bei Friseuren, Lehrkräften, Gesundheitsberufen, aber auch auf dem Bau, im Transportwesen und im Handel.
- Die Hauptbetroffenen sind Arbeitnehmer mit niedriger Qualifikation: Weltweit gibt es ein Überangebot an niedrig qualifizierter Arbeit. Wer gering qualifiziert ist, ist am leichtesten ersetzbar – durch eine andere Arbeitskraft, durch Rationalisierung oder (soweit die Arbeitsleistung nicht ortsgebunden ist) durch Verlagerung in ein Niedriglohnland. Die Arbeitslosigkeit ist in dieser Gruppe am höchsten.
- Bei den höher qualifizierten Arbeitnehmern ist die Gefahr der Arbeitslosigkeit durch die internationale Arbeitsteilung meist geringer. Der technologische Vorsprung Deutschlands macht ihre Arbeit auch im Inland noch rentabel.

Auswirkungen auf die Arbeitsweise

Die Globalisierung bedeutet neue Anforderungen für viele Beschäftigte, v. a. in der Industrie und im Handel. Sie müssen sicherstellen, dass die Qualität der Textilien stimmt, die sie in Bangladesch bestellt haben, und dass sie rechtzeitig geliefert werden. Sie müssen als Produzenten die Wünsche ihrer Kunden weltweit kennen und erfüllen, egal wie unterschiedlich oder sogar gegensätzlich sie sind.
Informationen beschaffen, bewerten, bearbeiten und weitergeben ist ein wichtiges Element vieler Tätigkeiten geworden. Die Sprache der globalisierten Märkte ist Englisch, nicht Deutsch. Die Lieferketten werden immer komplexer und der dafür nötige Datenaustausch muss störungsfrei ablaufen.
Die Globalisierung verlangt auch mehr Mobilität von den Arbeitnehmern. Es geht trotz Datennetzen, Videokonferenzen und Skype nicht ohne persönliche Anwesenheit vor Ort, bei Lieferanten, Kunden, in den eigenen Zweigwerken. Vor Ort – das kann überall in der Welt sein. Geschäftsreisen oder Auslandsaufenthalte sind nicht auf die oberen Hierarchien eines Unternehmens beschränkt. In manchen Betrieben sind ein bis zwei Jahre Tätigkeit in einer ausländischen Niederlassung sehr erwünscht. Hier geht Globalisierung oft zulasten der privaten Bedürfnisse der Arbeitnehmer und ihrer Familien.

Zusammenfassung: Standortfaktoren – die Bedeutung der Lohnkosten

Hochlohnländer	Niedriglohnländer
Kennzeichen: • hohe Lohnkosten • Rentabilität durch hohe Produktivität • hoch qualifizierte Arbeitskräfte • hohe Löhne, aber Stärken bei anderen Standortfaktoren **Beispiele für Branchen:** Maschinenbau Kfz-Produktion	**Kennzeichen:** • Rentabilität durch niedrige Lohnkosten • niedrige Produktivität • Arbeitskräfte mit geringer Qualifikation • niedrige Löhne, aber Schwächen bei anderen Standortfaktoren **Beispiele für Branchen:** Textilindustrie Spielzeugindustrie
↓	↓
Probleme	**Probleme**
Kostendruck für Unternehmen führt zu • Outsourcing • Rationalisierung • Produktionsverlagerung	Konkurrenz durch andere Niedriglohnländer führt zu • Produktionsverlagerung in Länder mit noch niedrigeren Löhnen oder mit Standortvorteilen

Übungsaufgaben

1. Lohnkosten – Lohnstückkosten
   a) Vergleichen Sie die Begriffe Lohnkosten und Lohnstückkosten.
   b) Erklären Sie, warum die Lohnstückkosten für Unternehmen die entscheidende Größe sind.

2. Ermitteln Sie, inwieweit Ihr Ausbildungsberuf von der Globalisierung betroffen ist. Unterscheiden Sie zwischen Auswirkungen auf die Arbeitsweise und Auswirkungen auf das Risiko, arbeitslos zu werden.

3. „Die Konkurrenz zwischen Niedriglohnländern findet über die Löhne statt, die Konkurrenz zwischen Hochlohnländern über die Qualität der Produkte." Überprüfen Sie diese Aussage auf ihre Richtigkeit.

4. Werten Sie die Zahlen der Tabelle zu den Lohnkosten und Lohnstückkosten in verschiedenen Staaten aus (→ S. 314):
   a) Listen Sie auf, welche Staaten bei den Lohnstückkosten besser abschneiden als bei den Lohnkosten und welche schlechter abschneiden.
   b) Ziehen Sie Schlussfolgerungen, was dies über die Produktivität in den jeweiligen Staaten aussagt.
   c) Nennen Sie die Staaten, die der Tabelle zufolge ein lohnendes Ziel für deutsche Investoren sind.
   d) Beurteilen Sie die Liste aus Arbeitgebersicht und aus Arbeitnehmersicht.

5. Begründen Sie, warum sich das Geschäftsmodell von Trigema (→ S. 315) nicht ohne Weiteres auf andere Unternehmen übertragen lässt.

Betriebsverlagerung

Lernsituation

Stefanie Hensch ist Mitglied im Betriebsrat des Motorenherstellers Jansen GmbH in Duisburg. Für Dienstag in einer Woche ist eine außerordentliche Betriebsversammlung angesetzt worden. Herr Jansen senior hat den Betriebsrat vorab informiert, worum es geht:
Aus Kostengründen soll die Gehäusefertigung, in der der Lohnkostenanteil besonders hoch ist, nach Polen in eine neu gegründete Tochtergesellschaft verlagert werden. Außerdem ist es dort leichter als in Deutschland, qualifiziertes Personal zu gewinnen. Insgesamt sollen so 25% der Kosten eingespart werden. Nach Ansicht der Geschäftsleitung ist die Verlagerung notwendig, um die internationale Konkurrenzfähigkeit zu erhalten. Mit der Maßnahme sind allerdings auch betriebsbedingte Kündigungen verbunden.
Der Betriebsrat berät, wie er sich auf die Betriebsversammlung vorbereiten und wie er gegenüber der Geschäftsleitung und der Belegschaft argumentieren soll. Die Aufgabe von Stefanie ist es, die Argumentation von Herrn Jansen zu überprüfen.

Arbeitsauftrag

- Sammeln Sie für Stefanie Fakten, mit deren Hilfe sie die Argumentation von Herrn Jansen überprüfen kann.

1. Vergleichen Sie die Lohnkosten in Deutschland mit anderen Ländern. Wie kommt die Geschäftsleitung auf eine Produktion in Polen? (→ S. 314 Tabelle)
2. Warum möchte das Unternehmen gerade diesen Teil der Produktion auslagern?
3. Welche weiteren Faktoren müssen bei der Verlagerung bedacht werden?
4. Gibt es Möglichkeiten, die Lohnstückkosten so zu senken, dass eine Verlagerung wirtschaftlich nicht mehr geboten ist?

Umfrage unter deutschen Unternehmen über den Hauptgrund für Auslandsinvestitionen

	2000	2003	2006	2009	2012	2014
Auslandsproduktion zur Kostenersparnis	34%	42%	31%	26%	21%	21%
Auslandsproduktion zur Markterschließung	29%	26%	26%	33%	30%	34%
Investition in Vertrieb und Kundendienst	37%	32%	43%	41%	49%	45%

DIHK-Umfrage – Auslandsinvestitionen in der Industrie 2014, S. 11 (gekürzt)

Wege zur Senkung der Lohnstückkosten

Unternehmen vergleichen laufend die Produktionskosten an verschiedenen Standorten, insbesondere die Lohnstückkosten, und ziehen unterschiedliche Konsequenzen:

- Verlagerung in ein Land mit niedrigerem Lohnniveau;
- Outsourcing der Produktion, d.h. ein bestimmter Arbeitsbereich wird als Auftrag an eine Fremdfirma vergeben (z.B. Buchhaltung, Herstellung von Komponenten), die ihn zu niedrigeren Kosten erledigt (→ S. 64 f.);
- Rationalisierung, um die Lohnstückkosten zu senken;
- Senkung der Lohnkosten des Unternehmens.

In welchen Regionen investieren die Industrieunternehmen?

Mehrfachnennungen möglich; in Prozent; Angaben in Klammern Vorjahreswerte

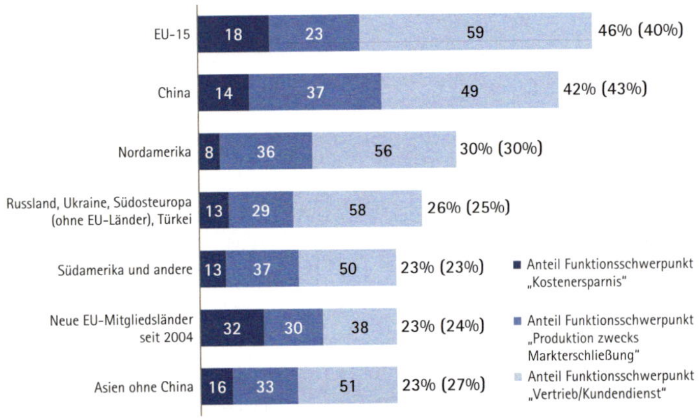

DIHK-Umfrage – Auslandsinvestitionen in der Industrie 2014, S. 25

Lesebeispiel: 46% der befragten Unternehmen investieren in den Staaten der EU-15 (im Jahr 2013 waren es 40%). Von diesen Investitionen dienen 18% vor allem der Kostenersparnis, 23% der Markterschließung. Den größten Anteil (59%) machen Investitionen in Vertrieb und Kundendienst aus.

Ein Beispiel aus der Praxis für die Senkung der Lohnkosten: Ein Pkw-Hersteller vergleicht die Produktionskosten von Motoren in verschiedenen Werken. Den Zuschlag soll das Werk mit den niedrigsten Produktionskosten bekommen; woanders drohen Entlassungen. Um Entlassungen zu verhindern, bieten die Arbeitnehmer-Vertreter Zugeständnisse beim Lohn an, z.B. Verlängerung der Arbeitszeit ohne Lohnausgleich und mehr Flexibilität bei Sonderschichten und Überstunden. Wenn das Unternehmen diesen Zugeständnissen folgt, senkt es seine Lohnkosten. Ähnlich kann auch bereits die Ankündigung von Verlagerung oder Outsourcing wirken.

Produktionsverlagerung – die Gründe sind vielfältig

Die Senkung der Lohnstückkosten ist heute in Deutschland nicht das einzige Motiv einer Verlagerung (→ Tabelle oben). Die großen Produktionsverlagerungen zur Lohnkostensenkung haben schon vor 10–20 Jahren stattgefunden. Manche Branchen, wie die Textilindustrie, sind sogar schon lange aus Deutschland verschwunden. Die Unternehmen haben verlagert oder sind pleite gegangen.
Der wichtigste Grund für eine Produktionsverlagerung ist heute die Nähe zum Absatzmarkt. Ein Hersteller von gefragten Spezialmaschinen kann es sich vielleicht noch leisten, die ganze Welt von Deutschland aus zu beliefern. Er investiert im Ausland nur in Vertrieb und Kundendienst.
Viele exportierende Unternehmen stellen aber fest, dass die Kunden in Frankreich, den USA oder China andere Anforderungen an die Produkte stellen als hier. Das beginnt bei Äußerlichkeiten wie der Farbe oder dem Design und endet bei der geforderten Zuverlässigkeit, der Bedienung und beim Preis. Es muss abgeändert oder neu konstruiert werden; die Typenvielfalt wächst. Außerdem erheben viele Staaten Zölle auf Importe; das aus Deutschland importierte Produkt wird dadurch teurer als einheimische Konkurrenzprodukte. Eine weitere Unsicherheit ist der Wechselkurs (→ S. 310). Spätestens dann, wenn zusätzliche Kapazitäten aufgebaut werden müssen, stellt sich darum die Frage

Recherche
8yz5pi
Auslandsinvestitionen, Tschechien, Produktionsverlagerung

nach einer Produktion vor Ort. Sie löst alle diese Probleme und ist zudem meist auch billiger. Wo investieren deutsche Unternehmen, wenn sie die Lohnstückkosten senken wollen (→ S. 318 unten)? Interessanterweise sind nicht Niedriglohnländer das Hauptinvestitionsziel, wenn es um Kostenersparnis geht, sondern vielmehr die 13 Staaten, die seit 2004 Neumitglieder der Europäischen Union wurden.

Kosten und Nutzen einer Verlagerung

Die direkten Kosten einer Verlagerung lassen sich ähnlich berechnen wie die Kosten jeder anderen größeren Investition:

- Kosten für Gebäude, Maschinen, Einrichtung am neuen Standort;
- Kosten für Stilllegung des alten Standorts: Kosten für Entlassungen, insbesondere für Abfindungen und Sozialplan. Oft findet jedoch keine komplette Stilllegung statt, sondern eine Teilverlagerung. Dadurch können Entlassungen innerbetrieblich teilweise aufgefangen werden, was die Kosten senkt;
- Kosten in der Übergangsphase, insbesondere Anlaufkosten und Kosten durch Doppelstrukturen.

Diesen einmaligen Kosten steht eine dauerhafte Senkung der Lohnstückkosten (bzw. der Stückkosten überhaupt) gegenüber und meist eine größere Nähe zu den Absatzmärkten. Längerfristig verbessern sich dadurch die Marktposition des Unternehmens und die Gewinnsituation. Allerdings erhöhen sich die laufenden Kosten durch höhere Lager- und Transportkosten und höhere Verwaltungs- und Reisekosten.

Die Rechnung über die Höhe der Kosten einer Verlagerung enthält aber auch einige Unsicherheitsfaktoren:

- Werden die geplanten Einsparungen bei den Lohnstückkosten erreicht?
- Wie sieht die künftige Lohnentwicklung aus? Manche Niedriglohnländer von gestern haben ihren Vorsprung bei den Lohnstückkosten wieder verloren (z. B. China). Außerhalb des Euro-Raums spielen auch Veränderungen der Wechselkurse eine Rolle.
- Ist die Lieferfähigkeit unter den neuen Bedingungen garantiert?

Die zentrale Frage ist aber, ob die Qualität der Produkte stimmt. Wenn Kunden abspringen oder sich Garantiefälle häufen, wird aus dem erhofften Gewinn leicht ein Verlust (→ Märklin). Rein von der Kostenseite her betrachtet, sind Auslandsinvestitionen darum keine sichere Sache. In Kombination mit anderen Gründen für eine Verlagerung (Markterschließung, bessere Verfügbarkeit von Fachkräften …) geht die Rechnung eher auf.

Märklin zieht Produktion aus China ab

Der Modellbahn-Hersteller Märklin hat 2014 sein Werk in Ungarn vergrößert und will seine Produktion in China komplett schließen. Mit der Rückverlagerung wurde bereits 2009 begonnen. Als Gründe wurden genannt: die steigenden Produktionskosten in China, Qualitätsprobleme, Lieferverzögerungen von bis zu zwei Jahren und die langen Transportzeiten, die es unmöglich machten, auf Veränderungen der Nachfrage rasch zu reagieren. Derzeit stammen etwa drei Viertel des Spielzeugs aus Südostasien. Märklin ist nicht die erste Firma, die China den Rücken kehrt: Vor allem die Hersteller hochwertiger Produkte, wie Steiff, Ravensburger und der Modellbahnhersteller Roco, haben in den letzten Jahren Werke in China geschlossen. Allerdings wird die Produktion meist nicht nach Deutschland zurückgeholt, sondern in Staaten wie Ungarn, Rumänien oder Tunesien neu aufgebaut.

Autorentext

Märklin – jetzt nur noch aus Györ und Göppingen

Zusammenfassung: Betriebsverlagerung

Betriebsverlagerung

Kosten

Einmalige Kosten:
- Aufbau der neuen Produktion
- Anlaufkosten
- Stilllegungskosten

Laufende Kosten:
- höhere Transportkosten
- höhere Verwaltungs- und Reisekosten

Nutzen

- niedrigere Lohnstückkosten
- ggf. niedrigere Kosten für Energie und Miete

Je nach Art und Ort der Verlagerung außerdem:
- größere Nähe zu Kunden
- Wegfall des Wechselkursrisikos
- Wegfall von Zöllen
- …

Probleme

- Qualitätsprobleme
- Reibungsverluste zwischen Zentrale und Tochterfirma
- Prognose: Sind die Lohnkostenvorteile von Dauer?

Übungsaufgaben

1. Nennen Sie drei Gründe für Produktionsverlagerungen.

2. Untersuchen Sie die Tabelle *In welchen Regionen investieren die Industrieunternehmen?* (→ S. 318).
   a) Nennen Sie die Weltregionen, in denen viel investiert wird, und die, in welchen wenig investiert wird.
   b) Vergleichen Sie mit der Rangfolge der Standorte nach Wettbewerbsfähigkeit (→ S. 310): Stellen Sie Abweichungen fest. Nennen Sie Gründe für solche Abweichungen.
   c) Ermitteln Sie eine Rangfolge, in welchen Regionen vor allem zur Markterschließung und in welchen Regionen vor allem zur Kostenersparnis investiert wird.
   d) Vergleichen Sie die beiden Listen und interpretieren Sie die Ergebnisse.

3. Vergleichen Sie die unternehmerische Maßnahme *Verlagerung* mit der unternehmerischen Maßnahme *Outsourcing*:
   a) Nennen Sie Gemeinsamkeiten und Unterschiede.
   b) Stellen Sie dar, welche Auswirkungen sie jeweils auf die Beschäftigten haben.

4. Ermitteln Sie, ob ein Unternehmen die Lohnstückkosten senken kann, ohne dass die Löhne sinken. Begründen Sie.

5. Analysieren Sie den Artikel über die Rückverlagerung der Produktion von Märklin (→ S. 319).
   a) Stellen Sie fest, ob es sich bei der Produktion in China um eine Produktionsverlagerung gehandelt hat. Begründen Sie aus dem Text.
   b) Nennen Sie Gründe, warum es für Märklin vergleichsweise leicht ist, die Produktion von China nach Ungarn zu verlagern.
   c) Produktionsverlagerungen aus China in andere Staaten gibt es auch in der Textilindustrie. Vergleichen und bewerten Sie die Gründe.

Leben, lernen und arbeiten im Ausland

Lernsituation

Patricia lernt Friseurin im dritten Lehrjahr. Die Berufsschule hat im Herbst für sie und zwei andere Auszubildende ein dreiwöchiges Praktikum in Mailand organisiert. Die drei haben in Friseursalons dort gelernt, was man in Italien anders macht, und sind begeistert zurückgekommen.
Das Praktikum in Italien hat Patricias Interesse geweckt. Nach der Prüfung will sie in Paris in einem Salon arbeiten – mindestens ein Jahr lang. Vielleicht findet sie ja in Paris die große Liebe. Und falls sie zurückkommt, dann hat sie mehr und andere Erfahrungen als ihre Kolleginnen, die in Deutschland geblieben sind.
Die Eltern sind skeptisch, als Patricia von ihren Plänen erzählt. Sie glauben nicht, dass es mit der Stelle in Paris klappt und dass Patricias Französisch gut genug ist. Patricia soll sich wenigstens erkundigen, welche Weiterbildungsprogramme es als Alternative gibt. Und sie soll den Eltern erklären, wie sie sich mit ihrem deutschen Abschluss in Frankreich bewerben will. Patricia beruhigt ihre Eltern und erklärt ihnen, dass es Hilfen für Arbeitnehmer gibt, die in einem anderen EU-Staat arbeiten wollen, z. B. den Europass.

Arbeitsauftrag

Listen Sie die Fragen auf, die Patricia vor einem Arbeitsaufenthalt im Ausland klären muss, damit er für sie erfolgreich ist. Erläutern Sie, welche Hilfen es gibt, um diese Fragen zu beantworten.

1. Welche Hilfen bietet die Europäische Union (EU) für Arbeitnehmer, die in einem anderen Mitgliedstaat arbeiten wollen?
2. Welche Unterlagen helfen bei einer Bewerbung innerhalb der EU?
3. Was ist bei einem Arbeitsaufenthalt in einem Staat außerhalb der Europäischen Union besonders zu beachten?

Berufsbildungsgesetz

Hier ist geregelt, dass bis zu einem Viertel der Ausbildung im Ausland absolviert werden darf.

Im Ausland arbeiten – warum nicht!

Immer mehr Menschen zieht es ins Ausland. Innerhalb der Europäischen Union gibt es dabei für fast alle EU-Bürger keine Einschränkungen: Wohnsitz und Arbeitsplatz können frei gewählt werden (Freizügigkeit). Wer nicht die Staatsangehörigkeit eines EU-Mitgliedsstaates besitzt, hat schlechtere Karten, denn: Außerhalb der EU bestehen meist Einschränkungen bei Zuzug, Arbeitserlaubnis und Wohnrecht. Damit soll eine unkontrollierte Einwanderung verhindert werden.

Manchmal sind es private Gründe, die ins Ausland führen, manchmal die besseren Berufsaussichten. Viele gehen nur auf Zeit, um in ihrem Beruf zu arbeiten oder um sich fortzubilden. Beides macht sich im Lebenslauf gut. Manche Unternehmen stellen solche Bewerber bevorzugt ein. Sie gehen davon aus, dass sie mehr Selbstständigkeit mitbringen, flexibler und mobiler sind und weniger Berührungsängste gegenüber ausländischen Kunden und Lieferanten zeigen. Die Erweiterung des Horizonts durch die sozialen Kontakte im Ausland, das Kennenlernen anderer Arbeitsweisen und anderer Kundenwünsche, einer anderen Mentalität und nicht zuletzt einer anderen Sprache sind für das Unternehmen nützlich.

Europäische Sozialcharta – die wichtigsten Rechte

Rechte für alle:
- Recht auf Arbeit, auf freie Berufswahl und Berufsausübung (Art. 1, 9–10, 18)
- Recht auf Schutz und staatliche Fürsorge bei Armut (Art. 13–14)
- Recht auf Gesundheitsversorgung (Art. 11)
- Recht auf Wohnung (Art. 31)

Rechte für Arbeitnehmer:
- Recht auf angemessene Bezahlung (Art. 4)
- Recht auf Sicherheit am Arbeitsplatz (Art. 3)
- Recht, sich in Gewerkschaften zu organisieren (Art. 5 – 6)
- Mutterschutz und Schutz berufstätiger Mütter vor Diskriminierung (Art. 8, 27)

Schutzrechte:
- Sozialer und wirtschaftlicher Schutz der Familie (Art. 16)
- Schutz für Mütter und Kinder (Art. 17)
- Kinder- und Jugendschutz (Art. 7)

Aktueller Stand (1991); Zusammenstellung des Autors

Europäische Sozialcharta und Charta der Grundrechte der EU

Sichere Arbeitsbedingungen – nicht immer eine Selbstverständlichkeit.

Wer im Ausland arbeiten will, erwartet, dass auch die Arbeitsbedingungen und die Bezahlung stimmen. Hier gibt es aber große Unterschiede. **Soziale Mindeststandards** gelten in den Staaten der Europäischen Union und den Staaten des Europarats.

1. In der EU gilt die **„Charta der Grundrechte der Europäischen Union“**. Sie enthält z. B. das Recht auf Schutz der Gesundheit, auf soziale Sicherheit, auf Mutterschutz, auf angemessene Arbeitsbedingungen und das Verbot der Diskriminierung am Arbeitsplatz. Eine gemeinsame Sozialpolitik der EU gibt es nicht, allerdings müssen sich europäische Gesetzgebung und Verwaltung nach den Maßstäben der Charta richten. Die Grundrechte der EU können vor dem Europäischen Gerichtshof eingeklagt werden, wenn nationale Gerichte den Kläger abgewiesen haben. Der Weg dahin ist allerdings lang.
2. In den Staaten des Europarats gilt die **„Europäische Sozialcharta“**. Im Europarat sind

Recherche
c9k4d5
Arbeiten im Ausland, Anerkennung von Berufsabschlüssen, EU-Förderprogramme, Europäische Sozialcharta

nicht nur die EU-Staaten vertreten, sondern praktisch alle europäischen Staaten, z. B. die Schweiz, Norwegen, die Türkei und Russland. Die Europäische Sozialcharta enthält ungefähr die gleichen Rechte wie die Charta der Grundrechte der EU. Allerdings sind diese Rechte nicht unmittelbar nationales Recht. Wichtig ist die Europäische Sozialcharta bei einem Aufenthalt in europäischen Staaten, die nicht EU-Mitglied sind.
Wie viel diese Rechte in der Praxis wert sind, ist aber fraglich. Ein Beispiel: Die Europäische Sozialcharta gibt in Artikel 4 allen Arbeitnehmern das Recht auf „ein gerechtes Arbeitsentgelt, das ihnen und ihren Familien einen angemessenen Lebensstandard sichert".
Es gibt aber eine Reihe von Ländern in Europa, in denen die Löhne der Mehrheit der Arbeitnehmer so niedrig sind, dass von einem angemessenen Lebensunterhalt keine Rede sein kann. Das sind Staaten mit hoher Arbeitslosigkeit, ohne stabile Wirtschaft, mit einem schwachen, womöglich korrupten Staat. Das Leben dort entspricht bei Weitem nicht dem Standard der Europäischen Sozialcharta.

Mobil in Europa, Schweden

„Das ganze Arbeiten in Schweden ist sehr locker. Man duzt sich, Chefs lassen einen ihre Macht nicht so spüren. Man ist auch nicht so pünktlich. [...] Allerdings hat sich in den letzten Jahren der Wettbewerbsdruck doch bemerkbar gemacht. Vor allem Firmen, die mit Deutschland zu tun haben, verlangen inzwischen mehr Leistung."

Susanne Örtendahl, Altenpflegerin, lebt seit 2004 in Schweden

Mindestens 25 Tage Urlaub im Jahr sind in Schweden gesetzlich vorgeschrieben, häufig sollten 4 Wochen davon zusammenhängend im Juli oder August genommen werden. [...] außerdem gibt es Urlaubsgeld in Höhe von zwölf Prozent des Jahresgehalts.

beide: Bundesagentur für Arbeit, Mobil in Europa – Schweden, Stand 2010, S. 11 und 18

Andere Länder, andere Sitten

Damit das Arbeiten im Ausland kein Reinfall wird, müssen folgende Fragen im Voraus geklärt werden:

- Welche Einschränkungen gibt es bei Zuzug, Aufenthaltserlaubnis und Arbeitserlaubnis?
- Wie sind die Arbeitsbedingungen (Arbeitszeiten, Rechte am Arbeitsplatz, Kündigungsschutz ...)?
- Wie hoch ist die Bezahlung? Mit welchen Abzügen vom Lohn muss ich rechnen? Wie hoch sind die Lebenshaltungskosten?
- Wie sieht es auf dem regionalen Wohnungsmarkt aus? Gibt es bezahlbare Wohnungen? Und wie sind sie ausgestattet?
- Wie steht es allgemein um die Lebensqualität – vom Lärm über öffentliche Verkehrsmittel und das Gesundheitswesen bis zur Kriminalität?
- Wie funktioniert das Zusammenleben zwischen Ausländern und Einheimischen?

Ein Stolperstein: die Anerkennung von Berufsabschlüssen

Wer längere Zeit im Ausland in seinem Beruf arbeiten will, muss sich um die Anerkennung seines Berufsabschlusses kümmern. Berufsausbildungen und Berufsabschlüsse sind in jedem Staat anders organisiert. Das in Deutschland bewährte System der dualen Ausbildung ist im Ausland die Ausnahme. Auch die Berufsbilder weichen ab. Wer als zahnmedizinische Fachangestellte nach Portugal gehen will, wird z. B. feststellen, dass dieser Beruf dort gar nicht existiert. Umgekehrt kann ein portugiesischer Bäcker in Deutschland nicht einfach eine Bäckerei eröffnen, weil im Bäckerhandwerk die Meisterpflicht gilt.
Zwar gibt es innerhalb der Europäischen Union Regelungen über die gegenseitige Anerkennung von Berufsabschlüssen. Diese Anerkennung ist aber nicht selbstverständlich. Nötig ist sie z. B., um entsprechend der eigenen Qualifikation bezahlt zu werden. Informationen über die Anerkennung deutscher Abschlüsse im Ausland gibt es im Internet.

Eine Hilfe: der Europass

Der Europass ist speziell für EU-Bürgerinnen und -Bürger entwickelt worden, die in einem anderen EU-Staat arbeiten wollen. Er hilft den Arbeitgebern, Abschlüsse zu beurteilen. Der Europass besteht aus fünf Elementen:

1. **Europass Lebenslauf**: Standardisierte Vorlage, die online ausgefüllt und auf dem Rechner des Nutzers gespeichert wird.
2. **Europass Sprachenpass**: Formular zur Selbsteinschätzung der Fremdsprachenkenntnisse. Dessen Stufen richten sich nach dem „Gemeinsamen Europäischen Referenzrahmen für Sprachen“. Inzwischen orientieren sich auch schulische Prüfungen in den Fremdsprachen an diesem Maßstab.
3. **Europass Mobilität**: Er wird von Organisationen beantragt, die Lern- oder Arbeitsaufenthalte im EU-Ausland (und in einigen anderen europäischen Staaten, z. B. der Schweiz) anbieten.

europass Deutschland

Europass Lebenslauf

Angaben zur Person

Nachname(n) / Vorname(n)	Fischer Patricia	
Adresse	Konstanzer Straße 83 D-59065 Hamm (Deutschland)	
Telefon	04367/xxxxxxxx	Mobil 0162/xxxxxxxx
E-Mail	pat.fisch@omx...de	
Staatsangehörigkeit	deutsch	
Geburtsdatum	04/07/199x	
Geschlecht	weiblich	
Gewünschte Beschäftigung/ Gewünschtes Berufsfeld	Friseurin	

Schul- und Berufsbildung

Zeitraum	01/09/20xx – 30/06/20xx
Bezeichnung der erworbenen Qualifikation	Friseurin
Name und Art der Bildungs- oder Ausbildungseinrichtung	Elisabeth-Lüders Berufskolleg (Berufliche Schule) Am Ebertpark 7, 59067 Hamm (Deutschland)

...

4. **Europass Zeugniserläuterungen**: Für viele Ausbildungsberufe gibt es verbindliche standardisierte Zeugniserläuterungen (teilweise auch auf Englisch und Französisch), die die Stellensuche im Ausland und die Anerkennung des Abschlusses erleichtern sollen.
5. **Europass Diploma Supplement**: Erläuterung zu Abschlusszeugnissen von Hochschulen.

Bildungs- und Mobilitätsprogramme der Europäischen Union

Die EU organisiert darüber hinaus Austauschprogramme und stellt dafür Gelder zur Verfügung, z. B. Auslandspraktika für Auszubildende und junge Arbeitnehmer, Fortbildungsprogramme in ausländischen Unternehmen oder Auslandssemester für Studenten und Professoren. Das **EU-Bildungsprogramm für lebenslanges Lernen** (PLL) besteht aus vier Säulen:

- **COMENIUS** (Vorschul- und Schulbildung),
- **LEONARDO DA VINCI** (berufliche Aus- und Weiterbildung),
- **GRUNDTVIG** (Erwachsenenbildung),
- **ERASMUS** (Hochschulbildung).

Meist kann sich der Einzelne nicht direkt für diese Programme bewerben. **Fördermittel** können von privaten und öffentlichen Institutionen beantragt werden, zum Beispiel von Schulen und Universitäten, gemeinnützigen und kommerziellen Organisationen, aber auch von Unternehmen. Einige Beispiele:

- Die Berufsschule unterhält eine Partnerschaft mit einer ausländischen Schule derselben Fachrichtung, und die EU beteiligt sich an den Kosten des Austauschs.
- Der Landkreis richtet eine (von der EU mitfinanzierte) Stelle ein, die Arbeitsaufenthalte für jüngere Arbeitnehmer organisiert.
- Ein Unternehmen schickt regelmäßig Arbeitnehmer zur Fortbildung in Betriebe derselben Branche im Ausland. Die EU trägt einen Teil der Kosten.

Zusammenfassung: Leben, lernen und arbeiten im Ausland

Europäische Sozialcharta

(für die 47 im Europarat vertretenen Staaten)
Die Rechte sind nicht unmittelbar nationales Recht.

Charta der Grundrechte der Europäischen Union

(für die 28 Staaten der Europäischen Union)

Arbeitnehmerrechte

Beispiele:
- Recht auf Arbeit
- Recht auf angemessene Arbeitsbedingungen
- Recht, Gewerkschaften zu gründen
- Verbot der Diskriminierung am Arbeitsplatz
- Mutterschutz

Rechte für alle Bürgerinnen und Bürger

Beispiele:
- Recht auf Schutz der Gesundheit
- Recht auf soziale Sicherheit
- Recht auf staatliche Fürsorge
- Recht auf wirtschaftlichen und sozialen Schutz der Familie
- Kinder- und Jugendschutz

Europass – vergleichbare Informationen für Arbeitgeber in der EU

Lebenslauf	Sprachenpass	Mobilität	Zeugniserläuterungen	Diploma Supplement
standardisierter Lebenslauf	Selbsteinschätzung der Fremdsprachenkenntnisse	Bescheinigung für Teilnahme an Auslandsaufenthalten	standardisierte Erläuterung zu Ausbildungsberufen	standardisierte Erläuterung zu Studienabschlüssen

Übungsaufgaben

1. Nennen Sie die Elemente des Europasses, die für Sie vor einem Auslandsaufenthalt nützlich sind.

2. Vergleichen Sie Chancen und mögliche Probleme eines Auslandsaufenthalts und stellen Sie sie einander tabellarisch gegenüber.

3. Ihr Chef bietet Ihnen an, nach dem Ende Ihrer Ausbildung für ein ausländisches Tochterunternehmen nach Griechenland zu gehen. Würden Sie ein solches Angebot annehmen?
   a) Ermitteln Sie, welche Fragen Sie klären müssen, bevor Sie über Annahme oder Ablehnung eines solchen Angebots entscheiden.
   b) Nennen Sie mögliche Gründe für Annahme oder Ablehnung.
   c) Angenommen, Sie lehnen das Angebot ab: Entwickeln Sie Argumente, die Sie gegenüber Ihrem Chef vorbringen können.

4. Führen Sie ein Klassenprojekt zu den Arbeitsbedingungen in verschiedenen Staaten durch. Recherchieren Sie arbeitsteilig über die Lebens- und Arbeitsbedingungen im Ausland. Wählen Sie einige Staaten aus (EU-Staaten und andere). Präsentieren Sie Ihre Ergebnisse und vergleichen Sie. Den Einstieg erleichtern Ihnen die Online-Codes auf S. 323.

Statistiken auswerten

Statistiken

Statistiken haben den Anschein der Objektivität. Aber manchmal werden Daten so ausgewählt und aufbereitet, dass sie einem politischen oder kommerziellen Zweck dienen. Wenn man weiß, wie sich Statistiken auswerten lassen, denn kann man ihre Datenbasis hinterfragen und zulässige Schlussfolgerungen von unzulässigen unterscheiden.

So geht's!

1. Thema der Statistik bestimmen

- zeitlich: Zeitpunkt/Zeitraum
- räumlich: mehrere Staaten, ein Staat, eine Region, ein Naturraum
- sozial und wirtschaftlich: erfasste Personengruppen, erfasste Wirtschaftsbereiche

2. Bedeutung der Werte ermitteln

- Art der Daten: absolute Werte (z. B. Euro), relative Werte (Prozentsätze), Indexwerte, Mengen- oder Größenangaben
- Bezugs- und Vergleichsgrößen: in der Statistik enthalten oder aus anderen Quellen zu bekommen

3. Aussagekraft bewerten

- Wie verlässlich sind die Werte? Exakte Erhebung, Umfrage, Stimmungsbild, Prognose?
- Wie verlässlich ist die Quelle? Staatliche Behörde (z. B. Statistisches Bundesamt), Umfrageinstitut, privates Unternehmen, Privatperson?

4. Informationen herausarbeiten und bewerten

- Welche Werte sind stabil, welche entsprechen dem Durchschnitt?
- Welche Werte weichen ab? In welche Richtung? Wie groß sind die Abweichungen?
- Wie kann der Zusammenhang zwischen den Werten in Worten formuliert werden?
- Welche Schlüsse können aus den Daten gezogen werden?
- Welchen Nutzen hat die Statistik und für wen (z. B. für Staat, Tarifpartner, Interessenverbände, Investoren)?
- Welche Fragen bleiben unbeantwortet?

Eine Wirtschaftsstatistik auswerten

1. Thema der Statistik bestimmen

Weltweiter Warenhandel im Jahr 2012, angegeben für 7 Wirtschaftsräume (Regionen). Welche Staaten den einzelnen Regionen zugeordnet sind, kann man grob an ihrer Einfärbung in der Weltkarte erkennen.

2. Bedeutung der Werte ermitteln

Umfang des Warenhandels ist in Mrd. US-$ angegeben; Warenströme von unter 50 Mrd. US-$ sind nicht erfasst. Der Gesamtumfang des Welthandels ist nicht angegeben.

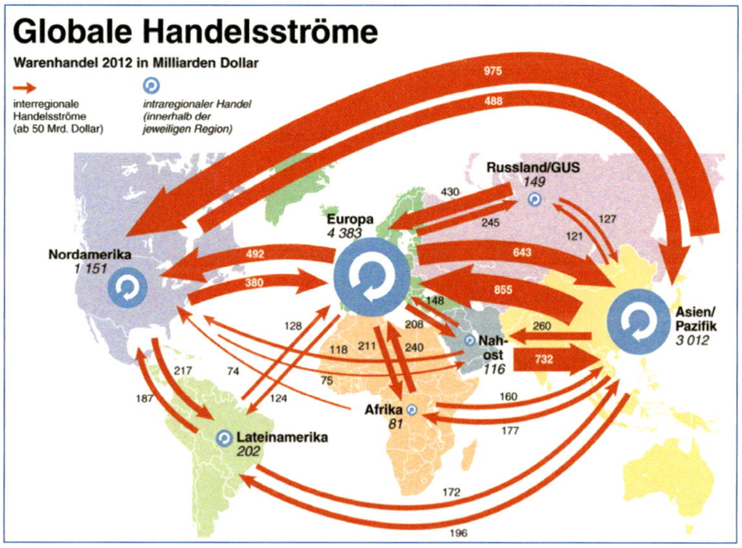

Globus 6280 (Ausschnitt), Ursprungsdaten: WTO (Welt-Handelsorganisation)

3. Aussagekraft bewerten

Erhebung durch die WTO (Welthandelsorganisation), aufbereitet durch Globus. Verlässliche Quelle, solide Datenbasis.

4. Informationen herausarbeiten und bewerten (in Auswahl)

Der Umfang der Warenströme in den sieben Regionen und zwischen ihnen ist sehr unterschiedlich:

- größte Warenströme von Asien/Pazifik nach Nordamerika (975 Mrd. US-$; in Gegenrichtung 488 Mrd. US-$) und von Asien /Pazifik nach Europa (855 Mrd. US-$; in Gegenrichtung 643 Mrd. US-$). […]
- Warenströme zwischen den Regionen gleichen sich nicht aus. Europa und Nordamerika importieren deutlich mehr, als sie exportieren. Nahost und Asien/Pazifik haben den größten Exportüberschuss. […]
- Afrika und Lateinamerika haben im Welthandel keine große Bedeutung. Die Wirtschaftszentren sind Europa, Asien/Pazifik und Nordamerika. Mehr als 3/4 des Welthandels findet zwischen ihnen statt.
- Handel innerhalb einer Region in Europa am bedeutendsten. Außer in Europa und Asien/ Pazifik ist der Handel innerhalb der Region immer niedriger als der mit den anderen Regionen. […]
- unbeantwortete Fragen:
  - Einwohnerzahlen der einzelnen Regionen;
  - Anzahl der Staaten, aus denen eine Region besteht (Europa: über 40, Nordamerika: 3): Wirkt sich auf den Umfang des Handels innerhalb der Region aus. […]

Üben
y7p27i
Prüfungsaufgaben

Üben interaktiv
2m4y4k
Prüfungstraining

Berufsschule

1. Interpretieren Sie die Grafik *Deutschland in der globalisierten Wirtschaft*.

○ a) Definieren Sie die Begriffe Globalisierung und Direktinvestition.

◒ b) Erläutern Sie, wie sich der Umfang der Direktinvestitionen deutscher Unternehmen im Ausland verändert hat.

◒ c) Erläutern Sie in gleicher Weise die Veränderung der Investitionen ausländischer Unternehmen in Deutschland.

○◒● d) Vergleichen Sie beide Entwicklungen. Erörtern Sie mögliche Gründe für die Unterschiede.

◒ e) Ermitteln Sie den Umsatz pro Beschäftigten im Jahr 2012
- für Auslandsinvestitionen deutscher Unternehmen,
- für Investitionen ausländischer Unternehmen in Deutschland.

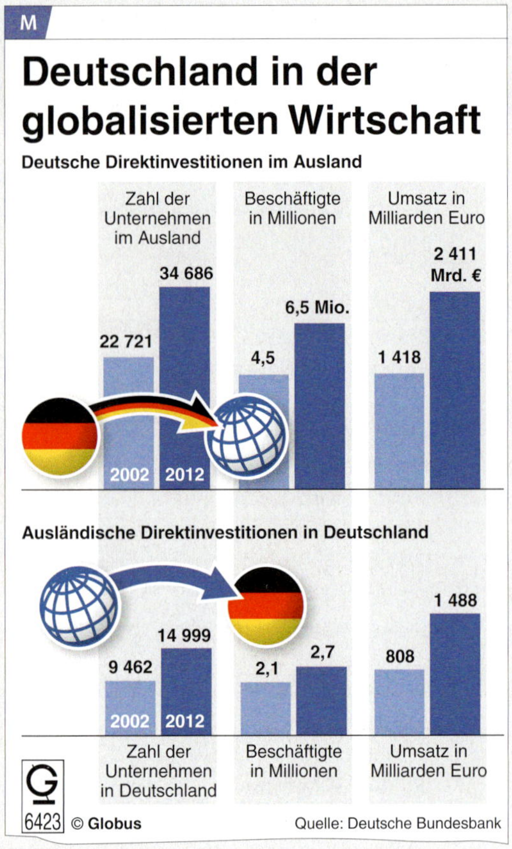

2. Untersuchen Sie, wie sich die Leoni AG der Globalisierung stellt.

Die Leoni AG, ein Zulieferer der Autoindustrie (Drähte, Kabel, Kabelsysteme), hat 1996 von ihren damals 2 100 Arbeitsplätzen in Deutschland 1700 abgebaut und 1400 in der Slowakei geschaffen. Das Unternehmen sah angesichts der Lohnkosten keine Alternative: „Deutschland als Hochlohnland kann seine Wettbewerbsfähigkeit nur aufrechterhalten, wenn es die ‚Hongkongs vor der Haustür' als Wettbewerbsvorteil ausnutzt." Wer Industriearbeit exportiere, schaffe neue Märkte und sichere dadurch wieder deutsche Arbeitsplätze, vor allem neue, hochwertige Experten-Arbeitsplätze. Heute produziert Leoni fast nur noch im Ausland. Zwei Drittel des Umsatzes werden nach wie vor in Europa erzielt.

2005 beschäftigte Leoni 32 600 Mitarbeiter, davon 3 700 in Deutschland. 2013 waren es 61 600 Mitarbeiter, davon 4 200 in Deutschland. 22 600 Mitarbeiter waren in Osteuropa beschäftigt (v. a. in der Slowakei, Rumänien, Serbien, Ukraine, Russland), 24 400 in Nordafrika (Tunesien, Marokko, Ägypten), 5 700 in Amerika (v. a. Mexiko und Brasilien), 5 000 in China und Indien, 2 000 im übrigen Europa (v. a. Portugal). Hinzu kommen in China 4 300 Leiharbeiter.

Autorentext nach Süddeutsche Zeitung v. 8.5.96, Geschäftsbericht der Leoni AG 2005/2013, Halbjahresbericht 1. Hj. 2014

○ a) Nennen Sie je zwei wesentliche Merkmale von Hochlohnländern und Niedriglohnländern.

○ b) Benennen Sie die Maßnahme, die die Leoni AG im Jahr 1996 ergriffen hat.

◒ c) Vergleichen Sie die Beschäftigtenzahlen von Leoni in Deutschland und im Ausland in den Jahren 1996, 2005 und 2013. Ziehen Sie Schlussfolgerungen aus den Daten.

○◒● d) Leoni hat 1996 von den „Hongkongs vor der Haustür" gesprochen. Erläutern Sie, was mit dieser Aussage gemeint ist. Überprüfen Sie anhand des Materials, ob diese Aussage für das Unternehmen auch heute noch gültig ist.

● e) Diskutieren Sie, ob die Leoni AG auch heute noch ein deutsches Unternehmen ist.

○◒● **3. Erörtern Sie, warum nicht alle Staaten der Welt gleichermaßen in die Globalisierung eingebunden sind.**

Berufsfachschule zur FHR

1. Eine Bundestags-Kommission hat im Jahr 2013 einen Vorschlag für einen breiteren und nachhaltigeren Wohlstandsbegriff gemacht (s. M1).

a) Bewerten Sie den Vorschlag.

b) Erarbeiten Sie ein eigenes Wohlstandsmessinstrumentarium. Gehen Sie dabei nach folgendem Schema vor. Legen Sie zunächst Ihre Wohlstandskriterien fest, überlegen Sie, wie sich die Kriterien messen lassen, und nehmen Sie anschließend eine Gewichtung vor.

Wohlstandskriterien	mögliche Messinstrumentarien	Gewichtung (1–10)

c) Ein Ergebnis der Glücksforschung lautet: „In wohlhabenden Gesellschaften hat sich die durchschnittliche Lebenszufriedenheit trotz des starken Anstiegs des Pro-Kopf-Einkommens nicht erhöht." Erläutern Sie möglich Gründe.

2. Zu den Aufgaben des Staates in der sozialen Marktwirtschaft gehört es, für eine gerechte Einkommens- und Vermögensverteilung zu sorgen. Diese Verteilung lässt sich mit der Lorenzkurve grafisch darstellen.

a) Analysieren Sie die abgebildete Lorenzkurve M2. Was sagt sie aus?

b) Zählen Sie die staatlichen Instrumente der Umverteilung auf, wählen Sie daraus drei Instrumente, die Sie für besonders geeignet halten. Erläutern Sie Ihre Entscheidung.

c) Bei der Bewertung der Einkommens- und Vermögensverteilung stellt sich auch die Frage nach der gerechten Einkommensverteilung. Welche Verteilung als gerecht angesehen wird, ist aufgrund der unterschiedlichen Gewichtung der einzelnen Bewertungskriterien sehr unterschiedlich. Bestimmen Sie einige Kriterien und erarbeiten Sie eine Gewichtung.

M1 Neuer Wohlstandsbegriff

Wohlstand – anders vermessen

Bislang gilt das Bruttoinlandsprodukt (BIP) und seine Wachstumsrate als Maßstab, um den Wohlstand eines Landes zu messen. Eine Bundestags-Kommission hat Vorschläge für einen breiteren und nachhaltigeren Wohlstandsbegriff gemacht. Er umfasst drei Bereiche mit zehn **Leitindikatoren** und sogenannten **Warnlampen**.

Bereiche	Materieller Wohlstand	Soziales und Teilhabe	Ökologie
Leitindikatoren	• BIP • Einkommensverteilung • Staatsschulden	• Beschäftigung • Bildung • Gesundheit (Lebenserwartung) • Freiheit	• Treibhausgasemissionen national • Stickstoffüberschuss national • Artenvielfalt national
Warnlampen	• Nettoinvestitionen • Vermögensverteilung • Finanzielle Nachhaltigkeit des Privatsektors	• Qualität der Arbeit • Weiterbildung • Gesundheit (gesunde Lebensjahre)	• Treibhausgasemissionen international • Stickstoffüberschuss international • Artenvielfalt international
außerdem **Hinweislampe**	• Nicht-marktvermittelte Produktion (z. B. Hausarbeit, ehrenamtliche Tätigkeit)		

Stand 2013
Quelle: Deutscher Bundestag
© Globus 5999

M2 Gerechte Einkommensverteilung

Die Lorenzkurve

Die Lorenzkurve veranschaulicht, wie viel Prozent der Einkommensempfänger in einer Volkswirtschaft wie viel Prozent des Volkseinkommens verdienen. Die Diagonale verdeutlicht die theoretische Gleichverteilung der Einkommen. Je weiter sich die Kurve der tatsächlichen Einkommensverteilung von der Diagonalen entfernt (sich also nach unten wölbt), desto ungleicher ist die Einkommensverteilung und desto größer sind die Einkommensunterschiede in der Volkswirtschaft.

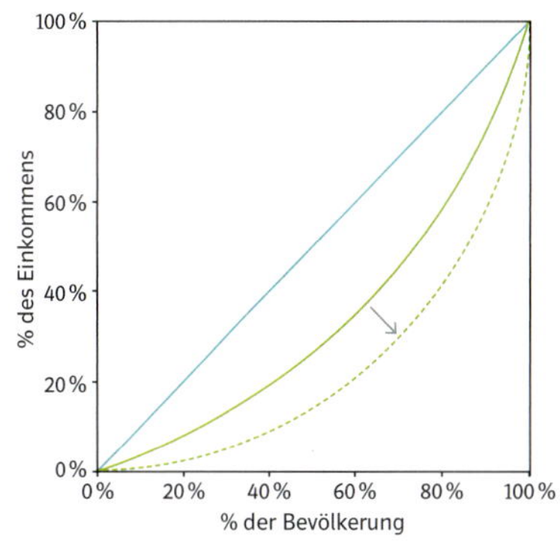

Bundesministerium für Arbeit und Soziales, Schlussbericht: Möglichkeiten und Grenzen der Reichtumsberichterstattung

8 Personalwirtschaft

Zur Verstärkung unseres Teams suchen wir Sie als

Kundendienstmonteur (m/w)

(mit zukünftiger Leitungsfunktion)

Ihre Aufgaben

→ zwei Tage pro Woche Kundendienstmontage
→ drei Tage pro Woche Projektarbeit
→ nach der Einarbeitungszeit: Leitung der Abteilung Elektrotechnik

Ihr Profil

→ Sie sind ausgelernter Elektroinstallateur oder Elektroniker für Energie- und Gebäudetechnik
→ Sie besitzen fundiertes Fachwissen in verschiedenen Bereichen der Elektrotechnik
→ Sie haben bereits 3–5 Jahre Berufserfahrung als Kundendienstmonteur
→ Sie sind teamorientiert, fair und haben Führungspotenzial
→ Sie sind im Besitz eines Führerscheins der Klasse B

Wir bieten Ihnen ein junges, dynamisches Umfeld in einem wachsenden Unternehmen mit diversen Entwicklungsperspektiven und viel Raum für Eigeninitiative. Wir bezahlen leistungsgerecht und gewähren Urlaubs- sowie Weihnachtsgeld.

Sie haben Lust auf eine neue Herausforderung und finden sich im Profil wieder? Dann freuen wir uns auf Ihre vollständigen Bewerbungsunterlagen – bevorzugt per E-Mail – mit Angaben zu Ihrem möglichen Eintrittstermin und Ihrer Gehaltsvorstellung.

Bernauer Elektrotechnik
Jürgen Kleinschmidt
Oskar-Miller-Ring 23
44579 Castrop-Rauxel
Juergen.Kleinschmidt@bernauer-elektrik...de

Hätten Sie's gewusst?

1. Wie viel Prozent der Beschäftigten in Deutschland wurden laut einer Umfrage bereits einmal gemobbt?
2. Wie viele Arbeitnehmer fühlen sich nach einer DGB-Studie aus dem Jahre 2014 nicht angemessen bezahlt?
3. Wie viel Prozent der Arbeitnehmer wechseln im Laufe eines Jahres ihren Job?

1: 5 % (Befragung von Eurofound)
2: jeder 2. Arbeitnehmer
3: 14 % (jeder 7. Arbeitnehmer) im Jahr 2013

Auf der Suche nach neuen Herausforderungen

Felix hat vor fünf Jahren seine Ausbildung als Elektroniker – Fachrichtung Energie- und Gebäudetechnik – erfolgreich abgelegt. Seitdem arbeitet er als Geselle in seinem Ausbildungsbetrieb, zusammen mit seinem Chef und vier weiteren Kollegen. Im Internet stößt er auf die Stellenanzeige der Firma Bernauer. Obwohl er sich in seinem Betrieb wohl fühlt und die Bezahlung in Ordnung ist, überlegt er, auf das Stellenangebot zu reagieren. Bei seinem jetzigen Arbeitgeber sieht er aufgrund der Größe des Betriebs keine Aufstiegsmöglichkeiten. Außerdem findet er, dass nach fünf Jahren der richtige Zeitpunkt gekommen ist, um zu wechseln.

Worum geht es?

Aufstiegsmöglichkeiten und eine bessere Bezahlung sind für Felix die Gründe, den Arbeitgeber zu wechseln. Aber was muss er beachten, wenn er sich bewirbt? Wie wird die Zusammenarbeit mit den neuen Kollegen sein und wie kommt er mit dem Führungsstil seines Vorgesetzten zurecht?
Ein expandierendes Unternehmen stellt Mitarbeiter ein, um die Mehraufgaben erledigen zu können und wird Mitarbeiter ersetzen, die aufgrund von Alter oder Krankheit ausscheiden oder gekündigt haben. Aber wo findet es geeignete Mitarbeiter? Was erwarten Arbeitgeber von den Bewerbern?
Was verstehen sie darunter, wenn sie in Stellenanzeigen von einer leistungsgerechten Bezahlung schreiben, und wie wird sie berechnet? Wie verhindert man, dass Konflikte und Mobbing das Betriebsklima verschlechtern?

Informieren Sie sich!

So geht's!
Rollenspiel durchführen

Verschaffen Sie sich mithilfe des Buchs einen Überblick.
Sie finden in diesem Kapitel Lernsituationen zu folgenden Themen:

- Personalbedarf und Personalbeschaffung
- Arbeiten im Team
- Arbeitsbewertung und Lohnformen
- Umgang mit Konflikten

Was hat das mit mir zu tun?

- Arbeitnehmer wechseln heute häufiger als früher den Arbeitgeber. Oft versprechen sie sich davon einen beruflichen Aufstieg. Daher sollten Sie den Ablauf eines Bewerbungsverfahrens kennen.
- Es wird immer mehr im Team gearbeitet. Dies kann zu Konflikten führen. Um Konflikte bewältigen zu können, müssen Sie ihre Ursachen erkennen und richtig damit umgehen können.
- Viele Arbeitnehmer empfinden sich für ihre Leistung nicht entsprechend entlohnt. Informieren Sie sich über verschiedene Lohnformen und die Arbeitsbewertung.

Personalbedarf und Personalbeschaffung

Lernsituation

Bei der Kluge GmbH & Co. KG soll die Stelle des Leiters der Reparaturabteilung neu besetzt werden. Nach Auswertung der Bewerbungsunterlagen sind die folgenden Personen in der engeren Auswahl:

Erich Schulte: 51 Jahre / 33 Jahre bei der Firma Gruber GmbH beschäftigt, davon 15 Jahre als Meister in der Reparaturabteilung / sehr gutes Arbeitszeugnis / nach der Insolvenz der Gruber GmbH zwei Jahre arbeitslos, während dieser Zeit PC-Kurse belegt / Bewerbungsunterlagen und Lebenslauf einwandfrei und lückenlos

Susanne Bergmann: 32 Jahre / Abiturnote 1,9 / 3 Semester Studium Maschinenbau, anschließend Ausbildung Fachrichtung Konstruktionstechnik / Abschluss als Technikerin Bereich Maschinenbau (Note 1,5) / übernimmt in einem kleinen Unternehmen seit zwei Jahren den Bereich Instandhaltung / Bewerbungsunterlagen einwandfrei, es fehlt das Abschlusszeugnis Techniker

Jens Beier: 35 Jahre / Realschule / Ausbildung zum Konstruktionsmechaniker, anschließend Meisterprüfung und Ausbildereignungsprüfung abgelegt / die letzten 5 Jahre als Leiter der Reparaturabteilung tätig / wechselte in den letzten 10 Jahren vier Mal den Arbeitgeber / Bewerbungsunterlagen vollständig

Yannik Freund: 40 Jahre / gelernter Industriemechaniker / Meisterprüfung (Note: gut) / vom letzten Arbeitgeber liegt nur ein einfaches Zeugnis vor / das Bewerbungsschreiben ist einwandfrei und lückenlos, riecht nach Zigarettenrauch

Arbeitsauftrag

- Anhand der Stellenbeschreibung auf S. 333 soll die Stelle „Leitung der Reparaturabteilung“ besetzt werden.

1. Bestimmen Sie aus den obigen Bewerbern zwei Personen, die zum Vorstellungsgespräch eingeladen werden sollen. Erarbeiten Sie dazu eine Übersicht nach unten stehendem Muster, bestimmen Sie die Kriterien und nehmen Sie eine Bewertung vor.

Kriterien / Bewerber					

2. Welche Bedeutung messen Sie dem Vorstellungsgespräch bei? Formulieren Sie 10 Fragen, die Sie den Bewerbern stellen würden.

Recherche
b77nf2
Personalwirtschaft, Bewerbungsverfahren

Aufgaben der Personalwirtschaft

Damit Unternehmen ihre Unternehmensziele erreichen können, müssen die dazu notwendigen Mitarbeiter zur Verfügung stehen. Dies ist Aufgabe der Personalwirtschaft. Zu den Aufgabenbereichen gehört die Planung von:

- Personalbedarf,
- Personalbeschaffung,
- Personaleinsatz (→ S. 45 ff.),
- Personalentwicklung (→ S. 181 ff.),
- Personalfreisetzung (→ S. 228 ff.),
- Personalkosten (→ S. 157 f., 195 f.).

Der Personalbedarf kann sich aus verschiedenen Gründen ändern, z. B. durch Auftragserhöhung oder Auftragsrückgang, Erweiterung oder Einschränkung der Betriebskapazitäten, Rationalisierungsmaßnahmen oder durch Umstrukturierung der Unternehmensorganisation.

Quantitativer Personalbedarf

Die Personalbedarfsplanung ermittelt das in einem Unternehmen benötigte Personal. Berücksichtigt werden neben der Anzahl der Mitarbeiter auch Qualifikation, Einsatzzeit und Einsatzdauer. Unterschieden wird in quantitative und qualitative Planung des Personalbedarfs.
Bei der Ermittlung des quantitativen Personalbedarfs geht man folgendermaßen vor:
Schritt 1 Ermittlung des Ist-Personalbestandes: Der Personalbestand wird unter Berücksichtigung der zu erwartenden Zu- und Abgänge ermittelt.
Schritt 2 Festlegung des Einsatzbedarfs: Es wird die Anzahl der benötigten Mitarbeiter für die in einem zukünftigen Zeitabschnitt anstehende Arbeit festgelegt.
Schritt 3 Ermittlung des Soll-Personalbestandes: Da eine bestimmte Anzahl von Mitarbeitern aufgrund von Krankheit, Urlaub oder Fortbildungsmaßnahmen abwesend ist, muss ein Reservebedarf ermittelt werden. Die Höhe des Reservebedarfs lässt sich aus Daten der Vergangenheit ableiten. Einsatz- und Reservebedarf ergeben zusammen den Soll-Personalbestand.
Schritt 4 Ermittlung der Über- bzw. Unterdeckung: Vergleicht man den Ist-Personalbestand mit dem Soll-Personalbestand, ergibt sich daraus eine Über- oder Unterdeckung. Eine Unterdeckung an Mitarbeitern macht Neueinstellungen erforderlich, eine Überdeckung führt zu Versetzungen in eine andere Abteilung oder zu Kündigungen.

Qualitativer Personalbedarf und Stellenbeschreibung

Ist der quantitative Bedarf ermittelt, muss der passende Bewerber für die Stelle gefunden werden. Welche Anforderungen er erfüllen muss, ergibt sich aus der Stellenbeschreibung. Die Stellenbeschreibung enthält Angaben über Aufgaben- und Verantwortungsbereiche. Stimmt die Stellenbeschreibung mit dem Fähigkeitsprofil des Bewerbers überein, ist der geeignete Mitarbeiter für die Stelle gefunden. Das Fähigkeitsprofil des Bewerbers lässt sich aus den Bewerbungsunterlagen, Einstellungstests und dem Vorstellungsgespräch ermitteln.

Stellenbeschreibung (die wichtigsten Bestandteile)	
Bezeichnung	Leiter der Reparaturabteilung
Aufgaben	Koordination und Durchführung der Reparaturen im Kundenauftrag
Einbindung in die Organisation	Die Stelle ist dem Bereich „Qualitätswesen“ zugeordnet.
Unterstellung/Überstellung	Der Stelleninhaber ist direkt dem Leiter „Qualitätswesen“ unterstellt und gleichzeitig Vorgesetzter der Mitarbeiter der „Reparatur“.
Vertretungsregelung	Der Stelleninhaber vertritt den Leiter der Abteilung „Qualitätswesen“.
Anforderungen	Abgeschlossene Berufsausbildung in einem metallverarbeitenden Beruf, Industriemeister oder Abschluss als Techniker, langjährige Berufserfahrung, selbstständiges und verantwortungsbewusstes Arbeiten und korrektes und verbindliches Auftreten gegenüber den Kunden, Teamfähigkeit.

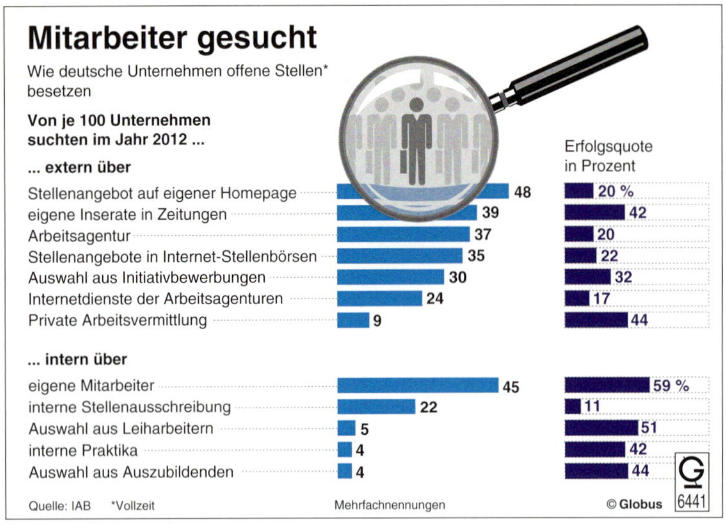

Innerbetriebliche Personalbeschaffung

Der Betriebsrat kann verlangen, dass Arbeitsplätze vor ihrer Besetzung innerhalb des Betriebes ausgeschrieben werden (BetrVG § 93 → S. 238).

Auswahlverfahren

beispielsweise Vorstellungsgespräch, Test, Praktika, Assessment-Center

Interne Personalbeschaffung

Die interne Personalbeschaffung erfolgt durch Versetzung von Mitarbeitern von der einen in die andere Abteilung oder durch Übernahme von Auszubildenden, Leiharbeitern und Praktikanten in ein Arbeitsverhältnis. Versetzungen sind häufig mit einer Fort- und Weiterbildung verbunden. Die Besetzung einer Führungsposition kann auch von einem Mitarbeiter aus der Abteilung erfolgen. Welcher Mitarbeiter für eine **innerbetriebliche Personalbeschaffung** in Frage kommt, ergibt sich aus der Bewertung des Vorgesetzten oder aus den Angaben in der Personalakte.

Die eigenen Mitarbeiter bringen Erfahrungen aus dem Unternehmen mit und benötigen deshalb nur eine kurze Einarbeitungszeit. Da eine innerbetriebliche Beurteilung des Bewerbers vorliegt, ist das Risiko einer Fehlbesetzung gering. Die interne Stellenbesetzung verschafft Mitarbeitern die Chance, beruflich aufzusteigen. Dadurch wird die Personalpolitik des Unternehmens transparenter. Dies kann die Motivation der Arbeitnehmer fördern und das Betriebsklima verbessern. Es besteht aber auch die Gefahr, Mitarbeiter zu demotivieren, die sich auf eine ausgeschriebene Stelle beworben hatten, aber nicht berücksichtigt wurden. Nicht zuletzt spart das Unternehmen bei diesem Bewerbungsverfahren Kosten für Stellenanzeigen und Reisekosten. Allerdings wird bei der innerbetrieblichen Stellenbesetzung eine andere Stelle frei, sodass der Bedarf an Mitarbeitern weiterhin besteht.

Externe Personalbeschaffung

Neue Mitarbeiter gewinnt man u. a. über Stellenangebote auf der eigenen Homepage, Anzeigen in Zeitungen und über die Arbeitsagenturen. Eine außerbetriebliche Stellenbesetzung bietet oft eine große Auswahl an geeigneten Bewerbern, die neue Ideen (Innovation) in das Unternehmen bringen. Ein neuer Mitarbeiter kann sich in einer Führungsposition meist leichter durchsetzen als ein Mitarbeiter, der aus dem Unternehmen oder sogar aus der gleichen Abteilung kommt.

Der Personalabteilung stehen für die Wahl des richtigen Bewerbers verschiedene **Auswahlverfahren** zur Verfügung.

Bewerbungsunterlagen

Durch die Angaben in den Bewerbungsunterlagen kann ein Unternehmen eine Vorauswahl der Bewerber vornehmen. Deshalb gehören zu den Bewerbungsunterlagen:

- **Bewerbungsschreiben:** den Grund der Bewerbung nennen, auf Stellenbeschreibung beziehen, den bisherigen Arbeitsplatz beschreiben, Qualifikationen und Fähigkeiten aufführen, soweit gefordert Arbeitsbeginn und Gehaltsvorstellung nennen. Das Bewerbungsschreiben sollte eine persönliche Note aufweisen;
- **Lichtbild** (keine Pflicht, wird aber empfohlen);
- verständlicher und zeitlich geordneter **Lebenslauf** (tabellarisch);
- **Zeugnisse**: Abschlusszeugnisse der Schul- und Ausbildungszeit, Prüfungszeugnisse (Meisterbrief, Technikerausbildung), Nachweise über zusätzlich erworbene Qualifikationen (z. B. EDV-Kurs) und Arbeitszeugnisse.

Die äußeren Kriterien der Bewerbungsunterlagen beziehen sich auf das Erscheinungsbild und die Vollständigkeit. Eine gegliederte und sinnvolle Zusammenstellung der Unterlagen zeigt, dass der Bewerber gewissenhaft ist.

Zusammenfassung: Personalbedarf und Personalbeschaffung

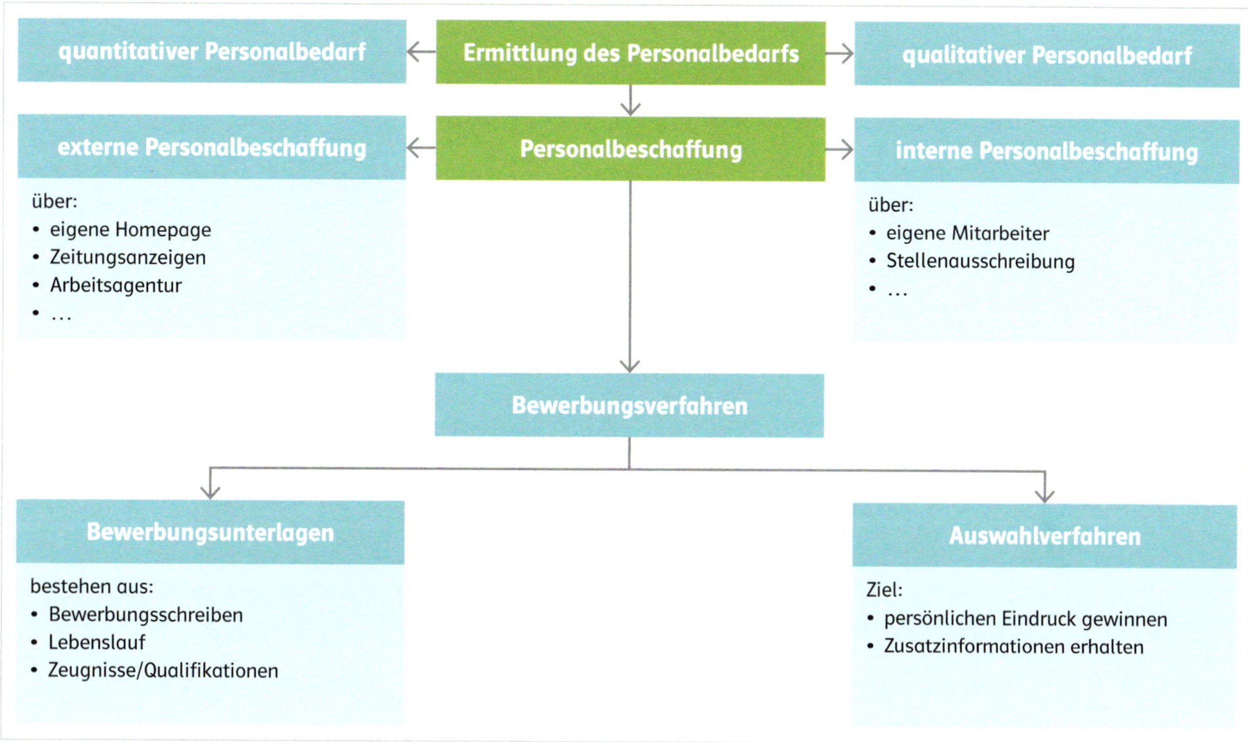

Übungsaufgaben

1. Ermitteln Sie den Personalbedarf in der Fertigung anhand der folgenden Zahlenangaben:

Geplante Produktionsmenge:	2 000 Stück
Fertigungszeit/Stück:	40 Minuten
Arbeitszeit/Arbeitnehmer/Monat:	165 Stunden
Reservebedarf:	4 % Krankheit, 10 % Urlaub, 3 % sonstige Fehlzeiten

2. Nennen Sie die beste Art der Personalbeschaffung in den folgenden Fällen (Mehrfachnennungen möglich):
   innerbetriebliche Stellenausschreibung / Anzeige in der Lokalzeitung / Stellenanzeige auf der eigenen Homepage / Arbeitsagentur
   a) Eine Tischlerei sucht zum 01.08. des nächsten Jahres einen Auszubildenden.
   b) In einem Unternehmen mit 500 Beschäftigten ist die Stelle des Produktionsleiters zu besetzen.
   c) Durch die Versetzung auf die Stelle des Bauleiters wird die Stelle des Leiters einer Baugruppe frei.
   d) Aufgrund eines größeren Auftrags werden für sechs Monate zusätzlich drei Mitarbeiter gesucht.

3. Nennen Sie die Vor- und Nachteile von internen und externen Stellenbesetzungen.

4. In der Grafik *Mitarbeiter gesucht* (→ S. 334) wird für die externe Stellenbesetzung das Stellenangebot auf der eigenen Homepage am häufigsten genannt. Erläutern Sie die Vorteile.

5. Erstellen Sie eine Liste von Fragen, auf die ein Bewerber bei einem Bewerbungsgespräch vorbereitet sein sollte.

Arbeitsbewertung und Lohnformen

Lernsituation

Die Firma Jansen KG plant, die Fertigungsorganisation auf Gruppenarbeit umzustellen. Eine Gruppe besteht aus vier Mitarbeitern. In diesem Zusammenhang soll auch die bisherige Entlohnung nach dem Zeitlohn auf den Gruppenakkord umgestellt werden. Der Betriebsleiter hat gemeinsam mit einem Betriebsrat eine der zukünftigen Arbeitsgruppen zu einem Informationsgespräch eingeladen, um dabei das neue Entlohnungsmodell vorzustellen.

Arbeitsauftrag

Zeigen Sie die Auswirkungen der Umstellung vom Zeitlohn auf den Gruppenakkord.

1. Bewerten Sie die Aussagen der Gruppenmitglieder in der Karikatur.

2. Ermitteln Sie anhand folgender Angaben den Akkordstundenlohn der Gruppenmitglieder nach dem
   - Stückgeldakkord,
   - Stückzeitakkord.

   (Hinweis: Alle Gruppenmitglieder erhalten den gleichen Lohn.)

   Arbeitszeit der Gruppe (4 Personen): täglich 8 Std., 20 Arbeitstage im Monat
   Mindestlohn: 12,50 €
   Akkordzuschlag: 20 %
   Normalleistung: 5 Teile/Std. je Arbeitnehmer
   Istleistung/Monat: 4 576 Teile/Gruppe

Recherche
36f7gx
Tarifverträge, Lohnformen

Verantwortung und hohe Konzentrationsfähigkeit sollten sich im Lohn ebenso widerspiegeln wie körperliche Anstrengung und starke Belastung.

Wie lässt sich ein leistungsgerechter Lohn ermitteln?

Löhne bedeuten für Unternehmen Kosten, für Arbeitnehmer die Entlohnung für ihre geleistete Arbeit. Zu hohe Löhne verschlechtern die Wettbewerbssituation eines Unternehmens; einen zu niedrigen Lohn empfinden Arbeitnehmer als ungerecht, was sich dann häufig in einer geringen Leistungsbereitschaft niederschlägt. Das Ziel, eine leistungsgerechte Entlohnung zu erreichen, kann durch die folgenden zwei Schritte erfolgen:
Schritt 1: Festlegung der Grundlagen, nach denen die geleistete Arbeit bewertet wird: **Methoden der Arbeitsbewertung**.
Schritt 2: Berücksichtigung der individuellen Leistung des Arbeitnehmers: **Lohnformen**.

Methoden der Arbeitsbewertung

Bei der Festlegung, welche Faktoren in eine Arbeitsbewertung einfließen und wie sie gewichtet werden, unterscheidet man zwischen der summarischen und der analytischen Arbeitsbewertung.

- **Summarische Arbeitsbewertung:** Bei dieser Methode werden hauptsächlich zwei Bewertungsmerkmale berücksichtigt, nämlich die Arbeitskenntnisse (Ausbildung und Erfahrung) und die Arbeitsbelastung (Denkfähigkeit, Handfertigkeiten, Körpergewandtheit). Man bildet Lohngruppen, in denen unterschiedliche Anforderungen beschrieben werden. Die Arbeitsanforderungen und Tätigkeiten eines Arbeitnehmers werden dann der entsprechenden Lohngruppe zugeordnet: **Lohngruppenverfahren**.

Summarische Arbeitsbewertung (Lohngruppenverfahren)

Eine Tätigkeit (Arbeit) wird einer Lohngruppe zugeordnet.

Lohngruppe	in % des tariflichen Grundgehalts
Lohngruppe 1 Arbeiten mit geringen Anforderungen, die nach entsprechender Einweisung ohne weitere Sach- und Arbeitskenntnis ausgeführt werden können.	**86 %**
Lohngruppe 5 Aufgaben, deren komplexe Anforderungen den Einsatz von umfassenden Fachkenntnissen im Sinne des Berufsbildes erfordern.	**100 %**
Lohngruppe 9 Aufgabenfelder, deren Entscheidungsspielräume nur durch hervorragendes Können, Dispositionsvermögen und Führungskompetenz ausgefüllt werden können.	**125 %**

Anschließend wird für jede Gruppen der Lohn festgelegt.
Dieses Verfahren wird bei Tarifverhandlungen angewendet. Grundlage der Verhandlungen ist eine Lohngruppe oder der sogenannte **Ecklohn**. Der Ecklohn ist der Lohn eines 21-jährigen Facharbeiters. Beide Werte werden mit 100 Prozent angesetzt. Durch Zu- und Abschläge werden die Entgelte der anderen Lohngruppen ermittelt.

- **Analytische Arbeitsbewertung:** Sollen weitere Faktoren (z. B. Verantwortung, Arbeitsbedingungen, Umwelteinflüsse) bei der Arbeitsbewertung berücksichtigt werden, wird das analytische Verfahren angewandt. Die Einzelanforderungen werden genau erfasst, gewichtet und mit Punkten bewertet. Die daraus ermittelte Gesamtpunktzahl ermöglicht es, die Tätigkeit einer Lohngruppe zuzuordnen.
  Die analytische Arbeitsbewertung ist zwar aufwendiger in der Durchführung; die Ergebnisse sind allerdings genauer als bei der summarischen Arbeitsbewertung.

Arbeitsplatzbewertung (Reparaturschlosser)

Arbeitsanforderung	Höchstpunktzahl	Ist-Punktzahl
I. Fachkönnen		
a) Fachkenntnisse	7	5
b) Geschicklichkeit	4	3
II. Anstrengung		
a) geistige Beanspruchung	6	5
b) körperliche Beanspruchung	5	5
III. Verantwortung		
a) für eigene Arbeit	8	6
b) für Betriebsmittel	5	3
IV. Umwelteinflüsse (Temperatur, Öl, Fett, Gase, Dämpfe, Unfallgefährdung, Lärm)	10	8
Summe der Teilarbeitswerte	**45**	**35**
35 Punkte = Lohngruppe 7		

Wahl der Lohnform

Bei Arbeitnehmern mit gleichen Anforderungen oder Arbeitsaufgaben können sich unterschiedliche Arbeitsergebnisse und Arbeitsgeschwindigkeiten ergeben. Die persönliche Leistung des Arbeitnehmers zu erfassen und in die Lohnberechnung einfließen zu lassen, hängt von der Wahl der Lohnform ab. Dabei unterscheidet man zwischen Zeitlohn- und Leistungs- bzw. Akkordlohn.

- **Zeitlohn**: Es wird eine feste Vergütung für eine bestimmte Zeiteinheit (z. B. Stunden, Monat) bezahlt. Diese Lohnform wird gewählt, weil eine genaue Bewertung der Arbeitsleistung nicht möglich ist.

Lehrer erhalten einen Zeitlohn.

- **Akkordlohn**: Die Arbeitnehmer werden nach ihrer Leistung bezahlt. Voraussetzungen für diese Lohnform sind:
  - Die Arbeitsabläufe und Arbeitsbedingungen müssen immer gleich sein.
  - Der Arbeitnehmer kann die Arbeitsleistung beeinflussen.
  - Das Arbeitsergebnis lässt sich leicht erfassen.

Die Höhe des Akkordlohns können Mitarbeiter durch ihre Leistung beeinflussen.

Bei der Berechnung des Akkordlohns wird zunächst ein Grundlohn bzw. Akkordrichtsatz festgelegt (z. B. 16,80 €). Dieser **Grundlohn/Akkordrichtsatz** setzt sich zusammen aus einem **Mindestlohn** (z. B. 14 €, ergibt sich aus dem Tarifvertrag) und einem **Akkordzuschlag** (z. B. 20 % = 2,80 €). Diesen Lohn erhält ein Arbeitnehmer, der eine durchschnittliche Leistung (Normalleistung) erbringt. Erreicht er die **Normalleistung** nicht, bleibt ihm auf alle Fälle der Mindestlohn.

Maßstab für die Entlohnung ist der Vergleich der Normalleistung (Soll-Leistung) mit der tatsächlich erbrachten Leistung (Ist-Leistung). Dabei unterscheidet man
- den **Stückgeldakkord**, bei dem der Lohn pro gefertigtem Stück festgelegt ist, und
- den **Stückzeitakkord**, bei dem die Zeiten für die Bearbeitung eines Auftrags (Soll-Zeit) vorgegeben werden.

Der Akkordlohn kann für den einzelnen Arbeitnehmer (**Einzelakkord**) oder für eine Gruppe von mehreren Arbeitnehmern (**Gruppenakkord**) festgelegt werden.
- **Prämienlohn**: Es soll genauso wie beim Akkordlohn die Leistungsbereitschaft des Mitarbeiters erhöht werden. Neben einer Grundvergütung (Zeit- oder Akkordlohn) wird eine Prämie für besondere Leistungen gezahlt.

In Industriebetrieben wird der Prämienlohn häufig bei Gruppenarbeit angewandt. Mit einer Prämienzahlung lassen sich Verbesserungen in folgenden Bereichen vergüten:
- Nutzung der Betriebsmittel (Vermeidung von Störungen, weniger Stillstandzeiten),
- Qualitätssicherung (weniger Ausschuss, Nachtarbeit usw.),
- Energie- und Materialeinsparung,
- Verbesserung der Termintreue.

Die Höhe der Prämie wird in einer Zielvereinbarung zwischen Betriebsleitung und Fertigungsgruppe ausgehandelt.
- **Beteiligungslohn**: Einige Unternehmen lassen ihre Mitarbeiter über einen Beteiligungslohn am Erfolg des Unternehmens teilhaben. Neben der normalen Vergütung erhalten sie einen Teil des Gewinns. Der Beteiligungslohn wird
  - als **Gewinnbeteiligung** häufig am Ende des Jahres ausgezahlt,
  - als **Kapitalbeteiligung** am Unternehmen angelegt. Die Beteiligung erfolgt in Form eines Darlehens oder in Form von Belegschaftsaktien.

Ein Autoverkäufer erhält neben einem festen Gehalt (Zeitlohn) eine Prämie, die abhängig ist von der Zahl der verkauften Autos.

Grundlohn/Akkordrichtsatz

= Mindestlohn + Akkordzuschlag

Die Kapitalbeteiligung bringt für Unternehmen folgende Vorteile:
- Sie können mit dem nicht ausgezahlten Lohn arbeiten (z. B. investieren).
- Unternehmen zahlen weniger Steuern.
- Mitarbeiter, die am Unternehmen finanziell beteiligt sind, identifizieren sich stärker mit ihrer Arbeit.

Berechnung des Akkordstundenlohns	
Vorgaben	
Grundlohn/Akkordrichtsatz:	16,80 €
Normalleistung: 4 Teile	
Ist-Leistung: 5 Teile	
Stückgeldakkord	
Stückgeldakkordsatz (Lohnsatz je Stück)	4,20 €
Akkordstundenlohn	
Ist-Leistung × Stückgeldakkordsatz	**21,00 €**
Stückzeitakkord	
Minutenfaktor = Grundlohn : 60 Min.	
Stückzeit (Vorgabezeit): 15 Minuten	
Ist-Zeit (tatsächlich benötigte Zeit): 12 Minuten	
Ist-Leistung: 5 Teile	
Akkordstundenlohn	
Ist-Leistung × Stückzeit × Minutenfaktor	
5 × 15 × 0,28	**21,00 €**
Bei einer Lohntarifänderung müssen beim Stückgeldakkord alle Stückgeldakkordsätze neu berechnet werden; beim Stückzeitakkord lediglich der Minutenfaktor (die Vorgabezeiten bleiben unverändert).	

Zusammenfassung: Arbeitsbewertung und Lohnformen

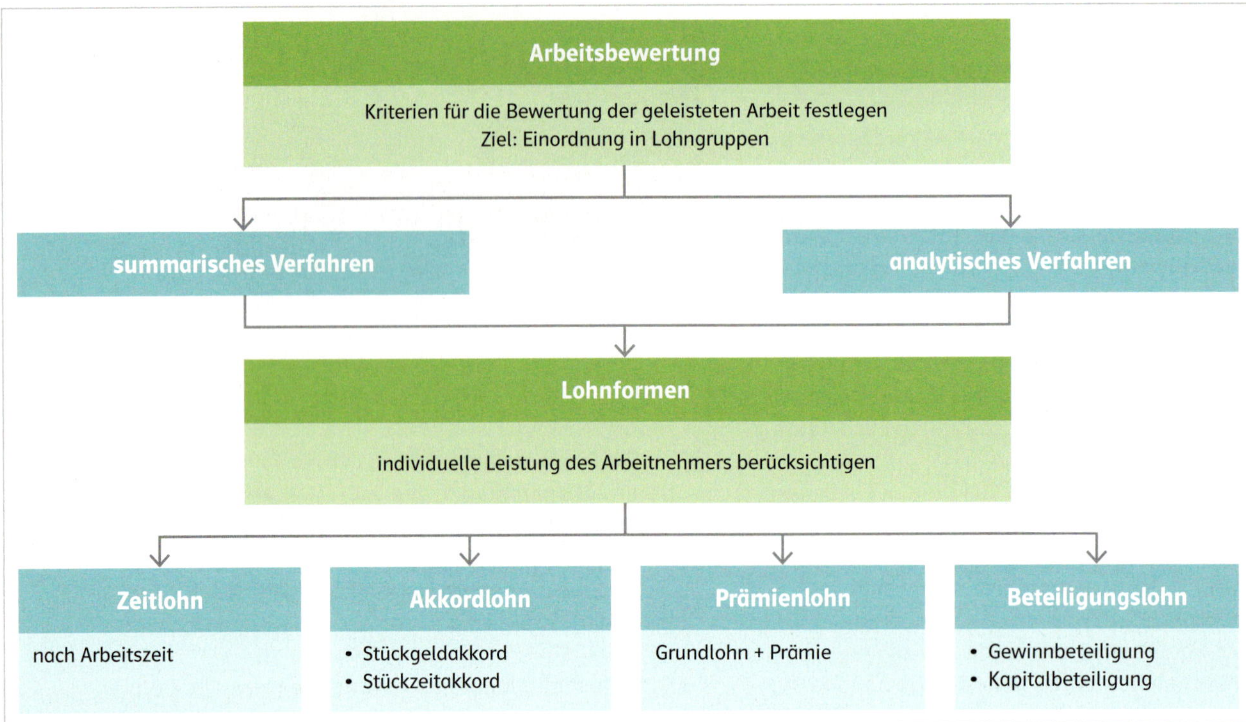

Übungsaufgaben

○ 1. Nennen Sie jeweils zwei Tätigkeiten, für die sich die folgenden Lohnformen anbieten:
- Zeitlohn
- Akkordlohn
- Prämienlohn

◒ 2. Vergleichen Sie Stückzeit- und Stückgeldakkord.

○ 3. Nennen Sie die Voraussetzungen, die vorliegen müssen, um Arbeit nach dem Akkordlohn zu vergüten.

○ 4. Beschreiben Sie die Vorteile des Akkordlohns gegenüber dem Zeitlohn.

◒ 5. Vergleichen Sie die summarische Arbeitsbewertung mit der analytischen.

◒ 6. Ermitteln Sie anhand der folgenden Angaben den Akkordstundenlohn.

Mindestlohn:	12 €
Akkordzuschlag:	15 %
Normalleistung:	10 Stück
Ist-Leistung:	12 Stück

Arbeiten im Team

Lernsituation

Eine praktische Übung für eine Schulstunde: Nötig ist eine große Fläche ohne Hindernisse und Stufen (Schulhof, Eingangshalle o. Ä.).
10 bis 15 Schülerinnen und Schüler bilden ein Team. Ihnen werden die Augen verbunden. Die anderen sind Beobachter und greifen nicht ein.

Die Aufgabe des Teams besteht darin, eine zu einem großen Kreis zusammengebundene Schnur so zu spannen, dass sich ein Quadrat ergibt. (Die Schnur muss so lang sein, dass sich die Teilnehmer nicht an den Händen fassen können.) Die Übung ist beendet, wenn sich die Teilnehmer einig sind, dass sie die Aufgabe gelöst haben.

Arbeitsauftrag

- Diskutieren Sie, wer bei dieser praktischen Übung welche Rolle im Team übernommen hat. Dabei hat sich folgendes Vorgehen bewährt:

  1. Die Teammitglieder schildern, wie sie in den verschiedenen Phasen der Übung ihre eigene Situation und die der anderen Teammitglieder erlebt haben: Welche Phasen empfanden sie als produktiv? Haben sie zwischendurch am Erfolg gezweifelt? Empfanden sie das Verhalten der anderen Teammitglieder als hilfreich? Wer hat welchen Beitrag zur Lösung der Aufgabe geleistet?
  2. Die Beobachter ergänzen und korrigieren aus ihrer Sicht.
  3. Teammitglieder und Beobachter ordnen verdeckt die Teilnehmer den verschiedenen Teamtypen (→ S. 342) zu. Die Ergebnisse werden verglichen und begründet.

8.2 Im Betrieb zusammenarbeiten

Die Teamaufstellung ist der Schlüssel zum Erfolg.

Team

Mehrere Personen bearbeiten nach festgelegten Regeln über einen längeren Zeitraum eine Aufgabe, um gemeinsame Ziele zu erreichen. Sie haben im Rahmen ihres Auftrags Entscheidungsbefugnisse und vereinbaren Maßnahmen, um ihre Ziele zu erreichen. Entscheidungen im Team sind für die Mitglieder verbindlich.

Teamfähigkeit

Die Fähigkeit zu Kooperation und Kommunikation, Einfühlungsvermögen, Rücksichtnahme, aber auch Konfliktfähigkeit. Teamfähigkeit ist Teil der Sozialkompetenz.

Zusammenarbeiten – aber wie?

Arbeitnehmer sind heutzutage auf die Zusammenarbeit mit anderen angewiesen. Nur die Formen der Zusammenarbeit unterscheiden sich. Manchmal ist genau vorgegeben, wie die einzelnen Arbeiten ineinandergreifen, z. B. bei der Fließbandarbeit.
Meist haben aber die Beschäftigten mehr Freiheiten in der Art und Weise, wie sie ihre Arbeit aufteilen. Die Aufteilung kann sich nach den Stärken der einzelnen Mitarbeiter richten: Jeder macht, was er am besten kann. Aber auch andere Kriterien sind möglich: Der Auszubildende soll den Umgang mit einer neuen Maschine erlernen und wird entsprechend eingesetzt. Oder die Tätigkeiten werden danach verteilt, wie beliebt sie sind. Dann muss der Azubi die Dreckarbeit machen oder der, der in der betrieblichen Hierarchie ganz unten steht.
Diese Unterschiede in der Art der Zusammenarbeit beeinflussen

- die **Qualität des Arbeitsergebnisses**: Sie ist am höchsten, wenn jeder seine Stärken einbringen kann;
- den **Arbeitsaufwand**: Wer neu in eine Arbeit eingelernt werden muss, braucht Anleitung und arbeitet wegen der fehlenden Routine langsamer. Trotzdem ist dieser zusätzliche Aufwand sinnvoll. Wissen und Fertigkeiten müssen weitergegeben werden.
- die **Zufriedenheit der Mitarbeiter**: Wenn die Aufteilung der Arbeit sich nicht nach den Fähigkeiten richtet, merken die Beschäftigten, dass sie als Person und in ihrer Qualifikation nicht geachtet werden, und entsprechend gering sind ihre Motivation und ihre Sorgfalt bei der Arbeit.

So führt die Art, wie die Zusammenarbeit gestaltet wird, zu einem Gewinn oder einem Verlust an Effizienz.

Teams einrichten

Der **Gewinn an Effizienz und Qualität** ist der wichtigste Grund, warum Unternehmen Teams ins Leben rufen, warum sie sich genauer überlegen, wie sie die Teams zusammensetzen und wie sie die Arbeit im Team bewusst gestalten können. Dazu gehören insbesondere

- **Vorgaben** (finanziell, personell und zeitlich),
- **Verantwortlichkeiten** und verbindliche Regeln (z. B. über Information und Dokumentation),
- **Entscheidungsbefugnisse** im Rahmen des Auftrags,
- klare **Orientierung an Ergebnissen**.

Damit ein Team erfolgreich arbeitet, müssen verschiedene **Aufgaben** oder **Rollen** besetzt werden. Es ist wie bei einer Fußballmannschaft: Die Spieler übernehmen verschiedene Aufgaben. Sie haben unterschiedliche Stärken und Spezialisierungen. Am eindeutigsten ist das beim Torwart. Am Ende ist jede Funktion besetzt und

Typen im Team

Typ	Wichtige Eigenschaften im Team
Stratege	denkt langfristig, hat Mut, Hindernisse zu überwinden
Ideengeber	bringt neue Ideen ein, denkt ohne Scheuklappen
Systematiker	schafft Klarheit, behält den Überblick
Teamarbeiter	baut Reibungsverluste ab, hält Verbindungen nach außen
Moderator	bindet Teammitglieder ein, wirkt ausgleichend, ermutigt andere
Umsetzer	zuverlässig, effizient, fördert die Selbstdisziplin
Spezialist	liefert Fachwissen, sichert die Qualität

Recherche
f8sd9k
Team, Führungsstile

die Spieler sind entsprechend ihren Stärken eingesetzt. Außerdem ist darauf geachtet worden, dass ihr Zusammenspiel klappt. Aber erst in der Partie stellt sich heraus, ob die Zusammenstellung richtig war.
Wie für unterschiedliche Gegner unterschiedliche Mannschaftsaufstellungen gewählt werden, so werden in einem Unternehmen je nach Aufgabenstellung die Teams unterschiedlich zusammengestellt. Bewährt haben sich folgende Regeln:

- **Größe**: vier bis zehn Personen (optimal: fünf bis sechs Mitglieder).
- **Unterschiede** in Alter, Berufserfahrung, Geschlecht, Stärken (und Schwächen).
  Grundsatz: Je unterschiedlicher, desto besser. Allerdings sollte die Qualifikation vergleichbar sein. Dies erleichtert die Kommunikation.

Als Hilfsmittel zur Besetzung von Teams sind verschiedene Typeneinteilungen entwickelt worden. Ein Beispiel finden Sie auf → S. 342.

Die eigene Aufgabe im Team finden

Das Team ist zusammengestellt. Auftrag und Zeitrahmen sind festgelegt. Die Teamleitung ist benannt. Die erste Teamsitzung beginnt. Die Teilnehmer sind innerlich angespannt – zu Recht. Denn jetzt geht es darum, den eigenen Platz im Team zu finden:

- die eigenen Qualifikationen und Stärken einzubringen;
- auf den eigenen Vorteil zu achten: an die eigene Karriere zu denken, aber auch an die damit verbundene Arbeitsbelastung;
- mit anderen zusammenzuarbeiten, aber nicht deren Arbeit mitzuerledigen;
- mit anderen auszukommen, aber klare Grenzen zu setzen.

Bis ein Team Ergebnisse liefert, braucht es Zeit (→ *Teamuhr*). Vor allem am Anfang entstehen Konflikte über die Position der Mitglieder im Team, über unterschiedliche Sichtweisen und Wege, den Auftrag zu erfüllen. Ob und wie diese Konflikte geregelt werden, entscheidet über die Arbeitsfähigkeit des Teams und über seine Fähigkeit, die Anforderungen zu erfüllen.

Teamuhr

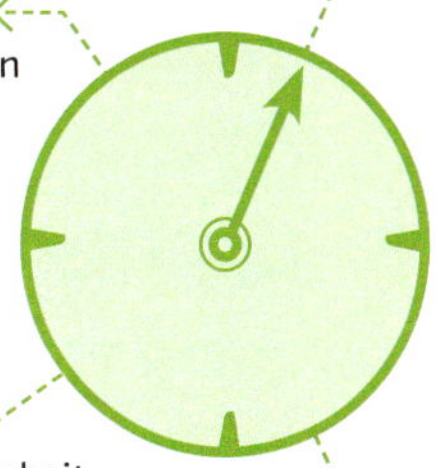

1. Orientierungsphase
- vorsichtiges Abtasten
- Sicherheit suchen
- den eigenen Platz finden
- Höflichkeit
- Anspannung

2. Ernüchterungsphase
- Einfluss gewinnen
- eigene Position durchsetzen
- Konflikte austragen
- Schuldzuweisungen
- Cliquenbildungen

3. Aufbruchphase
- Regeln für Zusammenarbeit festlegen
- Entspannung
- Offenheit
- Suche nach Übereinstimmung

4. Leistungsphase
- Sichern von Ergebnissen
- Effizienz
- Flexibilität
- solidarisches Handeln
- Hilfsbereitschaft

Kooperativer Führungsstil fördert Teamarbeit

Konfliktregelung → *S. 346 f.*

Die Zusammenarbeit der Beschäftigten wird stark beeinflusst durch den Führungsstil, der im Unternehmen oder in der Abteilung herrscht. Die Extreme sind ein **autoritärer** und ein **kooperativer Führungsstil**. Der autoritäre Führungsstil legt Wert auf den Gehorsam der Mitarbeiter. Der kooperative Führungsstil fördert Teamarbeit.
Bei den Führungsstilen geht es um das Vertrauen und die Wertschätzung, die sich Chefs und Mitarbeiter wechselseitig entgegenbringen. Fehlendes Vertrauen und fehlende Wertschätzung sind eine häufige Quelle für Misserfolg.

autoritärer Führungsstil	kooperativer Führungsstil
• Führungsperson entscheidet allein • Führungsperson wendet Druck an, um ihre Anweisungen durchzusetzen. Kritik ist nicht zugelassen • Mitarbeiter haben keinen eigenen Entscheidungsspielraum **Gefahren**: • Potenziale von Mitarbeitern werden nicht erkannt • eingleisiges Denken, Alternativen werden nicht erkannt • fehlendes Vertrauen • schlechtes Betriebsklima, innere Kündigung von Mitarbeitern	• Führungsperson bezieht Mitarbeiter in Entscheidungen ein • Eigeninitiative, konstruktive Kritik und Anregungen der Mitarbeiter sind erwünscht • Mitarbeiter übernehmen Verantwortung und haben eigenen Entscheidungsspielraum **Gefahren**: • Ziele werden nicht oder nicht in der vorgegebenen Zeit erreicht • unklare Zuständigkeiten

Zusammenfassung: Arbeiten im Team

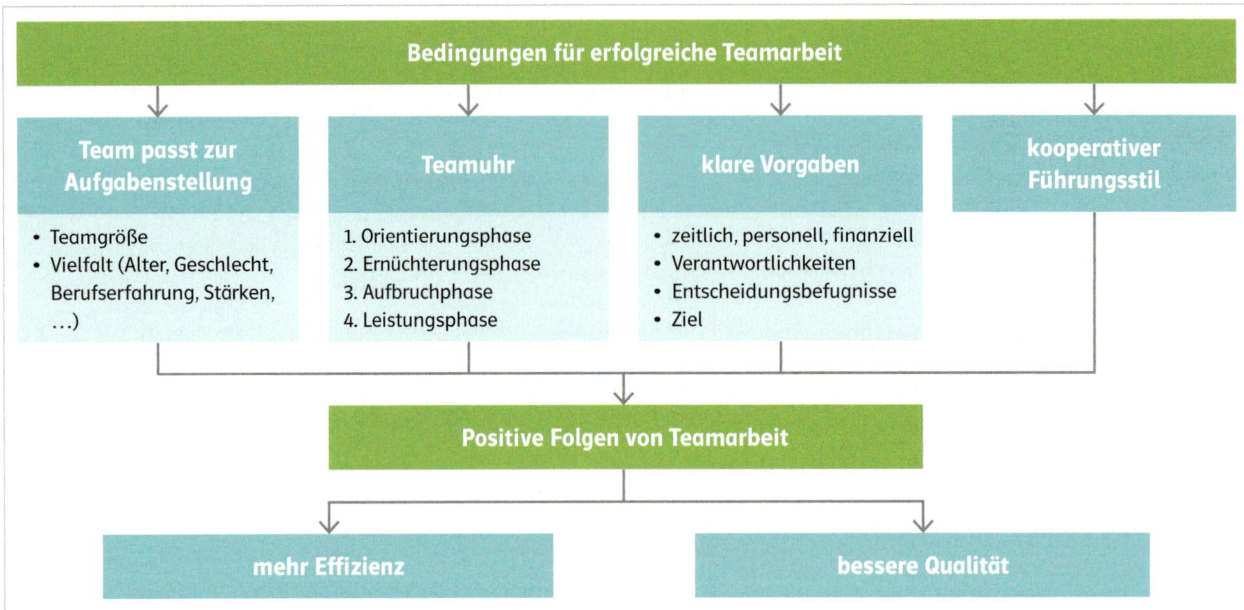

Übungsaufgaben

1. Erläutern Sie, warum das Arbeiten im Team die Arbeitszufriedenheit von Mitarbeitern erhöhen kann.

2. Nennen Sie drei Bedingungen, die erfüllt sein müssen, damit Teams effizient zusammenarbeiten.

3. Der Chef der Maschinenfabrik Gruber & Co. zum Prokuristen: „Der Absatz der neuen FC-856 liegt weit unter Plan. Das können wir uns nicht leisten. Machen Sie mal dalli, dalli einen Arbeitskreis und berichten Sie mir in zwei Wochen, was los ist! Und natürlich mit einem genauen Maßnahmenkatalog. – Das wär's für heute! Gruß an die Frau Gemahlin."
   a) Beschreiben Sie den Führungsstil des Chefs.
   b) Erläutern Sie dem Chef aus Sicht des Prokuristen, warum seine Erwartungen unrealistisch sind.
   c) Angenommen, Sie wären dieser Prokurist und müssten das neue Team zusammenstellen:
      - Nennen Sie die Bereiche des Unternehmens, aus denen Sie Mitarbeiter ins Team holen würden. Begründen Sie Ihre Auswahl.
      - Wenn Sie sich auf vier Personen beschränken müssten, welche Teamtypen wären Ihrer Ansicht nach besonders wichtig? Begründen Sie.

4. „Die Grundlage für das Scheitern eines Teams wird meist mit der Auswahl seiner Mitglieder gelegt." Erläutern Sie diese Aussage anhand von Beispielen.

Umgang mit Konflikten

Lernsituation

Dicke Luft in der Abteilung. Herr Buck hat die Schichtpläne für die kommende Woche ausgehängt und jetzt reden alle auf ihn ein …

Arbeitsauftrag

○ ◒ ● Analysieren Sie den Konflikt. Machen Sie Vorschläge, wie er in Zukunft entschärft werden kann.

1. Beschreiben Sie den Konflikt auf der Sach- und auf der Beziehungsebene. Welche der beiden Ebenen steht bei den einzelnen Beteiligten jeweils im Vordergrund?

2. Erläutern Sie, welche Streitpunkte geregelt werden müssen. Erarbeiten Sie eine Lösung auf der Sachebene, die alle Beteiligten akzeptieren können.

3. Entwickeln Sie einen Lösungsweg für diesen Konflikt.

Geht es wirklich um die Sache?

Konflikte sind nichts Schlimmes

Haben wir das wirklich beschlossen?

Sie haben mir keine Vorschriften zu machen.

Das haben wir noch nie so gemacht.

Damit wollen Sie bloß beim Chef Eindruck schinden.

Dass sich Menschen nicht einig sind, kommt im Beruf und im Privatleben jeden Tag vor. Konflikte sind nichts Negatives, wenn sie ausdiskutiert und bearbeitet werden – im Gegenteil: Dann sind sie oft ein Anstoß für Veränderungen oder ein Anlass, über sich und andere nachzudenken. Offene Auseinandersetzungen können die Verhältnisse klären und eine Basis für die künftige Zusammenarbeit darstellen.
Nur ist es so, dass dieser offene Umgang mit Konflikten eher die Ausnahme ist. Häufig werden Konflikte verschwiegen oder sie werden zu Machtfragen, bei denen nicht die besseren Argumente entscheiden und kein Kompromiss gesucht wird, sondern bei denen derjenige entscheidet, der in der Rangordnung oben steht. Viele Konflikte lassen sich auch nicht so einfach „lösen". In Unternehmen gibt es z. B. **Verteilungskonflikte** zwischen einzelnen Beschäftigten oder Abteilungen: Welches Büro bekommt den neuen Kopierer? Wer darf seinen Urlaub in den Schulferien nehmen? Wer bekommt im Großraumbüro den schlechten Platz an der Tür? In Fällen wie diesen wird um ein knappes

Auf welcher Ebene spielt sich der Konflikt ab?

- Mitteilen eigener Interessen
- Abwägung zwischen Alternativen
- Prüfen einer Aussage
- Stellungnahme zu einer Aussage

Sachebene

- Maß der Anerkennung, Achtung, Wertschätzung der anderen Person
- Erwartung an die Anerkennung, Achtung, Wertschätzung durch die andere Person

- Kampf um die Vorherrschaft
- Rache
- Rückzug, Unterwerfung

Beziehungsebene

Recherche
kj4ub6
Konflikte am Arbeitsplatz, Mobbing

Gut gestritten. Darum gibt es zwangsläufig Gewinner und Verlierer. Die Frage ist aber, nach welchen Maßstäben entschieden wird.

Mögliche Konfliktsignale:

- veränderter Tonfall
- aggressiver Unterton
- abwertende oder ironische Äußerungen
- Unterstellungen
- Nebengespräche oder Unterbrechungen in Teamsitzungen
- Vorenthalten von Informationen
- Desinteresse
- Dienst nach Vorschrift
- Weigerung, mit bestimmten anderen Mitarbeitern zusammenzuarbeiten
- Verspätungen
- Nichteinhaltung von Vereinbarungen
- Nichterreichbarkeit

Mehrere Konfliktebenen

In vielen Konflikten geht es neben der **Sachebene** (Welche Lösung ist besser?) auch um die **Beziehungsebene** (Wer gewinnt?). Die Sachebene kann von den Beteiligten offen angesprochen werden, die Beziehungsebene häufig nicht. Dabei kann es sogar sein, dass die Beziehungsebene die entscheidende ist. Womöglich tun die Beteiligten so, als ginge es um eine Klärung in der Sache, während in Wirklichkeit ein persönlicher Machtkampf tobt, in dem keiner nachgeben will. Oder jemand frisst seine ganze berechtigte Kritik in sich hinein, weil er den Konflikt auf der persönlichen Ebene vermeiden will. Es kann sogar sein, dass den Beteiligten der Konflikt auf der Beziehungsebene gar nicht bewusst ist, das heißt, dass sie sich darüber täuschen, worum es zwischen ihnen geht. Außenstehende sehen das manchmal klarer als die Beteiligten.

Hilfe von außen: Regeln finden

Wenn ein Konflikt einmal aus dem Ruder gelaufen ist, ist Hilfe von außen nötig. Das können im Betrieb Kollegen sein, Vorgesetzte oder jemand vom Betriebsrat. Ein Unternehmen sieht nicht tatenlos zu, wenn seine Beschäftigten Konflikte pflegen, statt ihre Arbeit zu erledigen. Denn die Arbeit und das **Betriebsklima** leiden immer, wenn ein ungeklärter Konflikt existiert.
Am besten geeignet für den unvoreingenommenen Blick von außen ist eine Person, die weder direkt noch indirekt in den Konflikt verwickelt ist (also nicht unbedingt der Chef). Der Blick von außen zeigt oft, dass es für einen ungelösten Konflikt nicht einen eindeutigen Schuldigen, einen Sündenbock, gibt. Meist haben alle Beteiligten dazu beigetragen. Die Hilfe von außen macht es auch leichter, Regeln zu finden, mit denen die Beteiligten leben können und die nicht einseitig zulasten einer Person gehen. Regeln für Konflikte finden heißt auch: Konflikte zulassen, aber ihnen eine bestimmte Verlaufsform geben.
Die Regeln für den Umgang mit Konflikten betreffen dabei die **Ebene der Organisation** und Verteilung der Arbeit, die Zuständigkeiten, die Absprachen. Die Menschen kann ich nicht so verändern, wie ich sie gerne hätte – weder am Arbeitsplatz noch im Privatleben. Die Arbeit muss so organisiert werden, dass heikle Themen oder Schwächen der Persönlichkeit eines Mitarbeiters der Zusammenarbeit möglichst wenig im Weg stehen.

Von verdeckten Konflikten zum Mobbing

Verschleppte, verschwiegene und nicht ausgetragene Konflikte sind ein guter Nährboden für **Mobbing**. In eine Mobbingsituation sind neben den ursprünglich Beteiligten weitere Kolle-

Was sich unter der Oberfläche des Eisbergs verbirgt …

Mobbing
systematisches Schikanieren, Beleidigen oder Einschüchtern einer Person durch eine Gruppe, nicht durch körperliche Gewalt, sondern durch Psychoterror (Gerüchte, soziale Isolierung, Herabsetzung)

Rollenspiel durchführen

Rollenspiel

Durch Rollenspiele sollen Konflikte im persönlichen Bereich spielerisch gelöst werden. Die Situationsbeschreibung und die Rollenkarten legen fest, welcher Konflikt gelöst werden soll. Wie er gelöst wird, ist den Teilnehmern freigestellt.

So geht's!

1. Rolle vorbereiten (einzeln)
- Situationsbeschreibung und Rollenkarte lesen.
- Situation klären: Was ist das Problem? Ist noch weiteres Material nötig? Müssen Sie noch Informationen recherchieren?
- Gruppen einteilen

2. Meinung bilden (Gruppe)
Rollenkarten besprechen:
- Worin besteht aus Sicht dieser Person der Konflikt?
- Wie könnte der Konflikt aus ihrer Sicht gelöst werden?
- Mögliche Gegenargumente überlegen.

3. Rollenspiel durchführen
- Spieler auswählen. Die anderen Gruppenmitglieder sind Beobachter und protokollieren den Verlauf.
- Rolle spielen

4. Auswertung
- Erste Eindrücke bei Spielern und Beobachtern sammeln.
- Ergebnis bewerten
- Argumente zusammenfassen und beurteilen, Alternativen diskutieren.

Info
n78xg9
Rechte und Pflichten, Konfliktgespräche

Rollenspiel zu Konflikten im Betrieb durchführen

M1 Konfliktsituation im Betrieb

Morgen früh müssen die Pläne für die neue Heizanlage eines Industriebetriebs beim Architekten sein. Außer Frau Adolini ist nur noch Yasmin da, die eine Ausbildung zur Technischen Systemplanerin macht. Zu zweit kann die Arbeit bis etwa 19 Uhr erledigt werden, weil Yasmin sich im CAD-Programm gut auskennt. Gearbeitet wird in der Abteilung normalerweise bis 16:45 Uhr.

M2 Rollenkarte für Frau Adolini

Die Pläne für die neue Heizung müssen morgen früh unbedingt bei Architekt Lauffer sein. Der hat schon zweimal gemahnt. Allein ist dies kaum zu schaffen. Sie sehen auch nicht ein, dass Sie das allein machen sollen. Außerdem sollen die Lehrlinge ruhig lernen, wie hektisch es manchmal zugeht.

M3 Rollenkarte für die Auszubildende Yasmin

Frau Adolini ist erst seit gestern für Sie zuständig. Sie haben vorher noch nicht mit ihr zu tun gehabt. Ihr Ausbilder, Herr Hodler, ist drei Wochen im Urlaub. Gerade heute haben Sie sich mit Ihrem neuen Schwarm für 18 Uhr verabredet. Es liegt Ihnen viel an diesem Treffen.

Rechte und Pflichten von Auszubildenden (→ S. 176)

Kündigungsschutz (→ S. 229 f.)

M4 Gesprächsregeln (nicht nur für Rollenspiele)

- Sorgen Sie durch Freundlichkeit für eine positive Gesprächsatmosphäre.
- Hören Sie Ihrem Gesprächspartner in aller Ruhe zu.
- Versuchen Sie, die Hintergründe seiner Aussagen zu verstehen.
- Fassen Sie sich kurz.
- Argumentieren Sie sachlich.
- Vermeiden Sie persönliche Angriffe.
- Zeigen Sie, dass Sie Ihren Gesprächspartner akzeptieren, indem Sie auf seine Aussagen bewusst eingehen.
- Bitten Sie Ihren Gesprächspartner um Vorschläge zur Lösung des Problems.
- Erkennen Sie bessere Argumente an.
- Halten Sie Blickkontakt.

Arbeitsauftrag

Führen Sie zur oben beschriebenen Situation ein Rollenspiel durch. Gehen Sie so vor, wie auf der linken Seite beschrieben.

Üben
8ua6xc
Prüfungsaufgaben

Üben interaktiv
h6p2vm
Prüfungstraining

Berufsschule

1. Ermitteln Sie den Akkordstundenlohn, wenn folgende Angaben vorliegen:

Mindestlohn	14 €
Akkordzuschlag	20 %
Normalleistung	20 Stück
Ist-Leistung	25 Stück

2. Die Meier KG bietet in verschiedenen Medien eine Arbeitsstelle an. Auf die Anzeige gehen zahlreiche Bewerbungen ein, die Sie bearbeiten sollen. Bringen Sie die folgenden Arbeitsschritte in die richtige Reihenfolge.

A Entscheidung, welcher Bewerber die Stelle erhält
B Bewerbungsunterlagen sichten und auswerten
C Arbeitsvertrag unterschreiben
D Eignungstests durchführen
E Bewerbungsunterlagen sammeln
F Bewerber zum Vorstellungsgespräch einladen

3. Erläutern Sie, warum es für den angemessenen Umgang mit Konflikten wichtig ist, Regeln zu finden.

4. Welche der folgenden Aussagen über Konflikte im Betrieb betrifft eher die Sachebene, welche eher die Beziehungsebene? Erläutern Sie Ihre Entscheidung.

a) „Frau Roßmann kommt jeden Tag zu spät – und der Chef sagt nie was zu ihr."
b) „Die Arbeit in unserer Abteilung ist ungerecht verteilt. Frau Moser dreht Däumchen und bei uns ist Land unter."
c) „Herr Fahrenbach liefert seine Aufstellung immer zwei Tage zu spät ab, und wir haben den Stress. Bloß weil er am längsten da ist, denkt er, er kann alles machen."
d) „Wenn es nächsten Monat wieder so viele Überstunden gibt, bestehe ich darauf, dass mir das Geld ausbezahlt wird."
e) „Am Freitagnachmittag ist in der Chefetage immer schon dicht. Wenn wirklich ein Problem auftaucht, ist keiner da, der Entscheidungen treffen darf."

5. Ermitteln Sie den Personalbedarf in der Fertigung anhand der folgenden Zahlenangaben:

Geplante Produktionsmenge:	16 000 Stück
Fertigungszeit/Stück:	90 Minuten
Arbeitszeit/Arbeitnehmer/Monat:	165 Stunden
Reservebedarf:	15 %

6. In der Karikatur sehen Sie eine Darstellung verschiedener Cheftypen.
Beschreiben Sie sie und gestalten Sie eine Karikatur/Zeichnung sowie eine Beschreibung Ihres „idealen Vorgesetzten".

M Eine Cheftypologie

0562 © dpa • themendienst

Berufsfachschule zur FHR

1. Beim Bauunternehmen Blum GmbH ändert sich der Personalstand. Deshalb muss der Personalbedarfsplan aktualisiert werden.

Material
n9m23q
Personalbedarfs-plan

a) Vervollständigen Sie den Personalbedarfsplan der Blum GmbH.

b) Erläutern Sie die möglichen Ursachen für den erhöhten Personalbedarf im zukünftigen Planungszeitraum.

M1 Personalbedarfsplan

Tätigkeit	Gegenwärtiger Zeitpunkt				Planungszeitraum		Zukünftiger Zeitpunkt					
	Personalbestand Soll	Personalbestand Ist	Unterdeckung	Überdeckung	Abgänge	Zugänge	Personal Ist	Bedarf: Einsatzbedarf	Bedarf: Reservebedarf	Personal Soll	Unter-/Überdeckung: Ersatzbedarf	Unter-/Überdeckung: Freistellungsbedarf
Polier	1	1						1				
Maurer	27	25						28				
Einschaler	5	4						6				
Putzer	8	8						8				
Hilfskräfte	6	5						7				
Fahrer	2	2						1				

Folgende Angaben sind noch nicht berücksichtigt:

- Der Polier sowie 2 Putzer gehen im Laufe der nächsten drei Monate in Rente.
- Drei Maurer und zwei Einschaler haben gekündigt.
- Ein Putzer wird in den nächsten zwei Jahren Erziehungsurlaub nehmen.
- Eine Hilfskraft hat einen Bandscheibenvorfall und fällt ganz aus.
- Zwei Auszubildende haben in zwei Monaten ihre Gesellenprüfung und möchten übernommen werden.
- Der Fehlbedarf wird mit 15 Prozent angesetzt.

c) Die Stelle „Polier Hochbau" wird neu besetzt. Dazu erstellt das Unternehmen eine detaillierte Stellenbeschreibung. Diskutieren Sie die Bedeutung einer Stellenbeschreibung aus der Sicht des Unternehmens und des Mitarbeiters.

d) In der nächsten Sitzung der Geschäftsleitung soll entschieden werden, ob die Stelle des Poliers intern oder extern besetzt werden soll.
Erarbeiten Sie einen begründeten Vorschlag.

M2 Mitarbeiterzufriedenheit

2. Für viele Arbeitnehmer ist der tägliche Gang zur Arbeit eine lästige Pflicht. Ihre emotionale Bindung zum Arbeitsplatz ist gering.

a) Erläutern Sie die Folgen für das Unternehmen, wenn bei Mitarbeitern keine oder nur eine geringe emotionale Bindung zum Arbeitsplatz vorhanden ist.

b) Entwickeln Sie verschiedene betriebliche Maßnahmen, mit deren Hilfe sich die Einstellung dieser Mitarbeiter verbessern ließe.

Arbeitstechniken für Schule, Ausbildung und lebenslanges Lernen

Um eine Aufgabe zu lösen, braucht man nicht nur Fachwissen, sondern auch die richtige Arbeitstechnik. Das gilt überall: in der Schule, in der Ausbildung und für das lebenslange Lernen im Beruf. Die Wahl der geeigneten Methode und das Wissen, wie sie angewendet wird, bezeichnet man als **Methodenkompetenz**.

Zusatzmethoden
87j4r4
Mündliche Prüfung
An Stationen lernen

Mit Gesetzestexten arbeiten

Ziel: Die geltende Rechtslage aus dem Wortlaut von Gesetzen herausarbeiten, um die eigenen Rechte und Pflichten (z. B. als Verbraucher, Arbeitnehmer, Verkehrsteilnehmer) im Streitfall genau zu kennen.

1. **Problem analysieren**
   Den Streitfall exakt bestimmen, der mithilfe des Gesetzestextes geklärt werden soll: **„Wer will was von wem woraus?“**

2. **Gesetzliche Grundlage bestimmen**
   Ermitteln, welches Gesetz den Streitfall regelt. Aktuelle Fassung des Gesetzes besorgen 9bg9qk.

3. **Gesetz auf den Streitfall anwenden**
   Ansprüche aus dem Gesetzestext herausarbeiten und dabei Querverweise auf andere Paragrafen beachten. Unbekannte fachsprachliche Begriffe klären und erst dann die Formulierungen des Gesetzes auf den Streitfall übertragen.

4. **Lösung formulieren**
   Rechtsfolgen für die Beteiligten begründen.

Karikaturen analysieren

Ziel: Die Aussage und Absicht von Karikaturen erkennen und interpretieren, um als Schüler und Nutzer von Massenmedien dazu Stellung zu nehmen.

1. **Thema der Karikatur bestimmen**
   Den spontanen ersten Eindruck formulieren. Feststellen, welcher Sachverhalt der Karikatur zugrunde liegt. Bei älteren Karikaturen: Entstehungsjahr ermitteln.

2. **Darstellung beschreiben**
   Beschreiben, worin die Übertreibung oder Zuspitzung besteht: zeichnerische bzw. sprachliche Veränderung der Wirklichkeit (Personen, Situationen, Konflikte, Gegenstände). Bei Symbolen: Bedeutung erschließen. Die Verknüpfung von Bild und Text untersuchen.

3. **Botschaft erarbeiten**
   Politische oder moralische Tendenz bestimmen: Wer oder was wird lächerlich gemacht oder übertrieben? Die Botschaft an den Leser in eigenen Worten formulieren und mit dem spontanen ersten Eindruck vergleichen.

4. **Karikatur bewerten**
   Die Absicht und die Mittel der Darstellung beurteilen.

Statistiken auswerten

Ziel: Statistiken in Schule und Beruf auswerten und ihre Datenbasis hinterfragen sowie zulässige Schlussfolgerungen von unzulässigen unterscheiden.

1. **Thema der Statistik bestimmen**
   Zeitlichen, räumlichen, sozialen und wirtschaftlichen Bezug ermitteln.

2. **Bedeutung der Werte ermitteln**
   Um welche Art von Daten handelt es sich: absolute oder relative Werte, Indexwerte, Mengen- oder Größenangaben ...? Nach möglichen Bezugs- und Vergleichsgrößen suchen.

3. **Aussagekraft bewerten**
   Verlässlichkeit der Werte und der Datenquelle ermitteln. Handelt es sich um eine genaue Erhebung, ein Stimmungsbild oder eine Prognose? Von wem stammt die Statistik?

4. **Informationen herausarbeiten und bewerten**
   Den Zusammenhang zwischen den Werten in Worten formulieren: Welche Werte sind stabil bzw. entsprechen dem Durchschnitt? Welche Werte weichen ab – in welche Richtung und in welchem Ausmaß? Welche Schlussfolgerungen lassen sich ziehen? Wem nützt die Statistik? Bleiben Fragen offen?

Im Internet recherchieren

Ziel: Informationen sammeln, auswählen und bewerten und als Entscheidungsgrundlage verwenden.

1. **Recherche vorbereiten**
   Fragestellung möglichst genau eingrenzen und exakte Suchbegriffe festlegen.

2. **Suchmaschine aufrufen**
   Suchbegriffe eingeben und Zeitraum, Sprache, Ort und Art (Karten, Bilder, Videos) der Ergebnisse eingrenzen. Ist das Suchergebnis nicht aussagekräftig, dann weiter eingrenzen.

3. **Quellen prüfen und auswerten**
   Brauchbarkeit der Ergebnisse prüfen: Wer betreibt die Seite (Impressum)? Wann war die letzte Aktualisierung? Welche Quellen sind angegeben, auf welche Seiten wird verlinkt? Informationen von besonders werbelastigen Seiten genau prüfen und im Zweifel den Informationen von themenorientierten Portalen (z. B. Statistisches Bundesamt) den Vorzug geben. Ergebnisse ordnen und auswerten. Offene Fragen auflisten.

4. **Ergebnisse dokumentieren**
   Geeignete Seiten mit einem Lesezeichen versehen oder als Favorit abspeichern.

Informationen visualisieren

Ziel: Informationen in Schule und Beruf für Andere (Mitschüler, Kunden, Kollegen, Vorgesetzte …) verständlich aufbereiten und sie durch die anschauliche Darstellung informieren und überzeugen.

1. **Material analysieren**
Klären, worüber informiert werden soll. Art der Informationen ermitteln: absolute oder relative Werte, Indexwerte, Mengen- oder Größenangaben …

2. **Ziel der Visualisierung bestimmen**
Den Zweck der Visualisierung genau festlegen und auswählen, welche Details der Daten dafür wichtig sind und welche weggelassen werden sollen.

3. **Art der Visualisierung festlegen**
Für eine Form der Visualisierung entscheiden und festlegen, welche Bedeutung die Elemente haben. Was soll hervorgehoben werden, was nicht? Lassen sich Elemente kombinieren? Erläuterungen und Beschriftungen der Visualisierung formulieren.

4. **Visualisierung umsetzen**
Entwurf erstellen und umsetzen.

Projekt umsetzen

Ziel: Praktische Umsetzung einer eigenen oder vorgegebenen Idee gemeinsam mit anderen.

1. **Projektidee formulieren**
In der Gruppe Ideen für ein Projekt sammeln und diskutieren. (Im Beruf ist die Projektidee vorgegeben.) Daraus eine Projektskizze erstellen, aus der die genaue Projektidee und der Zeitrahmen hervorgehen.

2. **Projektplan erstellen**
Projektskizze auf Durchführbarkeit überprüfen. Genauen Projektplan erstellen, der verbindliche Zeitvorgaben („Meilensteine") enthält sowie die Aufgabenverteilung innerhalb der Gruppe.

3. **Projekt durchführen**
Arbeitszeiten, Arbeitsorte und Organisationsform planen. Die einzelnen Arbeitsschritte gemäß dem Projektplan durchführen. Eventuell notwendige Änderungen diskutieren und entscheiden.

4. **Projekt präsentieren**
Nach Durchführung des Projekts dessen Präsentation vorbereiten und durchführen.

Rollenspiel durchführen

Ziel: Einen privaten oder beruflichen Konflikt spielerisch lösen, um mit Konflikten im realen Leben besser umgehen zu können.

1. **Rolle vorbereiten**
Jeder liest für sich die Situationsbeschreibung und die ihm zugeteilte Rollenkarte. Die Situation klären: Was genau ist das Problem? Gruppen einteilen.

2. **Als Gruppe eine Meinung bilden**
Rollenkarte besprechen: Worin besteht aus Sicht dieser Person der Konflikt? Wie könnte der Konflikt aus ihrer Sicht gelöst werden? Welche Gegenargumente gibt es?

3. **Rollenspiel durchführen**
Jede Gruppe wählt ihren Spieler aus, der gemeinsam mit den Anderen das Rollenspiel spielt. Die Übrigen beobachten und protokollieren.

4. **Auswertung**
Argumente zusammenfassen und beurteilen. Alternative Lösungsmöglichkeiten diskutieren.

Simulationsspiel umsetzen

Ziel: Einen Konflikt modellhaft durchspielen, um den wirklichen Ablauf und die Interessen der Beteiligten besser erkennen und beurteilen zu können.

1. **Konflikt beschreiben und Informationen beschaffen**
   Den Interessenkonflikt beschreiben. Informationen über die Rollen und Regeln einholen, die für das Thema relevant sind. Gruppen einteilen.

2. **Eine Meinung bilden**
   Als Gruppe eine eigene Position erarbeiten: Maximalforderungen und Ziele, die mindestens erreicht werden sollen. Eine Verhandlungsstrategie ausarbeiten.

3. **Miteinander verhandeln**
   Auf den Spieler einigen, der die Rolle spielt und gemeinsam mit den anderen Spielern die Verhandlungen simuliert. Die anderen Gruppenmitglieder beobachten und protokollieren den Verlauf. Alle Rollenspieler kommen gemeinsam zu einer Entscheidung (Einigung).

4. **Ergebnis auswerten**
   Schritte analysieren, die zu diesem Ergebnis geführt haben, und Alternativen diskutieren. Mit der Wirklichkeit vergleichen: Gemeinsamkeiten und Unterschiede ermitteln.

Fragebogen erstellen

Ziel: Die Ansichten einer Gruppe zu einem vorgegebenen Thema ermitteln. Unternehmen nutzen Umfragen oft als Entscheidungshilfe.

1. **Ziel und Teilnehmer definieren**
   Das Ziel der Umfrage genau definieren und den Zeit- und Kostenrahmen festlegen. Entsprechend dem Ziel den Kreis der Befragten genau auswählen (Größe und Merkmale der Gruppe).

2. **Fragebogen ausarbeiten**
   Fragebogen ausformulieren, dabei auf einfache, eindeutige Fragen achten. Um die Rücklaufquote zu erhöhen, Anreiz für die Beantwortung bieten (z. B. Preisausschreiben). Testlauf und Probeauswertung durchführen.

3. **Befragung durchführen**
   Die Befragten darüber aufklären, weshalb die Umfrage durchgeführt wird und von wem. Die Identität der Befragten muss unkenntlich gemacht werden (Datenschutz!).

4. **Ergebnisse auswerten und präsentieren**
   Daten auswerten. Ergebnisse mit Blick auf das Umfrageziel interpretieren und Schlussfolgerungen ziehen. Wesentliche Ergebnisse präsentieren.

Zukunftsszenarien entwerfen

Ziel: Einen Einblick in mögliche zukünftige Entwicklungen gewinnen und diese bewerten, um damit den eigenen Standpunkt zu begründen.

1. **Problem analysieren**
   Das gesellschaftliche Problem definieren, das untersucht werden soll. Ermitteln, wer davon betroffen ist. Den Zeitraum festlegen, in dem die künftige Entwicklung betrachtet werden soll.

2. **Einflussfaktoren bestimmen**
   Wichtige Einflussfaktoren auf das Problem ermitteln. Zusammenhänge und Abhängigkeiten zwischen den Einflussfaktoren feststellen.

3. **Zukunftsbilder erstellen**
   Entwerfen der drei Grundtypen für die mögliche künftige Entwicklung: **Worst-Case-Szenario, Best-Case-Szenario, Trend.** Zusätzlich Bilder und Skizzen zur Visualisierung erstellen. Die Szenarien im Plenum vorstellen und diskutieren.

4. **Lösungsstrategien entwickeln**
   Maßnahmen zur Lösung vorschlagen: Was muss getan werden, um sich dem Best-Case-Szenario anzunähern? Wer kann welchen Beitrag dazu leisten?

Referat halten

Ziel: Eine Fragestellung selbstständig recherchieren und aufbereiten, um sie einem Publikum präsentieren zu können.

1. **Die Vorgaben kennen**
   Grundlagen klären: Art der Präsentation (schriftlich/mündlich), zeitlicher Rahmen, Arbeitsform (Einzelarbeit, Gruppenarbeit) und Zielgruppe (Schulklasse, Kunden, Vorgesetzte ...).

2. **Material beschaffen**
   Thema genau eingrenzen. Material aus mehreren unabhängigen Quellen sammeln, um vergleichen und auswählen zu können.

3. **Material auswerten und ordnen**
   Material grob sichten. Auf Qualität und Aktualität achten. Beim Auswerten Verknüpfungen, Begründungen, Beispiele und Belege berücksichtigen. Quellenangaben notieren, bei wörtlichen Übernahmen (Zitaten) auch die Belegstelle. Informationen in eine sinnvolle Reihenfolge bringen.

4. **Ergebnis präsentieren**
   Sich auf das Wesentliche konzentrieren und die Aussagen anschaulich darstellen. Bei mündlicher Präsentation: Medien nutzen, Zuhörer einbeziehen und eine Kurzfassung als Handout verteilen.

Mindmap erstellen

Ziel: Eine Fragestellung mithilfe einer Landkarte *(map)* des Gehirns *(mind)* kreativ erschließen, um sie anschließend systematisch und strukturiert lösen zu können.

1. **Fragestellung in die Mitte eines Plakats schreiben**

2. **Ideen zur Fragestellung notieren**
   Jede neue Hauptidee als Ast einzeichnen, der vom Zentrum nach außen führt.

3. **Details den „Ästen" zuordnen**
   Ideen, die zu einem bereits eingezeichneten Gedanken-Ast gehören, als Zweig an diesen Ast anfügen. So lange weitermachen, bis keine neuen Ideen oder Details mehr kommen.

4. **Mindmap bearbeiten**
   Die fertige Mindmap analysieren: Ideen streichen, die doppelt genannt wurden oder nicht zur Fragestellung gehören. Nach Querverbindungen zwischen den Ästen suchen. In eine systematische Darstellung überführen, z. B. Ideen durchnummerieren.

Unternehmen vorstellen

Ziel: Informationen über das Unternehmen strukturiert darstellen.

1. **Interessen der Zielgruppe ermitteln**
   Größe, Zusammensetzung und Erwartungen der Gruppe klären. Wie wichtig ist die Zielgruppe für das Unternehmen? Zeit, Ort und organisatorische Details klären.

2. **Informationen beschaffen und auswählen**
   Die unternehmensinternen Vorgaben für Präsentationen ermitteln und interne Dokumentationen und Vorlagen beschaffen. Die Interessen des Unternehmens und die der Zielgruppe abgleichen und einen Schwerpunkt für die Präsentation wählen.

3. **Präsentation vorbereiten**
   Präsentationsform wählen, die zum zeitlichen und organisatorischen Rahmen passt. Auf Rückfragen vorbereiten, Zusatzinformationen zusammenstellen und Handout bereitlegen. Den Raum ansprechend gestalten und alle Beteiligten informieren.

4. **Umsetzung**
   Sich selbst und das Unternehmen kurz vorstellen. Präsentation umsetzen und Gelegenheit für Rückfragen geben.

Betriebe erkunden

Ziel: Einen Einblick in betriebliche Prozesse und Entscheidungen gewinnen, um zu verstehen, wie ein Unternehmen funktioniert und welche Aufgaben der einzelne Mitarbeiter übernimmt.

1. **Erkundung planen**
   Ziel der Erkundung festlegen (z. B. Produktionsabläufe, Lagerhaltung, Entsorgung) und einen geeigneten Betrieb auswählen. Absprachen mit dem Betrieb treffen: Ablauf, Dauer, Gesprächspartner, Sicherheitshinweise, Datenschutz (z. B. Fotografieren erlaubt?).

2. **Erkundung vorbereiten**
   Fragenkatalog und Beobachtungskatalog erarbeiten. Organisation klären: Gruppenbildung, Aufgabenverteilung.

3. **Erkundung durchführen**
   Wichtige Ergebnisse während oder unmittelbar nach der Erkundung schriftlich festhalten.

4. **Ergebnisse auswerten und präsentieren**
   Informationen sammeln und ordnen. Schlussfolgerungen ziehen und Informationen bewerten. Sofern Fragen offen blieben, diese festhalten. Die Ergebnisse dokumentieren und die wichtigsten präsentieren.

Medien analysieren

Ziel: Informationen verschiedener Medien zu einem Sachverhalt vergleichen, um die Stärken und Schwächen verschiedener Medienangebote zu erkennen.

1. **Medien auswählen**
   Medien festlegen, die verglichen werden sollen, z. B. Fernsehnachrichten, Nachrichten im Internet. Thema und Zeitpunkt/Zeitraum bestimmen.

2. **Vergleichspunkte erarbeiten**
   Formal: Umfang, Aktualität, Quellen (Agentur, eigene Recherche), Vollständigkeit, Hauptinformationsträger (Bild, Text), Kosten, Zugänglichkeit. Inhaltlich: Kernaussage, Absicht, Aufbau, Schwerpunkte, Verständlichkeit, Anschaulichkeit (Sprache, Verbindung Text – Bild), Wirkung auf den Nutzer.

3. **Vergleich durchführen**
   Ersten Eindruck festhalten und danach einen systematischen Vergleich durchführen. Ergebnisse und Belege in eine Matrix eintragen, Besonderheiten notieren.

4. **Ergebnisse auswerten**
   Was ist medienspezifisch und lässt sich verallgemeinern? Welche Schlussfolgerungen gelten nur für dieses Beispiel? Wodurch lassen sie sich belegen?

Pro-Contra-Debatte führen

Ziel: Gegensätzliche Positionen austauschen, um eigene Interessen zu erkennen und zu vertreten, aber auch, um andere Standpunkte zu akzeptieren.

1. **Positionen formulieren**
   Die gegensätzlichen Positionen formulieren. Gesprächsleiter bestimmen und Teilnehmer nach dem Zufallsprinzip einteilen: Pro-Gruppe, Contra-Gruppe, Beobachter mit Schiedsrichterfunktion. Probeabstimmung unter den Beobachtern durchführen.

2. **Debatte vorbereiten**
   Begründungen, Widerlegung von Einwänden, Beispiele, taktische Überlegungen. Rollen festlegen: je Gruppe ein „Anwalt“ als Wortführer sowie mehrere Experten.

3. **Debatte durchführen**
   Sitzordnung: Gruppen sitzen einander gegenüber, Gesprächsleiter an der Stirnseite, Beobachter ihm gegenüber. Gesprächsleiter erteilt das Wort und überwacht die Regeln: Redezeit, Gesamtdauer, Gruppen sprechen abwechselnd. Die Beobachter protokollieren.

4. **Debatte auswerten.**
   Beobachter beurteilen die Argumente und den Gesamteindruck und stimmen nochmals ab.

Operatoren sind Schlüsselwörter für Aufgabenstellungen, die eine Arbeitsanforderung enthalten. Sie haben den Zweck, so exakt und eindeutig wie möglich die Aufgabe zu bestimmen. Die folgende Übersicht über die Operatoren hilft Ihnen beim Verständnis der Aufgabenstellung.

Anforderungsbereich I (Reproduktionsleistungen) ○		
Operator	**Definition**	**Beispiel**
beschreiben/ darstellen/ skizzieren	wesentliche Aspekte eines Sachverhalts im logischen Zusammenhang unter Verwendung der Fachsprache in Textform (beschreiben, darstellen) oder in Form eines Schaubildes (skizzieren, darstellen) wiedergeben	Beschreiben Sie die Verfahren der Qualitätssicherung in Ihrem Ausbildungsbetrieb. Stellen Sie die Grundsätze des dualen Systems der Berufsausbildung dar. Skizzieren Sie die Aufbauorganisation Ihres Ausbildungsbetriebes.
(be-)nennen	Kenntnisse (Fachbegriffe, Daten, Fakten, Modelle) und Aussagen in komprimierter Form unkommentiert wiedergeben	Nennen Sie fünf persönliche Voraussetzungen, die ein Unternehmensgründer mitbringen sollte.

Anforderungsbereich II (Reorganisations- und Transferleistungen) ◒		
Operator	**Definition**	**Beispiel**
analysieren	wirtschaftliche, politische, gesellschaftliche und kulturelle Sachverhalte aus Materialien kriterienorientiert beschreiben und erklären	Analysieren Sie den Artikel über die Rückverlagerung der Produktion von Märklin.
ermitteln/ erstellen	aus Materialien bestimmte Sachverhalte herausfinden, Zusammenhänge zwischen ihnen herstellen und Berechnungen durchführen Übersichten, Diagramme und Pläne erstellen	Ermitteln Sie anhand des angegebenen Zahlenmaterials grafisch die Veränderungen des Lagerbestands auf Jahressicht und berechnen Sie die Lagerkennziffern. Erstellen Sie einen Durchlaufplan in Form eines Balkendiagramms.
auswerten	Daten oder Einzelergebnisse zu einer abschließenden Gesamtaussage zusammenführen	Werten Sie die Statistik über Größe und Entwicklung der Haushalte im Hinblick auf die Marketingziele von Unternehmen aus.
erläutern/ erklären	Sachverhalte durch Wissen und Einsichten in einen Zusammenhang (Theorie, Modell, Regel, Gesetz, Funktionszusammenhang) einordnen, deuten und ggf. durch zusätzliche Informationen und Beispiele verdeutlichen	Erläutern Sie den Zusammenhang zwischen Investition und Finanzierung. Erklären Sie die Rolle des Betriebsrats bei der Kündigung und beim Kündigungsschutz.
vergleichen	Sachverhalte gegenüberstellen, um Gemeinsamkeiten, Ähnlichkeiten und Unterschiede herauszuarbeiten	Vergleichen Sie die Gründe von Industrieunternehmen für Auslandsinvestitionen mit der Liste der Standortfaktoren.

Anforderungsbereich III (Reflexion und Problemlösung) ●		
Operator	**Definition**	**Beispiel**
beurteilen/ bewerten	den Stellenwert von Sachverhalten und Prozessen in einem Zusammenhang bestimmen, um theorie- und kriterienorientiert zu einem begründeten Sachurteil zu gelangen	Beurteilen Sie anhand der Kennzahlen die wirtschaftliche Situation der Unternehmen. Bewerten Sie anhand von Kennzahlen die wirtschaftliche Entwicklung der Rothe KG.
diskutieren	auf Grundlage einer kurzen Sachdarstellung zu einer Problemstellung eine Pro- und Kontra-Argumentation entwickeln, die zu einer begründeten Bewertung führt	Diskutieren Sie eine Kette von Auswirkungen, die eintreten, wenn der Staat die Mehrwertsteuer erhöht.
Stellung nehmen	ausgehend vom Sachurteil unter Einbeziehung individueller Wertmaßstäbe zu einem begründeten eigenen Werturteil kommen	Nehmen Sie Stellung zur Kritik am Sozialprodukt als Wohlstandsmesser.
prüfen/ überprüfen	Inhalte, Sachverhalte, Vermutungen oder Hypothesen auf der Grundlage eigener Kenntnisse oder mithilfe zusätzlicher Materialien auf ihre sachliche Richtigkeit bzw. auf ihre innere Logik hin untersuchen	Prüfen Sie, inwieweit nachhaltiges Wirtschaften mit anderen Unternehmenszielen vereinbar ist.
gestalten/ erarbeiten/ entwickeln	produktorientierte Bearbeitung von Aufgabenstellungen, dazu zählen unter anderem das Entwerfen eigener Vorträge, Strategien, Beratungsskizzen, Karikaturen, Szenarien, Spots und anderer medialer Produkte sowie das Entwickeln von eigenen Handlungsvorschlägen und Modellen	Gestalten Sie Szenarien zur Zukunft der Altersversorgung. Erarbeiten und formulieren Sie eine Begründung für die Klageerhebung vor dem Arbeitsgericht. Entwickeln Sie einen Fragebogen, in dem die Kunden das Autohaus bewerten.

Operatoren, die Leistungen in allen drei Anforderungsbereichen abrufen ○, ◒, ●		
Operator	**Definition**	**Beispiel**
interpretieren	das Erschließen von Sinnzusammenhängen aus (Quellen-)Materialien sowie das Abgeben einer begründeten Stellungnahme, die auf einer Analyse, Erläuterung und Bewertung beruht	Interpretieren Sie die Grafik *Deutschland in der globalisierten Welt.*
erörtern	eine Position zu einer Problemstellung oder eine Argumentation auf ihren Wert und ihre Stichhaltigkeit prüfen und auf dieser Grundlage eine eigene Stellungnahme dazu entwickeln	Erörtern Sie, warum nicht alle Staaten der Welt gleichermaßen in die Globalisierung eingebunden sind.

Angelehnt an: Einheitliche Prüfungsanforderungen in der Abiturprüfung Sozialkunde/Politik, hrsg. von der Kultusministerkonferenz (in der Fassung vom 17.11.2005), S. 6–8 sowie: www.standardsicherung.schulministerium.nrw.de/abitur-gost/faecher.php (Zugriff: 23.06.2012)

T

U

V

W

Z

Seite	Code	Inhalt	Bezeichnung der Materialart
		1 Aufbau und Gründung von Unternehmen	
9	6e8i8s	Unternehmensgründungen	Info
10	br3vr9	Modell Wirtschaftskreislauf	Material
11	n8u7hf	Wirtschaftssektoren, Staatshaushalt, Steuern	Recherche
15	6id6q8	Genossenschaften, Umweltpolitik, gesetzliche Regelungen zur Nachhaltigkeit	Recherche
21	ch67hh	Organisationsformen	Recherche
23	v9y2kz	Schema Unternehmensformen	Material
25	ih4638	Rechtsformen, Aktiengesetz, Börse	Recherche
31	de2u6u	Existenzgründung, Projekt/Wettbewerb, Franchise	Recherche
35	8wq5ic	Businessplan, staatliche Fördermittel	Recherche
39	y7f5ds	Projektarbeit	Info
39	6j32aw	Formular Ergebnisprotokoll	Material
39	2f2p82	Checkliste Businessplan	Material
39	hz8rs2	Kapitalbedarfsplan	Material
40	9x2v5a	§§ 1 bis 5 GmbH-Gesetz	Info
40	jm3wn5	Prüfungstraining (Kapitel 1)	Üben interaktiv
40	ns6hb8	Prüfungsaufgaben (Kapitel 1)	Üben
		2 Beschaffung und Leistungserstellung	
43	vd8jh4	Arbeit im Wandel	Info
45	px6g92	Fertigungsablauf	Recherche
51	vb56vg	Fertigungsorganisation	Recherche
55	e3a9vx	Qualitätsmanagement	Recherche
59	ev7hk7	Rationalisierung	Recherche
65	wj5e59	Outsourcing, Make-or-Buy-Prinzip	Recherche
69	5t3vd3	Lagerkennziffern	Recherche
73	x5n6dt	Just-in-time-Verfahren	Recherche
77	m9up4w	Abfallwirtschaft, Gesetze	Recherche
81	63j8hs	Bedarfsplanung, Verfahren der Beschaffung	Recherche
85	2n6w27	Angebotsübersicht	Material
87	6kv8i5	Angebotsvergleich	Recherche
91	zx7gn3	Vertrag, Testament	Recherche
95	v8ua34	Geschäftsfähigkeit, Nichtigkeit, Anfechtbarkeit	Recherche
99	3h8u82	Eigentum übertragen	Recherche
103	924s2z	Mängelrüge	Recherche
106	9bg9qk	Gesetze im Internet	Info
107	g2pn2k	§§ 474, 475, 437, 439 BGB (Auszug)	Info
107	52xt83	Rechtssystem	Info
108	hx59jn	Prüfungstraining (Kapitel 2)	Üben interaktiv
108	234zm9	Prüfungsaufgaben (Kapitel 2)	Üben
		3 Markt und Marketing	
111	i54ey9	Prinzip des komparativen Vorteils	Info
113	af3ee7	Märkte, Handelsabkommen	Recherche
119	7jx5qv	Gesetz gegen Wettbewerbsbeschränkungen, Kartellamt	Recherche
125	69t9d3	Kundengewinnung	Recherche
129	6a2qs5	Kundenreklamationen	Recherche
133	75j6mx	Marktforschung	Recherche
137	b8e5cy	Marketinginstrumente, Corporate Identity	Recherche
143	xg338g	Gesetze, Verbraucherschutzverbände	Recherche
147	k7m4fv	Liquiditätsplanung, Ergebnisrechnung	Recherche
153	3k593j	Vollkostenrechnung	Recherche
157	uk54qc	Arbeitskosten	Recherche
158	ju4a3u	Schema zur Berechnung der Selbstkosten pro Handwerkerstunde	Material
161	r7i984	Teilkostenrechnung	Recherche
165	28wm28	kostenlose Fragebogensoftware für Schulen	Linktipp
166	74c9ew	Prüfungsaufgaben (Kapitel 3)	Üben
166	6pu3zs	Prüfungstraining (Kapitel 3)	Üben interaktiv
		4 Ausbildung und nachhaltige Existensicherung	
169	mb2wp2	Berufsbildung früher	Info
171	j2z9ec	Berufsbildungsgesetz, duale Ausbildung, Ausbildungsordnungen	Recherche
177	my4j6s	Berufsbildungsgesetz, duale Ausbildung, Jugendarbeitsschutzgesetz	Recherche
181	q2f2t8	Weiterbildung, Zusatzqualifikationen, Meister	Recherche
185	z42uu2	statistische Daten zur Gleichstellung, Lebensformen, Frauenförderung	Recherche
191	kr728r	Statistiken zu Berufen, Qualifikation, Berufsbildungsbericht	Recherche